Dirk WICKE

Vorderasiatische Pyxiden der Spätbronzezeit und der Früheisenzeit

Alter Orient und Altes Testament

Veröffentlichungen zur Kultur und Geschichte des Alten Orients
und des Alten Testaments

Band 45

Herausgeber

Manfried Dietrich • Oswald Loretz

2008
Ugarit-Verlag
Münster

Vorderasiatische Pyxiden der Spätbronzezeit und der Früheisenzeit

Dirk WICKE

2008
Ugarit-Verlag
Münster

Dirk Wicke
Vorderasiatische Pyxiden der Spätbronzezeit und der Früheisenzeit
    Alter Orient und Altes Testament, Band 45

© 2008 Ugarit-Verlag, Münster

Herstellung: Hubert & Co, Göttingen
Printed in Germany
ISBN 978-3-934628-74-8

Printed on acid-free paper

Meiner Familie
und im Andenken
an meinen Vater

„... den Kräften vertrauend!“

Vorwort

Die vorliegende Publikation stellt die überarbeitete Fassung meiner im März 2003 an der Westfälischen Wilhelms-Universität zu Münster eingereichten Dissertation „Vorderasiatische Pyxiden der Spätbronze- und Eisenzeit. Betrachtungen zu einer vielseitigen Gefäßkategorie" dar.

Die Anregung zu diesem Thema ging von der Beschäftigung mit den Elfenbeinfunden von Nimrud aus, auf die ich durch das Zusammentreffen mit G. Herrmann während meines Studienjahres am Institute of Archaeology, London, aufmerksam wurde. Von ihr erhielt ich nicht nur eine erste, richtungsweisende Anleitung zum Umgang mit der Denkmälergattung der vorderasiatischen Elfenbeine, sondern mehr noch die Liebe zu diesem Material vermittelt. Darüber hinaus hat sie mit vielen weisen Ratschlägen meinen akademischen Werdegang begleitet, wofür ich ihr an dieser Stelle meine herzliche Verbundenheit ausdrücken möchte.

Die wissenschaftliche Betreuung der Arbeit übernahmen R. Dittmann, Münster, und E.A. Braun-Holzinger, Mainz, die mir zusätzlich mit vielen Hinweisen und Unterschriften den Weg zur Promotion ebneten. Nicht zuletzt dafür, dass sie sowohl inhaltlich als auch sprachlich der Arbeit mit Geduld Kontur und Schärfe verliehen haben, gebührt Ihnen mein größter Dank.

Mein Wechsel an die Johannes Gutenberg-Universität Mainz in die Arbeitsgemeinschaft des Sonderforschungsbereiches 295 im Jahre 2003 brachte auch neue Anregungen mit sich, die nachträglich Eingang in diese Arbeit gefunden haben. Vor allem meinen Kolleginnen E. Fischer und A. Busch möchte ich für zahlreiche Hinweise, Literaturzitate und ihre ständige Gesprächsbereitschaft danken. Gerade in Verbindung mit Objekten aus der Levante werden ihre Namen noch häufiger in dieser Arbeit begegnen.

Nicht zuletzt der weit gefasste Betrachtungsrahmen der Arbeit hat mich in Kontakt mit vielen Institutionen und Einzelpersonen gebracht, die ich in lebendiger Erinnerung behalten habe und denen meinen Dank auszusprechen hier der Ort ist.

Für die stets herzliche Aufnahme und Hilfsbereitschaft in unterschiedlichsten Detailfragen im British Museum schulde ich dem Team des Department of Near Eastern Antiquities, London, um J. Curtis und C.B.F. Walker meinen tiefen Dank. Ähnlich hilfreiche Unterstützung erhielt ich am Département des Antiquités Orientales du Musée du Louvre, Paris, durch A. Caubet bzw. B. André-Salvini, P. Kalensky sowie M.J. Castor, die mir anlässlich meines Aufenthaltes 2002 großzügige Einsichtnahme in die Archive und Magazine und die Publikationserlaubnis zahlreicher Funde aus Susa gewährten. Für die Bereitstellung der Recherchemöglichkeiten im Vorderasiatischen Museum, Berlin, geht mein Dank an B. Salje und vor allem R.-B. Wartke.

Hilfe und Auskünfte zu einigen Stücken ebenso wie Photomaterial, Zeichnungen und Kopien zu teils noch unbekannten Objekten erhielt ich von vielen Personen und Institutionen. Ihnen allen spreche ich hier meinen Dank aus. Im Einzelnen sind dies: C. Arnold (London), D. Arnold (New York), S.A. Ashton (Cambridge), C. Atkins (Boston), L. Badre (Beirut), K. Benzel (New York), B. Breed (Boston), P. Dorman (Chicago), B. Freyer-Schauenburg (Kiel), J. Gachet (Lyon), J. Green (London), E. Haerinck (Ghent), H. Junker (Berlin), O. Kaneberg (Stockholm), T. Kiely (London), H. Kühne (Berlin), C. Lilyquist (New York), V. Matoïan (Paris), S. Mazzoni (Pisa), P.R.S. Moorey† (Oxford), O.W. Muscarella (New York), M. Novák (Tübingen), J. Oates (Cambridge), T. Ornan (Jerusalem), A. Otto (München), B. Overlaet (Ghent), J. Picton (London), J. Porter MacIver (London), A. Russmann (Boston), M. Schroeder (Chicago), K. Slej (Stockholm), R. Sparks (London), I. Stünkel (New York), A. Takuro (Tokyo), C. Thomas (London), J. Tubb (London), H. Whitehouse (Oxford).

M. Dietrich und K.A. Metzler danke ich sehr für die bereitwillige Aufnahme dieser Publikation in die Schriftenreihe „Alter Orient und Altes Testament". Tatkräftigen Beistand erhielt ich beim Korrekturlesen, Formatieren und Satz des Manuskriptes sowie bei der Bildarbeitung durch J.M. Beyer, U. Lorenz und J. Dosch, ohne deren Hilfe sich die Publikation sicher noch länger hinausgezögert hätte.

Hinsichtlich der finanziellen Unterstützung bin ich der Westfälischen Wilhelms-Universität Münster zu Dank verpflichtet, die mein Promotionsvorhaben im Rahmen der Graduiertenförderung in den Jahren 1999-2001 wesentlich erleichtert hat. Auch dem Deutschen Akademischen Austausch-Dienst gilt mein Dank für die Ermöglichung eines einmonatigen Aufenthaltes in Paris zur Objektrecherche am Département des Antiquités Orientales du Musée du Louvre im Herbst 2002. Ohne diesen wäre eine Aufnahme der iranischen Objekte nicht durchführbar gewesen.

Ein besonderes Anliegen ist es mir, meiner Familie zu danken, die mich während meines Studiums begleitet und unterstützt hat, obwohl ihr die Welt des Vorderen Orients bereits fern und des antiken Vorderen Orients noch viel ferner war. Ihr möchte ich diese Arbeit von ganzem Herzen widmen. Leider hat mein Vater nicht mehr erleben können, wie viel mehr er mir für meine Arbeit mitgegeben hat als er vermutete, allem voran die Wertschätzung des Handwerks.

Frei nach den Ratschlägen Umberto Ecos zum Verfassen einer wissenschaftlichen Arbeit habe ich die Promotionsaufgabe als „Herausforderung" betrachtet und mit „sportlichem Ehrgeiz" betrieben. Dass damit eine derart große Zahl an bereichernden persönlichen Erfahrungen in jeglicher Hinsicht verbunden war, ist vielleicht das Ergebnis, mit dem ich zu Beginn am wenigsten gerechnet hatte, und das ich gerne weiter geben möchte.

Inhaltsverzeichnis

entsprechend den eigenen Wissensstand bei Beendigung der Druckvorlage im Winter 2006 wider und muss sich damit begnügen streckenweise unvollständig zu bleiben. Der gebotene Überblick über die vielgestaltige Gefäßkategorie der Pyxiden sollte dabei durchaus repräsentativ sein.[4]

An dieser Stelle sollte kritisch auf die „Unwägbarkeiten" des archäologischen Materials und die daraus resultierenden Unsicherheiten bezüglich des Aussagewertes explizit hingewiesen werden. Als einige der zahlreichen begrenzenden Faktoren seien hier nur der Überlieferungszufall, der Fundzufall, aber auch der Publikationszufall genannt. Besonders die Behandlung materialspezifischer Fragen bedarf der persönlichen Untersuchung oder einer ausführlichen Publikation. Im Rahmen mehrerer Besuche in verschiedenen europäischen Museen konnten etwa die nordsyrischen Elfenbeinpyxiden oder die iranischen Quarzkeramikpyxiden selbst in Augenschein genommen werden. Gerade für die aus alten Grabungen stammenden Pyxiden liegen aber vielfach nur spärliche Informationen vor, Abbildungen sind oft ungenau und lassen technische oder motivische Details nur schwer erkennen oder fehlen ganz. Nicht zu allen Objekten ist es mir gelungen Abbildungsmaterial zu beschaffen, weswegen deren Behandlung leider weniger detailliert durchgeführt werden konnte.[5] Auch wenn im Rahmen der Vorderasiatischen Altertumskunde die Keilschrifttexte als zusätzliche Quelle und als Korrektiv hinzutreten, bringen sie ihre eigenen Probleme beim Verständnis der antiken Lebenswelt mit.

Bei den in dieser Arbeit gebrauchten zeitlichen Angaben muss bedacht werden, dass es sich um archäo-logische Zeiträume „von … bis …" handelt.[6] Die auf archäologischen Vergleichen und stratigraphischen Relationen basierenden Daten bieten lediglich einen mehr oder minder diffusen Rahmen für die Objekte und in der Regel auch nur einen terminus ante quem durch deren Deponierung. Nur im Ideal- (und Ausnahme)fall entsprechen Fundgegenstand und Fundstelle einander im Alter. Datierende Inschriften erscheinen auf den Pyxiden leider nicht.

Die sich immer stärker ausprägende Regionalisierung in der Vorderasiatischen Archäologie erlaubt zwar eine zunehmende Präzisierung lokaler zeitlicher Abfolge, erschwert aber den überregionalen Ver-gleich. Die grundlegenden Begriffe „Spätbronzezeit" oder „Eisenzeit" etwa implizieren für Räume wie die Levante und den Iran im Vergleich unterschiedliche absolutchronologische Ansätze. Da oftmals keine präziseren Daten genannt werden, sind die Epochenbezeichnungen zumeist als mehr oder minder grobe Richtwerte zu betrachten. Die Diskussion um Fundorte und ihre Datierungen findet sich aus Gründen der Übersichtlichkeit in der Regel im Katalogteil.

Angesichts der unterschiedlichen internationalen Standards zur „korrekten" Umschreibung antiker und moderner Ortsnamen bzw. der Etablierung bisweilen sogar falscher Schreibweisen aufgrund langjähriger Grabungstätigkeit wird hier bewusst auf eine einheitliche Transliterationsweise arabischer, hebräischer oder türkischer Namen verzichtet. Die Nennung und Schreibung der Orte erfolgt nach den gebräuch-lichen und in der Vorderasiatischen Altertumskunde verbreiteten Konventionen. Auf die Verwendung diakritischer Zeichen wurde in der Regel verzichtet und in Zweifelsfällen eine vereinfachende, einge-deutschte Schreibung bevorzugt. Gleiches gilt für die Schreibung von Götter- und Personennamen.[7]

---

[4]   Für andere Regionen und Epochen s. überblickshaft Wicke, RlA 11.

[5]   Nachdem zahlreiche Objekte hier vorgelegt werden, mag diese Arbeit auch als Aufruf verstanden werden lange vernachlässigte und bisweilen unansehnliche Kleinfunde aus den Magazinen zur Publikation zu bringen.

[6]   Gemäß des zeitlichen Rahmens dieser Arbeit sind alle datierenden Angaben als „vor Christus" aufzufassen.

[7]   Als Referenz sei hier auf die Schreibweisen des „Tübinger Atlas des Vorderen Orients" bzw. des „Atlas of Pre-classical Upper Mesopotamia" in der Reihe Subartu verwiesen, sowie auf diejenigen im „Reallexikon der Assyri-ologie und Vorderasiatischen Archäologie".

1.2 „Pyxis" – eine Begriffsbestimmung

Bereits bei der Benennung stellt sich die Frage nach einer adäquaten Definition von Pyxis. Der Begriff „Pyxis" leitet sich von dem griechischen Wort „πυξός" für Buchsbaum ab. Er bezeichnet generell einen kleinen, runden Behälter aus unterschiedlichen Materialien. Der Begriff „Pyxis" jedoch findet erst in römischer Zeit weitere Verbreitung. Der originäre griechische Name lautet „κυλιχνίς", wie er in zahlreichen Varianten belegt ist. So schließt Milne: „If therefore we wish to give an Attic shape its proper Attic name we must rebaptize the 'pyxis' kylichnis."[8] Im klassisch-archäologischen Bereich wird der Begriff „Pyxis" im Allgemeinen auf runde Deckelgefäße angewandt.[9]

Der so bezeichnete Behälter konnte zur Aufbewahrung von Medikamenten dienen, von Weihrauch, Salben und Kosmetik oder von Schmuck. Reste von Kosmetika wurden in einigen Fällen in den Gefäßen noch festgestellt.[10] Attisch-rotfigurige Pyxiden waren beliebte Geschenke an Frauen, besonders zur Hochzeit oder als Grabbeigabe. Auf die Assoziation mit der Lebenswelt der Frau weist nicht nur die Motivik auf den Objekten selbst hin (z. B. Hochzeitsprozessionen, Peleus und Thetis, Iphigeneia), sondern auch die Funde entsprechender Gefäße in Frauengräbern.[11]

Besonders schwarzfigurige, rotfigurige und weißgrundige Tonpyxiden des 6. bis 4. Jh.s sind zahlreich erhalten. Die Form der griechischen Pyxiden variiert stark durch die Zeiten zwischen flach und bauchig bis hin zu hoch und stark kariniert. Allerdings ist der Deckel nicht allein ausschlaggebend für die Identifizierung als Pyxis, da auch Lekaniden, Oinochoen, Kratere und andere Gefäße aus thermalen beziehungsweise hygienischen Gründen abgedeckt wurden. Das Exaleiptron etwa ist der Pyxis formal sehr ähnlich, wurde aber – worauf seine außergewöhnliche Wandungsform hinweist – wohl speziell für dünnflüssige Öle verwandt.[12] Es bleibt diskutabel, inwieweit ein griechischer Begriff auf Objekte anderer Zeiten und anderer Regionen übertragen werden darf.[13] Die altorientalische Eigenbegrifflichkeit hilft allerdings ebenso wenig weiter, da sich aus den Keilschriftquellen keine dem Begriff „Pyxis" vergleichbare Oberbezeichnung entnehmen lässt.

In dieser Arbeit wird der allgemeine Sinn des Begriffs „Pyxis" als „Deckelbehälter" beibehalten, da er aufgrund seiner weit gefassten Bedeutung der Vielgestaltigkeit des hier vorgelegten Materials am ehesten gerecht wird.[14] „Pyxis" dient damit in erster Linie als Formbegriff.

1.3 Auswahlkriterien

Aufgrund der weiten Objektdefinition von „Pyxis" ist eine große Anzahl verschiedener Objekte in unterschiedlichen Formen und aus unterschiedlichen Materialien zu berücksichtigen. Dies hat zu einer sehr disparaten Materiallage geführt. Als besonders problematisch erwies sich die Zuordnung von Deckeln und Böden. Bereits das Erkennen und Unterscheiden von Böden und Deckeln ist schwierig: Elfenbein- oder Knochenscheiben, gelocht oder ungelocht, könnten ebenso gut als Intarsien oder als

---

[8] Milne, AJA 43, 251 auch mit einer ausführlichen Auswertung der Primärquellen.

[9] Richter – Milne, Shapes, 20f.; Scheibler, LAW; Schiering, Tongefäße, 156f.

[10] Richter – Milne, Shapes, 4, 20.

[11] Roberts, Pyxis, 78.

[12] Schiering, Tongefäße, 55f.

[13] Karstens, Systematik, 3.

[14] Die wenn auch konsequentere Benennung der Gegenstände als „Deckelbehälter" klingt m. E. sehr unbeholfen und akademisch bemüht. Die deutschen Begriffe Büchse, abgeleitet aus dem griechischen *pyxis*, Dose oder Kästchen konnotieren bestimmte Vorstellungen wie runde oder eckige Gegenstände und sind nicht neutral genug. Die im deutschen Sprachgebrauch mit der Bezeichnung Pyxis allgemein verbundene Vorstellung eines liturgischen Gerätes zur Aufbewahrung von Hostien gilt für die hier zu behandelnde Materialgruppe im Alten Orient natürlich nicht. Der Begriff „Pyxis" erscheint darüber hinaus im Englischen, Französischen und Italienischen mit ähnlichen Bedeutungsinhalten wie im Deutschen, was ihn für den wissenschaftlichen Austausch geeigneter macht.

Geräteapplikationen verwandt worden sein. Eine sichere Zuordnung zu einer Formgruppe ist nur in denjenigen Fällen möglich, in denen beide zusammen gefunden worden sind. Mit Ausnahme von eindeutig als Deckel zu erkennenden Einzelfunden und den Deckeln mit seitlich ansetzenden Handhaben („Φ-förmige Deckel" bzw. Typ III) wurde auf die Aufnahme „möglicher" Deckel weitgehend verzichtet.

Gleichermaßen nicht in den Katalog dieser Arbeit aufgenommen wurden Formgruppen, die bereits ausführlich vorgestellt und bearbeitet wurden, wie etwa die große Gruppe der spätbronzezeitlichen Pyxiden in Gestalt von Wasservögeln[15] oder die der iranischen Steingefäße. Letztere sind nicht nur zu zahlreich, als dass sie hier neben den übrigen Objekten hätten adäquat präsentiert werden können, sie sind auch schon mehrfach ausgewertet worden.[16] Gleiches gilt für die ägäischen Elfenbeinpyxiden, die 1977 von J.-C. Poursat ausführlich publiziert und kommentiert wurden.[17] Bei der großen Gruppe der *kohl*-Röhrchen mit ihrer sehr spezifischen Funktion als Behälter für Augenschminke handelt es sich zumeist um ägyptische Objekte, nicht um vorderasiatische, weswegen eine Bearbeitung hier entfällt. Sie sollten einer Einzelbetrachtung vorbehalten bleiben. Vielfach vorderasiatisch inspiriert, jedoch in der „Peripherie" gefunden sind einige etruskische Pyxiden[18], die lediglich für Vergleiche berücksichtigt worden sind. Die sich an diese Objekte anschließende Diskussion hätte über den geographischen und zeitlichen Rahmen der Arbeit hinausgeführt. Gleiches gilt für die „Schminktöpfe" des 3. Jt.s, wie sie etwa aus Fara oder Ur vorliegen.[19]

1.4 Bemerkungen zur Kunsthandelsproblematik

Die Problematik um Objekte aus dem Kunsthandel dringt immer stärker in das Bewusstsein der Vorderasiatischen Archäologie ein. Während aufgrund aktueller politischer Umstände besonders die Auswirkungen des Kunsthandels auf Raubgrabungen diskutiert wird, sind für die vorliegende Arbeit in erster Linie die Fragen der Bewertung von Objekten ohne Provenienz und die Folgen gefälschter Objekte für die Wissenschaft von Belang.[20]

Die Beschäftigung mit einem Kunsthandelsobjekt sollte nicht von vorne herein abgelehnt werden, sondern bedarf zunächst besonderer Umsicht.[21] Steht bei einem ergrabenen Objekt die kritische Auswertung des Fundkontextes an erster Stelle, ist dies bei einem Kunsthandelsobjekt die Frage der Authentizität. O.W. Muscarella hat in zahlreichen Veröffentlichungen einen vorsichtigen Umgang mit Kunsthandelsobjekten angemahnt und versucht, gegen die von ihm als „Basar-Archäologie" bezeichnete, unkritische Archäologie anzugehen. Während für einen Basar-Archäologen, der von der Echtheit des Stückes ausgeht, die Frage lautet: „Warum ist das Objekt falsch?", formuliert Muscarella, aus dem

---

[15] Diese wurden jüngst in Aufsätzen von Adler, Pyxiden, und di Paolo, RSO 71, aufgearbeitet.

[16] Kohl, Seeds, sowie in zahlreichen Einzelaufsätzen; Potts, Iraq 51, 1989; Potts, Arabian Gulf, 106-110, 249-252 mit Literaturverweisen; Casanova, Vaisselle.

[17] Poursat, IM; Poursat, CIM.

[18] Etwa aus Chiusi, Banditella oder Cerveteri.

[19] Vgl. Heinrich, Fara, Taf. 11-13, 23.

[20] Die verheerenden Folgen der Plünderung von antiken Stätten stehen außer Frage, ebenso wenig wie die negative Rolle des Kunstmarktes in diesem Zusammenhang. Es ist zu hoffen, dass auf nationaler wie internationaler Ebene so rasch wie möglich eine verbindliche politische Lösung zum Schutz der materiellen Hinterlassenschaften von mehreren tausend Jahren Menschheitsgeschichte gefunden wird.

[21] Erste Diskussionen um Echtheitsfragen finden sich bereits in den 30er Jahren. So wollte sich schon Opitz nicht für die Echtheit der Darstellung auf der Herzfeld-Pyxis (KH.4) verbürgen (Opitz, AfO 13, 1939/41, Anm. 17). Zu diesem Problemkomplex sei besonders auf die Arbeiten von O.W. Muscarella verwiesen (um nur einige zu nennen: Muscarella, FS Kantor; ders., JFieldA 4, 1977; ders., FS N. Özgüç; ders., Sources 14, 1995; und monographisch ders., Lie) sowie von U. Löw, die sehr anschaulich die Gefahren behandelt und mit ihrer Arbeit einen, wie mir scheint, gangbaren Weg aufzeigt (Löw, Metallgefäße, Teil B; mit einer ausgewogenen Einführung in die Problematik ebd., 279-283). Ich danke besonders O.W. Muscarella, der Aspekte dieses Themas ausführlich mit mir diskutiert hat. Er teilt dabei jedoch nicht alle der hier von mir geäußerten Ansichten, gerade in Bezug auf den Umgang mit dem Unikat.

Blickwinkel, dass es sich um eine Fälschung handelt, die Frage: „Warum ist das Objekt echt?". Beide Positionen gehen mit einer vorgefassten Vorstellung an die Untersuchung des Stückes heran, durch die oftmals bestimmte Details zugunsten der jeweils herrschenden Ansicht betont bzw. vernachlässigt werden. Dies ist besonders problematisch, wenn es um die Beurteilung eines „Unikates" geht. Bei einer derart rigiden Meinung hat ein Unikat es schwer, als solches anerkannt zu werden und zu bestehen.[22] Ein Artefakt sollte deswegen zunächst „hingenommen" werden mit der neutralen Frage: „Was ist es?".

Gegenstände wie KH.4, eine Pyxis aus der ehemaligen Sammlung Herzfeld, sind schon früh auf dem Antikenmarkt aufgetaucht[23], weswegen an ihrer Echtheit nie gezweifelt wurde. Das ist für sich genommen kein ausreichendes Argument für die Echtheit, da Fälschungen seit den Anfängen der Archäologie bekannt sind. Zur Beurteilung eines Kunsthandelsobjektes können lediglich kunsthistorische Argumente herangezogen werden, die auf der Untersuchung von Material, Technik, Form, Antiquaria, Stil und Ikonographie beruhen. Ein jeder Aspekt verdient Beachtung, und erst alle zusammen ermöglichen die Bewertung. Nur so können Besonderheiten herausgearbeitet werden.

Sehr aussagekräftige Indikatoren sind Herstellungstechniken und verwendete Materialien sowie auf der bildlichen Ebene Antiquaria und Ikonographie. Material und Techniken können naturwissenschaftlich untersucht und durch moderne Verfahren etwa eindeutig bestimmt werden. Das Material „Quarzkeramik", aus dem viele der hier zusammengestellten Pyxiden gefertigt sind, zählt allgemein zu den bei Fälschern weniger „beliebten" Materialien, da die chemische Zusammensetzung antiker Objekte sehr spezifisch und schwierig nachzuahmen ist und solche Objekte vergleichsweise geringe Preise erzielen. Gleiches gilt in der Regel für die Objekte aus Elfenbein. Im Falle der zur Diskussion stehenden nordsyrischen Kompartimentpyxiden ist zu bedenken, dass es sich um eine spezifische Form handelt, die archäologisch gut belegt ist. Unter den archäologischen Belegen stellen figürlich verzierte Steinpyxiden aber nur einen geringen Anteil. Bei den Steinpyxiden unbekannter Herkunft sind erheblich mehr figürlich verziert. Hier stellt sich die Frage, ob nicht auf eine „unansehnliche" schlichte Steinpyxis ein ansprechenderes Motiv rezent angebracht worden ist, um für den Sammler den „ästhetischen Reiz" und für den Fälscher den „finanziellen Wert" zu steigern.[24] In diesem Fall bieten Vergleiche mit nordsyrisch-südanatolischen Reliefs und den syrischen Elfenbeinen Anhaltspunkte für eine Bewertung. Details der Herstellungstechniken konnten leider nicht behandelt werden, da sich diese nur bei Autopsie der Objekte feststellen lassen.

Ikonographie kann sehr schnell kopiert werden, doch unterlaufen Fälschern hier leicht Fehler bei der Zusammenstellung zeitlich, regional oder inhaltlich nicht zueinander passender Szenen. Auch werden häufig Antiquaria vermischt, die aufgrund ihrer „ungewöhnlichen" Zusammenstellung eine Fälschung entlarven.[25] Die Elfenbeinschnitzereien aus dem angeblichen Fundort „Ziwiye" (KH.30-40) etwa bieten gerade durch ihre detaillierten Schnitzereien zahlreiche Anknüpfungspunkte an die assyrische Kunst. Dies erlaubt es, nicht nur die Frage der Authentizität, sondern auch etwa jene der Zeitstellung zu verfolgen.

---

[22] Vgl. Muscarella, Lie, 18. In der Varia-Gruppe und der Gruppe der Sonderformen etwa sind Objekte zusammengefasst, von denen manche durchaus als Unikate zu bewerten sind. Jedes ungewöhnliche Stück als Unikat zu bezeichnen, öffnet der Kunstfälschung natürlich Tür und Tor. Daher ist es für die Forschung vorteilhafter, ein unsicheres Stück zunächst als Fälschung zu bezeichnen oder nicht zur Kenntnis zu nehmen. Die Rehabilitierung eines Objektes ist einfacher und richtet weniger wissenschaftlichen Schaden an als eine nachträgliche Deklassierung einer Fälschung. Ist ein Objekt einmal als echt veröffentlicht worden, ist eine Berichtigung später oftmals schwierig, da es dann bereits in der Literatur verankert ist. Objekte ohne Provenienz aber *a priori* nicht zur Kenntnis zu nehmen, hieße der Archäologie einen nicht unerheblichen Teil des Denkmälerbestandes zu entziehen.

[23] Die Herzfeld-Pyxis wurde von E. Herzfeld 1929 in Baghdad erworben und mit der Fundortangabe Mahmudiye präsentiert (Herzfeld, AMI 2, 1930, 132-135). 1944 gelangte sie in den Besitz des Kunsthändlers J. Brummer und wurde 1949 auf einer Auktion durch die Rochester Memorial Art Gallery ersteigert (Sams, Porticus 3, 1980, 1).

[24] Vgl. Löw, Metallgefäße, 531f.

[25] „Archaisierende Elemente", die ein Nebeneinander zeitlich nicht zusammengehöriger Antiquaria erklären könnten, bedürfen einer soliden Begründung und besonders stichhaltigen Interpretation.

Vielfach werden „lokale Werkstätten" oder ein „provinzieller Stil" zur Erklärung qualitativ schlechter bzw. ungewöhnlicher Erzeugnisse herangezogen. Dieses Argument stellt ein erhebliches Problem bei der Bewertung einzelner Funde dar, da die kunsthandwerkliche Produktion zu einem nicht geringen Maße auch höchst unterschiedliche Objekte hervorgebracht hat. Hier führen letztlich nur archäologisch gesicherte Funde zu einer soliden Argumentation. So konnte die Metallpyxis KH.3 letztlich durch den Vergleich mit dem archäologischen Fund WK.1 als „antik" eingestuft werden.

In die Auswertung dieser Arbeit sind nur die als „authentisch" eingestuften Objekte einbezogen worden. Objekte, die als Fälschungen erkannt beziehungsweise für zweifelhaft und unzuverlässig befunden wurden, werden lediglich im Katalog diskutiert.

1.5 ZIELSETZUNG

Neben der Sammlung und Zusammenstellung war das sinnvolle Ordnen des Materials und die Entwicklung einer konsequenten Formgruppeneinteilung eine der größten Herausforderungen dieser Arbeit. Rein formale Aspekte traten neben Materialfragen sowie zeitliche und regionale Faktoren, die eine unterschiedliche Gewichtung verlangten: Ähnliche Formen finden sich häufig in unterschiedlichen Materialien; bestimmte Materialien begünstigen einzelne Formen. Das Auftreten gleicher Formen muss nicht unbedingt das Ergebnis kultureller Beeinflussung sein.[26] Das Corpus der vorderasiatischen Pyxiden wird zweifelsohne durch Neufunde und Neupublikationen in Zukunft erweitert und bereichert werden. Die hier vorgelegte, sich an rein formalen Kriterien orientierende Formgruppeneinteilung sollte sich jedoch als flexibel genug erweisen, um weitere Funde zukünftig aufnehmen zu können. Damit werden vermutlich auch einige der hier geäußerten Hypothesen neu überdacht werden müssen, wie dies bei „lebendiger Wissenschaft" eben der Fall ist und zu der diese Arbeit anregen möchte.

Das zur Auswertung aufbereitete Corpus von rund 600 Einzelobjekten erlaubt eine aussagekräftige Ausgangsbasis und eine erste grobe Eingrenzung von Gruppen, Regionen oder Zeiten. Dieses ist besonders notwendig, wenn Fragen nach Herkunft oder überregionalen Kontakten gestellt werden. Außerdem werden durch eine raumübergreifende Zusammenstellung der Belege Abhängigkeiten von Material und Form zum Teil sehr deutlich. Form und Material bedingen sich zu einem gewissen Grade, wenn das Material dem Objekt einen „Formzwang" auferlegt. Bereits die Funktion als Aufbewahrungsbehälter setzt eine Grundgestaltung voraus. „An solchen Zwangsläufigkeiten [hier: funktionale Zwänge] vermochte der Kunsthandwerker wenig zu ändern. Ob er aber die Gefäßkontur in weicher Rundung oder mit scharfen Umbrüchen hochzuziehen wünschte oder welche verfeinernde Gestaltungsschlüssel er seiner Arbeit anlegte, das bedeutete künstlerische Differenzierungsmöglichkeiten bei unveränderlichen Zweckerfordernissen", wie Potratz bemerkte.[27] Diese „Differenzierungsmöglichkeiten" unterliegen dabei der „historischen Individualität" des Handwerkers und seinem Geschick bzw. seiner Prägung durch die ästhetischen und praktischen Verbindlichkeiten seiner Epoche. Entsprechend formulierte regionale Stile und Kunstlandschaften bilden aufgrund der so möglichen genaueren Bestimmung und Einordnung der Objekte die Grundlage jeder weiteren kulturgeschichtlichen Interpretation.[28]

Die zentralen Abschnitte dieser Arbeit konzentrieren sich auf die Herausstellung einiger signifikanter Formgruppen in den Großräumen Levante, Nordsyrien, Assyrien und Elam. Eine Betonung bestimmter Formen bedeutet indes nicht, dass dort exklusiv die eine oder andere Form verwendet worden wäre. Entsprechend der Vielgestaltigkeit der Formen und der unterschiedlichen regionalen Ausprägungen werden in den Kapiteln 3-7 die Aspekte von Formen, Materialien oder Ikonographie unterschiedlich gewichtet. In allen Teilen wird jedoch die Frage nach der Verwendung gestellt und unter Verweis auf Materialien,

---

[26] Gerade zylindrische Pyxiden etwa treten in verschiedenen Zeiten und Regionen auf ohne voneinander beeinflusst worden zu sein. Um so auffallender ist es, wenn bestimmte Formen regional eingrenzbar sind.

[27] Potratz, Einführung, 48.

[28] Vgl. Sackett, Style; s. a. Raeder, Kunstlandschaft.

Bild- und Textquellen oder archäologische Fundumstände verfolgt. Eine Zusammenfassung am Schluss resümiert die Teilergebnisse der Einzelbetrachtungen.

Im Rahmen der regionalen Gruppen stehen zum Teil unterschiedliche Fragestellungen im Vordergrund. Im Falle der bauchigen Pyxiden der Levante ist es zunächst das Problem der Differenzierung der Formen und die Frage nach dem ägyptischen Einfluss in dieser Region. Die Pyxiden sind vorwiegend unverziert; dafür spielen Formen und Materialien eine größere Rolle. Das Kapitel zu Nordsyrien behandelt im ersten Teil die markante Form der steinernen Kompartimentpyxis und das Verhältnis ihrer Dekoration zur gleichzeitigen Großkunst. Im zweiten Teil werden die vornehmlich aus Nimrud stammenden, figürlich verzierten Elfenbeinpyxiden der Eisenzeit hinsichtlich handwerklicher und ikonographischer Fragen betrachtet und neben die steinernen Kompartimentpyxiden gestellt. Ikonographie und Stil verweisen auf spätbronzezeitliche Vorläufer aus der nördlichen Levante, weswegen sich ein entsprechender Ausblick auf diese Objekte anbietet. In Assyrien werden in der Spätbronze- und Eisenzeit wenig spezifische Pyxidenformen verwendet. Es lassen sich jedoch aufgrund der figürlichen Darstellungen und des Stils Anknüpfungspunkte an das assyrische Kunsthandwerk feststellen. Mit den sog. „Tintenfäßchen" scheint sogar eine originär assyrische Schöpfung vorzuliegen. Aus Elam werden hier die Pyxiden aus Quarzkeramik vorgestellt, die Auskunft über den Stand dieses kunsthandwerklichen Zweiges im 2. und 1. Jt. geben. Neben einer Vorlage der Pyxiden geht es vor allem um den Vergleich mit anderen elamischen Produkten aus dem Material Quarzkeramik. Urartu ist als eigene Region angefügt, da sich die Urartäer durch einige originelle Formen auszeichnen und Anregungen aus den umliegenden Gegenden aufgreifen. Durch die Anbindung der Pyxiden an das urartäische Handwerk ergibt sich auch deren Lokalisierung, anders als bei den weitgehend unbestimmt bleibenden Formgruppen, die unter „Sonderformen" in Kap. 8 subsumiert sind. Hierbei handelt es sich um zahlenmäßig kleine aber formal ausgefallene Gruppen, die unterschiedliche Überlegungen zur Stellung des Handwerks, zu überregionalen Kontakten, zu Funktion und Bedeutung der Pyxiden erlauben.

2. Formgruppen

2.1 FORMGRUPPENEINTEILUNG

Da für diese Arbeit bewusst nicht der Schwerpunkt auf ein Material, eine Epoche oder eine Region gelegt wurde, spannt sich der Bogen der untersuchten Objekte entsprechend von der Levante bis in den Westiran, von der Mitte des 2. Jt.s bis zur Mitte des 1. Jt.s. Die Gegenstände, die aufgrund der weiten Definition von „Pyxis" zusammengetragen worden sind, weisen entsprechend eine große Varianz auf, was die Ordnung nach einheitlichen Gesichtspunkten erschwert.

Im Folgenden wird das Corpus der vorderasiatischen Pyxiden einer primär formalen Kategorisierung unterzogen. Die Anordnung der Pyxiden erfolgt dabei nicht im Sinne einer „typologischen Reihe" oder gar einer strengen archäologischen Seriation, die eine „innere Formentwicklung" implizierte.[1] Die gewählte „Formgruppeneinteilung" soll in erster Linie praktikabel sein. Die aufgestellten Formgruppen sind unabhängig von Zeit, Raum und Material und orientieren sich am gesammelten Material. Davon ausgehend erfolgt eine Systematisierung, die auch auf Formen anwendbar ist, die zwar möglich, bislang aber noch nicht belegt sind. Weitere Neufunde und Publikationen von Pyxiden werden sicherlich Modifikationen erforderlich machen; die hier gewählte Art der Formgruppeneinteilung sollte diese aber ohne Schwierigkeiten erlauben.

Die Formengruppen sind hauptsächlich durch drei Kriterien bestimmt: Grundform, Maßverhältnisse und Deckeltyp. Dies kommt auch bei der Benennung der Formen in der Verwendung von Großbuchstabe, Kleinbuchstabe, römischer und arabischer Ziffer zum Ausdruck (vgl. Abb. 2-1). Ausgehend von der Gestalt ist das primäre Kriterium die Grundform: rund oder eckig. Dabei weisen die runden Pyxiden die größere Variationsbreite auf. Ihre Wandungen können gerade, also zylindrisch, sein (Formgruppe A), eine konkave Einziehung aufweisen (Formgruppe B) oder eine konvexe Wölbung besitzen, also bauchig sein (Formgruppe C). Die Pyxiden in eckiger Grundform haben dagegen ausnahmslos einen geraden Wandungsverlauf (Formgruppe D). Unter Buchstabe S sind Sonderformen zusammengefasst, die nicht direkt mit einer Formgruppe in Verbindung stehen. Hierzu zählen in erster Linie figürlich gestaltete Pyxiden, sowie Formen, die Merkmale anderer Gruppen miteinander kombinieren.

Das sekundär betrachtete Merkmal ist das Verhältnis von Durchmesser zu Höhe, das auch maßgeblichen Einfluss auf die Verwendung des Behältnisses hat. Es wird hier jeweils zwischen flach (a) und hoch (b) unterschieden. Als flach werden Gefäße bezeichnet, deren Durchmesser größer ist als ihre Höhe; hohe Gefäße besitzen entsprechend eine Höhe, die größer ist als der Durchmesser. Während in den Formgruppen A, rund und zylindrisch, und D, eckig, beide Variationen vorkommen, sind in den Formgruppen B und C bislang nahezu ausschließlich entweder hohe (B) oder flache (C) Pyxiden belegt.

Das tertiäre Merkmal ist die Art des Deckels und seiner Befestigung. Hier sind Stülp- und Schwenkdeckel zu unterscheiden. Stülpdeckel (Typ I), rund (a) oder eckig (b), sind dabei erst dann einigermaßen sicher zu erkennen, wenn ein zentraler Knauf oder ein Knaufloch bzw. eine Randfase vorhanden ist. Aufgrund der kaum zu fassenden Unterscheidbarkeit zu Einlagen oder anderen Objekten, sind Stülpdeckel nur ausnahmsweise aufgenommen und sicherlich unterrepräsentiert. Bei Schwenkdeckeln gibt das Arrangement der Löcher Auskunft über die Befestigungsart und damit die Korpusform. So weisen vertikale Bohrungen in der Nähe des Randes auf die Verwendung von Schwenkstiften innerhalb des Pyxidenkorpus' hin (Typ II). Demgegenüber werden runde oder eckige Deckel mit seitlichen Fortsätzen

---

[1] So betrachtet Potratz etwa die „typologische Methode", die bereits auf Montelius und Hildebrand zurückgeht, als ein Verfahren zur Aufstellung von Reihen mit einer erkennbaren Entwicklungsrichtung und Entwicklungsgeschwindigkeit, die die Bestimmung eines Gegenstandes ermöglichen (Potratz, Einführung, 53f.: „Die Artung einer typologischen Reihe wird durch den historischen Raum bedingt, ihr Ablauf aber erfolgt in der Zeit."). Entsprechend werden Begriffe wie „Typologie", „Pyxidentyp" oder „Pyxidenklasse" vermieden, stattdessen wird von „Formgruppe" gesprochen.

(Typ III) an unterschiedlich gestalteten Handhaben außerhalb des Korpus' befestigt. Gerade Deckeltyp III.a mit seinen seitlichen, vertikal durchbohrten Griffflächen erscheint dabei sowohl auf Pyxiden der Formgruppen A und B wie auch auf solchen der Formgruppe C und ist ausgesprochen häufig. Dieser Deckeltyp ist vergleichsweise einfach zu identifizieren und entsprechend zahlreich im Katalog vertreten.[2]

Weiterhin werden einige Varianten gesondert geführt; sie sind mit arabischen Ziffern an vierter Stelle bezeichnet. Als nachrangige Eigenschaft wird etwa das Vorhandensein von Kompartimenten im Inneren der Pyxiden festgelegt. Sie beeinträchtigen die Grundform des Gefäßes nicht. Außerdem sind Fächereinteilungen nur bei wenigen der bisher definierten Formgruppen zu finden und daher nicht häufig genug, um als Unterscheidungsmerkmal dienen zu können. Gleiches gilt für die nur bei bauchigen Pyxiden der Formgruppe C festzustellende glatte oder rippenartige Gestaltung der Wandung. Auch die Hinzufügung eines Standfußes, wie sie bei manchen Gruppen zu beobachten ist, rechtfertigt meines Erachtens nicht die Differenzierung einer eigenen Formgruppe, da ein Standfuß die primäre Form des Behältnisses nicht beeinträchtigt.[3]

Unter S werden schließlich Sonderformen zusammengefasst, die sich dieser Einteilung entziehen. Dazu zählen figürlich gestaltete Formen, also Pyxiden in Gestalt eines Frauenkopfes (S.a), theriomorphe Pyxiden (S.b) oder solche in Form von Wannen (S.c). Kleinere Gruppen bilden kapselförmige Pyxiden (S.d), nierenförmige Pyxiden (S.e) und Pyxiden in Pyramidenform (S.f). Die „Tintenfäßchen" in Gestalt liegender Mischwesen (S.g) werden im Rahmen der assyrischen Pyxiden behandelt.

Das Aussehen der jeweiligen Pyxis lässt sich somit direkt an ihrer Bezeichnung erkennen:
  • Der Großbuchstabe gibt die Grundform an.
  • Der Kleinbuchstabe gibt die Gestalt an.
  • Die römische Zahl gibt die Deckelart an.
  • Die arabische Zahl gibt etwaige Sonderformen an.

---

[2] Aus den Ausgrabungen von Tell Mastuma (Wakita, BAncOrMus 16, 1995, 69 Abb. 10:1 Taf. 21:1), Megiddo (Lamon – Shipton, Megiddo I, Taf. 98:1-2) und Beth Shan (Mazar, Beth Shean I, 496f. Abb. 13.10:2 Taf. 13.38) stammen Knochenscheiben mit drei rechteckigen, vertikal gelochten Handhaben, welche zu keinem der bekannten Korpusformen passt. Entsprechend werden sie hier nicht als Deckel geführt. Eine in Erwägung gezogene Funktion als Aschepfannen ist zu recht von Mazar angezweifelt worden (Mazar, ebda.). Wahrscheinlich handelt es sich eher um Abdeckungen von Spiegelfutteralen.

[3] Das Prinzip des Zusammensetzens eines Gefäßes mit einem Standfuß findet sich etwa auch in Ägypten mit der tazza-Form, die als Dose ohne Standfuß und als offene Schale mit Standfuß bei identischer Gestaltung des Korpus' vorkommt (s. Kat. Perfumes, Jerusalem, 134, 148: Pyxis des Echnaton E.11044 und aus der Slg. Anastasi E.3100, ebenfalls NR, 18. Dyn.).

Grundform	Gestalt	Deckeltyp	Varianten
A. rund zylindrisch **(280 Belege)**	a. flach (125)	I. Stülpdeckel (8) II. Schwenkdeckel rund (100) III. Schwenkdeckel, Φ-Form (2)	1. ohne Kompartimente 2. mit Kompartimente
	b. hoch (155)	I. Stülpdeckel (9) II. Schwenkdeckel rund (41) III. Schwenkdeckel, Φ-Form (68)	
B. rund konkave Wölbung **(12 Belege)**	a. flach (-)	I. Stülpdeckel (-) II. Schwenkdeckel rund (-) III. Schwenkdeckel, Φ-Form (-)	
	b. hoch (12)	I. Stülpdeckel (-) II. Schwenkdeckel rund (-) III. Schwenkdeckel, Φ-Form (11)	
C. rund konvexe Wölbung (bauchig) **(97 Belege)**	a. flach (96)	I. Stülpdeckel (5) II. Schwenkdeckel rund (-) III. Schwenkdeckel, Φ-Form (90)	1. ohne Kompartimente 2. mit Kompartimente 3. glatte Wandung 4. gegratete Wandung 5. gerippte Wandung
	b. hoch (1)	I. Stülpdeckel II. Schwenkdeckel rund III. Schwenkdeckel, Φ-Form (1)	
D. eckig **(22 Belege)**	a. flach (3)	I. Stülpdeckel II. Schwenkdeckel III. Schwenkdeckel mit Ösen	1. ohne Kompartimente 2. mit Kompartimente
	b. hoch (19)	I. Stülpdeckel II. Schwenkdeckel	
S. Sonderformen **(63 Belege)**	a. anthropomorph b. theriomorph c. Wannenform d. Kapselform e. Nierenform f. Pyramidenform g. „Tintenfäßchen"	(8) (6) (7) (22) (9) (6) (5)	1. ohne Standfuß 2. mit Standfuß

Deckel/-böden **(110 Belege)**	Typ I.a Typ I.b	(4) (-)	Stülpdeckel, rund Stülpdeckel, eckig
	Typ II.a Typ II.b	(30) (-)	Schwenkdeckel, rund, innenliegende Ösen Schwenkdeckel, eckig, innenliegende Ösen
	Typ III.a Typ III.b	(59) (5)	Schwenkdeckel, rund, außenliegende Ösen (Φ-Form) Schwenkdeckel, eckig, außenliegende Ösen
	Unbest. Boden	(24) (13)	

Abb. 2-1 Formgruppen und ihre Belegzahlen

2.2 FORMEN

Bereits bei einem Blick auf das Zahlenverhältnis[4] der verschiedenen belegten Formgruppen (s. Abb. 2-1) fällt auf, dass die zylindrischen Pyxiden der Formgruppe A mit Abstand (280 Belege) die größte Gruppe stellen. Dabei sind flache und hohe Ausführungen annähernd gleich vertreten, wobei unter den flachen Pyxiden der Deckeltyp II dominiert (99 von 125 Belegen), unter den hohen Pyxiden Deckeltypen II und III annähernd gleich vertreten sind (41 bzw. 68 von 155 Belegen). Die zahlenmäßig zweitgrößte Formgruppe bilden die bauchigen Pyxiden. Unter den 97 bauchigen Pyxiden ist gleichfalls nur eine einzige (Mari.14) formal als „hoch" einzustufen, alle übrigen besitzen eine flache Gestalt. Hinsichtlich der Anbringung der Deckel liegt die Präferenz ähnlich eindeutig bei Φ-förmigen Deckeln des Typs III.a. Lediglich fünf Stülpdeckel sind aufgrund des gemeinsamen Fundumstandes mit ihrem Korpus für diese Gruppe belegbar. Eine weitere Differenzierung innerhalb der Formgruppe ergibt sich bei Berücksichtigung der Korpusgestaltung.

Bei den eckigen Formen (D) dominieren die hohen Ausführungen (19 der 22 Belege für diese Formgruppe). Hier verschwimmt die Grenze zur Kategorie der Kästchen und Truhen. Die aus dem nordwestiranischen Bereich stammenden Belege für hohe, eckige Pyxiden ähneln mit ihren giebelförmigen Deckeln und bemalten Seitenflächen eher kleinen Kästchen. Vielleicht sollte daher gerade für diese Formgruppe mit einer größeren Zahl nicht mehr erhaltener Holzpyxiden gerechnet werden, wobei naturgemäß Holz im Gesamtbestand besonders unterrepräsentiert ist.

Als Sonderformen wurden 63 Objekte eingestuft. Es handelt sich generell um Formen mit wenigen Belegen (zwischen fünf und neun Objekte); lediglich die Kapselform (S.d) übertrifft mit 22 Belegen die übrigen zahlenmäßig bei weitem. Die Sonderformen bereichern aber das Bild der vorderasiatischen Pyxiden bzw. des altorientalischen Kunsthandwerks erheblich. So gehören hierzu vor allem die figürlich gestalteten Formen wie Pyxiden in Gestalt von weiblichen Köpfen/Gesichtern (S.a), Tieren (S.b) und liegenden Mischwesen (S.g). Eine anscheinend auf Zypern beschränkte Form bildet die Formgruppe S.c, die Wannenform. Neben den kleinen kapselförmigen Behältern (S.d) in Einzel- oder Doppelausführung finden sich ebenso pyramidenförmige Pyxiden (S.f) oder Pyxiden in Nierenform mit einem Schwenkdeckel mit rückwärtigem Gelenkstift und innerer Fächeraufteilung (S.e). Sehr eingeschränkt ist die Gruppe der „Tintenfässchen" mit fünf Belegen. Gerade die Sonderformen bezeugen Phantasie und Gestaltungswillen der altorientalischen Handwerker, weswegen diese Gruppen einer gesonderten Betrachtung bedürfen.

Dass bei den Deckeltypen die Stülpdeckel kaum vertreten sind, liegt an der Auswahl der in die Arbeit aufgenommenen Objekte. Wie eingangs ausgeführt wurden nur eindeutig als Deckel oder Boden bestimmbare Gegenstände berücksichtigt, was bei der Schwenkdeckelform recht sicher erfolgen kann, bei den Stülpdeckeln aber nicht. Hier liegen zu viele Verwechselungsmöglichkeiten mit Einlagen, Spielsteinen oder anderen Geräten vor.

---

[4] Hierbei ist zu beachten, dass einige Objekte mangels Zuweisung nur bis zu einem gewissen Grad in der Tabelle erscheinen.

2.3 Materialien

Generell werden in dieser Arbeit die Materialgruppen Metall[5], Stein[6], Bein[7], Holz, Quarzkeramik und Ägyptisch Blau[8] sowie Ton unterschieden (s. Abb. 2-2). Wenn nähere Spezifikationen möglich sind, werden diese entsprechend berücksichtigt. In annähernd gleicher Verteilung sind Quarzkeramik (206) und Elfenbein (188) die beiden am häufigsten verwendeten Materialien. Das Verhältnis wäre noch stärker gegenüber Elfenbein verschoben, wenn im Katalog dieser Arbeit die Pyxiden in Gestalt von Wasservögeln berücksichtigt worden wären.

Nicht verwunderlich ist, dass Holz (28) und Metall (8) nur in wenigen Beispielen vertreten sind. Dieses ist zweifelsohne mit der Vergänglichkeit von Holz und mit der Kostbarkeit bzw. Wiederverwendbarkeit von Metall zu begründen. Ein Blick in die schriftliche Überlieferung wird helfen, dieses Verhältnis ein wenig zu revidieren. Überraschender ist die geringe Zahl an Objekten aus Ton (35), ein Rohstoff, welcher ähnlich flexibel zu verarbeiten ist wie Quarzkeramik. Möglicherweise hat dies mit den Materialeigenschaften von Keramik zu tun. Liegt der Verwendungsbereich der Pyxiden tatsächlich in der Aufbewahrung kosmetischer Produkte, in erster Linie Salben, scheint hierfür die poröse Keramik zunächst wenig geeignet. Darüber hinaus ist Ton – etwa im Vergleich zu Elfenbein – eher ein alltägliches Material und somit von geringerem Wert. Gerade bei exklusiveren Substanzen sollte auch die Verwendung exklusiverer Verpackungen zu erwarten sein.

---

[5] Belegt sind hier Silber und Bronze. Eine genauere Differenzierung der Bronzeart (Zinn-, Arsen-, Bleibronze) bzw. Reinkupfer ist aufgrund fehlender Analysen nicht möglich.

[6] Es sind besonders die „weicheren" Gesteine („Gips", „Alabaster", Kalkstein, Chlorit, Serpentin, Schiefer) verwendet worden (vgl. Moorey, AMMI, 37f.). Gerade bei der Benennung der metamorphen Gesteinsarten besteht eine große Unsicherheit, nicht nur sprachübergreifend, sondern v. a. in der Bestimmung, die im Grunde einer naturwissenschaftlich-mineralogischen Untersuchung bedarf. Eine solche liegt bislang einzig bei den Funden aus Tell Afis vor; dort wurden auch lokale Steinvorkommen berücksichtigt (Mazzoni, FS Orthmann). Die im Katalog genannten Angaben sind der einschlägigen archäologischen Literatur entnommen.

[7] Elfenbein und Knochen sind zwei Stoffe, die bisweilen nur schwer voneinander zu unterscheiden sind (s. Krzyszkowska, Ivory; jüngst zusammenfassend Fischer, Megiddo, Kap. A.2). Eine Bestimmung gerade kleiner Fragmente auf makro- bzw. mikroskopischem Wege kann in den meisten Fällen Klarheit verschaffen, doch wurde dies nicht immer vorgenommen. Reichen auch mikroskopische Untersuchungen nicht mehr aus, können naturwissenschaftliche Analysen herangezogen werden. In unklaren oder zweifelhaften Fällen wird die neutrale Oberbezeichnung „Bein" verwendet.

[8] Wie bei den Gesteinsarten verdient nicht nur die korrekte Identifizierung des Materials besondere Sorgfalt, noch größere Schwierigkeiten bereitet die Benennung dieses „künstlichen Kompositmaterials auf Silikatbasis mit mineralischen Beimengungen". Verschiedene Begriffe wie „Faïence", „Fritte", „Quarzfritte", „Kieselkeramik", „Ägyptisch Blau" … werden im archäologischen Sprachgebrauch verwendet, und auch hier z. T. sehr unterschiedlich. Da „Quarzkeramik" ein weitestgehend neutraler Begriff zu sein scheint und durch weitere Attribute flexibel verwendet werden kann, wird er im Folgenden als Bezeichnung gebraucht. Quarzkeramik kann eine Glasur besitzen und heißt dann entsprechend „glasierte Quarzkeramik". Dies impliziert aber nicht eine Selbstglasur. Davon zu unterscheiden sind glasierte Tongefäße (vgl. zusammenfassend Caubet – Kaczmarczyk, Bronze Age Faience; Moorey, AMMI, 166-168; Wartke in Kat. Türkis, Kassel, 52-54; Matoïan, Ras Shamra-Ougarit, 17-27; Kat. Paris, Faïences, 13-26 oder jüngst mit neuen Materialanalysen Kat. FMV, Paris).

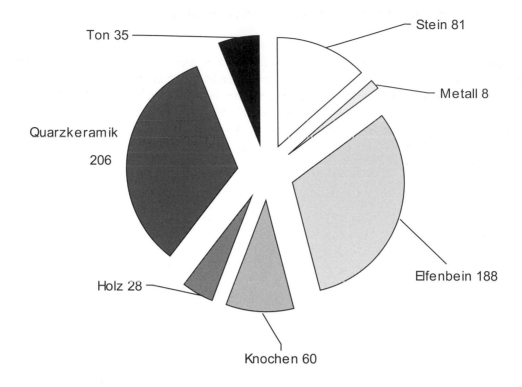

Abb. 2-2 Verteilung der verwendeten Materialien

3. Bauchige Pyxidenformen in der Levante

In dieser Arbeit wird ein „weiter Levantebegriff" verwendet, wie er jüngst von E. Fischer ausführlich diskutiert wurde.[1] Die „Großregion Levante" umfasst danach nicht nur den schmalen Küstenstreifen des östlichen Mittelmeeres zwischen Gaza und Iskenderun, sondern auch dessen Hinterland wie das Ostjordangebiet, Damaskus und Westsyrien und reicht im weitesten Sinne bis an den Euphrat bei Emar heran. In diesem Gebiet ist je nach politischer Konstellation im 2. Jt. ein ägyptischer bzw. hethitischer Einfluss spürbar. Gerade dieses Gebiet zeichnet sich – nicht zuletzt aufgrund seiner verkehrsgeographischen Lage – durch eine kaum zu entwirrende Verflechtung kultureller Strömungen aus.

Die Levante kommt in der Spätbronzezeit, und hier besonders in der sog. „Amarna-Zeit", durch den regen überregionalen Austausch zwischen den Großmächten Ägypten, Hatti und Mittani beziehungsweise Assyrien/Babylonien zu vielfältiger kultureller Blüte. Der wechselseitige Kontakt zwischen den Großmächten und den Vasallenfürstentümer des syrisch-levantinischen Raumes manifestiert sich für uns heute weitestgehend in der höfischen Korrespondenz der beteiligten Parteien, wie sie in Tell el-Amarna entdeckt wurde. Aus ihr wird ersichtlich, wie umfangreich der Austausch von Gütern gewesen sein muss, und wie gering die Zahl der Dinge, die im heutigen archäologischen Befund auf uns gekommen und auch dort nur mit Mühe nachweisbar sind. Zu den genannten Objekten zählen sehr häufig Gefäße – hierunter auch Pyxiden –, die als leicht zu transportierende Dinge aus kostbaren Materialien allerdings nicht immer unbedingt um ihrer selbst willen, sondern auch wegen ihres wohl oft kostbaren Inhaltes verschickt wurden.[2]

Mehrere Studien haben sich zumeist im Rahmen von Untersuchungen zu Handels- und Akkulturationserscheinungen in der Levante mit diversen Objektgruppen beschäftigt. Besonders levantinische Steingefäße, die im Hinblick auf ihr Verhältnis zu Ägypten studiert wurden, fanden in zahlreichen Publikationen Berücksichtigung. Dabei stand zumeist die Betrachtung zur Abhängigkeit von ägyptischen kunsthandwerklichen Produkten im Vordergrund.[3] Für die vorliegende Arbeit von besonderem Interesse sind die Pyxiden in Gestalt von Wasservögeln, welche in längeren Aufsätzen von W. Adler und S. di Paolo zusammenfassend behandelt wurden und auf die hier stellvertretend verwiesen sei.[4]

Im 2. Jt. findet sich in der Levante mit den Pyxiden eine Objektgattung, die im allgemeinen archäologischen Fundrepertoire durch ihr Material, ihre geringe Fundzahl und ihre Formen besonders auffällt. Bauchige Pyxidenformen, die zwar allgemein als levantinische Formen anerkannt sind, wurden bislang jedoch weitgehend vernachlässigt und sehr summarisch behandelt. Gerade unter formalen Gesichtspunkten sind diese Pyxiden aber nur schwierig zu vereinheitlichen. Unterschiede, die wichtig und Voraussetzung für eine ausgewogene Bewertung sind, wurden kaum berücksichtigt.[5] Oft vorschnell werden Objekte einem Typ zugesprochen und so unzulässige Parallelen gezogen. In Einzelfällen kann erst nach eingehender Prüfung etwa die Frage nach dem Importcharakter dieser Stücke gestellt werden.

Hauptanliegen dieses Kapitels ist die Differenzierung der bauchigen spätbronzezeitlichen Pyxidenformen. Von den nur allgemein als „rundbauchig" zu bezeichnenden Formen mit Schwenkdeckel (Kap. 3.1) lassen sich in der Spätbronzezeit drei Formen als levantinisch herausstellen: die

---

[1] Fischer, Megiddo, 3-7.

[2] Vgl. die Zusammenstellung bei Cochavy-Rainey – Lilyquist, Gifts, die allerdings nur anhand weniger Briefe diese Fragestellung verfolgt haben.

[3] Etwa Smith, Interconnections; Helck, Beziehungen; Courtois – Lagarce – Lagarce, Enkomi; Bryan, Art; Sparks, Stone Vessels; Lilyquist, Stone Vessels und hier S. 172f. mit einer ausführlichen Bibliographie zu Steingefäßen.

[4] Adler, Pyxiden; Di Paolo, RSO 71, 1997.

[5] Symptomatisch etwa Barag, EI 25, 1996.

Linsenpyxiden (Kap. 3.2), Pyxiden mit gegratetem Korpus (Kap. 3.3) und Pyxiden mit geripptem Korpus (Kap. 3.4). Zur Eisenzeit bildet sich in Palästina schließlich eine weitere, sehr lokale Form mit einem Standfuß heraus (Kap. 3.5).

3.1 Rundbauchige Pyxiden (Formgruppe C.a.III)

Bauchige Pyxidenformen setzen sich klar von den zylindrischen Formen ab und weisen alle in der Regel als Verschluss einen Schwenkdeckel vom Typ III.a in der markanten Φ-Form auf. Die Zusammenstellung der nicht näher einzuordnenden Pyxiden führt in besonderem Maße die Heterogenität der Objekte in Form und Material vor Augen. Die zum Vorschein kommenden Formunterschiede sind zum Teil auf die unterschiedlichen Materialien (Stein, Elfenbein, Quarzkeramik, Ton) zurückzuführen. Wechselseitige Beeinflussungen in der Gestaltung der Gefäße sind daher kaum nachvollziehbar und in vielen Fällen auch abzulehnen. Gerade bei den Formvarianten mit kugeligem Boden (z. B. Alis.8 und Susa.39) muss hinter der Ähnlichkeit nicht notwendigerweise ein typologisch wirksamer Einfluss gesucht werden.

Die meisten Belege treten in der mittleren Spätbronzezeit mehr oder minder zeitgleich auf. Alal.4 und Uga.8 gehören zu den ältesten Belegen[6] und gehören noch in die Mittelbronzezeit, während der Hauptteil der Funde in die Spätbronzezeit zu datieren ist. Als einziges wirkliches Importstück scheint letztlich nur Alal.4 gewertet werden zu können, worauf dessen Form und Material hinweisen. Die übrigen Funde, auch Gurob.1 oder Assur.8, müssen als levantinische Erzeugnisse gelten.

3.1.1 Bauchige Pyxiden mit figürlich verzierten Handhaben

Gurob.1 (Taf. 25) gehört aufgrund des figürlichen Dekors sicher zu den bekannteren der in dieser Arbeit behandelten Pyxiden. Ausgehend von einer breiten Standfläche, die mit Rosette und textilartigem Schraffurband verziert ist, wird der Korpus sehr bald steiler, um Platz für die Bildfläche auf der Wandung zu schaffen. Dort sind zwischen den zwei Griffknubben jeweils zwei Sphingen an einem Volutenbaum dargestellt. Die sehr schlanken Sphingen erinnern an ägyptische Vorbilder. Sie tragen Kopftücher, die auf die Brust herabfallen, und an der Stirn Uräusschlangen. Die Flügel wachsen aus dem Schulterbereich heraus und sind nicht in Deck- und Schwungfedern unterteilt. An den Hinterschenkeln befinden sich Markierungen, die als gebundenes bzw. angelegtes zweites Flügelpaar gedeutet werden können. Der Schulterknick des Korpus' ist scharf und die Schulter selbst annähernd waagerecht. Die Lippe bzw. Schulter ist mit einem Zungenblattkranz und am äußersten Rand mit einem doppelten Kordelband versehen. Die Griffknubben zeigen ein weibliches, spitzovales Gesicht mit breiter Nase, großen Augen und schmalen Lippen. Die Ohren sitzen sehr hoch und wirken für das Gesicht zu groß. Die Haare sind über der Stirn gescheitelt und fallen seitlich in zwei großen, nach außen gedrehten Locken herab. Mit dieser Reliefverzierung ist Gurob.1 bislang einmalig unter der bauchigen Pyxiden. Die Pyxis Gurob.1 steht formal den Linsenpyxiden sehr nahe (s. Kap. 3.2); den Zickzackdekor auf der Schulter teilt sie etwa mit Qasi.1. Sie unterscheidet sich aber von diesen vor allem durch ihre weite Mündung und den flachen Korpus.

Die figürliche Ausgestaltung der Handhaben findet sich hingegen öfter wieder, prominent vertreten bei der in Gruft 45 in Assur gefundenen Elfenbeinpyxis Assur.8 (Taf. 26a, b). Ihre Standfläche ist nur schwach ausgebildet, darüber folgt der annähernd halbrunde Korpus. Der Schulterumbruch ist runder, und die Schulter führt beinahe waagerecht zur leicht erhöhten Lippe. Die Griffknubben sind vertikal durchlocht und mit einem menschlichen Gesicht verziert. Aus dem runden Gesicht schauen die großen Augen mit leicht erstauntem Ausdruck hervor. Die Lippen sind voll, die leicht beschädigte Nase wirkt dagegen recht schmal. Die Haare fallen gerade in die Stirn und in zwei längeren Haarsträhnen hinter den Ohren in einer großen S-förmigen Locke nach vorn. Sehr ähnlich, wenn auch bedeutend schlechter erhalten und erheblich kleiner, ist Assur.9. Die beiden Pyxiden mit frauenkopfgestaltigen Handhaben aus

---

[6] Caubet weist sogar auf einen möglichen Vorläufer aus Tell Taya aus dem ausgehenden 3. Jt. hin (vgl. Kat. FMV, Paris, 209).

Assur (Assur.8 und Assur.9) datieren in die mittelassyrische Epoche, wie sich durch die entsprechenden Vergleiche und nicht zuletzt durch den Fundkontext erschließen lässt.

Handhaben in Gestalt von Frauenköpfen sind ebenfalls bei Lach.6 und Fray.1 verwendet worden (Taf. 26c, d). Lach.6 stellt eine Mischung des Rippenpyxidentyps mit leichtem Standfuß und den figürlichen Handhaben dar. Das Haar ist hier nicht mehr zu Locken gerollt, wie sonst in Anlehnung an die Hathortracht üblich, sondern rahmt in dicken Zöpfen das Gesicht. Schon O. Tufnell hat auf ihren unägyptischen Stil hingewiesen.[7] Die Pyxis Fray.1 kann direkt daneben gestellt werden, eine eher napfförmige Pyxis aus Stein auf einem kleinen Standfuß. Bei dem Gesicht fehlt die Angabe von Haar, die Brauen sind zusammengewachsen, die Augen stark nach außen gewölbt, mehr im Stil separat gearbeiteter Gesichtsapplikationen aus Elfenbein etwa aus Kamid el-Loz.[8] Nicht zuletzt durch das spitze Kinn entsteht eine größere Ähnlichkeit mit Metallplaketten, welche stark stilisierte Frauen zeigen.[9]

Mit Applikationen von Stierköpfen anstelle der Handhaben ist DA.1 versehen. Die Standfläche ist recht breit, die Wandung zieht nur schwach gewölbt nach oben und endet gerade ohne Lippe. Der Boden ist auf der Unterseite mit einer Rosette versehen. Die Verzierung der Wandung besteht im unteren Drittel des Bauches aus einem Wellenband, die Schulter wird markiert durch ein Band mit Fischgrätmuster, und von der Lippe hängen doppelte Dreiecke herab.

Während Fray.1, Lach.6 oder auch DA.1 aufgrund ihrer gröberen Gestaltung und ihres Materials als lokale Produkte angesprochen werden können, ist die Herkunftsfrage – ob aus Ägypten oder der Levante – bei den Pyxiden Gurob.1, Assur.8 und Assur.9 ungleich schwieriger und hat Anlass zu vielen Kontroversen gegeben. E. Chassinat, der dieses Stück als erster veröffentlichte, sah in Gurob.1 ein Objekt, welches, wenn auch unter dem Einfluss asiatischer Handwerker, in Ägypten entstanden ist.[10] Vandier d'Abbadie folgt ihm darin ebenso wie der Bearbeiter im Pariser Katalog.[11] Barnett hingegen hat bereits 1939 eine Herkunft aus dem levantinischen Bereich angedeutet und sieht in dem Stück einen frühen Vertreter der sich entwickelnden phönikischen Kunst.[12] Auch bei Lagarce – Lagarce[13] kommt zum Ausdruck, dass sich sowohl die Form als auch die Motivik aus dem levantinischen bzw. syro-mesopotamischen Raum ableiten lassen.

Die Form mit dem flachen Boden und der leichten Schulterwölbung spricht für eine levantinische Herkunft. Während die Sphingen und die floralen Elemente sich stark an ägyptische Vorbilder anlehnen – etwa die „angelegten Flügel" an den Hinterschenkeln oder das Kopftuch mit Uräusschlange –, deuten andere Details wie die Rosetten unter den Köpfen bzw. auf dem Boden der Pyxis oder das Flechtband auf der Standfläche bzw. das Kabelband auf der Schulter eher auf eine levantinische

---

[7] Tufnell, Lachish II, 63: „The general style of 58 is quite un-Egyptian, as are the features of the two faces, and a Syrian origin for this piece is strongly suggested."

[8] Etwa aus Kamid el-Loz (Miron, Schatzhaus, Taf. 37, 38); vgl. Luciani, Ivory, 30.

[9] Etwa Schaeffer, Syria 13, 1932 Taf. IX:1; zusammenfassend Negbi, Canaanite Gods, 95-103. Rein formal besteht hier auch Ähnlichkeit zu den iranischen Ösen in Gestalt von Frauenköpfen (s. Kap. 6).

[10] Chassinat, BIFAO 1, 1901, 231.

[11] Vandier d'Abbadie, Objets de toilette, 47: „Chaque groupe [die Sphingen] est séparé par un motif floral stylisé, d'inspiration asiatique, comme tout le décor de la coupe." Obwohl der Bearbeiter vorher noch Vergleiche zu einer Sphingendarstellung aus Enkomi gezogen hat, heisst es im Kat. Aménophis, Paris, 359: „Cette boîte à onguent, une nouvelle fois atteste l'originalité de l'atelier de Gourob, peut-être sous l'influence d'étrangers, présents au Fayoum à cette époque."

[12] Barnett, PEQ 71, 1939, 6f.: „[...] it would be difficult to deny the possibility that this bowl had been carved at Byblos or Sidon in Phoenicia." Unter Verweis auf zwei ägyptische Objekte im British Museum, Vertreter der von ihm als „bird's nest bowls" bezeichneten Gruppe, kommt er später zu dem allerdings zweideutigen Schluss „[...] these show that this shape also either is Egyptian of the New Kingdom [...] or it is of Syrian or Phoenician origin and was copied in Egypt" (Barnett, CNI, 94).

[13] Sie verweisen auf die Verbreitung der Form von Gurob.1 mit seitlichen, gelochten Handhaben und Vergleichsfunde im „nicht-ägyptischen" Vorderen Orient (Courtois – Lagarce – Lagarce, Enkomi, 150f.). Gegen Lagarce – Lagarce ist m. E. die Linsenform von Alal.5 von Gurob.1, Assur.8 und Assur.9 jedoch formal zu unterscheiden.

Herkunft. Die Frauenköpfe mit den großen, an den Enden eingerollten Locken erinnern an Darstellungen der ägyptischen Göttin Hathor. In der ägyptischen Kunst wird die anthropomorphe Form der Hathor jedoch mit Kuhohren dargestellt. Diese fehlen nicht nur auf Gurob.1, sondern auch bei allen anderen Pyxiden mit Handhaben in Gestalt von Frauenköpfen.[14]

Motivische Parallelen bestehen zu kleinen elfenbeinernen Frauenköpfchen, wie etwa dem bereits genannten Beispiel aus Kamid el-Loz oder zu einem Fund aus Ras ibn-Hani. Sie gleichen in Gesichtsschnitt, Gestaltung der Haarlocken, breiter, flacher Nase und den umrandeten Augen stark den Frauenköpfen der Pyxis und sind nur zwei unter vielen vergleichbaren Belegen.[15] Bei den Funden aus Megiddo wird anhand der Dübellöcher auf der Rückseite ersichtlich, dass es sich auch hier um Applikationen gehandelt hat.[16] Auch ein Flaschenaufsatz aus Hazor bezeugt das Motiv in nahezu identischer Gestaltung in Elfenbein für eine andere Objektgattung.[17] Allgemein kann festgestellt werden, dass Frauenkopfdarstellungen mit „Hathorperücke" in der Levante ab der Mittelbronzezeit in unterschiedlichen Objektgattungen sehr weit verbreitet gewesen sind.[18] Bei der Übernahme des Frauenkopfmotivs für die Handhaben von Pyxiden handelt es sich also zunächst um einen dekorativ-gestalterischen Prozess in der kunsthandwerklichen Produktion. Die Pyxis aus Tell Deir ʿAlla (DA.1) mit ihren zwei Stierköpfen zeigt das gleiche Gestaltungsprinzip mit einem anderen Motiv. Eine weitere analoge Erscheinung zur Protomengestaltung mit Frauenköpfen findet sich seit der Mittelbronzezeit auch bei Gefäßen mit Widderkopfprotomen in Palästina.[19]

Weder das „Hathorkopfmotiv" noch der allgemein stark ägyptisch ausgerichtete Stil sind ausreichende Argumente für eine Lokalisierung von Gurob.1 in Ägypten. Vielmehr weist die Gefäßform und das Ornamentrepertoire in die Levante, wo ägyptische Ikonographie seit langem rezipiert und gepflegt wurde. Aus heutigem Blickwinkel scheint die Frage, ob diese Pyxiden aus (Unter-)Ägypten oder der Levante stammen, angesichts des weitreichenden ägyptischen Einflusses in der Levante während der Spätbronzezeit in ihrer Schärfe ohnehin verfehlt, da eine Abgrenzung beider kaum möglich ist. Ägypten ist kultureller Orientierungspunkt in der Levante bereits in der Mittelbronzezeit und ab der Spätbronzezeit die politisch dominierende Macht im Süden der Region, was nicht zuletzt zahlreiche Befestigungsanlagen bezeugen.[20] Bei einer derart engen Vertrautheit mit ägyptischen Formen liegt es nahe, diese bereits als Ausdruck eines eigenen levantinischen Stils zu sehen; ein äußerer Einfluss muss nicht mehr unbedingt gesucht werden.[21] Die Frage der Deutungsmöglichkeiten dieses Frauenkopfmotivs wird in Kap. 8.1 im Zusammenhang mit den Gefäßen in Frauenkopfform aufgegriffen.

---

[14] Für einen Beleg der „kuhohrigen Hathor" kann auf den Fund von Tell Feḥerije verwiesen werden (Kantor, Fakhariyah Ivories, 59, 67 Taf. 62:48, 49).

[15] Bounni – Lagarce – Lagarce, Ras ibn Hani I, 66 Abb. 123; vgl. die Zusammenstellung bei Luciani, Ivory, 27-30.

[16] Loud, Megiddo Ivories, Taf. 44:190-193.

[17] Fundnr. F 628/11, Yadin u. a., Hazor III-IV, Taf. 323:1-3; jüngst Fischer, Megiddo, 189 Nr. *F.15.

[18] Vgl. den Kommentar von Kantor (Fakhariyah Ivories, 59f.). Auf den jüngsten Fund einer Goldapplikation mit einem „Hathor-Kopf" zwischen zwei Entenköpfen auf der Königsgruft von Qatna mag aufgrund der außergewöhnlichen Qualität verwiesen werden (Maqdissi u. a., MDOG 135, 2003, Abb. 17).

[19] Zu Widderkopfprotomen vgl. Sparks, MedA 4, 1991.

[20] Außerdem ist, wenn auch wohl nur in begrenztem Umfang, mit der Anwesenheit fremder Handwerker in Ägypten zu rechnen, die als Kriegsgefangene oder Sklaven in königlichen Werkstätten eingesetzt waren (vgl. Janssen, SAK 3, 1975, 160, 172f.). Janssen verweist hierzu auf eine entsprechende Liste ausländischer Sklaven im Papyrus Leningrad 1116 *verso*.

[21] S. Singer, BASOR 269, 1988, der auf die These von Alt zurückgreift; vgl. auch Redford, Egypt, Kap. 6-8 und jüngst Higginbotham, Ramesside Palestine – letztere betrachtet die Verhältnisse allerdings aus der Perspektive zweier vorgefasster Modelle („direct rule vs. elite emulation"), die bereits kritisch zu betrachten sind; auch ist Higginbothams Identifikation ägyptischer Objekte in der Levante als Voraussetzung für die Bestimmung ägyptischen Einflusses nicht immer überzeugend. Gubel hat unlängst bemerkt, dass sich die Frage stellt, „[…] ob die Invasion

3.1.2 Unverzierte bauchige Pyxiden

Ein sehr wichtiges Stück ist die Steinpyxis Alal.4 aus Alalach, die zu den ältesten Belegen für diese Form gehört (Taf. 27a, b). Es handelt sich um eine flache, bauchige Pyxis mit langen, vertikalen Ösen zur Befestigung und Fixierung des Schwenkdeckels. Der Korpus ruht auf einer flachen Stand-fläche und wölbt sich ovoid gedrückt zur Schulter und Mündung. Die Lippe ist nur leicht ausgestellt. Den besonderen Reiz des Objektes macht das Material aus: grünlicher, geäderter Serpentinit für den Deckel und rötlicher, geäderter Serpentinit für den Korpus.[22]

Weniger hoch ist Uga.8, besitzt aber einen ebenfalls ausladenden Bauch (Taf. 27c). Auf dem wulst-förmigen Körper befindet sich eine hohe, umgeschlagene Lippe an der zwei kleine knubbenartig Ösen ansetzen. Das Gefäß ist aus Quarzkeramik gefertigt und erinnert an die Linsenpyxiden; von diesen trennen sie aber die Art des Deckels und auch der ungewöhnlich hohe Rand sowie die extrem kleinen Ösenansätze. Die Standfläche ist gerade und wirkt wie ein kleiner Sockel. Sockel und Schulter sind durch einen aufgemalten schwarzen Streifen vom Bauch abgesetzt.[23] Wie eine Verkleinerung von Uga.8 erscheint Bab.2, die einen ähnlich runden Bauch und einen betonten Rand hat. Die Ösen müssen innen gelegen haben, da außen keine Ansätze erkennbar sind. Auch dieses Objekt ist aus Quarzkeramik. Ob der neben Bab.2 abgebildete Deckel[24] zur Pyxis gehört, ist nicht eindeutig. In jedem Fall unterscheidet er sich von den übrigen durch seine ovale Form und gehört dem Typ II.a an.

Ausladender in der Form ist der Fund aus Beni Hassan (Beni.1), der fast wie eine Schale wirkt (Taf. 27d). Die schmalen Handhaben zeigen allerdings die Befestigung eines Schwenkdeckels an. Als Besonderheit weist diese Holzpyxis im Inneren auf dem Boden eine gravierte, sechsblättrige Rosette in einem Kreis auf. Der Platz zwischen den Blättern ist mit Punkten gefüllt. Dieses Motiv findet sich vergleichbar auf Pella.1 wieder, wo sogar der Rand mit in das Dekor einbezogen ist, und auch auf Theb.2.

Mari.14 ist aus Holz gefertigt und stellt den bislang einzigen Beleg für die Formgruppe C.b dar.[25] Zwei Handhaben setzen direkt an der Lippe an, darunter schwingt der Bauch nach unten aus. Ein Schwenkdeckel ist zu dieser Pyxis ebenfalls noch erhalten. Hatten die anderen Pyxiden ihren größten Durchmesser an oder kurz unterhalb der Schulter bzw. in der Gefäßmitte – also eine mehr aufsteigende Form –, so liegt der Schwerpunkt von Mari.14 im unteren Gefäßdrittel, was der Pyxis ein eher plumpes Aussehen verleiht.

---

der Seevölker in der Tat einen so abrupten Bruch mit den bronzezeitlichen Traditionen bewirkt hatte, oder ob sie nicht vielleicht nur eine Verschiebung des Epizentrums künstlerischer Traditionen mit sich brachte." (Gubel, Ägypten, 70).
Aspekte ägyptischen Kultureinflusses auf das levantinische Kunsthandwerk mit Schwerpunkt in der Spätbronze- und Früheisenzeit sind auch Gegenstand des Teilprojektes A.10 des Sonderforschungsbereiches 295 an der Johannes Gutenberg-Universität Mainz von 2003-2008, an dem ich seit 2003 tätig bin.

[22] Materialidentifikation nach Lilyquist, Stone Vessels, 148. Aus formalen Gründen könnte man geneigt sein, hier ägäische Vorbilder zu vermuten. Im Repertoire der minoischen Steingefäße gibt es verschiedene Formen geschlossener Gefäße mit einknickendem Profil, auch mit seitlichen Handhaben, keine sind jedoch vertikal gelocht bzw. vertikal längs ausgezogen wie Alal.4 (vgl. Warren, MSV, 17-21).

[23] Caubet verweist noch auf eine vergleichbare Pyxis aus Ugarit, heute im Museum von Aleppo (in Kat. FMV, Paris, 209).

[24] Reuther, Innenstadt, Taf. 49b.

[25] Gleichsam ins Übergroße gesteigert ist die gleiche Form bei einem Steingefäß in Ugarit, das auch namengebend für das „bâtiment au vase de pierre" war in dessen Eingangsbereich es gefunden wurde (Yon, Cité d'Ougarit, 78; vgl. Grundriss Abb. 37). Die Gestalt ist die gleiche wie etwa bei Assur.19, allerdings misst das Steingefäß ca. 1,00 m in der Höhe. Es handelt sich eher um ein Vorratsgefäß für Lebensmittel, wobei bei der Inter-pretation die Funktion des Gebäudes mit berücksichtigt werden muss.

3.1.3 Bauchige Pyxiden mit Standfuß

Eine formal große Ähnlichkeit mit Beni.1 besitzt Meg.4, von der leider nur ein Korpusfragment erhalten ist (Taf. 28a, b). Erkennbar ist jedoch die sehr kleine Handhabe an dem bauchigen Korpus. Auf dem Mittelpunkt der Unterseite sind eine kleine Bohrung und ein aufgerauhter Bereich zu sehen. Gerade im Hinblick auf Abus.1, KH.48 und KH.49 liegt hier der Schluss auf einen separat angesetzten Standfuß nahe.

Abus.1 ist leider nur als Umzeichnung publiziert (Taf. 28c). Es handelt sich bei dem Beleg um eine Pyxis auf konischem Fuß, der angestückt worden ist. Der Korpus scheint an der Schulter schärfer umzubrechen, und die Handhaben wirken nach unten ausgezogen. Der Schulterumbruch ist mit einer Reihe von Kreispunkten verziert, wie sie auch als Randmotiv des Deckels erscheinen. Dieser besitzt ein komplexeres Rosettenmuster vor einem gepunkteten Hintergrund. Direkt vergleichbar sind zwei bauchige Pyxiden auf einem konischen Standfuß im Louvre (KH.48 und KH.49), deren Deckel ebenfalls mit einem Rosettendekor verziert sind.

Von Korpus und Standfuß her vergleichbar ist auch Beth.3 (Taf. 28d). Der Schulterumbruch ist allerdings nicht ganz so scharfkantig. Ausschlaggebend für den veränderten Eindruck sind die längeren und massiveren Handhaben, die einander gegenüberliegend dem Gefäß eine stark horizontale Optik verleihen. An dieser Stelle soll noch auf Meg.5 verwiesen werden, die als Pyxis mit einem Standfuß betrachtet werden mag. In der Bodenmitte befindet sich ein größeres Loch, von dem G. Loud zu Recht vermutet, dass hier der Standfuß eingefügt worden sein könnte. Der Schulterknick befindet sich knapp über der Gefäßmitte, und die Schulter endet in einer Wulstlippe.[26]

Auch Umformungen in Ton existieren, wie Lach.4 und Lach.5 bezeugen. Lach.4 (Taf. 28e) besitzt ein weites, bauchiges Reservoir mit einem Standfuß. Der Standfuß ist an den Gefäßkörper angearbeitet und am unteren Rand umgeschlagen, wie es auch bei zahlreichen Gefäßständern aus Keramik vorkommt.[27] Vergleichbare Formen, allerdings als offene Schalen gehalten, finden sich ebenfalls häufiger in Lachisch.[28]

Aus dem keramischen Repertoire übernommen ist auch die Standfußpyxis Lach.5. Das napfartige Gefäß hat an der Lippe zwei waagerechte Handhaben, die durchlocht sind, und es somit als Pyxis ausweisen. Der Standfuß verleiht dem Objekt eher den Charakter eines Pokals. Standfuß und Korpus sind dabei separat gearbeitet, die Nahtstelle ist außen durch einige Rillen markiert. Der Korpus ist mit roter Bemalung in Form von je zwei Schlangenlinien zwischen vertikalen Strichen verziert. Hinsichtlich der Form fällt auf, dass der Korpus stärker gerundet und die Schulter nur schwach ausgebildet ist.

3.1.4 Steinpyxiden in bauchiger Form

Fünf Pyxiden können nicht zuletzt aufgrund ihres Fundortes als Produkte der levantinischen Steingefäßproduktion betrachtet werden, die formale Ähnlichkeiten mit den vorgenannten Objekten aufweisen. Die Pyxis Pella.1 ist sehr flach und erinnert in der gedrungenen Form an die Linsenpyxiden (Taf. 29a, b). Der Schulterbereich ist mit einem Zickzackmuster versehen, dessen Dreiecke abwechselnd leer und gepünktelt sind. Diesem Dekor entspricht ein Zickzackband auf der Lippe. Wie bei Beni.1 zeigt der Korpus innen eine sechsblättrige Kompassrosette, deren Blätter leer, der Hintergrund aber ebenfalls mit Punkten gefüllt ist.

In der Formung des Gefäßkorpus' ähnelt Beth.2 Pella.1, allerdings ist der Boden nicht flach, sondern leicht gewölbt (Taf. 29c). Außerdem ist das Objekt unverziert. Für Beth.2 wird das gleiche Material angegeben, doch ist die Gefäßform erheblich tiefer. Form und Material entsprechen auch dem Fund Sa'id.3 aus Tell es-Sa'idiyeh, deren Korpus jedoch flach ist. Ähnlich tiefere, napfförmige Pyxiden finden

---

[26]   Ein enger Vergleich besteht zu einer Steinschale, die ebenfalls mit feinen Rippen auf der Außenseite versehen ist (Åström – Åström, SCE IVD, 541 Abb. 71:47).

[27]   S. etwa Killebrew, FS Dothan, Abb. 1:12.

[28]   Etwa Tufnell, Lachish II, Taf. 46.

sich auch bei Bab.1 und Susa.40. Bab.1 etwa besitzt einen nur leicht abgeflachten Boden (Taf. 29e). Der Korpus zieht sich gleichmäßig ohne Lippe und Schulter nach oben. Die Handhaben sitzen am oberen Rand und sind aus der Wandung gezogen. Der Deckel schließt direkt mit der Lippe ab. Der Unterschied zur Linsenform besteht in der größeren Höhe des Gefäßes – sie unterscheidet die Schale vom Napf – und der fehlenden Schulterpartie.

Mit kurzen Handhaben, aber tiefem Korpus erscheint ein Beleg aus durchscheinendem Stein (Bergkristall?) aus Assur, Assur.10 (Taf. 29f, g). Das mit 3,2 cm Höhe sehr kleine Objekt ist entsprechend dickwandig und weist ein Reservoir von lediglich 2,4 cm im Durchmesser auf. Trotzdem ist die Schulter klar als solche erkennbar und scharf abgesetzt. Gerade im Vergleich zu Sa'id.4 wird deutlich, wie ungewöhnlich klein das Reservoir ist.

Eine sehr ähnliche Form besitzt Sa'id.4, die ebenfalls aus Stein gefertigt ist und entsprechend kurze Handhaben besitzt (Taf. 29g). Allerdings ist bei Sa'id.4 der eher napfförmige Korpus mit einem Standfuß kombiniert; der Fuß ist dabei leicht kanneliert. Eine vergleichbare Kombination von Standfuß und Korpus bietet im Übrigen auch Fray.1, wie bereits ausgeführt.

Bei den Steingefäßen lassen sich Material und Herstellungstechnik nur teilweise für die Frage nach der Herkunft heranziehen.[29] Die palästinischen Funde Pella.1, Beth.1, Beth.2, Sa'id.3, Sa'id.4 und Fray.1 sind aus Gips gefertigt, dem weniger säureanfälligen Kalziumsulphat-Dihydrat. Lange Zeit galt Ägypten als Hauptquelle für Calcit und die Levante als einzige Quelle für Gips; entsprechend wurde die Herkunft der Gefäße bestimmt. Moderne Lagerstättenforschung hat aber Vorkommen von Gips und Calcit in unterschiedlichen Qualitäten in der gesamten Levante und Ägypten festgestellt.[30] Ähnlich verhält es sich mit der Herstellungstechnik, bei der primär ausgebohrte und frei mit dem Meißel geformte Gefäße unterschieden werden können. So bestimmt etwa Ben-Dor die mit Bohrer ausgehöhlten Gefäße als ägyptisch, die frei geformten als palästinisch.[31] Neuere Studien haben aber gezeigt, dass durchaus auch Mischformen in der Bearbeitung vorkommen können und dass Bohrer entsprechend in der Levante bekannt waren. Auch die freie Formung erscheint bei ägyptischen Gefäßen zuzeiten und ist somit kein absolutes Bestimmungskriterium.[32] Demgemäß schließt Lilyquist: „Nor does the skill of any craftsman in Egypt, the wealth of stones available, or the favorable conditions for preservation there certify that any particular vase type found in Egypt originated in Egypt. [...] Thus to coin a type 'Egyptian' because the best preserved or finest quality example was found in Egypt rather than elsewehere could be inappropriate."[33] Sparks zieht jedoch nach wie vor Material und Bearbeitungstechnik der Steingefäße heran. Hinsichtlich der Korrelation von Material, Technik und Formenschatz, scheint die

---

[29] Für eine kurze Zusammenfassung der verschiedenen Mineralien und Gesteine s. Moorey, AMMI, 37f. bzw. Lilyquist, Stone Vessels, 136-144. Problematisch ist die Differenzierung der Materialien Kalziumsulphat – Gips und Calciumcarbonat – Calcit, die sich makroskopisch stark ähneln und für eine korrekte Bestimmung mikroskopischer Untersuchung bedürfen. Verwirrend ist die umgangssprachliche Bezeichnung „Alabaster", die mit wechselnden Adjektiven im archäologischen Gebrauch oft unterschiedlich, bisweilen sowohl für Gips als auch für Calcit, verwendet wurde. Für eine kurze Zusammenfassung der verschiedenen Mineralien und Gesteine s. Moorey, AMMI, 37f.; Lilyquist, Stone Vessels, 136-144; Aston, AESV, 42-53; Aston – Harrell – Shaw, Stone, 21f., 59f.

[30] So weist Lilyquist unter Berufung auf verschiedene Autoren darauf hin, dass Calcit etwa in der Negev oder dem Jordantal vorkommt, Gips auch auf dem Sinai oder in der Türkei (Lilyquist, Stone Vessels, 140f.). Sparks betont aber, dass nach wie vor der Hauptanteil ägyptischer Gefäße aus Calcit, der Hauptanteil levantinischer Gefäße aus Gips sei (Sparks, Stone Vessels, 51-53). Nach Aston sind die ägyptischen Gipsvorkommen auch lediglich im Alten Reich genutzt worden (Aston, AESV, 49f.).

[31] Ben-Dor, QDAP 11, 1945.

[32] Bereits von Bissing, Steingefäße, IVf.; vgl. Lilyquist, Stone Vessels, 146; s. a. Sparks, Stone Vessels, 53-57; Aston – Harrell – Shaw, Stone, 64f.

[33] Lilyquist, Stone Vessels, 144.

bereits von Ben-Dor getroffene Unterscheidung aber noch im Wesentlichen gültig zu sein.[34] Die Objekt-gattung der levantinischen Steingefäße zeigt deutlicher noch als die Formen der levantinischen Elfenbein-behälter Folgeerscheinungen kulturellen Austausches zwischen Ägypten und Levante. Dieser Austausch manifestiert sich nicht nur im Import, sondern mehr noch durch Adaptation fremder Formen. Unter Rückgriff auf den eigenen Formenschatz, wie er sich etwa in Holzgefäßen bietet, kommt es schließlich zur Auseinandersetzung mit dem Fremden und letztlich innovativen Neuformen, unabhängig vom ägyptischen Gefäßrepertoire, so Sparks.[35]

3.2 Linsenförmige Pyxiden (Formgruppe C.a.III.3)

Die Bezeichnung „Linsenform" oder „Linsenpyxis" orientiert sich an der von Schaeffer für die ugaritischen Funde gewählten und in der französischen Literatur gebräuchlichen Bezeichnung „lenticulaire".[36] Mit Linsenform ist im Folgenden die flache, gedrückte Form bauchiger Pyxiden gemeint. Der Korpus der Pyxiden dieser Formgruppe besitzt seinen größten Durchmesser im oberen Drittel bzw. direkt am stärker ausgeprägten Schulterumbruch. Der Schulterverlauf ist in der klassischen Form annähernd horizontal mit scharfem Umbruch, der sich später zu einer Rundung verschleift. Die Standvorrichtung besteht in der Regel aus einem kleinen Standring, der auch zu einem Füßchen vergrößert sein kann. Die Handhaben reichen nur bis zur Schulter, wobei eine immer ein vertikales Dübelloch zur Aufnahme des Gelenkstiftes besitzt. Die andere kann ein horizontales Stiftloch für einen horizontalen Dübel aufweisen, an dem der Deckelknauf mittels eines Bandes zum Schließen fixiert werden konnte (vgl. Taf. 8a). Bei manchen Belegen ist auch die zweite Handhabe vertikal durchbohrt, sodass der Deckel mit einem zweiten Stift arretiert werden konnte. Die in manchen Fällen erhaltenen Stifte sind hierbei pilzförmig. Der Deckel entspricht dem gängigen Φ-förmigen Typ III.a und ist im Normalfall mit einer Kompassrosette verziert. Im Durchschnitt beträgt der Durchmesser zwischen 6,0 cm und 7,0 cm, die mittlere Höhe liegt zwischen 3,0 cm und 4,0 cm.

3.2.1 Objekte

In der „klassischen" Form mit scharfem Schulterknick, breiter Schulter, schmaler, leicht erhabener Lippe, rechteckigen, gelochten Handhaben und schmalem Standring ist der Typ der Linsenpyxis gleich mehrfach in Ugarit vertreten (Taf. 30a, b). Uga.9 und Uga.10 gehören zu den besten Belegen für diesen Typ. Leichte Variationen bestehen im Dekor des Deckels, der nahezu ausnahmslos mit einem Kompassrosettenmuster verziert ist. Dabei sind die Blätter so angelegt, dass je sechs im Vordergrund liegen; von den dazwischen liegenden sechs Blättern ist immer nur die Blattspitze zu sehen. Die Gravur ist nicht ganz exakt ausgeführt, so sind Überschneidungen der Linien auszumachen. Der Deckel von Uga.10 ist an einer Seite leicht abgeschrägt, was auf die Wuchsform des Zahnes zurückgeführt werden kann. Ein zu Uga.9 auch in der Deckelgestaltung nahezu identischer Beleg ist KH.45, die allerdings ein wenig größer ist.[37]

Bei Lach.3 ist die Lippe schwach ausgearbeitet und setzt sich in den Handhaben fort (Taf. 30c). An der ausgebrochenen Stelle gegenüber der einen erhaltenen Handhabe wird eine zweite zu rekonstruieren sein, sodass das Objekt sicherlich in diese Gruppe der Linsenpyxiden ein-

---

[34] Vgl. Sparks in Bourke u. a., Pella, 45.

[35] Sparks in Bourke u. a., Pella, 47. Überraschend ist dabei ihre Feststellung, dass „[t]hese three steps – import, adaptation and innovation – appear archaeologically almost simultaneously."

[36] Barnett bezeichnet die linsenförmigen Pyxiden mit figürlichen Handhaben als „bird's nest bowls" (Barnett, CNI, 92-94), doch subsumiert er unter diesem Begriff sowohl Pyxiden mit verschließbarem Deckel als auch offene Schalen bzw. flache Kosmetikpaletten, Gefäßformen also, die eher getrennt werden sollten.

[37] Zwei weitere Beispiele, Uga.11 und Uga.12, werden von Gachet als „lenticulaire" erwähnt; eine entsprechende Bewertung muss aber bis zur Endpublikation warten.

gereiht werden kann. Den Boden bildet ein sehr schmaler Standring oder eine schmale Standfläche. Wie auch bei den Objekten aus Ugarit ist die Handhabe mit einem horizontalen Dübelloch in der Stirnseite versehen.[38]

Kamid.1 steht auf einem kleinen Standring und ist von schlankerer Form (Taf. 30d, e). Die hoch angesetzte Schulter endet in einer kleinen Lippe. Auch diese Pyxis besitzt an einer Handhabe nicht nur ein vertikales Stiftloch für einen Knauf zur Befestigung, sondern zusätzlich ein horizontales. Ein pilzförmiger Knauf, der zum Schwenken des Deckels dient, wurde noch in dem Gelenkloch gefunden, doch stellt R. Miron fest, dass dieser Knauf besser in das horizontale Loch an der Stirnseite der gegenüberliegenden Handhabe passt.[39] Diese Handhabe besitzt aber auch noch ein zweites, vertikales Dübelloch. Möglicherweise wurde der Deckel hier nicht mit einem Band über die Deckelkante verbunden, sondern mit dem kleinen Knauf, der im geöffneten Zustand in die horizontale und zum Schließen durch das Deckelloch in die vertikale Bohrung gesteckt werden konnte.

In gleicher Weise sind die Handhaben von Meg.3 durchbohrt (Taf. 31a-d). Der Korpus ist leicht konisch gestreckt und nicht kalottenartig und halbrund. Die Schulter ist scharfkantig umgebogen, und ein flacher Standring ist klar abgesetzt. Auch Alal.5 ist an einer Handhabe mit zwei Bohrungen versehen (Taf. 31e). Als Besonderheit ist der Knauf hier nicht pilzförmig, sondern figürlich gearbeitet. Er zeigt einen menschlichen Kopf mit ägyptisch anmutender Perücke oder Kopftuch. Der Kopf wird von einem kleinen Granatapfel bekrönt. Sowohl die Ausführung des Gesichtes als auch das vegetabile Krönchen verweisen auf einen lokalen, levantinischen Handwerker,[40] allerdings scheint mir fraglich, ob das Köpfchen primär zum Korpus gehört hat. Der Deckel entspricht denen von Uga.9 und KH.45. Weniger gut erhalten ist eine zweite Linsenpyxis aus Alalach, Alal.6, deren Handhabe vergleichsweise schmal ausgearbeitet worden ist.[41]

Ein lange vergessener Beleg ist Humr.1.[42] Die Pyxis stammt aus einem spätbronzezeitlichen Gräberfeld bei Hirbet Humra. Sie ist vergleichsweise schlecht erhalten, entspricht aber in der Form den Funden aus Ugarit oder Kamid el-Loz exakt. Auch der Deckel ist mit einer vergleichbaren Rosette versehen.

Des Weiteren finden sich drei Belege in Ägypten, die allerdings einige Besonderheiten zeigen. Die Pyxis Theb.1 weist dieselbe Grundform wie die Belege aus Ugarit auf (Taf. 32a). Auch die Handhabe gegenüber dem Schwenkstift ist nur horizontal von der Schmalseite durchbohrt. Der Deckel besitzt darüber noch ein Randmuster in Form einer Zickzacklinie, die blau inkrustiert war. Bei Theb.2 ist die Mündung des Korpus' weiter bzw. die Schulter schmaler, und beide Handhaben sind vertikal gelocht (Taf. 32b). Der Deckeldekor ist mit ineinander greifenden Rosetten und einem Kreispunktdekor in dreifachem Ring als Randmuster aufwändiger gestaltet. Auf dem Boden der Innenfläche ist eine einfachere Version der Rosette eingraviert. Der Korpus von KH.44 entspricht der klassischen Linsenpyxidenform, auch mit nur einer horizontalen Bohrung in der verschließenden Handhabe (Taf. 32c). Der Korpus steht jedoch auf einem kleinen Fuß, wie er sonst nicht zu beobachten ist. Der Deckel hat die Form des Typs III.a und ist mit einer Deckelapplik in Gestalt eines Igels[43] verziert. Zusätzlich trägt er die Nameskartuschen von Ramses und Nefertari und eine Randverzierung aus Kreispunktmotiven, die unter den hier betrachteten Pyxiden auch bei Abus.1 und Theb.2 belegt sind. Mithin entsteht bei KH.44 der Eindruck eines

---

[38] In demselben Kontext wurde auch der Deckel Lach.8 entdeckt, der möglicherweise Teil dieser Pyxis gewesen ist.

[39] Miron, Schatzhaus, 119.

[40] Parallelen können zu einigen Elfenbeinen aus Kamid el-Loz gezogen werden, namentlich zur Harfenspielerin KL 78:504 oder zu dem Köpfchen KL 78:506 (Miron, Schatzhaus, Nrn. 501, 503), was die zeitliche Einordnung unterstreicht. Alle zeichnet dieselbe breite Nase und auch die undifferenzierten, vorgewölbten Augen aus.

[41] Eine Beschädigung auf der Außenseite des Bodens nahm Woolley zum Anlass, dort einen separat angesetzten Standfuß zu rekonstruieren (Woolley, Alalakh, 289).

[42] Der Verdienst für dessen „Wiederentdeckung" geht dabei an E. Fischer.

[43] Vgl. von Droste zu Hülshoff, Igel, 146f. Nr. 127 Taf. 15.

Theb.1 und Theb.2, welche nach Ausweis der inschriftlichen Funde der frühen 18. Dynastie entstammen. Vermutlich ebenfalls noch dem 15. Jh. angehörig sind Kamid.1 und Kamid.2. Das Gros der Belege fällt allgemein in das 14.-12. Jh., wie die zum Teil geschlossenen Fundkontexte etwa des „Mycenean Tomb" für Dan.1 oder des „dépôt à l'enceinte" für Uga.9 und Uga.10 ergeben. Die bislang jüngsten Fundkontexte sind für Qasi.1 und Gezer.1 zu konstatieren, welche in das 11. bzw. 10. Jh. gehören. Hier stellt sich allerdings die Frage, inwieweit bei diesen Belegen nicht eine längere Umlaufzeit anzunehmen ist, sie also bei der Deponierung nicht schon „Antiquitäten" waren.[53]

Die ältesten Funde, die aus dem ägyptischen Theben sowie aus dem nordlevantinischen Alalach stammen, bilden gleichzeitig die äußersten Pole der regionalen Verbreitung dieses Formtyps (Taf. 1). Auffallend ist allerdings die Konzentration in der nördlichen Levante und besonders in den Gräbern von Ugarit, sodass mit guten Argumenten von einem levantinischen Objekttyp gesprochen werden kann.[54]

Hinsichtlich des Materials ist auffallend, dass von den 28 hier aufgenommenen Belegen 21 aus Elfenbein sind. Darunter ist in sieben Fällen Flusspferdzahn als Elfenbeinart identifiziert.[55] Dieses Material muss als entscheidend für Gestaltung und Format der Linsenpyxiden angesehen werden. Die Belege aus Tell Dan, Megiddo oder Qasile scheinen hingegen ein späteres Stadium der Formentwicklung zu repräsentieren. Für den Deckel Emar.2 wird Knochen als Material angegeben. Ferner sind drei Ausführungen in Holz belegt.[56] Es kann lediglich vermutet werden, dass die Zahl vergleichbarer Pyxiden in Holz ursprünglich erheblich höher gewesen ist, Holz sich aber nicht in dem Maße erhalten hat. Sehr ungewöhnlich bleibt die Ausführung von Dan.1 in Geweih, deren Materialidentifikation nachgewiesen ist.[57] Selten ist der Beleg eines Deckels in Silber (Kamid.2), ein Fund der als stellvertretend für eine wohl ursprünglich bedeutend größere Zahl an Edelmetallobjekten betrachtet werden muss. Inwieweit die Materialbestimmung „Alabaster" für Gezer.2 korrekt ist, muss offen bleiben. Im Hinblick auf die übrigen Materialien dieser Gruppe erscheint Stein auf jeden Fall ungewöhnlich.

Für die Beliebtheit dieser kleinen Dosen mit Schwenkdeckel spricht nicht nur deren weite regionale Verbreitung sondern auch ihre Streuung in unterschiedlichen Fundkontexten. Die Fundkontexte umfassen sowohl einfache wie gehobene Wohnbereiche in Siedlungen (Alal.5, Alal.6, Gezer.1, Meg.3, Meg.8, Uga.9, Uga.10), Grabkontexte (Dan.1, Kamid.1, Kamid.2, Sa'id.2, Theb.1, Theb.2, Uga.8), in die die Pyxiden als Beigaben gelangt sind, aber auch sakrale Räume (Lach.3, Lach.8, Qasi.1), wo eine Verwendung als Weihgaben oder zum Einsatz im Kult anzunehmen ist. Darüber hinaus war die Form der Linsenpyxis über einen langen Zeitraum in Gebrauch, worauf die Kontinuität bis in die Früheisenzeit hinweist, ebenso wie die leichten Veränderungen, die zu beobachten sind.[58]

3.3 Pyxiden mit gegratetem Korpus (Formgruppe C.a.III.4)

In den Gefäßproportionen tiefer, und daher eher als napfförmig zu betrachten, zeichnet sich eine Gruppe durch die Verzierung ihres Korpus' mittels vertikaler Kanneluren aus. Aufbau und Deckeltyp sind

---

[53] Dass solche Umlaufzeiten mitunter rund 500 Jahre betragen können, demonstrieren eindrücklich die Funde des Tempel-Palast-Komplexes aus Tell Miqne-Ekron (s. Biran – Ben-Shlomo, IEJ 56, 2006, 29-31).

[54] Bei einer solchen Betrachtung sind natürlich die Grabungssituation und der Fundzufall mit zu berücksichtigen.

[55] Gezer.1, KH.47, Lach.8, Uga.9, Uga.10, Uga.22, Meg.3; möglicherweise handelt es sich auch bei Meg.8 um Flusspferd-, Theb.1 ist jedoch sicher Elephantenzahn.

[56] KH.46, Enko.9, Theb.2.

[57] Vgl. Biran – Ben-Dov, Dan II, 145.

[58] Im 7./6. Jh. tritt die Linsenform in der Westtürkei noch einmal auf und zwar in Elfenbein, Holz und Stein in den Grabtumuli bei Elmalı (Kat. Antakya 1988, Nr. 58), Gümüşçay (Sevinç – Rose, Studia Troica 9, 1999, 493f. Abb. 5, 6), vermutlich aus Ikiztepe (Kat. Lydian Treasure, Istanbul, Nr. 87) und in drei Belegen in Ephesos (Bammer, Ivories, Abb. 103, 107; Kat. Ephesos, 1989, 121 bzw. Hogarth, Ephesus, 193 Taf. 41:16-20). Sie erscheint in zwei Varianten: als einfache kalottenförmige Pyxis und als relativ flache, linsenförmige Schale mit Rosetten, Volutenverzierungen und einer inneren Kompartimentaufteilung – beide Formen jeweils mit seitlichen Handhaben.

ähnlich zu den höheren rundbauchigen Pyxiden, als unterscheidendes Kriterium ist jedoch der Korpus plastisch gestaltet. Bei dem plastischen Dekor handelt es sich um kannelurenartige Rillen, die sich vom Boden zu Schulter und Lippe hin der Korpusform entsprechend verbreitern und zumeist in halbrunden Spitzen enden. Hierbei lassen sich grob zwei Gruppen unterscheiden: Bei der einen reichen die Zungenblätter bis an einen Schulterumbruch heran; die Schulter selber ist dann unverziert.[59] Bei der zweiten gehen die Zungenblätter über einen schwächer angedeuteten Schulterumbruch hinweg und enden an der Lippe.[60] Die Grate zwischen den Kanneluren können scharfkantig, aber auch bis zu einigen Millimetern breit sein, wobei hier oft das Material ausschlaggebend gewesen zu sein scheint. Die durchschnittliche Höhe der Stücke liegt bei 7,5 cm und der Durchmesser zwischen 10,0 cm und 12,5 cm. Kiti.1 ist mit einem Durchmesser von 15,2 cm besonders groß, ausgesprochen klein hingegen die Holzpyxis Uruk.6 mit einem Gefäßdurchmesser von nur 7,5 cm. Diese fällt aber durch ihre extrem langen Handhaben auf. Während 16 Pyxiden dieses Typs mit Schwenkdeckel erscheinen, gibt es vier Belege in der Variante mit Stülpdeckel.

3.3.1 Objekte

Kiti.1 ist ein häufig gezeigtes Beispiel (Taf. 34a, b). Das Gefäß steht auf einem kleinen Standring. Von dort zieht sich der Korpus bis zum Schulterumbruch hoch; die Schulter ist durch einen kleinen Wulst abgesetzt und führt relativ flach zu der leicht ausgestellten Lippe. Die Anbringung der Handhaben richtet sich nach der Höhe der Schulter. Sie setzen an der Lippe an und weisen vertikal zur Befestigung eines Deckels Bohrungen auf. Die Grate reichen vom Standring bis unter den Schulterrand, wo sie halbrund auslaufen und ein Zungenblattmuster bilden. Nahezu identisch ist KH.51 (Taf. 34c, d): Die Schulter ist weniger steil, die Handhaben sind schmaler. Aufgrund des geringeren Durchmessers bei annähernd gleicher Höhe wirkt KH.51 etwas gedrungener als Kiti.1. Zu dieser Pyxis ist ein Deckel erhalten, der mit einer zwölfblättrigen Kompassrosette verziert ist.

Die Belege aus Mari, wo sich in Gräbern mehrere Quarzkeramikpyxiden erhalten haben, bilden eine recht homogene Gruppe. Sie unterscheiden sich von den übrigen dadurch, dass sie keine ausgearbeitete Schulter besitzen und die Handhaben sehr flach sind. Bei Mari.12 etwa sitzt der halbkugelige Bauch auf einem etwas dickeren Standring und setzt sich ohne Umbruch bis nach oben fort, wo er in einer leicht verdickten Lippe endet. Die Handhaben setzen direkt an der Lippe an, sind sehr flach und nach dem gängigen Muster waagerecht ausgezogen und senkrecht durchbohrt. Die Grate zwischen den Zungenblättern sind gekerbt, sodass umso stärker der Eindruck eines Blattes entsteht. Nahezu identisch ist Mari.8 gearbeitet, jedoch ist der Korpus etwas gedrückter, und die doppelt umrahmten Zungen reichen bis an die kaum herausgestellte Lippe (Taf. 34e, f). Der erhaltene Deckel trägt auf den Handhaben zwei X-förmige Ritzungen. Besonders gut erhalten ist hier die farbige Fassung der Kanneluren, die alternierend in gelb-orange und bläulich gehalten sind.[61] Die sehr ähnliche Gestaltung von Emar.3 mag auch für eine Zuordnung des Deckels zu dieser Pyxidengruppe sprechen. Bei Mari.9 ist der Standring weniger ausgeprägt und nähert sich einer Standfläche an. Die Grate zwischen den Zungenblättern sind breiter und zu schmalen Stegen geformt. Ausnahmsweise ist der Deckel mit einem kleinen Knauf in der Deckelmitte versehen. Im Falle von Mari.11 ist die Standfläche dann zu einem soliden Fuß geschlossen. Der Schulterumbruch ist wieder stärker, der gesamte Korpus wirkt durch die gedrungenere Form plastischer. Mari.10 besitzt ebenfalls einen hohen, soliden Standfuß. Im

---

Sowohl die Volutenverzierungen als auch die Metopenbänder, Blattfriese bzw. die komplette Gestaltung weisen die Objekte als griechisch beeinflusst aus. Eine etwaige Übernahme der spätbronzezeitlichen Formen ist nicht anzunehmen, da die Überlieferungslücke zeitlich und regional doch erheblich ist. Auch ist mit einer anderen Verschlussweise als bei den spätbronzezeitlichen Funden zu rechnen (vgl. Taf. 8d).

[59] Etwa Kiti.1, KH.51 oder Bab.3.

[60] Die meisten anderen Objekte der Gruppe, v. a. die Funde aus Mari.

[61] Farbabbildung s. Kat. Faïences, Paris, 52; eine Zusammenstellung der Funde in Umzeichnung bietet Jean-Marie, Tombes, Taf. 35.

Die Deckelform mit den etwas breiteren, aber dafür schmaleren und gekrümmten Handhaben findet sich bei zwei Deckeln in ähnlicher Weise wieder, die aber ohne Korpus gefunden worden sind. Meg.12 aus Quarzkeramik ist lediglich mit einer sehr stark schematisierten eingeritzten Rosette versehen. Die Rosette von Nim.97 aus Elfenbein ist hingegen sorgfältiger graviert, aber ebenfalls nur sehr einfach ausgeführt. Gerade in der gebogenen Form der Handhaben und dem einfachen Dekor kommt dem Beleg aus Nimrud der Deckel Gezer.3, ebenfalls aus Elfenbein, nahe. Sein Fundkontext ist leider unbekannt, eine Datierung in die Eisenzeit II scheint aufgrund der Parallelen zu Nimrud und anderen Belegen aber sehr wahrscheinlich.

Die Objekte mit sicherer Provenienz stammen alle aus dem südlevantinischen Gebiet (Hazor, Tell es-Saʿidiyeh, Gezer und Megiddo) und können in die Eisenzeit II datiert werden (8.-7. Jh.).[89] Es handelt sich also um eine zeitlich wie regional sehr eng begrenzte Gruppe, wenn der geringen Anzahl der Funde eine entsprechende Aussagekraft zugebilligt wird.

Das Muster der horizontal und vertikal schraffierten Metopen bei den Standfußpyxiden verweist direkt auf die Verzierung zahlreicher steinerner Kosmetikpaletten. Einen engen Vergleich bietet etwa die Kosmetikpalette aus Hazor, die, wie auch Hazor.2, auf der breiten Lippe in konzentrischen Ringen angeordnet ein Metopenband außen und ein Perl- oder Kordelband innen am Rand besitzt[90], oder auch ein ähnlicher Fund aus Tell Abu Hawam[91]. Schon Thompson hat für die Kosmetikpaletten aufgrund ihrer Verbreitung eine lokale Herstellung in der südlichen Levante angenommen[92]; gleiches ist damit auch für die Standfußpyxiden zu vermuten.

Beck führt weitere Belege für Objekte mit Blattüberfallkapitellen aus der Früheisenzeit an, deren lokale Herkunft in der südlichen Levante bzw. Palästina/Israel angenommen werden kann.[93] Einige als „Kultständer" angesprochenen Beispiele weisen einen vergleichbaren Aufbau wie die Standfußpyxiden auf. So besitzt etwa ein „Kultständer" aus Tel ʿAmal ebenfalls einen breiten Fuß; auf etwa ¾ der Höhe setzt ein Blattüberfallkapitell an und darauf folgt das eigentliche Behältnis in Form einer tiefen Schale mit ausladender Lippe.[94] Ein weiterer Ständer aus dem gleichen Ort trägt, ähnlich Saʿid.5, zwei vereinfachte Blattüberfallkapitelle übereinander. Hier wie dort sind die einzelnen Blätter lediglich durch Kerben angegeben. Sehr detailliert ist ein weiterer Kultständer ausgearbeitet, der in Megiddo gefunden

---

[89] Barag hat in seinem Artikel zu dieser Gefäßgruppe drei weitere Objekte herangezogen: eine Glaspyxis, heute im Corning Museum of Glass, Inv.Nr. 55.1.66, die aber vermutlich in die hellenistisch-römische Zeit datiert und insofern trotz der äußeren Ähnlichkeit zu Saʿid.5 zunächst als Vergleich ausscheidet. Weiterhin diskutiert Barag zwei Objekte auf einem konischen Standfuß mit kugeligem Reservoir: Der eine dieser Gegenstände stammt aus Samaria und ist aus Kalkstein. Der Gefäßkörper ist als eine große, geschlossene Knospe gestaltet. Vier oder fünf äußere Kelchblätter umschließen, auf Lücke gesetzt, die inneren Blütenblätter. An die Stelle des Blattüberfallkapitells sind mehrere, sich nach oben öffnende Blätter getreten, die durch einen kleinen Absatz vom konischen Fuß getrennt sind. Das zweite Objekt ist aus Glas. Das Reservoir ist ähnlich gestaltet, die Mündung weist jedoch kugelige Ausbohrungen wie für Einlagen auf (vgl. Barag, EI 25, 1996, 84-86, Nrn. 3 und 7). Die genannten Funde unterscheiden sich von den vorgenannten Standfußpyxiden v. a. darin, dass sie keine Befestigungsmöglichkeit für einen Deckel aufweisen und daher eher als „Becher" oder Pokale zu betrachten sind. Beck (Palestine, Abb. 25) etwa bezeichnet den Fund aus Samaria entsprechend als „goblet". Neben diese Knospenpokale mag das Elfenbeinfragment BM 123815 aus Nimrud gestellt werden, bei dem es sich um ein ähnliches Standfußgefäß allerdings en miniature gehandelt haben könnte (Barnett, CNI, 201 S 128 Taf. 52). Auf der Unterseite von BM 123815 ist zu erkennen, dass das Objekt vormals auf etwas anderem befestigt gewesen ist. Barnett (CNI, 201) nimmt hier ein „tray" an, doch scheint ein konischer Standfuß wahrscheinlicher. Zu beachten ist die Größe von nur 4x4,2 cm. Vergleichbare Gefäße wurden auch in den Königinnengräbern von Nimrud gefunden, namentlich IM 113271-113273 sowie mit einem Standfuß IM 118089 (Hussein – Suleiman, Nimrud, 209, 391 Abb. 8, 175).

[90] Yadin, Hazor I, Abb. 50, 51.

[91] Fischer, Studies, 312 Abb. 12.

[92] Thompson, Levant 4, 1972.

[93] Beck, Palestine, 173-177.

[94] Edelstein, NEAEHL 4, 1449; Beck, Palestine, Abb. 16.

worden ist.[95] Es finden sich also unterschiedliche Objekte, die äußerliche Ähnlichkeiten mit den Standfußpyxiden teilen.[96] Zu dieser Art von „lokalem Kunsthandwerk" ist auch die Gruppe geschnitzter Knochengriffe zu rechnen, die ähnliche Blattelemente zeigt. Bereits Fischer – Herrmann haben diese Griffe einem „Palestinian workshop for bone and ivory" zugewiesen[97]; entsprechend scheint die Bezeichnung auch der Standfußpyxiden als „palästinisch" durchaus gerechtfertigt.[98]

Die Form der „palästinischen" Standfußpyxis wirkt wie die lokale Kombination der bekannten Form des vegetabil gestalteten Standfußes mit einer napfförmigen Pyxidenform in der Früheisenzeit II. Ein ähnliches Prinzip konnte bereits bei Sa'id.4 oder Fray.1 beobachtet werden. Nicht nur das Element des Blattüberfallkapitells hat dabei Vorläufer in der Spätbronzezeit[99], sondern auch die Form des Pokals.[100] So finden sich typologische Parallelen in der „Bichrome-Ware" und noch früher sogar in der „Chocolate-on-White" Ware schon aus der Spätbronzezeit II sowohl in Form als auch in Dekoration. Zeitlich gehört die Formgruppe der Eisenzeit II an, eine gezielte Entwicklung aus den spätbronzezeitlichen Formen ist allerdings nicht schlüssig. Die von Barag vorgeschlagene Ableitung der palästinischen Standfußform aus dem Typ einer „canaanite pyxis" des 2. Jt.s scheitert bereits daran, dass in Anbetracht der unterschiedlichen in der Levante vorkommenden Gefäßformen eine solche „kanaanäische Pyxidenform" schlicht nicht greifbar ist.

3.6 ZUR VERWENDUNG

Für die kleinen bauchigen Pyxiden liegt eine primäre Funktion als Kosmetikbehälter nahe. Obwohl bislang keine Spuren der ursprünglich darin aufbewahrten Substanzen nachgewiesen wurden, können aus den Fundkontexten, Materialien und Formen sowie unterstützend aus verschiedenen Textquellen Hinweise gewonnen werden, die diese Verwendung plausibel machen. Dabei ist natürlich in Betracht zu ziehen, dass die Behälter wiederverwendet und zur Aufbewahrung anderer Stoffe dienen konnten. Im Folgenden werden daher kurz sowohl die Fundkontexte der Objekte resümiert als auch deren Materialien und Formen, die möglicherweise Hinweise auf eine besondere Verwendung der bauchigen Pyxiden geben könnten. Zusätzlich stehen Schriftquellen zur Verfügung, die ergänzend hinzugezogen werden.

3.6.1 Fundkontexte

Die meisten Objekte (43 von 83) stammen aus sepulkralen Kontexten (vgl. Abb. 3-1). Die große Anzahl der Objekte aus Gräbern hängt zweifelsohne mit den besseren Erhaltungsbedingungen an diesen

---

[95] Beck, Palestine, Abb. 15.

[96] Belege sind ebenfalls im palästinischen Raum, hauptsächlich im 8. und 7. Jh., zu finden (s. zusammenfassend Beck, Palestine, 173-177). Die Verwendung als Balustradenelemente bei Elfenbeinen, die die „Frau am Fenster" darstellen, bzw. die ursprüngliche Verwendung als Säulenkapitell zeigt gleichzeitig die Universalität des Motivs an. Es bleibt jedoch zu bedenken, dass es sich bei dem Blattüberfallkapitell um ein weitverbreitetes Dekorelement handelt, welches nicht auf eine Objektgruppe beschränkt gewesen ist. Sogar zwei Gegenstände (Thymiaterien?) in der Gartenszene Assurbanipals (vgl. Hall, Sculpture, Taf. 41:2) haben große Ähnlichkeit mit den „Kultständern" und sind sicherlich assyrische Geräte.

[97] Fischer – Herrmann, Levant 27, 1995.

[98] „As no similar goblets are known from excavated Phoenician sites, we may assume that they were manufactured at one of the major towns of the kingdom of Israel." (Beck, Palestine, 176f.).

[99] So Beck, Palestine, 174.

[100] Als formale Parallele zu dem im Stil der Tridacna-Muscheln figürlich verzierten Pokal (Barag, EI 25, 1996, 90f. Abb. 19-21) kann auf einen Oberflächenfund aus Megiddo hingewiesen werden (Sass, Small finds, 395 Abb. 12:33, dort als „altar" interpretiert). Mit dem vergleichbaren Fund Nr. 106164 aus Stratum P-6 in Beth Shan tritt erstmals ein Beleg hinzu, der den zeitlichen Ansatz dieser Gefäße in das 8.-7. Jh. archäologisch stützt (Mazar, Beth Shean I, 493, fig. 13.8:4 Photo 13.33).

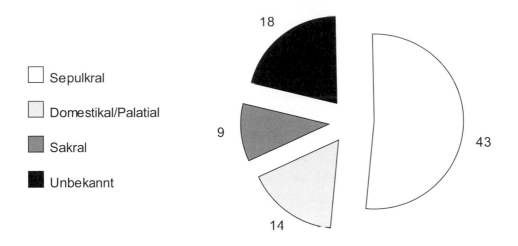

Abb. 3-1 Fundkontexte der bauchigen Pyxiden

vergleichsweise „geschützten" Stellen zusammen. Fundhäufungen von Gräbern in Nekropolen wie etwa Mari verzerren dabei die Statistik zu Gunsten des sepulkralen Bereichs, wurden doch in den mittelassyrischen Gräbern allein zwölf Pyxiden gefunden – dabei immer nur eine pro Bestattung. Ungewöhnlich erscheinen daher Gräber mit mehreren Pyxiden. So fällt etwa Grab 6 in Ugarit oder Grab 4 in Babylon durch mehrere Funde auf. Bei den Objekten aus Grab 4 in Babylon handelt es sich jedoch um Miniaturausführungen von Pyxiden; das ugaritische Grab 6 ist mehrfach benutzt worden, sodass die Pyxiden durchaus unterschiedlichen Bestattungen zuzuordnen sind.

Den unterschiedlichen Begräbnissitten gemäß handelt es sich um verschiedene Grabformen und Grabausstattungen. In drei Fällen konnten die Pyxiden einer Frauenbestattung zugeordnet werden, die sich jeweils durch reiche Beigaben von Schmuck auszeichneten (Saʿid.1, Bab.3, Bab.5). Bei den übrigen ist eine nähere Bestimmung nicht bekannt bzw. nicht möglich. Allgemein ist davon auszugehen, dass es sich um den ehemaligen Besitz des Verstorbenen handelt. Lediglich bei den Miniaturausgaben der Pyxiden in Babylon scheint es sich um speziell für die Bestattung hergestellte „symbolische Beigaben" zu handeln.[101]

Was nun eine Funktionsbestimmung angeht, so ist zu betonen, dass Pyxiden zu den Ausnahmegefäßen unter den Grabbeigaben gehören. Die Positionierung der Objekte im Bereich des Oberkörpers bzw. des Kopfes (s. Mari.5, Assur.8) ist allerdings wenig aussagekräftig hinsichtlich der Funktion.[102]

Bei den Fundkontexten der Pyxiden aus dem „Fosse"-Tempel von Lachisch (Südost-Ecke des Schreines), dem „Mekal-Tempel" von Beth Shan („inner sanctuary"), dem Tempel 131 von Tell Qasile (locus 188), dem „Sanctuaire" von Enkomi sowie dem bisher in seiner Funktion noch nicht eindeutig geklärten „dépôt à l'enceinte" von Minet el-Beida bzw. dem Ischtar-Tempel von Assur (Kammer 5) handelt es sich um „sakrale Kontexte" im weitesten Sinne. Es lässt sich nicht entscheiden, ob die Pyxiden hier als

---

[101] Das Loch im Boden von Dan.1 wird von den Ausgräbern als Anzeichen für die Bestimmung als nicht-funktionales Objekt, namentlich als Grabbeigabe betrachtet (s. Ben Dov in Biran – Ben Dov, Dan II, 234).

[102] Die Nähe zum Kopf mag eher für die Interpretation als Kosmetikbehälter sprechen; Gefäße mit Lebensmitteln könnten zwar ähnlich positioniert sein, allerdings wäre mit einer größeren Anzahl zu rechnen.

Weihegaben oder als Objekte des rituellen Gebrauchs zu gelten haben, wobei das eine das andere nicht ausschließt. Die Interpretation als Kosmetikbehälter deckt sich allerdings am ehesten mit dieser Befundlage.[103]

Die Funde aus Wohnkontexten und den repräsentativen Wohnbereichen sind mit 14 Beispielen – es handelt sich hier um Funde aus den Wohn- bzw. Residenzgebieten von Abu Hawam, Alalach, Enkomi, Gezer, Megiddo, Ugarit und Uruk – ausreichend vertreten. Dies beweist, dass dieselben Formen und Objekte nicht zwingend einer bestimmten Gesellschaftsschicht vorbehalten waren. Hinsichtlich der Nutzung, ob als Kosmetik-, Lebensmittel- oder etwa Schmuckbehälter, geben die Fundkontexte allerdings keine nähere Auskunft.

3.6.2 Form und Material

Einen indirekten Hinweis auf den Inhalt kann die Form der Objekte geben. Allgemein betrachtet handelt es sich bei den bauchigen Pyxiden um verhältnismäßig kleine Gefäße, die nur geringe Mengen aufnehmen können; es handelt sich damit eher nicht um Lagerbehälter oder Transportgefäße.[104]

Die geringen Mengen deuten auf teurere, exklusive Ingredienzien hin. Hierzu sind sicherlich Kosmetika, aber auch etwa Gewürze oder kleinere Speisen – Oliven, Zwiebeln, Datteln oder Konfekt – zu rechnen. Aufgrund der Größe scheidet zumindest eine Funktion als Schmuckbehälter zunächst aus.

Die Form mit der weiten Mündung jedenfalls erlaubt ein einfaches Entnehmen des Inhalts mit Fingern oder auch Löffeln. Der gerundete Korpus ist dabei sehr günstig geformt, wenn es um ein möglichst vollständiges Entnehmen einer cremeartigen Substanz geht. Es bleiben kaum Reste in Zwickeln oder Ecken zurück, was gerade bei festeren Salben wünschenswert ist.

Zu beachten ist aber auch, dass durch den Schwenkmechanismus des Deckels kein hermetisches Verschließen des Reservoirs möglich ist. Dünnflüssige Öle scheiden daher als Inhalt wohl ebenso aus wie sehr feinkörnige Substanzen – ein weiterer Hinweis auf festere Salben.

Die für die Pyxiden verwendeten Materialien geben nur bedingt einen Hinweis auf die verwahrten Substanzen; zu unsicher sind die beeinflussenden Faktoren (s. Abb. 3-2). Bein, und besonders Elfenbein, eignet sich aufgrund seiner dichten Oberfläche und Struktur vergleichsweise gut zur Aufbewahrung von feuchten oder fettigen Substanzen. Allerdings ist das Material farbempfindlich, sodass farbige Kosmetik, etwa die in Ägypten gebräuchliche grüne oder schwarze Augenschminke, Verfärbungen in den Reservoirs zurückgelassen hätte. Diese sind aber nicht dokumentiert.

Gerade die Rippenform scheint exklusiv in Quarzkeramik gefertigt worden zu sein, da sie mit den gestalterischen Möglichkeiten des Materials spielt. Stein und Elfenbein sowie die glasierte Oberfläche der Quarzkeramik sind feuchtigkeitsundurchlässig, was bei Kosmetika wichtig ist. Außerdem sind diese Stoffe schlechte Wärmeleiter, was bei einer längeren Aufbewahrung verderblicher Substanzen relevant wird.

Das Fehlen von Holz ist wohl vornehmlich mit den schwierigen Erhaltungsbedingungen zu begründen. Im Falle von Holz oder Keramik muss die Porosität des Materials durch Polieren oder Abdichten mit kittartigen Substanzen bzw. einen Tonschlickerauftrag verringert werden. In der zur Verfügung stehenden Literatur wird darüber allerdings nichts berichtet.

Ein anderer Beweggrund neben den materialimmanenten Aspekten für die Wahl der Rohstoffe könnte aber auch die „Wertigkeit" des Materials gewesen sein. Ton/Keramik spielt mit weniger als 5 % der Belege kaum eine Rolle bei den hier zusammengestellten Pyxiden. Elfenbein hingegen ist für fast ein Drittel aller Objekte verwendet worden. Elfenbein galt sicher in den entsprechenden Zeiten bereits

---

[103] Behälter, die mit der Zubereitung von Speisen verbunden sind, wären wohl eher in den Wirtschaftsbereichen zu erwarten.

[104] Sehr illustrativ ist die Ménagerie des Neferuptah aus elf Behältern aus dem ägyptischen Mittleren Reich (Kat. Parfums, Kairo, 87).

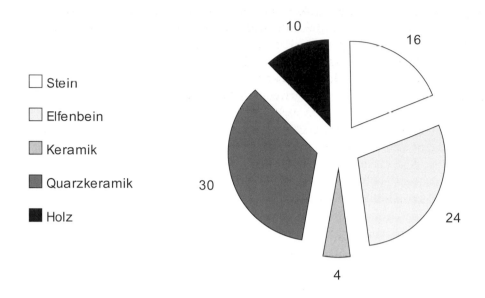

Abb. 3-2 Materialien der bauchigen Pyxiden

als eines der „exklusiveren" Materialien. Die geringere Verfügbarkeit („Exklusivität") und die im Vergleich zu Knochen günstigeren Materialeigenschaften in Verbindung mit dem ästhetischen Reiz des Materials können für diese Wertschätzung ausschlaggebend gewesen sein. Elfenbein scheint hauptsächlich in Werkstätten bearbeitet worden ist, die unter Aufsicht von Tempel oder Palast gestanden haben. Nichtsdestoweniger ist aus Elfenbein eine große Anzahl auch alltäglicher Dinge wie Nadeln, Knöpfe oder Einlagen angefertigt worden, die in weitaus weniger „elitären" Kontexten zu finden sind.[105] Zu dieser Kategorie von Objekten können auch linsenförmige Pyxiden gerechnet werden.

Dass die bauchige Form als Aufbewahrungsgefäß auch in ganz anderem Rahmen verwendet werden konnte, zeigt ein zusätzlicher Beleg aus Ugarit. Das in dem nach ihm benannten „Bâtiment au vase de pierre" entdeckte Steingefäß mit einer Höhe von mehr als 1 m besitzt dieselbe Grundform der Pyxiden mit seitlich ansetzenden Handhaben. Es mag sich dabei allerdings um ein Vorratsgefäß für Lebensmittel handeln, wobei bei der Interpretation die Funktion des Gebäudes berücksichtigt werden muss. Der Grundriss ist nicht der eines normalen Wohnhauses, und das Steingefäß befindet sich im rückwärtigen Teil eines Raumes, der als Eingangsbereich fungiert zu haben scheint.[106]

---

[105] Vgl. hierzu die Liste der Objekte und ihrer Verteilung in Ugarit (Gachet, Ugarit Ivories); ein ähnliches Bild zeigt auch das Objektrepertoire der Funde aus Assur (Wicke, Assur); s. a. Ben-Shlomo – Dothan, IEJ 56, 2006 zu den Funden aus Tel Miqne-Ekron.

[106] Es scheint in die Erde eingelassen zu sein, sodass keine Aussage über den Boden gemacht werden kann. Das Gefäß wurde in situ in einem Raum des nach ihm benannten „Bâtiment au vase de pierre" in dem sog. „Quartier résidentiel" der Insula 1 östlich des königlichen Palastes freigelegt. Als datierender Hinweis kann wieder auf die Zerstörung Ugarits am Beginn des 12. Jh.s verwiesen werden, die auch für das überdimensionale Steingefäß einen terminus ante quem liefert (Yon, Cité d'Ougarit, 78; vgl. Grundriss Abb. 37).

3.6.3 Textliche Hinweise

Eine Deutung der bauchigen Pyxiden als Toilette-Artikel lehnt sich in erster Linie an ägyptische Funde an, bei denen die Verwendung kleiner Behälter für die Aufbewahrung von Kosmetik nicht zuletzt durch Gefäßaufschriften und Inhaltsreste besser belegt ist.[107] Hinweise auf die unterschiedlichen Arten und Qualitäten von Ölen, Harzen, Kräutern und anderen Medizinalien finden sich vor allem in textlichen Belegen.[108] Figürlich gestaltete Behälter mit Schwenkdeckel[109] erinnern dabei an die syrisch-levantinischen Objekte und mögen auf deren entsprechende Verwendung hindeuten.

Ergänzende Argumente für die These der Nutzung bauchiger Pyxiden als Behälter für Salben können indirekt aus einigen Textquellen unterschiedlicher Epochen gewonnen werden. Von philologischer Seite haben sich ausführlicher zu Gefäßen und Gefäßnamen vor allem Salonen, Sallaberger und Guichard[110] geäußert. An dieser Stelle kann lediglich eine unterstützende Auswertung keilschriftlicher Quellen eingefügt werden, da, wie die folgenden Ausführungen zeigen werden, eine Identifikation textlich bezeugter mit archäologisch fassbaren Objekten problematisch ist.[111]

In altbabylonischen Texten aus Tell Leilan und Mari werden in erster Linie Trinkgefäße genannt, die vielfach aus Edelmetall hergestellt waren. Der Begriff GAL bezeichnet dabei beispielsweise einen Oberbegriff für verschiedene Gefäße, die jeweils weiter nach Material, Größe oder Herkunft spezifiziert werden können.[112] Es ist aber auffallend, dass Elfenbein oder auch Quarzkeramik als Materialien kaum eine Rolle spielen.[113] Aufschlussreich ist, dass verschiedene Gefäße mit Ortsangaben versehen sind, die auf eine lokaltypische Form, Gestaltung, Materialverarbeitung, aber auch auf die Herkunft des Materials hinweisen könnte.[114]

Ein weiteres umfangreiches Textcorpus stellt die internationale Korrespondenz der Amarna-Zeit zwischen den bedeutenden Königshöfen der späten Bronzezeit, vornehmlich Ägypten, Babylonien, Mittani und Hatti, dar.[115] Die dort abgedeckte Themenspanne ist äußerst vielseitig und liefert zahlreiche Hinweise nicht nur auf die politischen und historischen Verhältnisse im 14. Jh. v. Chr., die damit

---

[107] Als Inhalte werden u. a. genannt: 'ntyw „Myrrhe", nḥnm „Salbe", ḳmit nach Vercoutter ein Pflanzenharz für pharmazeutische Anwendung; bisweilen werden auch Mengenangaben gemacht (s. Lilyquist, ESV, 16f.; Kat. Schönheit, München, 40-55).

[108] Vgl. die Zusammenstellung unterschiedlicher Belege bei Knapp, Organic Goods.

[109] Etwa Paszthory, Salben, Abb. 36.

[110] Salonen, Hausgeräte-2; Sallaberger, Töpfer, beschäftigt sich hingegen mehr mit Keramikgefäßen der altbabylonischen Zeit; Guichard, Vaisselle, behandelt die in den Texten aus Mari belegten Gefäße; Cassin, RlA 6, bietet einen zusammenfassenden Beitrag.

[111] Eine erschöpfende Diskussion gerade philologischer Probleme kann hier selbstverständlich nicht erfolgen; diese sei Spezialisten auf dem Gebiet der Philologie überlassen. Eine Monographie mit dem Thema „Öl in der altassyrischen Zeit", die z. Zt. von T. Sturm, Münster, erstellt wird, behandelt am Rande auch die Ölgefäße und ihre Benennungen im ersten Viertel des 2. Jt.s.

[112] Vgl. Vincente, Leilan Tablets, 161-164; Guichard, Vaisselle, 1-11. Eine weitere häufig belegte Objektkategorie ist kannum, in der aber Elfenbein und Quarzkeramik kaum erscheinen. Falls es sich tatsächlich um Gefäßständer handelt, ist dies jedoch nicht verwunderlich (vgl. Guichard, Vaisselle, 9, 24f.).

[113] So erscheinen fünf Gefäße aus Quarzkeramik neben sieben elfenbeinernen Gefäßständern (kannum), Arbeiten aus Tukriš, lediglich in einer Liste vornehmlich mit Steingefäßen (Guichard, Vaisselle, 91f. Text Nr. 9; vgl. Durand, Textes administratifs, Text Nr. 222 Z. 56f.).

[114] Guichard, Vaisselle, 163-172. Der geographische Rahmen spannt sich dabei von Kreta bis nach Elam; das überregionale Netzwerk in der ersten Hälfte des 2. Jt.s steht damit dem als eigentlichen „Internationalen Zeitalter" der Spätbronzezeit des dritten Viertels des 2. Jt.s in nichts nach.

[115] Die Texte werden im Folgenden abgekürzt als EA (El Amarna) Brief-Nummer (nach Knudtzon, EA), Kolumne, Zeile: z. B. EA 25 II, 14.

Die Steinpyxiden waren mit einem Schwenkdeckel verschließbar. Die Stelle des Dübellochs für den Gelenkstift des Deckels zum horizontalen Schwenken ist außen oft durch eine Nische oder zwei kleine Ausbuchtungen angedeutet. Dies erlaubt es, von einer „Rückseite" der Pyxis zu sprechen. Das Dübel-loch für den Gelenkstift liegt dabei immer an einem Übergang von Außenwand zu innerem Steg.[14] Der Steg ist an dieser Stelle oft etwas verbreitert (gut zu sehen an Tanj.1 bzw. Kark.1), und die Außenwand wölbt sich leicht nach innen zu zwei vertikalen Eckleisten.

Mehrere Deckel und Deckelfragmente aus Stein sind erhalten. In einigen Fällen lässt sich ein Deckel einem Korpus zuordnen. So hat Tanj.1 ebenso wie KH.14 und KH.15 einen Deckel, wobei sich Korpus und Deckel sogar in der Verzierung ähneln.

Es handelt sich ausnahmslos um Schwenkdeckel des Typs II.a mit im Deckelrund liegenden Boh-rungen. Die Schwenkdeckel besitzen zumeist zwei am Rand gegenüberliegende, vertikale Löcher. Das Loch auf der Rückseite dient zum Durchstecken eines Gelenkstiftes, mit dem der Deckel horizontal auf dem Korpus in dem entsprechend in der Wandung befindlichen vertikalen Dübelloch gedreht werden kann (vgl. Taf. 8b). In dem gegenüberliegenden Loch auf dem Deckel kann ein Knauf befestigt werden, wie er anscheinend bei der Pyxis aus Tell Halaf noch in situ vorhanden war. In der Außenwandung, der Rückseite gegenüberliegend und unterhalb des Randes, befindet sich ein kleineres Loch. Mittels einer Schnur konnte dann über die Kante die Pyxis verschlossen und auch versiegelt werden.[15] Ein Ver-schließen der Pyxiden durch ein Häkchen, wie er von Herzfeld vorgeschlagen worden ist[16], würde ein horizontales Loch im Deckelrand gegenüber dem Gelenk erfordern. Dieses ist jedoch nicht belegt.

4.1.1.2 Material

Als Steinart für die Objekte aus Tell Afis gibt Mazzoni zunächst die Bezeichnung „Grünstein" an.[17] Grünstein – auch „Seifenstein" genannt – gehört ebenso wie Steatit zur Familie der Chlorite, einem weit verbreiteten metamorphen Gestein. Dieses Gestein ist relativ weich (2-2,5 auf der Mohs-Skala) und somit leicht zu verarbeiten. Es kann glänzend poliert werden, was ihm zusätzliche Attraktivität verleiht.[18] Mazzoni merkt an, dass das Material für die Pyxiden und andere Steinartefakte aus Tell Afis aus der Umgebung des Ğebel al-Zawiya stamme und die dortigen Vorkommen die lokalen Werkstät-ten mit Stein versorgt hätten.[19] Auch für die beiden Pyxiden aus Karkemisch (Kark.1 und Kark.2) ist Steatit verwendet worden, jedoch variiert die Farbe hier von grau-schwarz bis grünlich. Für die meisten der Objekte aus Tanjara lautet die Materialangabe von Athanassiou „rötlich-brauner Steatit".[20] Weniger gängige Steinarten sind der Diorit bei Nin.1 nach Thompson[21]; ebenso die Materialangabe „Porphyr" für KH.4 aus der Slg. Herzfeld[22]. Die rötliche Farbe der Pyxis KH.4 könnte ebenso wie bei der Pyxis aus

---

[14] Shaath schlägt vor, in dem kleinen Loch nicht das Zapfloch für den Deckel zu sehen, sondern ein Zusatzfach für weitere Kosmetik. Im Vergleich dazu soll bei *kohl*-Behältern mit mehreren Fächern ein Röhrchen für den Stift/Spatel vorgesehen gewesen sein (Shaath, FS Porada, 237). Gegen die Deutung als Spatelloch spricht meines Erachtens, dass es dann keine Befestigungsmöglichkeit für den Deckel mehr gegeben hätte. Außerdem hätte ein Spatel das Schließen verhindert.

[15] Sehr anschaulich bei Pyxis Halaf.1; vgl. Paszthory, Salben, Abb. 50 (KH.14). Dieses ist bei Tanj.1, KH.4 und KH.14 ebenfalls gut zu sehen.

[16] Herzfeld, AMI 2, 1930, 132.

[17] Mazzoni, FS Orthmann, 297f.: „greenstone"; Mazzoni 1987, EVO 10, 34: „steatite"; Degli Esposti, Tell Afis, 244: „pietra verde".

[18] Moorey, AMMI, 37.

[19] Mazzoni, EVO 10, 1987, 34.

[20] In der Materialangabe stimmen im Übrigen auch alle Kunsthandelsobjekte überein.

[21] Vermutlich liegt hier auch nur eine Verwechslung mit Steatit vor.

[22] Im Auktionskatalog von 1949, 13 Nr. 56 heißt es noch: „The stone is of a rare dark blood red color, and belongs to the alabaster family." Später bei Sams, Porticus 3, 1980, 1: „Carved from a fine-grained, dark red stone that has

Tell Denit noch im natürlichen Spektrum von Steatit liegen, und es mag sich um dasselbe Material wie bei anderen Funden aus dem 'Amuq-Gebiet handeln.

4.1.1.3 Fundorte und Datierung

Die Fundorte der Objekte mit Provenienz befinden sich – mit Ausnahme von Nin.1 – im nordsyrisch-südanatolischen Raum (Taf. 4). Eine Fundkonzentration bietet Tell Afis, was nicht zuletzt in der sorgfältigen und ausgedehnten Grabungsaktivität und -publikation begründet liegt. In der 'Amuq-Ebene befinden sich die Fundstellen von Chatal Hüyük (CH.1), Tell Denit (Denit.1), Tell Judaidah (Judai.1) und auch Rasm et-Tanjara (Tanj.1 und Tanj.2). Im Rahmen des 'Amuq-Surveys des Oriental Institute, Chicago, sind zahlreiche Orte in dieser Ebene untersucht worden. Dabei wurden weitere Pyxiden entdeckt, die aber bisher unpubliziert sind. Aus dem nordwestsyrischen Raum stammen die Objekte Kark.1-3 (Karkemisch) und Zinc.1 (Zincirli). Obgleich Nin.1 in Ninive gefunden wurde, kann das Fragment doch aufgrund der hier behandelten Vergleiche als nordsyrisch und damit als Import bewertet werden.

Die einzigen gut stratifizierten Funde sind diejenigen aus Tell Afis. Die Pyxiden und Deckelfragmente stammen aus den Arealen D und E. Es handelt sich hierbei um domestikale Strukturen auf der Akropolis bzw. in der Unterstadt, welche vornehmlich in die eisenzeitlichen Phasen I-II, also das ausgehende 10. und 9. Jh. datieren. Deckel Afis.6 stammt aus einem Abfallkontext der Eisenzeit III und ist also als sekundär und damit älter zu bewerten.[23] Einen stratifizierten Kontext besitzt auch Nin.1 aus Ninive: Das Fragment kommt aus einer Schicht, die durch einen Fußboden versiegelt war. Allerdings wurde sie in Füllmaterial zusammen mit Ziegeln von der Zeit Tiglatpilesars I. bis Šamši-Adads V. gefunden wurde. Es ist also nur ein terminus ante quem von ca. 800 v. Chr. zu fassen.[24]

Die übrigen Beispiele stammen aus stratigraphisch ungesicherten und für eine Datierung daher nur wenig aussagekräftigen Kontexten, oder es sind Oberflächenfunde. Die Pyxiden Juda.1 und CH.1 werden grob in die Phase 'Amuq O, also die erste Hälfte des 1. Jt.s datiert.[25] Die Fundlage von Denit.1 ist zwar stratigraphisch gesichert, es handelt sich jedoch um eine Füllschicht gemischten Inhalts.[26] Die Funde aus Rasm et-Tanjara sind gleichfalls nur durch ihre Beifunde einigermaßen sicher in das zweite Viertel des 1. Jt.s zu setzen.[27] Die Fragmente aus Karkemisch sind Oberflächenfunde vom Fuß der Zitadelle bzw. vom Zitadellenhügel. Eine Lokalisierung dieser Stücke in Karkemisch und ihre Datierung in das 10.-9. Jh. ist jedoch nicht zuletzt durch den Fundort, sondern mehr noch durch die sehr engen motivischen und stilistischen Parallelen zu den Großreliefs möglich.[28] Für den Deckel Zinc.1 muss jedoch in Erwägung gezogen werden, dass er nicht aus Zincirli, sondern aus dem nahen Gercin stammt, was seine zeitliche Stellung noch unklarer werden lässt.[29]

---

variously been likened to alabaster or porphyry." Mazzoni (Pyxides, 297f.) versieht diese Identifikation berechtigterweise mit einem Fragezeichen.

[23] S. zusammenfassend Mazzoni, FS Orthmann; vgl. Cecchini – Mazzoni, Tell Afis, 4.

[24] Thompson, AAA 18, 1931, 86.

[25] S. Haines, Excavations, 1f.; vgl. Sams, Porticus 3, 1980, 5f.

[26] Square C-D1 „[…] under a wall of the first level […]". Shaath wertet den Fund als sekundär verlagert (Shaath, FS Porada, Anm. 4). Aufgrund der einfacheren Verzierungen vermutet Shaath, dass das Objekt aber in das späte 8. Jh. gehört „[…] where the quality of the engraving seems to have further declined, with probably a serial repetition of simple geometric decorations." (ebda., 241) Dass dem nicht unbedingt so sein muss, beweisen die Funde aus Tell Afis.

[27] Shaath, FS Porada, 238 grenzt sie auf das 8. Jh. ein, ohne dies jedoch näher begründen zu können.

[28] Woolley, Carchemish II, Taf. 28; s. a. Orthmann, UsK, Winter 1983, AnSt. 33, 1983, 184; auch Mazzoni, FS Orthmann.

[29] Andrae, Sendschirli V, 147.

24 der steinernen Kompartimentpyxiden – und damit mehr als die als authentisch einzustufenden – stammen nicht aus wissenschaftlichen Ausgrabungen, sondern aus dem Kunsthandel oder sind von unbekannter Herkunft. Sie werden aufgrund des Vergleichs zu Objekten mit Provenienz aber zumeist entsprechend als nordsyrische Produkte bezeichnet. Die Angaben der Kunsthändler zum Fundort haben wenig Aussagekraft, da Händler, und seien sie noch so glaubwürdig, Stücke oft aus zweiter oder dritter Hand erhalten. Oft werden, um die Authentizität des Stückes zu unterstreichen und den Wert zu heben, bekannte Grabungsorte und Regionen genannt. Eine große Anzahl an Steatitobjekten gelangte in den 60er und 70er Jahren auf den Beiruter Kunstmarkt, wo sie von Athanassiou erfasst wurden. Athanassiou stellt in seiner Dissertation über 100 *kohl*-Behälter, Salblöffel und Pyxiden zusammen, die mit der Fundortangabe „Rasm et-Tanjara" versehen und heute in zahlreiche Museen und Privatsammlungen verstreut sind. Dabei ist jedoch keinesfalls sicher, dass diese Objekte auch wirklich alle von einem Fundort, geschweige denn aus Rasm et-Tanjara sind.[30] Nachgrabungen in Rasm et-Tanjara, der angeblichen Fundstelle der Objekte, erbrachten weitere Funde an Keramik, Bronzen und Stein und sogar Fragmente einer Elfenbeinpyxis (Tanj.1 und Tanj.2), die bisher leider nur ansatzweise publiziert wurden.[31]

Fundorte und Fundstellen können für die Frage der Herstellungsorte im Allgemeinen nicht herangezogen werden, da diese wohl in den seltensten Fällen identisch sind. Für die Objekte aus Tell Afis nimmt Mazzoni eine lokale Produktion an, was sie nicht zuletzt auch mit den nahen Gesteinsvorkommen und mit dem Verweis auf andere lithische Funde aus der Region plausibel begründet.[32] Ebenso bleibt für die Pyxiden Denit.1, Judai.1 und Tanj.1 ein lokaler Ursprung aufgrund des verwendeten Materials (Steatit) zunächst nur hypothetisch.[33]

4.1.2 Dekor

In der Dekoration lassen sich zunächst figürlich verzierte von ornamental verzierten Pyxiden unterscheiden. Die abstrakten, recht beliebigen Verzierungen vieler Pyxiden bieten jedoch kaum Anhaltspunkte für eine regionale Eingrenzung. Einige Stücke aber sind mit figürlichem Dekor versehen. Wenn die archäologischen Kontexte auch keine genaueren Zeitangaben zu vielen Objekten zulassen, so hilft eine kunstgeschichtliche Einordnung der verzierten Stücke in manchen Fällen bei der zeitlichen und örtlichen Eingrenzung weiter. Im Folgenden werden zunächst die Steinpyxiden vorgestellt und im Hinblick auf ihre Beziehungen zu den großformatigen Reliefs betrachtet. Eine ikonographische Auswertung geschieht im Anschluss in Verbindung mit den Elfenbeinpyxiden.

---

[30] Die umfangreiche Arbeit Athanassious von 1977, der eine letzte Zusammenstellung der Objekte bietet, leidet leider sehr unter den schlechten Abbildungen der Mikrofilm-Publikation. Manche Objekte sind bis zur Unkenntlichkeit kopiert und die Abbildungen in der verfügbaren Version auf Mikrofilm nahezu unkenntlich. So bleiben nur die recht stereotypen Beschreibungen Athanassious. Vereinzelt in den Auktionskatalogen auftauchende Objekte wie der Deckel KH.26 oder die Pyxiden KH.15-19 mögen Objekten aus Athanassious Katalog entsprechen, ohne eindeutig identifiziert werden zu können.

[31] Shaath, AAS 36/37, 1986/87; Shaath, FS Porada.

[32] Hier wäre eine Bearbeitung der 'Amuq-Pyxiden besonders wünschenswert, da sie zur Materialuntersuchung eine zahlenmäßig größere und damit statistisch relevantere Gruppe darstellen.

[33] Analogieschlüsse auf die Produktion der Steinpyxiden mögen aus den Studien Kohls zu iranischen Chloritgefäßen des 3. Jt.s gezogen werden können. Besonders aufschlussreich ist sein Beispiel der rezenten Handwerker aus Mashad, deren Techniken Kohl den Befunden aus Shahr-e Sokhta und Tepe Yahya gegenüberstellt (Kohl, Seeds). Ähnlich mag man sich auch die Herstellung der nordsyrischen Pyxiden vorstellen.

4.1.2.1 Der geometrische Dekor

Die geometrischen Muster auf den Pyxiden scheinen nicht tief in den Stein graviert zu sein. Sie beruhen auf einfachen, geometrischen Formen (Linie und Kreis), die mit spitzen Werkzeugen mit mehr oder weniger Gewissenhaftigkeit eingeritzt wurden. Der Dekor auf den Steinpyxiden umfasst vor allem Rosetten, Kompassrosetten, verschiedene Kreismuster, horizontale Bänder mit Zickzackmuster oder Schraffuren oder Bänder aus Kreispunkten. Es handelt sich um ein vergleichsweise einheitliches und begrenztes Ornamentrepertoire, welches hier zur Anwendung kommt. Vertikale Linien, zum Teil in „Tremolierstich"-Art, können wie auf KH.14, die Wandung in einzelne Felder teilen. Solche Linien finden sich auch auf Juda.1 (Taf. 38a). Während der Deckel von KH.14 etwa Bänder mit sorgfältiger Schraffur und eine Kompassrosette besitzt, handelt es sich bei dem Ornament auf dem Mantel lediglich um einen segmentierten Kreis (Taf. 38b). Im Deckeldekor nahezu identisch ist KH.15, wo die Stege außen durch vertikale Schraffurbänder markiert sind. Bei Tanj.1 mit sehr ähnlichen konzentrischen Bändern ist die Mitte mit einem vergleichbaren segmentierten Kreis versehen, während auf dem Mantel Kreismuster lose verteilt sind (Taf. 38d).[34]

Vergleichsweise häufig sind die zumeist mit einem Stechzirkel erzeugten Rosetten (z. B. Judai.1 oder Tanj.1). Die über den Außenkreis greifenden Linien der unfertigen Rosette auf Tanj.1 etwa lässt die Anwendung des Zirkels erkennen. Die Einfachheit und Variabilität des Stechzirkelornamentes wird der Grund für dessen weite Verbreitung sein, welches sich nicht nur auf den Steinobjekten, sondern in komplexeren Varianten auch auf Metallgefäßen und anderen Metallgegenständen[35], auf Elfenbeinen[36] oder als Textilmuster in neuassyrischen Palästen[37] findet. Wenn dieses Ornament auch allgemein als ein „altorientalisches" gesehen werden kann, lässt es sich nicht einer bestimmten Region zuweisen.[38]

Die zu den Pyxiden gehörenden Schwenkdeckel sind zumeist in ähnlicher Weise wie der Korpus verziert und besitzen oft vergleichbare Muster. Das häufigste Motiv der zentralen Rosette, für das sich die runde Deckelform bereits anbietet, findet sich in schwach reliefierter Form auf den Stücken Afis.4 (hier leicht eckig) und Zinc.1 (Taf. 69b, c). Dabei wird die zentrale Rosette auf Afis.4 von zwei teigigen Zickzackbändern eingeschlossen; auf Zinc.1 umrahmen ein Flechtband und ein Strichband das Motiv in der Mitte. Diese plastisch gearbeiteten geometrischen Verzierungen sind wesentlich regelmäßiger ausgeführt.

4.1.2.2 Der figürliche Dekor

Sieben Pyxiden und Deckel[39] sind mit Reliefdekor verziert. Das Relief ist dabei meist nur sehr flach (bis 2 mm) über dem Grund erhaben. Die Szenen auf der Mantelfläche von Kark.1, Kark.2, Nin.1, KH.4 und KH.5 umfassen dabei Speisetischszenen, Jagd- und Tierkampfszenen und eine Prozession. Die Szenen stehen meist nebeneinander bzw. gehen ohne Bildtrenner ineinander über.

So befindet sich bei KH.4 (Taf. 39b, c) am linken Bildrand eine Speisetischszene mit zwei Personen und in der rechten Bildhälfte die Jagd zweier Chimären auf einen Hirschen. Ein Vogel und

---

[34] Zu CH.1 sind keine weiteren Beschreibungen oder Informationen über das Aussehen bekannt; Afis.5 und Afis.6 sind laut Beschreibungen ebenfalls mit Zickzack- und Schraffurmustern versehen. Für die nicht illustrierten Belege KH.16-KH.19 werden gleichermaßen Schraffurbänder und Rosetten, aber auch Reihen von Dreiecken berichtet.

[35] Etwa Löw, Metallgefäße, 231; Miron, Kamid el-Loz 10, Nr. 88 Taf. 10.

[36] Z. B. Barnett, CNI, Taf. 31:S38c; Muscarella, Hasanlu, 126f. Nr. 264a; Loud, Megiddo Ivories, 14 Nrn. 55, 56, 58, 59, bzw. die Belege für Deckel und Böden im Katalogteil dieser Arbeit.

[37] Patterson, Assyrian Sculptures, Taf. 102; Russell, Sennacherib's Palace, Abb. 13; Kat. Art and Empire, London, 1995 Nr. 45.

[38] Vgl. auch die Bemerkungen zu den levantinischen Pyxiden in Kap. 3.

[39] Afis.2, Kark.1, Kark.2, Kark.3, Nin.1, KH.4, KH.5.

eine kleine Gazelle dienen als Füllmotive. Das umlaufende Relief bei der ähnlich gut erhaltenen Pyxis KH.5 (Taf. 40) zeigt Variationen des Jagdthemas mit Personen mit Ergänzung durch das Streitwagenmotiv: Von links sprengt ein Wagen mit zwei Bogenschützen heran; es folgt eine Löwentötung durch einen Lanzenträger und einen Bogenschützen. Auf der rechten Seite zielt ein Bogenschütze auf einen Hirschen und einen weiteren Capriden. Ausgangs- oder Endpunkt des Mantelbildes von KH.5 stellt die abgeflachte und durch zwei mit Andreaskreuzen gefüllte Felder markierte Rückseite dar. Hier ist eine stehende Gestalt zu sehen, die gemäß Umzeichnung einen Stab oder eine Lanze hält und ein wohl wadenlanges Gewand trägt.[40]

Von Pyxis Kark.1 (Taf. 41) aus Karkemisch erlauben die verbliebenen drei Viertel des Korpus' mit Resten des unteren Dekorrandes eine ungefähre Rekonstruktion der Gesamtdarstellung bei Berücksichtigung des lokalen Reliefstiles. Es lassen sich insgesamt fünf Szenen ausmachen, wobei die Rückseite, die möglicherweise genischt war und ebenfalls eine isoliert stehende Gestalt aufwies, gänzlich weggebrochen ist. Am linken Bildrand findet sich eine sitzende Figur mit zwei ihr zugewandten Personen, offensichtlich Teil einer Empfangsszene.[41] Die nächsten Szenen zeigen Jagdszenen und Tierkampfmotive: einen Mann vermutlich bei einer Löwentötung mit zwei kleineren Tieren, wohl Gazellen, vor und hinter dem Löwen als Füllmotive, einen weiteren Helden bei der Jagd auf ein Huftier bzw. einen Löwen sowie in der letzten Szene vermutlich wieder einen Bogenschützen bei der Jagd auf einen Hirschen. Noch schlechter erhalten ist der Dekor von Kark.2, der wohl ehemals Tierkampfszenen zeigte (Taf. 42c-e). Zu erkennen sind noch die Reste einer Schwanzquaste von einem nach links gewandten Stier sowie ein in das Knie gesunkenes Huftier, das vermutlich von einem Greifen angegriffen wird.[42]

Auch Nin.1 (Taf. 43a, b) ist stark fragmentiert, lässt aber noch Reste belebter Jagdszenen erkennen, hier im Mittelfeld die Jagd auf einen Stier mit dem Bogen. Eine Löwenjagd bzw. eine Tierkampfszene schließt sich nach links an; rechts folgt ein nach rechts gewandtes Mischwesen mit Skorpionschwanz, das vermutlich Teil einer weiteren Szene ist.

Auf dem Wandungsfragment Afis.2 (Taf. 43c, d) ist lediglich der Oberteil eines Greifen erhalten, der auf eine Jagd- oder Tierkampfszene schließen lässt. Das leer belassene Feld der Rückseite scheint zu einem ähnlichen Motiv zu gehören wie bei KH.5

Der Deckel Kark.3 (Taf. 42f) hingegen zeigt einen bewegten Tierkampf, bei dem sich ein Löwe in die Kehle eines Horntieres verbissen hat und dessen Kopf auf den Rücken zurückkreisst. Mit den untergeschlagenen Hufen und dem Aufsteigen des Löwen passt sich das Motiv sehr geschickt dem Rund des Deckels an.

4.1.2.3 Steinerne nordsyrische Kompartimentpyxiden und Reliefs im Vergleich

Gerade bei den reliefverzierten Kompartimentpyxiden bieten sich durch die Darstellungen Vergleiche mit den bekannten nordsyrisch-südostanatolischen Reliefs und Plastiken an. Schon Herzfeld hatte 1930 diese Kunstwerke als Vergleich für die von ihm publizierte Pyxis KH.4 und zur Begründung ihrer Herkunft und Authentizität herangezogen. Er stützt sich auf die Motivik und verweist dabei auf die Themen von Festmahl und Tierjagd und die Art der Komposition von zwei voneinander getrennten Szenen.[43] Orthmann zieht gleichermaßen einige ausgewählte Objekte der Kleinkunst im Vergleich mit den von

---

[40] Nach der Umzeichnung Shaath, AAS 36, 1986/87, Abb. 7 stehen die Füße der Figur auf der Grundlinie. Auf dem Photo Shaath, AAS 36, 1986/87, Taf. 58:9 entsteht jedoch der Eindruck, dass die Person erhöht steht. Es wäre hier ein Tier denkbar, womit die Figur mit einem zusätzlichen Emblem göttlichen Status erhielte.

[41] Ein Speisetisch ist hier angesichts der schraffierten Struktur des vor ihr stehenden Gegenstandes, der zu einer Pflanze gehört haben muss, nicht möglich. Der nächste motivische Vergleich ist der Zug von Männern und Frauen zur sitzenden Göttin am „Processional Entry" von Karkemisch.

[42] Die Vordertatze des Greifen ist in Aufsicht dargestellt und tritt auf die Hinterläufe der Gazelle; vgl. Erläuterung im Katalogeintrag.

[43] Herzfeld, AMI 2, 1930, 132f.

ihm behandelten Bildwerken heran; steinerne Pyxiden spielen jedoch dabei kaum eine Rolle.[44] Auf die wechselseitigen Beziehungen zwischen Groß- und Kleinkunst wurde vielfach hingewiesen, wobei den steinernen Großbildwerken zurecht das größere Gewicht in Bestimmungsfragen eingeräumt wird.[45] Die Bewertung nicht nur der nordsyrischen Pyxiden, sondern sämtlicher Gegenstände des Kunsthandwerks hängt wesentlich an der Relation zu den Großbildwerken aus diesem geographischen Raum.

Seit den wegweisenden Arbeiten zu diesen Bildwerken besonders von Akurgal, Orthmann und Genge hat es verschiedene Neufunde gegeben, die das Bild der Stilentwicklung bereichert und ergänzt haben.[46] Darüber hinaus haben die Forschungen von Hawkins das Quellen- und Datengerüst zur früheisenzeitlichen Geschichte Nordsyriens erheblich verändert, woraus sich teilweise eine neuer Datierungsansatz auch für einen Teil der späthethitischen Reliefs ergibt.[47] Veränderungen betreffen besonders die Datierungen der Reliefs von Malatya, Karkemisch, Tell Halaf, Til Barsip, Marasch, Aleppo und 'Ain Dara. An den stilistischen Verbindungen untereinander, die Orthmann vorgenommen hat und die auch von Genge im Allgemeinen anerkannt worden sind, ändern diese neuen Datierungen zunächst nicht viel, wohl aber an deren zeitlichen Relationen.[48]

Die von Orthmann etablierte stilistische Dreiteilung der nordsyrisch-südostanatolischen Reliefs in SpH I, SpH II und SpH III, wobei SpH III in zwei Unterphasen (IIIa und IIIb) zerfällt[49], ist heute in seinen Grundlagen akzeptiert, muss jedoch an manchen Stellen ergänzt bzw. korrigiert werden (vgl. Abb. 4-2). Die Gruppierung der Reliefs geschieht durch stilistische und antiquarische Vergleiche; ihre zeitliche Abfolge beruht auf einer Abwägung der historischen Überlieferung, soweit sie ihm damals zugänglich war.

Orthmanns Stilstufe SpH I wird hauptsächlich durch die Reliefs aus 'Ain Dara und Karkemisch gebildet, die enge Anknüpfungspunkte an die Kunst des hethitischen Großreiches erkennen lassen. Für die Reliefs der Stilstufe SpH II sind nach Orthmann vor allem die frühen Reliefs aus Zincirli, Til Barsip und Karkemisch relevant, die zeitlich vor der assyrischen Eroberung angesetzt werden. Auch die Reliefs aus Malatya weist Orthmann der Stilstufe SpH II zu, kann sie aber aufgrund des damaligen Kenntnisstandes zeitlich nicht näher eingrenzen. In der Stilstufe SpH III kommt der assyrische Einfluss zum Tragen, der sich durch die politische Dominanz Assyriens besonders ab dem 8. Jh. bemerkbar macht. Überhaupt mögen die wechselnden politischen Machtverhältnisse und hier die Einmischungen der Assyrer seit dem 9. Jh. vielfach als Ursache und Motor für die Veränderungen im Stil und Antiquariaschatz verantwortlich gemacht werden können.

---

[44] Orthmann, UsK, 163-167, 552f. Im Folgenden wird zumeist auf diese handlichere Publikation mit einer übersichtlichen Zusammenstellung der entsprechenden Bildwerke verwiesen.

[45] Ähnlich Merhav, IsrMusN 16, 1980, 89-106.

[46] Einen kritischen Überblick über die Forschungsgeschichte bis 1972 gibt Genge in seiner Einführung (Genge, Reliefs, 2-19).

[47] Hawkins, Inscriptions; vgl. Orthmanns Bemerkungen im Kat. Hethiter, Bonn, 274-279. Für eine umfassende Synthese der Geschichte der hethitischen Staaten in Nordsyrien-Südanatolien s. Jasink, Stati Neo-Ittiti; zur Geschichte der aramäischen Staaten in Syrien v. a. Sader, États araméens sowie Lipiński, Arameans.

[48] Jegliche Phaseneinteilung ist natürlich künstlich und aus heutiger Sicht erfolgt. Man muss sich der Schwäche der „stilistischen Datierung" bewusst bleiben, die auf der mehr oder minder starken Synchronisierung stilistisch ähnlicher Bildwerke beruht. Zeitliche Verzögerungen in der Übertragung von Stilen zwischen Orten, aber auch der Stilwandel innerhalb eines Ortes sind nur schwer abzuschätzen. Auch geht Stilwandel nicht zeitlich linear vor. Die Nennung von absoluten Daten für Stilgruppen – hier und auch in anderen Abhandlungen zu diesem Thema – verleihen eine „Scheinsicherheit" und können nicht mehr als ein Anhaltspunkt sein. Punktuelle Ausnahmen bilden dabei inschriftlich datierte Bildwerke.

[49] SpH wird im Weiteren als Abkürzung für „Späthethitisch" verwendet.

SpH								Datierung[1]
I		Karkemisch I		ʻAin Dara	Zincirli I Zincirli II			? bis 950
II	Malatya I/II	Karkemisch II Karkemisch III	Til Barsip			Marasch I	Tell Halaf	950– um 830
IIIa	Malatya III	Karkemisch IV		Sakcegözü I	Zincirli E/2 Zincirli J/2	Marasch II Marasch III		775–740
IIIb	Malatya A/12	Karkemisch V		Sakcegözü II	Zincirli III Zincirli IV	Marasch IV	Karatepe	um 730–700

[1] Orthmann gibt keine absoluten Zahlen an; die hier genannten Jahreszahlen sind entsprechend nur indirekt durch die historischen Vergleiche erschlossen.

Abb. 4-2 Überblick über die Stilstufen nach Orthmann, UsK, 148

Vor allem die aktuellen Funde in Aleppo[50] und ʻAin Dara[51] sowie die neuen historischen Erkenntnisse zur Herrscherabfolge in Malatya[52] und Karkemisch[53] ziehen Veränderungen bei der Datierung der Bildwerke Nordsyriens/Südostanatoliens nach sich. Die wichtigste Neuerung ist sicherlich die Hochdatierung der Stilstufe SpH I, die nunmehr bis in das 10./11. Jh. reicht. Die künstlerischen Traditionen gerade von ʻAin Dara und Malatya sind noch erheblich dem Stil des hethitischen Großreichs verbunden. Der Vorschlag, eine nachhethitische Phase für das 12.-11. Jh. zu definieren, wie ihn Mazzoni macht, ist daher prinzipiell sinnvoll.[54] Eine einheitliche Benennung der Stilstufen für die Reliefstile Nordsyriens/ Südostanatoliens gestaltet sich jedoch schwierig, da es sich an den verschiedenen Orten um Entwicklungen mit zum Teil erheblich voneinander abweichenden Geschwindigkeiten handelt. Eine Diskussion dieser Problematik führt jedoch erheblich über den Rahmen der vorliegenden Arbeit hinaus. Im Ergebnis

---

[50] In der wieder aufgenommenen archäologischen Untersuchung der Zitadelle werden seit 1996 die Reste des Tempels des Wettergottes von Aleppo mit seinem Orthostatenschmuck freigelegt. Die Gesamtlänge der Reliefs wird auf über 26 m geschätzt. Die offensichtlichen Verbindungen zur hethitisch-großreichszeitlichen Kunst legen nicht nur enge politische Beziehungen nahe, sondern dienen hier als zeitliche Indikatoren für einen Ansatz der Bildwerke noch im 11. Jh.; stärker noch ist die Aussagekraft der Beischriften, die diesen Ansatz stützt (s. Khayyata – Kohlmeyer, DamM 10, 1998; Kohlmeyer, Aleppo; Gonella u. a., Zitadelle, 77-113).

[51] Die Endpublikation mit der Vorlage der gesamten Relieffragmente erlaubt nun eine umfassendere Beurteilung; s. Abu Assaf, ʻAin Dara; kritisch dazu Orthmann, IstM 43, 1993. Stellte Orthmann noch eine Verbindung zu seiner Stilstufe SpH I her, so wies er gleichzeitig darauf hin, dass die Bezüge zur Kunst des hethitischen Großreichs stark sind und die Bildwerke sehr wohl älter sein können (Orthmann, UsK, 136). In seinem Rezensionsartikel wendet sich Orthmann dabei berechtigterweise gegen die stilistische Dreiteilung der Reliefs durch Abu Assaf, der die Bildwerke auf einen Zeitraum von 560 Jahren verteilt (Abu Assaf, ʻAin Dara, 39-41), und schlägt einen zeitlichen Ansatz zwischen 1200 und 1000 vor (Orthmann, IstM 43, 1993, 248-251; s. a. Mazzoni, CMAO 7, 1997, 295f.). Die Vermutung Orthmanns, dass die Tempelausschmückung von ʻAin Dara in eine Zeit nachhethitischer Prosperität und vor ein Erstarken der aramäischen Macht fällt, klingt im Hinblick auf die Machtverhältnisse sehr plausibel. Die Funde von Bildwerken in eindeutig hethitischem Stil bezeugen den starken hethitischen Einfluss an diesem Ort (vgl. Abu Assaf, ʻAin Dara, Taf. 26, 27; Abu Assaf, DamM 9, 1996, 108-111, Nrn. 197, 198 Taf. 25a, b). Hethitisch-luwisch klingende Herrschernamen sind sogar noch bis in das 3. Viertel des 9. Jh.s belegt (zusammenfassend und mit älterer Literatur Hawkins, Inscriptions, 284-288). Es bietet sich möglicherweise ein Ansatz für die Bildwerke des Tempels vor/um 1100 an, also noch vor dem Beginn der assyrischen Feldzüge ans Mittelmeer unter Tiglatpilesar I.

gestaltet sich die chronologische Abfolge und Phasenbenennung wie hier in Abb. 4-3 zusammengefasst. Sie trägt den lokalen Entwicklungen nur bis zu einem gewissen Grade Rechnung, berücksichtigt aber den aktuellen Forschungsstand der Geschichtsschreibung.

Die aus der Nähe von Zincirli stammende Sphinx, die sich heute im Museum zu Gaziantep befindet (vgl. Orthmann, UsK, Taf. 67, Zincirli K/8; Duru, Yesemek, Taf. 35:2), mag eine Verbindung zwischen den unfertigen Werkstücken aus Yesemek und den Funden aus ʿAin Dara herstellen und so für eine entsprechende Datierung eines Großteils der dort gefundenen Plastik in das ausgehende 2. Jt. sprechen.

[52] Malatya ist der Fundort zahlreicher Reliefs, die zum Teil mit Herrscherinschriften versehen sind und so eine entsprechende Datierung der Bildwerke erlauben, die von Orthmann seiner Stilstufe SpH II zugewiesen worden waren. Aus den hieroglyphen-luwischen Inschriften können zwei Dynastien rekonstruiert werden, von denen eine sich sehr wahrscheinlich mit dem hethitischen, großreichszeitlichen Königshaus verbinden lässt (hierzu Hawkins, AnSt 38, 1988; Hawkins, FS Houwink ten Cate, 88-90; Hawkins, RlA 8; Hawkins, Inscriptions, 282-288). Obwohl letzte Unsicherheiten noch nicht ausgeräumt sind, etabliert sich die Annahme, dass der Großvater von PUGNUS-mili I. Talmi-Teššob war, ein Zeitgenosse und Cousin Šuppiluliumas II. und Urururenkel Šuppiluliumas I. Es ergeben sich im Weiteren zwei Dynastien wie folgt: (A) Kuzi-Teššob, PUGNUS-mili I., Arnuwantis I., PUGNUS-mili II., Arnuwantis II. und (B) CRUS +RA/I-, Wasu[(?)]-Runtiyas und Halpasulupis (n. Hawkins, Inscriptions, 287). Dynastie (A) datiert entsprechend in das 12.-11. Jh., Dynastie (B) mag dann in das 11. Jh. gesetzt werden. Zwei weitere Könige, Suwarimis und Maritis, Dynastie (C) nach Hawkins, sind noch durch das Jagdrelief (Orthmann, UsK, Taf. 42, Malatya B/2) bekannt, können aber nicht näher in diese Abfolge eingereiht werden. Dazu ist anzumerken, dass dieses Reliefs auch nicht aus Malatya stammt, sondern aus dem Kunsthandel mit der Herkunftsangabe Harput (bei Elazığ, am oberen Euphrat).

[53] Die Reliefs von Karkemisch bieten nahezu die gesamte Entwicklung der späthethitischen Reliefkunst. Die hieroglyphen-luwischen Inschriften von Karkemisch sind recht zahlreich und erlauben viele Verbindungen mit den Reliefs. Eine übersichtliche Zusammenstellung der Inschriften mit den Reliefs findet sich in Hawkins, RlA 5, 440; allgemein zur Geschichte von Karkemisch s. Hawkins, Inscriptions, 73-79. In seiner stilistischen Gruppierung der Bildwerke in fünf Stufen greift Orthmann auf eine Einteilung Herzfelds zurück. Mit der ersten Stilgruppe sind inschriftlich zwei Herrscher verbunden: x-pa-ziti und sein Sohn Ura-Tarhunzas/Talmi-Teššob), die in die erste Hälfte des 10. Jh.s zu datieren sind. Beide tragen den hethitischen Titel „Großkönig"; ihr Verhältnis zur Dynastie von Suhi ist aber nicht ganz klar. Sie mögen eventuell auf Kuzi-Teššob, den letzten hethitischen Großkönig und König von Karkemisch, zurückzuführen sein, wie Hawkins annimmt (Hawkins, FS Houwink ten Cate, 83f.; Hawkins, Inscriptions, 76f.). Die zugegebenermaßen stark rekonstruierte dynastische Linie führt hier über die Herrscher von Malatya, das noch im 11. Jh. von Karkemisch abhängig gewesen sein muss. Die inschriftlich mit den vier Herrschern Suhi I., Astuwatamanzas, Suhi II. und Katuwas belegte folgende Dynastie von Karkemisch, deren Verhältnis zur vorhergehenden nicht ganz gesichert ist, kann zeitlich vor dem assyrisch bezeugten Sangara, einem Zeitgenossen Assurnasirpals II., – also mindestens 870-848 – angesetzt werden. Es ergibt sich eine Datierung für diese Dynastie in den Zeitraum von ca. 970 bis 870 und eine entsprechende Zeitstellung für die mit dieser Dynastie verbundenen Bildwerke der Stilstufe Karkemisch II-III. Auf Sangara folgen in gleichermaßen ungeklärtem Zusammenhang ab dem ausgehenden 9. Jh. bis 717 Astiruwas, Yariris, Kamanis, (Sasturas) und schließlich Pisiris, die ebenfalls durch assyrische Quellen bekannt sind. Der letzte Herrscher von Karkemisch, Pisiris, wird schließlich durch Sargon II. abgesetzt. Die Reliefs der Royal Buttress werden Yariris und Kamanis, die Reliefs vom South Gate und der Great Staircase Pisiris zugeschrieben, die Orthmann in seinen Stilstufen Karkemisch IV und V zusammenfasst. Sie datieren also in das 8. Jh., wie auch an dem zunehmend assyrischen Einfluss gesehen werden kann. Unterstützung erfährt die Datierung der Reliefs der Suhi-Katuwas-Stilstufe durch die Tarhunzas-Stele des Hamiyatas, die aus historischen Erwägungen in das 10. Jh. datiert werden kann (Singer, Tel Aviv 15-16, 1988/89).

[54] Mazzoni, CMAO 7, 1997, 299 behält das dreiteilige Schema bei („fase arcaica" – 12.-10. Jh., „fase matura" – 9.-8. Jh., „fase del dominio assiro" – 7.Jh.). Dabei gehen jedoch die feineren Unterschiede in der Reliefentwicklung und die Abstufungen des assyrischen Einflusses verloren. Die von Mazzoni betonten starken hethitischen Einflüsse auf die Kunst von Malatya oder ʿAin Dara erlauben es sicherlich – nicht zuletzt auch durch die historische Kontinuität – von einer „nachhethitischen" Phase zu sprechen. Diese vermischt sich bzw. geht über in die Stufe SpH I; klare Trennungen gibt es nicht. Die sich anschließende Diskussion, ob die Phase „nachhethitisch" oder „späthethitisch" zu nennen ist, ist m. E. eine akademische.

Bodenfalz kann nichts gesagt werden. Im Randbereich des Bodens sind vier paarig angeordnete Löcher zu erkennen. Im unteren Bereich des Korpus selbst gibt es keine Dübellöcher, auch ist die Bodenplatte zu dünn, als dass horizontal in die Bodenplatte hätte gebohrt werden können. Der Boden ist also nicht direkt in der Wandung befestigt, wie das Arrangement der Dübellöcher sowohl im Boden selbst als auch in der Wandung nahe legt, sondern muss an/auf einem separaten Träger (Einsatz/Futter) oder auf der Unterseite einer massiven Pyxis befestigt gewesen sein (Taf. 9d).

Die Befestigung der Schwenkdeckel geschieht auf ähnliche Weise wie bei den Steinpyxiden mit Hilfe senkrechter Gelenkstifte. Die nahezu vollständig erhaltenen Pyxiden Nim.4 und Nim.19 zeigen dies sehr anschaulich: Die natürliche, leicht ovale Form des Stoßzahnes ist genutzt worden, um die abgeflachte Rückseite etwas dicker zu halten. Hier befindet sich die senkrechte Bohrung für den Gelenkstift, an dem der Deckel horizontal geschwenkt werden kann. In dem Deckel Nim.75 hat sich der Rest des Gelenkstiftes ebenfalls noch erhalten.

In derselben Weise wie die steinernen Ausführungen sind auch die elfenbeinernen Pyxiden vermutlich mittels einer Schnur und zweier Knäufe, einer in der Wandung und einer im Deckel, verschlossen worden (Taf. 8b). Einen entsprechenden Hinweis darauf gibt die Pyxis aus Tell Halaf. Bei Nim.35 etwa befindet sich in der Wandung über dem Streitwagenpferd ein Loch im oberen Rand, das   ganz wie bei Halaf.1 oder auch KH.4 – für einen Verschlussdübel verwendet worden sein könnte.

4.2.1.2.3 Zur Frage der Kompartimentierung

Hinweise auf massive, aus einem Stück geschnitzte Pyxiden liegen in mehreren Fällen in Spuren von Ausbrüchen an der Wandung vor. Im unteren Drittel ist die Innenseite der Wandung der Pyxis Nim.28 (Taf. 59) oder auch Nim.38 (Taf. 63e) eindeutig uneben und wirkt wie eine Bruchstelle. Dies ist ein deutlicher Hinweis auf einen massiven Boden. Ähnliches findet sich bei Nim.36, gleichzeitig eine recht kleine Pyxis, deren riefelige Oberfläche auf der Innenseite den Bereich von Boden und Wandung nachzeichnet. Der vergleichsweise saubere Ausbruch kann mit der Lamellenstruktur des Elfenbeins erklärt werden. In diesem Fall hat die Befestigung der dünnen Bodenplatten mit vertikalen Bohrungen im massiven Bodenbereich der Pyxis den Zweck zur Verkleidung der unteren Schnittfläche (Taf. 9d) Möglicherweise sollten sie auch die gerade im Zentrum oft vorkommende Pulpahöhlung verdecken. Die verwendeten Stoßzähne müssten allerdings relativ groß gewesen sein, um massive Rohlinge zu liefern.

Im Hinblick auf die steinernen Kompartimentpyxiden kann in Betracht gezogen werden, dass auch die Elfenbeinpyxiden eine Fächereinteilung in ihrem Inneren besessen haben. Halaf.1 ist der erste Beleg für eine solche Elfenbeinpyxis mit fünf Abteilungen, sehr ähnlich zu etwa Kark.1 Bereits Barnett hat bei Nim.38 Anzeichen für innere Fächer festgestellt.[99] Ein Ansatz für einen radialen Wandungssteg befindet sich genau an der Stelle, wo auch der Gelenkstift für den Deckel sitzt. Die Fläche daneben ist eindeutig glatter und könnte auf das Vorhandensein eines Faches hinweisen. Diese Beispiele legen aus dem Vollen geschnitzte Fächer nahe, auch fehlen hier Dübellöcher.

Eine andere Möglichkeit böte der Einsatz eines separaten Fächerelementes. Die sich im unteren Korpusdrittel sowie am oberen Rand befindlichen horizontalen Dübel bei anderen Pyxiden könnten zur Befestigung eines derartigen Einsatzes in der Wandung gedient haben. Bei zahlreichen Wandungsfragmenten konnten im unteren Bereich der Wandung Kratzer bzw. Aufrauhungen beobachtet werden, die zum Einkleben eines solchen Einsatzes gedient haben mögen (Taf. 10a). Einen Hinweis auf das Einbringen eines sekundären Einsatzes gibt auch Nim.28. Hier ist auf der Rückseite sehr gut die Tiefe des eigentlichen Faches an der glatten Wandung im oberen Drittel zu erkennen. Die Fläche darunter ist uneben und aufgerauht. Hier befindet sich auch ein Dübelloch, in dem ein Stift zum Sichern eines derartigen Bodeneinsatzes gesessen haben müsste. In der Wandung selbst befindet sich eine

---

Poplin, Matières dures, Abb. 16). Solcherart gewonnene Scheiben sind natürlich dünner als die vertikal zur Zahnachse geschnittenen, dickeren Scheiben, weswegen die Gefahr des Brechens größer ist.

[99] Barnett, CNI, 193.

vertikale Nut und ein weiteres Dübelloch. In dem Einsatz dürfte diese Kompartimentwandung ähnlich befestigt gewesen sein, und entsprechend wäre eine nachträglich eingesetzte Wandung zu erwarten (Taf. 10b).[100] Als Material für mögliche Einsätze kommt in erster Linie Elfenbein in Frage, erst in zweiter Linie Holz.[101] Die Böden mit weiter innen liegenden vertikalen Löchern könnten solche Einsätze verkleidet haben.[102]

Gemäß der Beschreibung von Safar – al-Iraqi[103] sind die Dübellöcher von Nim.19 in der Wandung in sechs etwa gleichen Abständen am oberen Korpusrand verteilt und waren gegebenenfalls für die Anbringung von inneren Fächern bestimmt. Die Löcher am unteren Korpusrand seien, so Safar – al-Iraqi, für die Befestigung des Bodens. Diese Möglichkeit ist zwar auch in Betracht zu ziehen, doch möchte ich zu bedenken geben, dass auf den mir zur Verfügung stehenden Photographien diese Regelmäßigkeit der Löcher nicht zu erkennen ist. Auch kann eine derartige Anbringung der Fächer nicht die paarigen vertikalen Dübellöcher in der Bodenplatte erklären. Zudem sind die unteren Dübellöcher zu groß und für die Einbringung eines Bodens zu hoch; Löcher im unteren Kordelband am Fuß sind ebenfalls nicht auszumachen. Gerade im Hinblick auf die steinernen Kompartimentpyxiden wird die Annahme von Fächern auch bei den elfenbeinernen Ausführungen wahrscheinlicher.[104]

Umso bedauerlicher ist es, dass die Pyxis aus Tell Halaf nicht erhalten ist, die eine Aufteilung wie die Steinpyxiden besessen hat und welche in diesen Punkten viel Klarheit hätte bringen können (Taf. 43e). Leider bleibt es weiterhin spekulativ, ob ein solcher Einsatz ebenfalls eine Fächereinteilung wie die Kompartimentpyxiden besessen hat, oder nicht. Diese Annahme ist recht naheliegend, stellt sie doch eine noch engere Verbindung zwischen den syrischen Kompartimentpyxiden und den im syrischen Stil gearbeiteten Elfenbeinpyxiden her.[105]

4.2.1.3 Fundorte und Datierung

Obwohl alle Elfenbeinobjekte aus ergrabenen Fundkontexten stammen, sind diese für eine Datierung meist nicht sehr aussagekräftig.[106] Der größte Komplex der hier behandelten Elfenbeinpyxiden wurde

---

[100] Als besonderes Detail weist die Pyxis im Rand eine schwalbenschwanzartige Klammer um einen Stift auf, bei dem es sich um den Gelenkstift für den Schwenkdeckel handeln muss. Die Klammer muss hier als Verstärkung des Gelenkstiftes gedient haben – es handelt sich nicht um die Verbindung zweier Wandungssegmente –, da hier nicht, wie üblich, eine Kompartimentwand die Außenwandung verstärkt. Vielmehr ist diese Kompartimentwand selbst eingesetzt und bietet damit eine Schwachstelle. Barnetts Annahme, dieses Loch verdecke eine defekte Stelle im Elfenbein (Barnett, CNI, 192), ist daher wohl nicht zutreffend.

[101] Holz hat als organisches Material den Nachteil, dass es „arbeitet", sich also je nach Feuchtigkeitsgrad ausdehnt und zusammenzieht. Es besteht also die Gefahr, dass das Holz den Elfenbeinkorpus sprengen könnte. Zur Nähe von Elfenbein- und Holzbearbeitung s. Barnett, Ivories, 11. Zu erwähnen ist noch die Möglichkeit anderer organischer Materialien, z. B. Leder, als Boden, wie es auch Safar – al Iraqi, Ivories, 7 oder Curtis, Nush-i Jan III, 47, in Betracht ziehen. Diese Materialien wären einfach einzuarbeiten, jedoch muss hier die Frage nach den Inhalten der Pyxiden (flüssig – fest) bedacht werden.

[102] Demgegenüber weisen einige Böden (z. B. HSL.17) eine Verzierung auf beiden Seiten auf. Sollte es sich tatsächlich um Böden für Pyxiden handeln, so muss davon ausgegangen werden, dass der Dekor auch innen sichtbar war, sollte es sich nicht um „Übungsstücke" oder sekundär verwendete Objekte handeln.

[103] Safar – al-Iraqi, Ivories, 53.

[104] Zur Pyxis Nim.39 merken Safar – al-Iraqi an, dass fünf Löcher am oberen Korpusrand in unregelmäßigen Abständen gebohrt seien, und nehmen hier einen Metallring an (Safar – al-Iraqi, Ivories, 59). Wozu dieser Ring jedoch dienen soll, wird nicht erläutert.

[105] Dies ist im Übrigen auch die Art, mit der die Elfenbeinpyxiden restauriert sind. Das antike Elfenbein ist über einem Holzkern gefestigt. Zur Verwendung von Klebemitteln wie Knochenleim oder Harze s. Herrmann, IN IV, 56f.

[106] Gerade für die Altfunde der frühen britischen Ausgrabungen lassen sich die genauen Fundkontexte nicht mehr exakt bestimmen. Die bevorstehende Neupublikation der Elfenbeinfunde von der Akropolis durch G. Herrmann wird voraussichtlich eine Neubewertung auch der Fundsituation ermöglichen.

in Nimrud gefunden, und hier gehäuft im Südost-Palast sowie im Nordwest-Palast; dabei sind die Brunnen NN und AJ im Wohnbereich des Palastes mit ihrer Massierung von Elfenbeinfunden hervorzuheben.[107] Der Nordwest-Palast als Gründung Assurnasirpals II. war ab der Mitte des 9. Jh.s bis zur Erstürmung der Stadt 614/612 in Verwendung. Auch wenn die Funktion als Wohnpalast des Königs abhanden gekommen sein mag, weisen Funde und spätere Umbauten auf eine Nutzung des Gebäudes am Ende des 8. Jh.s hin. Danach scheint das Gebäude verfallen zu sein.[108] Auf die Nutzung als Magazingebäude zur Regierungszeit Sargons weist etwa ein Text hin, der die Lagerung seiner Beute – unter anderem aus Karkemisch – ebendort erwähnt.[109] Es muss damit offen bleiben, ob die Deponierung der Gegenstände hier eher im 9. oder 8. Jh. erfolgt ist. Auch der Südost-Palast oder „Burnt Palace" scheint durch Assurnasirpal II. begonnen, aber erst unter Adad-nerari III. vollendet worden zu sein. Mallowan stellt mehrere Bau- und entsprechend unterschiedliche Nutzungsphasen fest, von denen die letzten noch in die postassyrische Zeit reichen. Aufgrund der Befundlage können die meisten der noch von Loftus gefundenen Pyxiden keiner genaueren Schicht oder Stelle zu gewiesen werden. Der aufgrund seiner gehäuften Elfenbeinfunde von Mallowan als „ivory room" bezeichnete Raum neben dem Thronraum wird der Phase F vor der Zerstörung 612 v. Chr. zugeschrieben und erbrachte unter anderem auch Pyxis Nim.21.[110] Als terminus ante quem kann für die Funde aus Nimrud lediglich die Eroberung und Zerstörung der Stadt durch die Meder und Babylonier in den Jahren 614 und 612 gelten. Die stilistische Zuordnung der Elfenbeinpyxiden zeigt, dass die Stücke als älter zu werten sind und auch sicherlich nicht aus Nimrud stammen, sondern vielmehr als Beute- und Tributabgaben in die assyrische Hauptstadt gekommen sind.

Ähnliches gilt für die Pyxiden aus Hasanlu. Auch hier handelt es sich um Objekte, die als Fremdgüter betrachtet werden müssen. Die Elfenbeine stammen aus der Besiedlungsphase IVB, welche durch eine großflächige Zerstörung beschlossen wurde. Das von den Ausgräbern angenommene Datum für diese Zerstörung von kurz vor 800 wird allgemein akzeptiert, ist aber nicht unumstritten.[111] Es bietet in jedem Fall wiederum nur einen terminus ante quem.

Die Pyxis aus Tell Halaf stammt aus den Schachtgräbern unterhalb der Kapara-Terrasse. Damit ergibt sich ein zeitlicher Ansatz von vor 900.[112]

Gänzlich aus ihrem Fundkontext heraus undatierbar sind die Pyxidenfunde der Idäischen Grotte. Es handelt sich um zahlreiche Weihgaben, die sich in der Grotte bis zum 5. Jh. angesammelt haben. Die lange Nutzungsdauer, verbunden mit dem begrenzten Platz, hat zu zahlreichen Umlagerungen geführt, sodass Funde nur relativ und über externe Parallelen datiert werden können.[113]

Von besonderem Interesse ist in diesem Zusammenhang die Pyxis Nim.20, die eine Inschrift auf ihrer Unterseite besitzt.[114] Die erhaltenen Buchstabenreste *l[XXXX]+[b]yt [g]š* deuten auf einen Personennamen in Verbindung mit einem Ortsnamen hin. Der Ort kann als Bīt Agusi gelesen werden, das mit seiner Hauptstadt Arpad unter anderem aus assyrischen Quellen bekannt ist. Hinter dem Personenname wird zumeist ein Herrscher gesucht. Puech schlägt die Herrscher ʿAtaršumki oder Matiʾilu zur

---

[107] Es ist dabei auffallend, dass unter den in die Tausende zählenden Elfenbeinfunden des Fort Salmanassars bislang keine Pyxiden identifiziert werden konnten. Allerdings steht hier noch die Publikation eines größeren Teils der Funde aus.

[108] Barnett, CNI, 2-6; Mallowan, N&R, 93-183; Oates – Oates, Nimrud, 36-70, bes. 68-70.

[109] Oates – Oates, Nimrud, 57 in der Übersetzung von Luckenbill.

[110] Barnett, CNI, 8f.; Mallowan, N&R, 200-230; Oates – Oates, Nimrud, 124-129.

[111] Zusammenfassend Muscarella, Hasanlu, 1f. Für eine Zerstörung von Hasanlu IVB durch Sargon II. anlässlich seines Urartu-Feldzuges argumentiert Medvedskaya, Iran 26, 1988. Dieser Ansatz wird von den Ausgräbern aber streng zurückgewiesen (Dyson – Muscarella, Iran 27, 1989).

[112] Vgl. Hrouda, Halaf 4, 116f.; Orthmann, FS Oppenheim, 208-214, 222-226; jüngst Fless, KJB 30, 1997.

[113] Matthäus, AA 2000, 519f.

[114] Zur Inschrift s. Puech, Syria 55, 1978 und jüngst Mitchell, Aramaic Inscription.

Identifikation vor, die jeweils von einem assyrischen König (Adad-nerari III. bzw. Tiglatpilesar III.) besiegt wurden und in dessen Beutezug das Objekt nach Nimrud gekommen sein könnte. Damit läge eine Datierung des Objektes in das ausgehende 9. Jh. oder die Mitte des 8. Jh.s vor. Mitchell ist jedoch vorsichtiger und weist darauf hin, dass es auch andere, bisher nicht belegte Herrscher von Bīt Agusi gegeben haben könnte. Seitens der Paläographie seien die Buchstaben nicht sehr aussagekräftig und passten sowohl in das 9. wie auch in das 8. Jh., so Mitchell.[115] Davon abgesehen bleibt auch unsicher, ob die Inschrift nicht möglicherweise sekundär angebracht worden ist und das Objekt somit bedeutend älter sein könnte.

Eine genauere zeitliche Eingrenzung der Objekte als Teil der nordsyrischen Tradition auf kunsthistorischem Wege ist schwierig, da es wenig aussagekräftige Anhaltspunkte für den Beginn dieser „Tradition" außerhalb der bereits genannten gibt.[116] Als termini ante quos dienen die eingangs genannten archäologischen Fundplätze Nimrud und Hasanlu[117], mit deren Hilfe sich allerdings auch nur die Deponierung (!) der Elfenbeinobjekte vor dem 7. Jh. ansetzen lässt. Die nordsyrische Elfenbeinproduktion wird allgemein in Verbindung mit der Blütezeit der luwisch-aramäischen Kleinstaaten im nordsyrisch-südostanatolischen Raum vom 10. bis zum 8. Jh. vor dem assyrischen Ausgreifen nach Westen gesehen. Unter Berücksichtigung dieses historischen Argumentes wären die Pyxiden entsprechend zeitlich anzusiedeln.[118]

Die Lokalisierung von Produktionsstätten des nordsyrischen Stils beruht nur auf sekundären Indizien. Eine Lokalisierung von Elfenbeinwerkstätten in Hama ist von Barnett aufgrund der dort gemachten Elfenbeinfunde und der Nennung von Hama in Inschriften auf Elfenbeinen geäußert worden.[119] Dabei ist aber die Frage nach dem Stellenwert der Inschrift – ob primär, sekundär oder gar tertiär – nach wie vor nicht geklärt. Die Elfenbeinreste aus Gebäude V von Hama deuten zwar durchaus auf Elfenbeinverarbeitung hin, doch gibt es keine Pyxidenfragmente von dort.[120] Die Lokalisierung von Tell Halaf als einem weiteren Zentrum beruht auf den dort gefundenen Großreliefs. Auch hier ist die Frage, ob die Reliefs nach den Elfenbeinen oder die Elfenbeine nach den Reliefs gefertigt sind, noch nicht endgültig beantwortet.[121] Auf die Eigentümlichkeit des Stiles von Tell Halaf und seine Stellung als ein „früharamäisch-guzanäischer Lokalstil" wurde bereits von Genge hingewiesen. In Verbindung mit einer möglichen kunsthandwerklichen Kontinuität seit der Spätbronzezeit im nordlevantinisch-westsyrischen Raum wären die Wurzeln dieser Tradition und entsprechend ihre Hauptwerkstätten eher ebenda zu suchen.

---

[115] Mitchell, Aramaic Inscription, 165.

[116] Dabei ist m. E. die Frage nach einem konkreten Beginn der nordsyrischen Tradition auch falsch gestellt, da die Entwicklungslinien in das 2. Jt. reichen. Bei einer künstlerischen Kontinuität gibt es keinen klar abgrenzbaren Beginn; vielmehr bauen Traditionen aufeinander auf.

[117] Der Disput um die Datierung dieser Zerstörungsschicht hat die Aussagekraft des bisher als gesichert angesehenen Ansatzes allerdings relativiert (s. a. Herrmann, Iraq 51, 1989, 101).

[118] Vgl. Barnett, CNI, 44-52; Winter, North Syria, 376ff.; Winter, Iraq 38, 1976, 17-19; Mallowan – Herrmann, IN III, 39-61; Herrmann, IN IV, 50; Lamprichs, Westexpansion, 327-358.

[119] Barnett, CNI, 46; Barnett, Iraq 25, 1963.

[120] Vgl. Riis – Buhl, Hama II,2, 240-247.

[121] S. hierzu Herrmann, Iraq 51, 1989, 103-109; Herrmann, Ivory Carving, 275 mit Anm. 13. Mit dem Verhältnis von Elfenbeinen zu Großreliefs wird in ähnlicher Weise auch für die Zuweisung der „Roundcheeked and Ringletted"-Gruppe nach Nordwestsyrien argumentiert. Hier ist die Argumentationslage jedoch ungleich besser, da nicht nur eine größere Anzahl motivischer Parallelen, sondern v. a. auch stilistische angeführt werden können (s. Wicke, Roundcheeked).

4.2.2 Dekor

4.2.2.1 Stilistische Einordnung

Die eisenzeitlichen Elfenbeinpyxiden sind nahezu ausnahmslos figürlich verziert. Eine der Hauptaufgaben ist daher die stilistische Zuweisung der Objekte im Hinblick auf ihre regionale und zeitliche Entstehung. Darüberhinaus erlaubt die Motivik und ihre Ikonographie weitere Aussagen zu Funktion und Verwendung der Objekte, vor allem im Vergleich zu den steinernen Pyxiden.

Die Bestimmung altorientalischer Elfenbeinschnitzereien als „nordsyrisch" beruht primär auf einem weitgehenden Fehlen ägyptischer Elemente in Stil und Realia bei gleichzeitiger Tradierung älterer, syrischer Ikonographie des 2. Jt.s v. Chr.[122] Charakteristisch an der nordsyrischen Tradition ist ferner ihre Verbindung zur (nord)levantinischen Kunst der Spätbronzezeit, die bereits Kantor hervorhebt[123] und die sich bei den Tierdarstellungen und hier etwa an den oft zitierten flammenartigen Muskelstilisierungen zeigt. Das Herauswenden des Kopfes aus der Bildfläche einzelner Figuren gehört ebenso zu den syrischen Eigenarten wie die charakteristische Physiognomie mit fliehender Stirn, großer, gebogener Nase und großen Augen, einem bisweilen spitzen Mund und einem relativ kleinen Kinn. Dies findet sich auch auf den großformatigen Reliefs wieder. Der Stil nordsyrischer Elfenbeinschnitzereien ist – etwa im Vergleich zur levantinischen Kunst – kräftiger und weniger grazil. Bisweilen wird der nordsyrischen Tradition ein „Mangel an Eleganz und Ausgewogenheit" bescheinigt, ein Eindruck, der auch durch die Tendenz zu einer möglichst vollständigen Füllung der Bildfeldes hervorgerufen wird.[124] Generell entsteht bei einem diachronen Überblick der Eindruck, dass der Gestaltung die Tendenz von einer Stilisierung hin zu einer Modellierung der Flächen innewohnt.[125]

Innerhalb der nordsyrischen Tradition können mehrere Stilgruppen unterschieden werden. Die größte und fälschlicherweise oft auch synonym „nordsyrisch" bezeichnete Gruppe ist sicherlich die „Flame and Frond"-Gruppe.[126] Diese zeichnet sich durch ihre markanten Stilisierungen aus.[127] Menschliche Figuren weisen die beschriebene charakteristische Physiognomie auf. Die Frisuren variieren, sind aber immer recht aufwändig und gerade bei Frauenfrisuren häufig zu sorgfältigen Zöpfen geflochten. Die Kleidung ist abhängig vom Motiv, oft besitzt der Stoff jedoch eine typische Kassettenmusterung. Charakteristisch sind Pflanzen- und Blattformen wie die mehrzweigige Pflanze, die aus dem Boden wächst und in einzelnen, paarig geordneten Blättern endet, oder der Voluten-Palmettbaum, der recht hochstämmig ist und ein ausladendes Volutenpaar unter einer mehrblättrigen Palmette besitzt. Beliebte Motive sind Jagd- und Kampfszenen, besonders von Tieren untereinander (Stier, Löwe, Greif), Prozessionen, Sphingen und nackte Frauendarstellungen. Formal-technische Besonderheiten sind die

---

[122] Die Pyxis Halaf.1 ist zwar unverziert, der Fundort, der Formtyp A.a.II.1 „Kompartimentpyxis" und die Flechtbandapplikationen weisen das Objekt jedoch als nordsyrisch aus (s. die Abbildung bei Oppenheim, Tell Halaf, Abb. S. 195 und Hrouda, Halaf 4, Taf. 50:271).

[123] Etwa Kantor, AJA 51, 1947; Kantor, JNES 15, 1956.

[124] So v. a. Barnett, CNI, 56f.; Barnett, Ivories, 47; Winter, Iraq 38, 1976, 7f.; Winter, Styles, 57-62.

[125] S. hierzu Barnett, Ivories, 43-46; Winter, North Syria, bes. Kap. IV und V; Winter, Iraq 38, 1976; Herrmann, IN V, 23-39.

[126] Herrmann, Iraq 51, 1989; Herrmann, IN V, 28f.

[127] Zu diesen Stilisierungen zählen die flammenartige Angabe der Muskeln an den Hinterschenkeln, die langgezogene dreieckige Form der Sehne, welche mit bis zu drei Kreisen am Gelenk gefüllt sein kann, die gitterförmige Wiedergabe der Rippen auf den Flanken, die Markierung des Rückgrates durch eine dünne Linie mit Strichen oder Zacken; der Schweifansatz ist durch einige parallele Striche akzentuiert, das Bauchfell als Flechtband stilisiert. Gelegentlich findet sich eine doppelte V-Markierung über den Hinterschenkeln. Die Wamme der

reiche Goldauflage, die Verwendung großflächiger Cloisonnés mit einem zusätzlich angearbeiteten Stift („pegged cloisonné") sowie das Schnitzen von á-jour Objekten auch auf der Rückseite, dort jedoch in vereinfachter Ausführung. Das Objektrepertoire umfasst hauptsächlich Kleinobjekte wie Ölflaschen, Löwenschalen, Statuetten, Fliegenwedel – und eben Pyxiden.[128]

Ein Großteil der nordsyrischen Elfenbeinpyxiden kann ohne zu Zögern der „Flame and Frond"-Gruppe zugeordnet werden.[129] Zur klassischen „Flame and Frond"-Gruppe, im Folgenden als Gruppe A bezeichnet, gehören insbesondere die größeren und qualitätvolleren Pyxiden, wie die Objekte aus Brunnen AJ. So weisen die Sphingen der Pyxis Nim.4 (Taf. 44. 45a) die für „Flame and Frond" klassischen Körperstilisierungen auf: ein flammendes Schenkelmuster, Flechtbänder an Schenkeln und Bauch, die typische Physiognomie und klassische Haargestaltung in Form einer großen Locke. Der zwischen den Sphingen stehende Baum mit einfacher Volute und Palmettfächer in Form großer Cloisonné-Zellen ist ebenfalls charakteristisch. Diese Merkmale finden sich bei einer großen Reihe weiterer Pyxiden mit diesem Motiv wieder, so bei Nim.5-11 (vgl. Taf. 47. 48). Die Sphingen besitzen dabei alle die für „Flame and Frond" typischen Stilisierungen für Schenkel, Rückgrat, Brustgefieder oder Physiognomie. Das Flechtband erscheint nicht nur unter dem Bauch, sondern auch an den Hinter-läufen.[130] Der Schwanz ist größtenteils in einem leichten Schwung hochgereckt. Die Schwungfedern sind mit wenigen großen Stift-Cloisonnés ausgelegt, ebenso wie die hochstämmigen, schlanken Voluten-Palmettbäume. Die Darstellungen der einzelnen Wesen füllen die ganze Fläche aus; die Sphingen stehen fest auf der Standlinie und reichen mit Kopf, Schwanz und Flügelspitzen bis an den oberen Abschluss, der von einem einfachen Kordelband als oberer und unterer Bildrand gebildet wird. Auf Nim.12 ist eine Variante des Palmettbaumes zu erkennen, der als Krone keine Zungenblätter, sondern eine sich nach oben öffnende Blüte besitzt. Die große Ähnlichkeit in Motiv, Komposition, Stil und Technik legen die Vermutung nahe, dass es sich hier um Produkte einer Werkstatt handeln könnte. Die allgemeinen Merk-male der vorigen Pyxiden finden sich auch auf Nim.13 wieder, hier allerdings ein wenig ungelenker; auch ist das sonst übliche Kordelband als Randornament gegen ein Blattmuster vertauscht. Die etwas schwereren Porportionen und groben Gesichtszüge rücken das Stück von den übrigen ab.

Unmittelbar angeschlossen werden können ferner die meisten Fragmente aus Hasanlu. So sollten auch die Pyxiden HSL.1 bis HSL.6 zu dieser Gruppe gerechnet werden (Taf. 52. 53). Sie besitzen die für „Flame and Frond" typischen großen Stift-Cloisonné-Fächer, die Sphingen haben einen identischen Gesichtsschnitt und tragen auch die gleiche weiche Mütze oder sind barhäuptig. An Fragmenten wie HSL.3 sind die typischen Flammenstilisierungen gut zu erkennen. Allerdings unterscheiden sich die Pyxiden aus Hasanlu nicht nur durch die gedrungeneren Proportionen des Korpus' und einen anderen

---

Huftiere ist mehrfach und schwungvoll gefaltet, die Augen sind groß und, v. a. bei Stieren, durch mehrere Lidwülste betont. Die Löwenmähnen sind flammend in einzelnen Zotteln dargestellt; Cerviden besitzen bisweilen eine X-Markierung auf dem Schulterblatt. Flügel sind immer in Brust- und Schwungfedern unterschieden; während das Brustgefieder meist kleinteilig schraffiert ist, sind die Schwungfedern einzeln ausgeführt oder als Cloisonnés aus-gelegt. Zu den Merkmalen s. Herrmann, Iraq 51, 1989, 86-88 Abb. 1; Herrmann, IN VI.

[128] Eine weitere große Gruppe der nordsyrischen Tradition ist die bekannte „SW 7"-Gruppe, welche ihrerseits in verschiedene Werkstätten unterteilt werden kann. Als Hauptmotiv dienen ihr anthropomorphe Dämonen in Ver-bindung mit Pflanzen; hierzu Winter, MMJ 11, 1976; Mallowan – Herrmann, IN III. In Nordwestsyrien ist die jüngste nordsyrische Stilgruppe, die „Roundcheeked and Ringletted"-Gruppe zu lokalisieren. Hierzu zusammen-fassend und mit älterer Literatur Wicke, Roundcheeked. „SW7" und „Roundcheeked and Ringletted" sind aller-dings bislang keine Pyxiden sondern in erster Linie Möbelelemente zuzuordnen. Diese Feststellung bereits als Anzeichen für eine objektspezifische Manufaktur einzelner Gruppen zu werten, ist angesichts der Publikationslage aber sicher noch verfrüht.

[129] Nicht berücksichtigt sind hier kleinste Fragmente, die teilweise gar nicht mehr bestimmbar oder zwar als nord-syrisch zu erkennen sind, allerdings eher zu einer größeren Pyxis gehören könnten. Ferner ist zu beachten, dass die Pyxiden eine konstituierende Gruppe unter den „Flame and Frond"-Objekten bilden; Tautologien lassen sich daher nicht immer vermeiden.

[130] Etwa Nim.4 oder Nim.5.

eine Darstellung des profanen, alltäglichen „Abendbrotes", sind im Alten Orient im Allgemeinen nicht zu erwarten.[202] Wenn Nebenmotive vorhanden und die Speisetischszenen in einen größeren Kontext gestellt sind, handelt es sich um einen klar ersichtlichen, wenn nicht höfischen, so doch repräsentativen Zusammenhang. So sind in der Regel Diener und Musikanten sowie „Gabenbringer" in Verbindung mit einer thronenden Figur dargestellt. Die Reichhaltigkeit der Tafel, die Anwesenheit von Bediensteten und die Verwendung von vermutlich exklusiven Möbeln verleihen den meisten Speisetischszenen eine repräsentative Umgebung, die eine Bezeichnung als „Festmahl" rechtfertigt.[203] Solche durchaus weltlichen „Festbankette", auch mit zahlreichen Teilnehmern, sind nicht zuletzt inschriftlich überliefert, wie das Festmahl auf der Bankettstele Assurnasirpals zur Einweihung Nimruds.[204] Daneben stehen die Festmahle der Götter, die oft Gegenstand detaillierter Beschreibung in Göttermythen und Epen sind und sich in erster Linie durch Menge und Qualität der Speisen auszeichnen.[205] „Essen" ist Teil des göttlichen wie des menschlichen Alltags und gewinnt auch durch die Teilnahme übernatürlicher Wesen zunächst nicht den Charakter eines „rituellen Mahles".[206]

---

[202] Ausnahmen bieten etwa die Feldlagerszenen Sanheribs vor Lachisch (z. B. Ussishkin, Lachish, 92f. Abb. 73; s. Taf. 19c).

[203] Bei dem spätbronzezeitlichen Beleg aus Tell Far'ah etwa wird der Sitzende von einer Frau bedient, während Diener und Gabenbringer für die Lebensmittel sorgen spielen die Musikanten auf (demächst Fischer, i. V.). Auf dem abgerundeten Paneel aus Megiddo sitzt eine männliche Figur mit eng anliegender Kappe und Backenbart auf einem Sphingenthron. Hinter ihm befinden sich zwei Diener mit Gefäßen, darunter zwei Tierkopfrhyta, und vor ihm eine Dienerin und eine Musikantin. Statt eines Gabenbringerzuges ist eine zweite Szene angeschlossen, die einen siegreich aus der Schlacht mit zwei Gefangenen heimkehrenden Militär auf dem Streitwagen zeigt. Dass es sich dabei um die gleiche Person wie den Thronenden handelt, ist zwar wahrscheinlich, aber so nicht aus der Darstellung belegbar. Die über dem Streitwagen schwebende Flügelsonne muss nicht notwendigerweise auf eine „übernatürliche" Szene hinweisen, sondern mag vielmehr den göttlichen Beistand anzeigen. Das zweite Beispiel aus Megiddo zeigt auf zwei Seiten kriegerische Szenen und auf einer eine Speisetischszene. Die Hauptfigur sitzt wieder ganz links; dahinter steht ein Diener, davor mehrere Personen, in denen man versucht ist, in Analogie zu den bereits zitierten Beispielen Musikantinnen zu sehen. Die folgende Szene ist besser erhalten und lässt mehrere sitzende Personen erkennen. Die Figur ganz links ist durch ihre Kopfbedeckung und die Blüte in der linken Hand hervorgehoben, auch sitzt sie näher an dem mit Essen beladenen Tisch. Zwei Diener folgen sowie zwei Sitzpaare, ebenfalls mit Schalen in den Händen. Ein Kessel auf einem Dreifuß steht vor ihnen. Die vierte Seite des Kästchens ist leider extrem schlecht erhalten. Zu erkennen ist lediglich eine Reihe mehrerer Personen mit Geflügel. Auf einer Langseite des Ahiram-Sarkophages befindet sich die Darstellung eines Sitzenden auf einem Sphingenthron vor einem Speisetisch. Davor ist eine ihm zugewandte Person mit einem Gegenstand, der als Wedel zu deuten ist und nicht etwa als Hacke oder Haue (so Sauer, Ugarit, 90), zu erkennen. Es folgt ein Zug weiterer Speisenbringer und Personen mit erhobenen Händen, der sich auf der anderen Längsseite fortsetzt. Die Klagefrauenszenen auf den Schmalseiten gehören nicht zum Hauptmotiv, wie Rehm jüngst überzeugend argumentiert hat (Rehm, Ahiram-Sarkophag, 47-49).

Auch die assyrischen Bankettszenen sind mit viel Personal ausgestattet; auf ihren repräsentativen Charakter weist natürlich auch die Anbringung in den Palästen hin (etwa Albenda, Sargon, Taf. 119, 120, 121, 137; auf Elfenbeinen: Godard, Trésor, 89 Abb. 78, Mallowan – Davies, IN II, Nr. 7 Taf. 5:7 und auch auf den Pyxiden KH.30-KH.34. Für die neuassyrische Glyptik gibt Collon einen Überblick über das Vorkommen der Speisetischszene (Collon, CS V, 64-78). Das Siegelmotiv führt das im 2. Jt. als „Fächer-Szene" bezeichnete Motiv fort und zeigt meist zwei einander an einem Tisch oder Gefäßständer gegenüberstehende Personen (vgl. Matthews, Principles, 112-114).

[204] Vgl. Grayson, RIMA 2, 292f. Text A.0.101.30 Z. 102-154.

[205] Michalowski, Drinking Gods, 32-38; Bottéro, Boisson; Bottéro, Cuisine, 167-182. Die oberste Intention ist eben die „Nahrungsaufnahme". Dass und wie Götter nach den Vorstellungen der Hethiter essen müssen, schildern anschaulich entsprechende Texte (vgl. Archi, Kultmahl, 197-200).

[206] Auf syrischen Elfenbeinarbeiten der „SW 7"-Gruppe ist die Speisetischszene mehrfach neben die Darstellung der Genien mit Pflanzen gestellt. So befindet sich vor einer sitzenden weiblichen Gestalt, die eine Blüte hält, ein Tischchen mit Broten und eine Schale, in die sie mit der anderen Hand greift (Mallowan – Herrmann, IN III, Nr. 47 Taf. 56, Nr. 49 Taf. 58, Nr. 50 Taf. 59). Es besteht meines Erachtens keine Veranlassung dazu, in der Speisetischmotivik der „SW 7"-Elfenbeine, eine „kultische" Aussage zu suchen. Eher besitzen sie repräsentativen

Ein Teil der so als „Festbankette" zu interpretierenden Speisetischszenen werden oft als „rituelle Mahle" oder „Kultmahle" gesehen. Aufgrund der magisch-religiös geprägten Lebenswelt des antiken Vorderen Orients ziehen sich kleinere „kultische" Handlungen durch den Alltag, sodass vielen Tätigkeiten ein „kultischer Kontext" beigelegt und – streng genommen – nur eine diffuse Grenze zu „nicht-kultischen" Handlungen gezogen werden kann.[207] Es sollte daher geprüft werden, ob der kultisch-rituelle Akt Hauptgeschehen und eigentliche Intention der gesamten Handlung ist, ob das Mahl etwa im Rahmen eines jährlichen Festes erfolgt oder Priester und anderes „Kultpersonal" anwesend sind.[208] Wenn nicht Mahl, sondern Kult und Opfer Bildthema sind, scheint es eher angeraten, von einem „Kultmahl" oder tatsächlich „Opfer" zu sprechen.[209] Zur Unterscheidung der Kontexte mag der Grad der „Ritualisierung", der Festlegung der Speisen, ihrer Zubereitung und Abfolge dienen. Während das Essen im profanen Bereich sich an der Verfügbarkeit der Lebensmittel und vermutlich ihrem Nährwert orientieren, sind „Mahle mit rituellem Hintergrund" durch Konventionen in Handlungen und Speisenart festgeschrieben.

Der zweite große Deutungskomplex der Speisetischszene liegt im sepulkralen Bereich, dem „Toten-mahl".[210] In seiner Monographie geht Bonatz ausführlich auf die Speisetischszene in ihrer Bedeutung als „Totenmahl" ein.[211] Bonatz weist zutreffend darauf hin, dass gerade ein allgemeines Bildthema wie das Mahl kontextbezogen unter Berücksichtigung des Bildträgers gedeutet werden muss.[212] Im Falle des Ahiram-Sarkophages (Taf. 11c) etwa tritt neben den Bildträger (Sarkophag) und den archäologisch

---

Charakter, wie er für eine Oberschicht und im Rahmen elitärer Ikonographie angemessen ist. In analoger Weise mögen die Möbel mit den Darstellungen von Speisetischszenen eher ihre Verwendung im tatsächlichen Bankett repräsentieren und durch die Abbildung der Genien und der Vegetation sinnfällig das Geschehen des Festbankettes auf eine „übernatürliche Ebene" transponieren (vgl. Orthmann, UsK, 384). Gleichzeitig beschwören und garantieren sie diese natürlich. Auch gewinnt das oft zitierte Speisetischmotiv in Yazilikaya seinen „kultischen Charakter" lediglich durch die Darstellung zweier Götter am Tisch (s. Bittel, Yazilikaya, 94f. Taf. 25), drückt aber noch lange keine rituelle Handlung aus.

[207] Beachte den Verweis auf van Gennep bei Michalowski, Drinking Gods, 34.

[208] Nach der Löwenjagd: Barnett, Ashurbanipal, Taf. 59; Detailaufnahme bei Fales – Postgate, SAA 7, Abb. 39; als eindeutig kultische Handlung mit Priestern: Andrae, Farbige Keramik, Taf. 26, 27a, 29. Aus dem Ablauf griechischer Symposien lässt sich ersehen, dass diese in der Frühzeit ebenfalls von kultischen Handlungen begleitet waren. Die Kulthandlungen (z. B. Libationen) bilden aber nicht den Hauptgegenstand der Tätigkeit dar. Das Beten vor dem Essen im christlichen Abendland stellt auch einen religiösen Bezug her, kann aber nicht über die Alltäglichkeit des Mittagessens hinwegtäuschen.

[209] Hauptinhalt ist die Anbetung und Verehrung der Götter durch Speiseopfer, nicht das Essen selbst. Erst in einer zweiten Stufe werden die Speisen für die Götter zum Mahl. Die wichtige Funktion der Speise- und Trinkopfer-zeremonien im hethitischen Bereich, oft in Verbindung mit Festen, betonen etwa Archi oder Collins (Archi, Kultmahl; Collins, Ritual Meals). Für hilfreiche Kommentare hierzu danke ich herzlich S. Görke (Mainz). „Das Kultmahl ist ein tragendes Element des Ritus, da es die Vereinigung der Götter mit den Menschen darstellt." (de Martino in Kat. Hethiter, Bonn, 120 bzw. 102-111, 118-121; s. a. Haas, Religion, 669-673). Tatsächliche Dar-stellungen solcher Kultmahle finden sich beispielsweise auf der Inandik-Vase (Kat. Hethiter, Bonn, 250, 252f.).

[210] Der sehr allgemeine Begriff „Totenmahl" weist zahlreiche Bedeutungsnuancen auf. Er kann gleichermaßen den „Leichenschmaus", also das Essen im Rahmen der Begräbnishandlung als „letztes gemeinsames Essen mit dem Toten", bzw. das Essen der Hinterbliebenen nach der Beisetzung meinen, wie auch das „Mahl des Toten" selbst. Hier kann es sich um das Essen noch zu Lebzeiten handeln, sollten die Darstellungen als Lebensbilder gesehen werden, oder um das Essen des Toten im Jenseits. Im Rahmen periodisch wiederkehrender Ahnenkulte, in denen der Verstorbene mit Essen versorgt wird, wäre zusätzlich das „Ahnenmahl" zu trennen. Für den Bereich des Mahles im allgemein sepulkralen Kontext sollen zur weiteren Differenzierung die Begriffe „Leichenschmaus", „Mahl mit dem Toten" und „Mahl des Toten" sowie „Ahnenmahl" verwendet werden.

[211] Bonatz, Grabdenkmal; in einem weiteren Aufsatz (AoF 27, 2000) sind seine Deutungen z.T. eindeutiger ausge-drückt.

[212] U. a. Orthmann weist bereits darauf hin, dass die Stelen von den Orthostaten und kunsthandwerklichen Erzeug-nissen getrennt werden müssen.

bestimmten Grabkontext per se als Hinweis auf die sepulkrale Bedeutung der figürlichen Darstellung das Bildelement der Klagefrauen auf den Stirnseiten und natürlich die Inschrift hinzu.[213] Die Speisetischszene erhält so ihre sepulkrale Konnotation und wird wechselweise als Darstellung von Ahnenverehrung oder Totenkult, ja sogar Totenevokation gesehen.[214]

Bonatz' Interpretation des Speisetischmotivs auf Stelen des nordsyrisch-südostanatolischen Kunstkreises als „Totenmahlszene" – eine Vermutung, die bereits von vielen Seiten geäußert, aber zumeist nur andeutungsweise mit dem Bildträger begründet worden war[215] – beruht auf der Berücksichtigung der Denkmälergattung „Steinstele".[216] Beinahe tautologisch gewinnt die Speisetischszene durch das steinerne Monument eine „zeitlose Präsenz" und durch diese „Qualität seines Bildträgers" sepulkrale Bedeutung; gleichzeitig gewinnt der Bildträger, die Stele, die Qualität als Grabdenkmal. Ähnliches gilt auch für die Stand- und Sitzbilder.[217] In der Darstellung der sitzenden Hauptperson sieht Bonatz eben den Toten bzw. dessen Totengeist, zusammen mit den Lebenden.[218] Dabei stellt sich die Frage inwieweit sich diese Darstellung mit den Jenseitsvorstellungen in Einklang bringen lässt. Bonatz zieht als Deutungsgrundlage die vergleichsweise reichen ugaritischen Quellen heran und unterlegt deren Aussagen auch den nordsyrisch-südostanatolischen Stelen.[219] Gerade die Frage der „Interaktion" zwischen den Gestalten wird zu einem Prüfstein dafür, ob Diesseits oder Jenseits auf den Darstellungen gemeint sind. Besonders schwierig wird die Deutung einer Figur als Toter neben Lebenden etwa bei der Darstellung speisender Paare. Hier eine „Totenevokation" anzunehmen, scheint mir sehr fraglich, denn beide „interagieren" offensichtlich gleichberechtigt auf derselben (Bild-)Ebene. Sehr lebhafte Bilder bieten die „Familien-Szenen" auf den nordsyrisch-südanatolischen Bildwerken, in der die Mutter ihr Kind umarmt bzw. der Mann hinzutritt[220], und so der bzw. die Tote mit den Lebenden direkt in (Berührungs-)Kontakt tritt.[221]

Es scheint hier näherliegend und überzeugender, die Deutung der Darstellung als „Lebensbild", als Darstellung des Verstorbenen zu seinen Lebzeiten anzunehmen. Bonatz vergleicht selbst unter anderem die nordsyrisch-südostanatolischen mit den klassisch-griechischen Grabstelen und schreibt mit Verweis an Panofsky: „Allen Grabstelen ist ein markanter Wesenszug gemein, sie geben das Bild des Verstorbenen in einer retrospektiven Sicht wieder, sie zeigen das gelebte Leben und dienen der

---

[213] Vgl. Porada, JANES 5, 1973, 360f. Anm. 35; zu den unterschiedlichen Interpretationsansätzen s. zusammenfassend Rehm, Ahiram-Sarkophag, 32-47.

[214] Zusammenfassend Bonatz, AoF 27, 2000, 89f.; Bonatz, Kleinkunst, 391f.

[215] Etwa Mallowan – Herrmann, IN III, 11-16; Orthmann, UsK, 373-393.

[216] So etwa auch bei der Stele der Königin aus Zincirli (Taf. 12a).

[217] Bonatz, Grabdenkmal, 92, 140f., 143 bzw. 122.

[218] „Die Stele fungiert [...] als Grenzstein, der dort steht, wo die Schwelle zwischen dem Diesseits und dem Jenseits überwunden wird, wo die Lebenden mit den Toten zusammentreffen. Aus diesem Grund sind Verstorbene und Hinterbliebene – und nur diese – gemeinsam auf den Stelenbildern dargestellt" (Bonatz, Grabdenkmal, 157). In scheinbar ähnlicher Weise sind auf den griechischen weißgrundigen Lekythoi als „klassische" Grabbeigabe Tote und Hinterbliebene zugleich dargestellt. Sie werden aber zumeist durch das Grabmal getrennt, und es besteht keinerlei „Interaktion" zwischen beiden. Im Gegensatz dazu ist eine der gängigsten Darstellungen, die der Handreichung, des Abschiednehmens des Verstorbenen von den Verwandten, wobei die Geste der Lebenswelt entnommen und der Tote als Lebender zu denken ist – nur ist der Abschied in diesem Falle ein endgültiger (s. Wehgartner, CVA, bes. F2458, Taf. 28; V.I.3383, Taf. 37; Inv.Nr.: 1983.1, Taf. 12; V.I. 3262, Taf. 15).

[219] S. Tropper, Nekromantie, 126. Hier ist anzumerken, dass Tropper (mit Xella) die Jenseitsvorstellungen und Totenkultpraktiken des altsyrischen und phönikisch-punischen Raumes gegen die mesopotamische und anatolische Kultur absetzt (Tropper, Nekromantie, 128 auch 160) und dass entsprechend mehr als bei Bonatz differenziert werden muss. Generell muss kritisch angemerkt werden, wie weit sich die Vorstellungen des levantinischen Raumes überhaupt auf die kleinasiatisch-luwischen Bildwerke beziehen lassen.

[220] Orthmann, UsK, Taf. 46b, 46c, 47d oder 48d; Bonatz, Grabdenkmal, Taf. 21, 22.

[221] So Bonatz, Grabdenkmal, 117f.

völligen Erinnerung an den Toten.“[222] Auch Rehm zieht Bonatz' Prämissen in Zweifel und kommt zu dem Ergebnis, dass die Darstellung auf dem Ahiram-Sarkophag viel eher als „Lebensbild" gesehen werden muss.[223]

Aus dieser „retrospektiven Sicht" ist die Speisetischszene das Mahl des Toten als Lebender zu seinen Lebzeiten und kann durchaus als Anspielung auf Bankette und Festszenen gelten. Für diese Sichtweise, der Deutung der Bilder als „Lebensbilder", sprechen im Grunde auch die dargestellten Attribute. So sind Geräte, Bücher, Schirme, Pferde etc. als Symbole aufzufassen[224], die die Stellung des Verstorbenen zu Lebzeiten anzeigen oder vielleicht auch dessen Neigungen zu Musik oder Pferden.[225] Hier kommt vermutlich mehr noch die Hoffnung auf einen Erhalt des zu Lebzeiten Erreichten auch im Jenseits zum Tragen. In den Grabinschriften schlägt sich dies als Taten- oder Lebensbericht nieder.[226] Die Deutung der Speisetischszenen als Lebensbilder kann auch ihren Einbindungen in größere szenische Zusammenhänge auf Orthostatenreliefs entnommen werden.[227] Hier ist zu beachten, dass die Speisetischszenen gerade auf den Orthostatenreliefs vielfach neben Jagd- und Kriegsszenen angesiedelt sind.

---

[222] Und weiter: „Beiden [dem klassisch griechischen und dem syro-hethitischen Grabdenkmal] gemeinsam ist das Bedürfnis, den Verstorbenen im Kreis seiner engsten Angehörigen, auch Diener, zu zeigen, nur daß in diesem Fall das individuelle Gedächtnis, in jenem die kollektive Sorge überwiegt" (Bonatz, Grabdenkmal, 126f.). Diese Unterscheidung erscheint mir allerdings nicht eingängig.

[223] Rehm, Ahiram-Sarkophag, 45f. Ähnlich weist selbst Bonatz auf die altorientalische Vorstellung vom Jenseits als parallel zum Diesseits fortgeführten Existenz hin (Bonatz, Grabdenkmal, 156). Die illustrative Inschrift der Stele des Panunis (Bonatz, Grabdenkmal, 69 KULULU 2; Hawkins, Inscriptions, 487-490) kann allerdings nicht wie bei Bonatz als Beleg für ein Mahl des Toten in der Unterwelt auf einer Kline liegend herangezogen werden. Das Essen und Trinken bezieht sich vielmehr auf die Versorgung des Toten bei der Bestattungsfeier, wie auch Hawkins in seinem Kommentar zu dieser Passage anmerkt (Hawkins, Funerary Monuments, 220f.).

[224] Auch der Wedelträger mag – ebenso wie der Schreiber – als Attribut gewertet werden (so auch Bonatz, Grabdenkmal, 103-105).

[225] Um mit Bonatz zu sprechen: Die syro-hethitischen Grabdenkmale erlauben posthume Selbstdarstellung und Selbstthematisierung und sind Ausdruck personaler Identität (vgl. Bonatz, Grabdenkmal, 159-161).

[226] Bei Bonatz als „historischer" oder „biographischer Code" bezeichnet (Bonatz, Grabdenkmal, 72-74).

[227] Vgl. die Zusammenstellung bei Orthmann, UsK, 366-369. Auf einem Relief aus Malatya, das wohl vom Burghügel stammt, ist neben der Speisetischszene eine Streitwagenjagd zu sehen (Orthmann, UsK, 522 Malatya B/3 Taf. 42; s. Genge, Reliefs, 175; Hawkins, Inscriptions, 327 Taf. 163). In Zincirli wurde eine Speisetischszene im Bereich des äußeren Burgtores zwar nicht in situ ausgegraben, die Zuweisung zu den übrigen Reliefs ist aber unstrittig (von Luschan, Sendschirli III, 215, Abb. 105 Taf. 37c; Orthmann, UsK, Zincirli B/3 Taf. 57; vgl. die übrigen Reliefs B/1 bis B/8). In diesem Zusammenhang erscheint das Speisetischmotiv etwa zusammen mit Szenen von Jagd und Krieg. Die zweite, jüngere Speisetischszene stammt vom westlichen Eingangsbereich des nördlichen Hallenbaus (s. Voos, AoF 12, 1985 Abb. 13-15). Der Herrscher sitzt auf einem Thron lokaler Machart, einen Blütenzweig in der linken und vermutlich eine Trinkschale in der rechten Hand haltend. Hinter ihm steht ein Wedelträger, vor ihm ein Tisch. Ein Diener befindet sich davor und vollzieht eine nicht mehr erkennbare Handreichung. Dahinter schließt sich nach links eine Reihe von Musikanten mit Flöten, Seiten- und Schlaginstrumenten an. Am äußersten Bildrand folgt wohl noch eine Reihe mit Gabenbringern. Eine sehr ausführliche Speisetischszene über zwei Orthostaten und in zwei Registern stammt vom Südtor des Karatepe, von der linken Seite des Vorhofes (Orthmann, UsK, Karatepe B/2 Taf. 18; detaillierte Abbildung in Akurgal, Hethiter, Taf. 142, 143; s. Çambel – Özyar, Karatepe, 98-104 SVl 2+3 Taf. 144, 145). Eine sitzende Gestalt befindet sich am rechten Bildrand des oberen Registers und hält einen runden Gegenstand in einer Hand. Hinter ihr steht ein Wedelträger an einem kleineren Tischchen mit mehreren Gefäßen darauf. Vor der sitzenden Figur befindet sich der Tisch mit Speisen, darunter die große Schale mit Brot (?) und mehreren hütchenförmigen Dingen wie schon in Karkemisch gesehen sowie einem kleinen Tierchen. Auf der anderen Seite stehen eine zweite Person mit Wedel und einem Gefäß. Dahinter folgt ein Zug mit Speisenbringern. Im unteren Register eilen von links mehrere Musikanten mit Flöten, Seiten- und Schlaginstrumenten herbei; daneben sind weitere Gabenbringer dargestellt, u. a. auch ein Stierführer. Im weiteren Verlauf des Mauerzuges finden sich Reiter- und Jagdszenen. Aus der rechten Torkammer des Südtores stammt eine weitere Speisetischszene über zwei Orthostaten mit einer sitzenden Person, die eine Schale

geschildert. Sie streift durch Steppe und Dickicht, wo sie mit der Lanze offensichtlich auf den Löwen pirscht, und sie geht an die Tränke, wo sie Rehwild und Stiere mit Speer und Lanze erlegt.[337] Während hier die bereits genannten Jagdweisen zitiert werden, so ist doch bislang keine Darstellung einer Jagd bekannt, in der eine Frau die Jägerin wäre. Gerade mit der Jagd auf Löwen aber können noch andere Heroen und Götter verbunden werden, so etwa der mythologisch bekannte Jäger Aqhat, der Sohn König Danels von Ugarit.[338]

Insgesamt ist in dem dichten Nebeneinander der Stadt- und Lokalgottheiten entlang der Levante-Küste eine größere Zahl an Göttern verfügbar, die mit Jagdmythen assoziiert werden können. Die zahlreichen Aspekte der Göttergestalten können unterschiedlich gewichtet werden, was ein anderes ikonographisches Erscheinungsbild der Figur nach sich zieht und eine eindeutige Eingrenzung und Benennung der Gestalt erschwert. Ein weiteres Problem bereiten die zunehmenden Verschmelzungen und Umbenennungen der Göttergestalten im Laufe der Zeit. Ab der Mitte des 1. Jt.s wird die Vielzahl der göttlich-mythischen Gestalten nahezu unüberschaubar und verschwimmt durch die griechische Überlieferung in steigendem Maße.[339] Als Zwischenergebnis lässt sich festhalten, dass die zahlreichen ikonographischen Indizien auf Belegen der Spätbronzezeit und der Früheisenzeit aus dem syrisch-levan-tinischen Raum und letztlich auch auf den Pyxiden eher auf mythologische Vorstellungen im Zusammenhang mit Jagd hinweisen.

Als enge Parallele oder gar Vorbilder für die syrischen Darstellungen wird häufig auf den hethitischen Kulturraum verwiesen, in dem Jagden in Groß- und Kleinkunst öfter belegt sind.[340] Mit dem Nebeneinander der Wagenjagdreliefs mit Libationsszenen aus Malatya[341] ergibt sich eine direkte Parallele zu den hethitischen Orthostatenreliefs am Sphingentor von Alaca Höyük (Taf. 16a). Hier ist in einem oberen Fries die Jagd eines knienden Bogenschützen auf Wildschwein und Rehwild dargestellt. Eine Libationsszene, die durch eine eigene Standlinie von der Jagdszene getrennt ist, ist nur schlecht erhalten bzw. unvollendet.[342] Andere Szenen zeigen auch die Jagd auf Löwen mit Speer und

---

beschrieben (in KTU 1.10 Kol. II Z. 6-9, vgl. Wyatt, Religious Texts, 156; zur Vergöttlichung der ugaritischen Herrscher s. Olmo Lete, Canaanite Religion, 166-184 mit weiterer Literatur). Vgl. auch Schaeffer, Ugaritica II, 35-45.

[337] KTU 1.92 Z. 2-14 nach Wyatt, Religious Texts, 370-372.

[338] Vgl. Olmo Lete, Canaanite Religion, 330-336; Wyatt, Religious Texts, 246-312.

[339] Als mögliche Götter und Helden kommen zahlreiche, literarisch bekannte in Frage, wie Teššob, Baʿal, Melqart, Ešmun oder Figuren lokaler Jagd- und Flurgottheiten, wie der im hurritisch-hethitischen Bereich bekannte Kessi oder der ugaritische Aqhat. Die Jagd bedeutet einen brutalen Eingriff des Menschen in die Natur; so klingt Xellas Anmerkung einleuchtend, dass Jagdmythen besonders in Regionen mit einem hohen Anteil von Jagd an der Sub-sistenz eine größere Aktualität und Beliebtheit besitzen (s. Barnett, CNI, 72; Xella, RHA 36, 1978, 218; Hutter, Phönizische Religion, 128).
Der syrische Löwentöter, so nimmt u. a. Barnett an, hat als Vorbild für den griechischen Herakles als Töter des nemeischen Löwen gedient (Barnett, CNI, 67; Hutter, Phönizische Religion, 131f. mit weiterführender Literatur; s. a. Seyrig, Syria 24, 1944-45, 69-71, der aber den Unterweltsbezug Herakles – Nergal betont). Markoe folgt Barnett weitgehend, wenn er seinen „mythischen Helden" versuchsweise als Melqart oder Gilgameš bezeichnet (Markoe, PBSB, 40). Es sind zahlreiche äußerlich ähnliche ikonographische Schemata von Löwenbändigern und -tötern im östlichen Mittelmeerraum bekannt, deren Benennung aber schwierig bleibt; direkte Gleichsetzungen mit namentlich bekannten Gestalten wie Herakles, Melqart, Ešmun, Apollon, Bes etc. sollten nur mit zahlreichen Randbemerkungen geschehen (s. hierzu der sehr differenzierte Aufsatz von Nick, IstM 51, 2001). Für einen regen Gedankenaustausch zu diesem Thema danke ich U. Höckmann, Mainz.

[340] Für eine kurze Sammlung hethitischer Belege zu dem Themenkomplex der Jagd s. von der Osten-Sacken, IstM 38, 1988. Dies allein sollte schon Feldmans Bemerkung widerlegen, dass „The general absence of hunt scenes in Hittite Art suggests that the subject matter of these reliefs [Alaca Höyük] is derived from a non-Hittite tradition." (Feldman, Diplomacy, 135).

[341] Orthmann, UsK, Taf. 42a, b.

[342] S. Güterbock, Kursa, 119.

Hund. In einem Fries darunter befindet sich eine Opferszene an einem Altar mit einem längeren Zug und anderen Szenen.[343]

Nicht zuletzt durch die Lebendigkeit und Gestaltung kann die Jagdszene der Bronzeschale aus Kastamonu neben die Alaca Höyük-Reliefs gestellt werden (Taf. 16b).[344] Die Wandung der Bronzeschale ist in drei Register unterteilt. Um eine zentrale Rosette in der Mitte folgt ein Register mit der Darstellung dreier Lebensbäume, flankiert von antithetischen Greifen. Daran schließt sich ein Register mit Jagd- und Tierkampfszenen an: Neben einem Baum steht ein Jäger mit Lanze, der im Begriff ist einen ihm zugewandten Eber zu töten. Daneben folgen zwei Kämpfe von Stieren und Löwen, und es schließt sich ein weiteres Jagdmotiv an, in dem der Jäger mit einer Lanze einen Hirschen erlegt. Ein Kampf zweier Löwen schließt das Register ab. Im äußeren Register ist eine weitere Jagdszene zu sehen: Ein Bogenschütze in Schurzrock und Kappe steht neben einem stilisierten Baum. Er hat einen bereits gefangenen Hirschen neben sich angebunden, mit dem er andere Tiere anlockt. So liegen vor ihm schon zahlreiche erlegte Hirsche und Ziegen bzw. solche, die noch ihre Aufmerksamkeit auf den Lockhirschen gerichtet oder sich zur Flucht gewendet haben. Die Schale ist vermutlich ein Weihgeschenk des hochrangigen Palastangehörigen Taprammi gewesen, wie es aus der Inschrift auf dem Schalenrand hervorgeht.[345] Dadurch und durch Vergleiche der Realia[346] ergibt sich eine Datierung in das 13. Jh. Zu den Reliefs von Alaca Höyük bestehen nicht nur stilistische Parallelen, sondern auch kompositorische, wie Czichon anmerkt. Desweiteren lassen sich, so Czichon, sogar Vergleiche in der Darstellung des Bogens zur Goldschale aus Ugarit anführen.[347]

Auf einem Siegel des Ini-Teššob ist die Erlegung eines Löwen erhalten. Der Jäger ist dort eindeutig ein Gott auf einem Stier stehend, der mit einer Lanze von oben herab den Löwen tötet.[348] Ein Siegelring des Niqmaddu von Ugarit zeigt im Bildfeld einen Jäger mit Speer im Knielauf bzw. kniend, die Lanze gegen den angreifenden Löwen bereits in Anschlag gebracht[349], in einer Haltung vergleichbar um Ebertöter der Schale von Kastamonu.[350] Eine weitere Jagd mit Lanze ist auf einer Gefäßscherbe dargestellt: Eine kleine Figur ist zwischen zwei Hirschen dargestellt, die von Boehmer in Anlehnung an Bittel und Muscarella als Jäger gesehen wird.[351] Weitere indirekte Belege für einen Zusammenhang von Jagd und Libationshandlungen geben etwa Darstellungen wie auf dem berühmten Rhyton der Slg. Schimmel.[352] Dargestellt ist die Libation vor einem

---

[343] Detaillierte Abbildungen bei Akurgal, Hethiter, Taf. 94-97; zur Rekonstruktion des Zusammenhanges s. Mazzoni, Gate, Abb. 6 nach Güterbock; vgl. Emre in Kat. Hethiter, Bonn, 220 Abb. 1.

[344] Emre – Cinaroğlu, Vessels; Czichon, IstM 45, 1995; Kat. Hethiter, Bonn, 232f., 342 Kat. 101 Abb. 18.

[345] Zur Diskussion der Person s. Hawkins, Taprammi.

[346] S. Emre – Cinaroğlu, Vessels, 686-691.

[347] Czichon, IstM 45, 1995, 10-12. Ferner verweist Czichon in Bezug auf die freie Verteilung der Tiere im Raum auf ägyptische Parallelen des Mittleren und Neuen Reiches. Markoe (PBSB, 15) betrachtet die Einteilung der Bildfelder der Schalen in konzentrische Register als das Ergebnis eines „Internationalen Stiles" der Levante in der Spätbronzezeit. Abgesehen davon, dass eine solche konzentrische Registereinteilung für runde Objekte sehr naheliegend ist, ist eine Beeinflussung auch der hethitischen Kunst etwa in Punkten der Komposition durch levantinische Erzeugnisse zu erwägen. Nicht zuletzt erscheint der Name Taprammis auf Tafeln aus Ugarit, was eine „levantinische Verbindung" belegt (s. Hawkins, Taprammi, 717). Im Unterschied zu den Erzeugnissen des „Internationalen Stils" aber weisen die Figuren der Taprammi-Schale keinerlei Binnenstilisierungen auf; sie sind dafür durch die Treibtechnik volumenreicher gestaltet. Emre – Cinaroğlu vertreten sicher berechtigt die Annahme, dass „this work of art was created in the core area of Hittite culture" (Emre – Cinaroğlu, Vessels, 703).

[348] Schaeffer, Ugaritica III, 24f. Abb. 32, 33; Kat. Land des Baal, Berlin, 153f. Nr. 148.

[349] Schaeffer, Ugaritica III, 77f. Abb. 100-102.

[350] Vergleichbare Jagdszenen sind darüber hinaus auch in der kappadokischen Glyptik bekannt, u. a. auch ein Beispiel der Jagd auf Hirsche mit Lanze/Speer (Özgüç, Impressions from Kültepe, Nr. 81, 82 Taf. 27).

[351] Boehmer, Reliefkeramik, 57 Abb. 48.

[352] S. Boehmer, Reliefkeramik, 57 Abb. 49 mit Anm. 119.

Gott auf einem Hirsch, dahinter befindet sich, hinter einem Altar, eine weitere, sitzende Gottheit. Am Rand der Szene liegt ein offensichtlich erlegter Hirsch und dazu Lanze, Köcher und Jagdbeutel.[353]

Der Stellenwert der Jagd als Handlung mit religiös-kultischem Hintergrund im hethitischen Bereich ist durch viele Belege zu begründen. So gibt es Göttergestalten, die mit der Jagd verbunden sind wie die Göttin Tetešḫapi, in deren Kult alte Jagdriten vorkommen oder der „Schutzgott der Wildflur", ᴰLAMMA LÍL, ᴰLAMMA ṢERI oder ᴰLAMMA-gimras der unter verschiedenen Namen bekannt ist.[354] Dieser Gott wird an verschiedenen Orten verehrt.[355] Die Darstellungen zeigen ihn zumeist auf einem Hirschen stehend, mit „Krummstab", Raubvogel und einem Bogen als Attribut[356], und er wird in verschiedenen Opferlisten und Festritualen erwähnt.[357]

Gerade im 2. Jt. schwingen hurritische Überlieferungen und Vorstellungen in der syrischen Welt mit und wirken, so Xella, gar als Übermittler zwischen Mesopotamien und Anatolien.[358] In zwei bekannten Mythen erscheinen Jäger. In der nur bruchstückhaft überlieferten Geschichte um Kurparanza' geht es um diesen Held, der als Bogenschütze in einem Wettkampf auftritt.[359] Aus dem ebenfalls nur in Fragmenten erhaltenen Epos um den Jäger Kešši vernachlässigt dieser nach seiner Heirat die Jagd und das Götteropfer.[360] Seine Mutter hält ihn zum Jagen an, aber die erzürnten Götter verbergen das Wild vor ihm. Nur durch das Eingreifen seines „göttlichen Vaters" kann er zunächst gerettet werden. Im Fortgang der Geschichte spielen sieben Träume eine Rolle, das Ende ist leider nicht erhalten.[361] Aus dieser Geschichte geht hervor, dass Kešši mit Speer bzw. Lanze und Hunden auf die Jagd ins Gebirge geht.[362] Das Jagdwild wird nicht genannt. In seinem siebten Traum wird ferner berichtet, dass er Löwen am Tor jagt.[363] Diese Textzeugen belegen also, dass die Jagd mit Bogen, Speer/Lanze und Hunden durchaus üblich war. Im Unterschied zu den Darstellungen geht Kešši jedoch allein auf Jagd; zudem liegt kein Indiz auf übernatürliche Beutetiere vor.

---

[353] Aufgrund des geschlossenen Runds des Reliefs ist die Frage, ob die Szene mit dem Sitzenden oder mit der Pflanze, das erlegte Tier also hinter und somit zu dem Sitzenden oder dem Rest der Szene gehört, kaum zu beantworten (s. zusammenfassend und mit Literatur Czichon, IstM 45, 1995, 9).

[354] Von der Osten-Sacken, IstM 38, 1988; Haas, Religion, 438, 452-454. Zu einer ausführlicheren Diskussion der Begrifflichkeit s. McMahon, Hittite State Cult, 9f., 23-28, 44-46. In Alaca Höyük möchte von der Osten-Sacken eine Kontinuität des Jagdkultes seit der Frühbronzezeit an den dort gefundenen Reliefs und Standartenfunden festmachen, allerdings sind diese bildlichen Themen durchaus „anatolisches Gemeingut" und nicht auf einen Ort beschränkt.

[355] Alaca Höyük ist einer davon, ebenso Kültepe (von der Osten-Sacken, IstM 38, 1988, 80).

[356] Dieses Attribut wird auch in dem hethitischen Bildbeschreibungstext VAT 6688 + Bo 2496/v.B.2 Kol. II Z. 1-6 genannt: „[…] Schutzgott der Wild[flur, das Götterbild (ist)] eine Statuette eines Mannes aus Gold, [ste]hend, *kurutauwant*, in der rechten Hand hält er einen Bogen aus Gold, [in der] linken [Hand] hält er einen Adler aus Gold (und) einen Hasen aus Gold; ein Schwert aus Gold – Früchte aus Gold (sind) daran –, auf einem Hirsch aus Gold – auf allen Vieren stehend – steht er" (in der Übersetzung von Rost, MIO 8, 1963, 179).

[357] Vgl. McMahon, Hittite State Cult, 44-46; Haas, Religion, 453f.

[358] So etwa Xella, RHA 36, 1978, 215.

[359] S. Güterbock, ZA 44, 1938, 84-90. Diese Geschichte spielt in Akkad und zeigt, dass die historisch bekannte Stadt Teil der mythischen Geographie geworden ist, wie Güterbock ausführt. Somit liegt ein weiteres Beispiel für die „Mythologisierung von Geschichte" vor. Es gibt weitere Beispiele historischer Ereignisse, die literarisch ausgestaltet worden sind (s. Güterbock, ZA 44, 1938, 139-145).

[360] Xella konstatiert im hurritischen Bereich einen Ausschluss von Frauen von der Jagd, sogar deren schlechten Einfluss auf den Ausgang, obwohl es offensichtlich auch eine weibliche Jagdpatronin gegeben hat. Xella führt dies teilweise auf den männlichen Herrschaftsanspruch und der Jagd als königliches Vorrecht zurück (Xella, RHA 36, 1978, 223f.).

[361] S. Friedrich, ZA 49, 1950, 235-243.

[362] Ebenda, Kol. II Z. 11f.

[363] Ebenda, Kol. III Z. 11f.

Die genannten Szenen zeigen ebenfalls, dass die Jagd selber zumindest von rituellen Handlungen begleitet wird.[364] Dieser Zusammenhang ist zumeist an den Reliefs von Alaca Höyük und ihrer Anbringung am Stadttor gesehen worden.[365] Die Ansicht, dass diese religiöse Szene im unteren Fries die Jagd beschließt[366], relativiert sich durch die Beobachtung Güterbocks, dass im oberen Fries von Alaca Höyük direkt neben der Jagd bereits eine Libationsszene und vermutlich die Opferung der Beute dargestellt ist.[367] Die Jagd findet damit bereits ihren Abschluss; die Szenen des unteren Frieses müssen daher nicht länger mit der Jagd darüber in Verbindung stehen.[368] Mazzoni betrachtet die Jagd ebenfalls als heilig, allerdings zur Sicherung der Gunst der Götter.[369] Aufgrund der Anbringung der Reliefs am Stadttor von Alaca Höyük (Taf. 16a) trägt für Mazzoni die Rehwildjagd als „kultische Handlung" neben anderen Ritualhandlungen des Menschen, die den Schutz der entsprechenden Gottheit sichern sollen, eher religiös-apotropäischen Charakter, wohingegen die Löwenjagd mehr mit Königtum assoziiert ist.[370] Diese Interpretation wirkt zwar im Hinblick auf die Vielzahl der unterschiedlichen Jagddarstellungen in anderen Medien stark vereinfachend, berücksichtigt aber die besondere Art der Anbringung der Reliefs am Stadttor.

Die Verbindungen zwischen den hethitischen und den syrischen Darstellungen sind mithin weniger eng als es den Anschein hatte; inhaltlich stehen die hethitischen eher den assyrischen Bildern nahe. Im Vergleich zu den syrisch-levantinischen Beispielen fällt im hethitischen Bereich auf, dass dort keine Tötungen von Greifen oder Sphingen erscheinen bzw. ohnehin diese Mischwesen in den Jagdszenen fehlen. Auch die Jagd vom Wagen aus kommt nicht vor.[371] Die häufige Assoziation mit einer kultischen Handlung lässt eher an die Darstellung eines tatsächlichen Geschehens denken als im Falle der nordsyrischen Belege. Auch im hethitischen Bereich stehen diverse mit Jagd verbundene Götter und Helden zur Diskussion, die aber schwerlich in den bislang bekannten Jagddarstellungen wiedergefunden werden können. Als Fazit bleibt die Feststellung, dass auch die hethitischen Belege zum Verständnis der Darstellungen auf den nordsyrischen Pyxiden nicht wesentlich weiterhelfen.

Nach dem Heranziehen vergleichbarer Jagddarstellungen zu Fuß und Wagen sollte klar geworden sein, dass die Abbildungen auf den Pyxiden in einer langen Tradition von Jagdszenen stehen. Es

---

[364] S. Crepon, Hethitica IV, 1981, 146-149; Emre – Cinaroğlu, FS N. Özgüç, 692; Mazzoni, Gate, 315. Nicht zuletzt ist der Hirsch das Symboltier des Jagdgottes. Darüber hinaus stellt die Jagd einen gewalttätigen Eingriff des Menschen in die Natur, die Sphäre des Wildgottes, dar.

[365] Die Bewegungsrichtung der Jagd ist vom Eingang weg, was Mellink als Anzeichen für den „extramuralen" Charakter der Jagd gedeutet hat (Mellink, Hittite Friezes, 205).

[366] Mazzoni, Gate, 313 „[…] while the friezes of the upper registers move away from the entrance with the deer hunt illustrated in continuous narrative and concluded by the libation after the hunt."

[367] Güterbock, Kursa, 119 Taf. 18c, 19. Die Szene ist damit analog zur Darstellung auf dem „Schimmel-Rhyton" zu sehen.

[368] Emre ist der Ansicht, dass die Reliefs ein Kultfest darstellen und die Tiere speziell für die Gottheit gejagt werden (Emre in Kat. Hethiter, Bonn, 220). Dagegen kann gesagt werden, dass auf dem Kultsockel ein Stier, das Attributtier des Wettergottes steht, und somit dieser mit der Anbetung gemeint ist. Stünde die religiöse Szene in einem Zusammenhang mit Jagd sollte die Anbetung des „Gottes der Wildflur" und entsprechend die Darstellung eines Hirschen erwartet werden.

[369] Mazzoni, CMAO 7, 1997, 293 unter Berufung auf Archi.

[370] Mazzoni, Gate, 314f. Dem Tor als neuralgischen Punkt der Stadt kommt natürlich im Hinblick auf fortifikatorische Sicherheit besondere Aufmerksamkeit auch von übernatürlich-magischer Seite zu.

[371] Möglicherweise jedoch ein Überlieferungszufall: Güterbock (FS Kantor, 118) verweist auf zwei hethitische Kulttexte, die ein Jagdfest benennen könnten, das EZEN hurnayayassar („Fest der Jagd") und das EZEN AYALI („Fest des Hirsches"). Wagenrennen bzw. -jagden waren offensichtlich auch Teil kultischer Spiele (Haas, Religion, 417), wenn bislang auch keine hethitische Wagenjagdszene bekannt ist. Das von Güterbock herangezogene Siegel AO 20138 (Güterbock, Kursa, Taf. 18) zeigt zwar eine Jagdszene auf Hirsche und Löwen, ist aber in einem syrischem Stil gearbeitet.

ornamental oder figürlich verziert sein und sind durchgehend mehrregistrig, wobei die einzelnen Bildzonen durch schmale Streifen voneinander getrennt sind. Die Dekore sind sehr unterschiedlich und reichen von mehr oder minder aufwändigen Blumengirlanden bzw. Voluten über Stierzüge und Tierkämpfe hin zu vielfigurigen Streitwagenszenen.[387] Sehr prominent sind zwei massive Belege im klassischen „Flame and Frond"-Stil aus Fort Salmanassar, Raum SW 12. Das aus einem Stoßzahnsegment geschnittene Stück ND 12042 zeigt zwei getrennte Bildzonen: oben eine nach links galoppierende Reihe von Stieren, die sich sehr naturalistisch überlappen, unten ein Löwen- und Greifenkampf. Es besitzt an seinem oberen Ende einen Torusansatz, der typisch für Möbelbeine, nicht aber für Pyxiden ist. ND 12043 ist nach der Beschreibung Herrmanns ein Gegenstück zu ND 7560 und erlaubt den Schluss, dass „the legs of a piece of furniture would have been decorated with bulls advancing in opposite directions."[388] Nicht zuletzt die Höhe dieser Stück von über 18 cm legt eine solche Verwendung nahe.[389] Entsprechend ist zu vermuten, dass die gerundeten Segmente um einen Holzkern herum gelegt worden sind.[390]

An dieser Stelle zu erwähnen sind einzelne, á-jour geschnitzte Stiere, die zu gleichartigen Stierzügen arrangiert werden können. Am besten erhalten ist sicherlich IM 79518 mit einem Zug von sechs vollplastisch geschnitzten Stieren – lediglich die Rückseiten sind roher belassen. Ein eng verwandtes Stück ist IM 79517, bei dem zwar nur noch die Hufe, dafür aber eine Reihe von rechteckigen Cloisonné-Fächer erhalten ist, die bedingt Rückschlüsse auf ein Trägerobjekt erlauben, auf dem diese Ringe montiert gewesen sein müssen.[391] Vergleichbare Elemente beziehungsweise einzelne Stiere, die vermutlich zu ähnlichen Schnitzereien gehörten, wurden bereits früher gefunden[392] Das einzige, was über das Trägerobjekt gesagt werden kann, ist, dass es sich um ein rundes Objekt gehandelt haben muss. Solche Elemente sind allerdings kaum mit Pyxiden in Verbindung zu bringen, wie schon Mallowan erkannte. Hingegen legt die Rahmung des Bildfeldes eine Verkleidung von Möbelelementen nahe.[393] Gerade das Nebeneinander von Elfenbeinschnitzerei und Holzbearbeitung – im technischen und vermutlich auch räumlichen Sinne – macht es wahrscheinlich, dass derartige Ornamente für verschiedene Objektgattungen verwendet worden sind.

Stierzüge und auch Stierkämpfe erscheinen darüber hinaus auf einer Vielzahl von Schnitzereien, besonders auf schmalrechteckigen Paneelen, im Flachrelief oder á-jour gearbeitet und in verschiedenen

---

[387] Für die Funde aus Nimrud vgl. Herrmann, Furniture, 160-162; aus Samos E.76: Freyer-Schauenburg, Samos, 92-94 Taf. 26a, in Anlehnung an Barnett gleichfalls als „Pyxis" benannt; aus Assur Ass 19700: Wicke, Assur, Kat. Nr. E.69; aus Megiddo c31: Loud, Megiddo II, Taf. 204:3.

[388] Herrmann, Furniture, 160f. Taf. 41.

[389] Auch die leicht konische Form etwa von BM 118175 (Barnett, CNI, S50) oder der beiden ornamentalen Gegenstände aus Megiddo OIM A 22274 und A 22275 (s. Loud, Megiddo-Ivories, Taf. 19-21) eignet sich eher schlecht für die Funktion als Behältnis, da die Mündung im Verhältnis zur Höhe relativ schmal ist, was das Hereingreifen erschwert. Es finden sich weder bei den Stücken aus Nimrud noch bei den nahezu vollständigen Stücke aus Megiddo Dübellöcher in Boden- oder Randnähe, wie für ein geschlossenes Objekt, eben eine Pyxis, zu erwarten wäre.

[390] Gerade ND 9689 zeigt mit der oktogonalen Aussparung der Rückseite, dass es sich nicht um eine Pyxis, sondern vielmehr um die Verkleidung eines anderen Gegenstandes, wie eines Möbels, gehandelt hat. Gleiches gilt für ND 10686 mit einer rechteckigen Aussparung in der Wandung zum Ansetzen des zweiten Ringsegmentes (s. Herrmann, IN IV, 11, Nrn. 285-292 Taf. 63-65).

[391] Safar – al-Iraqi, Ivories, 66 Abb. 51, 52.

[392] ND 3586-3591; Mallowan, Iraq 16, 149f. Taf. 33f.; Mallowan, N&R, 192 Abb. 125, 126; Herrmann, IN IV, 109f. Nrn. 268-277 Taf.60, 61; ND 1088, Herrmann, Furniture, 161 Taf. 42d.

[393] Vgl. Herrmann, Furniture, 161. Dass es sich hierbei um Deckelaufsätze für Pyxiden gehandelt haben könnte, mutet bereits angesichts der Größe unwahrscheinlich an; der Deckelaufsatz wäre ähnlich hoch wie der Korpus selbst gewesen und damit überproportioniert.

stilistischen Ausführungen.[394] Eine sehr elegante Reihe von Stieren schreitet auf den Seiten der Ölflasche IM 79508 einher.[395] Jeweils drei Stiere stehen hier, durch Blüten getrennt, hintereinander. Geringe Reste von Stierzügen finden sich auf zwei Knochengriffen aus Hasanlu.[396] Nicht vergessen werden dürfen zwei Elfenbeinschälchen in der Form liegender Rinder oder Kälber aus Nimrud.[397] Trapezoide Einlagen mit springenden Stieren, hier in eher levantinischem Stil gehalten, könnten zu Gefäßständern gehört haben.[398]

Häufiger sind jedoch die Stierreihen auf einer größeren Anzahl Metallschalen, die dem syrisch-levantinischen Raum zugerechnet werden.[399] Bronzene Möbelapplikationen in Gestalt von Stierköpfen oder -füßen sind natürlich für assyrisches Mobiliar gängig; Stier- oder Kalbsköpfe sind neben Löwen- oder Capridenköpfen jedoch gleichermaßen als Griffverzierungen in Assyrien beliebt und verbreitet.[400] Schließlich handelt es sich bei dem Stiermotiv um ein sehr häufiges Motiv, das nicht auf ein Material beschränkt war.

Solcherart mit Stieren und Stierelementen verzierte Gegenstände sind nicht nur archäologisch belegt, sondern erscheinen auch in Texten. So gibt es ein erwähnenswerts Zitat in einem Brief der Amarna-Korrespondenz, in der ein *muballiṭṭu*-Behälter aus Elfenbein mit der Darstellung eines Rindes beschrieben wird: „1 m[*u-ba*]*l-li-it-tù* TUR-*tu₄ ša* É Ì *ša* KA×DU *pí-ri bá-aš-lu ù* […] *i-na* ŠÀ-*bi-šu ù* 1 GU₄ *i-na* UGU-*i-šu*" – (1 kleines *muballiṭṭu*-Gefäß aus (gefärbtem?) Elfenbein und […] in seiner Mitte und ein Rind darauf)".[401] Möglicherweise dürfen wir uns hier auch ein Objekt wie die Pyxiden mit liegenden Rindern vorstellen.

Die Darstellung zweier Löwe-Stier-Kämpfe, und damit das Thema des Tierkampfes, ist lediglich auf mehreren Fragmenten der Pyxis Nim.40 bezeugt (Taf. 66e, f). Zu erkennen ist jeweils ein Stier mit gesenktem Kopf, der einen Löwen von hinten auf die Hörner genommen hat. Zumindest der linke Stier wird dabei von einem zweiten Löwen angegriffen, wie das Tatzenfragment erahnen lässt. Die Stilisierungen der Tiere weisen im Übrigen die Fragmente der „Flame and Frond"-Gruppe eindeutig zu. Die ungewöhnliche Position des Hinterschenkels auf Nim.42 könnte im Vergleich diesen Kampfgruppe ebenfalls zu einer Tierkampfdarstellung gehören, doch gibt es sonst keine weiteren Indizien dafür.

Das Motiv des Tierkampfes ist eines der gängigen Themen gerade nordsyrischer Elfenbeinschnitzereien. Hervorragende Belege finden sich nicht nur auf den bereits zitierten „SW 7"-Möbeleinlagen und den mehrregistrigen „Flame and Frond"-Möbelbeinverzierungen, sondern auch auf zahlreichen Paneelen unterschiedlicher Gruppen.[402] Als Randornament erscheinen sie in Miniaturform

---

[394] S. stellvertretend die Auswahl bei Herrmann, IN IV, Nrn. 709-760 Taf. 176-195.

[395] Safar – al-Iraq, Ivories, 34, Abb. 35; Kat. Land between two rivers, Turin, Nrn. 177, 180.

[396] Muscarella, Hasanlu, 142 Nrn. 265, 266.

[397] BM 126605 und BM 126606 (Barnett, CNI, 200 S 111, S 112 Taf. 61).

[398] ND 7998 und ND 10441 (Herrmann, IN IV, Nrn. 1, 2 Taf. 1).

[399] Falsone, AnSt 35, 1985; Markoe, PBSB, 38f.; mit entfernten Belegen aus Äthiopien Lohwasser, ÄgLev 12, 2002; Lohwasser, ÄgLev 14, 2004. Sehr interessant ist auch die offensichtliche ägyptische Nachahmung dieser syrischen Schalen in Fayence aus el-Kurru, welche in die dritte Zwischenzeit datieren (Dunham, RCK I, 93 Nrn. 666, 667 Abb. 31e, Taf. 64a, b). Wie bei den Bronzeschalen ist außen eine Reihe von vier schreitenden Stieren angebracht; ein mittleres Medaillon zeigt eine liegende Kuh im Papyrusdickicht.

[400] Vgl. Curtis, Furniture, bes. Abb. 10. Die Stierapplikationen stützen die Hypothese der Verwendung der eingangs besprochenen elfenbeinernen Elemente mit Stierreihen, wenn ein einheitliches Motivrepertoire an einem Möbel zugrundegelegt wird.

[401] EA 14 IV, 16f., nach Cochavi-Rainey – Lilyquist, Gifts, 22f.

[402] Etwa Herrmann, IN V, 28f. mit verschiedenen Belegen und Verweisen. Dabei gilt das Tierkampf-Motiv per se als Indikator für eine (nord-)syrische Herkunft.

auch auf mehreren nordsyrischen Scheuklappen.[403] Die Kosmetikpalette IM 79501 bietet die Vielzahl unterschiedlicher Tiere in einem großen Kampfgeschehen untereinander. Ein weiter auszudeutender Hintergrund der Darstellung erschließt sich allerdings bislang nicht.[404] Eine durchaus vergleichbare Szenerie ist auf dem sog. „bestiary bowl", einer Bronzeschale aus Nimrud zu sehen[405], die allerdings auch nicht zur Erhellung des Hintergrundes beiträgt. Jede weitergehende Deutung der Pyxidendarstellungen als die allgemeinen Formeln eines Kampfes „Gut gegen Böse" geht nach heutigem Wissensstand über die Möglichkeiten solider kunsthistorischer Interpretation hinaus.[406]

Für den Stier *an sich* ist eine Assoziation mit „Stärke" sicher nicht von der Hand zu weisen. Als Attributtier des Wettergottes wird er über diesen auch mit Fruchtbarkeit in Verbindung zu bringen sein. Bei den Mehrfachabbildungen ist diese Anbindung an den Wettergott aber sicher unzulässig.[407] Der Fruchtbarkeitsaspekt kommt stärker in der Verbindung des Stiermotivs mit dem Motiv der „Kuh mit Kalb" zum Tragen, wie z. B. auf der Schale aus Genf.[408] Die Stierreihen könnten eher eine allgemeine Aussage wie „Stierherde" beinhalten. Als Anspielung auf eine Herde könnte hier also auch ein Begriff wie „Reichtum" ausgedrückt worden sein.[409] In jedem Fall wird der Sinn durch die Vervielfachung des Motivs nicht gelitten haben. Der Stier ist, genau wie Löwe oder Hirsch, aber auch eine beliebte Jagdbeute und rückt damit in die Bedeutungssphäre der „Jagd".[410]

Auf andere Bedeutungen scheinen die Elfenbeinelemente aus Samos, Megiddo und Nimrud zu verweisen. Hier erscheint die Reihe mit Stieren als eine Bildzone unter anderen. So schreiten die Stiere auf dem Beleg aus Samos[411] auf Papyrosblüten; oberhalb der Bildzone befindet sich eine Flügelsonne. Im Falle des Elfenbeines aus Megiddo[412] ist über der Reihe mit Stieren eine Reihe mit geflügelten Bes-Figuren zu erkennen. Nicht zuletzt ist auf einem Möbelbein aus Nimrud[413] unter der Stierreihe ein Löwen-Greifenkampf wiedergegeben. Die häufigen Stier-Löwe-Kämpfe belegen, dass beide Tiere eine ähnliche Wertigkeit zu besitzen scheinen.[414] Der Stier ist anscheinend ein gleichwertiger Gegner für den Löwen, mit dem er, wie auf Deckel Nim.73, in Kampfszenen verwickelt sein kann und dem Löwen durchaus tödliche Wunden beizubringen vermag. Eine spezifischere Bedeutung erschließt sich dadurch jedoch nicht.[415]

---

[403] Orchard, IN I, 75-100 Taf.14-18.

[404] Wicke, BagM 33, 2002.

[405] Layard, Monuments II, Taf. 67.

[406] Vgl. Wicke, BagM 33, 2002, 254-256, 265.

[407] Die Bennung als Ba'al etwa, der nach der ugaritischen Mythologie als Stier – seinem Attributtier – eine Färse begattet, verbietet sich, da es bei den Stierreihen offensichtlich nicht um einen bestimmten Stier, sondern eher um viele Stiere geht. Davon ist die Assoziation von Ba'al mit dem Stier natürlich unbenommen (vgl. Schaeffer, Ugaritica II, 20).

[408] Falsone, AnSt 35, 1985. Während das Motiv von „Kuh und Kalb" sehr geläufig ist und sicher mit zu den beliebtesten Motiven der frühen Eisenzeit auf Elfenbeinen gehörte, ist es bei den Möbelelementen bisher noch nicht belegt. Zum Motiv der „Kuh mit Kalb" s. zusammenfassend Barnett, CNI, 143-145.

[409] Peltenburg macht darauf aufmerksam, dass das lateinische Wort *pecunia* (Geld, Reichtum) sich von *pecus* (Viehstand, Herde) ableitet (Kat. Glasgow 1991, 124).

[410] Auffallend hingegen ist, dass Darstellungen des sonst sehr verbreiteten Motives „Kuh mit Kalb" auf den Pyxiden weitgehend fehlen. Möglicherweise steht dieses Motiv mit seiner Assoziation von Fruchtbarkeit der Bedeutung des Stieres entgegen.

[411] E.76: Freyer-Schauenburg, Samos, 92-94 Taf. 26a.

[412] c31: Loud, Megiddo II, Taf. 204:3.

[413] Etwa ND 12042: Herrmann, Furniture, 161 Taf. 41.

[414] So auch auf der Kosmetikpalette IM 79501; vgl. Wicke, BagM 33, 241f.

[415] Rehm schreibt dem Stier auch eine apotropäische Konnotation zu, allerdings ohne weitere Begründung (Braun-Holzinger – Rehm, Orientalischer Import, 129). Für einige mesopotamische Aspekte des Stieres, die

4.2.2.2.5 Einzelfigur im separaten Feld

Die Rückseite der nordsyrischen Pyxiden, also die Stelle, an der der Schwenkstift des Deckels in den Korpus eingebracht ist, ist sowohl bei Elfenbein- wie auch bei Steinpyxiden mehr oder minder stark abgeflacht. An dieser Stelle befindet sich, durch Stege abgeteilt, ein Bildfeld, das von einer einzelnen Figur gefüllt wird (s. Taf. 17. 18 für eine Übersicht). Sehr häufig handelt es sich um eine stehende Frauengestalt mit Blüten oder Zweigen in den Händen, die frontal oder seitlich dargestellt ist[416], aber auch sitzen kann[417]. Bei Nim.37 und Nim.38 ist sie frontal wiedergegeben und hält in ihren erhobenen Armen zwei Löwen an den Hinterläufen hoch, die sich mit stark überlängtem Leib S-förmig krümmen. Die weibliche Gestalt trägt zumeist ein knöchellanges Kleid, das in sanften Falten fallend von einem Gürtel gehalten wird. In einigen Fällen ist der Saum hinten länger, sodass eine leichte Schleppe entsteht. Bei der Frisur handelt es sich fast ausnahmslos um glatte Strähnen, die im Nacken zu einer großen Rolle gedreht sind bzw. in der Frontalansicht auf die Schultern fallen. Außergewöhnlich ist die Frisur bei der Frau auf Nim.4: Ihr Haupthaar steht in drei großen Locken gedreht über dem Kopf auf und wird von einem im Nacken geknoteten Band gehalten.[418] Ein langer Zopf fällt bis zum Gesäß herab.

Im Falle von Nim.25 handelt es sich um einen Mann mit Blüten, wie an dem Bart und auch an den freien Beinen zu erkennen ist. Ob er einen kurzen Rock trägt oder nackt ist, muss aufgrund des fragmentarischen Erhaltungszustandes offen bleiben. Das Motiv einer Figur – ob männlich oder weiblich, teilweise frontal – mit Blüten in den Händen ist zusätzlich bei weiteren Pyxidenfragmenten unvollständig erhalten.[419]

Dabei ist zu bemerken, dass die Einzelfigur unabhängig von der Thematik des Hauptbildfeldes erscheint. So kommt die Frau mit Blüten auf Pyxiden mit Sphingen ebenso vor wie auf Pyxiden mit Tisch- und Musikantenszenen oder auch auf Pyxiden mit Kampfmotiven. Oft wird sie dabei von kleinen Palmbäumchen flankiert. Die Frau mit Löwen erscheint nur zweimal – einmal ist das Thema des Hauptbildfeldes nicht erhalten, im anderen Fall von Nim.37 ist neben dem Bildfeld ein Löwenkampfmotiv zu ergänzen. Auf der Pyxis Nim.25, auf der die Figur mit Blüten männlich ist, sind im Hauptbildfeld verschiedene Kampfmotive (Löwen- und Greifenkampf) dargestellt.

An dieser Stelle sollen auch die Pyxiden Nim.19 und Nim.39 zur Sprache kommen. Das auf dem Korpus umlaufende Bildfeld von Nim.39 (Taf. 65) zeigt zwei geflügelte weibliche Gestalten, die in ihren ausgestreckten Händen je einen Löwen an den Hinterläufen in die Höhe halten. Die Flügel der Dämoninnen, welche sich an den Flügelspitzen berühren, waren ursprünglich mit großen Einlagen ausgelegt, von denen sich noch eine in einer Volute erhalten hat. Die nun fehlenden, en-face dargestellten Gesichter der Dämoninnen waren separat mit Zapfen angestückt, wie die Reste der Zapfen beziehungsweise die rechteckigen Aussparungen beweisen. Um den Hals tragen sie eine mehrgliederige Kette, die anscheinend in runden Anhängern oder flachen Perlen endet. Zwischen den weiblichen Gestalten mit Löwen und dabei halb unter ihren Flügeln angeordnet ist ein Palmettbaum mit dem Motiv zweier aufgerichteter Stein(?)böcke oder Ziegen, die an den fiedrigen Blättern fressen, abgebildet.

Auf Darstellung und Bedeutung der Speisetischszene von Nim.19 (Taf. 54. 55) wurde oben bereits eingegangen. Die zweite Szene scheint eine Adoration darzustellen; ob eine thematische Verbindung zur Speisetischszene besteht bleibt unklar. In der Mitte schreitet eine geflügelte Frauengestalt im

---

allerdings nicht zwingend auf die syrischen Schnitzereien übertragen werden können, vgl. Watanabe, Animal Symbolism, 57-64.

[416] Nim.4, Nim.19, Nim.20, Nim.23, Nim.26, Nim.28.

[417] Nim.33, zu erkennen an der Rückenkontur und der Haltung der Blüten.

[418] Eine vergleichbare Frisur findet sich auf dem Elfenbeinfragment ND 13392 (Herrmann, IN IV, Nr. 390 Taf. 86), dass sich vermutlich mit einem weiteren Fragment ND 13188 (Herrmann, IN IV, Nr. 388 Taf. 87) zu einer Figur mit Blüten ergänzen lässt.

[419] Nim.10, Nim.13, Nim.29, Nim.35, Nim.45, Nim.46-6.

Schleppenkleid nach rechts; in den erhobenen Händen hält sie ebenfalls Zweige oder Pflanzen. Ihre zwei ausgebreiteten Flügelpaare weisen eine zusätzliche, große Volute am Körper auf. Links und rechts der geflügelten Gestalt befinden sich zwei Tischchen (Altäre?), an denen je eine Person mit Schurzrock und vorne offenem Mantel, wie es eher den Genien der Stuhllehnen der „SW 7"-Gruppe entspricht, dargestellt ist. Bei einer der Personen ist ebenfalls ein Henkelgefäß mit Ausguss in der gesenkten Hand erhalten.

Eine weibliche Gestalt, die in ihren Händen zwei Löwen hochhält, begegnet auf Pferdestirnplatten der syrischen Tradition, vor allem der „Wig and Wing"-Gruppe.[420] Hier ist die Figur allerdings nackt, trägt dafür Ohrringe und einen reichen Kopfputz. In einigen Fällen hält sie zusammen mit den Löwen, die aufgrund der Größe und fehlenden Mähne wohl noch Junge sein dürften, gleichzeitig Blüten. Von hier aus gibt es Anknüpfungspunkte an bronzene Zaumzeugelemente aus dem östlichen Mittelmeerraum und der Ägäis, die aber noch dem syrischen Handwerk zugeschrieben werden können.[421] Dazu zählt auch die bekannte Stirnplatte eines Haza'el, die im Heraion zu Samos gefunden worden ist, und auf der die Löwen jedoch lediglich abgekürzt als Löwenköpfe erscheinen.[422] Ein Beispiel einer Pferdestirnplatte mit einer Sphingen-haltenden Frau stammt aus Gordion, welches Winter aufgrund stilistischer Kriterien berechtigterweise der Region um Karkemisch zugeschrieben hat.[423] Auf den Pferdestirnplatten kommt die nackte Frau in einigen Belegen nur mit Blüten beziehungsweise ohne Attribute vor[424]; auch hier trägt sie Kopfputz und Ohrringe. In einer vollkommen anderen Verwendung, nämlich als Wedelgriff, findet sich die Figur allein oder zu mehreren, nackt oder bekleidet in Nimrud.[425] Daneben gibt es zahlreiche weitere, meist kleinformatige Bildträger mit ähnlicher Motivik.[426]

Die bekleidete weibliche Gestalt mit Blüten erinnert besonders an die Genien der Möbeleinlagen der „SW 7"-Gruppe aus Nimrud.[427] Hier erscheinen weibliche, häufiger aber männliche anthropomorphe Figuren stehend oder sitzend zwischen Zweigen und vegetabilen Elementen, teilweise gleichsam Früchte von diesen pflückend, sowie auch mit Zweigen und Blüten in den Händen. Die Frauen tragen dabei ein knöchellanges Gewand mit weichem Faltenfall, das mit einem aufwändig geknoteten Gürtel getragen wird. In der Regel halten sie Blüten in den Händen, und das Bildfeld ist zusätzlich mit Pflanzen gefüllt, was ihre enge Assoziation mit Vegetation unterstreicht. Ähnliches gilt auch für die männlichen Genien dieser Szene, die ebenfalls zwei oder vier Flügelpaare haben können. Flügelsonnen über oder unter den Gestalten bzw. die Verbindung mit

---

[420] Orchard, IN I, Nrn. 136-139, 143, 147 Taf. 29-31.

[421] Zu den Scheuklappen Wicke, UF 31, 1999, 813f. mit weiterer Literatur; zu weiteren Zaumzeugelementen wie Deichselzierden s. Braun-Holzinger – Rehm, Orientalischer Import, 7-39.

[422] Kyrieleis – Röllig, AM 103, 1988. Diese Darstellung ist insofern von besonderem Interesse, als die Nackte nicht nur zwei Löwenköpfe hält, sondern selber auf einem steht. Auffällig ist u. a. die Handhaltung als geschlossene Faust, die wirkt, als seien die Löwenköpfe auf Stielen befestigt. Natürlicher wäre etwa eine geöffnete Hand mit den Handflächen nach oben gerichtet. Die Handhaltung erinnert stark an die der Elfenbeindarstellungen (vgl. Orchard, IN I, Nr. 135 Taf. 28, Nr. 137 Taf. 30). In vielen Punkten identisch ist die ebenfalls aus Samos stammende Stirnplatte B 1123 (Jantzen, Samos VIII, Taf. 52; s. a. Braun-Holzinger – Rehm, Orientalischer Import, 21f.

[423] Winter, North Syria, 317-321.

[424] BM 118104 (Barnett, CNI, S 146 Taf. 63); ND 10511, ND 10717 (Orchard, IN I, Nrn. 144, 149 Taf. 31. 32).

[425] Etwa Barnett, CNI, S 293, S 294 Taf. 88, 89. Dabei raffen die bekleideten Frauen mit einer Hand das Gewand über das Knie hoch.

[426] Vgl. Böhm, Nackte Göttin, 59-71. Auf drei Siegeln, die der Gegend um Zincirli zugeschrieben werden, findet sich die Darstellung einer bekleideten männlichen Figur mit Löwen in ähnlicher Positur (s. Kat. Berlin 1975, Nrn. 90-92). Es handelt sich also nicht um ein Motiv, das exklusiv mit weiblichen Wesen verbunden wäre.

[427] S. Mallowan – Herrmann, IN III, Nrn. 1:6, 3:2, 3:3, 67 (weiblich, stehend, geflügelt, teils unter Flügelsonne), 46:2, 46:3, 47, 48, 49, 50, 51 (weiblich, sitzend, ungeflügelt, mit Pflanzen, unter Flügelsonne, teilweise mit Sphinx „unter" dem Stuhl oder am Tisch sitzend), 57:2, 61, 65:3, 65:4 (weiblich, stehend, ungeflügelt, mit Pflanzen, teils unter Flügelsonne).

Sphingen weisen auf ihren übernatürlichen Charakter hin.[428] Es lassen sich somit nackte und bekleidete, frontal und seitlich dargestelle Frauenfiguren in Verbindung mit unterschiedlichen Attributen konstatieren.[429]

Eine Deutung der Gestalt mit Blüten bzw. Löwen kann nur aus den Bildkontexten heraus erfolgen, da die Textquellen hierzu wenig aussagekräftig sind. Bei den Möbeleinlagen der „SW 7"-Gruppe fallen die allgegenwärtigen Pflanzen auf.[430] Mallowan sieht in den Darstellungen auf den Stuhllehnen allgemein einen Ausdruck von „prosperity", „joy", „life" oder „festive commemorations", wenn er auch gleichzeitig einschränkt, dass die genaue Bedeutung der Darstellung verborgen bleibt, da es sich seiner Meinung nach um abgekürzte Darstellungen längerer mythischer Szenerien handelt.[431] Die sitzenden Figuren hingegen hält Mallowan eher für schützende Dämonen und schlägt vorsichtig eine Deutung als *šēdu* vor.[432] Winter folgt dieser Deutung weitestgehend und fasst das Bildprogramm als einen „ikonographischen Zyklus" auf, der, unter Berücksichtigung der Anbringung der dergestalt verzierten Elfenbeineinlagen an Betten, eine generelle Botschaft von Fruchtbarkeit, Leben und Freude, die durch Astarte und ihre Trabanten ausgedrückt wird, versinnbildlicht.[433]

Die frontale Darstellung mag, vergleichbar zu dem häufigen Herauswenden des Kopfes bei Sphingen, Ausdruck ihrer Wirkmacht sein. Barnetts Hypothese, dass mit der frontal dargestellten Frau mit Blüten eine Göttin, bei der en passant dargestellten ein Mensch oder ein Genius gemeint sei, beruht auf seiner Gewichtung der frontalen Darstellungsweise als göttlich.[434] Allerdings besteht kein ikonographischer Unterschied zwischen den seitlich oder frontal dargestellten Figuren.

---

[428] Weiterhin verbindet auch das Nebeneinander der Stierjagdszene ND 7904 (Mallowan – Herrmann, IN III, Nr. 1 Taf. 1) neben den Genien mit Blüten unter einer Flügelsonne die Möbelteile mit den Pyxiden.

[429] Für eine ausführlichere Differenzierung vgl. die Typen bei Uehlinger, RlA 9, 53. Barnett behandelt noch beide Figuren (Frau mit Blüten und Frau mit Löwen) gemeinsam (Barnett, CNI, 80-83).

[430] Die Pflanzen zu identifizieren und zu benennen ist vielfach versucht worden; dass sie von großer Bedeutung für die Szene sind, liegt dabei auf der Hand. Eine erste Identifizierung von Mallowan geht in Richtung „Lotus"-Blüten, wobei er dieses eher zur Benennung, weniger zur Deutung verwendet. Er macht klar, dass diese „floral designs were remote from anything in nature" (Mallowan, N&R, 487; Mallowan – Herrmann, IN III, 18f.). Winter hält die Pflanzen im Gegensatz zu Mallowan für eine Umgestaltung und Adaptation der in Syrien heimischen Tulpe (Winter, North Syria, 300).

[431] Mallowan, N&R, 482.

[432] Mallowan, N&R, 502 Anm. 71. Gerade den geflügelten Wesen schreibt Mallowan zusätzlich apotropäischen Charakter zu; im Falle der ungeflügelten weiblichen Figuren fragt er, ob es sich um Königinnen, Priesterinnen oder gar Göttinnen handeln könnte (Mallowan, N&R, 488, 500). Dabei übersieht Mallowan, dass auch die ungeflügelten Figuren ebenfalls mit Flügelsonnen erscheinen (etwa Barnett, CNI, S 146 Taf. 63) und so in denselben ikonographischen Kontext gesetzt sind. Eine Deutung der Männer als „Krieger" hängt an der Interpretation des Gewandes als Schuppenpanzer (s. a. Mallowan – Herrmann, IN III, 23-26), doch scheint hier v. a. ein Gewand vorzuliegen, dass nicht von Menschen getragen wird, und so die Stellung der Wesen als (halb-) göttlich unterstreichen soll (vgl. hierzu auch Calmeyer, ZA 70, 1981, 291f.). In eine ähnliche Richtung geht auch die Interpretation von Mallowan – Herrmann, die zusätzlich in der „Magie der Vegetation" einen „prophylaktischen Zug" sehen (Mallowan – Herrmann, IN III, 9-11).

[433] Winter, North Syria, 312. In einem späteren Aufsatz kommt zum Ausdruck, dass Winter die weibliche Gestalt mit Blüten mit einer einzigen Göttin zu verbinden sucht, obwohl sie die Möglichkeit, dass Blüten von mehreren Göttinnen verwendet werden können, nicht ausschließt (Winter, MMJ 11, 1976, 48f.).

[434] Entsprechend sieht er in der frontalen Darstellung die Heraushebung einer Göttin, welche er aufgrund der Locken mit Gestalten wie Hathor, Qedeš, Astarte oder Anat verbindet. Angesichts der unspezifischen und weiten Verwendung dieser Frisur kann diese nicht zu einer Benennung herangezogen werden. In der Figur mit Löwen sieht er die „Herrin der Tiere", die im Laufe der Zeit mit Ischtar verschmolzen sei, welche gleichfalls die Macht über Fruchtbarkeit und Natur habe. Zur seitlich dargestellten Figur bemerkt Barnett lediglich, dass es schwierig sei, hier zwischen einer menschlichen und einer göttlichen Gestalt zu unterscheiden (Barnett, CNI, 80-83).

4.2.2.3 Deckel und Böden

4.2.2.3.1 Der geometrische Dekor

Die Verzierungen der Deckel und Böden sind hier noch einmal gesondert zusammengefasst, da nur in wenigen Fällen Deckel und Böden einer Pyxis zugewiesen werden können.[448] Nim.19 zählt zu diesen Ausnahmefällen. Hier ist zu beobachten, dass der Boden eine Verzierung von doppelt umrandeten Stechzirkelrosetten, umgeben von einem Kordelband, aufweist. In ähnlicher Weise ist der Boden von Nim.4 verziert; nur sind hier die Stechzirkelrosetten einfach umrissen. Diese beiden Beispiele erlauben es, zahlreiche andere Fragmente als Böden zu identifizieren: So ist HSL.17[449] (Taf. 67a, b) etwa nahezu identisch zu Nim.19. Auch Nim.84 weist ein identisches Muster auf (Taf. 67c). Einfache Stechzirkel-rosetten finden sich weiter auf Nim.85 oder Nim.86, hier in einem dreifachen Rahmen. Vollständig mit Stechzirkelrosetten bedeckt und ohne Rand ist Kreta.4 noch zum Großteil mit der ursprünglichen Gold-folie überzogen (Taf. 67d). In Anlehnung an Kreta.4 kann auch das kleine Fragment Kreta.5 als Boden erkannt werden. Das Randmuster auf der anderen Seite weist darauf hin, dass der Boden wohl stumpf unter den Korpus gesetzt worden sein muss und dabei ein wenig über den Korpus hinausgeschaut hat. Dieses Phänomen findet sich auch bei Alal.2. Bekräftigt wird die Deutung der mit Stechzirkelrosetten verzierten Scheiben als Böden durch einen Blick auf die Böden iranischer Metallgefäße, die häufig dieses Muster aufweisen.[450]

Die Kälbchen der Deckel liegen häufig auf einem umlaufenden Band von Rosetten und runden Cloisonné-Fächern, wie bei Nim.19 gut zu sehen ist. Diese wechseln sich meist ab[451], können aber auch andere Abstände besitzen[452]. Die Cloisonné-Fächer sind kreisrund und haben in der Mitte eine zusätz-liche Vertiefung zur Verankerung der Einlage („Stift-Cloisonné"), wie es auch bei anderen Einlagen, vornehmlich der „Flame and Frond"-Gruppe, vorkommt. Die Rosetten sind von unterschiedlicher handwerklicher Ausführung und können einzeln ausgearbeitete Blätter mit betontem Zentrum haben, in anderen Fällen aber auch nur aus schematisch ausgeführten Kreisen mit Segmentierungen bestehen. Ungewöhnlich ist der Dekor auf Nim.91 – wahrscheinlich der Rest eines Deckels mit Rosettenrand und einem inneren Muster von Schalenpalmetten und Voluten (Taf. 67e).[453]

Eine sehr häufige Verzierung der runden Elfenbeinscheiben sind auch Kordelbänder in verschiedenen Ausführungen, einzeln oder doppelt, mit Riefen getrennt oder dicht zusammen (Nim.87-89; Taf. 68a, b). Gerade hier stellt sich die Frage, ob es sich um Deckel oder Böden handelt, was bei heutigem Kennt-nisstand nicht eindeutig beantwortet werden kann. Sehr schlicht sind die Verzierungen zahlreicher Fragmente wie Nim.93-95 oder auch Kreta.5. Es handelt sich um Punktreihen bzw. Reihen kleiner rechteckiger Felder. Im Falle von Nim.94 kommt diese Verzierung auf dem Rand vor, während sich auf der Oberseite ein Kordelband befindet.[454]

---

[448] Dabei ist die Entscheidung gerade bei kleinen Fragmenten nicht immer eindeutig, ob es sich um Deckel oder Böden gehandelt hat. Barnett bezeichnet z. B. Nim.84 als „lid", während es sich nach Vergleich mit Nim.19 um einen Boden gehandelt haben müsste. Zur Vereinfachung sind gerade die großen Zahlen gleicher Fragmente gemeinsam unter einer Nummer erfasst.

[449] Dieses Stück ist auf Ober- und Unterseite mit dem gleichen Muster verziert. Dies deutet darauf hin, dass von innen auf diesen Boden geschaut werden konnte, sich also kein Einsatz darin befand. Das passt zu der oben gemachten Beobachtung, dass die Böden aus Hasanlu mit horizontalen Dübeln direkt in der Wandung befestigt waren, die Böden aus Nimrud aber weitgehend mit vertikalen Dübeln an separaten Trägern.

[450] Vgl. Löw, Metallgefäße, 232f.; für Beispiele der Stechzirkelrosette in anderen Medien s. Barnett, CNI, 64.

[451] Etwa Nim.4, Nim.19, Nim.75, Nim.77-81.

[452] Ein Cloisonné zwischen drei Rosetten wie bei HSL.18.

[453] Vgl. hierzu auch aus Hasanlu UM 65-31-472 (Muscarella, Hasanlu, 142 Nr. 269).

[454] BM 126545 wird von Barnett ebenfalls als Deckel angesprochen (Barnett, CNI, 194 S 36o). Das Fragment ist

Ein besonders schön gearbeiteter Deckel ist Nim.75 (Taf. 68c). Eine Autopsie ergab jedoch, dass es sich nicht um einen Kranz, sondern vielmehr um einen ursprünglich massiven (Scheiben-)Deckel gehandelt haben muss, der lediglich entlang der Lamellen des Stoßzahnes gesprungen ist. Das ist sehr gut bei der zentralen Rosette zu sehen, die die ovalen Wachstumsringe des Zahnes erkennen lässt. Ferner kann gegenüber dem Gelenkstift der Rest eines zweiten Loches identifiziert werden, das zum Verschließen des Deckels gedient hat. Weitere, ähnlich ausgebrochene Mittelteile von Rosetten, die ebenfalls entlang der Wachstumsringe ausgebrochen sind, sind unter Nim.76 zusammengefasst (Taf. 68d).

Ein noch relativ geschlossener und vollständig erhaltener Deckel ist Nim.77 (Taf. 69a).[455] Er besitzt außen wieder die Reihe aus abwechselnd runden Cloisonnés und Rosetten. Die zentrale Rosette, die durch ein Kordelband vom Rand getrennt ist, bestand vermutlich aus zwölf Blättern, die als tiefe Fächer zur Aufnahme von farbigen Einlagen gedient haben. Damit ähnelt Nim.77 in gewisser Weise dem Deckel von Halaf.1, bei dem diese Einlagen in blau und weiß nachgewiesen sind.

4.2.2.3.2 Der figürliche Dekor

Durch die nahezu vollständig erhaltenen Pyxiden mit Deckel Nim.4, Nim.19, Nim.74 und Kreta.3 (Taf. 44. 54. 70a, b) können einige vollplastisch gearbeitete, liegende Kälbchen als Deckelapplikationen identifiziert werden. In die Unterseite der Tiere sind zwei bis drei runde Dübellöcher gebohrt, die mit Löchern in den Deckeln korrespondieren.[456] Zumeist gehören vier Kälbchen zu einem Deckel, es können aber auch nur drei[457] sein. Die liegenden Kälbchen sind so angeordnet, dass sie sich über die Langseite des Ovals nach außen anschauen. Die Tiere sind halb auf der Seite gelagert, mit zurückgewandtem Kopf, der auf der Flanke liegt. Der Schweif ist vor dem Hinterschenkel hoch zum Rücken gebogen. Die Kälbchen besitzen häufig detailliert ausgeführte Stilisierungen von Haaren (rautierte Blesse), Wamme, Rücken und Schenkeln, letztere mit auffallender Flammenstilisierung.[458] Diese kennzeichnen sie als Erzeugnisse der „Flame and Frond"-Gruppe. Die Beispiele aus Hasanlu zeichnen sich durch die Angabe kleiner Löckchen auf der Kruppe aus.[459] Dies ist ein weiteres Argument dafür, in den Objekten aus Hasanlu (Gruppe B) die Produkte einer von der klassischen „Flame and Frond"-Gruppe verschiedenen Werkstatt zu sehen. Die Gestaltung der Kälbchen aus der Idäischen Grotte[460] ist im Gegensatz zu der eher graphischen Ausführung der Kälbchen aus Nimrud stärker plastisch gehalten. Die Mähne ist zu kleinen Löckchen stilisiert, die an die Art der Mähnen einiger Löwen der Kosmetikpalette IM 79501 erinnern.[461] Das deutet möglicherweise auf ein späteres Herstellungsdatum hin. Im Falle von Nim.74 befindet sich zwischen zwei Kälbchen noch ein Knospeneinsatz, ebenso ist in der Mitte eine größere, nicht mehr genau zu identifizierende Verzierung erhalten.

---

jedoch sehr klein und die Verzierung von vertikalen Strichbündeln auf dem Rand singulär. Sie erinnert mit dieser Verzierung vielmehr an levantinische Kosmetikpaletten und wird daher hier nicht weiter behandelt

[455] Mein Dank gilt G. Herrmann, London, für die Erlaubnis, diesen noch unpublizierten Deckel in meine Arbeit aufnehmen zu dürfen.

[456] Eine Vorstellung von der Tiefe dieser Dübellöcher gibt der Querschnitt eines solchen in Sakellarakis, Ivories, Taf. 12d; zum Vorschlag der Verwendung der liegenden Kälber auf Deckeln s. schon Barnett, CNI, 219. Es sollte jedoch bedacht werden, dass derartige Kälber nicht nur auf Pyxiden, sondern auch an anderen Geräten bzw. Möbeln verwendet worden sein könnten. Gerade bei den im „Bajonett-Verfahren" aufgesteckten Kälbchen mit rechteckigem Zapfen und Schlüssellochnut ist eher nicht an Pyxiden zu denken, da eine Pyxis zu klein für diese aufwändigere Befestigungsmethode ist; auch wurde noch kein entsprechend geformtes Zapfloch in einer Pyxis gefunden (zur Illustration s. Barnett, Ivories, 13 Abb. 5).

[457] Vgl. Kreta.3; die etwas kleineren Löcher auf dem Blattrand gehören zu Gelenk- und Verschlussstift.

[458] Allein bei Barnett (CNI, S 362-365 Taf. 101-106) 19 Kälber mit zwei Dübellöchern.

[459] S. Muscarella, Hasanlu, 124f. Nrn. 242-245.

[460] Sakellarakis, Ivories, Taf. 12a-d.

[461] Safar – al-Iraqi, Ivories, 16-20, Abb. 1-6; Wicke, BagM 33, 2002.

Das Motiv des „liegenden Kälbchens"[462] ist weit verbreitet. Nahezu identisch zu den Kälbchen der Pyxidendeckel sind solche, die aufgrund der Nut-Feder-Steckverbindung zu größeren Möbelteilen gehört haben müssen, nicht aber zu Pyxiden.[463] Daneben gibt es zahlreiche kleinere Plastiken aus Bronze in Gestalt liegender Kälbchen, die gleichfalls als Zierapplikationen, als eigenständige Kleinkunstwerke oder als Gewichte gedient haben können.[464] Für die Verwendung als Gewichte spricht eine Aushöhlung im Inneren, die mit Blei oder anderen Materialien austariert sind. In der ägyptischen Darstellung einer Waage sind mehrere Gewichte in Gestalt liegender Boviden abgebildet.[465] Schließlich belegen Inschriften auf verschiedenen tiergestaltigen Kleinplastiken, dass es sich um Gewichte handelt.[466] Im Unterschied zu den Elfenbeinkälbchen, die ihren Kopf stark zurückgebogen auf dem Leib ablegen, drehen die metallenen Kälbchen ihren Kopf direkt dem Betrachter zu. Diese lebendigere Haltung wird jedoch in den verschiedenen Materialien und Techniken (Bronzeguss – Elfenbeinschnitzerei) begründet sein. Das Motiv der liegenden Kälbchen ist auch bei der Stirnplatte aus Samos zu sehen, wo zwei liegende Kälbchen das obere Bildfeld abschließen und über drei nackten, brüstehaltenden Frauen abgebildet sind.[467] Ein bekanntes Beispiel für ein Kälbchen als Hauptmotiv ist ein goldener Anhänger aus Kamid el-Loz.[468]

Für die liegenden Kälbchen kann bislang keine weitere begründete Deutung außerhalb einer simplen Konnotation von Fruchtbarkeit gegeben werden. Allenfalls mögen die Kälbchen noch eine Verkleinerung des Stieres meinen. Auch aus der Verwendung der Kälbchens als Gewicht ergeben sich keine weiteren Aufschlüsse. Hier muss darauf hingewiesen werden, dass Kälbchen nur eines der figürlichen Erscheinungsbilder der Gewichte neben Löwen, Enten oder Capriden sind.

Ein ikonographischer Zusammenhang zwischen Deckelverzierung mit Kälbern und dem Motiv auf dem Korpus erschließt sich gleichfalls nicht aus den Funden. Im Falle der Pyxis Nim.4 sind die Kälber auf dem Deckel mit der Darstellung von Sphingen am Baum verbunden. Bei Nim.19 handelt es sich um die Pyxis mit Speisetischszene und Adoration einer vierflügeligen Dämonin. Es lässt sich nur feststellen, dass Stiere und Kälbchen offensichtlich in erster Linie einen dekorativen Aspekt besessen haben. In dieser Hinsicht kann auf die bereits genannte Verwendung von Kalbsköpfen neben denen von Stieren als Elemente der Verzierung von Tisch und Stühlen verwiesen werden.[469] Damit handelt es sich um ein dem Handwerker geläufiges Dekorelement, das auf verschiedene Objektgattungen – und damit auch auf Pyxiden – übertragen werden konnte.

Ebenso selten ist das Schuppenmuster von Nim.92. Die einzelnen Schuppen sind hier doppelt umrandet. Es handelt sich vielfach um die Wiedergabe von Bergschuppen oder Baumrinde, wie Vergleiche mit Nim.25 oder ND 9162 und ND 13623[470] nahelegen.

---

[462] Die Bestimmung des Tieres als Kalb und nicht als Stier beruht auf den noch wenig ausgeprägten Hörnern und bisweilen anderen Proportionen.

[463] Aus Nimrud: Barnett, CNI, Taf. 102, 103; Mallowan, N&R, 220 Abb. 174, 175; aus der Idäischen Grotte: Sakellarakis, Ivories, 114 Taf. 12a-d; aus Hasanlu: Muscarella, Hasanlu, Nrn. 242-245. Die Unterscheidung zwischen Applikationen für Pyxiden und für Möbel kann im Grunde nur durch die Befestigungsweise getroffen werden – bei den Pyxidenkälbchen eben durch runde Dübel (vgl. Barnett, Ivories, 13 Abb. 5).

[464] Aus Alaca Höyük: Emre, IstM 43, 1993, 241f. Taf. 24: 1-9; aus Zypern: Buchholz – Karageorghis, Altägäis, Nrn. 1737-1739; aus Ugarit: Chavane, Instruments, 367-372 Abb. 31, 32, 40-42, 46-48, Kat. Land des Baal, Berlin, Nr. 116; Kunsthandel: Kat. Tierbilder, Berlin, Nr. 23; Slg. Burrell: Kat. Glasgow, 1991, Nr. 97; weitere Beispiele s. Chavane, Instruments, Anm. 94 mit Literatur und Kat. Syrie, Paris, 229f.

[465] Kat. Glasgow, 1991, 125 Abb. 36.

[466] S. Kat. Syrie, Paris, 229f., 266f.

[467] Jantzen, Samos VIII, 58f. B 1123 Taf. 52.

[468] Miron, Kamid el-Loz 10, Nr. 1 Abb. 38, 43 Taf. 1,1.

[469] Curtis, Furniture, 180f. Zu beachten ist die in Abb. 10 zusammengestellte Tabelle, aus der ersichtlich wird, dass figürliche Applikationen von Stierköpfen und -hufen nur an Stühlen und Klapptischen belegt sind.

Eine direkte Parallele hierzu bietet Nim.73, wo die Schuppen als Untergrund für das Kalb dienen (Taf. 70c). Bei diesem „Rondell" handelt es sich um eine Applikation für den Deckel einer Pyxis, welche bislang ohne Parallele ist.[471] Das á-jour geschnitzte Objekt trägt die Darstellung eines Löwen, der ein Kalb angreift. Der Löwe ist über, gleichsam auf dem Kalb dargestellt. Das Kalb steht auf einem geschuppten Untergrund, ist nach rechts gewandt und schaut den Betrachter an. Der Löwe darüber ist nach links gerichtet und beißt in das Hinterteil des Huftieres. In dieser Komposition passen sich beide Tiere dem Deckelrund mit annähernd 9,0 cm Durchmesser an. Die ausgeprägten Stilisierungen weisen das Stück dem Formkreis der „Flame and Frond"-Gruppe zu, dabei sind die Flächen besser modelliert, die Gravuren weniger linear und plastischer als bei vielen anderen Objekten. Die Rückseite des Gegenstandes ist aufgerauht und besitzt zwei rechteckige Aussparungen zur Befestigung auf einem Träger.[472]

4.3 Resümee

Die in diesem Kapitel besprochenen Objekte wurden aufgrund ihrer Zuweisung zum (nord-)syrischen Raum zusammengestellt. Eine grobe Ähnlichkeit zwischen den Materialgattungen Elfenbein und Stein ergibt sich bereits durch die gleiche Formgruppe der flachen zylindrischen Pyxiden mit Schwenkdeckel. Dabei entsprechen sich auch Verschluss und Montage der Deckel, die alle vom Typ II.a sind. Nicht zuletzt im Hinblick auf die Steinpyxiden mit ihrer inneren Fächereinteilung wird auch für die Elfenbeinpyxiden ein ähnliche Kompartimentierung mittels eines Einsatzes vorgeschlagen.

Aufgrund der figürlichen Verzierung der Elfenbeinpyxiden kann der überwiegende Teil der klassischen „Flame and Frond"-Gruppe zugewiesen werden. Jedoch lassen sich verschiedene stilistische Gruppen erkennen deren Unterschiedlichkeit als regionale oder zeitliche Differenzierung bewertet werden kann. Nur wenige Pyxiden weisen Ähnlichkeiten zu südsyrischen Gruppen auf. Eine endgültige Bewertung dieser Gruppen steht allerdings in der Forschung noch aus.

Die figürlich verzierten Steinpyxiden beweisen keine derartige Homogenität, allerdings stehen sie auch weniger zahlreich zur Verfügung. Lediglich an Pyxiden aus Karkemisch kann der Stil der Stufe SpH II der großformatigen Reliefs dieses Ortes wiedergefunden werden. Es ist dabei auffallend, dass Steinpyxiden wie Kark.1 oder KH.4 ein größeres motivisches Spektrum aufweisen als die Elfenbeinpyxiden. Bemerkenswert hingegen ist, dass bislang keine Steinpyxiden im Stil von „Flame and Frond" gefunden worden sind, auch wenn Tell Halaf bislang zahlreiche Steingefäße hervorgebracht hat.[473]

---

[470] Herrmann, IN IV, Nrn. 783, 790 Taf. 203.

[471] Auch Safar – al-Iraqi denken in erster Linie an einen Pyxidendeckel (Safar – al-Iraqi, Ivories, 67). Eine andere Möglichkeit wird vom Bearbeiter im Turiner Katalog in Erwägung gezogen: „It may have decorated the end of the arm of a chair [...]" (Kat. Land between two Rivers, Turin, 407). Dem ist zu entgegnen, dass es keine Beispiele für ein derartiges Möbel gibt. Die aus dem syrischen Raum rekonstruierbaren Stühle besitzen zumeist gar keine Seitenlehne, oder die Lehne schließt im rechten Winkel mit dem vorderen Stuhlbein ab. Ein rundes Ornament findet also dort keinen Platz. Die Rückenlehnen werden ebenfalls von einem horizontalen Brett abgeschlossen, sodass auch dort dieses Rondell nicht angebracht worden sein könnte (vgl. Symington, Furniture; Herrmann, Furniture).

[472] Als weitere mögliche Deckelaufsätze können zwei ringförmige Elemente mit annähernd vollplastisch gearbeiteten Stierfiguren genannt werden (IM 79517 und IM 79518, Safar – al-Iraqi, Ivories, 66). Im Vergleich zu anderen, eindeutig als Möbelstück zu bezeichnenden Elementen wie ND 3587 oder ND 7560 (Mallowan, N&R, 192, 585), wird es sich auch hier wahrscheinlicher um ein vergleichbares (Möbel-)Objekt handeln; ein derartiger Aufsatz auf einem Pyxidendeckel, der annähernd so hoch ist wie die Pyxis selbst, wäre sehr bruchgefährdet gewesen.

[473] Lediglich die reliefverzierte Dreifußschale BM 477.1920.12.11 mit ihrem sehr unsorgfältig ausgeführtem Relief hat in der Jagddarstellung motivische Anklänge an die Pyxiden (Hrouda, Halaf 4, 7f. Nr. 42 Taf. 6, 7).

der Mantelfläche umlaufend mit einer feinen Ritzzeichnung verziert. Der Dekor zeigt abwechselnd zwei Dattelpalmen und zwei vermutlich als Koniferen zu betrachtende Bäume. In den Koniferen sitzen zwei Hähne, in den Palmen zwei Vögel. An den Wurzeln der Koniferen wachsen Blütenpflanzen empor, an denen jeweils zwei Ziegen- oder Gazellenböcke fressen. Das Bildfeld wird oben und unten von einem Band aus fein gravierten Rosetten eingefasst.[5]

Mit dem Dekor der Pyxis sind mehrere Elfenbeinarbeiten aus Assur eng zu verbinden, die einen ähnlich zart gravierten Dekor tragen und nahezu identisch in der Darstellung der Blütenpflanzen und Rosetten sind. Hierzu zählt der in derselben Gruft gefundene Elfenbeinkamm VA Ass 1097, dessen gleichartig gestaltete Bäume oder das umlaufende Rosettenband daraufhin deuten, dass dieses Objekt aus derselben Werkstatt stammt wie die Pyxis.[6] Die Gravurtechnik erinnert entfernt an den Stier-fries VA Ass 981 sowie an die neuassyrischen gravierten Elfenbeine.[7] Diese Elfenbeinarbeiten zählen zu den wichtigsten Objekten der mittelassyrischen Epoche, nicht nur weil Elfenbeinschnitzerei generell sehr selten belegt ist, sondern auch weil markante Parallelen etwa zur Glyptik existieren. Die Verbindungen zur mittelassyrischen Glyptik bestehen sowohl in der Naturnähe der Darstellung als auch in der Komposition.[8] Ähnlichkeiten gibt es auch zur Nuzi-Keramik, wie nahezu identische Pflanzen-darstellungen auf Scherben aus Assur aus dem sog. „Scherbenzimmer" demonstrieren.[9] Smith geht sicher nicht fehl in der Annahme, dass eine enge Verbindung zwischen der Groß- und Kleinkunst in der mittelassyrischen Zeit bestanden hat.[10] Wenn auch die Blütenpflanzen der Assur-Elfenbeine an ähnliche Streumotive auf Objekten des sog. „International Style" erinnern[11], weisen sie allerdings nur einen schwachen Reflex dieses Stilphänomens bei gleichzeitig erheblicher Eigenständigkeit auf, was sie von den levantinischen Objekten unterscheidet. Eine Subsumierung unter die Objekte des „International Style", wie sie Feldman in Anlehnung an Smith in ihrer Arbeit vornimmt, ist daher unzulässig.[12]

---

[5] Die Verzierung dieser Pyxis ist von einem Fälscher recht detailgetreu auf ein Bronzeobjekt, das sich heute im Ashmolean Museum, Oxford, befindet, übertragen worden; lediglich die Rosettenreihen sind verändert und die Vögel in den Bäumen ausgelassen worden (s. Muscarella, Lie, 95 Abb. S. 399).

[6] Haller, GuG, 137-139 Abb. 163a, b. Eine Parallele findet die Darstellung der Frauen im Zusammenhang mit Bäumen auf dem Siegel VAT 9028, zu dem Beran allerdings anmerkt, dass es sich um eine mittelassyrische Nach-bearbeitung eines Akkad-zeitlichen Siegels handeln könnte (Beran, ZA 52, 1957, 161f. Abb. 32). Weitere Objekte dieser Werkstatt sind die bislang unpublizierten Einlageplatten Ass 13031a, b und Ass 14014b mit mehreren zarten Blumendarstellungen, die nahezu identisch mit den Pflanzen auf dem Deckel sind.

[7] S. Andrae, WA, Abb. 143 bzw. Mallowan – Davis, IN II. Nach Barnett verweist die Gravurtechnik gen Westen und sei syrischer bzw. ägyptischer Herkunft (Barnett, Ivories, 40). Die Technik ist in diesem Falle aber wenig spe-zifisch, und angesichts der typisch assyrischen Dekore liegt die Annahme einer lokalen Werkstatt näher.

[8] Ein Merkmal der mittelassyrischen Glyptik, gerade im Vergleich zur gleichzeitigen syrischen Glyptik, ist, dass erstere weitaus „lebendiger" ist und mehr offenen Raum für die Einzelmotive lässt. Vergleichbar sind etwa VA Ass 1129 und das Siegel des Aššur-rimanni mit Darstellungen von Huftieren in einer nahezu freien Kompo-sition (s. Moortgat, ZA 47, 1942, 72f. Abb. 45, 46). Ein ähnlich virtuoser Umgang mit dem Raum wie auf diesen beiden Siegeln ist auch in der klaren Rhythmisierung des Pyxisbildes oder der Gliederung der Darstellung auf dem Elfenbeinkamm aus derselben Gruft erkennbar. Vergleichbar zu der Ansicht der Huftiere ist die Darstellung auf dem Siegel VAT 16364, wo in ähnlicher Weise das hintere Horn noch im oberen Teil zu erkennen ist (ebda., Abb. 47). Hier ist, wie auch auf zahlreichen anderen Beispielen, der Freiraum über dem Tier mit einer Rosette gefüllt.

[9] Smith, Interconnections, 115 Abb. 151; Moortgat, Kunst, Abb. 35; hier wie dort findet sich auch eine vergleich-bar graphische Umsetzung der Motivik; weitere Beispiele in Cecchini, Ceramica, Nrn. 68, 69, 88-92, 95.

[10] Smith, Interconnections, 115; s. a. Nunn, Wandmalerei, 205f. Moortgat sieht sogar die narrativen Leistungen der neuassyrischen Reliefkunst hier bereits vorweggenommen (Moortgat, Kunst, 74f., 81f.).

[11] Vgl. etwa die eingestreuten Pflanzen auf der Goldschale oder dem Quarzkeramikrhyton mit Stierfangszene aus Ugarit, der Goldfolie aus Tyros oder einigen Importstücken aus dem Grab Tutanchamuns (gute Abbildungen bei Feldman, Diplomacy, Abb. 35 Taf. 2, 5).

[12] Feldman, Diplomacy, 132f.: „The shape and material of the pyxis [Assur.3] combined with the motif of animals flanking vegetation and the circular composition of the design without narrative content links it to the koiné."

Ferner ist der bekannte Pyxisdeckel aus Stein, Assur.23 (Taf. 76c), zu nennen. Er besitzt eine runde Durchbohrung am Rand, was ihn als einen Schwenkdeckel des Typs II.a ausweist. Von der Ausrichtung des Motivs her betrachtet befindet sich das Loch am oberen Rand. Unregelmäßige, gerade Kratzspuren können jedoch nicht von einem Gebrauch des Objektes als Deckel herrühren, da diese konzentrisch um das Loch verlaufen müssten. Eventuell war hier ein Knauf angebracht, oder diese Spuren sind sekundär. Der Deckel wurde in Assur in dem Bereich des Neuen Palastes Tukulti-Ninurtas I. gefunden. Diese Fundlage besitzt leider keine stärkere Aussagekraft, da die genaue Fundsituation nicht festgehalten wurde und dieser Bereich am Rande der befestigten Innenstadt von Assur stark überbaut worden ist. So ist eine Datierung lediglich auf kunsthistorischem Wege möglich – vor dem vagen Hintergrund des mittelassyrischen Fundkontextes. Auf dem Deckel Assur.23[13] ist eine bewegte Schlachtszene in zwei Feldern dargestellt. Das Bildfeld wird von einer einfachen Leiste begrenzt, die auch das Rund in zwei nicht ganz gleich große Felder teilt. Opitz rekonstruiert drei ungleich große Bildfelder: einen mittleren schmalen Streifen und darüber und darunter je ein weiteres Segment, von dem das untere seiner Meinung nach jedoch abgebrochen ist.[14] Es ist allerdings genauso berechtigt, nur zwei Bildfelder anzunehmen, da die Darstellung im unteren Streifen per se mehr Platz in Anspruch genommen haben dürfte. Im diesem unteren, etwas größeren Bildfeld ist eine Person im Streitwagen dargestellt. Die Figur trägt eine „Tiara", was auf die Darstellung des Königs selbst hinweist. Vor den Pferden scheint er ein zweites Mal zu stehen oder sitzen, augenscheinlich mit einer Schale in der Hand, möglicherweise in einem Libationsakt. Die zweimalige Darstellung des Königs ist von dem Kultsockel Tukulti-Ninurtas I. her bekannt.[15] Im oberen Bildfeld sind zwei liegende, offenbar tote Männer dargestellt, denen die Pfeilspitzen noch im Rumpf stecken. Am linken, abgebrochenen Rand sind der rechte Arm des Königs, mit dem er einen Gegner am Haarschopf fasst, um ihn im nächsten Moment zu töten, und ein Bein, mit dem er den Gegner niedertritt, erhalten. Der Rand ist mit einem Rosettenband verziert. Was die Datierung des Deckels in das 13. Jh. anbelangt, so ergibt sich ein erster Hinweis durch die allgemeine Fundlage in Assur, ein zweiter antiquarisch durch die Gestaltung des Pferdezaumzeugs mit absatzförmiger Scheuklappe[16] und die stumpfe Form der Tiara ohne runde Erhebung.[17] Moortgat vergleicht die dynamische Komposition des Bildes mit den lebendigen Darstellungen der mittelassyrischen Glyptik; nicht zuletzt sieht er auch das Motiv des Wagenkampfes aus der mittanischen Kunst des 2. Jt.s abgeleitet.[18] Ansonsten steht der Deckel mit seinen Motiven recht isoliert da.[19] Das Rosettenband auf dem Rand findet sich später einzeln oder in Metopen gesetzt auf den Rändern der elfenbeinernen Pyxidendeckel wieder.

Feldmans bewusst sehr vage gehaltene und damit kaum aussagefähige Definition von „International Style" ist hier gepaart mit einer äußerst summarischen Behandlung der mittelassyrischen Einbindung von Pyxis und Kamm. Eine Diskussion um die von Feldman angesprochenen Aspekte um Funktion und Deutung dieses weitreichenden Stilphänomens führt hier allerdings zu weit und wird an anderer Stelle geführt.

[13] Die Funktion als Deckel wurde dem Gegenstand zuerst von Opitz zugesprochen (Opitz, AfO 13, 1939/41, 224), nachdem Andrae ihn als Pferdeschmuck oder einfach Schmuckscheibe bezeichnet hatte (Andrae, BPK 59, 1938, 39f.).

[14] Opitz, AfO 13, 1939/41, 219.

[15] Zur Diskussion der Darstellung und der Identifizierung der Person mit der Tiara s. Opitz, AfO 13, 1939/41, 223f.; vgl. auch Moortgat, Kunst, 82f.

[16] Die absatzförmige Scheuklappe leitet sich aus der spätbronzezeitlichen Tradition Ägyptens ab, in der die Scheuklappen eine dreieckige Basis besitzen mit der sie im Winkel zwischen Stirn- und Backenriemen befestigt sind (s. Wicke, UF 31, 1999).

[17] Hrouda, Kulturgeschichte, 43 Taf. 5:1. Hrouda zieht jedoch den Deckel nicht heran, da er die Identifizierung der Person als König als nicht gesichert ansieht. Die Parallele zur kassitischen Tiara bleibt jedoch bestehen.

[18] Moortgat, OLZ 33, 1930, 851f.; Moortgat, Kunst, 82f.

[19] Orthmann, PKG, 328 stellt den Deckel jedoch in eine nicht mehr erhaltene Tradition von Flachbild oder Wandmalerei – eine Argumentation ex silentio.

5.1.2 Belege der neuassyrischen Zeit

Eine große Gruppe von Knochenobjekten des Formtyps A.b (Nim.48-70), wurde in Brunnen 4 des Nordwest-Palastes in Nimrud gefunden. Drei der Knochenpyxiden besitzen eine figürliche Verzierung, und 20 weitere sind abstrakt ornamental dekoriert.[20] Diese Pyxiden sind offensichtlich aus den Langknochen von Tieren gemacht, wie der bisweilen ovale Querschnitt, die ungleiche Wandungsdicke und auch der oft konische bzw. unregelmäßige Wandungsverlauf sowie das Vorkommen von Foramen-Öffnungen im Material nahe legen. Der Dekor ist in den Knochen geritzt. Die Böden, die sich nicht erhalten haben, wurden mit kleinen horizontalen Stiften in der Wandung befestigt, wie die Saumlöcher zeigen. Der Deckelverschluss entspricht dem der Kompartimentpyxiden mittels eines Schwenkdeckels vom Typ II.a. Durch ein Loch kann der Deckel mittels eines vertikalen Gelenkstiftes in der Wandung befestigt werden. Das zweite Loch dient zur Aufnahme eines Knaufes. Ein kleiner Knauf steckt horizontal in der Wandung des Korpus – hier befindet sich ein Loch jeweils dicht unter dem Rand; die Pyxis kann so durch eine verbindende Schnur verschlossen werden (s. Taf. 8b). Bei Nim.51, Nim.58 und Nim.70 sind die kleinen Knäufe erhalten geblieben.[21]

Zu den qualitätvolleren Objekten zählt Nim.48 (Taf. 77b) mit der Darstellung einer Speisetischszene. Zwei unbärtige Figuren in langen Gewändern wenden sich der nicht mehr erhaltenen sitzenden Hauptperson zu. Die vordere Figur hält einen Fächer in Händen, die hintere ist kaum erhalten. Zwischen beiden befinden sich ein größeres und ein kleineres Gestell je mit einem Gefäß darin. Die Szene wird nach oben mit einer Girlande aus abwechselnd Troddeln und Blättern, oder offenen Blüten und Knospen abgeschlossen. Oberhalb und unterhalb des Bildfeldes gibt es je einen Streifen mit Kreispunktmotiv.

Das Bildfeld der Pyxis Nim.49 (Taf. 77c) ist von zwei Kordelbändern gerahmt. Es zeigt einen Baum, der von männlichen Genien flankiert wird. Auf der Rückseite befindet sich ein weiterer Baum, doch wenden ihm hier die Genien den Rücken zu. Die Bäume wirken vergleichsweise „dürr" und bestehen nur aus einem Stamm mit Voluten an der Wurzel, in der Mitte und an der Spitze, sowie einem strahligen Kranz von Zweigen, die in einzelnen Blättern enden. Die Genien entsprechen in Haltung und Kleidung weitgehend den von großformatigen Reliefs bekannten Genien.[22] Der Deckel ist mit drei Kränzen von Zungenblättern verziert, die innere Rosette besteht aus 18, der mittlere Ring aus 24 und der äußere Ring aus 22 Blättern mit Sparrenmuster. Dabei sind die Blätter unregelmäßig geformt.

Ein weiteres, typisch assyrisches Motiv ist das der Ziegen am Baum, wie es auf Pyxis Nim.50 vorkommt (Taf. 77d). Das Bild zeigt eine gröbere Ausführung der Bäume von Nim.49 mit weniger Zweigen. Zwei Ziegen flankieren ihn links und rechts, je ein Vorderhuf erhoben und den Kopf zurückwendend. Die Ziegen besitzen nur eine spärliche Binnenzeichnung und eine W-Markierung auf den Hinterschenkeln. Wie eine Troddel wirken die Ziegenbärte. Ein zweiter Baum befindet sich auf der gegenüberliegenden Seite. Hier, wie bei Nim.49, ist der zweite Baum nur als Platzfüller zu betrachten bzw. als verkürztes Bild, bei dem die Assistenzfiguren fehlen. Ober- und unterhalb der Bildzone befindet sich wieder ein Band von Kreispunktmotiven.[23]

---

[20] Mein Dank gilt G. Herrmann für die gewährte Einsichtnahme in ihr unpubliziertes Manuskript des Kataloges der Elfenbeine aus dem Nordwest-Palast. Abbildungen der Objekte liegen zum Teil nur in Umzeichnung und Photographien vor, weshalb auch hier eine Autopsie sehr hilfreich wäre. Die figürlich wie geometrisch verzierten Objekte werden von Herrmann vollständig in IN VI vorgelegt.

[21] Die Befestigungsweisen des Deckels sind auch bei Nim.53, Nim.61, Nim.63, Nim.64 oder Nim.65 anhand der Bohrungen noch sehr gut zu erkennen.

[22] Vgl. etwa Barnett – Falkner, Sculptures, Taf. 10, 11, 47, 48, 50; als Elfenbeineinlage Mallowan – Davies, IN II, Nrn. 173-184.

[23] Dieses Motiv findet sich weitaus seltener auf den großformatigen Reliefs – etwa als Teil der Gewandverzierung (Barnett – Falkner, Sculptures, Taf. 50). Das Motiv kniender Capriden am Baum ist hingegen häufiger auf Elfenbeinen; dabei kommt besonders der Baum ND 7978 der Abbildung auf der Pyxis nahe (s. Mallowan – Davies, IN II, Nrn. 161 – 167, ND 7978: Nr. 139 Taf. 34:139).

Aus dem gleichen Kontext des Brunnens 4 stammen 20 weitere Knochenpyxiden mit einfacherem, geometrischen Dekor. Ihre Bestimmung als „assyrisch" beruht in erster Linie auf dem Fundort. Gerade bei der großen Anzahl der geometrisch verzierten Knochenpyxiden steht zu vermuten, dass ähnlich „alltägliche Objekte" auch an anderen Orten gefunden worden sind, aber bislang nicht publiziert wurden. Nim.51 ist mit einer hängenden vegetabilen Girlande[24] verziert sowie mit zwei Kordelbändern und einer Zickzacklinie. Auch Nim.52 besitzt eine solche Girlandenverzierung, allerdings weniger feinteilig ausgeführt. Eher ungewöhnlich ist, dass diese Girlande zu stehen scheint anstatt zu hängen.[25] Variationen von Bändern mit Kreisen, Kreispunkten, Kabel- und Zickzackbändern bzw. immer wieder freien Ringen zeigen die Objekte Nim.53 bis Nim.63. Auch wenn der geometrische Dekor sehr beliebig und einfach wirkt, ist er sehr sorgfältig und gleichmäßig angebracht worden. Die Innenwände wirken sehr gut geglättet und sind ohne Reste der Spongiosa, des schwammigen Knochenmarkbereiches.

Für die Knochenbüchsen Nim.48-70 bietet ihre Fundsituation im Brunnen 4 des Nordwest-Palastes lediglich einen Zeitpunkt von vor der Erstürmung der Stadt 614/612. Gerade für die einfacher verzierten Knochenpyxiden mit geringerem Prestigewert im Gegensatz zu Elfenbein mag mit einer kürzeren Lebensdauer gerechnet werden. Die relativ beliebigen geometrischen Verzierungen geben jedoch nur wenig datierende Hinweise, erscheinen sie doch immer wieder durch die Jahrhunderte[26], sodass Antiquaria als Datierungshilfe herangezogen werden müssen. Durch die Darstellungen der figürlich verzierten Objekte kann deren Zeitstellung ein wenig mehr eingeschränkt werden: An den Füßen der Möbel von Nim.48 erscheinen noch nicht die Blattüberfallkapitelle wie etwa bei KH.31. Die Gefäßständer oder auch das Rosettenmuster auf der Schulter weisen enge Parallelen zu ND 7576[27] auf. Die ornamentale Verzierung von Knospen bzw. Blättern und Blüten oder Troddeln in Verbindung mit Kreispunkten findet sich sehr ähnlich auf Köchern der Zeit Assurnasirpals II.[28] Dies weist auch Nim.48 als eher dem 9. Jh. zugehörig aus. Schwieriger sind die Pyxiden Nim.49 und Nim.50 einzugrenzen, da ihre Darstellungen weniger Anhaltspunkte bieten. Die Kappe des geflügelten Genius' auf Nim.49 besitzt generell eine Form, die mehr im 9. Jh. verbreitet ist, ebenso die Form der Situlen.[29] Der etwas „magere" Baum mit den stilisierten Granatäpfeln verbindet diese Pyxis mit Schnitzereien wie ND 7764[30], was eine Datierung in das 9. Jh. nahe legen mag. Die Gewandmuster der Figuren von Nim.47 oder Assur.6 passen ebenfalls besser in das 9. Jh.

Etwas ungewöhnlicher in der Dekoration ist Nim.64, auf dessen Korpus Kreispunkte in drei horizontalen Reihen sowie drei vertikalen Reihen verteilt sind. Darin ähnelt dieses Objekt der Pyxis aus Nush-e Jan (NJ.1). Nim.65 besitzt zwei schmale Zickzackleisten als Verzierung, Nim.66 lediglich eine. Einfache Schraffurbänder bzw. gar keine Muster sind auf den Pyxiden Nim.67-70 angebracht. Nim.69 fällt auf, da trotz der gekrümmten Form des Knochens eine Pyxis hergestellt worden ist.[31]

Ein Fragment aus Assur (Assur.6), steht der figürlich verzierten Gruppe aus Nimrud sehr nahe.[32] Assur.6 ist mit 4,2 cm erhaltener Höhe zwar kleiner, doch ist eine ursprüngliche Höhe von rund 7 cm wie bei

---

[24] Es könnte sich etwa um Zapfen und Granatäpfel handeln.

[25] Diese Annahme ergibt sich daraus, dass im unteren Rand die Stiftlöcher für den Boden zu sehen sind.

[26] Wenn die rein geometrisch verzierten Stücke auch recht beliebig erscheinen, so sind sie doch von den Knochenhülsen des 3. Jt.s, wie sie Genz zusammengestellt hat, sehr verschieden (s. Genz, Knochenhülsen).

[27] Mallowan – Davies, IN II, 18 Nr. 7 Taf. 5:7; vgl. Herrmann, IN V, 79f. Nr. 185 mit Kommentar.

[28] So etwa Hrouda, Kulturgeschichte, Taf. 20:11.

[29] Vgl. Hrouda, Kulturgeschichte, Taf. 4, 19.

[30] Mallowan – Davies, IN II, 41 Nr. 127 Taf. 33:127.

[31] Möglicherweise handelt es sich bei Nim.69 auch um Holz, wie G. Herrmann annimmt.

[32] Zum Fundkontext ist lediglich dokumentiert, dass das Fragment aus Schuttschichten im Quadrant bC8IV von Assur, also aus dem Bereich der westlichen Stadtmauer stammt. Die Fransen des Gewandes sowie die Kassettierung des Stoffes sprechen für einen zeitlichen Ansatz im 9./8. Jh.

Nim.47 nicht unwahrscheinlich. Eine männliche Figur ist vollständig erhalten, sie ist nach rechts gewandt und trägt ein einfaches Hemd mit Schalüberwurf. Die Länge der Fransen und die zurückfallenden Haare deuten grob eine Datierung in das 8. Jh. an. Eine zweite Person folgt; es scheint sich daher um einen Ausschnitt aus einem längeren Zug zu handeln. Eine Bohrung am unteren Rand weist auf einen Stift für die Bodenhalterung hin. Bei dem Material handelt es sich vermutlich um Knochen, wofür die dünne Wandung bei geringem Durchmesser spricht.

Zwei zusammengehörige Fragmente aus Haus T.W. 53 an der Akropolismauer von Nimrud tragen ähnlich gravierte Verzierungen im assyrischen Stil, wobei es sich hier um Elfenbein handelt (Taf. 77a).[33] Auf Nim.47 handelt es sich um zwei Fragmente desselben Objektes. Dargestellt ist eine befestigte Stadt auf deren Mauern Personen[34] mit Tamburinen stehen. Die Figuren tragen eine weiche Mütze auf dem Kopf, deren Spitze nach hinten fällt. Die Darstellung der Befestigung entspricht gängigen Typen mit Tor und über die Mauer ragenden Bastionen mit getreppten Zinnen aus dem 9. Jh.[35] Zu einer zweiten Szene gehört der Turm des anderen Fragmentes, vor dem, vom Geschehen abgewandt, ein assyrischer Soldat mit Schild und Bogen, Schwert und Keule steht. Diese Motivkombinationen kann je nach Lesart als Ausmarsch (zu einer Kriegsunternehmung) oder als Einmarsch (des siegreichen Königs) gelesen werden. Drei große Dübellöcher sind erkennbar, die unregelmäßig durch die Wandung gebohrt sind. Die Fundlage von Nim.47 ist zwar gut dokumentiert, jedoch muss hier mit Umlagerung gerechnet werden, sodass der Kontext kaum datierende Aussagekraft besitzt. Eine Datierung in das 9. Jh. ergibt sich hauptsächlich durch Vergleiche mit Darstellungen auf den Bronzereliefs von Balawat bzw. durch die stachelbewehrten Schilde, die nach Salmanassar III. nicht mehr erscheinen.[36] Auch die kurzen Fransen des Schalgewandes sowie dessen Musterung bekräftigen diesen zeitlichen Ansatz.

5.2 Assyrisierende Metallpyxiden (Formgruppe A.a)

Bei der Form der flachen Metallpyxiden mit Stülp- oder Schwenkdeckel handelt es sich um eine wenig spezifische Form wie die zeitliche und geographische Verbreitung zeigt. Die spärliche Überlieferung hängt sehr wahrscheinlich mit dem Material – Metall – zusammen, und so stammen die Objekte wenn nicht aus dem Kunsthandel (KH.3)[37], dann aus Grabzusammenhängen (Bars.1, WK.1).[38] Hier sind es in erster Linie formale Überlegungen, welche die Behandlung der Objekte an dieser Stelle erfordern.

Bars.1, KH.1 und KH.2 sind jeweils sehr flache, kreisrunde Pyxiden. Zu Bars.1 gehört ein Stülpdeckel, dessen Mitte mit einer 16-blättrigen Rosette um einen erhöhten Mittelpunkt verziert ist (Taf. 78a).[39] Die Rosette ist von einem einfachen Wulst umgeben, ein zweiter glatter Wulst bildet den Rand des Deckels. Der Korpus selber ist unverziert. Die Bestimmung als assyrisierend ergibt sich primär aus dem

---

[33] Die Interpretation als Pyxis beruht auf der Analogie zu den segmentierten Pyxiden (s.u.).

[34] Diese Personen sind unbärtig; es handelt sich also möglicherweise um Frauen.

[35] Vgl. Calmeyer, AMI 25, 1992 zu Befestigungen nach assyrischen Reliefs.

[36] Mallowan, N&R, 194f.; Mallowan – Davies, IN II, 7, 18; zur Schildform: Hrouda, Kulturgeschichte, 90 Taf. 23:22, 23.

[37] Das Objekt KH.3 wird aufgrund seiner Nähe zu WK.1 als originär betrachtet.

[38] Dass vergleichbare Formen bereits früher und später verwendet wurden, demonstrieren etwa ein Fund aus Dendra (Persson, Dendra, 54 Abb. 32) und einer aus dem römischen Beirut (Turquety-Pariset, Syria 59, 1982, 51f. Nr. 104 Abb. 14:104). Anders als die iranischen Beispiele besitzt der Korpus eine verbreiterte Lippe, die einer festeren Auflage des Deckels dient.

[39] Der Ausgräber erwähnt noch eine seitliche Öse, die aber wohl nicht zur Befestigung eines Schwenkdeckels gedient hat, sondern eher zur Aufhängung der Pyxis: „Sur la tranche de la boîte une bélière est encore visible, qui permettait sans doute sa suspension au moyen d'un cordon." (Thureau-Dangin – Dunand, Til-Barsib, 76). Eventuell wurde die Öse aber auch zur losen Verbindung von Deckel und Korpus verwendet.

Fundkontext heraus: Bars.1 wurde in einem Wannensarkophag des 7.-6. Jh.s entdeckt, welcher zu einer kleineren Nekropole bei Til Barsip gehört, die in die Ruine des assyrischen Palastes gesetzt worden ist.[40]

Mit KH.1 und KH.2 ist eine silberne und eine bronzene flache Pyxis erhalten, die das Spektrum der Metallpyxiden zwar erweitern, jedoch mit dem Makel der fehlenden Provenienz behaftet sind. Bei KH.1 handelt es sich um eine Silberpyxis mit Schwenkdeckel (Taf. 78b). Es sind weite Teile des Korpus' erhalten, der ein figürlich graviertes Dekor mit äsenden Ziegen, Hirschen an einem Palmettbaum und liegenden Sphingen zeigt. Die Darstellung erinnert in ihren Stilisierungen an Objekte der iranischen Kunst. Vor allem die schlichte Palmette findet sich häufiger auf neuelamischen Denkmälern. Formal besitzt sie Ähnlichkeit mit KH.2, bei der vor allem technische Aspekte für die Echtheit sprechen. Die Kombination von antithetischen Hirschen und Capriden und liegenden Sphingen wurde in der Form bei den Pyxiden bisher nicht beobachtet. Gerade die Gazellen wirken auf den ersten Blick assyrisch, doch gehört zur assyrischen Darstellungskonvention das Abknicken der Tiere ins Vorderknie.[41] In ihren Stilisierungen erinnert die Darstellung eher an Tiere aus der iranischen Kunst. Obgleich die Pyxis bereits 1923 in Aleppo gekauft wurde, was für die Authentizität sprechen könnte, ist sie bislang ohne Parallelen.

KH.2 ist eine Pyxis vom selben Aufbau. Die Pyxis mit Schwenkdeckel ist vollständig erhalten und mit geometrischen Motiven in Form von Bergschuppen, Blüten und schraffierten Dreiecken versehen. Der Deckel ist an einem Gelenkstift befestigt und kann horizontal geschwenkt werden. Ihm gegenüber befindet sich ein senkrechter, pilzförmiger Knauf im Deckel und ein entsprechend horizontaler im Korpus. Korpus und Deckel sind offenbar kalt gehämmert, wie eine Untersuchung unter dem Raster-elektronenmikroskop sowie der fehlende Bleigehalt aus der Spektralanalyse nahe legen.[42] Das Muster, besonders aber die Blüten-Knospen-Girlande verweist an die Dekoration assyrischer Textilien. Die Art der Girlande wurde erst in der zweiten Hälfte des 8. Jh.s in Assyrien populär und bietet so einen datierenden Anhaltspunkt.[43]

Die beiden übrigen Objekte, WK.1 und KH.3, sind figürlich verziert, was eine genauere Einordnung erlaubt. WK.1 ist ohne Deckel (Taf. 78c). Der Korpus schwingt an der Lippe sanft nach außen, ansonsten ist die Wandung gerade.[44] Bei dem Boden liegt ein leicht nach außen gewölbter Rundboden vor. Die Mantelfläche der Pyxis ist mit einer gravierten Darstellung verziert, auf der vier hockende Mischwesen zwischen „Befestigungen" abgebildet sind. Die Mischwesen haben einen menschlichen Kopf mit im Nacken zusammengerollter Locke, einer Vogelbrust mit ansetzenden Flügeln und einem Skorpionschwanz. Die Tatzen könnten die eines Löwen sein, es mag sich aber auch um die Krallen eines Vogels handeln. Die Befestigungen bestehen jeweils aus zwei zinnenbekrönten Türmen und einer

---

[40] S. Thureau-Dangin – Dunand, Til-Barsib, 75f.

[41] Die Hirschdarstellung mit gepunktetem Fell findet sich jedoch sehr ähnlich etwa auf Elfenbeinen aus Nimrud wieder; vgl. zum Beispiel Mallowan – Davies, IN II, Nrn. 142-143; dagegen die Ziegendarstellungen etwa ebd., Nrn. 133-141, 161-168. Für eine vergleichbare Darstellung aus Luristan s. die bronzene Omphalosschale Ch 75/3 aus Chamahzi Mumah (Haerinck – Overlaet, Chamahzi Mumah, 28 Abb. 12 Taf. 61).

[42] Der Dekor der Pyxis ist getrieben, nicht graviert. Dies lassen nicht nur die relativ breiten Linien und die Ver-wendung punktierter Füllungen erkennen, sondern auch die U-förmigen Querschnitte der Linien (statt V-förmiger Querschnitte bei gravierten Linien). Metallanalysen und Herstellungstechniken der New Yorker Pyxis KH.2 lassen keine Rückschlüsse auf eine Fälschung zu. O.W. Muscarella, New York, sei hier für entsprechende Hinweise zu diesem Stück gedankt. Ferner entsprechen Knaufform und Verschlussweise bekannten und zahlreichen anderen Beispielen unter den gradwandigen Pyxiden.

[43] Vgl. Albenda, JANES 10, 1978; diese Art der Girlande erscheint erstmals unter Tiglatpilesar III., also in der Mitte des 8. Jh.s; s. a. Kat. Art and Empire, London, 101 Nr. 45.

[44] Die Lippenform könnte auf die Verwendung eines Stülpdeckels hindeuten, oder aber darauf, dass gar kein Deckel verwendet worden ist.

Mauer dazwischen. Das Bildfeld ist oben und unten durch einen Rahmen begrenzt, der, eventuell dem bekannten Kabelband entlehnt, jeweils aus einer Reihe von miteinander verbundenen Schilden oder Achten besteht.

Sehr eng verwandt mit diesem ausgegrabenen Stück ist eine zweite Pyxis (KH.3), ebenfalls ohne Deckel, aus dem Kunsthandel (Taf. 78d). Sie ist mit einer figürlichen Szene verziert, die einen in langem Gewand gekleideten, bärtigen Mann nach links blickend zwischen Städten darstellt. Die Städte sind jeweils gleichartig durch drei durch eine Mauer verbundene Türme angezeigt. Mauer und Türme sind mit spitzen Zinnen versehen. Den Rahmen bildet oben und unten wieder ein Ring von verbundenen Schilden oder Achten. Deckel zu diesen beiden Pyxiden sind nicht erhalten. Die Korpora zeigen jedoch keine Einlassungen für Gelenkstifte, auch gibt es keine Spuren für etwaige Knäufe, sodass von Stülp-deckeln ausgegangen werden kann.

WK.1 aus War Kabud wurde in einer achämenidenzeitlichen Wannensarkophag-Bestattung gefunden und lässt sich stilistisch und ikonographisch mit einer Situla aus Chamahzi Mumah[45] bzw. mit Pyxis KH.3 vergleichen. Als augenfällige Merkmale verbindet sie die Randdekoration von „Schilden" ober- und unterhalb des Bildfeldes sowie die dargestellte Architektur in Gestalt von mehrtürmigen Befesti-gungen mit zinnenbekrönten Kurtinen.[46]

Gerade die Bronzetore von Balawat mit ihren ähnlich gestalteten, verkürzt wiedergegebenen Befestigungsdarstellungen geben einen ersten Hinweis auf eine Datierung in das 9. Jh.[47] Die Form der Situla ist ebenfalls seit dem 9. Jh. belegt, was diesen zeitlichen Ansatz unterstreicht.[48] Gestützt wird diese These durch den Vergleich der Zopffrisur des Mischwesens mit nordsyrischen Darstellungen, welche in die Phasen SpH I und SpH II der nordsyrisch-südostanatolischen Flachbildkunst fallen und damit dem 10. bis 9. Jh. angehören (vgl. Kap. 4.1). Die Pyxiden mit figürlichem Dekor weisen zwar einen unverkennbar assyrischen Einfluss auf, lassen jedoch einige Besonderheiten erkennen. Zu den ungewöhnlichen Details gehören etwa die Randdekoration der „Schilde", spitze statt getreppte Zinnen, die frontale Darstellung der „Gefangenen" und die Haltung der Bogenschützen auf der Situla[49], die durchaus nicht-assyrische Kleidung der Einzelpersonen auf KH.3[50] und auch die eher unge-wöhnliche Darstellung des Mischwesens mit Vogelleib auf WK.1.[51] Die Kopfdarstellung mit dem im Nacken zusammengerollten Haar erinnert an nordsyrische Darstellungen, wie schon vanden Berghe bemerkt hat.[52] Der zeitliche Ansatz lässt sich mithin nicht näher eingrenzen als zwischen das 9. und 7. Jh.

Markoe wertet den assyrisierenden Stil als Hinweis auf eine assyrische Dominierung der Region (des Westiran) und sichtbares Zeichen der politischen Machtausübung. In den Würdenträgern sieht er

---

[45] Haerinck – Overlaet, Chamahzi Mumah, 27f. Ill. 11:10, 12 Taf. 62-63 Farbtaf. G; Markoe, IrAnt 20, 1985.

[46] Im Falle der Situla Ch. 75/76 ist zusätzlich im mittleren Bildfeld ein Torbogen eingefügt. Eine vergleichbare Festungsdarstellung findet sich auf dem Fragment Nim.47.

[47] Haerinck – Overlaet, Chamahzi Mumah, 27 weisen jedoch zu Recht darauf hin, dass etwa die Balawat-Tore, sollten sie vorbildhaft gewirkt haben, durchaus bis zum Ende des 7. Jh.s sichtbar gewesen sind.

[48] S. Haerinck – Overlaet, Chamahzi Mumah, 27 mit weiterer Literatur.

[49] Markoe, IrAnt 20, 1985, 46f.; Kat. Bronze and Iron, New York, 255; Haerinck – Overlaet, Chamahzi Mumah, 27f.

[50] Die Männer tragen ein knöchellanges Gewand, das mit einem schmalen Gürtel gebunden ist. Über der Brust verläuft ein Gurt, der vermutlich zum Schwertgehenk gehört. Die Brustpartie ist schraffiert, was auf ein anderes Oberteil schließen lassen könnte, doch ist die Darstellung hier zu klein. Zu einem assyrischen Gewand gehört jedoch der Schal mit Fransenbesatz.

[51] Es handelt sich nicht um Skorpionmenschen, die einen menschlichen Oberkörper besitzen, sondern um ein Mischwesen mit einem Vogelleib, welches zwar seit kassitischer Zeit belegt ist, aber eher selten vorkommt (s. Herbordt, Neuassyrische Glyptik, Taf. 8:6 aus Nimrud; Green, RlA 8, 255).

[52] Zusammenfassend Markoe, IrAnt 20, 1985, 47.

assyrische (Hof-)Offizielle, die sich der assyrischen (Provinz-)Hauptstadt nähern.[53] Dass dies nicht die einzige mögliche Deutung sein muss, zeigt die alternative Interpretation von Calmeyer, dass die assyrisierenden Höflinge die Stadt auch zur Übergabe auffordern könnten.[54] Muscarella ist etwas zurückhaltender, betrachtet die Gefäße jedoch nach wie vor als Zeichen assyrischer Herrschaft, „ ‚written' with messages from the Assyrians", die als Geschenk oder als Handelsobjekt verbreitet worden sind.[55]

Einige Details unterscheiden jedoch die Darstellung von assyrischen Bildern: Nach assyrischen Vorstellungen sollte bei Kriegsdarstellungen eine Abfolge Kampf – Stadt – Deportation erwartet werden. Die beiden Pyxiden zeigen jedoch Einzelmotive (Mischwesen, Würdenträger). Die Architekturdarstellungen verlieren durch ihre Wiederholung jegliche spezifische Aussage.[56] Entsprechend wird die Bedeutung der Einzelmotive auf einer symbolischen Ebene zu suchen sein, die sich nicht allein aus dem Zusammenhang der Pyxis erschließen lässt.[57] Unassyrisch ist ferner die Gestaltung des Randmotivs oder die Zusammenstellung des Mischwesens. Auch scheint das Gewand des Mannes nicht dem assyrischen Schalgewand zu entsprechen. Haerinck und Overlaet weisen ferner auf den weiteren Grabzusammenhang der Situla hin, die nicht etwa in einem „Kriegergrab", sondern in einem Grab ohne Waffen, dafür aber mit Armreifen, Ringen, Keramik und Perlen gefunden worden ist[58], was eine Interpretation als Geschenk für männliche Herrscher, wie sie Markoe und Muscarella vorschlagen, fragwürdig erscheinen lässt. Bereits Muscarella hat in KH.2 eine iranische Arbeit aus vorachämenidischer bis assyrischer Zeit gesehen, allerdings lediglich als „intelligent guess".[59] Ähnlich wie im Falle der Arjan-Schale scheinen auch hier Erzeugnisse einer westiranischen Werkstatt in assyrisierendem Stil vorzuliegen.

5.3 Segmentierte Pyxiden im assyrischen Stil

5.3.1 Zur Fundortproblematik

Die unter dem Schlagwort „Ziwiye-Elfenbeine" zusammengefassten Objekte wurden hauptsächlich zwischen 1948 und 1977 veröffentlicht. Dabei handelt es sich vornehmlich um Gegenstände aus wertvollen Materialien, die sich stilistisch sehr nahe stehen und angeblich aus unkontrollierten Grabungen bei Ziwiye stammen sollen. In einem nahezu „kriminalistischen" Aufsatz hat Muscarella versucht, die verschiedenen Objekte durch die Publikationen zurückzuverfolgen, ihre Herkunftsorte näher zu bestimmen und Echtes von Falschem zu trennen.[60] Ein Problem ist, dass unter der Bezeichnung „Ziwiye" Objekte subsumiert worden sind, die zum Großteil nicht zusammengehören. Bis 1964 haben nie archäologische Grabungen in Ziwiye oder Qaplantu, dem zweiten in Frage kommende Herkunftsort, stattgefunden, wohl aber zur Genüge Raubgrabungen. Dyson fand bei seinen archäologischen Untersuchungen zahlreiche Gräben und Raublöcher vor, die von der Aktivität der Plünderer zeugten. Eine Datierung anhand der von Dyson gefundenen Keramik erlaubt einen Ansatz in den Zeitraum

---

[53] Markoe, IrAnt 20, 1985, 54.

[54] Calmeyer, AMI 25, 1992, 98 mit Anm. 20.

[55] Kat. Bronze and Iron, New York, 255.

[56] Gombrich führt dazu aus, dass durch die Wiederholung eines Motives, dieses seine spezifische Aussage verlieren und von einem bedeutungsvollen Bildelement zu einem Ornament abgewertet werden kann (Gombrich, Ornament und Kunst, 166-167). Calmeyer bezeichnet im Rahmen der Behandlung von Festungsdarstellungen die beiden möglichen Pole als „Porträt" und „Symbol" und zielt damit eher auf den Gegensatz von „individueller" und „allgemeingültiger" Bedeutung (Calmeyer, AMI 25, 1992, 101).

[57] Mögliche Bedeutungszusammenhänge – ohne dass solche bisher belegbar sind – könnten sein: eine apotropäische Bedeutung für das Mischwesen und eine allgemeine Anspielung auf eine „gehobene Gesellschaftsposition" des Besitzers für die Pyxis mit dem Würdenträger.

[58] Haerinck – Overlaet, Chamahzi Mumah, 28.

[59] Kat. Bronze and Iron, New York, 380f. Nr. 500.

[60] Muscarella, JFieldA 4, 1977; jüngst Muscarella, Lie, 76-81.

von 750–600 v. Chr. Weitere iranische Grabungen erbrachten Funde aus Metall und auch Elfenbein.[61] Durch die Publikationsgeschichte zieht sich die Meinung, dass die Objekte aus „Ziwiye" per Zufall in der Nähe von Ziwiye bzw. als Hortfund in einem („assyrischen") Sarkophag gemacht worden seien. Viele Objekte wurden aber auch lediglich mit der Angabe „aus Ziwiye" in die Forschung aufgenommen, ohne dass die problematische Provenienz diskutiert worden ist. Stilistische Ähnlichkeiten zwischen den Objekten verfestigten die Ansicht, dass es sich um geschlossene Fundkomplexe mit einem mehr oder minder ausgeprägten Regionalstil gehandelt haben müsse.[62] Dabei können die Werkstätten auch rezenten Datums sein: So listet Muscarella bereits 43 Objekte zumeist aus Edelmetall auf, die seiner Meinung nach als falsch zu betrachten sind; darunter auch drei Elfenbeinobjekte, allerdings nicht die hier anzuführenden Pyxidenelemente.[63] Die Nähe zur assyrischen Kunst, Ähnlichkeiten zu Funden aus Hasanlu[64] und ihre „Originalität" – wie im Folgenden zu zeigen sein wird – sind Anlass genug, diese Einlagen als authentisch einzustufen. Der Fund einer Elfenbeineinlage mit der Darstellung eines Baumes in Nimrud, identisch zu den zur Diskussion stehenden Stücken[65,] unterstreicht zusätzlich die Annahme der Authentizität.

5.3.2 Objekte

Unter den Objekten mit assyrischem oder assyrisierendem Dekor aus dem Kunsthandel mit der Herkunftsangabe „Ziwiye" befinden sich 19 konvexe Einlagen, die als Wandungssegmente von Pyxiden betrachtet werden können und möglicherweise sogar nur zu ein oder zwei Objekt gehörten.[66] Damit unterscheiden sie sich in ihrem Aufbau grundsätzlich von den vorhergenannten Pyxiden. Die Identifikation dieser Segmente als Elemente von Pyxiden beruht hauptsächlich auf der entsprechenden Rekonstruktion des Behälters in Analogie etwa zu den spätbronzezeitlichen Objekten aus Tell Beydar (Beyd.1 und Beyd.2). Weiterhin weisen die figürlichen Darstellungen im Gegensatz zu den als Möbelapplikationen interpretierten konvexen Einlagen mit gleichförmigen Stierreihen mit ihrer Thematik eher auf individuelle Kleinobjekte hin.

Die Segmente sind durchweg in flachem Relief geschnitten und bieten detailreiche Darstellungen von Speisetischszenen sowie Genien am Baum. Die einzelnen Segmente müssen auf einem separaten Träger, etwa einem hölzernen Korpus, montiert gewesen sein, wie bereits für die Pyxiden aus Tell Beydar vorgeschlagen worden ist (Taf. 10c). Einen direkten Hinweis auf eine solche

---

[61] Muscarella, JFieldA 4, 1977, 213 Anm. 23.

[62] Die Bewertung der Gegenstände als stellvertretend für die ansonsten nicht belegte „medische Kunst" entbehrt jeder archäologischen Grundlage. Muscarella und Genito weisen diese Annahmen entsprechend berechtigterweise zurück (s. zusammenfassend Muscarella, Median Matters, 62-64).

[63] Muscarella, Lie, 76-81; die Elfenbeingegenstände sind die Nrn. 40-42. Eine ausführliche Beschreibung und Bestimmung der Elfenbeine findet sich bei Mazzoni, Ziwiye. Kritiker werden bemerken, dass die folgende Diskussion unter dem Blickwinkel geführt wird, dass die Elfenbeine echt sind, und die Argumente entsprechend der Fragestellung „Warum sind die Objekte echt?" gesucht worden sind. Ich habe diese voreingenommene Stellung gewählt, da ich keine Gründe anführen könnte, die für eine Fälschung der Elfenbeine sprächen, und mir deshalb eine Diskussion unter jenem Aspekt schwerer gefallen wäre.

[64] Hier die assyrischen Direktimporte in Hasanlu unter denen ähnlich qualitätvolle Arbeiten sind (vgl. Muscarella, Hasanlu, 148-157, 222 Nrn. 280-293).

[65] Vgl. BM 118145, Barnett, CNI, 184f. G6a+b Taf. 7. Barnetts Zuweisung der Fragmente G6c bzw. G7 erscheint mir aufgrund der anderen Relieftechnik und aus motivlichen Gründen hingegen für unbegründet. Es handelt sich nicht um Pyxidenelemente, doch ist die Baumdarstellung sehr ähnlich. Das Zungenmuster am unteren Rand, der gerippte Stamm mit den abzweigenden Knospen und der allgemeine Stil stellen es neben die Objekte aus „Ziwiye".

[66] Die Elemente KH.34, KH.35 und KH.40-49 besitzen allerdings einen leicht gekrümmten Verlauf des oberen Randes, was sie von den übrigen Segmenten unterscheidet; stilistisch und motivisch sind die Unterschiede vernachlässigbar.

Konstruktionsweise bietet die Pyxis Jeri.1 aus Jericho, deren Korpus eine vertiefte Mantelfläche aufweist, die zur Aufnahme von schmalen Knocheneinlagen vorgesehen war. Auch bei den von Herrmann als Gefäßständer rekonstruierten trapezoiden Elfenbeineinlagen aus Nimrud, wird eine ähnliche Montage angenommen. Darauf weisen zum einen die aufgerauhten Rückseiten hin, zum anderen scheint ein bloßes Verkleben an den Stoßseiten unwahrscheinlich und für eine Pyxis zu instabil.[67] Da der Umfang unbekannt ist, bleibt bis auf Weiteres unbeantwortbar, wie viele Fragmente zu einem Objekt gehören und wie entsprechend die Szene zu rekonstruieren ist. Ob diese Pyxiden einen Schwenk- oder aber einen Stülpdeckel besessen haben, kann nicht mehr festgestellt werden.

Motivisch zu unterscheiden sind zunächst „Tischszenen" sowie „Genien am Baum".[68] Auf KH.30 sind zwei nach rechts gewandte Figuren bei unterschiedlichen Handlungen hinter einem Tisch dargestellt (Taf. 79a). Die hintere, nur teilweise erhaltene Person trägt einen kurzen assyrischen Rock mit einem Schal darüber samt Gürtel. Mit Zeigefinger und Daumen der rechten Hand hält sie einen schmalen Gegenstand; mit der linken Hand greift sie anscheinend darunter. Die zweite Person ist bärtig und trägt ein langes Untergewand mit Schalüberwurf. Diese zweite Person ist leicht vornübergebeugt und streckt der nach links gewandten sitzenden Person etwas entgegen. Die bärtige Hauptperson hält einen kleinen Gegenstand mit Zeigefinger und Daumen hoch. Sie sitzt auf einem Thron mit Schemel und hoher Rückenlehne, aber anscheinend ohne Armlehnen. Der im Vordergrund stehende Tisch ist sehr detailliert wiedergegeben. Es handelt sich um einen assyrischen, vermutlich dreieckigen Tisch mit Löwenfüßen über Blattüberfallkapitelle. Streben und Tischbeine sind mit verschiedenen Mustern verziert, die vermutlich Einlagen im oder Beschläge auf dem Holz imitieren sollen.[69] Über dem Tisch liegen eine doppelte Decke sowie drei weitere Objekte. Rechts steht ein kleiner Behälter mit Standfuß. Der Korpus ist gerippt und könnte einen metallischen oder steinernen Behälter darstellen.[70] Links außen, quasi auf der Tischkante, befindet sich ein Stapel sehr flacher Gegenstände.

Vergleichbar ist die Darstellung auf KH.32, wo die rechte Seite des Tisches erhalten ist (Taf. 79c). Eine Person in langem Gewand blickt nach links, eine zweite, ähnlich gekleidete Person hinter dem Tisch schaut in die gleiche Richtung. Die Elfenbeinoberfläche ist an den erhabenen Stellen etwas verwittert, und es nicht eindeutig erkennbar, ob beide Personen einen Kurzbart tragen. Das Haupthaar bauscht sich wieder im Nacken auf. Auch schmale Armringe an beiden Handgelenken sind auszumachen. Der Tisch ist von demselben Typ wie KH.30 mit Löwenfüßen, Mittelsäule und Blattüberfallkapitellen. Beine und Rahmen sind allerdings mit anderen Mustern besetzt. Über den Tisch ist wieder eine Decke gebreitet, die, doppelt gefaltet, sehr weit über den Rand herunterhängt. Von den Gegenständen auf dem Tisch ist lediglich ein flaches geripptes Objekt zu sehen, bei dem es sich nicht um ein Gefäß wie auf KH.30 handeln kann.

Der Tisch im Vordergrund von KH.31 besitzt nicht die gleiche Höhe, sondern ist höher und breiter (Taf. 79b).[71] Es fehlt ihm auch die Mittelstütze, und die Platte ist wohl nicht rund, sondern eckig,

---

[67] Die mittelalterliche Bonner Pyxis, die allerdings aus einem Ring besteht, besitzt nach einem Bruch eine metallene Verstärkung an der dünnsten Stelle (von Bargen, JbAC 37, 1994 Abb. 1); vergleichbare Löcher zur Anbringung von Scharnieren oder Schlössern oder gar Korrosionsflecken, die auf metallene Monturen hindeuten könnten, sind mir an den persönlich untersuchten Pyxiden nicht aufgefallen.

[68] Gruppe AIII, Mazzoni, Ziwiye, 93-106; hinzuzufügen ist ein weiteres Fragment aus Ghirshman, Tombe Pricnière, Taf. 7:8. Mazzoni diskutiert, ob die Genien als Teil der Tischszenen betrachtet werden können, da dem Bankett, welches sie mit Libationsakten in Verbindung bringt, ein „sakraler" Zug innewohne und in assyrischen Bankettszenen zahlreiche Assistenzfiguren anwesend seien (Mazzoni, Ziwiye, 85f.). Dazu ist allerdings anzumerken, dass es sich bei den von ihr angesprochenen Assistenzfiguren meist um Wedelträger handelt bzw. Figuren, die keinerlei Hinweise auf Göttlichkeit tragen. Es besteht daher meines Erachtens keine Veranlassung, die Genien den Speisetischszenen zuzuordnen. Schlüssiger ist hingegen die Verbindung mit den Bäumen (s. u.).

[69] Unter der Vorraussetzung, dass es sich auch um Holz handelt.

[70] Möglicherweise könnte es sich auch um Pyxiden der Gruppe C.a handeln.

[71] So reicht er bis unter die Achseln der hinter ihm stehenden Person.

wie auch die stierköpfigen Abschlüsse an den Kanten nahe legen. Die eigentlichen Tischbeine enden wieder in Löwenbeinen und stehen ihrerseits auf kleinen Kapitellen. Die kleineren Streben und die Tischplattenränder sind mit einem Rechteckmuster verziert, die breiteren Streben und Beine mit je achtblättrigen Rosetten. Auf dem Tisch sind drei Gegenstände sehr deutlich erkennbar; ein vierter ist durch den Riss im Elfenbein nicht weiter identifizierbar. Ganz links steht ein hohes, zweiteiliges Objekt, welches aufgrund der Parallelen zu einem Fund aus den königlichen Gräbern aus Nimrud als Lampe identifiziert werden kann. Der „Ausguss" der oberen Schale ist eher ein Dochthalter.[72] Die Ricfen im Standfuß und die Rippengestaltung der unteren Schale lassen ein Metallobjekt erahnen. Daneben steht ein kleines bauchiges Gefäß mit Wulstlippe. Rechts außen am Rand ist ein Gefäß dargestellt, das einen mehr zylindrischen Korpus hat. Eine dicke Lippe zeigt die breite Mündung eines offenen Gefäßtyps an. Der Bauch ist mit einer dichten Kreuzschraffur versehen. Dies könnte auf ein Material wie Stein oder Quarzkeramik hinweisen. Das daneben stehende Gefäß ist kleiner, besitzt aber offensichtlich auch einen schraffierten Korpus. Die hinter dem Tisch stehende Person ist unbärtig. Das Haar wird von einem Reif oder Band gehalten; ein weiteres Band bündelt anscheinend den Haarbausch. Sie trägt ein knielanges Hemd mit Schalüberwurf und Sandalen an den Füßen. Bei dem Gegenstand, den sie in der Hand hält, wird es sich um einen Wedel handeln. Eine zweite, bärtige Person wendet sich ihr entgegen. Der Mann ist nur fragmentarisch erhalten, doch auch sein Haar wird über der Stirn von einem Reif gehalten. Mit seiner rechten Hand streckt er der anderen Person etwas entgegen, das wie ein Löffel oder eine Kelle wirkt.[73] In der gesenkten linken Hand trägt er einen weiteren Gegenstand, eventuell einen Becher.

Eine ganz andere Tischform findet sich auf KH.33 wieder (Taf. 79d). Der Tisch besitzt gekreuzte Beine, die scheinbar in Hufe enden, und es handelt sich vermutlich um einen Klapptisch. Auf dem Tisch steht links außen ein rechteckiges Objekt mit Rippen und einem geraden Abschluss, vielleicht einem Deckel. Auf dem zweiten Fragment ist eine nach links gewandte Person mit vorgestreckten Armen erhalten. Sie trägt einen weiteren Gegenstand, der aber nicht erhalten ist. Der Mann ist in ein Schalgewand gekleidet, hat einen langen Bart und schulterlanges Haar, das von einem Stirnband gehalten wird.

KH.34 ist zwar nur ein sehr kleines Fragment, es sind aber noch die Kante eines Tisches und ein hohes Gefäß mit trichterförmiger Mündung und schraffiertem Bauch zu sehen. In sehr detaillierter Manier besitzt der Tisch, vergleichbar zu KH.31, eine Protome in Gestalt eines Gazellenkopfes.

Bei den folgenden fünf Segmenten KH.35 bis KH.39 handelt es sich um Darstellungen von nach rechts gewandten, geflügelten, bärtigen Genien (Taf. 80a, b). Sie tragen eine kalottenförmige Kopfbedeckung mit Blütenaufsatz und am Rand ansetzenden Hörnern, ein knielanges Untergewand mit Kassettenmuster und Fransensaum, sowie darüber ein Schalgewand und Sandalen. Die Flügel sind in Flaumfedern und zwei Reihen Schwungfedern unterschieden, besitzen aber auf der Oberseite einen scharfen Knick. In der erhobenen rechten Hand halten sie einen Zapfen, in der gesenkten linken einen Eimer.

Die unter KH.40 zusammengefassten Bäume[74] bestehen jeweils aus einem mittleren Stamm mit Fischgrätmusterung, der aus einer Bodenvolute mit einem fächerförmigen Element entspringt (Taf. 80c, d). Eine ähnliche Volute bildet die Krone mit Palmettaufsatz. Aus dem Stamm wachsen zu beiden Seiten je sechs „Zweige" mit Knoten und Blatt (?); eine Girlande aus fünf weiteren, kleineren Palmetten umspannt die Krone. Kleinere Variationen gibt es etwa in der Form der Bodenvoluten (KH.40-6 und KH.40-7) oder des Stammes (KH.40-4).

Die Zusammengehörigkeit von Genien und Bäumen ist in der assyrischen Kunst zahlreich belegt, wie oben bereits ausgeführt. Auch auf den vorliegenden Belegen finden sich Hinweise auf Bäume von angrenzenden Segmenten. So sind auf KH.35 am linken Bruchrand die Blattspitzen eines Baumes erhalten, wie sie auf den Segmenten zu KH.40 dargestellt sind; das heißt, dass hier der Genius einem Baum den Rücken zuwendet. Bei KH.40-1 und KH.40-2 sind die Spitzen der Zapfen der Genien links und rechts erhalten; bei KH.40-4 ist ein Zapfen oben links noch zu sehen. Die Kombination der

---

[72] Vgl. aus den sog. „Königinnengräbern" aus Nimrud (Damerji, Gräber, 51 Abb. 18).

[73] Auch die Handhaltung und das Stielende in der Hand unterstützen diese Deutung.

[74] Die Bäume sind von Mazzoni gesondert als Gruppe AV aufgeführt (Mazzoni, Ziwiye, 227-229 AV1-9).

Segmente ist schwierig und kann nur durch Autopsie erfolgen. Möglich wäre etwa ein Anpassen von KH.36 oder KH.38 an KH.40-1 oder von KH.37 an KH.40-2. Im Hinblick auf Nim.49 wäre anzunehmen, dass auf einer Pyxis jeweils zwei Bäume mit einem Genienpaar kombiniert sind. Unter Berücksichtigung der neun vorliegenden Segmente mit Bäumen ließe dies auf mindestens drei Pyxiden schließen; die fünf Segmente mit ausschließlich nach rechts gerichteten Genien legen jedoch mindestens fünf Pyxiden nahe. Da der Durchmesser, und damit die Länge des Bildfeldes, nicht gemessen worden sind, lassen sich jedoch auch andere Kombinationen nicht ausschließen.[75]

5.3.3 Datierung

Die detaillierten Darstellungen der Elfenbeine haben bereits die Aufmerksamkeit verschiedener Gelehrter auf sich gezogen.[76] Vor allem Fragen nach dem assyrischen Einfluss und der Datierung sowie Parallelen zu neuassyrischen Reliefs des 8. Jh.s standen im Mittelpunkt des Interesses. Der assyrische Einfluss auf einen Großteil der „Ziwiye-Elfenbeine" in Stil und Darstellungen ist nicht zu leugnen. Die Darstellung von Speisetischszenen in der neuassyrischen Kunst sind zahlreich belegt, nicht nur in großformatigen Orthostatenreliefs[77], sondern auch in Elfenbein wie etwa Nim.48 oder auf Elfenbein ND 7576[78]. Wenn auch die große Menge der assyrischen Elfenbeine linear graviert ist, gibt es doch zahlreiche Gegenstände der assyrischen Tradition in flachem Relief.[79] Die Funde KH.30 bis KH.34 sind dabei von besonderer Plastizität, so etwa KH.31, wo die detaillierten Gegenstände auf dem Tisch im

---

[75] Bei den von Mazzoni als Gruppe AIV zusammengefassten Objekten handelt es sich um gewölbte Segmente, die zusammengesetzt einen Kreis, ein ringförmiges Objekt bilden („semicolonetto": Mazzoni, Ziwiye, 107-111, AIV1-AIV4 Taf. 10-13; bei Mazzoni nicht erwähnt ist ein AIV1c entsprechendes Fragment aus dem Fitzwilliam Museum, Cambridge, Inv.-Nr.: E.4.1974 mit der Darstellung einer aufgerichteten Sphinx an einem Baum zwischen zwei Kabelbändern; Ghirshman, JNES 42, 1973, 448f. zählt noch andere Objekte unter seiner „Série de colonnettes" auf, die aber nicht entsprechend bei Mazzoni erwähnt werden). Einige verschmälern sich nach oben hin, andere sind von schlanker, hoher Form, sodass Mazzoni nicht zu Unrecht Vergleiche zu Barnetts Gruppe der sog. „tall pyxides" gezogen hat (Mazzoni, Ziwiye, 197f.). Entsprechend zu diesen gilt auch hier, dass die „Série de colonnettes" nicht als Pyxiden betrachtet werden können.
Auffallend ist das Fehlen von Dübellöchern, die objektspezifisch bei Pyxiden und Möbelelementen vorkommen. AIV1 und Cambridge E.4.1974 zeigen Sphingen an einer Palmettpflanze, die ganz dem assyrischen Typ entspricht. Das Fragment AIV4 bildet in einem einfachen Rahmen zwei sich überkreuzende Capriden ab; ein zweites Fragment zeigt deren gekreuzte Unterleiber. Die Fragmente AIV1a und b kombinieren das Motiv der Sphinx am Baum mit einem springenden Capriden am Baum. Das größere Fragment AIV2 besteht ebenfalls aus zwei getrennten Bildzonen: einem nach links gewandten Capriden unten und einem Baum oben, der vermutlich von weiteren Capriden flankiert wird. Die Bildfelder sind, wie auch bei AIV1b durch Kabelbänder getrennt; bei AIV2 fehlt das Band am unteren Rand, was daraufhin deuten mag, dass dieses Band sich auf dem Trägerobjekt befand. Unter AIV3 sind drei weitere Fragmente von Bäumen subsumiert, die den von assyrischen Reliefs bekannten Baumtyp mit zentralem Stamm mit Sparrenmuster, Volutenbekrönung und Palmfächer sowie seitlichen Girlanden wiedergeben. Möglicherweise ebenfalls zu dieser Gruppe zu rechnen ist BM 118145 (Barnett, CNI, 184f. G6a,b Taf. 7).

[76] Zusammenfassend Mazzoni, Ziwiye, 17-31. An dieser Stelle kann keine Diskussion der gesamten Objekte erfolgen, lediglich die Diskussion um die hier relevanten Pyxiden soll noch einmal aufgenommen werden.

[77] Sargon: Albenda, Sargon, 80-82 Taf. 84-90

[78] Mallowan – Davies, IN II, 18 Nr. 7 Taf. 5:7.

[79] Etwa Safar – al-Iraqi, Ivories, Abb. 82, 121; Mallowan – Davies, IN II, Nrn. 1, 163-166; Herrmann, IN IV, Nr. 351; Herrmann, Assyrian Tradition, 285f. Zu den aus Nimrud bekannten assyrischen Elfenbeinen bestehen relativ wenig Parallelen. Diese datieren jedoch zum überwiegenden Teil in das 9.-8. Jh., weswegen diese Feststellung nicht verwundern muss. Bei der Betrachtung der assyrischen Elfenbeine aus Nimrud kommen Mallowan – Davies zu dem Schluss, dass „[t]hereafter ivory must have become rare [...]" (Mallowan – Davies, IN II, 1; s. a. Mallowan, N&R, 478). Wenn man aber bedenkt, dass Ende des 8. Jh.s die assyrische Hauptstadt nach Khorsabad und schließlich Ninive verlegt worden ist, sind Objekte aus dieser Zeit auch nicht unbedingt in Nimrud zu erwarten. Eingedenk der Plünderungen am Ende des 7. Jh.s mit dem Untergang des assyrischen Reiches ist ferner damit zu

Kontrast zu der hinter dem Tisch stehenden Person eine zweite Bildebene anzeigen. Mazzoni und auch Hrouda bringen dieses „Streben nach Plastizität" mit den Reliefs der Sargoniden-Zeit in Verbindung und werten dies als Argument für eine Datierung in das 8. Jh.[80] Die weniger stark stilisierte Muskulatur (etwa bei den Genien) spricht ebenfalls eher gegen eine Datierung in das 9. Jh. Beispiele für die scharf abgeknickten Flügel finden sich auch hauptsächlich bei Reliefs aus Horsabad wieder.[81]

Die detailliert gezeichneten Realia erlauben weitere Vergleiche, die den zeitlichen Ansatz unterstreichen. Das Schalgewand 1, welches die Genien tragen, besitzt einen Fransenbesatz, der länger ist als zur Zeit Assurnasirpals II. und größere Ähnlichkeit mit Darstellungen des 8. Jh.s besitzt.[82] Die Karo-Musterung des Stoffes ist ebenfalls von Darstellungen wie denen aus Til Barsip bekannt.[83] Auffällig sind auch die Hörnerkappen der Genien, welche ein schmales Hörnerpaar am unteren Rand besitzen, eine blütenartige Bekrönung und eine radiale Aufteilung der Kalotte. Diese Art der Kopfbedeckung erscheint bereits im 9. Jh., scheint aber bis in das 8. Jh. hinein verwendet worden zu sein.[84] Im Gegensatz zu den neuassyrischen Mützen besitzen die Mützen der Ziwiye-Elfenbeine eine radiale Aufteilung der Kalotte, lediglich ein Hörnerpaar und keinen Nackenschutz. Die Henkeleimer haben sowohl einen geraden wie auch einen gewölbten Boden. Die jüngsten Eimer sind aus der Zeit Sanheribs überliefert, was ebenfalls eine Datierung in das 8. Jh. nahe legt.[85] Besonders interessant sind die Möbeldarstellungen der Speisetischszenen. Die schweren, löwenfüßigen Tische mit der mit Blattüberfallkapitellen verzierten Mittelsäule finden sich auf zahlreichen Reliefs wieder, wobei gerade die zapfenförmigen Untersätze für die Sargoniden-Zeit sprechen.[86] Die bei KH.31 dargestellten Stierkopfaufsätze sind seit Assurnasirpal II. belegt, allerdings vornehmlich als Protome an Hockern.[87] Die Gegenstände auf den Tischen sind schwer zu deuten; zumeist liegen drei Gegenstände auf dem Tisch, von denen einer lang und flach, einer eher kugelig und der dritte klein und flach ist. Während Madhloom in dem linken Objekt auf dem Tisch von KH.30 eine liegende Situla erkennen möchte[88], geht Hrouda von einem Fächer oder Wedel aus.[89] Im Vergleich mit anderen neuassyrischen Darstellungen wird es sich allerdings eher um Fladenbrote handeln (s.u.). In dem mittleren Objekt erkennt Mazzoni ein vogelförmiges Gefäß[90], doch erscheint dieses Objekt etwa auch auf dem Tisch von Nim.19, ohne dass es bislang näher gedeutet werden kann.[91] Über die Herkunft und Art der Gefäße auf dem Tisch ist viel gerätselt worden[92], doch sind hier allzu fein differenzierende, typologische Ansätze meines Erachtens aufgrund der Kleinteiligkeit der Darstellung

---

rechnen, dass vor allem die zu dem Zeitpunkt noch in Benutzung stehenden Objekte Gegenstand von Zerstörung und Raub gewesen sein müssen. Es ist m. E. durchaus in Erwägung zu ziehen, in den hier behandelten Segmentpyxiden in den Iran verbrachtes Beutegut zu sehen. Einen weiteren möglichen Grund für die Seltenheit assyrischer Elfenbeine aus dem 8. und 7. Jh. bietet Herrmann an: Elfenbeinerne Ornamente könnten zunehmend durch bronzene ersetzt worden sein (Herrmann, Assyrian Tradition, 290).

[80] Hrouda, Kulturgeschichte, 115; Mazzoni, Ziwiye, 101.

[81] Etwa Botta – Flandin, Monuments, Taf. 74 oder Albenda, Sargon, Taf. 39.

[82] Vgl. Hrouda, Kulturgeschichte, 29f.

[83] Hrouda, Kulturgeschichte, 29f.

[84] Hrouda, Kulturgeschichte, 41f.; Madhloom, Chronology, 77 Typ B.

[85] Hrouda, Kulturgeschichte, 77 Taf. 19:1-7; Madhloom, Chronology, 109-114.

[86] Vgl. Botta – Flandin, Monuments, Taf. 19, 22, 23; Hrouda, Kulturgeschichte, 66f. Taf. 13:5; Albenda, Sargon, Taf. 84-90; Curtis, Furniture, 176.

[87] S. Curtis, Furniture, Taf. 48b-d; Widder- und Löwenköpfe werden auch verwandt.

[88] Madhloom, Chronology, 112 Taf. 85:24.

[89] „Aspergillum" – Hrouda, Kulturgeschichte, 72 Taf. 18:4, 55,4. Bei II.d.1-3 fehlt dieses Objekt auf dem Tisch, doch hält der Diener hinter dem Tisch offensichtlich einen Wedel oder Fächer hoch, der große Ähnlichkeit mit dem auf dem Tisch liegenden Objekt hat.

[90] Mazzoni, Ziwiye, 105.

[91] Vor allem Fleisch (hier dann Geflügel?) wäre als Hauptspeise zu erwarten.

[92] Zusammenfassend Mazzoni, Ziwiye, 103f.

unangebracht. Es sollte lediglich festgehalten werden, dass in dem kannelierten Gefäß von KH.30 wohl ein Metall- oder metallimitierender Keramikbehälter gesehen werden kann. Das Gefäß mit der feinen Schraffur von KH.31 scheint Ähnlichkeit mit einem Quarzkeramikobjekt zu haben.[93] Ein wenig mehr Sicherheit besteht bei dem zweiteiligen Gegenstand auf der linken Seite des Tisches, bei dem es sich um eine Bronzelampe handeln müsste. Das vergleichbare Objekt aus Gruft II des Nordwest-Palastes von Nimrud stützt diesen zeitlichen Ansatz in das 8. Jh.[94] Allerdings entspricht der schräg im Nacken liegende Haarbausch nicht den auf den Schultern aufliegenden Locken der Sargoniden-Zeit, sondern erinnert stärker an Darstellungen aus der Mitte des 8. Jh.s.[95]

5.4 Pyxiden in Gestalt liegender Mischwesen (Formgruppe S.g)

Eine kleine Gruppe von fünf Behältern in Gestalt liegender, geflügelter Mischwesen mit menschlichem Kopf können aufgrund dieser Motivik gleichermaßen als assyrisch angesprochen werden. Sie kamen in Ninive, Nimrud, Assur, Ur und dem Kunsthandel zutage und sind allesamt aus Elfenbein (zur Verbreitung vgl. Taf. 6). Aufgrund der Fundumstände und weiterer kunsthistorischer Erwägungen ist eine Datierung der Objekte in das späte 8.-7. Jh. am wahrscheinlichsten.

5.4.1 Objekte

Bei Ur.3 sitzt der eigentliche Gefäßkörper zwischen den Flügeln und ist oval herausgearbeitet (Taf. 81a). Die Oberfläche ist stellenweise stark angegriffen, sodass von den Ritzverzierungen nicht sehr viel erhalten ist. Die Brust des Mischwesens wölbt sich stark vor, das Gesicht ist eher breit und flächig. Die seitlich über die Ohren fallenden Haare sind durch eine einfache Kreuzschraffur angedeutet. Der Gefäßrand ist auf dem Kopf zu einem flachen, wulstförmigen Polos gearbeitet. Die Vorderläufe sind dabei nach Art eines Huftieres unter den Rumpf geschlagen.

Von den Proportionen her entspricht Assur.20 (Taf. 81b) eher Ur.3, die Ausarbeitung des Gesichtes ist jedoch detaillierter und das vorragende Kinn erinnert an Nim.98. Assur.20 ist insgesamt gut erhalten, die Haare fallen seitlich über die Ohren bis auf die Schultern herab und sind durch Kreuzschraffur strukturiert. Die Vorderläufe sind untergeschlagen, ebenso wie die Hinterläufe, die allerdings in einem ungewöhnlichen Winkel abgeknickt wirken. Die hochgereckten Flügel fassen das Reservoir ein und sind mit leicht gravierten Ritzlinien versehen.

Nim.98 ist ganz ähnlich, allerdings bedeutend flacher gestaltet (Taf. 81c).[96] Während der Kopf des Mischwesens vollplastisch und sorgfältig ausgearbeitet ist, ist der Körper eher summarisch strukturiert; Details sind nur durch einige Ritzlinien angedeutet. Der obere Gefäßrand ist stark bestoßen, war aber vermutlich nicht zu einer Kopfbedeckung ausgearbeitet. Das Reservoir ist durch die Form des Stückes mehr länglich; das Dübelloch für den Gelenkstift ist auf der Oberseite gut zu erkennen.

Nin.2 ist ausgesprochen detailliert und sorgfältig gearbeitet (Taf. 81d). Hier wird der Behälter von zwei Mischwesen getragen, das rechte männlich, das linke weiblich. Das rechte Mischwesen ist

---

[93] S. Mazzoni, Ziwiye, 104. Es erinnert v. a. an kugelförmige Aryballoi (vgl. Katalog, Türkis, Kassel, Nrn. 194-196; Kat. Faïences, Paris, 132 Nrn. 358, 359, 373; als griechische Erzeugnisse freilich erst aus dem 6. Jh.). Allerdings ist etwa in Karmir Blur ein Becher mit vergleichbarer Waffelstruktur in Bronze belegt (Piotrovskij, Karmir Blur, Abb. 60), sodass eine endgültige Bestimmung von abgebildeten Materialien spekulativ bleiben muss.

[94] S. Damerji, Gräber, Abb. 19. Umsetzungen in Stein finden sich in Tell Halaf (Hrouda, Halaf 4, 67 Taf. 52:98-101). Hrouda nimmt hier allerdings eine Funktion als Opferständer statt als Lampen an. Für eine Ausführung in Ton aus Nimrud s. Kat. Art and Empire, London, Nr. 152.

[95] Zu diesem Schluss gelangt auch Mazzoni (Mazzoni, Ziwiye, 81). Mallowan – Herrmann und Hrouda bemerken allerdings einige Anachronismen, die als Archaismen und Provinzialismus gedeutet werden (Mallowan – Herrmann, IN II, 56f. Anm. 10 mit Verweis auf Hrouda).

[96] Diese Pyxis ist aus Elfenbein gefertigt, und es könnte sein, dass das Rohmaterial aus dem schmaler werdenden, proximalen Bereich des Zahnes (vgl. Taf. 7) entnommen worden ist.

vollständig erhalten. Der Kopf ist rundplastisch herausgearbeitet, auf dem Kopf trägt es eine runde Hörnerkappe mit dreifachem Hörnerpaar, darunter ragen die Stirnlocken hervor. Bart und Haupthaar sind nach assyrischer Mode gelockt. Unterhalb des Bartes ist eine Kerbe angegeben, die einen Latz oder ein Pektorale andeuten mag. Bei dem Leib handelt es sich um den eines Löwen, wie die nach vorn gestreckten Tatzen und auch die Stilisierungen der Hinterschenkel beweisen. Die Flügel recken sich im Bogen nach oben und umfassen den Behälter, der in Andeutung an eine Säulenbasis in Form einer Knospe gestaltet ist. Das linke Mischwesen ist weniger gut erhalten. Es ist unbärtig, weshalb es sich um ein weibliches Wesen handeln wird. Auch hier findet sich die Andeutung eines Pektorales oder Gurtes vor der Brust; der Leib ist ebenfalls löwengestaltig.

Das Mischwesen bei KH.63 erscheint durch einen zu großen Kopf auf einem zu kleinen Körper bedeutend gedrungener (Taf. 81e).[97] Auch hier handelt es sich um ein unbärtiges und somit möglicherweise weibliches Mischwesen mit einem Löwenkörper. Erhalten ist eine Hälfte des Gefäßes, bei dem es sich möglicherweise ebenfalls um die linke Hälfte eines Doppelgefäßes handeln könnte. Das Haar fällt perückenartig in einem Block auf die Schultern. Das Gesicht ist sehr detailliert gearbeitet aber im Ganzen recht breit und füllig. Um den Hals ist eine Kette aus langovalen Perlen gelegt, die die Beobachtung eines Pektorales bei Nin.2 zu bestätigen scheint. Auch hier handelt es sich um ein Mischwesen mit Löwenkörper. Im Vergleich zu Nin.2 wirkt der Behälter nicht separat und wie aufgesetzt, sondern wird von den Flügeln seitlich eingeschlossen. Der Gefäßrand schließt mit dem Objektrand ab.

5.4.2 Deutungsmöglichkeiten

Die Mischwesen entstammen zweifelsohne dem Repertoire der neuassyrischen Schutzgenien. Alle Mischwesen sind geflügelt, haben einen menschlichen Kopf und den Leib entweder eines Stieres oder eines Löwen. Nur das rechte der beiden Mischwesen von Nin.2 ist bärtig und dadurch eindeutig männlich. Die übrigen haben bis auf die Schultern fallendes Haar und sind unbärtig und damit vermutlich weiblich.[98] Bei Nin.2 ist eine Art Pektorale zu erkennen; zumindest KH.63 scheint eine Kette zu tragen. Der eigentliche Behälter ist entweder zwischen den Flügeln eingepasst oder aber, wie bei Nin.2, erscheint als separat aufgesetztes Gefäß.

Die nächsten motivischen Vergleiche finden sich in den genannten „Architektur-Modellen" von Säulenbasen (Taf. 21a, b), aber auch etwa an einem assyrischen Spielbrett aus Sippar.[99] An dessen Schmalseite ist sehr detailreich ein liegendes, geflügeltes Mischwesen mit bärtigem Menschenkopf und Löwenkörper herausgearbeitet. Vor der Brust trägt es ein Pektorale mit kleinen Troddeln, die bei den Modellen und Pyxiden fehlen. Zu den bekanntesten assyrischen Kunstwerken überhaupt zählen sicherlich die überdimensionalen Türwächterkolosse der neuassyrischen Paläste in den Haupt- und Provinzhauptstädten. Wenn auch Objektträger, Formate und Materialien höchst unterschiedlich sind, kann doch von einer vergleichbaren symbolischen Bedeutung ausgegangen werden.

Vornehmlich durch die Bauinschriften und weitere Textüberlieferungen liegen konkrete Benennungen für diese Kolossalstatuen vor. So erscheinen dort die sumerischen Begriffe ᴰALAD ᴰLAMMA, die sowohl eine einzelne Figur (akkadisch möglicherweise als Lehnwort *aladlammû* oder als *šēdulamassu* zu übersetzen), aber auch ein Figurenpaar (akkadisch als Begriffspaar *šēdu lamassu* zu lesen)

---

[97] Mein Dank gilt hier A. Takuro, Tokyo, und der Slg. Ishiguro für die freundliche Überlassung mehrerer Photos des Stückes.

[98] Primäre Geschlechtsmerkmale sind nicht näher zu erkennen, was auch in der Kleinteiligkeit der Objekte begründet liegt.

[99] BM 90984, BM 90954 (Curtis, FS Boehmer, 82) und BM 118768 (Gadd, Iraq 1, 1934, 49 Taf. 8a). Gadd führt noch weitere Spielbretter an, die figürliche Verzierungen besessen haben müssen. Diese sind jedoch á-jour gearbeitet gewesen und jetzt nur noch in Spuren erhalten. Unter diesen Spuren finden sich auch die Reste von Hufen, was möglicherweise auf die Darstellung geflügelter Stiere schließen lassen könnte.

bezeichnen können.[100] Allgemein sind vier Typen kolossaler Türlaibungsfiguren zu unterscheiden, die jeweils geflügelt sind und einen menschlichen Kopf haben, deren Leib aber der eines Löwen oder Stieres bzw. männlich oder weiblich sein kann.[101] Engel kommt nach Analyse der Textstellen zu dem naheliegenden Schluss, dass die geflügelten männlichen Stierkolosse als ᴰALAD (*šēdu*), die weiblichen als ᴹᵁᴺᵁˢÁB.ZA.ZA (*apsasāte*), die geflügelten männlichen Löwenkolosse als ᴰLAMMA (*lamassu*) und die weiblichen Löwenkolosse als ᴹᵁᴺᵁˢ·ᴰLAMMA (*lamassatu*) zu benennen sind.[102] Damit entspricht das Begriffspaar *lamassu/lamassatu* dem heutigen Verständnis von Sphinx als geflügeltem Mischwesen mit Menschenkopf und Löwenleib, das im Übrigen auch im Deutschen lediglich durch den Artikel als männlich oder weiblich klassifiziert wird. Die weiblichen Formen der Mischwesen kommen dabei erstmals unter Sanherib und dann noch bei Assarhaddon vor. Dies deckt sich mit der Datierung sowohl der „Architektur-Modelle" als auch der hier zur Diskussion stehenden Pyxiden.[103]

Neben dem rein dekorativen Charakter tritt gerade bei den Pyxiden in Gestalt der geflügelten Mischwesen deren apotropäische und möglicherweise auch repräsentative Funktion hinzu, wie sie vor allem in der Großplastik nachweisbar ist. Zur gedachten Wirkung der Kolossalstatuen in den Palästen kann auf antike Quellen verwiesen werden. So schreibt Tiglatpilesar III.: „[...] *ana tabrāte ušazziz*" (zum Ansehen/Anstaunen stellte ich [die Kolosse] auf).[104] Und in einem Zitat Assarhaddons wird ihre Schutzfunktion explizit genannt: „*šēdē* und *lamassātu* aus Stein, die durch ihr Aussehen die Brust des Bösen zurückwenden, die Schritte des Königs, der sie gemacht hat, schützen und seinen Weg hüten".[105] Türwächterfiguren waren dabei nicht nur den königlichen Palästen der Residenzen vorbehalten, sondern finden sich auch in den Palästen der Gouverneure und Statthalter.[106]

Im Hinblick auf die Verwendung ist interessant, dass die *lamassu/lamassatu* in den Texten als Säulenbasen, aber auch als Teile von Möbeln genannt werden.[107] Dies deckt sich mit archäologischen Belegen von Möbeln.[108] Die Beispiele der „Architektur-Modelle", der Spielbretter und eben der Pyxiden zeigen, dass die Motive der geflügelten Stier- und Löwenmischwesen sowohl in der Groß- als auch in der

---

[100] S. Engel, Dämonen, 9; zu einer ausführlichen Diskussion um die Lesung s. Engel, ebda., Kap. 1.1.1.

[101] Engel, Dämonen, 14f. Fraglich bleibt, so Engel, ob dann der Begriff ᴰALAD ᴰLAMMA / *aladlammû* / *šēdu-lamassu* nur diejenigen mit Stierleib umfasse oder die anderen auch. Im letzten Fall wäre die Übersetzung als „Stierkoloss" zu eng.

[102] In jedem Falle handelt es sich um männliche Figuren, von denen die ᴹᵁᴺᵁˢ·ᴰLAMMA, die weiblichen ᴰLAMMA, und die ᴹᵁᴺᵁˢÁB.ZA.ZA (akkadisch: *apsasāte*) zu unterscheiden sind (s. Engel, Dämonen, 53f., 99f. Nrn. 1-6; in Anm. 137 geht Engel auch auf die hier vorgestellten Beispiele der „Modelle" ein).

[103] Es stellt sich m. E. die Frage, ob für die Kreation weiblicher Löwenmischwesen (lamassatu, Sphinx) neben männlichen nicht eventuell ein „westlicher" Einfluss verantwortlich ist. Dort ist die Vorstellung von Sphingen beiderlei Geschlechts seit langem verankert. Das Pektorale, das etwa bei dem Spielbrett eindeutig Troddeln besitzt, könnte möglicherweise von dem Vorbild ägyptisierender Krägen inspiriert gewesen sein. Es sei ferner an den Begriff UDU *šadê* ᴰLAMMA erinnert, der als „Bergwidder" interpretiert wird und sich ggf. mit widderköpfigen Mischwesen verbinden lässt. Solche Wesen bilden ein häufiges Motiv der levantinischen, stark ägyptisierenden Elfenbeinschnitzereien (etwa Herrmann, IN IV, Taf. 116-119).

[104] K 3751 Z. 30, zitiert nach Engel, Dämonen, 141.

[105] Nach Engel, Dämonen, 29; allgemein hierzu Maul, Götterkampf.

[106] Gerade im architektonischen Bereich kommt noch die tragende Funktion im Bereich des Türsturzes bzw. der Wölbung hinzu. Liegende Sphingen sind bisher als Stützfiguren von Möbeln nicht belegt, weswegen Curtis für BM 90984 (Taf. 21b) eine architektonischen Bezug annimmt (Curtis, FS Boehmer, 82).

[107] Engel, Dämonen, 42-44 mit der Beschreibung der Möbel für Marduk und Ṣarpanītum.

[108] Wie Möbel mit figürlichen Stützfiguren, als welche *lamassu* und *lamassatu* betrachtet werden müssen, ausgesehen haben, veranschaulichen assyrische Darstellungen (s. Curtis, Furniture, Abb. 3 Taf. 45 und Taf. 46b: Assurbanipals Gartenszene mit liegenden Löwen als Teile des Bettfußes). Aus Urartu sind auch Verwendungen etwa als Kandelaberaufsätze (s. Wartke, Urartu, Taf. 30, 31) oder als Möbelelemente (s. Seidl, Bronzekunst, 61-64 Abb. 25) bezeugt.

Kleinkunst erscheinen können. Die Übernahme des Motivs als Behälterform, als Pyxis, ist damit nichts Ungewöhnliches. Der apotropäische Gedanke, wie er besonders in den monumentalen Formen zum Ausdruck kommt, tritt im Falle der Kleinkunst an Gebrauchsobjekten sicherlich ein wenig zurück.

5.5 ZUR VERWENDUNG NEUASSYRISCHER PYXIDEN

Das verbindende Kriterium der in diesem Kapitel gemeinsam behandelten Pyxiden ist, dass es sich um assyrische Objekte handelt. Dies lässt sich weniger an der Form als vielmehr an den figürlichen Darstellungen der Objekte festmachen, weswegen die Pyxiden formal recht unterschiedlich sind. Die Knochenpyxiden sind eher schmal und hoch und gehören damit der weit verbreiteten Pyxidenform der Gruppe A.b an. Lediglich ihr Dekor und Fundkontext hebt sie heraus. Eine Besonderheit stellen die Segmentpyxiden dar, die ebenfalls zu zylindrischen Pyxiden zusammengesetzt werden können. Die figürlich gearbeiteten Behälter der Gruppe S.g scheinen für Assyrien spezifisch zu sein und bilden eine sehr kleine Gruppe. Die vorangehenden Ausführungen zeigen somit, dass verschiedene Formen in Assyrien verwendet und hergestellt wurden. Angesichts der unterschiedlichen Formen und Materialien wird mit einer entsprechend unterschiedlichen Nutzung der Pyxiden zu rechnen sein.

5.5.1 Fundkontext, Material, Form

Die Fundkontexte sind hinsichtlich der ehemaligen Verwendung der Objekte wenig hilfreich. Die Fundumstände von Assur.3 in Gruft 45 lassen nicht zwingend den Schluss zu, dass dieser Gegenstand ehemals im Besitz des Verstorbenen war. Der Fund von Kosmetikspateln und Nadeln bzw. Stiften in der Pyxis sowie die gleichartige Verzierung des Kammes legen jedoch eine Funktion auch der Pyxis als Toiletteartikel nahe. Auf eine ähnliche Verwendung verweisen die Beifunde und auch der Fundkontext von Ur.3. Gleichermaßen mag auch Nim.98 eher in diesem Funktionszusammenhang gesehen werden können.[109]

Aufgrund schwärzlicher Rückstände im Reservoir von Nin.2 spricht Barnett dieses Gefäß als Tintenfass an.[110] Auch in Assur.20 kann eine ähnliche Verfärbung beobachtet werden. Eine naturwissenschaftliche Untersuchung ist bei beiden Objekten bislang nicht vorgenommen worden; ebenso gut mag es sich bei den schwärzlichen Rückständen um Kosmetik (etwa *kohl*) statt um Tinte handeln. Die Pyxiden wären entsprechend als Schminktöpfchen zu denken. Die Verschließbarkeit und das verhältnismäßig kleine Reservoir unterstreichen diese Annahme. Die Metallpyxiden sind materialbedingt für Kosmetika weniger gut geeignet. Sie sind auch größer, weswegen durchaus etwa eine Verwendung als Schmuckbehälter in Betracht kommt.

Keine Aussage über die Nutzung, bestenfalls über die Nutzer ist zu Nim.47 und Assur.6 möglich. Die Wandungsfragmente von Nim.47 wurden neben anderen Elfenbeinstücken in Raum 43 von Haus VI an der Umfassungsmauer der Akropolis von Nimrud ohne erkennbaren Zusammenhang gefunden. Diese Häuser wurden in der assyrischen Spätzeit von Privatleuten bewohnt[111]; möglicherweise befand sich auch die Pyxis im Besitz eines der Bewohner. Der Status der Besitzer der zahlreichen Knochenpyxiden aus dem Nordwest-Palast muss unbekannt bleiben. Weder ist zweifelsfrei zu eruieren, wer die Objekte dort entsorgt hat, geschweige denn wer dieses Gebäude im 7. Jh. noch genutzt oder bewohnt hat. Dass es sich um tatsächliche Gebrauchsgegenstände gehandelt hat, kann bei der bisherigen Befundlage lediglich vermutet werden. Das Material Elfenbein legt jedenfalls im Vergleich zum Material Knochen eine nicht ganz alltägliche Verwendung dieser Objekte nahe.

---

[109] Für das sehr schmale Objekt Nim.98 zog Herrmann zunächst eine Funktion als Karyatide, also als Stützfigur etwa eines Möbels, in Betracht (Herrmann, IN V, 60), hält laut mündlicher Mitteilung die Verwendung als Toilettegegenstand aber für ebenso angemessen.

[110] Barnett, Ivories, 41 Anm. 30a.

[111] Zumindest Haus III wurde nach dem dort gefundenen Archiv zu urteilen von einem Kaufmann bewohnt (s. Mallowan, N&R, 184-197; vgl. Herrmann – Millard, FS Moorey, 378-385).

5.5.2 Darstellungen auf neuassyrischen Pyxiden

Angesichts dieser eher spärlichen Befundlage sollen die Abbildungen auf den Pyxiden kurz behandelt werden.[112] Thematisch sind zwei große Bereiche zu unterscheiden: zum einen „apotropäische Szenen", zum anderen „Speisetischszenen". Als „apotropäisch" werden Szenen mit der Darstellung sog. „Bäume", die von Genien und – in einem Fall – von Ziegen flankiert werden, aufgefasst sowie die Pyxiden in Form liegender Mischwesen. Das Motiv der geflügelten Genien[113], die einen Baum flankieren, und Variationen dazu finden sich sehr häufig in der neuassyrischen Kunst. Besonders oft etwa ist diese Darstellung auf den Reliefs des Nordwest-Palastes Assurnasirpals zu Nimrud angebracht, wo dieses Motiv immer wieder, vor allem in den öffentlichen Bereichen des Palastes als Hauptszene vorkommt.[114] Kniende Flügelgenien mit Zapfen und Eimer finden sich auf Wandmalereien aus Til Barsip oder Khorsabad in mehrfacher Wiederholung zur Rahmung.[115] Häufig ist die Darstellung der Genien am Baum auch auf Objekten der Kleinkunst, so etwa auf den Eimern selbst, die die Genien halten – gleichsam ein Bild im Bild.[116] Auch auf königlichen Gewändern, also vermutlich in den Stoff eingewebt, sind neben diversen anderen figürlichen Motiven gleichfalls Genien am Baum dargestellt[117], und sogar en miniature auf Armringen findet dieses Motiv Verwendung[118]. Diese Darstellungen wurden auf Siegeln[119] wiederholt und ebenso für elfenbeinerne Möbelelemente[120] verwendet.

Während über die Bedeutung des „Baumes" noch weitgehend Uneinigkeit in seiner Deutung herrscht[121], kann die durch Gestik und Gegenstände angedeutete Handlung der Genien als „Reinigung im kultischen Sinne" betrachtet werden. Die Genien können allgemein als *apkallu* benannt werden. In dem Henkelgefäß, das als *banduddu* identifiziert worden ist, bewahren sie die geweihte Reinigungssubstanz auf, die sie mit dem (Föhren-)Zapfen, dem *mulillu*[122], versprengen und so die Person (den König) reinigen und vor Unheil bewahren.[123] Mit der Aussage „Reinigung und Schutz" ist dieses Motiv offenbar auf diverse Gegenstände übertragbar. Im Hinblick auf die anderen Objekte gerade

---

[112] Die Pyxis Assur.3 wird nicht in die Betrachtung einbezogen, da sie der mittelassyrischen Epoche angehört und sich sowohl stilistisch wie auch motivisch von den übrigen Pyxiden unterscheidet.

[113] Im weiteren Sinne nicht nur die anthropomorphen, geflügelten Genien, sondern auch die anthropomorphen Genien mit Fischumhang oder die vogelköpfigen Genien.

[114] S. etwa Paley, King, Taf. 7-10, 12-16; vgl. auch Meuszinsky, Reliefdarstellungen; Paley – Sobolewski, Nimrud.

[115] Vgl. Nunn, Wandmalerei, Taf. 86, 89, 99.

[116] S. die Detailaufnahmen bei Paley, King, Taf. 28a, b.

[117] Etwa Vorys Canby, Iraq 33, 1971 Taf. 18b, 19; Paley, King, Taf. 24a, welches gleichsam eine Verkleinerung der Hauptszene des Thronsaales – Königsfigur links und rechts eines heiligen Baumes gerahmt von Flügelgenien (s. Paley, King, Taf. 17a) – darstellt.

[118] Damerji, Gräber, Abb. 30.

[119] S. Collon, CS V, 6 Nrn. 179, 181, 202, 283.

[120] Mallowan – Davies, IN II, Nrn. 173-202 Taf. 41-45.

[121] Zusammenfassend und mit älterer Literatur York, RlA 4; Parker-Mallowan, FS Wilkinson, 38; Parpola, JNES 52/3, 1993.

[122] Dabei weist Magen allerdings darauf hin, dass mit *mulillu* auch verschiedene Geräte gemeint sein können (Magen, Königsdarstellungen, 77 Anm. 28).

[123] Parker-Mallowan, FS Wilkinson; vgl. Magen, Königsdarstellungen, 76-81 mit Verweis auf die philologischen Belege. Paley hält das „Reinigungsgerät" nicht für einen Zapfen, sondern verweist auf die Handlung des „Bestäubens der Palmen" zur Garantierung der Fruchtbarkeit als Aufgabe des Königs (Paley, King, 22f., 39 Anm. 131). Für die Deutung des Baumes als Symbol für Überfluss und weibliche Fruchtbarkeit vgl. jüngst zusammenfassend Collins, Iraq 68, 2006. Magen argumentiert allerdings mit Recht, dass dieses auf Vorstellungen des 3. Jt.s zurückgehe und nicht in der neuassyrischen Zeit belegt sei (Magen, ebda.); s. a. Wiggermann, Protective Spirits, 66f.

Die übrigen Pyxiden sind zwischen 10,5 cm und 13,0 cm hoch und haben eine Breite[49] zwischen 9,0 und 11,0 cm. Susa.5 gehört mit ca. 13,0 × 13,0 cm zu den größten, Susa.22 mit dem ungewöhnlichen Waffelmuster und Abmessungen von 10,5 × 9,0 cm zu den kleineren Objekten. Die meisten der Quarzkeramikpyxiden besitzen auf Wandung und Deckel eine flächendeckende Dekoration in horizontalen Bändern. Der untere und obere Rand ist dabei durch ein Kordelband- oder Zickzackmuster akzentuiert, das auch die abstehenden Ösen einbezieht. Eine sehr reiche Verzierung zeigen vier gut erhaltene Beispiele aus Susa. Der Dekor der Wandung von Susa.5 gliedert sich in drei horizontale Zonen (Taf. 83a). Zuunterst befindet sich ein weit gestelltes Zickzackband. Von einem einfachen Wulst getrennt folgt ein sehr breites Band aus 12-blättrigen Rosetten in Kreisen, zwischen denen sich dreiteilige Strichbündel befinden. Ein Blattband teilt diese Hauptdekorzone von einem einfachen Kordelband, welches unterhalb der Mündung des Korpus' verläuft. Der Deckel ist mit einer 16-blättrigen Rosette versehen, die von einem Blattband eingerahmt wird. Sehr ähnlich ist Susa.9 (Taf. 83e): Das Zickzackband am Boden ist jedoch weiter gestellt; die Strichbündel zwischen den Rosetten in der Hauptdekorzone fehlen; die vielblättrigen Rosetten befinden sich vor einem leeren Hintergrund.[50] Auch Susa.14 besitzt am unteren Rand ein weit gestelltes Zickzackband. Darüber folgt wie bei Susa.9 eine Reihe mit kleineren Rosetten, die nach oben von einer Punktreihe begrenzt wird. Susa.7 folgt demselben Dekorationsschema, allerdings sind die Motive weit weniger deutlich sichtbar (Taf. 83c). Auch zu dieser Pyxis gehört ein Deckel ohne Knauf und mit einer vielblättrigen Rosettenverzierung auf der Oberseite. Der Aufbau des Wandungsdekors der Pyxiden Susa.6, Susa.8, Susa.10-13 oder Susa.26-29 entspricht weitgehend dem der Pyxiden Susa.5, Susa.7 oder Susa.9. Während der Aufbau der oberen Wandung zumeist identisch ist (mit Kordelband oder Perlband), gibt es Variationen im Muster entlang des unteren Randes. Susa.13 etwa zeigt das bereits erwähnte weite Zickzackmuster, Susa.8 und Susa.10 ein einfaches Perlband; Susa.11 schließt mit einem Blattrautenmuster ab, Susa.12 mit einem Muster, das an Vierpässe erinnert (Taf. 84a-c). Bei Susa.6, die besonders gut und mit Deckel erhalten ist, sowie Susa.26 sind die sehr großen Rosetten durch vertikale Blattstäbe in einzelne Metopen geteilt. Weitere Variationen bestehen in der Gestaltung des Kordelbandes, welches mehr oder weniger weit gestellt, einfach oder doppelt, schmaler oder breiter gehalten sein kann.

Von Susa.18 ist leider nur die untere Hälfte des Korpus' erhalten, weshalb das Ornament nicht eindeutig zu identifizieren ist. Zu erkennen ist eine aus Halbbögen bestehende Girlande, zwischen der sich florale Elemente befinden. In der Rekonstruktion de Miroschedjis[51] geht dieser von einem einzelnen Band und alternierenden Blüten bzw. Zickzackelementen aus. In einer alternativen Rekonstruktion könnte es sich aber auch um eine stehende und eine hängende Girlande mit abwechselnd stehenden und hängenden Blüten handeln. Zu Susa.25 liegt keine Abbildung vor, doch beschreibt de Miroschedji sie als „une pyxide cylindrique à glaçure blanche dont le décor moulé représente un élément de rosace".[52] Es könnte sich also um eine Pyxis wie die vorigen handeln.

In Tchogha Zanbil sind mehrere Fragmente von Quarzkeramikobjekten gefunden worden, die hier zu den Pyxiden mit zylindrischer Wandung gerechnet werden können. TZ.3, bestehend aus zwei Fragmenten, zeigt einen hockenden Greif (Taf. 85 d). Die Löwentatze ist noch sehr gut zu erkennen, ebenso die Federn und der Hals. Ein guter Vergleich, ebenfalls mit einer Rosette zwischen den Beinen, ist die Darstellung auf Susa.77. Die übrigen Fragmente aus Tchogha Zanbil zeigen lediglich geometrische Randornamente wie Kabelbänder und Fischgrätmuster bzw. einfache schräge Linien und in den

---

sich keine Fund- oder Inventarnummer. Sie wird jedoch zusammen mit den Funden aus Susa in derselben Vitrine aufbewahrt.

[49] Gemessen an den Außenkanten der Ösen; der Gefäßdurchmesser ist entsprechend geringer.

[50] Zu diesem Korpus gehört lt. Inventarkarte der Deckel Susa.71, obwohl die Längenabmessungen nicht passen. Dieser Deckel zeigt auf der Oberseite ein komplexes Flechtmuster.

[51] De Miroschedji, CDAFI 12, 1981a, Abb. 27-4.

[52] De Miroschedji, CDAFI 12, 1981a, Tableau 2.

Bildfeldern darüber florale Muster – etwa TZ.2 mit Rosetten, Halbrosetten und Blättern dazwischen (s. Taf. 85e-g). Leicht verschieden ist TZ.6, bei dem grob ausgeführte Rosetten einzelne Bildfelder ausfüllen. Darüber scheint sich ein Feld mit figürlicher Verzierung anzuschließen. Vergleichbare Rand-muster konnten bereits bei Susa.7 im Zusammenhang gesehen werden.

Nicht mit letzter Sicherheit bestimmbar ist ein Ösenfragment aus Surkh Dum-e Luri, SD.7. Es zeigt ein Sparrenmuster, das von zwei Punktbändern oben und unten eingefasst wird. Die dickere Modellierung und tiefere Einkerbung erinnern eher an die Objekte aus Susa als an die Pyxiden aus Tchogha Zanbil.

Ein ungewöhnliches Waffelmuster schmückt den Korpus der Pyxis Susa.22. Diese Musterung zieht sich vom Boden bis kurz unter die Ösen. Um den oberen Rand ist ein Flechtband geschlungen, das von einem Blattband eingefasst ist. Der Deckel Susa.47 zeigt ein ähnliches Flechtband; möglicherweise gehören also beide zueinander. Allerdings ist der Durchmesser des Deckels etwas größer als der des Korpus'. Das markante Waffelmuster tritt ansonsten nur noch einmal bei dem Wandungsfragment Susa.23 auf, wo es gleichermaßen mit einem Flechtband kombiniert ist (Taf. 85b, c).[53]

Ein Schlaufenmuster überzieht die Wandung von Susa.16 und Susa.94.[54] In die freien Felder sind kleinere Rosetten eingestreut. Grob gravierte Würfelbänder rahmen hier die Hauptdekorzone. Susa.17[55] ist in seiner Verzierung phantasievoller gestaltet (Taf. 85a). Die Hauptdekorzone ist in zwei spiegelsym-metrische Streifen geteilt, die oben und unten durch ein Perlband abgeteilt werden. Das Motiv besteht aus einem floral erscheinenden Muster (Baum?/Strauch?) auf einer Unterlage, die sich an den Enden nach oben wölbt. Jeweils zwischen zweien dieser Elemente befinden sich drei tropfenförmige Marken. Oberhalb der Hauptdekorzone folgt ein doppeltes Zickzackband und darüber wieder ein rechtsläufiges Kabelband, das die beiden Ösen umschließt. Den Abschluss bildet ein weiteres Perlband.
Ein ähnliches, allerdings stärker geometrisch bestimmtes Motiv weist das Bodenfragment Susa.19 auf. Ein schmales Lanzettblatt hängt von einer Doppelvolute senkrecht herab. Blattfächer markieren die Ecken. Möglicherweise ist das Motiv auch zu einem sternförmigen Gebilde zu ergänzen. Am unteren Rand befindet sich ein Band mit Vierpässen in Einzelfeldern, wie bereits bei Susa.12 gesehen. Stärker linear geformte Vierpässe als Abschluss besitzt das Bodenfragment Susa.20. In der Dekorzone darüber scheinen Rosetten unregelmäßig verstreut zu sein. Ebenso unregelmäßig sind einige Kreismotive oder Rosetten auf dem schlecht erhaltenen Fragment Susa.21 erkennbar.

Phantasievoll mutet die Dekoration von Susa.15 an (Taf. 84e). Den oberen Rand bildet wieder ein dop-peltes Kabelband, den unteren Rand ein Wellen- oder Zickzackmuster. Das Hauptbildfeld wird von einer horizontal rankenden Pflanze gebildet, deren rosettenartige Blätter geschickt in die Freiflächen zwischen den Ästen eingepasst sind. Asymmetrien und sich krümmende Sprosse verleihen dem Motiv eine gewisse Naturnähe.

Darüber hinaus existiert eine größere Anzahl an Ösenfragmenten. Diese Ösen sind nahezu ausschließlich mit dem für Ränder typischen Kabelbandmuster überzogen, das oft von einem Perl- oder Würfelband eingerahmt ist. Das Kabelband ist dabei unterschiedlich sorgfältig gearbeitet. TZ.8 besitzt noch einen größeren Teil der Wandung, auf dem ein breites Sparrenmuster als Bildfeldtrenner senkrecht unter der Öse zu erhalten ist. Ganz anders, mit mehreren tiefen, horizontalen Rillen versehen, zeigt sich jedoch

---

[53] Die Waffelstruktur ist hier kleinteiliger, sodass beide Teile sicher nicht zu einer einzigen Pyxis gehören.

[54] Es ist möglich, dass Susa.16 (Boden) und Susa.94 (Randstück mit Öse) Teile einer Pyxis bilden. Die Fragmente passen jedoch nicht an.

[55] In der Publikation de Mecquenems (MMAI 29, 36f. Abb. 30:1) ist die Pyxis komplett abgebildet; bei der Recherche im Louvre fand sich jedoch nur ein Wandungsteil. Die ungewöhnliche Verzierung macht es allerdings sehr wahrscheinlich, dass es sich um das gleiche Objekt handelt.

Susa.98. Besonderheiten bieten die figürlich verzierten Ösen Susa.85-90. Sehr natürlich gebildet zeigen sie einen Kopf, gerahmt von gedrehten Locken. Die Nase ist sehr breit, der Mund etwas schmal; die mandelförmigen Augen werden von halbbogigen, gravierten Brauen überwölbt.

6.3.2 Hohe geradwandige Pyxiden mit eckigem Querschnitt (Formgruppe D.b)

Bedeutend geringer ist die Anzahl der Beispiele dieser Formgruppe. In der Grundform der Pyxiden der Gruppe D.b liegt generell ein annähernd quadratischer Querschnitt vor; die Höhe entspricht meist der Gesamtlänge inklusive der Ösen. Die Form des Korpus' kann leicht variieren zwischen einer sehr geraden, senkrechten und einer sich nach oben leicht verjüngenden Wandung. Susa.79 ist hier ein besonders extremes Beispiel, das sich von 10,4 × 10,1 cm an der Basis auf 9,5 × 9,2 cm am oberen Rand verschmälert. Die Ösen sind wie hier auch bei den anderen Belegen meist rund und leicht in der Mitte eingezogen. Auffallend ist aber die große Anzahl der aufwändigeren, figürlich verzierten Griffösen. Die Pyxiden der Gruppe D.b sind generell größer und höher als die der Gruppe A.b oder B.b. So erreicht Susa.77 eine Höhe von rund 17 cm; das kleinste Gefäß ist Susa.80 mit 7,5 × 6,5 cm. Der Dekor ist in der Regel graviert, allerdings gibt es auch mehrere Belege mit gemalter farbiger Verzierung.

Susa.78 (Taf. 87b) bildet eine der am besten erhaltenen Pyxiden. Der Korpus schwingt zum Boden hin schwach aus. Die Ösen setzen direkt am Rand an, auf dem nahtlos der Deckel aufliegt. Die Motive sind aufgemalt und durch schwarze Umrisslinien auf einem blassgrünen Untergrund hervorgehoben. Der Deckel ist mit Blattmotiven gefüllt; die Seiten des Korpus' sind mit grasenden Capriden bemalt. Die Tiere schreiten nach rechts und haben den Kopf halb gesenkt. Der vorgereckte Hals und der kleine Kopf mit einem zu großen Auge in Verbindung mit den geraden Läufen lassen die Tiere etwas ungelenk erscheinen. Bauchfell, Rücken und Halsfalten sind als Schraffuren angegeben. Am Hals scheint sich ein breites Halsband zu befinden. Die Grundlinie des Bildfeldes wird durch schraffierte Dreiecke gebildet; den oberen Rand ziert ein doppeltes, vertikal schraffiertes Band.

Daneben gibt es noch drei weitere Beispiele mit gemaltem Dekor. Bei TZ.10 zeigt eines der mutmaßlichen Hauptbildfelder die Darstellung eines nach rechts gewandten Pferdes, über dem eine Rosette schwebt (Taf. 87c). Auf der zweiten Seite[56] findet sich eine große Rosette; die oberen Zwickel sind mit abstrakten Mustern ausgefüllt. In ähnlicher Manier ist unter der Öse auf dem Fragment Susa.93 eine Rosette mit spitzen Außenblättern und einem andersfarbigen Innenkranz platziert. Der Deckel Susa.82 weist ebenfalls eine Rosette mit zahlreichen spitzen Lanzettblättern auf. Der zentrale Knauf ist abgebrochen.

Nicht bemalt, sondern in die Oberfläche geritzt ist der Dekor von Susa.77 (Taf. 87a). Zwei durchbohrte Handhaben setzen direkt am Rand an. Ein einfaches, rechtsläufiges Kabelband, eingefasst von zwei einfachen, schraffierten Bändern, umsäumt den Rand. Die als weibliche (?) Köpfe gearbeiteten Handhaben sind separat geformt und später appliziert worden. Die gelockten Haare mit geradem Pony fallen leicht stufig seitlich herab und liegen als Bäusche auf den angedeuteten Schultern auf. Die hochgesetzten Brauen, die großen Augen und die grobe Mundpartie verleihen dem Gesicht etwas maskenhaftes. Das annähernd quadratische Bildfeld ist auf allen vier Seiten eingerahmt und stellt unterhalb der beiden Handhaben jeweils einen Greifen und auf den anderen beiden Seiten Sphingen dar. Der Greif ähnelt in vielen Aspekten der Darstellung von SD.3, allerdings sind bei Susa.77 die Details feiner, die Darstellung insgesamt eleganter. Auf dem erhobenen Kopf befindet sich eine nach vorne fallende Locke oder Feder; eine zweite Locke fällt entlang der Kinnlinie nach unten. Bei der doppelten Linie am Nacken könnte es sich um eine weitere Locke handeln. Den Hals ziert ein breites Band. Die Brust ist nicht so weit vorgewölbt wie bei SD.3, und die Schulterkontur geht in den Flügel über. Dieser schwingt in einem Bogen nach oben und besitzt einzelne, sorgfältig schraffierte Federn. Das Bauchfell ist wieder in einem

---

[56] Bei de Mecquenem – Michalon, MMAI 33, Abb. 8 sind nur zwei Seiten des Korpus' abgebildet.

separaten Feld angedeutet, das Fell durch Kerben stilisiert. Der Schwanz ist nach oben gereckt und an der Spitze eingerollt. Die Krallen der Tatzen sind einzeln angegeben. Die Greifen scheinen vor einem Baum positioniert zu sein, der nur zur Hälfte – eine Volute und eine schraffierte Blatthälfte sind erkennbar – dargestellt ist. Die Sphingen sind in der Wiedergabe des Körpers identisch, nur der Kopf ist anders gestaltet. Er wirkt zu groß für den relativ schlanken Hals und in den verbliebenen Raum gedrängt. Der Sphinx besitzt einen vor die Brust herabfallenden Vollbart und trägt eine mehrteilige Krone. Hinter dem Ohr und unter der Krone tritt das Haar hervor. An der Stirn befindet sich augenscheinlich ein kleines und darüber ein doppeltes Horn. Darauf folgt ein Tiara-ähnlicher Aufsatz mit einem zentralen Konus. Der freie Platz zwischen den Beinen, über den Tieren und in den Zwickeln kann mit Rosetten gefüllt sein.

Der Dekor von Karch.1 ist ebenfalls leicht in die Oberfläche eingeritzt (Taf. 87e). Die am Rand ansetzenden Ösen sind als Frauenköpfe figürlich gestaltet. Ihr Haar wird von einem Haarband über der Stirn gehalten; die eher kurzen Haare bedecken lediglich die Ohren. Eine Kette aus runden Perlen verläuft von Ohr zu Ohr. Diese eher seltsam anmutende Darstellungsweise mag mit der Ausführung des Frauenkopfes als Büste zusammenhängen. Der übrige Dekor des Korpus' ist rein geometrisch, zentrales Ornament der quadratischen Bildflächen ist ein großer, vierstrahligen Stern.

Mutmaßlich von einer weiteren rechteckigen Pyxis stammt das Fragment TZ.11. Erhalten ist ein Stück des oberen Randes mit der Abschlussbordüre aus einem rechtsläufigen Kordelband, welches von zwei Bändern mit Fischgrätmuster eingefasst wird. Darunter ist ein Rest des Bildfeldes und der senkrechten Randleiste zu sehen.

Die Pyxis Susa.79 ist aus vielen Fragmenten wieder zusammengesetzt (Taf. 87d, 88a). Sie besitzt offensichtlich keine gravierten Verzierungen; eventuell aufgemalte Motive sind nicht erhalten. Die seitlichen Ösen sind leicht in der Mitte eingezogen. Der Deckel weist ebenfalls keine Verzierungen auf, besitzt aber in der Mitte einen flachen pilzförmigen Knauf. Eine weitere eckige Pyxis, Susa.80, ist gleichermaßen unverziert. Die Wandung ist etwas dicker und der Boden leicht gewölbt.[57]

Darüber hinaus gibt es zahlreiche Ösenfragmente, die figürlich als Köpfe bzw. Gesichter geformt sind. Alle Beispiele sind dabei unterschiedlich. Bei Susa.85, Susa.87, Susa.91 sind die Gesichter sehr naturalistisch geraten; Andeutungen von Haar rahmen das eigentliche Gesicht. Die Augen sind plastisch modelliert und die Augenbrauen darüber graviert. Die Züge von Susa.90 und Susa.92 sind gröber und schematischer. Die Augen sind deutlich eingetieft; es fehlen die Haare. Die Gesichtsformen von Susa.88 oder Susa.89 sind noch stärker abstrahiert. Susa.88 hat ein besonders spitzes Kinn; Susa.89 ist eher grobplastisch gehalten, mit breitem Mund, sehr großen Augen und tiefen Brauenfurchen.

Einige Deckelfragmente lassen sich aufgrund ihrer markanten Form dem Typ III.c zuweisen (s. Taf. 88). Bei Susa.81 sind lediglich die Ösen und der zentrale Knauf abgebrochen. Der Dekor ist graviert und zeigt ein Kordelband außen, eine zentrale Rosette und dreiblättrige Fächer in den Ecken. Susa.82 lässt gerade noch die Ränder einer tief eingegrabenen Rosette erahnen. Der äußere Rahmen ist sehr grob vertikal eingeritzt. Der Deckel Susa.83 ist polychrom bemalt. Der Rand ist hell auf dunkel gestrichelt, und aus dem erhaltenen Zwickel ragt ebenfalls ein dreiblättriger Fächer zur Mitte hinein. Einen weiteren Beleg bietet Susa.84.

.

6.3.3 Pyxiden mit konkaver Wandung (Formgruppe B.b)

In Form und auch Verzierung der Pyxiden mit konkaver Wandung bestehen eindeutig Anklänge an die Quarzkeramikpyxiden der vorgenannten Gruppen. Im Hinblick auf die steilwandigen Pyxiden der Gruppe A.b mögen die hier zusammengestellten Pyxiden sogar eher als Varianten dieses Typs bezeichnet werden. Die Formbestimmung als Pyxis mit konkaver Wandung ist schwieriger, wenn die Ösen fehlen:

---

[57] Bei drei der eckigen Pyxiden aus dem Kunsthandel KH.53-KH.55 sind die Handhaben nicht direkt am Rand angesetzt, sondern tiefer, was generell auf eine andere Deckelart hinweist. Zu KH.53 ist ein pyramidaler Stülpdeckel erhalten, der dies bestätigt.

bekannt[6], jedoch bestehen stilistische Unterschiede. Obwohl das Relief recht kräftig ist, bleiben die Figuren plastisch wenig differenziert. Details sind durch grobe Ritzungen angedeutet, das Fell ist als parallele Strichelung, die Kleidung mit flüchtiger Kreuzschraffur wiedergegeben.[7] Die Ausführung der Figuren wirkt sehr ungelenk und erinnert an die frühen Reliefs aus Zincirli.[8] Die Füllung der Körperflächen mit Schraffuren kommt häufig in Tell Halaf vor, ist hier jedoch sorgfältiger.[9] Der Löwe auf dem Deckel hat eine weitere enge Parallele zu einem Griff aus 'Ain Dara, der in die Eisenzeit II datiert. Obwohl schon stark abgerieben sind noch der auf den Rücken gelegte Schwanz und die vielleicht für Einlagen ausgehöhlten Augen zu erkennen.[10] Der leider nur zur Hälfte erhaltene Deckel Hawa.1 zeigt in gleicher Weise den von oben gesehen, liegenden Löwen mit beiden Hinterläufen neben dem Körper. Die Oberseite eines Stempelsiegels im Museum von Aleppo ist ebenfalls als liegender Löwe ausgearbeitet. Das Siegel gehört zur sog. „horse group", die bislang allerdings lediglich aus Objekten ohne gesicherten Fundkontext besteht.[11] Weitere, wohl palästinische Stempelsiegel in Form liegender Löwen wurden in Hasanlu gefunden.[12] Diese motivischen Vergleiche weisen eher in den nordwestsyrischen Bereich[13]; die Darstellungsweise des liegenden Löwen in Aufsicht findet sich allerdings bereits etwa auf spätbronzezeitlichen mykenischen Elfenbeinschnitzereien.[14]

Während motivisch-stilistische Argumente auf eine Verbindung zu den nordsyrischen Kompartimentpyxiden der frühen Eisenzeit hinweisen, sprechen der eigenwillige Stil, die wenig qualitätvolle Ausführung und die andersartige formale Gestaltung für lokale, für urartäische Produkte. Die randseitige geographische Lage Urartus mag hier für die „provinziellen" Ausführungen verantwortlich sein.[15]

7.2 URARTÄISCHE RIPPENPYXIDEN

Einen weiteren „Sonderweg" haben die urartäischen Handwerker bei der Kombination einer Rippenschale mit einem Schwenkdeckel inklusive figürlicher Verzierung der einzigen Handhabe eingeschlagen. Die bisherigen Funde aus Dedeli (Dede.1), Karmir Blur (KB.5) und Toprakkale (TK.2) wurden nicht nur alle im urartäischen Kernland gemacht, sondern weisen darüber hinaus eindeutig urartäischen Stil auf.

KB.5 ist eine nahezu vollständig erhaltene Pyxis mit Deckel (Taf. 92a, b). Der flache Korpus ist wie eine Phiale mit 38 schmalen Rippen gestaltet; den Boden bildet ein Standring. An einer Seite befindet sich eine angearbeitete Öse, die zur Befestigung des Deckels dient. Ein senkrecht eingeführter Metallstift, der noch erhalten ist, erlaubt das Schwenken des Deckels. Der Deckel besitzt entsprechend eine

---

[6]   Aus verschiedenen Stilgruppen: Orthmann, UsK, Aleppo 1, Karkemisch E/1, F/17, H/11, Zincirli B/6, E/1; s. a. Kap. 4.1.2.3.

[7]   S. etwa den Hinterleib des Hirschen (Piotrovskij, Regno di Van, Taf. 48).

[8]   Stilgruppe Zincirli I-II nach Orthmann, UsK, 60f.: z. B. der Reiter Zincirli A/3, der ebenso zu tief auf dem Pferd sitzt und dessen Flächigkeit durch die Position zwischen Vorder- und Hinterbeinen seines Tieres noch hervorgehoben wird; Bogenschütze Zincirli A/7 kniend oder in Knielauf.

[9]   Z. B. Moortgat, Halaf 3, Hirsch A 3,103, Löwen A 3,61-70, Stier A 3,104.

[10] Stone – Zimansky, Ain Dara, Fd.Nr.: LT83-2 Abb. 87:1.

[11] Jakob-Rost erwägt lediglich bei einem die Herkunft aus Zincirli mit Fragezeichen (Kat. Berlin 1975, 25f.); s. Nunn, Stamp Seals, 136 Nr. 349.

[12] Marcus, Emblems, 39f. mit Verweis auf weitere Siegel aus Megiddo, Lachisch und Beth Shan.

[13] So mag etwa noch auf die Siegel der „Yunus Cemetery Group" hingewiesen werden, die das Motiv in ähnlicher Weise umgesetzt haben (vgl. Boardman – Moorey, FS Porada, 37f., 41 Nr. 9 Taf. 15:9a-c).

[14] Vgl. Pyxis BI 511 von der Athener Agora, Poursat, IM, Taf. 1:4.

[15] Piotrovskij betrachtet das Objekt als einen Import aus dem Westiran, obwohl der Deckel seiner Meinung nach Analogien zu Beispielen aus der Mittelmeerregion aufweist (Piotrovskij, Regno di Van, 271). Van Loon hingegen hält den Stil für komplett unorientalisch und zieht zum Vergleich eine Silbervase aus Trialeti heran (van Loon, Urartian Art, 79).

Lasche über der Öse. Ein zweites Loch im Zentrum war wahrscheinlich zur Aufnahme eines Knaufs gedacht. Als Material ist wiederum „Steatit" angegeben. Während der gerippte Korpus keine weiteren Verzierungen aufweist, hatte die Öse vermutlich die Form eines liegenden Rindes. Reste von Hufen, die auf untergeschlagene Beine hindeuten, sind noch erhalten. Der Deckel der Pyxis KB.5 ist mit einer gravierten Szene versehen. Das Bildfeld wird von einem recht nachlässig gearbeiteten Kabelband gerahmt. Zwei vogelköpfige, geflügelte Genien flankieren mit erhobenen Armen einen Baum über dem eine Flügelsonne schwebt. Die Genien sind stark überlängt, der Kopf ruht auf einem recht dicken Hals. Die Genien tragen ein Gewand mit einer Kassettenmusterung, die aber nur oberflächlich angedeutet ist. Der Baum besteht aus einem „Wurzelteil" mit vier Blattpaaren; es folgen im Mittelteil zwei gegen-ständige, aufwärts gerichtete Triebe mit Zapfen und die „Krone" mit einem ähnlichen Wedel wie an der Wurzel. Die Pyxis wurde 1955 bei den russischen Ausgrabungen in Karmir Blur gefunden. Der genaue Fundkontext lässt sich allerdings nicht mehr rekonstruieren.

Demselben Gefäßtyp entspricht auch TK.2 (Taf. 92c, d). Der Korpus ist allerdings höher, auch ist die unverzierte Lippe klarer gegen den gerippten Korpus abgesetzt. Zwei verschiedene Steinarten sind für die Pyxis verwendet: leicht rosafarbener Tonschiefer für den Korpus und schwarz-grüner Serpentin als Deckel. Der Deckel ist unverziert, dafür ist die Handhabe mit dem Schwenkstift figür-lich gearbeitet – hier gut zu erkennen in Gestalt eines liegenden Kälbchens.[16] TK.2 wurde von den Grabungsfunden Lehmann-Haupts und Belcks 1909 durch das Berliner Museum erworben und stammt aus Toprakkale.

Eine sehr ähnliche Ausführung wie KB.5 und TK.2 allerdings in Holz wurde in einem Felskammer-grab der Nekropole von Dedeli entdeckt (Taf. 92e). Der Korpus ist in ähnlicher Weise mit schmalen Rippen und einem kleinen Standring versehen. Die Gestaltung mit nur einer Handhabe in Form eines liegenden bzw. knienden Tieres – möglicherweise ebenfalls ein Kälbchen – entspricht den beiden vor-genannten sehr genau.[17]

Der figürliche Dekor von KB.5 fügt sich problemlos in das urartäische Kunsthandwerk ein. Das Motiv der Genien am Baum ist nicht nur in der Kleinkunst auf Siegeln oder Helmen, sondern auch in der Groß-kunst als Wandreliefs oder -malereien hinlänglich belegt.[18] Die Flügelsonne entspricht einem gängigen urartäischen Typus mit zusätzlichen, flachen Voluten auf der Oberseite und zwei Fortsätzen seitlich des Schwanzes, die in Blütenformen enden. Van Loon weist auf die unproportionierten Flügel hin, die aber in ähnlicher Weise auch auf anderen Objekten dargestellt sind.[19] Auch die Musterung des Stoffes ist ein gängiges Merkmal für urartäische Kunst.

Die Tierapplikationen an den Handhaben weisen eine motivische Analogie zu den Deckelaufsätzen der elfenbeinernen nordsyrischen Pyxiden auf.[20] Die feinen Stilisierungen, die für die elfenbeinernen Kälbchen kennzeichnend sind, sind durch Abnutzung und Lagerung heute meist verwischt und nicht

---

[16] In entfernter Verwandtschaft zu KB.1 und Hawa.1 sei hier auf den über den Korpus gelegten Schweif aufmerk-sam gemacht.

[17] Möglicherweise von einem vergleichbaren Objekt könnte ein Randfragment aus Hasanlu sein. Erhalten sind einige Wandungsfragmente mit gerippter Außenseite und einer leicht ausgestellten Lippe. Muscarella deutet das Fragment vorsichtig als Teil eines Tellerchens oder Kosmetikschälchens, Anzeichen für eine Handhabe sind aller-dings nicht erkennbar (Muscarella, Hasanlu, 146, 199 „dish (?)"). Es wurde in Hasanlu, im Gebäude CC31 zusam-men mit zahlreichen anderen Elfenbeinfragmenten gefunden und gehört in denselben zeitlichen Rahmen wie die übrigen. Aus dem Artemision von Ephesos stammt ferner ein elfenbeinernes „Gerät" mit figürlichem Griff, an dem zwei miteinander verbundene Schalen befestigt sind, die ebenfalls schmale Rippen und einen Standring besit-zen und möglicherweise mit einem Deckel verschlossen werden konnten. Hier liegt die gleiche „Gefäßidee" zu Grunde wie auch bei den Rippenpyxiden und eventuell ein ähnliches Vorbild (Bammer, AnSt 35, 1985, Taf. 18a, b).

[18] S. Wartke, Urartu, Abb. 66, Taf. 59; van Loon, Urartian Art, Taf. 8, 26 (unten).

[19] Van Loon, Urartian Art, 78 mit Beispielen; vgl. Relief aus Kefkalesi: Wartke, Urartu, 66 Abb. 20.

[20] Kap. 4.2.2.3.2.

mehr erkennbar. Die elfenbeinernen Kälbchen liegen gekrümmt auf ihrer Seite und haben die Läufe zur Seite gestreckt.[21] Im Unterschied dazu schlagen die Tiere der drei urartäischen Belege ihre Beine jedoch gerade unter den Bauch. Beispiele für diese Position sind zahlreich in der urartäischen Toreutik[22]; gerade bei den genannten Bronzeobjekten sind feine Lockenziselierungen noch auszumachen, die gleichermaßen Ähnlichkeiten mit denen der elfenbeinernen Kälbchen aus Nimrud besitzen. Darüber hinaus findet sich auch die Darstellung vergleichbarer Schalen mit geripptem Korpus auf den urartäischen Reliefblöcken von Kefkalesi (s. Taf. 20a). Dort werden ähnliche Schalen anstelle der sonst üblichen Henkeleimer in Kombination mit einem blattartigen Gegenstand von den geflügelten Genien gehalten.

Eine Datierung der Funde muss vergleichsweise vage bleiben. Die Grabungskontexte bieten wiederum lediglich einen zeitlichen Anhaltspunkt für das 8.-7. Jh. Auch die Nekropole von Dedeli ist durch die Keramikfunde annähernd in denselben Zeitraum datierbar, aber nicht genauer zu bestimmen. Ebenfalls nur einen schwachen Hinweis gibt die Darstellung auf KB.5 im Vergleich mit Darstellungen auf urartäischen Siegeln, die inschriftlich in die Zeit Rusas II. datiert werden können.[23] Andererseits ist das Motiv der Genien am Baum oder auch die Darstellung desselben derart weit verbreitet, dass der Zeitraum ihrer Entstehung kaum enger eingegrenzt werden kann.

Die Form der urartäischen Rippenpyxiden mit ihren schmalen, eng gestellten Rippen erinnert in erster Linie an metallische Formen, besonders an assyrische Metallschalen, die aber auch in Urartu gebräuchlich waren.[24] Dass solche Rippenformen aber auch für Steingefäße übernommen wurden zeigen eben nicht nur die Pyxiden, sondern auch etwa ein Fund aus Ayanis.[25] Die typische Metallform des Korpus', kombiniert mit nordsyrischen Dekorelementen, (assyrisch-) urartäischer Ikonographie und urartäischem Stil sind Eigenheiten eines originär urartäischen Kunsthandwerks, das fremde Einflüsse aufnimmt und zu einem eigenen Stil umarbeitet.[26]

7.3 Urartäische Knochenpyxiden

Bei der Formgruppe A.b.III fallen drei Knochenpyxiden auf, die in Karmir Blur entdeckt wurden und die hier gleichfalls mit dem urartäischen Elfenbeinhandwerk verbunden werden sollen. Es handelt sich um hohe Pyxiden, deren Mantelflächen mit Variationen des Kreispunktmotivs versehen sind. Die seitlichen Handhaben sind aufgrund des Materials – Knochen – nur schwach ausgeprägt und sehr klein. Die Höhe beträgt zwischen 5 und 10 cm, wobei die ursprüngliche Form des Röhrenknochens noch sehr gut erkennbar ist.

   Der obere Rand von KB.2 ist weitgehend abgebrochen und damit die Bestimmung als Pyxis nicht ganz gesichert (Taf. 93a). Der Mantel von KB.2 ist sorgfältig geglättet und durch schmale horizontale Zickzackbänder in zwei Bildfelder getrennt. Dort bilden abwechselnd Rosetten und doppelte Kreispunkte eine Reihe. Darüber und darunter sind weitere Kreispunkte angebracht. Die Rosetten haben je nach Platz unterschiedlich viele Blätter, welche sehr tief, wie für eine Einlage, ausgehöhlt sind. Die

---

[21] Vgl. Barnett, CNI, Taf. 101-106.

[22] Kandelaberaufsatz: Wartke, Urartu, Taf. 31, Thronelement: ebda., Taf. 27 oder als Götterbasis: ebda., Taf. 26.

[23] Vgl. van Loon, Urartian Art, 157.

[24] Sehr elegant sind etwa die goldenen Ausführungen aus den Königinnengräbern von Nimrud (Damerji, Gräber, Abb. 31). In den schmalen Rippen liegt ein wesentlicher Unterschied zu den spätbronzezeitlichen Rippenpyxiden der Formgruppe C.a.III.5. Für einen Beleg aus Toprakkale vgl. Wartke, Untersuchungen, 71-73 Nr. 45 Taf. 18.

[25] S. eine Schale mit Rippenmuster aus Ayanis (Çilingiroğlu, Ayanis I, 235 Abb. 12 Taf. VII:95). Für ein Bergkristallschälchen mit Ringgriff und geripptem Korpus aus Nimrud vgl. IM 105921 (Hussein – Suleiman, Nimrud, 243 Abb. 38).

[26] Wären KB.5 oder TK.1 nicht in Ausgrabungen gefunden worden, so wären sie wahrscheinlich als moderne Pasticcios von der Archäologie abgelehnt worden. Dieses Beispiel sollte vor einer zu schnellen Verurteilung von Objekten ohne Parallelen und mit „ungewöhnlichem Aussehen" warnen (s. Löw, Metallgefäße, 280f.).

Mantelfläche von KB.3 ist durch Rillen in vier horizontale Zonen geteilt. Die oberste Zone von KB.3 zeigt ein Zickzackband, das mit Kreispunkten gefüllt ist. Ähnlich ist auch das unterste Feld gehalten, allerdings sind hier noch einfache Punkte eingestreut. Die beiden mittleren Felder besitzen je eine Reihe von Kreispunkten und weitere Punktreihen. Ferner wurde ein Deckel (KB.4) gefunden, der allerdings keiner Pyxis direkt zugewiesen werden kann (Taf. 93c). Er hat ungewöhnlich große Ösen und ein stark stilisiertes Rosettendekor aus sieben Kreispunkten auf der Oberseite. Auffallend bei diesen Belegen ist, dass die Punkte jeweils sehr tief und groß ausgebohrt sind. Es sind vor allem diese tiefen und „kantigen" Einlagefächer der Knochenpyxiden, die an urartäische Elfenbeinschnitzereien oder auch die intaglio-Wandreliefs aus Ayanis denken lässt.[27]

Mit ähnlich einfachen Kreispunkten ist auch die Pyxis HSL.20 aus Hasanlu verziert, die möglicherweise in die gleiche Gruppe einzuordnen ist. In der formalen Gestaltung vergleichbar, aber vom Dekor her weniger streng organisiert sind die Funde NJ.1, Hama.1 und Nim.64 (Taf. 93d-e), die auch zeitlich den urartäischen Funden nahe stehen. NJ.1 und Hama.1 haben die gleiche Form mit den schwach ausgeprägten seitlichen Ösen; bei Nim.64 scheint die Öse innen zu liegen. Hauptkennzeichen dieser Objekte ist eine Verzierung des Mantels mit einfachen Kreispunktmustern in wenig strenger Anordnung. Zu NJ.1 ist noch ein Deckel erhalten, der ebenfalls mit einem Ring von Kreispunkten verziert ist, die allerdings nicht derart symmetrisch angeordnet sind wie KB.4. NJ.1 weist eine Reihe von Dübellöchern am unteren Rand für die Befestigung eines Bodens auf; bei Hama.1 ist innen hingegen ein kleiner Absatz am unteren Rand angegeben.

Ein Unikat bleibt vorerst die Silberbüchse TK.1 (Taf. 92f). Der Korpus aus Silberblech ist röhrenförmig von schlanker, hoher Gestalt und mit einem scheinbar geprägten Waffelmuster versehen. Der Boden besitzt einen angearbeiteten Rand, mit dem er die untere Öffnung umschließt. Regelmäßig auf Goldbändern gesetzte Goldniete befestigen den Boden am Korpus. In der Bodenmitte, wo die Nietreihen zusammenlaufen, befindet sich ein kleiner Knauf. In ähnlicher Weise wie der Boden ist auch der Deckel gearbeitet, mit einer breiten Falz, die sich über die obere Öffnung stülpt. Die Mitte bildet eine Öse mit Ring; in einem Segment des Deckels ist ein kleines Loch angebracht. Boden und Deckel sind mit einem Schraffurmuster zwischen den Goldbändern verziert.[28] Der gute Erhaltungszustand der Pyxis erklärt sich durch ihren Lagerungsort. Sie wurde in einem großen Pithos des Magazingebäudes gefunden, wo sie zusammen mit anderen Pretiosen wahrscheinlich während der letzten Tage von Toprakkale am Ende des 7. Jh.s versteckt worden war.[29] Die Raffinesse der Verarbeitung von TK.1 lässt dabei vermuten, dass diese Pyxis kein Einzelstück war. Vergleichbar wertvolle Pyxiden werden wahrscheinlich bloß angesichts der wechselvollen Geschichte nicht auf uns gekommen sein.

---

[27] Etwa Özgüç, Altıntepe II, Taf. 50; Çilingiroğlu, Ayanis I, Abb. 17, 18; vgl. auch hier die Bemerkungen von Sağlamtimur, Kozbe und Çevik zu den mit Einlagen verzierten Steingefäßen die sie dem Steinhandwerk von Ayanis zuschreiben (ebda., 225f. Taf. 5-7).

[28] Eine ausführliche Beschreibung der technischen Details bietet Wartke, Untersuchungen, 135-137 Abb. 35 Taf. 40-41.

[29] Zusammenfassend Wartke, Untersuchungen, 151f.

8. Sonderformen

In diesem Kapitel sind einige Formvarianten zusammengefasst, die sich durch ihre eigenwillige Gestaltung von den übrigen Pyxidenformen unterscheiden. Gerade bei den folgenden Pyxiden tritt der funktionale Gedanke der Aufbewahrung am deutlichsten zu Gunsten eines „ästhetischen" bzw. „symbolischen" Aspektes zurück. Eine Diskussion des symbolischen Aspektes bedarf ausführlicher Vergleiche mit anderen Denkmälergattungen[1] und einer umsichtigen Heranziehung schriftlicher Quellen. Dies kann im Rahmen der vorliegenden Arbeit jedoch nicht erfolgen, weswegen hier in erster Linie das Material zusammengestellt werden soll.

8.1 Figürlich verzierte Pyxiden

8.1.1 Pyxiden in Gesichts- bzw. Kopfform (Formgruppe S.a)

Die Verbreitung für so gestaltete Pyxiden reicht von Beycesultan im Westen der Türkei bis nach Tchogha Zanbil. Die Pyxiden kommen dabei als Einzelgefäße und Doppelpyxiden (TZ.15) vor, sowie mit zwei (TZ.12) und mit nur einer Handhabe (TZ.13). Besonderes Kennzeichen dieser Gruppe ist, dass das Kopfmotiv auf das gesamte Gefäß übertragen worden ist. Mit Ausnahme von KH.60[2] sind alle Beispiele aus der gut formbaren Quarzkeramik gearbeitet, die im Falle der iranischen Pyxiden mit Einlagen aus andersfarbigen Materialien kombiniert ist und durch ihre leichte Formbarkeit den Formwillen des Handwerkers am wenigsten einschränkt.[3]

8.1.1.1 Objekte

Bei Beyc.4, dem westlichsten Beleg, handelt es sich um das Randfragment einer Pyxis, welches Teile von Haar und Gesicht erkennen lässt (Taf. 94a). Die Haare fallen anscheinend in mehreren dicken Strähnen seitlich am Kopf herab. Im Gegensatz zu der eher schematischen Gestaltung des Korpus' bei Rimah.6 oder Uruk.8 tritt bei Beyc.4 das Haar plastisch hervor. Sie ähnelt in der Frisur damit entfernt einem kleinen Kopfgefäß aus Ebla, das allerdings älter ist und hier nicht aufgenommen wurde.[4] Die Stelle zur Befestigung des Deckels sitzt hier innen als Lasche am Rand und nicht als Öse seitlich außen. Die erhaltene Höhe von 4,5 cm, vermutlich ungefähr das obere Drittel des Objektes, lässt auf eine größere Pyxis schließen.

Etwa zur Hälfte erhalten ist die Frauenkopfpyxis aus Holz KH.60 (Taf. 94b, c), die nicht zuletzt durch die Beifügung von Schmuck (Ohrgehängen, Halsband) und die sensible Modellierung des Gesichtes einen recht lebensnahen Eindruck vermittelt. Im Unterschied zu den elamischen Beispielen ist die Deckelöse von KH.60 nicht außen angesetzt, sondern innen aus dem Rand herausgearbeitet.[5] Der Korpus ist zu mehr als der Hälfte erhalten und stellt in vollplastischer Weise Kopf und Hals dar. Auf dem geflochtenen scheint ein Polos aufgesetzt, der den Rand zum Gefäß bildet.

Der Korpus von Rimah.6 ist mit einem menschlichen Gesicht verziert, ähnlich wie es von den übrigen Pyxiden dieser Gruppe her bekannt ist (Taf. 94d). Anders als bei den vorigen ist das Kopfmotiv allerdings nicht vollplastisch ausgeführt, sondern wirkt eher wie auf eine zylindrische Pyxis appliziert.

---

[1] Hier sind v. a. zoomorphe Rhyta und Kopfgefäße zu nennen, zu denen zahlreich Literatur vorliegt; stellvertretend und mit weiterer Literatur sei auf Guichard, Vaisselle, 264-287, verwiesen.

[2] Laut Angabe (Kat. Glasgow 1991, 128) ist die Pyxis aus einem einzigen Holzblock geschnitzt worden. Augen und Pupille sind aus einem anderen Material nachträglich eingelegt.

[3] Zum Materialaspekt von Quarzkeramik vgl. Kap. 6.

[4] Mazzoni, Faience, 66 Abb. 1.

[5] Hier spielt allerdings auch das unterschiedliche Material eine Rolle: Bei dem plastischen Verfahren der Quarzkeramikobjekte ist das Anarbeiten einfacher als bei dem skulptierenden Vorgehen der Holzschnitzerei.

Siegel des mittanischen „Common Style". Nicht nur die Motive (Mehrpersonengruppen und Tiere am Baum) erscheinen in der Mittani-Glyptik[78], sondern auch im Stil kommen einige Siegel der Darstellung auf der Pyxis sehr nahe.[79] In ähnlicher Weise ist Rimah.7 verziert, deren Mantel eine Reihe von Wasservögeln aufweist.[80]

Dieselbe Einordnung in die Mittani-Zeit und auch einen nahezu identischen Dekor bietet der Fund aus Tell al-Hamidiya (Hami.1; Taf. 97e). Auf der Mantelfläche ist eine Darstellung von einer Reihe von vier Personen mit der Darstellung eines liegenden Capridenpaares antithetisch an einem Baum zu sehen. Diese Darstellung scheint ebenfalls der Mittani-Glyptik entlehnt und mag nach Saljes Kriterien gleichermaßen der nordmesopotamisch-syrischen sorgfältig-plastischen Stilgruppe wie auch die Funde von Tell al-Rimah zugewiesen werden können. Motivisch und stilistisch sehr nahe kommt diesem Siegel aber auch eine Abrollung auf einer Tafel aus Nuzi bzw. einer ganzen Gruppe, die mit dem Archiv des Tarmi-tilla verbunden ist.[81] Die Vergleiche legen eine Datierung in die frühe Spätbronzezeit, also das 16.-15. Jh. nahe.

Die Figuren auf Rimah.1 und Rimah.7 sind in den Mantel vertieft und wirken daher wie von einem abgerollten Rollsiegel stammend. Im Gegensatz zu Brak.1, wo tatsächlich ein Siegel auf der Mantelfläche abgerollt worden zu sein scheint, ist das Bildfeld auf Rimah.1 vertieft und nicht erhaben. Es liegt die Annahme nahe, dass ein Siegel abgeformt wurde und der noch formbare Pyxidenkorpus dann über das erhabene Siegelrelief gerollt wurde. Ebenso vorstellbar wäre die Formung der Pyxis durch ein Model. Der Model müsste mehrteilig gewesen sein, um das Entnehmen des Rohlings zu ermöglichen; Herstellungsspuren wie „Nahtstellen" werden aber nicht berichtet. Für die Herstellung der Quarzkeramiksiegel des „Common Style" geht auch Salje nicht von der Verwendung von Modeln aus, da trotz der großen Menge an erhaltenen Originalsiegeln keine zwei identischen gefunden worden sind.[82] Näherliegend wäre die Verwendung von „Stempeln" auf dem noch feuchten Rohling, die das relativ einheitliche Standardrepertoire an Einzelmotiven bei gleichzeitig großer Vielfalt an Kombinationen erklären könnte.[83] Für das Rosettenmotiv auf dem Boden, das an nahezu allen kapselförmigen Pyxiden erscheint, ist eine Herstellung in einer Form sehr gut denkbar.[84] Die Zickzack- und

---

[78] So bereits Oates, Iraq 27, 1965, 73 Anm. 16; vgl. Salje, Mitanni-Glyptik, 32, 62f. Taf. 2:23, 24, 27.

[79] Vgl. aus Tell al-Rimah selber TR.4775, TR.2731 und TR.6308 (Parker, Iraq 37, 1975, 33f. Taf. 14:36, 38, 42). Hier stellen v. a. der walzenförmige Körper und die kurzen, unorganisch angesetzten Beine Parallelen her. Siegel TR.4775 wird von Salje ihrer „nordmesopotamisch-syrischen sorgfältig-plastischen" Stilgruppe 2 des „Common Style" zugeschrieben, TR.6308 der „nordmesopotamisch-syrischen sorgfältig-plastischen" Stilgruppe 3 des „Elaborate Style", der zeitlich ein wenig später anzusiedeln ist und sich durch die Verwendung härteren Steins anstelle von Quarzkeramik auszeichnet; außerdem stammen diese Siegel wohl eher aus dem levantinischen Bereich (vgl. Salje, Mitanni Glyptik, 150, 152, 178, 254). Der stark schematisierte Baum von TR.4775 findet sich etwa bei mehreren Siegeln aus Ugarit (ebda., Taf. IX:169-171). Vergleichbare Funde aus Ugarit werden von Schaeffer jedenfalls in die Phase Ugarit Récent 1 (Mitte des 16.- Mitte des 15. Jh.) datiert (Schaeffer-Forrer, Cylindres-Sceaux, 76-78).

[80] Es liegt leider keine Abbildung vor, doch ist das Motiv in der mittanischen Glyptik hinlänglich bekannt und dies v. a. wohl bei „westlichen Belegen" (s. Salje, Mitanni Glyptik, 69-71 Taf. 8).

[81] Stein, Seal Impressions, Nr. 782. Ikonographisch betrachtet handelt es sich um eine größere Gruppe vergleichbarer Darstellungen, meist auf Siegeln aus Quarzkeramik (vgl. Porada, AASOR 24, 1947, 25f. „Group VI").

[82] Allerdings zieht sie in Erwägung, dass Model möglicherweise für den Rohling aus vergänglichem Material bestanden haben könnten (Salje, Mitanni-Glyptik, 100); anders Kühne, der Modelformung in Betracht zieht (Kat. Rollsiegel, Tübingen, 88).

[83] Auch aus den als „Werkstattbereichen" identifizierten Kontexten von Ugarit werden keine Model berichtet, doch nimmt auch Schaeffer Matrizen bzw. Stempel an (vgl. Schaeffer-Forrer, Cylindres-Sceaux, 73, 165-168). Stempel könnten auch für die weichen Schnittkanten der Motive verantwortlich gemacht werden.

[84] In Uruk wurden in neu-/spätbabylonischen Schichten drei Formen mit Rosettenmuster gefunden, die eine entsprechende Verwendung gehabt mögen (vgl. Strommenger, Gefäße, 30 „14. Rosettenstempel" Taf. 44:9, 10).

Schraffurbänder sind jedoch handgemacht. Eine bemalte Verzierung in Form gelber Punkte auf heute grünlicher Glasur wird schließlich für Rimah.9 berichtet und scheint auch bei den Deckeln Rimah.11 und Rimah.12 vorzuliegen.

Unverziert sind die steinernen ovoiden Pyxiden mit spitzem Boden, die den Ausführungen in Quarz-keramik stark ähneln. Im Ischtar-Tempel in Assur sind gleich zwei Doppelpyxiden dieser Art gefunden worden. Assur.14 und Assur.15 bestehen je aus zwei separaten, ovoiden Reservoiren, die am Rand ver-bunden sind (Taf. 97f, g). Hier befinden sich auch zwei kleine Ösen – die eine zur Aufnahme eines Gelenkstiftes für einen Schwenkdeckel, die andere zum Verschließen desselben. Der Deckel sitzt direkt auf dem Gefäßrand auf. Assur.16 ist ein drittes Steingefäß, das nach dem gleichen Prinzip zweier ovoider Pyxiden mit spitzem Boden geformt ist, dabei aber weniger gedrungen wirkt. Auch hier sitzen zwei längliche, senkrecht durchbohrte Ösen in den Zwickeln zwischen den runden Korpora. Möglicherweise handelt es sich gleichermaßen bei Uga.18 um eine ovoide Doppelpyxis aus Stein (Taf. 97h). Erhalten ist nur der untere Teil, der zwei spitze, miteinander verbundene Böden erkennen lässt.[85]

Caubet betrachtet die ovoiden Steingefäße als ägyptisierend[86], doch erscheinen die Behälter im Standardrepertoire ägyptischer Gefäße nicht. Als Material für die Funde aus Ugarit ist „albâtre" genannt, den Stein der Assur-Funde bezeichnet Andrae als bräunlich gefleckten bzw. weißen Alabaster. Hier gilt, wie bereits für die levantinischen Steinpyxiden (vgl. Kap. 3.1.4), dass das Material nicht aussagekräftig für die Herkunftsfrage ist. Die Funde aus Assur und die Ähnlichkeit zu den Quarzkeramikobjekten verlagern eher das Gewicht auf den levantinisch-nordsyrischen Raum. Dass die kapselartigen Pyxiden nicht isoliert zu betrachten sind, zeigen Vergleiche mit dem keramischen Repertoire: Gerade die kleineren mittelassyrischen Becher der Typen 4.2 und 4.3 nach Pfälzner[87] erinnern an die kapselartigen Pyxiden. Diese Formen datieren ähnlich in das 13. und 12. Jh.[88] Aber auch die mittanische Keramik hat vergleichbare Formen hervorgebracht, die zeitlich den mittelassyrischen Typen vorangehen.[89] Auch spitzbodige mittanische Becher[90] oder mittelassyrische Gefäße[91] weisen eine ähnliche Gefäßform auf. Die Technik der Abrollung von Siegeln auch über einfache Gefäße ist im keramischen Repertoire viel-fach bezeugt.

A. Busch, Mainz, wies mich auf mehrere sehr ähnliche hölzerne Objekte im Ägyptischen Museum, Kairo, hin, die bislang unveröffentlicht geblieben sind und nicht in den Katalog aufgenommen werden konnten (CG 44.703, 44.708, 44.709, 44.713, 44.746, 44.747, 44.748). Sie besitzen alle eine abge-setzte Standfläche, bei einem nur leicht eingezogenen unterem Bauchprofil. Als Besonderheit ist der Bereich der Lasche für den Schwenkstift verdickt und im Falle von CG 44.748 sogar separat mit Dübeln angesetzt worden. Während die Mantelfläche überwiegend unverziert und nur der obere Rand leicht abgesetzt ist, ist CG 44746 im unteren Bauchbereich vertikal gerippt. Der Ansatz für den Schwenk-stift zeigt einen Frauenkopf mit langer Perücke und Kuhohren – also wohl Hathor(?). CG 44.709 ist ähnlich gerippt und weist zwei Zickzackreihen am oberen Rand auf. Die Angaben zur Herkunft der Objekte fehlen, doch wirken teigige Zickzackbänder und die eher nachlässige Gestaltung des

---

[85] In Susa sind noch weitere ovoide Doppelpyxiden (Sb 2872: mit schmalem Fischgrätmusterband; Sb 2929: mit breitem Fischgrätmusterband; Sb 13845: mit einfacher Randleiste; Sb 18196: mit einfachem Schraffurband; Sb 18201: mit Kreuzschraffurband) und eine Einzelpyxis (Sb 18239) gefunden worden. Die Materialangabe lautet „Albâtre" bzw. „Albâtre gypseux", und als Datierungsansatz ist „Uruk-Zeit" angegeben. Möglicherweise stammen diese Objekte aber tatsächlich aus dem 2. Jt., was angesichts der fehlenden Dokumentation der Fundsituation nur noch schlecht zu überprüfen ist.

[86] Caubet, Vaisselle de pierre, 213.

[87] S. Pfälzner, Keramik, Taf. 78e oder Taf. 114a, b.

[88] Pfälzner, Keramik, 233-238; s. a. Postgate – Oates – Oates, Rimah, 69 Taf. 67.

[89] Oates – Oates – McDonald, Brak 1, Abb. 113, 206:553, 556 aus den Schichten 5 und 7.

[90] Oates – Oates – McDonald, Brak 1, 75 Abb. 113.

[91] Andrae, Farbige Keramik, 17 Taf. 11a.

Hathorkopfes wenig ägyptisch, weswegen eine Herkunft aus dem levantinischen Bereich in Erwägung gezogen werden sollte. Ein Beleg für diese Gruppe befindet sich mit KH.56 heute im Louvre. Der Mantel ist lediglich mit einem breiten Band unterhalb des Randes verziert. Ein kleiner hölzerner Stift steckt noch in einer Öse zum Drehen des verloren gegangenen Deckels vom Typ II.a.

   Zwei Objekte, CG 44.710 und CG 44.711, eine Einzel- und eine Doppelpyxis, kombinieren diese Grundform mit einer rechteckigen Basis mit vier Füßchen. Dieses verweist vom Gefäßgedanken an die im Folgenden zu behandelnde Gruppe von kapselförmigen Pyxiden mit angearbeitetem Standapparat, die eine markante Untergruppe bilden. Prinzipiell können die kapselförmigen Miniaturpyxiden aus Nordsyrien von den Funden mit Standfüßen abgesetzt werden; bei beiden liegt allerdings die gleiche Gefäßform mit gerundetem Boden vor. Diese Pyxiden mit Standfüßen sind mit bis zu 9,0 cm Höhe deutlich größer als die eingangs besprochenen kleinen Kapseln, die mit bis zu 5,0 cm Höhe gar nicht wie verwendbare Gefäße wirken.

So stellt Assur.12 eine sorgfältig geformte und mit 7,6 cm Höhe größere Ausführung des kapselförmigen Typs in dem Material „Ägyptisch Blau" dar (Taf. 98a). Zwei sich gegenüberliegende Laschen im Inneren dienen zur Befestigung des Deckels. Ein breiter unverzierter Streifen unterhalb des Randes wird von zwei Zickzackbändern gesäumt. Die untere Hälfte des Korpus ist mit einem Zungenmuster versehen. Der Korpus steht auf drei kleinen Füßchen, die als Stierbeine ausgebildet sind. Der archäologische Kontext von Assur.12 ist nicht vollends geklärt. Wie bei den übrigen Objekten dieser Gruppe ist aber eine Datierung in die mittelassyrische Zeit anzunehmen.

   Einen direkten Vergleich zu diesem ungewöhnlichen Objekt bietet ein Fund aus dem Kunsthandel, KH.57 (Taf. 98b).[92] Es handelt sich gleichermaßen um eine kapselförmige Pyxis, allerdings mit stärker gerundetem Boden, an der seitlich drei Standbeine angebracht sind, die in Stierhufen enden. Oberhalb der Standfüßchen ist die Randzone mit zwei breiten Zickzackbändern eingefasst; der untere Teil des Korpus' ist unverziert. Nicht nur die Gefäßart mit Standfüßen, auch der Stil des Zickzackbandes mit geraden Zacken ist bei Assur.12 und KH.57 nahezu gleich.

   Weiterhin ist ein Fund aus Kahun, aus dem Nildelta den Belegen hinzuzufügen, sodass sich eine „levantinische Ausrichtung" auch dieser Formgruppe ergibt (Taf. 98c). Kahun.1 entspricht in Form und Gestaltung KH.57 weitgehend, ist allerdings aus Holz gefertigt. Am oberen Rand, der ein wenig zurückgestuft ist, ist ein doppeltes Zickzackband graviert. Der Fund, zu dem keine weiteren Fundumstände durch Petrie berichtet werden, wird entsprechend anderer Beifunde in die Zeit Amenophis' III. datiert und kann damit als gleichzeitig zu den Funden aus Assur gelten. Anders als bei den unpublizierten Belegen des Kairoer Museums und KH.56 befinden sich die Laschen zur Befestigung des Deckels innerhalb des Reservoirs.

   Bei Assur.13 sind die Füßchen nicht figürlich umgebildet, sondern lediglich lappenartig ausgezogen (Taf. 98d). Der Korpus ist ansonsten unverziert. In der Wandung unterhalb des Randes befindet sich ein Loch, innerhalb des Korpus' sind jedoch keine Laschen erkennbar. Ob es sich hierbei um eine Pyxis handelt, lässt sich bis auf weiteres nicht entscheiden, in jedem Fall war der Deckelverschluss ein anderer. Dafür ist Assur.13 besser stratifiziert und in das 13. Jh. zu datieren.

   Eine einfache Ausführung dieses Pyxidentyps (Abu.1) ist während der frühen deutschen Ausgrabungen in Abu Hatab gefunden worden (Taf. 98e). Es handelt sich um ein 5 cm hohes Steingefäß mit drei flachen Standfüßchen unter dem gerundeten Boden, dessen zeitlicher Horizont leider nicht weiter einzuschränken ist als bis auf die Mitte des 2. Jt.s. Der Korpus ist nahezu zylindrisch, und die Standfläche wird von drei Laschen gebildet. Die Bohrungen für die Deckelstifte sind hier direkt in den Gefäßrand gebohrt.

Der Standapparat an den kapselförmigen Pyxiden erinnert an anderweitig bekannte Gestelle für Gefäße. Vor allem die bei Assur.12 oder KH.57 plastisch als Stierbeine ausgearbeiteten Füße und die Art der Verstrebungen lassen an Gefäßständer denken. Die Verwendung solcher Gefäßständer ist

---

[92] Kat. Mésopotamie, Tokyo, 232 Nr. 239; Kat. Faïences, Paris, 14, Kat.Nr. 8; Kat. FMV, Paris, 99 Nr. 35; vgl. Kat. FMV, Paris, Nr. 35.

hinlänglich durch zahlreiche Bankettszenen von neuassyrischen Reliefs her bekannt.[93] Als Beleg für einen bronzenen Dreifuß mit zoomorphen Füßen von nur 6,5 cm Höhe bei einem Durchmesser von 5,1-5,3 cm sei hier nur auf einen Fund in Ugarit verwiesen.[94] Nicht zuletzt die originelle Umsetzung des funktionellen, ursprünglich separaten Bestandteiles in einen Gegenstand machen diese kapselförmigen Pyxiden mit ausgearbeiteten Standfüßchen zu einer besonders reizvollen Gruppe. Die ausgefallene Form, die wenigen Belege und das Material „Ägyptisch Blau" suggerieren – wie bei den wannenförmigen Pyxiden der Formgruppe S.c – eine enger umgrenzte Produktion, für die der levantinische Raum in Erwägung gezogen werden sollte.[95] Eine sehr enge Parallele zu den Pyxiden mit Standfüßchen bildet auch ein Glasbecher aus Assur mit Verzierungen in Gestalt von Girlanden aus der gleichen Epoche.[96]

Wie eine Variante der Pyxidenform mit drei Füßchen wirkt Mari.18 (Taf. 98f). Der Grabfund aus Mari aus der Mitte des 2. Jt.s besitzt vier ähnliche, über Kreuz angelegte Standfüße, die jeweils in stark stilisierten Tierhufen enden. Im Gegensatz zu den anderen Belegen ist der Korpus jedoch zylindrisch und besitzt einen flachen Boden. Der Mantel ist in horizontale Zonen geteilt, die mit Kreispunktmotiven gefüllt sind.[97] Einen engen Vergleich hierzu gibt es ebenfalls in Kairo: CG 44.710 hat einen zylindrischen Korpus auf drei Füßchen. Der Mantel ist entsprechend in drei Felder geteilt, die mit Schraffurmuster gefüllt sind. Eine weitere formale Parallele zu den beiden genannten Gefäßen bildet Esna.1, die allerdings unverziert ist (Taf. 98g). Zu Esna.1 bemerkt Downes, dass es keine Parallele im ägyptischen Repertoire der Steingefäße gibt, was durchaus zutreffend ist, und die Herleitung dieser Gefäßform aus dem levantinischen Raum bekräftigt (vgl. Karte Taf. 5).[98] Auch Uruk.4 und Zube.1 besitze mehr oder minder ausgeprägte Standfüßchen, sodass sie aus formalen Gründen neben die hier genannten Objekte gestellt werden können.

Diese Verteilung von Objekten in Ägypten und Assyrien konnte bereits für die Linsenpyxiden mit Handhaben in Form von Frauenköpfen konstatiert werden. Dies kann nicht mehr als Zufall bezeichnet werden, sondern viel eher als Hinweis auf die weitreichenden Handelsbeziehungen in der Spätbronzezeit gewertet werden.

Im Hinblick auf die Verwendung ist der Fundkontext in Tell al-Rimah aufschlussreich. Die kapselförmigen Miniaturpyxiden stammen aus der Phase II des Tempelareals auf der Akropolis, also nach der offensichtlichen Umnutzung des Tempel-Vorhofes durch den Einbau vieler kleinerer Mauern.[99] Die Pyxiden wurden überwiegend in Raum 5 bzw. im Hof zusammen mit einer größeren Anzahl weiterer Quarzkeramikobjekte gefunden, sodass die Ausgräber von einem „shop for shrine offerings" sprechen.[100] Das kleine Format der Objekte fasst keine großen Mengen. Als „cosmetic capsules" haben bereits die Ausgräber von Tell al-Rimah diesen kleinen Behältern eine Funktion zugeschrieben, der

---

[93] Etwa Hrouda, Kulturgeschichte, 67 Taf. 13:9-12.

[94] Mallet, Temple, Abb. 17, 18 Inv.Nr.; 80/5 102; zu den Dreifüßen aus Zypern und den angrenzenden Räumen bereits seit der Spätbronzezeit vgl. Matthäus, Metallgefäße, 299-340. Miniaturdreifüße wurden etwa in Pyla oder Idalion gefunden (ebda., 302, 340 Nrn. 688, 720).

[95] Das Material von Assur.12, „Ägyptisch Blau", kann nicht als Hinweis für eine Herkunft des Objektes genommen werden, da „Ägyptisch Blau" durchaus auch im Vorderen Orient hergestellt worden ist, wenn auch mit leicht verschiedenen Zutaten (vgl. Wartke in Kat. Türkis, Kassel, 59; Kat. FMV, Paris, 14, 39f.). Die Belege CG.44710 und 711 mit ihrer rechteckigen Basis mögen eine ägyptische Adaptation des levantinischen Typs sein.

[96] S. Kat. Berlin 1992, Nr. 101.

[97] Die zylindrische Pyxis Mari.17 ist mit Mari.18 im selben Grab gefunden worden. Beide zeigen einen Dekor mit Kreispunktmustern, jedoch stehen sie bis auf weiteres eher isoliert neben den anderen Belegen dieser Arbeit.

[98] Downes, Esna, 98. Aston verweist zwar auf zwei weitere Belege aus Edfu und Kubaniyeh, die allerdings andere Proportionen und Deckelformen besitzen und nicht mit den genannten Beispielen verglichen werden sollten (Aston, ESV, 145 Nr. 155).

[99] Ein Plan bei Postgate – Oates – Oates, Rimah, 25 Abb. 5.

[100] Postgate – Oates – Oates, Rimah, 25.

etwa auch Otto jüngst gefolgt ist.[101] Etwaige Rückstände werden jedoch in keinem Fall erwähnt. Sollte die Zuweisung des Tempels an Ischtar oder Geštinanna richtig sein[102], besteht möglicherweise sogar ein Sinnzusammenhang zu dem Beleg mit Gesicht (Rimah.6). Es erscheint mir allerdings näherliegend in den Objekten keine Weihgegenstände für die Gottheit zu sehen – in diesem Fall hätten bedeutend mehr im Tempelbereich oder in der Cella gefunden werden müssen – sondern eher „Pilger-Souvenirs" für die Gläubigen.[103] Dies könnte auch den Fund des nahezu identischen Belegs Hami.1 in dem Grab von Tell al-Hamidiya oder von Bazi.1 erklären. Die Anbringung des Dekors mittels eines Siegels spricht für eine höchst ökonomische Verzierungstechnik, die größere Stückzahlen zulässt.[104] Mit dem Befund in Tell al-Rimah und der Assoziation mit mittanischen Siegeln der nordmesopotamisch-syrischen Gruppe bietet es sich an, auch dort eine Produktionsstätte dieser Objekte anzunehmen und somit zumindest die kleinformatigen kapselförmigen Pyxiden als eine „nordsyrische Form" zu bezeichnen.

8.3 NIERENFÖRMIGE PYXIDEN (FORMGRUPPE S.E)

Der Formgruppe der nierenförmigen Pyxiden S.e sind sechs Belege aus unterschiedlichen Materialien zugeordnet, die ihre ungewöhnliche Form verbindet.[105] Diese Grundform besteht aus einem annähernd halbrunden Korpus, dessen Rückseite gerade oder gebogen sein kann, sodass die Form einer Niere oder Bohne ähnelt. Das Innere ist durch Stege in eine unterschiedliche Anzahl von Fächern geteilt. Variationen der Grundform dieser Pyxidengruppe bestehen in einer geraden oder leicht gewölbten Rückseite bzw. in der Art und Zahl der Kompartimente. Alle Objekte sind mit bis zu 3,3 cm Höhe sehr flach und konnten mit einem Schwenkdeckel verschlossen werden. Die geringe Zahl der Funde erlaubt es bisher nicht, werkstattrelevante Untergruppen herauszuarbeiten.[106]

Assur.17 veranschaulicht alle Merkmale dieser Formgruppe (Taf. 99a). Im Inneren der Pyxis befinden sich drei bogenförmig segmentierte Fächer, die allerdings nicht sehr tief sind. In der Mitte der Rückseite, wo auch die Fächerwandungen zusammenlaufen, befindet sich eine Lasche bzw. Öse für einen Deckel. Die Außenfläche ist unverziert. Als Material wird von Andrae Stein – Magnesit – für diese Pyxis angegeben.

---

[101] Otto, Alltag, 135.

[102] Postgate – Oates – Oates, Rimah, 26.

[103] Ebenfalls in Betracht zu ziehen wäre eine Verwendung als Substitute größerer Behälter; damit ließe sich ein stärkerer Symbolcharakter verbinden.

[104] Bei Rimah.6 wurde im Übrigen auch die Unterseite mit einem Stempelsiegel gesiegelt, das einen Feliden in einer nicht mehr näher bestimmbaren Haltung zeigt.

[105] Zu ergänzen sind zwei weitere Objekte nach Matoïan 2000, 207 (ebda., Cat.Faï. Nrn. 17770, 17771) und ein Fund aus Emar (Matoïan i.V. Nr. 129).

[106] Neben den hier als Pyxiden interpretierten Deckelbehältern gibt es noch eine größere Anzahl halbrunder Schälchen, die nicht als Pyxiden aufgenommen wurden, da sie offensichtlich nicht zum Verschließen gedacht waren. Der Fund aus Byblos etwa besitzt eine Reihe von Zierknäufen am Rand, der ein Verschließen verhindert (s. Montet, B&E, Taf. 106:725; Taf. 23d). Ohnehin scheint der Typ offener Schälchen in halbrunder Form zu unterschiedlichen Zeiten gelegentlich aufzutreten, ohne dass ein Zusammenhang zu den nierenförmigen Pyxiden bestehen muss – schließlich handelt es sich um eine recht naheliegende Form. So mag etwa die Ähnlichkeit zweier halbrunder Tonschalen ohne Kompartimente aus Tell Chuera, die aus dem 3. Jt. stammen, durchaus zufällig sein (Orthmann, Tell Chuēra, 45, 52 Nrn. 106, 108 Abb. 30:106, 108). In diesem Zusammenhang kann auch auf einige baktrische Gefäße verwiesen werden. Es handelt sich um Steingefäße in Nierenform bzw. in einer wie hier vertretenen halbrunden Form (s. Ligabue – Salvatori, Bactria, 182f. Farbtaf. 84, 85). Im Unterschied zu den Pyxiden der Formgruppe E.c sind diese Gefäße jedoch als offene Schalen zu betrachten, denn ihnen fehlt ein Deckel bzw. eine Vorrichtung zur Befestigung desselben. Ferner sind sie nicht kompartimentiert. Sie datieren allgemein in die „Baktrische Bronzezeit" (Ende 3./Beginn 2. Jt.), was sie älter macht als die levantinischen, und stammen aus dem östlichen Iran bzw. Zentralasien.

Eine formal identische Pyxis stellt Brak.1 dar (Taf. 99c). Die Öse auf der Rückseite für den Deckel reicht von Rand bis Boden. Offenbar aufgrund des Materials, Ton, sind die Formen nicht scharfkantig, sondern leicht verwaschen. Auf der Außenseite ist noch sehr gut die Verzierung, die Abrollung eines Siegels zu erkennen. Es handelt sich auf Vorder- und Rückseite jeweils um das gleiche Siegel, allerdings ist es auf der Rückseite kopfüber abgerollt worden. Ebenfalls aus Ton ist die dreikammrige Pyxis Rimah.5, die allerdings im keine Bohrung für einen Gelenkstift aufweist.

Die Pyxis Alal.7 hat nur zwei Fächerunterteilungen (Taf. 99b). Ein Loch für einen Gelenkstift ist auf der mir bekannten Abbildung nicht zu erkennen, weshalb es sich auch um eine offene Schale gehandelt haben könnte. Trotzdem besitzt sie zwei Fächer, und die Rückseite ist gerade, was sie direkt neben die flachen Pyxiden stellt. Als Material ist Obsidian angegeben, ein nur schwer zu bearbeitendes Material. Die Oberfläche ist glatt poliert und unverziert, wodurch die Maserung des Steines zu Geltung kommt.

Eine weitere nierenförmige Pyxis aus Stein, Uga.19, hat nur zwei Kompartimente (Taf. 99d, e). Obwohl der Erhaltungszustand recht fragmentarisch ist, ist doch eindeutig zu erkennen, dass hier nur eine bogige Abteilung statt zwei, wie etwa bei Assur.17, vorliegt und die dazu noch unsymmetrisch ist. Die Wandung ist außen mit mehreren horizontalen Riefen gegliedert. Eine Lasche an der geraden Rückseite zeigt die Befestigung eines Deckels an. Uga.20 lässt nur noch die Wandung und Reste zweier Fächer erkennen, sodass keine genaueren Angaben zur Form gemacht werden können; auch Uga.21 ist zu stark fragmentiert.

Von unbekannter Herkunft, aber dafür vollständig erhalten ist KH.58 (Taf. 99f). Es handelt sich um die Ausführung einer nierenförmigen Pyxis mit Schwenkdeckel. Das Innere ist in drei Fächer aufgeteilt, von denen das mittlere allerdings deutlich größer ist als die beiden seitlichen, deren Kompartimentwände sich auch nicht am Deckelgelenk treffen. Die Rückwand ist gerade und nicht gewölbt. Der Schwenkdeckel ist mit einem bronzenen Gelenkstift mit größerem Knauf an der Rückseite befestigt; ein kleinerer Knauf befindet sich ihm gegenüber auf dem Deckel sowie ein weiterer horizontal in der Wandung gegenüber dem Gelenkloch. Die an KH.58 erhaltenen Quarzkeramikknäufe entsprechen den pilzförmigen Knäufen etwa von MA.1. Das Objekt ist zwar unverziert, besticht aber durch sein gesprenkeltes Quarzkeramikmaterial (dunkle Einsprengsel in heller Matrix), welches zweifelsohne Stein imitiert.[107]

Hinsichtlich des zeitlichen Stellung der nierenförmigen Pyxiden zeichnet sich eine Datierung in die Spätbronzezeit ab. Während der Fundkontext Assur.17 eher in das 13. Jh. verweist, Brak.1 durch beigefundene Keramik ebenso wie Alal.7 dem 15. Jh. zugeschrieben wird[108], können auch für Uga.19 und KH.58 ein spätbronzezeitlicher Ansatz vertreten werden.[109]

In der Grundform sehr ähnlich ist ein flaches Schälchen mit zwei Kompartimenten ebenfalls aus Tell Brak allerdings ohne Deckel (Reg. No. 85.94: Oates – Oates – McDonald, Brak 1, 29 Abb. 205:539). In spätassyrische Zeit datieren drei Schälchen aus Tell al-Rimah (glasiert, mit zwei Kompartimenten: TR 4313, Postgate – Oates – Oates, Rimah, Taf. 25f.), aus Tell Scheich Hammad (Kreppner, Keramik, 98, Taf. 103:4) und aus Babylon (Reuther, Innenstadt, Taf. 75).
Ein weiterer Vergleich ist CG 44.720 in Bénedites unpubliziertem Katalog, Taf. 35: Es handelt sich um eine halbrunde Schale mit Schwenkdeckel mit zwei Fächern, doch befindet sich der Gelenkstift an der runden Seite, der Verschlussstift in horizontaler Position in der Mitte der geraden Seite.

[107] Das Beispiel KH.59 liegt nur in der Beschreibung Athanassious als „kidney- (or bean-) shaped object", welches aber eine Fächeraufteilung besitzt, vor. Entsprechend nahe liegt die Zuweisung zur Formgruppe S.e. Es handelt sich jedoch um eine Pyxis unbekannter Provenienz, die zusammen mit anderen eisenzeitlichen Objekten unter der Fundortangabe „Rasm et-Tanjara" publiziert wurde (Athanassiou, Tanjarah, 206f. Nr. 89). Für eine weitere Bewertung des Stückes ist eine Autopsie nötig.

[108] Gefunden in einer Füllschicht unter einem Haus der Schicht 4 im Schnitt D. Damit gehört sie noch in Schicht 5, die v. a. durch die Funde von Scherben der frühen Nuzi-Keramik dem 15. Jh. zugeschrieben wird (Oates – Oates – Macdonald, Brak 1, 35, 148f.).

[109] „[...] its variegated glaze, imitating stone, may suggest an Eighteenth and Nineteenth Dynasty date [...]." (Kat.

Overlaet bei Luri.3 auf einen Import aus Mesopotamien.[32] Bei Emar.1 handelt es sich um das Wandungs-fragment einer weiteren zylindrischen Quarzkeramikpyxis mit innenliegender Gelenköse, die sehr an Mari.1 oder Luri.3 erinnert. Die Außenseite war ehemals vermutlich polychrom mit einem Palmett-baum bemalt; von der Bemalung haben sich aber nur bräunliche Reste erhalten.

CM.1 ist ein Unikat in der Form (Taf. 104a, b). Der Korpus ist sehr hoch, besitzt aber einen Standfuß. Der Übergang vom Korpus zum Standfuß ist leicht abgerundet; der Standfuß selbst noch einmal durch eine schmale Leiste an der Nahtstelle abgesetzt. Auffallend ist jedoch, dass der Standfuß zu klein für den großen Korpus wirkt. Der Fußdurchmesser ist nur wenig größer als die Hälfte des Gesamtdurchmessers, was bei einem Höhenverhältnis von Korpus zu Fuß von 5:1 sehr gedrungen ist. Die waagerecht aus-gezogenen Handhaben sind jedoch in üblicher Weise senkrecht durchlocht; dies weist das Objekt auch als Pyxis aus. CM.1 wurde aus Grab 39 bei dem Fundort Chamahzi Mumah geborgen und nimmt in Form und Material eine Ausnahmestellung ein. Aufgrund von Parallelen im keramischen Repertoire, aber auch durch Vergleich der Bronzefunde und die assyrischen Einflüsse kann als zeitlicher Rahmen die Epoche Neuelamisch II (ca. 750-650) abgesteckt werden.[33]

Eine weitere ungewöhnliche Ausformung besitzt der neuelamische Beleg Susa.38 aus Quarzkeramik (Taf. 104c). Die Grundform ist flach und offen; die Ösen stehen seitlich nur leicht über den Korpus über. Entsprechend klein fallen auch die Laschen des Deckels aus. Der Korpus ist außen mit zwei Reihen von Kreispunktmustern verziert; Rand, Boden und Mitte werden durch eine doppelte Linie markiert. Der obere Rand ist mit leicht reliefierten Dreiecken versehen. Dieses Muster wiederholt sich am Rand auf der Oberseite des Deckels. Die Ösen sind durch einen dreieckigen Fortsatz hervorgehoben. Vergleich-bare Kreispunkte wie auf dem Korpusmantel befinden sich auch auf dem Deckel.

9.3 Runde bauchige Grundform

Susa.37 gehört zu den aus Ton gefertigten Pyxiden, die Metallformen imitieren (Taf. 104d). Es handelt sich um eine Pyxis mit zwei Ösen für den Deckel. Der Korpus besitzt einen in der Mitte ansetzenden, leicht einziehenden Hals. Die untere Hälfte des Korpus' ist in zwei Wülsten leicht nach außen gewölbt. Mit dieser Form werden eindeutig Metallgefäße nachgeahmt, die allerdings zumeist höher sind. In einer Behandlung zweier Objekte des Metropolitan Museums, New York, gibt Muscarella eine Liste mit ver-gleichbaren Bronzegefäßen aus Kunsthandel und Grabungen an. Nicht zuletzt durch Funde aus Susa und Luristan kommt er zu dem Ergebnis, dass es sich bei dieser Gefäßgruppe, die von Haerinck und Overlaet auch als „inkpot-vessels" bezeichnet werden[34], um ein iranisches Produkt handelt, „[…] from either Luristan or Elam […]" und vom späten 8. bis in das 7. Jh. hinein hergestellt worden sind.[35] Näher an die Form von Susa.37 reicht ein Napf aus dem Ashmolean Museum heran.[36]

Ein Unikat ist die kleine Elfenbeinpyxis Assur.7. Der Korpus ist wulstförmig und rund, dabei aber sehr flach. Dazu gehört ein passender, runder Stülpdeckel, der mit einer schmalen Falz auf dem Korpus sitzt. Ein kleiner Knauf dient dem Greifen. Seitlich ist ein einzelner Griff in Gestalt eines Entenkopfes mit zurückgewandtem Schnabel angebracht. Ansonsten besteht die Verzierung aus Halbkreisen mit Punkten. Die kleine Pyxis stammt aus einer Schuttschicht in Assur, die der mittelassyrischen Zeit zugerechnet wird, und bislang unpubliziert ist. Eine schwache Parallele in der Gefäßidee besteht zu den spätbronze-zeitlichen Pyxiden in Gestalt von Wasservögeln, die die zeitliche Einordnung unterstützen mag.

---

[32] Overlaet, Pusht-i Kuh, 139.

[33] Haerinck – Overlaet, Chamahzi Mumah, 22, 27, 42f. – nach Vanden Berghe und Haerinck Eisenzeit III.

[34] Haerinck – Overlaet, Chamahzi Mumah, 28.

[35] Kat. Bronze and Iron, New York, 260-262.

[36] Moorey, Catalogue, 262 Nr. 496.

Aus einem Raum des jüngeren Ischtar-Tempels zu Assur, der von Tukulti-Ninurta I. errichtet worden ist, stammt Assur.1.[37] Die Korpuswandung verläuft von der Lippe ab annähernd senkrecht nach unten, bis sie scharf umknickt und in einen niedrigen Standfuß endet. Zwei Rillen verzieren die Wandung unter dem Rand und über dem Bodenknick. Die Handhabe setzt an der Lippe an und reicht fast bis zu dem Bodenknick. Assur.1 ist aus Quarzkeramik gefertigt; an manchen Stellen scheinen noch Reste einer Glasur erhalten zu sein. Diese Form ist in der Spätbronzezeit recht verbreitet und vornehmlich in Quarzkeramik gearbeitet.[38]

Bei KH.41 handelt es sich um eine Keramikpyxis aus Zypern, die sich in der Slg. Stewart befindet.[39] Die Pyxis ist handgemacht; der helle, rötlich-braune Ton ist im Stil der White Painted II Ware bemalt. Jedoch ist zusätzlich schwarz und rot aufgetragen, sodass Åström sogar von einer „Trichrome Ware" spricht.[40] Die Bemalung besteht aus einem großen Kreuz auf der Unterseite, dessen Arme auf die Wandung übergreifen. Die Fläche zwischen den Kreuzarmen ist mit mehreren vertikalen Strichen gefüllt, zwischen denen sich Schlangenlinien befinden. Die breiten Kreuzarme sind mit schwarzen und rötlichen Rauten bemalt. Aufgrund der Beziehungen zur White Painted II Ware kann die Pyxis nicht vor die 18. Dyn. datiert werden. In der Grundform zylindrisch sind die Ösen schräg durchbohrt.

Eine Sonderform liegt mit der kleinen Quarzkeramikpyxis Ur.2 vor (Taf. 104e, f). Dieser aus Ur stammende Fund ist sehr flach und besitzt gerade Wände. Die beiden Handhaben sind massiv und reichen bis zum Boden; es handelt sich also nicht etwa um Laschen oder Ösen. Die Handhaben sind nicht ganz regelmäßig senkrecht durchbohrt. Der passende Deckel sitzt nicht ganz gerade auf dem Korpus, was auch daran liegen könnte, dass das Objekt offensichtlich frei in der Hand geformt worden ist. Nur schwer zu datieren, scheint die Pyxis eher der Mitte des 1. Jt.s anzugehören als der spätkassitischen Zeit.[41]

Aus dem westiranischen Bereich lässt sich schließlich eine größere Gruppe an napfförmigen Pyxiden isolieren, die aus Ton und Quarzkeramik gefertigt sind. Dazu gehört unter anderen HSL.21. Der archäologische Kontext in dem Fundort Hasanlu datiert das Stück an den Beginn des 1. Jt.s, aufgrund der Zerstörung von Hasanlu IV jedoch nicht nach 800/780. Der Korpus ist eher von gedrungener Form; der größte Durchmesser liegt knapp unter der Hälfte der Gesamthöhe. Damit ähnelt dieses Gefäß der Pyxis Susa.41. Dieser Umbruch ist durch ein Kreuzschraffurband markiert. Die Lippe ist leicht wulstförmig ausgestellt. Die Durchbohrung der Handhaben ist nicht ganz klar, so scheint die eine vertikal die andere dreifach horizontal gelocht zu sein. Einen noch tiefer sitzenden Bauchknick bei ähnlich lang ausgezogenen Handhaben besitzt Kul.1, deren obere Bauchhälfte noch annähernd zylindrisch verläuft (Taf. 105a). Zu dieser Pyxis aus Ton wurde ein vergleichsweise dicker Deckel gefunden, was charakteristisch für die westiranischen Erzeugnisse zu sein scheint (vgl. KH.69, KH.70; Taf. 105b, c). Diese beiden sehr ähnlichen Objekte weisen mit ihren massiven Ösen und den kräftigen schraffierten Feldern in der Gestaltung eine große Nähe auch zu den pyramidenförmigen Pyxiden auf (vgl. Taf. 100), was eine gemeinsame Ursprungsregion nahe legt die sich leide

---

[37] Mein Dank geht an U. Löw, die das Objekt im Rahmen der Materialgruppe „Quarzkeramik aus Assur" bearbeitet und mir Einblick in Ihre Unterlagen gewährte.

[38] Vergleichsbeispiele stammen etwa Emar: Kat. Faïences, Paris, Nr. 109 oder Kat. FMV, Paris, Nrn. 158, 159; aus Mari: Kat. FMV, Paris, Nr. 144; aus Uruk: Strommenger, Gefäße, 16 Taf. 34:10a, b mit Verweis auf zwei Funde aus Nuzi; aus Assur in Ton aus Gruft 8: Haller, GuG, 100 Taf. 2at bzw. aus Gruft 45: Wartke, MDOG 124, 1992, Abb. 15.

[39] Sie ist damit ohne Provenienz, kann aber aufgrund ihrer Bezüge zur lokalen Keramik als authentisch eingestuft werden.

[40] Åström – Åström, SCE IVD, 209.

[41] Der Fund stammt aus Grab 284 von Site AH mit schwieriger stratigraphischer Situation. Der Fundumstand des Topfgrabes weist jedoch eher in die neu- bis spätbabylonische Zeit (vgl. Woolley, UE IX, 54).

aufgrund der fehlenden Provenienz nur unbestimmt und mit großer Unsicherheit als „Nordwest-Iran" benennen lässt.

Ein glasiertes Objekt in ähnlicher Form ist Susa.40, welches in seinem schrägen Profil handgemacht wirkt. Gut vergleichbar hierzu ist der Beleg Bab.1 aus einem spätkassitischen Erdgrab in Babylon, was die Datierung und den Importcharakter dieser glasierten Gefäße nach Luristan unterstreicht (Taf. 105d, e). Eher wie lokale Produkte wirken daher mehrere napfförmige Pyxiden aus der Eisenzeit, die hier unter Luri.4-14 zusammengefasst sind. Sie sind aus Ton und weisen in der Regel eine leicht ausgestellte Lippe und einen Wackelboden auf. Luri.5 und Luri.6 besitzen unterhalb der Lippe noch einen bescheidenen Dekor in Form eingedrückter Kreise.

Maly.1 ist offensichtlich wieder eine miniaturisierte Form, allerdings fehlen konkrete Größenangaben zu dem Objekt (Taf. 105g). Es handelt sich um Pyxis mit zwei kleinen außenliegenden Ösen für den Deckel und einem halbkugeligen Korpus. Unter dem Rand befindet sich ein doppeltes Zickzackband. Die Pyxis stammt aus Tall-e Malyan, ist allerdings nur neben anderen Formen in einem Aufsatz ohne weiteren Kommentar abgebildet.[42] Eine Parallele findet Maly.1 in einem kleinen Näpfchen aus Quarzkeramik aus Susa (Sb 3427), das eine Kabelbandverzierung unterhalb des Randes aufweist und mit einer Höhe von 2,0 cm auch zu den Miniaturgefäßen gerechnet werden kann.

---

[42] Fd.Nr.: G-59: Carter, Elamites, 92 Abb. 13:7.

10. Zusammenfassung

10.1 Formen – Materialien – Regionen

Im Rahmen dieser Arbeit wurden rund 600 Pyxiden aus dem 2. und 1. Jt. v. Chr. von der Levante bis Iran zusammengestellt. Wie in der Einleitung bereits erläutert, kann angesichts der Heterogenität des Materials kein einheitliches Gesamtergebnis präsentiert werden. Vielmehr besteht das Ergebnis aus einer Summe unterschiedlicher Betrachtungen zu einzelnen Regionen und Formgruppen, die sich mosaikartig ergänzen. Letztlich können die Pyxiden nur als eines mit Sicherheit bezeichnet werden – als multifunktionale Aufbewahrungsbehälter.

Die in Kap. 2 dargelegte, rein formal ausgerichtete Formgruppeneinteilung differenziert primär zwischen einer eckigen, zylindrischen und bauchigen Grundform sowie Sonderformen und im Weiteren nach hohen bzw. flachen Formen und schließlich nach der Art des Deckels. Diese Formgruppeneinteilung ist nicht an eine Epoche oder Region gebunden, sondern abstrakt entwickelt, um auch eine Einordnung für bislang nicht festgehaltene Formen zu erlauben.

Es wird eine große Bandbreite von Materialien verwendet, wobei der Schwerpunkt eindeutig auf Bein (Elfenbein und Knochen) sowie Quarzkeramik liegt. Metall und Holz erscheinen zwar in literarischen Belegen durchaus häufiger[1], überdauern die Zeiten aber weitaus weniger gut, sodass sie hier im Katalog entsprechend unterrepräsentiert sind.[2] Auffallend ist die Seltenheit des ansonsten „allgegenwärtigen" Materials Ton, was auf einen Stellenwert der Pyxiden oberhalb von Alltagsgeschirr hinweist.[3]

Im Hinblick auf das Verhältnis von Form zu Material lässt sich feststellen, dass bei der Formgruppe der hohen zylindrischen Pyxiden (A.b) eine sehr heterogene Verteilung der Materialien vorherrscht. Hier ist Elfenbein verhältnismäßig selten, Stein sogar nur einmal vertreten; Knochen erscheint dafür umso häufiger. In der Formgruppe A.b der hohen zylindrischen Pyxiden sind ferner neun hölzerne Pyxiden belegt und zwar alle aus Grabzusammenhängen. Rund ein Drittel der hohen zylindrischen Pyxiden machen Belege aus Quarzkeramik aus. Hier sind es vor allem die Funde aus Susa, die die Statistik maßgeblich bestimmen. Diese Formgruppe bildet die größte und sicherlich unvollständigste Gruppe, da viele Fragmente dieser eher unscheinbaren Form bei Publikationen vermutlich gar nicht als Teile von Pyxiden erkannt wurden. Sie erscheint im gesamten Untersuchungsgebiet sowie im gesamten betrachteten Zeitraum. Der Dekor nimmt mit der Qualität des Materials zu und reicht von gänzlich unverzierten Objekten in Ton oder Knochen bis hin zu ausführlichen, figürlichen assyrischen Hofszenen in Elfenbein.

Eine auffallende Kombination von Form und Material gibt es in der Gruppe der flachen zylindrischen Pyxiden (A.a) wo fast ausschließlich Stein und Elfenbein vorkommt (s. Kap. 4). Angesichts der natürlichen Gestalt des Elefantenstoßzahnes, der eine entsprechende Form vorgibt, ist dieses nicht verwunderlich; die in Stein jedoch leicht auszuführende Kompartimentierung ist jedoch in Nordsyrien auch auf die Elfenbeinausführungen übertragen worden. Bei den figürlich verzierten Objekten lassen sich zudem motivliche Verbindungen ziehen, die im Weiteren für eine regionale Formausprägung sprechen.

---

[1] Hier müssen etwa die in der Amarna-Korrespondenz nur textlich überlieferten Objekte berücksichtigt werden, die von einem großen Aufwand an Material und Dekor zeugen.

[2] In Gräbern mit ihren im Schnitt besseren Erhaltungsbedingungen wurden Pyxiden aus allen vorkommenden Materialien gefunden, allerdings tritt hier das Material Quarzkeramik mit 49 Objekten (ca. 38%) deutlich in den Vordergrund. Es fallen vor allem die Befunde von Mari und Susa stark ins Gewicht. Auch sind Pyxiden aus Holz (14%) erwartungsgemäß deutlich überrepräsentiert – bei Berücksichtigung aller Kontexte machen Holzpyxiden lediglich 4% aus.

[3] Keramikpyxiden bilden nur einen Prozentsatz von 3% an der gesamten Anzahl. Eine Ausnahme scheinen lediglich die luristanischen Pyxiden zu sein, die sich nicht nur im Material Ton, sondern auch in den Formen an der Gebrauchskeramik orientieren.

Die Formgruppe B der Pyxiden mit konkaver Wandung ist ausschließlich auf den westiranischen Raum beschränkt. Die Pyxiden sind alle aus Quarzkeramik bzw. glasierter Keramik gefertigt; hier scheint das flexible Material der formalen Ausprägung und der farblichen Gestaltung Vorschub geleistet zu haben. Eckige Pyxiden der Formgruppe D sind gleichermaßen lediglich in Ton oder Quarzkeramik belegt. Ihre formale Nähe zu Kistchen und Truhen könnte nahe legen, dass ursprünglich mehr vergleichbare Behälter aus Holz gearbeitet worden sind.

Eine größere Variationsbreite an Ausgangsmaterialien findet sich in der Formgruppe der bauchige Pyxiden (Formgruppe C; vgl. Kap. 3). Hier sind Quarzkeramik und Elfenbein neben Holz und Stein die hauptsächlich verwandten Materialien. Elfenbein ist in der Regel für die flachen, linsenförmigen Pyxiden verwendet worden, während die Pyxiden mit gegratetem Korpus vornehmlich und die mit geripptem Korpus ausschließlich aus Quarzkeramik gefertigt sind. Die Farbigkeit und Formbarkeit des Materials ist in diesen Fällen als bewusstes Dekorationsmittel eingesetzt worden. Holz und Stein finden weniger Verwendung, kommen aber in dieser Gruppe überproportional häufig vor.[4]

Die Sonderformen (s. Kap. 8) sind nicht nur regional bzw. zeitlich oder formal stark begrenzt, auch hinsichtlich des Materials innerhalb der Fundgruppen recht homogen. So sind die Kopfpyxiden hauptsächlich aus Quarzkeramik gearbeitet, was sicher an den vielfältigeren Verarbeitungsmöglichkeiten und am Farbreichtum dieses Werkstoffs liegen mag, der dem Formwillen des Handwerkers am wenigsten Einschränkungen auferlegt. Auch die kapselförmigen sowie die pyramidenförmigen Pyxiden sind nahezu ausschließlich aus Quarzkeramik, die „Tintenfäßchen" (Formgruppe S.g) hingegen sämtlich aus Elfenbein gefertigt.

Hinsichtlich regionaler Zuweisungen können die linsenförmigen Pyxiden (Formgruppe C.a.III) als levantinische Form zusammengefasst werden. Material, Formen, Verzierungsarten und Fundverteilung charakterisieren diese vergleichsweise homogene Gruppe als einen Leittyp der Spätbronzezeit (vgl. Kap. 3.2). Die wohl ebenfalls lokal levantinisch gefertigten bauchigen Steinpyxiden bilden hingegen eine zahlenmäßig wesentlich kleinere und formal stark variierende Gruppe (Kap. 3.1.4). Die formal sehr prägnante Gruppe der Rippenpyxiden (Formgruppe C.a.III.5) findet sich vornehmlich in der nördlichen Levante, was möglicherweise damit zusammenhängt, dass das Vorbild für diese Gefäßform aus dem ägäischen Raume stammt. Die Form mit gegratetem Korpus (C.a.III.4) streut in ihrer Fundverteilung hingegen über den gesamten fruchtbaren Halbmond, was eine lokale Bestimmung erschwert. Als Produkt nordsyrischer Quarzkeramikwerkstätten können hingegen die kapselförmigen Pyxiden der Mittani-Zeit gelten (s. Kap. 8.2).

Nordsyrien sind weiterhin die steinernen Kompartimentpyxiden aus der Eisenzeit zuzuordnen (Formgruppe A.a.II.2). Daneben stehen die gleichermaßen nordsyrischen Elfenbeinpyxiden, die, stärker noch als die Steinpyxiden, in ihrem figürlichen Dekor ein spätbronzezeitliches Erbe aufweisen und zum festen Formenschatz der nordsyrischen Elfenbeinschnitzer gehören. Als typisch nordsyrisches Erzeugnis lassen sich die figürlichen Verzierungen in Beziehung zur nordsyrischen Reliefkunst setzen; in ihrer Thematik kreisen die figürlichen Motive vor allem um die repräsentativen Szenen von Tierjagden und Speisetischszenen, die inhaltlich in Beziehung zueinander stehen (vgl. Kap. 4).

In Elam, mit seinem vielfältigen Formenschatz der Quarzkeramikverarbeitung hat sich die Form der runden Pyxiden mit konkaver Wandung (Formgruppe B) herausgebildet, die häufig mit figürlich verzierten Handhaben versehen sind. Aus dem nordwestiranischen Bereich mögen die der Früheisenzeit angehörigen pyramidenförmigen Quarzkeramikpyxiden stammen, wobei diese Zuweisung aufgrund fehlender archäologischer Nachweise bis auf Weiteres hypothetisch bleiben muss.

Zylindrische Segmentpyxiden und Pyxiden in Form liegender Mischwesen (Formgruppen A.a und S.g) lassen sich aufgrund ihrer figürlichen Gestaltung dem assyrischen Kunsthandwerk angliedern (Kap. 5). Sie greifen die Motive der Bankettszenen und Darstellungen von Genien und heiligen Bäumen auf.

---

[4] Hier kommt allerdings die Befundsituation in Mari zum Tragen, wo aus dem mittelassyrischen Friedhof eine große Zahl entsprechender Gefäße bekannt geworden ist.

Als eine in der Spätbronzezeit überregional verbreitete Form, der vermutlich derselbe Bildgedanke zugrunde liegt, muss die Gruppe der Pyxiden in Frauenkopfform gelten (Formgruppe S.a; Kap. 8.1.1). Bei der inhaltlichen Interpretation sind zahlreiche Deutungen möglich, bleiben aber letztlich hypothetisch.

10.2 ZUR VERWENDUNG

Gemäß der Definition von „Pyxis" als Deckelbehälter ist das Verschließen und die Möglichkeit des Aufbewahrens die Gemeinsamkeit aller Objekt schlechthin. Pyxiden sind daher als Aufbewahrungsbehälter für die unterschiedlichsten Dinge betrachtet worden: in erster Linie für Schminken und Salben, für Schmuck und Kleinodien, aber auch für Nahrungsmittel wie etwa Bonbons. Besonders die Möglichkeit der Um- und Wiedernutzung erschwert eine eindeutige Bestimmung. Eine leere Teedose oder ein leeres Marmeladenglas kann gleichfalls zur Aufbewahrung von Nägeln dienen oder zur Spardose werden und damit seine Funktion von einem Lebensmittelbehälter hin zu einem Gegenstand der Werkstatteinrichtung oder der Thesaurierung wandeln. Es fehlen in der Regel Gefäßaufschriften, die letztlich Auskunft über das (ursprünglich) aufbewahrte Gut geben könnten. Hinweise auf die Verwendung müssen durch Betrachtung der Formen und Materialien, Fundkontexte oder sekundärer Quellen gewonnen werden.[5]

Die Formate reichen von miniaturisierten Pyxiden bis zu größeren Gefäßen, die Formen variieren von eckig über oval bis rund, von niedrig bis flach, von eher geschlossen bis eher offen. Besonders bei den figürlichen Pyxiden der Formgruppe S tritt die Funktion als Behälter in den Hintergrund, wenn das Verhältnis von Inhalt(svolumen) und Verzierung(saufwand) bedacht wird. Die Behälter in Gestalt geflügelter Mischwesen wirken eher wie kunsthandwerklicher Zierat als wie funktionale Gegenstände. Auch bei den figürlich gestalteten Pyxiden in Form von weiblichen Köpfen oder Wannen mag eine symbolische Bedeutung im Vordergrund stehen. Gleichermaßen können die miniaturisierten Pyxiden mit höherem Symbolwert belegt sein. Miniaturformen in Grabkontexten werden häufig als Substitute für reale Gegenstände betrachtet.[6]

Die Kontextarten in denen Pyxiden gefunden wurden sind für eine Funktionszuweisung gleichfalls nur begrenzt hilfreich. Im Folgenden werden die Kontexte auf die drei Lebensbereiche „domestikal", „sepulkral" und „sakral" – das Fehlen eines Kontextes ist generell mit „unbekannt" bezeichnet[7] – reduziert. Dieses ist sicherlich stark vereinfachend und vielfach unscharf, trägt aber der erheblich

---

[5] Mit Ausnahme der figürlichen Pyxiden und der oben gemachten Bemerkungen erlauben die in dieser Arbeit erarbeiteten Formgruppen keine Rückschlüsse von der Form auf den Inhalt; sie sind im Sinne Schierings als „inhaltsunabhängig" zu betrachten. Selbst im Falle der figürlichen Pyxiden beruht ein möglicher Zusammenhang eher auf symbolischen Assoziationen, nicht auf funktionellen. Für die Form einiger griechischer Keramikgefäße bemerkt Schiering, dass sich deren Aussehen durchaus nach Inhalt und Funktion richten kann. Das griechische Exaleiptron etwa demonstriert seine Funktion zur Aufbewahrung (dünnflüssiger) Öle und Parfüme in seiner bauchigen, ausladenden Form, die ein Schwenken des Öls ermöglicht, gleichzeitig das Überschwappen aber verhindert; der Deckel schützt vor Verschmutzung und Verdunstung (Schiering, Tongefäße, 56, 142f.).

[6] Löw in Kat. Türkis, Kassel, 330 zu Assur.5: „Miniaturgefäße wie das vorliegende fanden in der Regel als Grabbeigaben Verwendung." Bei dieser Interpretation spielt der Kontext die ausschlaggebende Rolle. Kleinformatigen Modellen aus domestikalen Kontexten schreibt Cholidis dagegen sicher nicht unberechtigt eine Funktion im Hauskult zu (Cholidis, Möbel, 193f.). Karageorghis konstatiert für Zypern, dass Miniaturobjekte häufig in Kindergräbern gefunden wurden (Maier – Karageorghis, Paphos, 131). Bei Bab.1 stellt Wartke etwa keinerlei Gebrauchsspuren fest, und die Stiftlöcher zum Befestigen des Deckels sind verklebt, sodass ein Verschließen gar nicht möglich war, was eine Deutung als spezielle Grabbeigabe plausibel erscheinen lässt (Kat. Türkis, Kassel, 327).

[7] Bei vielen Pyxiden gerade aus älteren Grabungen wie Assur, Susa oder Ugarit sind die Angaben zum genauen Fundkontext nicht dokumentiert oder noch nicht publiziert, sodass sie gleichermaßen als „unbekannt" firmieren.

ungleichen Befundsituation der Pyxiden und ihrer Variabilität Rechnung und spiegelt zumindest in Ansätzen die materiell auswertbaren, möglichen „Bereiche" der Pyxiden wieder – mit der Spannweite von rein funktionalen Aufgaben im profanen wie sakralen Bereich bis hin zu symbolischen Funktionen in Kult und Gesellschaft.[8] Zumindest sind so die drei wesentlichen Bereiche abgedeckt, zwischen denen sich das archäologisch fassbare Leben der Antike bewegt. Problematisch bleibt die Bestimmung, ob das Objekt in seinem angestammten Kontext gefunden wurde oder sekundär oder gar tertiär weiterverwendet, wiederverwendet bzw. umgelagert worden ist.

Von den insgesamt 614 berücksichtigten Objekten können 234 (rund 38 %) – und damit die meisten der Objekte – keinem der angegebenen Kontexte zugeordnet werden – ihre Herkunft ist „unbekannt". Dabei fallen die Kunsthandelsobjekte mit insgesamt 70 Pyxiden, also knapp einem Drittel ins Gewicht. Von den 380 verbleibenden Objekten ist die Anzahl der Objekte aus sakralem Umfeld mit 56 Pyxiden (rund 9 %) auffallend gering. Hierbei handelt es sich darüber hinaus vielfach um Fundkonzentrationen.[9] Während es sich bei den Funden der Idäischen Grotte vermutlich durchaus um Weihegegenstände handeln mag, scheinen die kapselartigen Pyxiden aus Tell al-Rimah eher vom Tempel für die Besucher hergestellt. Andere sakrale Fundorte mit Fundhäufungen, sind die Tempel der Pinikir und Kiririša in Tchogha Zanbil, der Ischtar-Tempel von Assur, der sog. „Temple aux Rhytons" von Ugarit bzw. das „Dépot à l'enceinte" im Hafengebiet von Minet el-Beida. Hier sollte in Erwägung gezogen, ob die Pyxiden nicht möglicherweise als kultisches Gerät Verwendung fanden. Mit 138 Objekten (ca. 22 %) und somit rund einem Fünftel stammen die meisten Pyxiden mit gesichertem Kontext aus Gräbern.[10] Wenn auch die hohe Zahl der Grabkontexte auffällt, impliziert dies in keiner Weise sepulkralen Charakter, sondern spiegelt eher Erhaltungszustand und Fundzufall wieder. Insgesamt können 184 Objekte, das entspricht knapp der Hälfte der bekannten Fundkontexte, domestikalen bzw. palatialen Kontexten zugeordnet werden. Auf die Problematik der Überschneidung dieser beiden Kontextarten wurde bereits hingewiesen. Pyxiden annähernd aller Formgruppen finden sich in den häuslichen bzw. repräsentativen Kontexten. In vielen Fällen sind die Pyxiden in den repräsentativen Vierteln der Grabungsorte belegt, was forschungsgeschichtliche Hintergründe hat. So wurden an Orten wie Alalach, Karmir Blur und Toprakkale, Ninive und Nimrud oder Hasanlu in erster Linie die herausgehobenen Zitadellen- und Akropolisbereiche archäologisch untersucht. Damit verschiebt sich das Bild erheblich zu Gunsten der Objekte aus diesen Arealen. Dies suggeriert ein möglicherweise falsches

---

[8] Pfälzner berücksichtigt in seiner Analyse nordmesopotamischer Haushalte sieben verschiedene „methodische Konzepte" um zu einer möglichst umfassenden Interpretation der Wohnformen zu gelangen, darunter die funktionale, die ökonomische und die symbolische Analyse (Pfälzner, Haus, 24-37). Als mögliche „Funktionsklassen" von Gebrauchsgegenständen listet er insgesamt 14 Kategorien – mit der Option zur Erweiterung – auf (ebda., 66 Abb. 25). Bei kritischer Betrachtung zeigt sich jedoch, dass diese Klassen im Grunde eben das hier vorgestellte Spektrum von rein funktionalen Gegenständen, die ihre Aufgabe in diversen Produktionsvorgängen haben, bis hin zu rein symbolischen Gegenständen, mit nur mehr religiös-kultischer oder sozialer Bedeutung, abdecken. Zwischen diesen Polen stehen auch die Pyxiden.

[9] So stammen die neun nordsyrischen Elfenbeinpyxiden aus dem Zeus-Heiligtum der Idäischen Grotte auf Kreta. Ebenso fanden sich die fünf Belege aus Lachisch allesamt im spätbronzezeitlichen sog. „Fosse"-Tempel. Auch die acht Pyxidenfragmente aus Surkh Dum-e Luri oder die Miniaturpyxiden von Tell al-Rimah wurden zumindest im Umkreis der dortigen Heiligtümer ausgegraben. Weiterhin liegen Einzelfunde aus dem Artemision von Ephesos, dem Tempel M2 von Emar, im bzw. beim sog. „Mekal"-Tempel von Beth Shan, aus dem Tempel 131 von Tell Qasile oder aus einem generell als „sanctuaire" gedeuteten Gebäude in Enkomi und dem „Sakralbereich R" von Beycesultan vor.

[10] Dabei sind es hauptsächlich die Nekropolen, die z. T. eine große Anzahl hervorgebracht haben: der mittelassyrische Friedhof von Mari (insgesamt 18 Objekte), die spätbronzezeitliche Nekropole von Enkomi (insgesamt sechs Objekte), die Grabanlagen von Jericho (insgesamt sechs Objekte) und der allgemeine Grabbefund in Susa (insgesamt zwölf Objekte). Weitere Fundhäufungen finden sich in mehreren großen Grabanlagen, wie den als Königsgräbern gedeuteten „Schatzhäusern" von Megiddo und Kamid el-Loz oder dem sog. „Palais Hypogée" in Tchogha Zanbil, ein Gebäude, das möglicherweise als Grablege der mittelelamischen Königsfamilie gedient hat. Ansonsten handelt es sich zumeist um einzelne Gräber innerhalb der Siedlungen wie in Assur (neun Objekte), Babylon (sechs Objekte) oder Uruk (fünf Objekte).

Bild von Pyxiden als „Objekte der Oberschicht". Vor allem etwa in „Nimrud" ist zu beachten, dass hier Objekte derselben Formgruppe in den Wohnbereichen der Paläste gefunden wurden, wo sie vermutlich bis zum Untergang der Hauptstadt in Gebrauch waren, teilweise aber auch in Räumen, die als Lager genutzt wurden. Unter Auslassung der 97 Funde aus Nimrud ergibt sich ein anderes Verhältnis: Von den verbliebenen 87 Objekten stammen dann 50 aus einem domestikalen und nur 41 aus Kontexten, die möglicherweise auf gehobene Bevölkerungsschichten hinweisen. Die Frage, inwieweit Pyxiden als Objekte eines „gehobenen Bedarfs" angesehen werden können, ist selbst bei Elfenbeinpyxiden nicht pauschal zu beantworten. Während die Anhäufung der nordsyrischen Pyxiden in den Palästen von Nimrud, aber auch in der Zitadelle von Hasanlu durchaus entsprechend gewertet werden könnte, ist gleichzeitig zu beachten, dass in den Königinnengräbern von Nimrud keine einzige Pyxis aufgefunden wurde.[11] Auch in der Spätbronzezeit fallen die Funde von Elfenbein-, Stein- oder Quarzkeramikpyxiden in Grüften, aber vor allem einfachen Gräbern auf.[12] Dies unterstreicht die oben getroffene Charakterisierung von Pyxiden als „nicht-alltäglichen Gebrauchsgütern".

Die Verwendung als Kosmetikbehälter ist der meist genannte Einsatzbereich der Pyxiden. Gerade hinsichtlich der kleinen Formate erscheint diese Interpretation sehr schlüssig. Die Verwendung von Schminke und Duftölen, Salben und Crèmes war im Altertum bereits seit früher Zeit ausgeprägt und sehr vielseitig.[13] Da Kosmetik damals wie heute in kleinen Mengen verwendet wurde, sind entsprechend kleine Behälter für ihre Aufbewahrung zu erwarten, wie dies bei vielen Pyxiden der Fall ist. Die kapselartigen Pyxiden etwa sind durchaus als Miniaturen zu bezeichnen.[14] Auch bei den figürlich gestalteten Behältern nimmt die Höhlung des Reservoirs einen verhältnismäßig kleinen Teil des Gesamtobjektes ein;[15] bei den nordsyrischen Elfenbeinpyxiden ist zu beachten, dass nur rund die Hälfte der Gefäßhöhe auch befüllbar war.[16] Hinzu kommt der zum Teil aufwändige Dekor und das Material, die entsprechende Schlussfolgerungen nahe legen. Rein formal betrachtet weisen die Pyxiden eher eine offene Form auf; als geschlossen können lediglich die Linsen- und Rippenpyxiden gewertet werden. Die Flachheit der meisten Pyxiden erlaubt ein verhältnismäßig einfaches Entnehmen des Inhalts, was eine Deutung als Salbenbehälter unterstützt. Ferner muss berücksichtigt werden, dass die Pyxiden mit Schwenkdeckel erheblich schlechter schließen als etwa mit Leder überspannte Ölflaschen oder Flaschen mit Pfropfen und dünnflüssiger Substanzen nicht gut darin aufbewahrt werden können.

Hinsichtlich der Materialien kann betont werden, dass vor allem Stein sich sehr gut zum Aufbewahren von Fetten eignet, da er den Inhalt kühler hält als andere Stoffe und zudem lichtundurchlässig ist.[17] Entsprechend sind die meisten der ägyptischen Kosmetikbehälter aus Stein, was zusätzlich ihren Wert und ihre Stellung als Luxusobjekte hervorhebt. Aber auch Elfenbein ist aufgrund seiner hygroskopischen Eigenschaften und seiner Dichte als Aufbewahrungsbehälter für festere Salben in Betracht zu ziehen. Einen direkten Hinweis auf die aufbewahrten Substanz gibt lediglich Halaf.1 mit Spuren von „Rouge" im Inneren eines der Fächer nach Oppenheim. Neben der Pyxis fand sich ein

---

[11] Angesichts zahlreicher alltäglicher Dinge aus Elfenbein aus Mari und Assur, lässt dies an der lange Zeit und weithin betonten „Exklusivität" dieses Materials zweifeln (hierzu demnächst ausführlicher Wicke, Assur).

[12] So v. a. in Mari, Assur, Babylon.

[13] Vgl. Kat. Perfumes, Jerusalem; Kat. Schönheit, München; Paszthory, Salben; Faure, Parfumes; Cassin, RlA 6. Dabei merkt Cassin an, dass in den Gräbern von Susa Spiegel auf Frauengräber beschränkt, Kosmetikbehälter aber in Gräbern beiderlei Geschlechts vertreten seien (Cassin, RlA 6, 216).

[14] Roaf, Weltatlas, 130; Kat. Türkis, Kassel, Nr. 158; Carter, BASOR 178, 1965, 50; so etwa auch Webb, Greek Faience, 5.

[15] Sehr gut zu sehen bei Nin.2.

[16] Die Gesamthöhe von Nim.28 etwa beträgt 6,5 cm, aber nur die oberen 2,5 cm waren vertieft.

[17] S. Forbes, Technology, 32 unter Verweis auf Theophrast; vgl. Bounni – Lagarce – Lagarce, Ras ibn Hani I, 71 Anm. 122.

silberner Griffel zur Entnahme der Schminke.[18] Ein Blick nach Ägypten zeigt, dass dort verschiedene Gefäßformen nachweislich durch erhaltene Inhaltsreste und Aufschriften zur Aufbewahrung von Kosmetik verwendet wurden.[19] Dazu gehören neben konischen und bauchigen Gefäßen auch zylindrische Pyxiden in der Form der Gruppe A.b. Brovarsky vergleicht deren zylindrische Form mit pilzförmigen Knäufen mit der *bas*-Hieroglyphe. In anderen, als *bas*-Gefäßen bezeichneten Behältern, wurden Materialreste gefunden, deren Analyse ein Gemisch aus tierischen oder pflanzlichen Fetten, Bienenwachs und Aromen erbrachte, eine Zutatenmischung also, die auf eine Salbe schließen lässt.[20] In Analogie dazu kann auch für die vorderasiatischen Objekte auf eine ähnliche Verwendung geschlossen werden. Der Verweis auf verschiedene spätbronzezeitliche Textquellen[21] bekräftigt diese Schlussfolgerung, wenngleich er sie auch nicht beweist. Auch die Quarzkeramikpyxiden mit ihrer dichten, glasierten Oberfläche scheinen für Substanzen mit der Konsistenz von Salben oder Cremes, die auf Fettbasen beruhen, sehr geeignet. Allerdings ist allgemein zu beachten, dass die Schwenkdeckel der Pyxiden teilweise nur schlecht, in keinem Fall aber luftdicht abschließen. Für empfindliche Kosmetik mit leicht flüchtigen Essenzen sind daher andere Gefäßformen günstiger.[22]

Gerade für die bauchigen Pyxiden liegt die Verwendung als Salbenbehälter – sei es für medizinische oder andere Zwecke – durch die Parallelen aus Ägypten nahe. Die kurze Übersicht über die Textstellen (bes. Kap. 3.6.3 und 5.5.4) hat gezeigt, dass es zwar eine sehr differenzierte antike Nomenklatur innerhalb der Gefäßbezeichnungen gibt, diese aber kaum mit den archäologischen Objekten geglichen werden können. Die angeführten Bezeichnungen und Belege nennen zumeist nur das Material und sagen selten etwas über das Aussehen der Behälter selbst aus; nur manchmal finden sich Hinweise auf die Verwendung.[23] Eine Benennung des Gefäßes gelingt trotz reichlich vorhandener Textquellen aus dieser Epoche jedoch

---

[18] Oppenheim, Halaf, 194; Hrouda, Halaf 4, 53; da der Elfenbeinkorpus verloren ist, kann über die chemische Beschaffenheit der Substanz nichts mehr gesagt werden; der Griffel fehlt ebenfalls. In ähnlicher Weise gehört zu der eckigen Silberpyxis aus Ikiztepe mit innerer Fächeraufteilung ein kleiner gebogener Spatel, für den in einer der Kompartimentwände eine Aussparung belassen worden ist (s. Kat. Lydian Treasure, Istanbul, Nr. 80; s. Taf. 23b). Nicht zuletzt wurden zusammen mit den zahlreichen in Nimrud gefundenen hohen Knochenpyxiden mit Schwenkdeckel in Brunnen NN mehrere Elfenbein- oder Knochenspatel entdeckt, die entsprechend zur Entnahme von Kosmetik gedient haben könnten (Oates – Oates, Nimrud, 101).

[19] Beispielsweise auf einem Behältnis bestehend aus fünf zusammengesetzten Röhrchen in Form eines vierblättrigen Kleeblattes, deren eines die Aufschrift „Fine eye-paint for every day", die übrigen die Aufschrift „For the first month of Inundation until the fourth month of Inundation", „For the first month of summer until the fourth month of summer" etc. trägt (Kat. Golden Age, Boston, Nr. 280; s. a. der *kohl*-Behälter des Schreibers It ebda., Nr. 281).

[20] Kat. Golden Age, Boston, Nr. 261. Zur Frage der Verwendung ägyptischer Steingefäße verweist Lilyquist (ESV, 2) auf die Bemerkungen von Bourriau im LÄ s. v. „Salbgefäße".

[21] Vgl. Kap. 4.6.3; s. Knapp, Organic Goods.

[22] Ansonsten waren Muscheln beliebte Behälter für Kosmetik, sowohl natürliche als auch in anderen Materialien nachgebildete Muscheln, wie sie in Ur, Hāfāği, Fāra, Kiš u. a. gefunden worden sind (zusammenfassend Cassin, RlA 6, 215; ergänzend Bimson, Iraq 42, 1980 mit einer Analyse der Pigmente aus Ur; s. a. Eickhoff, Grab, 167). Ebenso wurden besonders die großen *Tridacna*-Muscheln graviert und als Behälter für Schminke verwendet (Stucky, Tridacna Shells, 96-99). An steinernen Mörserschalen finden sich bisweilen Farbreste (vgl. Buchholz, Ugarit, 316, 593). Zu den recht häufigen, als Kosmetikpaletten gedeuteten Steinschalen mit zentraler Vertiefung v. a. aus dem palästinensischen Raum merkt Thompson an, dass bisher keine Farbpigmente identifiziert werden konnten. Die Deutung als „cosmetic palettes" beruht immer noch mehr auf einer opinio communis und harrt der Verifizierung (Thompson, Levant 4, 1972, 148). Die festgestellten Farbreste scheinen eher von farbigen Einlagen der Schale selbst zu stammen. Während bei den genannten Objekten die Verwendung als Kosmetikbehälter also weitgehend gesichert ist, kann ich mich in Bezug auf die Deutung der Pyxiden als Schminkbehälter nur der Ansicht Mazzonis anschließen, dass diese Funktion zwar vorgeschlagen, aber nicht bewiesen werden kann (Mazzoni, FS Orthmann, 293).

[23] Auch für das Hethitische bemerken Rüster – Neu in ihren Materialien zum Zeichenlexikon, dass nähere Angaben über Aussehen, Beschaffenheit oder Verwendung der Gefäße nur in beschränktem Umfang möglich sind

nicht.[24] Die Materalauswahl gerade der Amarna-Texte ist noch stärker auf Edelmetalle, (wertvolle) Steine und auch Elfenbein ausgerichtet, als es im Materialquerschnitt der in der Arbeit vorgestellten Objekte der Fall ist. Angesichts des Austausches von Prestigegütern zwischen den Königshöfen ist dies aber nicht verwunderlich. Was letztlich Klarheit verschaffen könnte, wäre ein Gefäß auf dem dessen Inhalt und Bezeichnung explizit genannt wird. Aus Ugarit liegen einige beschriftete Elfenbeinfragmente vor, die laut der Inschriften Myrrhe und andere Dinge beinhaltet haben. Aus einer Inschrift geht z. B. hervor, dass eines der Elfenbeinobjekte eine Grabgabe gewesen sein muss.[25] Leider sind die Fragmente derart klein, dass keine Aussagen über das ursprüngliche Aussehen des Objektes gemacht, geschweige denn die Art des Aufbewahrungsbehälters bestimmt werden könnte. Letztlich wird aber nur so, durch die direkte Verbindung von Inschrift und Objekt, die Bezeichnung des Behälters identifiziert werden können.

Hier schließt sich die Frage an, ob der Behälter oder tatsächlich der Inhalt im Vordergrund des Interesses stand. Dass auch schon im 2. Jt. großer „Wert auf die Verpackung" gelegt wurde – ähnlich wie bei Parfümflakons in der heutigen Kosmetikindustrie –, zeigen die Beschreibungen der Gefäße in der Amarna-Korrespondenz, die eben nicht nur exklusive Ingredienzien transportierten, sondern selbst in Material und Dekor kleine Kostbarkeiten waren.

Wie vielfach angemerkt wird, mag die Gefäßform darüber hinaus bereits in der Antike Herkunft und Art des Inhalts angeben haben.[26] Ein antik belegtes Beispiel sind sog. „Lydia", dickwandige Standfußgefäße mit zum Teil recht hohem Fuß, ovoidem Bauch und hohem, weitem Hals mit leicht abgesetzter Lippe in denen nachweislich bakkáris verhandelt wurde. Diese aus Lydien stammende Gefäßform wurde in griechischen und italischen Töpfereien nachgeahmt, anscheinend auch, um die Qualität des Öls zu unterstreichen und den Verkauf zu fördern.[27] Westsyrien und die nördliche Levante waren in der Antike für Narde und andere Aromen bekannt, die in den Stein- und Elfenbeinpyxiden hätten aufbewahrt werden können.[28] Die Behälter wären dann bereits durch ihre charakteristischen Dekorationen als solche erkannt worden. Dieses lässt sich heute allerdings für die altorientalischen Belege in keiner Weise mehr rekonstruieren.[29] Das hier Gesagte gilt im Übrigen nicht nur für kosmetische Präparate, sondern in gleichem Maße auch für medizinische Salben und Tinkturen, die ähnliche Ansprüche an den Behälter stellen wie Kosmetik.

Die Kriterien zu Format und Material sind jedoch ebenso für eine andere Verwendung, nämlich die Aufbewahrung von Gewürzen und anderen Spezereien, gültig. Einen wichtigen Hinweis darauf geben

---

(ebda., 1991, 24 Anm. 11). In Listen und Inventaren zum Kult aus dem ugaritischen Raum erscheinen zwar bisweilen verschiedene Öle, allerdings werden dort keine nützlichen Aussagen zu den Gefäßen selber gemacht (s. die Zusammenstellung bei Clemens, Sources, 1061, 1080).

[24] Lediglich bei dem Begriff *qanû* bietet sich eine Identifizierung mit den röhrenförmigen *kohl*-Behältern an. Die genannten *napšaltu-*, *piššatu-* und *tapātu-*Behälter könnten Aufbewahrungsobjekte für Salben gewesen sein und den in dieser Arbeit vorgestellten Pyxiden nahe kommen, ohne dass dies jedoch verifiziert werden kann.

[25] Dietrich – Loretz, Elfenbeininschriften, Nrn. 1, 15, 16, 26. Olmo Lete (Canaanite Religion, 163) hält die Splitter, die unter der Inventarnummer RS 20.400 verzeichnet sind, für Teile eines Gegenstandes, was allerdings nicht stimmen muss. Dietrich/Loretz haben etwa das Fragment RS 20.400Aa als Tontafelfragment identifiziert (s. Dietrich – Loretz, Elfenbeininschriften, 1976, 5f.). Auf einem minoischen Fresko aus Akrotiri trägt eine Frau ein Schälchen, das entfernt an den Korpus einer bauchigen Pyxis erinnert und ein Kraut zu beinhalten scheint (s. Paszthory, Salben, Abb. 46).

[26] Paszthory, Salben, 41f.

[27] Gürtekin-Demir, AnSt 52, 2002, 131-137 Abb. 17-19.

[28] Paszthory, Salben, 37f.; vgl. Winter, North Syria, 488f.; Knapp, Organic Goods; Faist, Fernhandel, 69f. mit Belegen; zu Narde s. Faure, Parfumes, 296f. V. a. die aus Zedern gewonnenen Aromen liegen als syrische Lokalprodukte nahe.

[29] Lediglich bei den mit Toponymen bezeichneten Gefäße der Mari-Texte könnte ein solches „Markenzeichen" gemeint sein. In Ägypten erscheinen häufig Ausländer (Asiaten und Nubier) im Zusammenhang mit

die Darstellungen von Pyxiden im Rahmen von Speisetischszenen auf großformatigen Reliefs. Auf den achämenidenzeitlichen Reliefs aus Persepolis sind unter zahlreichen Realia auch Gefäße dargestellt. Im Rahmen der Völkerschaftenreliefs finden sich öfters Schalen, Becher oder sogar Gefäße mit figürlichen Griffen, wenn auch keine Deckelbehälter im Sinne dieser Arbeit.[30] Auf einigen Reliefs an den Treppenaufgängen der kleineren Paläste bringen Diener Speisen herbei. Einige von ihnen tragen kalottenförmige Schalen, die mit einem halbkugeligen Deckel bedeckt sind (s. Taf. 20b).[31] Koch vermutet berechtigterweise, dass sich darin heiße Speisen befunden haben, die warm und sauber gehalten werden sollten. Hier handelt es sich aber weniger um Pyxiden als vielmehr um aufeinander gestülpte, halbkugelige Schalen oder um Schalen, die mit einem Tuch abgedeckt gewesen sind.[32]

Sofern die Identifizierung auf den neuassyrischen Reliefs als Pyxiden im Sinne dieser Arbeit richtig ist, erscheinen die Pyxiden als Behälter im Rahmen von Tischszenen verschiedener Wertigkeit. Die assyrischen Tischszenen reichen vom Essen des einfachen Soldaten über königliche Bankette bis hin zu kultischen Speiseopfern. Das lässt eine große Bandbreite an Behältern erwarten. Unter Berücksichtigung der Darstellungen und auch der kontemporären Beschreibungen festlicher Bankette in Assyrien deutet sich die Interpretation der flachen, geradwandigen Pyxiden als Aufbewahrungsbehälter für Nahrungsmittel, konkreter kleinerer Delikatessen oder Gewürze (z. B. als Salzfässchen), an (vgl. Kap. 5.5.3).[33] In Speisetischszenen auf nordsyrisch-südanatolischen Bildwerken finden sich möglicherweise Darstellungen von Pyxiden im gleichen Kontext wie in Assyrien, weswegen für die nordsyrischen Kompartimentpyxiden auch diese Art der Verwendung in Betracht zu ziehen ist.[34] Besonders die innere Fächerteilung, die eine Trennung unterschiedlicher Gewürze erlaubt, kann entsprechend gesehen werden (s. Kap. 4.3). Die elamischen Quarzkeramikpyxiden sind bereits in den Grundmaßen erheblich größer, was sie als Behälter für eine größere Anzahl verschiedener Substanzen geeignet macht. Inwieweit die Bezeichnung der Pyxiden als „bonbonnières" – so etwa vanden Berghe zu Karkh.1 oder auch Parrot zu Mari.12[35] –, also Behälter für Süßigkeiten, wörtlich zu nehmen ist, ist wohl eher eine Frage der Interpretation und Übersetzung.

Die zum Teil kostbar gearbeiteten Pyxiden, gerade die größeren Elfenbeinpyxiden mit Goldverzierung, sind bereits ihrerseits Pretiosen und exklusiver Zierat. Als solche mögen sie auch kostbare Gegenstände beinhaltet haben. Für manche kompartimentierte Formen wurde die Funktion als Schmuckbehälter vorgeschlagen, so etwa für die Pyxiden der Gruppe S. Allerdings bemerkt Patch zu Recht, dass die Behälter – wie alle Beispiele der Formgruppe der nierenförmigen Pyxiden – sehr flach[36] und nicht für die Aufnahme von größeren Ketten oder Armreifen geeignet seien, jedoch möglicherweise Ringe beinhaltet haben könnten.[37] Die dreifach unterteilten Pyxiden der Gruppe S.e etwa sind sehr flach bei gleichzeitig großer Oberfläche, was die Entnahme vereinfacht. Die Kompartimentierung im Inneren – wie auch bei den Gruppen A.a.III.2, C.a.I.2 oder D.a.III.2 – weist allerdings im Grunde lediglich darauf hin, dass die Stoffe, die in den Pyxiden aufbewahrt wurden, voneinander getrennt werden sollten.

Kosmetikartikeln, was auf die fremde Herkunft der Produkte hinweist (vgl. Kat. Schönheit, München, Nrn. 57-60 – vgl. ebda., Nr. 40 eine Kosmetikpalette des Alten Reiches mit Näpfchen für „Bestes Zedernöl" und „Bestes Libyeröl"; Kat. Golden Age, Boston, Nrn. 238-240). Auf Umwegen wird auch so ein Sinnbezug zwischen Gefäß und Inhalt hergestellt.

[30] Vgl. Walser, Völkerschaften, Taf. 33, 38, 39, 40, 43, 45, 46, 50, 51, 59, 62, 65, 71.

[31] Vgl. Koch, Persepolis, 46 Abb. 66, 77, 87; s. a. Kat. Karlsruhe 1997, 45 Kat.-Nr. I 1 Farbtaf. Abb. II.

[32] Solche halbkugeligen Schalen sind u.a. mehrfach in Bronze belegt, vgl. Kat. Karlsruhe 1997, 58 Kat. I 36.

[33] Vgl. auch Cholidis, Möbel, 16f.

[34] Schon Akurgal hat diese Deutung, allerdings ohne Begründung vorgeschlagen (Akurgal, Hethiter, 102).

[35] Vanden Berghe, Archeologia 65, 1973, 28f.; Parrot, Syria 18, 1937, 83.

[36] KH.58 etwa hat nur eine Gesamthöhe von 2,8 cm.

[37] Etwa Kat. Gifts, Providence, 219 Nr. 94: „[…] while it is probably too shallow to have accommodated necklaces or bracelets, it could have housed smaller, precious objects such as rings."

Der tatsächliche Fund mehrerer Perlen und Amulette in einem halbrunden Schälchen in Byblos wäre eine Hinweis auf die Funktion als Schmuckbehälter.[38] Konkret sollte die Möglichkeit der Verwendung einiger Pyxidenformen zur Aufbewahrung von Schmuck oder anderen wertvollen Objekten nicht unberücksichtigt bleiben, doch kann sie für die kleinformatigen Gruppen und auch für die sehr großen, hohen Pyxiden eher außer Acht gelassen werden.

10.3 Zur Werkstattfrage

Pyxiden werden entsprechend zu dem gerechnet, was landläufig als (Kunst)Handwerk betrachtet wird.[39] Dies zieht die Frage nach der Organisation des Handwerks und der Person der Handwerker nach sich, besonders wenn die figürlich verzierten Pyxiden zumindest ansatzweise in Beziehung zur Großkunst gesetzt werden sollen. Für eine detaillierte Untersuchung des Zusammenhanges von Groß- und Kleinkunst reicht der Blick auf nur eine Denkmälergattung – Pyxiden – weder in Assyrien, geschweige denn für den gesamten hier untersuchten geographischen Raum nicht aus; auch kann eine solche Untersuchung im Rahmen dieser Arbeit nicht geleistet, sondern zunächst nur angeregt werden.

In den hier betrachteten Räumen von Levante, Syrien, Assyrien und Iran hat sich gezeigt, dass die Pyxiden im jeweiligen motivischen Repertoire der Regionen fest verankert sind. Gerade für den syrischen und assyrischen Bereich lassen sich den Pyxiden Orthostatenreliefs und monumentale Steinplastik gegenüberstellen.[40] In Nordsyrien zeigen besonders die Reliefs des Tell Halaf Parallelen zu den Elfenbeinen der „Flame and Frond"-Gruppe, zu der auch die meisten der hier zusammengestellten Elfenbeinpyxiden gehören.[41] Nicht nur die markanten Stilisierungen und Proportionen, sondern auch die verschiedenen Motive und Themen lassen Verbindungen vor allem zwischen den späteren Reliefs der Kapara-Zeit und den Elfenbeinen erkennen.[42] Dies hat Herrmann dazu veranlasst, Elfenbeinschnitzereien und Steinreliefs zu einer „Staatskunst" von Bit Bahiani zusammen zu fassen.[43] Insbesondere die Verbindungen

---

[38] Montet, B&E, Taf. 106:725.

[39] Zu einer Definition des Begriffes vgl. Jahn – Haubenreisser, Wörterbuch der Kunst, Stuttgart (1989), s. v. „Kunstgewerbe", die den modernen kunstwissenschaftlichen Gegensatz von „angewandter" gegenüber „freier" Kunst herausstellen, doch bereitet die Idee einer „freien" Kunst im Alten Orient einige Schwierigkeiten. Calmeyer ist sicher zuzustimmen, wenn er eine Trennung von „bildender" oder „freier" Kunst und „Kunsthandwerk" bzw. „gebundener" Kunst im Alten Orient ablehnend als unscharf und ungewiss zurückweist (Calmeyer, RlA 6; Calmeyer spricht dabei von „Kunstgewerbe"). Reliefs und Plastiken sind immer vor einem funktionalen Hintergrund zu sehen, der nicht notwendigerweise ästhetischen Maßstäben folgt.

[40] Im Iran, wo diese Reliefs nicht in dem Maße überliefert sind, gehen die Motive mit dem Repertoire anderer Kleinkunstobjekte, v. a. aus Quarzkeramik, aber auch etwa der Bauplastik einher. Für die Levante fehlen bislang vergleichbare Denkmäler der Großkunst.

[41] Besonders Herrmann, Iraq 51, 1989; vgl. Kap. 4.2.2.1.

[42] Herrmann, Iraq 51, 1989, 103-105. Hier beginnt die Diskussion, ob und wenn ja in welchem Maße sich die eine Denkmälergruppe an der anderen orientiert hat. Die nahe liegende Annahme, dass die immobile und repräsentative Großkunst vorbildhaft auf die Kleinkunst gewirkt habe, ist durch verschiedene Einwände in Bezug auf eine stilistische Entwicklung der Tell Halaf-Reliefs selber, die an den Elfenbeinen nicht ablesbar ist einerseits, sowie durch den Verweis auf eine möglicherweise ungebrochene Tradition der Elfenbeinschnitzkunst seit der SBZ andererseits hinterfragt worden (Kantor, JNES 15, 1956, 173; ausführlicher und zusammenfassend zu dieser Sichtweise Winter, FS Kantor). Der Disput, welche Denkmälergruppe auf welche gewirkt habe, kann m. E. mit den bisher vorliegenden Argumenten schwerlich entschieden werden.
In ähnlicher Weise wie „Flame and Frond" lässt sich auch der nordwestsyrische Regionalstil umschreiben, der in mehreren Denkmälergattungen spürbar ist, hier aber weiter nicht thematisiert wurde, da er keine Pyxiden umfasst (Wicke 2002b).

[43] Herrmann 1989, 109: „The distinctive flame and frond style, both on monumental stone reliefs and on decorative gold and ivory panels, can be recognized as the artistic signature of the dynasty of Aramean rulers of Bit-Bahiani." S. a. Herrmann 2000, 275f.

zum mythologischen Repertoire der Spätbronzezeit lässt meines Erachtens eher deutlich werden, dass hier allgemeinverständliche Genreszenen zur Anwendung kommen und keine bewusste, ideologisch ausgerichtete Organisation des Bildprogramms. Darüberhinaus lassen gerade die nordsyrischen Elfenbeinpyxiden bis zu einem gewissen Grade eine Serienproduktion erkennen, die in ihrer großen Anzahl und weiten Verbreitung das Ergebnis mehrerer Werkstätten zu sein scheint.[44] Die Vorstellung mehrerer Werkstätten auch an einem Ort kann mit guten Gründen favorisiert werden.[45] Leider fehlen Funde gerade von Elfenbeinwerkstätten bisher weitgehend, um diese Annahmen auch archäologisch absichern zu können.

Das Konzept von mehreren Herstellungsorten für eine Stilgruppe bringt die Schwierigkeit mit sich, die Homogenität in Stil und Motivik erklären zu müssen. Zaccagninis Ansatz der „wandernden Handwerker", die mit wenigen, notwendigen Werkzeugen und Musterbüchern von Stadt zu Stadt ziehen, ist eine verlockende, leider bislang durch nichts zu belegende Hypothese für die Entstehung von Regionalstilen auch im Rahmen der vorderasiatischen Elfenbeinschnitzerei.[46] Während die repräsentative Großkunst aber direkt der Kontrolle der großen Institutionen von Palast bzw. Tempel unterstanden haben wird, muss dies für die Herstellung von Kleinkunst nicht unbedingt zutreffen und mag eher am persönlichen Geschmack der Käufer ausgerichtet gewesen sein. Es ist sogar mehr als wahrscheinlich, dass sich der jeweilige Zeitgeschmack an Mode und Stil der Königshöfe orientierte.[47] So kann es zu durchaus einheitlichen überregionalen Stilphänomenen kommen, auch wenn mit mehreren Werkstätten an unterschiedlichen Orten gerechnet werden muss.[48]

Eine große Schwierigkeit bei der Vorstellung „privatwirtschaftlicher Elfenbeinwerkstätten" besteht in der Versorgung der Werkstätten mit dem Rohstoff Elfenbein. Dieses musste spätestens ab dem 1. Jt. nach Syrien eingehandelt werden, was eine zentrale Institution erforderlich macht, wenn dies auch nicht notwendigerweise der Palast sein muss.[49] Eine „privatwirtschaftliche Produktion" und damit ein mehr oder minder „freies" Handwerk abseits des Palastes ist lediglich in Ansätzen für den alten Vorderen Orient rekonstruierbar.[50]

Die in Kap. 4.3 herausgearbeiteten ikonographischen Inhalte der Pyxidendarstellungen als „Bildprogramm mit repräsentativem Hintergrund" gehen durchaus mit Herrmanns Annahme konform, müssen aber im Falle der nordsyrischen Erzeugnisse nicht unbedingt als „Staatskunst" verstanden werden. Die

---

[44] Vgl. die Unterscheidung mehrerer Werkstattgruppen in Kap. 4.2.2.1.

[45] Zusammenfassend Herrmann, Ivory Carving, 275-279; zur Frage von Werkstätten in Zincirli s. Wicke, Roundcheeked; zu spätbronzezeitlichen Werkstätten im syrisch-levantinischen Raum s. Luciani, FS Bietak.

[46] Zaccagnini, JNES 42, 1983. Im europäischen Kunsthandwerk ist das Anlegen und die Verbreitung von Musterbüchern, die zumeist aus der Sammlung von Kupferstichen bestehen etwa in der Glas- und Porzellanindustrie belegt (Ducret, Keramik; Haase, JGS 25, 1983). So weist Ducret darauf hin, dass die größeren Manufakturen z. T. sogar eigene Kupferstecher anstellten, welche die verschiedenen Motive und Szenen von Gemälden kopierten und zusammentrugen. Die Umsetzung als Porzellanmotiv, für Emailleverzierungen oder auch als kleine Plastiken gibt dabei in erster Linie die Figurenkomposition und -zahl sowie Haltungen wieder; Variationen bestehen zumeist in Trachtdetails, Hintergründe etc. Auffallend ist, dass vielfach nicht das Hauptmotiv eines Gemäldes, sondern Randfiguren und Nebenmotive übernommen wurden.

[47] Der Vorbildcharakter der ägyptischen oder assyrischen Kunst sogar bei den politischen Rivalen lässt sich an den ägyptisierenden Tendenzen in der Levante oder den assyrisierenden Tendenzen in Urartu oder Westiran ablesen.

[48] Bei dem „Verleihen" von Handwerkern zwischen den Königshöfen der Spätbronzezeit oder der Deportation von Handwerkern ist damit zu rechnen, dass die somit „gewanderten" Handwerker in dem Stil ihrer neuen Herren arbeiteten. Dies kann bestenfalls zu Abweichungen im Standardrepertoire der sonstigen künstlerischen Erzeugnisse führen, nur schwer aber zur Ausprägung neuer Stile. Die Deportation von Handwerkern ist nicht nur von den Assyrern im frühen 1. Jt. betrieben worden, sondern bereits im ägyptischen Neuen Reich hinreichend belegt (vgl. Lilyquist, Stone Vessels, 143).

[49] Heltzer, AoF 23, 1996, 279.

[50] S. etwa Heltzer, Handwerk, bes. 57-68; für Babylonien Oelsner, Privatwirtschaft; Renger, AoF 23, 1996, 217-222, der auf die magere Quellenlage hinweist; zu Goldschmieden s. Radner, Tempelgoldschmiede, bes. 25-42.

fehlende Kenntnis herrschaftsideologischer Hintergründe und eindeutiger propagandistischer Absichten im Falle der zahlreichen nordsyrischen Kleinkönigtümer lässt hier einen nahezu unbeschränkten Deutungsspielraum zu. Während es bei der nordsyrischen Tradition somit schwierig ist, von einer „Staatskunst von Bīt Bahiani" zu sprechen, gelingt dies für den assyrischen Bereich mit seiner motivisch (nicht stilistisch!) eher homogenen „Hofkunst" ungleich besser. Dort ist dokumentiert wie die Großkunst – nicht nur bei der Reliefausschmückung der Paläste mit ihrer propagandistischen Wirkung – unter der direkten Kontrolle des Hofes stand.[51] Für die assyrische Kunst mag die Bezeichnung als Staatskunst – schließlich kreist der Motivschatz um die höfische Thematik – zutreffender sein als für die nordsyrische. Mallowan – Davies bemerken, dass sich der Motivschatz der assyrischen Elfenbeine soweit von ihnen vorgelegt, im Rahmen der von den Orthostatenreliefs her bekannten Darstellungen bewegt. Allerdings kopierten die Elfenbeinschnitzer nicht bestimmte Szenen sklavisch bis ins Detail, was auf einen gewissen Freiraum schließen lässt.[52] Die Annahme von am Palast bzw. in dessen Verfügungsgewalt angesiedelten Elfenbeinschnitzern ist hier eher nachvollziehbar. Nicht zuletzt muss das „aktive Einsammeln" von Elfenbein als Tribut und Beute durch die assyrischen Feldzüge zu einem Überfluss dieses Rohstoffs in Assyrien geführt haben. Eine Existenz von Werkstätten außerhalb des Palastes und von Privatleuten betrieben, die beispielsweise die weniger aufwändigen Knochenpyxiden hätten herstellen können, schließt das allerdings nicht aus.

Frankfort hatte die These aufgeworfen, dass ein großer Teil künstlerischer Einflüsse eher durch die mobile Kleinkunst als durch die ortsfeste Großkunst transportiert worden sei.[53] Pyxiden als Objekte solcher Kleinkunst haben hier jedoch nur einen geringen Anteil, sind sie doch meist unverziert. Im Falle der Pyxiden in Gestalt von Frauenköpfen (Formgruppe S.a) scheint sich ein ähnlicher Bildgedanke zu manifestieren. Dabei sind die Objekte in ihrer Gestaltung jedoch so weit voneinander entfernt und reflektieren lokale Eigenheiten, sodass eher eigenständige Entwicklungen angenommen werden mögen. Das Auftreten figürlich verzierter Handhaben in Levante und Iran scheint ein ähnlich gelagertes Phänomen zu sein.

Am Ende dieser Arbeit sollte deutlich geworden sein, dass Pyxiden zwar keine alltäglichen Objekte sind, aber auch keine Alltagsgegenstände. Es handelt sich sicher nicht um eine „exklusive", sondern um eine durchaus funktionale Objektgattung, die aber mit mehr Sorgfalt und Aufwand in Material und Verzierung bedacht wurde als etwa Gebrauchskeramik. Pyxiden als Objekte der Kleinkunst und als funktionale Gegenstände demonstrieren in ihrem bisweilen auch einfachen Dekor den Gestaltungswillen und Geschmack von Handwerker und Besitzer. Weitaus unmittelbarer als Großplastik oder Reliefs zeugen sie vom individuellen Sinn für das Ästhetische – auch im Alltag.

---

[51] Anhaltspunkte für die Einmischung des Königs in den gestalterischen Prozess geben nicht nur die allgemein gehaltenen Bauinschriften, sondern sogar kleine Tonmodelle, die sowohl als Modell für die tatsächlich ausführenden Handwerker bei der bildhauerischen Ausführung als auch zur Illustration für den Auftraggeber gedient haben könnten (s. Kat. Art and Empire, London, 97, 100 Nrn. 41, 44). Auch Texte geben dahingehende Auskunft etwa Dokumente, welche die Anfertigung von Statuen betreffen (Radner, Tempelgoldschmiede, 39-42).

[52] Mallowan – Davies, IN 2, 8: „Evidently therefore, the ivory carvers were allowed freedom to execute in their own way the stock scenes familiar in the palaces […]." Ähnliches stellt Vorys Canby für die Gewandmusterdarstellungen der neuassyrischen Reliefs fest (Vorys Canby 1971, 38f.). Die Geste des Entnehmens mit zwei Fingern etwa, wie sie auf der Pyxis KH.30 vorkommt, ist mir von den Reliefs her unbekannt. Die Qualität der Schnitzerei bei dieser Pyxis oder bei KH.31 steht derjenigen der Reliefs kaum nach. Gerade in der Wandmalerei und Reliefkunst wäre die Existenz von Musterbüchern bzw. Vorlagen am ehesten zu erwarten.

[53] Frankfort, AAAO, 179. Dieser Ansatz wird auch im Rahmen des Teilprojektes A.10 des SFB 295 „Kulturelle und sprachliche Kontakte" an der Johannes Gutenberg-Universität Mainz zur Untersuchung des kulturellen Kontaktes zwischen Ägypten und Levante im späten 2. und frühen 1. Jt. verfolgt.

11. Katalog

Vorbemerkungen

Der Katalog führt die im Text behandelten Stücke nach Fundorten auf, die in abgekürzter Form das Objekt benennen. Entfallen mehrere Objekte auf einen Ort, so sind sie nach Formgruppen sortiert. Bei Markierungen mit * handelt es sich zumeist um schlecht erhaltene oder kleinteilige Funde, deren Formgruppenbestimmung unsicher ist. Objekte aus dem Kunsthandel werden unter dem Kürzel „KH" am Ende aufgeführt.[1] Für sehr ähnliche Objekte bzw. eindeutig zu einer Pyxis gehörige Fragmente wurden Sammelnummern vergeben.

Im Katalog finden sich die Angaben zu Fundort, Fundkontext und Datierung, Material, Maße und Verbleib soweit bekannt sowie die wichtigsten bibliographischen Angaben ohne einen Anspruch auf Vollständigkeit erheben zu wollen. Im Falle einer Abbildung ist die Tafelnummer zum Katalogeintrag angegeben. Abbildungsnachweise die einer Publikation entnommen sind werden in der Bildunterschrift genannt; im Falle der Verwendung von Originalphotographien wird der Abbildungsnachweis separat geführt (s. Kap. 14).

Bei Fundorten mit Namenszusätzen wie Tappeh, Tepe, Tell, Til etc. sind diese nicht berücksichtigt (z. B. Tell Afis unter Afis, Tappeh Musiyan unter Musiyan). Maße und Materialangaben konnten bei weitem nicht für alle Objekte nachgeprüft werden; bei zum Teil widersprüchlichen Angaben wird die aktuellste Angabe verwendet. Hinsichtlich der Fundkontexte und auch ihrer Datierung wird versucht aktuelle Forschungsdiskussionen nach Möglichkeit zu berücksichtigen. Viele Angaben mussten allerdings in der gegebenen Kürze der Zeit aus der Sekundärliteratur übernommen werden, wenngleich sie kritisch geprüft und kommentiert wurden. Beschreibungen fallen vor allem dann besonders kurz aus, wenn die Objekte nur schlecht oder gar ohne Abbildungen publiziert sind. Die Datierung erfolgt bei Funden mit sicherem archäologischen Kontext primär nach der entsprechenden stratigraphischen Bestimmung. Wird die zeitliche Einordnung durch Vergleichsfunde bzw. andere Kriterien bestimmt, vor allem bei Stücken ohne Provenienz, sind diese gesondert vermerkt. In der Regel werden absolute Jahreszahlen zur Datierung angegeben, da archäologische Zeitstufen (SBZ I, EZ IIIa, Myk IIIC etc.) oder historische Epochen (mittanisch, mittelamisch, neuassyrisch, …) durch deren unterschiedliche Verwendung häufig missverständlich sind und direkte Vergleiche erschweren. Die numerischen Angaben gelten natürlich lediglich als Richtwert und sollen vor allem die Gegenüberstellung der Objekte erleichtern.

Abu Hatab

Abu.1 FG: S.d.2 Taf. 98e

Fundnummer: F 2575
Fundkontext: k. A.
Datierung: 1. Hälfte 2. Jt.[2]
Material: Stein
Maße: H: 5,0 cm – Dm: 3,0 cm
Aufbewahrung: k. A.
Beschreibung: Kapselförmige Pyxis mit drei flachen Standfüßchen. In den oberen Rand sind gegenüberliegend zwei Löcher schräg nach innen zur Befestigung eines Deckels gebohrt. Der Mantel ist ansonsten unverziert.
Literatur: Heinrich, Fara, 139 Taf. 73a, c

Tell Abu Hawam

AH.1 FG: C.a.III.3 o. Abb.

Fundnummer: k. A.
Fundkontext: D4, at 54, Stratum V, „level with the lowest walls"[3]
Datierung: 1400-1230 v. Chr. (SBZ)

---

[1] Für eine kurze, allgemeine Auseinandersetzung mit der Kunsthandelsproblematik vgl. Kap. 1.4.

[2] Der Fundort Abu Hatab wird allgemein in die Ur III bis altbabylonische Zeit datiert, worauf vor allem die erwähnten Kleinfunde hindeuten. Die dokumentierten Bestattungsformen aber sind zeitlich wenig spezifisch; der in der abgebildeten Kinderbestattung verwendete Topftyp mit Rillendekor (vgl. Andrae, MDOG 17, 1903, Abb. 8) etwa ist von der Ur III-Zeit bis in die ausgehende kassitische Epoche in Benutzung (vgl. Ayoub, Keramik, 59f. Typ 87). Eingedenk der Schilderungen weiterer Funde ist eine Datierung um die Mitte des 2. Jt.s in Betracht zu ziehen, was die Pyxis in die Nähe der übrigen Belege dieser Formgruppe rückt.

[3] Hamilton, QDAP 4, 1935, 44; Balensi, Abu Hawam, 11f.

Material: Keramik

Maße: k. A.

Aufbewahrung: k. A.

Beschreibung: Bauchige Pyxis mit Deckel; Korpus und Deckel sind unverziert, allerdings ist der Deckel auf der Oberseite leicht gewölbt was durch die Modellierfähigkeit des Tones möglich wird und bei Elfenbeindeckeln nicht vorkommt. Der Korpus sitzt auf einem flachen Standring.

Literatur: Hamilton, QDAP 4, 1935, 44 Nr. 272

ABUSIR

Abus.1   **FG: C.a.III.3**   **Taf. 28c**

Fundnummer: k. A.

Fundkontext: k. A.

Datierung: Neues Reich (n. Vergleich)[4]

Material: Stein

Maße: H: 4,2 cm – L: 13,5 cm

Aufbewahrung: Kairo, Ägyptisches Museum, Inv.Nr.: 18742 a, b / J.E. 29131

Beschreibung: Bauchige Pyxis mit Deckel und konischem Standfuß. Der Korpus besitzt einen sehr scharfkantigen Schulterumbruch und auf dem Schulterrand eine Verzierung aus Kreispunkten. Die Handhaben sind an den Enden nach unten gezogen. Der Deckel ist mit einer Rosette aus 16 Lanzettblättern, umgeben von mehreren konzentrischen Kreisen, flächig verziert; der Hintergrund ist mit Punkten gefüllt. Am Rand befindet sich noch einmal ein Ring aus einzelnen Punktkreisen ähnlich dem auf der Schulter.

Literatur: Von Bissing, Steingefäße, 159 Nr. 18742 Taf. 8:18742; Bénédite, Catalogue, Taf. 35

TELL AFIS

Afis.1   **FG: A.a.II.2**   **Taf. 38c**

Fundnummer: TA 86.D.152

Fundkontext: Areal DpII14, Liv. 2

Datierung: ca. 700-650 (EZ III)[5]

Material: Stein, Steatit (?)

Maße: H: 4,6 cm – Dm: 8,8 cm

Aufbewahrung: Idlib, Archäolog. Museum

Beschreibung: Kleine Pyxis mit drei Kompartimenten. Auf der Rückseite besitzt sie zwei Aussparungen, die das Gelenk markieren, an dem der Deckel befestigt war. Die Wandung ist ansonsten, bis auf vier senkrechte Linien an der Rückseite unverziert.

Literatur: Mazzoni, EVO 10, 1987, 34 Abb. 25:2; Mazzoni, FS Orthmann, 297 Abb. 13; Mazzoni, Pyxides, 62 Abb. 2

Afis.2   **FG: A.a.II.2***   **Taf. 43c, d**

Fundnummer: TA 72.311

Fundkontext: Areal DgV5, Liv. 9

Datierung: ca. 900-850 (Anf. EZ I)

Material: Stein, Steatit („Grünstein")

Maße: L: 5,4 cm

Aufbewahrung: Idlib, Archäolog. Museum

Beschreibung: Randfragment mit Reliefdekor und Ansatz einer innenliegenden Bohrung für den Gelenkstift des Deckels. Das Objekt ist zu stark fragmentiert, als dass ein größerer thematischer Zusammenhang erkannt werden kann. Lediglich der Rest eines nach rechts gewandten Greifen mit Locke ist zu sehen. Sein Flügel ist dabei ungewöhnlich schräg mit langen Federn, der Schweif ist erhoben. Der Greif steht vor einem abgeteilten, leeren Bildfeld.

Literatur: Shaath, AAS 36, 1986/87, Abb. 6b; Mazzoni, FS Orthmann, 297 Abb. 7; Mazzoni, Pyxides, 62 Abb. 1a

---

[4] Die Datierung von Abus.1 in die Zeit des Neuen Reiches wird bei von Bissing mit einem Fragezeichen versehen (von Bissing, Steingefäße, 159 Nr. 18742). Die Parallelen zu den übrigen Gefäßen der Gruppe können jedoch als ausreichend für den zeitlichen Ansatz in die SBZ angesehen werden.

[5] Die Schicht 2 entspricht dem Zeithorizont Afis IX, d.i. die frühe EZ III (nach Mazzoni, FS Orthmann, 297).

Afis.3 **FG: A.a.II.2*** **o. Abb.**

Fundnummer: TA.99.G.99
Fundkontext: Areal EdV6+7, US 2650
Datierung: um 900 (Ende EZ I)
Material: Stein, Steatit („Grünstein")
Maße: H: 3,4 cm – L: 4,8 cm
Aufbewahrung: Idlib, Archäolog. Museum
Beschreibung: Bodenfragment. Auf der Außenseite mit gravierter Schraffur versehen auf der zwei schraffierte Bereiche abgebildet sind. Hier könnte es sich um zwei Flügel handeln wie Mazzoni bemerkt, ansonsten deutet nichts auf figürlichen Dekor hin.
Literatur: Mazzoni, FS Orthmann, 296, 298 Abb. 8; Mazzoni, Pyxides, 62 Abb. 1b

Afis.4 **FG: Deckel Typ II.a** **Taf. 69c**

Fundnummer: TA.88.E.171
Fundkontext: Areal DdV3, Locus 869, Area E2 (Akropolis)
Datierung: Mitte 9. Jh. (EZ IIA)
Material: Stein, Steatit („Grünstein")
Maße: Dm(rek.): ca. 8,5 cm – L: 5,8 cm – Br: 4,2 cm
Aufbewahrung: Idlib, Archäolog. Museum
Beschreibung: Deckelfragment mit flach reliefiertem Dekor. Eine zentrale, achtblättrige Rosette ist eingefasst von einem Zickzackband. Daran schließt sich eine unverzierte Zone an; als Abschluss findet sich wieder ein Zickzackband.
Literatur: Degli Esposti, Tell Afis, 244f. Fig.15:2; Mazzoni, FS Orthmann, 296f. Abb. 9; Mazzoni, Pyxides, 62 Abb. 1c

Afis.5 **FG: Deckel Typ II.a*** **o. Abb.**

Fundnummer: TA.72.266
Fundkontext: Areal DkV1, südl. von M.178, L.167 Level 2, sekundärer Kontext
Datierung: ca. 700-650 (EZ III)
Material: Stein, Steatit („Grünstein")
Maße: L: 8,2 cm
Aufbewahrung: Idlib, Archäolog. Museum
Beschreibung: Fragment eines flachen Deckels mit geometrischen Verzierungen in Form eines Zickzackbandes und konzentrischen Kreisen als Dekor; auf dem Rand ein vegetabiles Motiv.
Literatur: Mazzoni, FS Orthmann, 297 Abb. 11

Afis.6 **FG: Deckel Typ II.a*** **o. Abb.**

Fundnummer: TA 97.G.15
Fundkontext: Areal EbV6, F. 1008, sekundärer Kontext
Datierung: ca. 700-650 (EZ III)
Material: Stein
Maße: H: 1,4 cm – L: 5,3 cm
Aufbewahrung: Idlib, Archäolog. Museum
Beschreibung: Deckelfragment mit graviertem Dekor in Form von einfachen Linien; lt. Mazzoni möglicherweise nachgearbeitet.
Literatur: Mazzoni, FS Orthmann, 297f. Abb. 12; Mazzoni, Pyxides, 62 Abb. 1a

Alalach

Der Fundort ist aufgrund seiner politischen Verbindungen zu umliegenden Territorien, der Figur des Idrimi und nicht zuletzt durch seine Zerstörungsschichten, die mit historischen Ereignissen verbunden werden, von großer Bedeutung für die Chronologie des 2. Jt.s. Die Schicht VII, dominiert durch den Palast des Iarimlim, ist durch Synchronismen noch mit der altbabylonischen Zeit verknüpft. Ihr Ende wird allgemein mit einem Feldzug im zweiten Regierungsjahr Ḫattušiliš' I. in Verbindung gebracht. Die Zerstörung am Ende von Schicht VI wird Muršili zugeschrieben. Schicht V wird durch den Umbau der Zitadelle unter Idrimi beendet, der mittanischer Vasall war. Sein Bau der Schicht IV wird vor allem durch Niqmepa ergänzt und steht noch bis in die Regierungszeit von Niqmepas Nachfolger Ilimilimma II. vermutlich bis zur hethitischen Annektion Alalachs unter Šuppiluliuma I. Der kurzen Chronologie folgend lässt sich die Zerstörung von Alalach VII an den Beginn des 17. Jh.s, die Zerstörung von Alalach VI an das Ende des 16. Jh.s setzen (Feldzug Muršilis um 1530). Die Datierung der Schichten V bzw. IV geschieht aufgrund historischer Synchronismen und archäologischer Gründe in das letzte Viertel des 16. Jh.s bis in die zweite Hälfte des 15. Jh.s. In Übereinstimmung mit der geschichtlichen Entwicklung des Mittani-Staates kann der Beginn von Schicht IV auf die Mitte des 15. Jh.s, die Zerstörung von Alalach IV, in die Mitte des 14. Jh.s gesetzt werden.[6]

Alal.1   **FG: A.a.I**   **Taf. 102h**

 Fundnummer: AT/39/291

 Fundkontext: Grab ATG/39/97, Schicht V[7]

 Datierung: 1525-1460

 Material: Knochen

 Maße: H: 3,3 cm

 Aufbewahrung: London, BM Inv.Nr. 130087

 Beschreibung: Zylindrische Pyxis mit ehemals eingesetztem Boden und Deckel (Löcher sind noch vorhanden) Dekor. Zwischen zwei Zickzack-Bändern, die jeweils durch zwei Wülste eingefaßt sind, befindet sich ein sehr langgestrecktes Mäanderband.

 Literatur: Woolley, Alalakh, 290 Taf. 87; Barnett, CNI, 229 Taf. 124 Nr. X,1; Gates, Alalakh, 210; Boehmer, Kleinfunde 2, 46f. Abb. 8

Alal.2   **FG: A.b.I***   **o. Abb.**

 Fundnummer: AT/38/73

 Fundkontext: Niqmepa-Palast, Raum 6, Schicht IV

 Datierung: 1460-1350

 Material: Elfenbein

 Maße: H: 4,8 cm – Dm: 4,5 cm

 Aufbewahrung: k. A.

 Beschreibung: Zylindrische Pyxis mit Boden (?). Der Mantel wird durch profilierte Wulstringe an Boden und Rand abgeschlossen. In einem Rand gibt es drei kleine Löcher nebeneinander, die vermutlich zur Einbringung des Bodens gedient haben mögen. Die angeblich zugehörige Standplatte ist von größerem Durchmesser als der Korpus, womit sich die Frage stellt, ob und wenn ja wie dieser Boden befestigt worden sein mag.

 Literatur: Woolley, Alalakh, 290 Taf. 78b

Alal.3   **FG: A.b.II**   **Taf. 102e**

 Fundnummer: AT/39/31

 Fundkontext: Grab ATG/39/35, Schicht IV zugeschrieben

 Datierung: 1460-1350

 Material: Knochen

 Maße: H: 5,5 cm – Dm: 4,0 cm

 Aufbewahrung: k. A.

 Beschreibung: Die zylindrische Pyxis besitzt zwei Kordelbänder als oberen und unteren Abschluss der Mantelfläche. Der zugehörige Deckel ist mit einer sechsblättrigen Rosette verziert und weist zwei Bohrungen auf, die zur Befestigung gedient haben dürften. Die Pyxis scheint auf dem Kopf stehend abgebildet zu sein, denn der Deckel passt auf die hier unten abgebildete Öffnung, nicht auf die obere. Am unteren Rand ist auch ein Loch zu erkennen, welches für einen Verschlussknauf gedient haben mag. Angaben über einen Boden liegen nicht vor.

 Literatur: Woolley, Alalakh, 290 Taf. 77

---

[6] Collon, Alalakh Impressions, 143-145, 166-169; Gates, Alalakh; Gates, Chronology; Heinz, Alalakh; Zeeb, Palastwirtschaft, 108-124 mit Diskussion der unterschiedlichen chronologischen Ansätze.) Nach dem ultrakurzen Ansatz datiert die Zerstörung der Schicht Alalach VI durch Muršili und sein berühmter Feldzug nach Babylon sogar auf 1507/1499. In einer ausführlichen Diskussion der Argumente der verschiedenen Chronologiesysteme und nach einer Berücksichtigung archäologischer wie auch historischer Fakten schließt Zeeb mit dem Ergebnis einer „ultrakurzen" Chronologie, wonach die Daten der ohnehin schon von Heinz verwendeten kurzen Chronologie um weitere rund 30 Jahre niedriger anzusetzen seien. Zeeb datiert so das Ende von Alalach VII und den Beginn von Alalach VI auf rund 1545 (Zeeb, Palastwirtschaft, 73-124). Für den Vorderen Orient scheint sich verstärkt eine kurze Chronologie aus vielerlei Gründen durchzusetzen, der hier entsprechend gefolgt wird (s. Gasche, Dating; vgl. die Beiträge in Akkadica 199-120, 2000 „Proceedings of the International Colloquium on Ancient Near Eastern Chronology"), und auch Bietak hat schon seit längerem darauf hingewiesen, dass seine Funde aus dem Nildelta am besten mit der kurzen bzw. ultrakurzen Chronologie zusammengehen (Bietak, Chronology, 99). Eine ausführliche Diskussion dieser Chronologieproblematik kann an dieser Stelle nicht erfolgen.

[7] Nach Gates gehört das Grab in Schicht V, eventuell sogar Schicht IV nicht nach Schicht VI wie Woolley meinte.

Alal.4   **FG: C.a.III.3**   **Taf. 27a, b**

Fundnummer: AT/39/124
Fundkontext: Iarimlim-Palast, Raum 10 in Abfall-Schicht, evtl. aus oberer Etage; Schicht VII
Datierung: 1650-1575[8]
Material: Stein, Korpus aus rötlichem, Deckel aus grünlichem Serpentinit[9]
Maße: k. A.
Aufbewahrung: London, BM, Inv.Nr.: 130643
Beschreibung: Pyxis mit waagerechten Handhaben und Deckel. Der Deckel ist flach und besitzt zwei durchlochte Ösen zur Befestigung am Korpus. Die seitlich angesetzten Ösen reichen von der Lippe bis in die untere Bauchhälfte. Der Korpus hat einen ausladenden Bauch und steile Schultern, entsprechend ist ein Schulterumbruch kaum vorhanden. Die Lippe ist ebenfalls wenig von der Schulter abgesetzt. Den Boden bildet eine Standfläche. Die ästhetische Wirkung der Pyxis beruht vor allem auf der bunt marmorierten, hochpolierten Oberfläche des Steines und auf dem farblichen Kontrast zwischen grünlichem Deckel und rötlichem Korpus.
Literatur: Woolley, Alalakh, 294f. Taf. 80, 81:7; Lilyquist, Stone vessels, 148 Anm. 130 Taf. 13:3

Alal.5   **FG: C.a.III.3**   **Taf. 31e**

Fundnummer: AT/38/74/6
Fundkontext: Niqmepa-Palast, Raum 16; Schicht IV
Datierung: 1460-1350[10]
Material: Elfenbein
Maße: H: 3,2 cm – Dm: 7,8 cm
Aufbewahrung: Antakya, Archäologisches Museum
Beschreibung: Pyxis mit linsenförmigem Korpus und zwei waagerechten Handhaben, die zur Fixierung des Deckels senkrecht durchbohrt sind. Der Φ-förmige Deckel besitzt als Dekor eine zentrale Kompass-rosette mit zwölf Blättern in einem dreifachem Rahmen. Anstelle des vertikalen Dübels in der Stirnseite einer Handhabe befindet sich dort ein Einsatz in Gestalt eines Frauenköpfchens mit Perücke und Aufsatz in Form eines kleinen Granatapfels. Woolley sieht darin einen Griff zur Handhabung des Deckels.[11] Ange-sichts der Vergleiche mit anderen Linsenpyxiden sollte es eher ein Stift zum Fixieren des geschlossenen Deckels sein. Es stellt sich allerdings die Frage, ob dieses Element tatsächlich primär zur Pyxis gehört hat. So ragt es mit seiner Grundfläche über die Handhabe hinaus.
Literatur: Woolley, Vergessenes Königreich, 108f. Abb. 24; Woolley, Alalakh, 289 Taf. 76g; Gates, Alalakh, 209; Gachet, Ugarit Ivories, Anm. 18; Strommenger, Gefäße, 24

Alal.6   **FG: C.a.III.3**   **o. Abb.**

Fundnummer: AT/39/36
Fundkontext: nahe NO Stadtmauer, Sq L 11; Schicht VI-V
Datierung: 1550-1460[12]
Material: Bein
Maße: H: 2,2 cm – Dm: 6,0 cm
Aufbewahrung: Antakya, Archäologisches Museum, Inv.Nr.: Ant. 7059
Beschreibung: Korpus einer linsenförmigen Pyxis. Erhalten sind die Reste einer waagerechten Handhabe, die gegenüberliegende Seite ist abgebrochen. Der obere Rand besitzt einen leichten Grat; die Wandung ist gleichmäßig abnehmend. An der Schulter bricht sie scharf um und bildet eine schmale, dünne Lippe für den Deckel. An einer Seite ist eine waagerecht ausgezogene Handhabe erhalten, die senkrecht durchbohrt ist und entweder als Verschluss oder Gelenk gedient hat. Die Handhabe auf der gegenüberliegenden Seite ist weggebrochen. Eine Delle im Boden der Unterseite interpretiert Woolley als Ansatzpunkt für einen

---

[8] Nach der eingehenden Studie von Heinz ist Schicht VII durch keramische Vergleiche mit anderen Orten (v. a. Ugarit und Tell ed-Dabʿa) in die Zeit von der Mitte des 17. Jh.s bis in die erste Hälfte/Mitte des 16. Jh.s zu datieren, also rund 1650-1575 (Heinz, Alalakh, 203-205).

[9] Materialbestimmung nach Lilyquist, Stone Vessels, 148.

[10] Diese Datierung wird nicht zuletzt durch Vergleiche aus dieser Formgruppe gestützt.

[11] Woolley, Alalakh, 289.

[12] Basierend auf der kurzen Chronologie schlägt Gates nicht zuletzt aufgrund der Keramikvergleiche und im Hinblick auf die politische Situation den Zeitraum 1575-1525 für Alalach VI und 1525-1450 für Alalach V vor (Gates, Alalakh, 268f.; Gates, SMS 4, 1981).

separat gearbeiteten Standfuß.[13] Angesichts der Vergleichsfunde in dieser Formgruppe handelt es sich allerdings wohl eher um eine Beschädigung.

Literatur: Woolley, Alalakh, 289; Gates, Alalakh, 209 Abb. 37b links oben

Alal.7   **FG: S.e**   **Taf. 99b**

Fundnummer: AT/48/98
Fundkontext: unter Ilimilimmas Hof, Raum 22, sog. Steinarbeiter-Werkstatt (Schicht V?)[14]
Datierung: 1525-1460 (Schichtzuweisung unsicher)
Material: Stein, Obsidian
Maße: k. A.
Aufbewahrung: k. A.
Beschreibung: Halbrunde Pyxis mit zwei Kompartimenten. Der Korpus erscheint hochpoliert und mit vergleichsweise flachen Abteilungen geformt. Ein Loch für einen Gelenkstift ist auf der bekannten Abbildung nicht zu erkennen, weshalb es sich auch um eine offene Schale gehandelt haben könnte.
Literatur: Woolley, Alalakh, 294 Taf. 83b

Alal.8   **FG: k. A.***   **o. Abb.**

Fundnummer: AT/46/122
Fundkontext: Sq L 16, Schicht V
Datierung: 1525-1460 (vgl. Alal.6)
Material: Stein
Maße: k. A.
Aufbewahrung: k. A.
Beschreibung: Steinschale mit seitlichen Handhaben; möglicherweise eine Pyxis des Formtyps A oder C mit Schwenkdeckel; nach Gates „Half preserved stone-bowl with horizontal lugs."
Literatur: Gates, Alalakh, 205

ALISHAR
Alis.1   **FG: A.b.II**   **Taf. 102c**

Fundnummer: 2489
Fundkontext: Plot XV, 6,20m Tiefe, Hausstrukturen auf der Terrasse, Stratum II
Datierung: ca. 17.-16. Jh. (althethitisch)[15]
Material: Knochen
Maße: k. A.
Aufbewahrung: k. A.
Beschreibung: Zylinderpyxis mit Boden. Der Korpus ist mit schlichten Zickzackreihen an beiden Seiten eingefasst. Zwei gegenüberliegende Löcher dienen offenbar der Befestigung des Bodens, der als leicht ovale Knochenscheibe mit Randfalz bei dem Korpus gefunden wurde.
Literatur: Von der Osten – Schmidt, Alishar 1927, 122 Abb. 101:2489

Alis.2   **FG: A.b.II**   **o. Abb.**

Fundnummer: b 1929
Fundkontext: k. A., Stratum II
Datierung: ca. 17.-16. Jh. (althethitisch; vgl. Alis.1)
Material: Knochen
Maße: k. A.
Aufbewahrung: k. A.
Beschreibung: Die Pyxis besitzt einen leicht gekehlten Fuß, der durchbohrt ist. Die Verzierung besteht aus zwei Bändern von Punktkreisen abwechselnd zwischen kreuzschraffierten Bändern. Ein Loch befindet sich im Fuß; nach der Abbildung ist nicht zu klären wie die Bohrung verläuft; es könnte sich um eine

---

[13] Woolley, Alalakh, 289.
[14] Woolley, Alalakh, 109f.
[15] Von der Osten gibt zu Schicht II aus Alishar lediglich an, dass diese Schicht von der althethitischen Zeit bis an das Ende der Spätbronzezeit reicht (von der Osten, Alishar 1930-1932, 269). Ein Vergleich mit den Funden aus Kültepe der Schicht Ib legt ein entsprechendes Datum in das zweite Viertel des 2. Jt.s nahe.

Foramenöffnung handeln. Der obere Rand ist weitgehend abgesplittert, eine vertikale Bohrung weist aber noch auf die Anbringung eines Schwenkdeckels hin.
Literatur: Von der Osten – Schmidt, Alishar 1927, 173 Abb. 223

Alis.3   **FG: A.b.II**   o. Abb.
Fundnummer: 2356
Fundkontext: Plot XIV, Tiefe 4,20 m, Hausstrukturen auf der Terrasse
Datierung: ca. 17.-16. Jh. (althethitisch; vgl. Alis.1)[16]
Material: Knochen
Maße: k. A.
Aufbewahrung: k. A.
Beschreibung: Wandungsfragment einer Pyxis mit Zickzackmuster im Relief entlang Boden und Rand. Horizontal gebohrtes Dübelloch am oberen Rand.
Literatur: Von der Osten – Schmidt, Alishar 1927, 122 Abb. 101:2356

Alis.4   **FG: A.b**   o. Abb.
Fundnummer: d 186
Fundkontext: k. A.
Datierung: ca. 15.-12. Jh. (großreichszeitlich)
Material: Knochen
Maße: H: ca. 4,0 cm
Aufbewahrung: k. A.
Beschreibung: Wandungsfragment einer Pyxis mit Loch. Abgeteilte Bänder befinden sich am oberen und unteren Rand, die mit Kreuzschraffur gefüllt sind. Das Loch in der Mitte scheint ein Dübelloch zu sein.
Literatur: Von der Osten, Alishar 1930-1932, 243 Abb. 274

Alis.5   **FG: A.b**   o. Abb.
Fundnummer: d 370
Fundkontext: k. A.
Datierung: ca. 15.-12. Jh. (großreichszeitlich)
Material: Knochen
Maße: H: ca. 5,0 cm
Aufbewahrung: k. A.
Beschreibung: Wandungsfragment einer Pyxis mit horizontalen Rillen und mehreren Bohrungen. Die Bohrungen in Randnähe mögen zur Befestigung von Deckel und Boden gedient haben, die in Korpusmitte bleiben in ihrer Funktion unklar.
Literatur: Von der Osten, Alishar 1930-1932, 243 Abb. 274: d 370

Alis.6   **FG: A.b***   o. Abb.
Fundnummer: 2856
Fundkontext: Plot XXV, 1,20 m Tiefe, Terrasse, „Storerooms"; Stratum II
Datierung: 2000-1200 (vgl. Alis.1)
Material: Knochen
Maße: k. A.
Aufbewahrung: k. A.
Beschreibung: Wandungsfragment einer Pyxis. Dem Photo nach zu urteilen ist der Korpus mit zwei Reihen von Blattfriesen am oberen und unteren Rand verziert, die Abbildung ist allerdings wenig deutlich.
Literatur: Von der Osten – Schmidt, Alishar 1927, 122 Abb. 101:2856

Alis.7   **FG: A.b**   o. Abb.
Fundnummer: 478
Fundkontext: Plot 22, Hügel an der Befestigungsmauer
Datierung: k. A.[17]
Material: Knochen
Maße: k. A.

---

[16] Über dem Objekt wurde ein altbabylonisches Siegel entdeckt, welches einen zusätzlichen datierenden Hinweis gibt.
[17] Der Fundkontext ist gemischt, und die Funde reichen bis in die türkische Zeit.

Aufbewahrung: k. A.

Beschreibung: Wandungsfragment einer Pyxis, unverziert.

Literatur: Von der Osten – Schmidt, Alishar 1927, 122 Abb. 101:478

Alis.8   **FG: C.a.III.3**   o. Abb.

Fundnummer: e 722

Fundkontext: k. A. (gef. 1932)

Datierung: Ende 3. Jt. bis althethitisch[18]

Material: Quarzkeramik

Maße: H: ca. 2,5 cm – Dm: ca. 3,3 cm – L: ca. 4,0 cm

Aufbewahrung: k. A.

Beschreibung: Annähernd halbkugelige Pyxis mit einer erhaltenen senkrechten Öse, die vertikal durchbohrt ist, die gegenüberliegende Öse scheint abgebrochen zu sein.

Literatur: Von der Osten, Alishar 1930-1932, 207 Abb. 197:e 722

AMATHUS

Amat.1   **FG: S.c**   o. Abb.

Fundnummer: k. A.

Fundkontext: k. A.

Datierung: SBZ oder EZ

Material: Stein

Maße: k. A.

Aufbewahrung: k. A.

Beschreibung: Mangels Publikation keine weitere Beschreibung möglich.

Literatur: Karageorghis, Bathtub, 437 Anm. 14 Nr. a)

ASSUR

Eine genauere Bestimmung und Bewertung der Funde aus Assur wird nach eingehender Aufarbeitung der Assur-Funde durch das Assur-Projekt der Deutschen Orientgesellschaft und des Vorderasiatischen Museums möglich sein. Insofern sind manche der hier getroffenen Aussagen als vorläufig zu betrachten. Die zeitlichen Ansätze der Siedlungsschichten orientieren sich an den Ergebnissen von Miglus. Entscheidend für die Datierung der Gräber bei Haller sind die Fundlage und -umstände, aber auch die zugehörigen Beigaben. Diese geben jedoch nur grobe Perioden, weniger absolute Daten an. Miglus zieht ferner markante Beigaben, in erster Linie Keramik, zur Datierung heran, muss jedoch in vielen Fällen von einer genaueren Bestimmung absehen.[19] Zu den charakteristischen Beigaben der mittelassyrischen Zeit zählen etwa bauchige Tongefäße wie Knopf- und Zitzenbecher, aber auch Quarzkeramikgefäße und Elfenbeinnadeln.

Assur.1   **FG: A.a.III**   o. Abb.

Fundnummer: Ass 20287

Fundkontext: Ischtar-Tempel, Raum 4, „über der Lehmabgleichung"[20]

Datierung: 13.-12. Jh. (mittelassyrisch)

Material: Quarzkeramik

Maße: k. A.

Aufbewahrung: Berlin, VAM, Inv.Nr. VA Ass 4080c

Beschreibung: Korpus einer Pyxis mit steiler Wandung, aber flach und weit. Die vorhandene Handhabe ist vertikal gelocht; die gegenüberliegende Stelle ist ausgebrochen. Der steilwandige Korpus weist zwei schlichte Rillen an Rand und Boden auf und sitzt auf einem Standring.

---

[18] Von der Osten schreibt, dass im Bereich des Hügels unter den hethitischen großreichszeitlichen Schichten Funde der „Copper Age" angeschnitten wurden (von der Osten, Alishar 1930-1932, 110-112). Dabei ist auch mit späteren, hethitischen Störungen zu rechnen. Generell wird dies hier als Hinweis auf eine Datierung vom Ende der Frühbronze- bis zum Beginn der Spätbronzezeit verstanden.

[19] Haller, GuG, 5; Miglus, WG, 50-52.

[20] Der Bau durch Tukulti-Ninurta I. am Ende des 13. Jh.s stellt lediglich einen terminus post quem bereit. Andrae sieht in verschiedenen Ausbesserungen des Gebäudes Arbeiten von Salmanassar III. und Sîn-šar-iškuns (Andrae, JIT, 15), was bedeutete, dass das Gebäude rund 500 Jahre zugänglich gewesen wäre. Die Baumaßnahme eines Ischtar-Tempels durch Aššur-reš-iši scheint dagegen auf bauliche Veränderungen bereits Ende des 12. Jh.s hinzuweisen, was jedoch primär nichts über den Zustand des Tukulti-Ninurta-Baus aussagt. Für eine genauere Datierung des architektonischen Befundes muss die stratigraphische Aufarbeitung des Gebäudekomplexes durch A. Schmitt, Mainz, abgewartet werden, die z. Zt. im Rahmen des Assur-Projektes geschieht. Für erste Hinweise sei ihm herzlich gedankt.

Literatur: Andrae, JIT, 100f. Taf. 42b,c

Assur.2   **FG: A.a**   **o. Abb.**
    Fundnummer: Ass 7010
    Fundkontext: Halde
    Datierung: (1. Jt.?)
    Material: Elfenbein
    Maße: H: 5,7 cm – Br: 1,6 cm – Di: 0,65 cm
    Aufbewahrung: Berlin, VAM, Inv.Nr.: VA Ass 3542
    Beschreibung: Wandungsfragment einer zylindrischen Pyxis mit Resten von Gravur. Das Fragment erstreckt sich über die gesamte Höhe der Pyxis, ist aber nur sehr schmal, was eine Rekonstruktion des Durchmessers verhindert. Am oberen Rand ist eine schwache Punktreihe zu sehen, die vermutlich die inneren Kreise eines Kordelbandes bilden. Die äußere Kontur ist abgerieben bzw. nicht ausgeführt. Im Bildfeld darunter findet sich eine schwer zu interpretierende Darstellung, bei dem es sich um den nicht vollständig ausgearbeiteten Umriss der Hinterschenkel eines Löwen handeln könnte.
    Literatur: Wicke, Assur, Nr. B.10

Assur.3   **FG: A.b.II**   **Taf. 76a, b**
    Fundnummer: Ass 14630ao1
    Fundkontext: Gruft 45[21]
    Datierung: 14.-13. Jh. (mittelassyrisch)[22]
    Material: Elfenbein
    Maße: Korpus: H: 8,35 cm – Dm(oben): 5,75-6,0 cm, Dm(unten): 6,35-6,5 cm – Wdg: 0,4-0,6 cm; Dm(Deckel): 5,5-5,85 cm – Di(Deckel): 0,5 cm
    Aufbewahrung: Berlin, VAM, Inv.Nr.: VA Ass 1099
    Beschreibung: Die sich nach oben leicht verjüngende Pyxis hat einen kreisrunden Durchmesser. Der jetzt verlorene Boden, von dem Haller annimmt, dass er aus Holz war, war mit 7 Stiften in der Wandung befestigt. Der runde Deckel besitzt zwei gegenüberliegende Dübellöcher, von denen das eine Abnutzungsspuren um das Loch herum erkennen lässt. Im Inneren befindet sich eine jetzt ausgebrochene Bohrung zur Fixierung des Deckels. Deckel und Wandung sind mit graviertem Dekor verziert. Das Bildfeld der Wandung wird oben und unten von zwei Rosettenbändern eingefasst, die mit zwei bzw. drei Rillen begrenzt werden. Die Blütenblätter bestehen aus kreisförmig gesetzten Kerben um einen Mittelpunkt. Die Hauptszene zeigt vier Bäume (zwei Dattelpalmen, zwei Nadelbäume). Je zwei Capriden stehen sich an einem Nadelbaum gegenüber. Über den Capriden sind Kreisornamente angebracht; in den Bäumen sitzen Vögel.[23] Der Deckel weist einen sternförmigen Blumendekor mit Pflanzen auf, wie sie am Fuße der Nadelbäume wachsen. Der leichte, flüchtige Stil lebt von von der feinen Gravur. Die Tiere besitzen eine zarte Innenzeichnung, die After, Bauchfell, Hals und Schulter angibt. Ebenso sind die Vögel in den Bäumen von naturalistischer Treue.
    Literatur: Haller, GuG, 129, 135-137 Abb. 161ao Taf. 29a-d; Smith, Interconnections, Abb. 40; Moortgat, Kunst, Abb. 34 Taf. 37; Orthmann, PKG, 332 Nr. 256; Kepinski, Arbre, Nr. 416/417; Kat. Berlin 1992, Nr. 94; Kat. Assyrian Origins, New York, Nr. 45; Madhloom, Chronology, Taf. V,3; Parrot, Assur, 146 Abb. 179; Barnett, Ivories, Taf. 36; Galling, ZDPV 86, 1970, 2; Porada, FS Mellink, 88, Abb. 8-9; Feldman, Diplomacy, Taf. 18; Wicke, Assur, Nr. B.08

Assur.4   **FG: A.b.II**   **Taf. 102a**
    Fundnummer: Ass 7905g
    Fundkontext: dA5V, Grab 702 (Hockersarkophag)[24]

---

[21] Lt. Fundjournal befand sich in der Pyxis u. a. eine Elfenbeinnadel mit figürlich geschnitztem Ende. Die Pyxis, wie auch die meisten anderen Elfenbeingegenstände, waren dem rechten (südlichen) Skelett zugeordnet (vgl. Wartke, MDOG 124, 1992).

[22] Die Zeitstellung der letzten Bestattung und damit auch der Pyxis ergibt sich, wie die der ganzen Gruft, durch den Fundzusammenhang, besonders aber durch den Fund eines Tontafelarchivs über dem Grabschacht. Diese Tafeln nennen mittelassyrische Eponyme, welche die Datierung der Gruft in das ausgehende 13. Jh. erlauben (vgl. Freydank, Beiträge, 53-55). Die in den Briefen genannten Eponyme verteilen sich auf die Herrscher Adad-nerari I. bis Tukulti-Ninurta I. Der Archivfund kam also am Ende des 13. Jh.s in die Erde und datiert die Gruft entsprechend (s. a. Wartke, MDOG 124, 1992, 122-125).

[23] Nach Haller (GuG, 135) handelt es sich um Mandelkrähen, bei den Koniferen um Zedern.

[24] Gemäß Fundjournal lag die Holzbüchse zusammen mit Kupferknopf Ass 7912, mit Lederresten, Knöcheln, Speiseresten, einem Lederschuh, Tonwirtel, Buckelflasche und Gewandresten in dem Grab.

Datierung: neuassyrisch[25]
Material: Holz
Maße: k. A.
Aufbewahrung: k. A.
Beschreibung: Fragmente von Deckel, Boden und Korpus einer zylindrischen Holzpyxis. Wie auf der Photographie erkennbar besitzen Deckel und Wandung einen kleinen Knauf zum Verschließen der Pyxis. In Analogie zu anderen Belegen dieser Formgruppe mag im Inneren ein Fortsatz die Befestigung des Deckels ermöglicht haben. Alternativ könnte ein Fortsatz am Boden Teil einer außenliegenden Leiste für den Schwenkstift gewesen sein, wie es an ägyptischen Funden zu beobachten ist. Laut Haller war die Dose bemalt und enthielt „Zeugsäckchen und Ballen".
Literatur: Haller, GuG, 57 Abb.69 Taf. 16a; Miglus, WG, 381

Assur.5   **FG: A.b.II**   **o. Abb.**
Fundnummer: Ass 19037n
Fundkontext: gC5III, Grab 600
Datierung: ca. 13.-12. Jh. (mittelassyrisch)
Material: Quarzkeramik, hell sandfarbener Kern, dicke, heute weißlich verblasste Glasur, ehemals wohl kräftig blau
Maße: H: 3,7 cm – Dm: 3,3 cm
Aufbewahrung: Berlin, VAM, Inv.Nr.: VA 5842
Beschreibung: Kleine zylindrische Pyxis mit zwei gegenüberliegenden Löchern am oberen Rand. Drei Rillen am oberen Rand, die durch die Löcher unterbrochen sind, bilden die einzige Verzierung des Behälters. Eine Scheibe mit zwei Löchern bildet den Deckel. Der Deckel wurde also nicht mit Stiften auf dem Korpus befestigt, sondern mit Ösen, Klammern oder eventuell Schnur.
Literatur: Kat. Türkis, Kassel, Nr. 127

Assur.6   **FG: A.b**   **o. Abb.**
Fundnummer: Ass 11540
Fundkontext: bC8IV
Datierung: 9.-8. Jh. (neuassyrisch)
Material: Knochen
Maße: H: 4,2 cm – Br: 3,3 cm – Dm(rek.): ca. 2,5 cm – Wdg: 0,3-0,6 cm
Aufbewahrung: Berlin, VAM, Inv.Nr.: VA Ass 3537
Beschreibung: Wandungsfragment einer zylindrischen Pyxis, zum unteren Rand gehörig. Der Rand ist durch drei horizontale Linien akzentuiert und einmal durchbohrt. Vom Bildfeld erhalten ist eine nach rechts gewandte männliche Figur in einem assyrischem gemusterten Hemd, die linke Hand ist erhoben, mit der rechten stützt sie einen Bogen auf den Boden. Das Ende eines Schwertes ist hinter dem Körper zu erkennen. Hinter dem Mann folgt eine zweite Figur. Die Handhaltung und der längliche Gegenstand, den die Person vor sich her trägt, erlaubt eine Identifikation als Tuchträger. Ungedeutet bleibt eine „Schlaufe" am rechten Bildrand.
Literatur: Wicke, Assur, Nr. B.09

Assur.7   **FG: C.a.I**   **o. Abb.**
Fundnummer: Ass 20672a
Fundkontext: mA12I, im Schutt am Hang
Datierung: SBZ (?)[26]
Material: Elfenbein
Maße: H: 0,9 cm – L: 4,1 cm – Br: 4,2 cm
Aufbewahrung: Berlin, VAM, Inv.Nr.: VA 7864
Beschreibung: Flache Pyxis, auf Fundphotographie nahezu vollständig erhalten mit Deckel. Der Korpus bildet ein sehr flaches Schälchen an den ein horizontaler Griff in Form eines Wasservogelkopfes angesetzt ist. Der Rand ist mit einem Kordelbandmuster versehen, für das allerdings ein Bohrer mit viel zu großem Durchmesser verwendet worden ist, sodass das Muster den Rand überschneidet. Diese Unsorgfältigkeit verwundert angesichts des plastischen, detaillierten Tierkopfes, allerdings verdeckt der Deckel den Rand

---

[25] Als neuer Datierungsvorschlag von Miglus (WG, 381).
[26] Aufgrund der sekundären Fundlage zeitlich kaum näher einzugrenzen. Das Motiv eines Entenkopfes als Geräteteil findet sich besonders häufig in der Spätbronzezeit, erscheint aber auch in neuassyrischer Zeit.

zum Großteil. Der nicht mehr vorhandene, unverzierte Stülpdeckel mit Knauf muss auf der Unterseite einen Falz besessen haben, um auf den Korpus zu passen. Im Korpus selber ist keine Aussparung eingearbeitet.
Literatur: Miglus, WG, 331; Wicke, Assur, Nr. B.06

Assur.8   **FG: C.a.III.3**   **Taf. 26a, b**
Fundnummer: Ass 14630bk
Fundkontext: Gruft 45, neben dem linken (nördlichen) Skelett in der Nähe des Kopfes gefunden
Datierung: 14.-13. Jh. (mittelassyrisch; s. Assur.3)
Material: Elfenbein
Maße: H: 2,8 cm – L: 10,3 cm – Dm(außen): 7,7 cm – Dm(innen): 4,6-4,8 cm
Aufbewahrung: Berlin, VAM, Inv.Nr.: VA Ass 1100
Beschreibung: Pyxis in Linsenform mit figürlich gestalteten Handhaben, Deckel fehlt. Der Korpus ist entlang der Owen'schen Ringe gesplittert, leichte Beschädigungen finden sich an der Lippe. Der unverzierte Korpus mit leicht abgesetztem Standring schließt oben mit einer leichten Lippenwölbung ab. Die Schulter ist flach geneigt und betont. Die Handhaben sind figürlich als Frauenköpfchen gestaltet. Bei einem gut modellierten Gesicht besitzen sie eine relativ große Nase und mandelförmige Augen. Von der Frisur sind Stirnlocken in Gestalt einer Punktreihe unterhalb des Randes angegeben, und große Locken fallen rechts und links der Ohren nieder. Die Handhaben sind vertikal gelocht, wobei ein Loch etwas größer als das andere ist.
Literatur: Haller, GuG, 128, 139 Abb. 160bk Taf. 30d-f; Strommenger, Gefäße, 24; Kat. Assyrian Origins, New York, Nr. 49; Wicke, Assur, Nr. B.03

Assur.9   **FG: C.a.III.3**   **o. Abb.**
Fundnummer: Ass 20188p-2
Fundkontext: gC6III, aus einer Tongefäßscherbe neben Kapselgrab Ass 20161 [Grab 599]
Datierung: 14.-13. Jh. (mittelassyrisch)[27]
Material: Elfenbein
Maße: H: 2,6 cm – L(mit Ösen, rek.): ca. 5,5 cm – Dm(außen, rek.): ca. 4,5 cm – Deckel L(mit Ösen): 5,2 cm – Dm(ohne Ösen): 3,3 cm – Di: 0,2 cm
Aufbewahrung: Berlin, VAM, Inv.Nr.: VA Ass 1758
Beschreibung: Pyxis mit seitlichen Handhaben in Form von Frauenköpfen mit Deckel; stark fragmentiert.[28] Das Bodenfragment hat eine leicht gewölbte Standfläche; die Wandung strebt jedoch erheblich steiler nach oben als bei Assur.8 was zusammen mit der runden, einbiegenden Schulter und der kleineren Mündung Assur.9 einen kugelförmigeren und geschlosseneren Charakter verleiht. Die deutliche Schulter endet in einer abgesetzten Lippe. Am Rand setzen zwei nahezu vollplastisch gestaltete Frauenköpfchen als Handhaben an, die vertikal durchbohrt sind. Die Gesichter sind sehr summarisch ausgeführt, was mit der Kleinteiligkeit des Objektes begründet werden mag. Zum Korpus gehört ein passender Deckel mit zwei rechteckigen, gelochten Fortsätzen. Diese Löcher sind unterschiedlich groß und korrespondieren in diesem Befund mit den Bohrungen. Dass auch die Dübellöcher von Assur.8 unterschiedlich groß gewesen sind, steht zu vermuten, lässt sich aufgrund des fragmentierten Zustandes jedoch nicht eindeutig überprüfen.
Literatur: Miglus, WG, 164; Wicke, Assur, Nr. B.04

Assur.10   **FG: C.a.III.3**   **Taf. 29f**
Fundnummer: Ass 20214c
Fundkontext: eA7III, Ischtar-Tempel, Kammer 5
Datierung: 13.-12. Jh. (mittelassyrisch; s. Assur.1)
Material: Stein (Bergkristall?)
Maße: H: 3,2 cm – L: 5,5 cm
Aufbewahrung: Berlin, VAM, Inv.Nr.: VA 8286

---

[27] Das Kapselgrab 599 (Ass 20161) gehört der stratigraphischen Situation und den Beigaben nach in die mittelassyrische Epoche; Assur.9 wurde allerdings daneben gefunden, und die Zusammengehörigkeit ist nicht vollständig gesichert (vgl. Miglus, WG, 164; ausführlicher Wicke, Assur, Kat.Nr. B.04).

[28] Das Objekt wird im Rahmen der Aufarbeitung der Beinfunde aus Assur durch das Assur-Projekt der Deutschen Orientgesellschaft und des Vorderasiatischen Museums, Berlin, restauriert und vollständig publiziert werden.

Beschreibung: Hälfte einer kleinen bauchigen Pyxis mit waagerechten Handhaben. Der Korpus ist verhältnismäßig hoch, was dem Gefäß einen bauchigen Charakter verleiht. Die Schulter ist scharfkantig abgesetzt, ebenso der Standring. Die rechteckigen Handhaben sind vergleichsweise klein, weisen aber die typische vertikale Durchbohrung auf, ein Deckel fehlt.
Literatur: Andrae, JIT, 101 Abb. 79; Strommenger, Gefäße, 24

Assur.11   **FG: C.a.III.5**   **Taf. 36e**
    Fundnummer: Ass 14881c
    Fundkontext: eC9I, Grab 746[29]
    Datierung: 14.-13. Jh. (mittelassyrisch)[30]
    Material: Quarzkeramik
    Maße: H(mit Deckel): 5,2 cm – L: 10,8 cm
    Aufbewahrung: Berlin, VAM, Inv.Nr.: VA 5930
Beschreibung: Pyxis in Rippenform mit ausgezogenen, durchlochten Handhaben und entsprechendem Deckel mit leichtem, inneren Falz. Der Korpus dieser flachen Pyxis wird außen durch zwölf Rippen gebildet, die farbig unterschiedlich gehalten sind. So scheinen je zwei dunkle Rippen zwischen zwei helle gelegt worden zu sein. Dazu passend gehört ein Deckel, dessen Handhaben entsprechend durchlocht sind.
Literatur: Haller, GuG, 63 Abb. 76c Taf. 16i; Strommenger, Gefäße, 24; Kat. Assyrian Origins, New York, 108f., Nr. 72 Taf. 12

Assur.12   **FG: S.d.2**   **Taf. 98a**
    Fundnummer: Ass 13603
    Fundkontext: eC7III, Bereich des Nabu-Tempels, südlicher Hof
    Datierung: 13.-12. Jh. (mittelassyrisch; n. Vergleichen)
    Material: Ägyptisch Blau
    Maße: H: 7,6 cm – Dm: 5,3 cm
    Aufbewahrung: Berlin, VAM, Inv.Nr.: VA 5945
Beschreibung: Vollständig erhaltener Korpus ohne Deckel. Das spitzbodige Gefäß besitzt innenliegend zwei Ösen für einen Schwenkdeckel. Die Außenseite ist im oberen Bereich durch zwei Zickzackbänder gegliedert. Den unteren Bereich nimmt eine Blattzungenverzierung ein. In der Höhe der Blattenden setzen auch drei vollplastisch gearbeitete Füßchen mit Stierhufen an, die gleichsam den Ständer für das Gefäß am Objekt bilden.
Literatur: Kat. Berlin 1992, Nr. 101; Kat. Assyrian Origins, New York, Nr. 71; Kat. Türkis, Kassel, Nr. 125

Assur.13   **FG: S.d.2***   **Taf. 98d**
    Fundnummer: Ass 20215
    Fundkontext: cA7III, Ischtar-Tempel, Raum 5
    Datierung: 13.-12. Jh. (mittelassyrisch; s. Assur.1)
    Material: Quarzkeramik
    Maße: H: 8,2 cm – Dm: 5,2 cm
    Aufbewahrung: Berlin, VAM, Inv.Nr.: VA Ass 2157
Beschreibung: Kapselförmige Pyxis ohne Deckel. Im Gegensatz zu Assur.12 befinden sich keine Ösenlöcher für Schwenkstifte im Inneren, sondern Bohrungen in Randbereich des Mantels. Der Korpus selber ist unverziert. In der Grundform spitzbodig, verleihen drei ausgezogene Standfüßchen dem Gefäß halt.
Literatur: Andrae, JIT, 101 Taf. 42d

Assur.14   **FG: S.d.1**   **Taf. 97f**
    Fundnummer: Ass 20214a
    Fundkontext: cA7III, Ischtar-Tempel, Raum 5
    Datierung: 13.-12. Jh. (mittelassyrisch; s. Assur.1)

---

[29] Das Grab beinhaltet insgesamt fünf Bestattungen; die Pyxis scheint zur letzten gehört zu haben, wo sie sich im Sarkophag am linken Oberarm des letzten Skelettes befand (s. Haller, GuG, Abb. 76).
[30] Die zeitliche Einstufung des Grabes 746 wird durch entsprechende Beifunde und Vergleiche mit anderen Pyxiden gestützt.

Material: Stein, Alabaster, weiß
Maße: H: 8,2 cm – L: 9,0 cm – Br: 4,0 cm
Aufbewahrung: Berlin, VAM, Inv.Nr.: VA 5898
Beschreibung: Doppelgefäß aus zwei spitzbodigen Reservoirs; am Rand ausgebrochen. Im Zwickel der Nahtstelle sitzen zwei kleine Knubben, die senkrecht durchbohrt sind und entsprechend eine Befestigungsmöglichkeit für einen sanduhrförmigen Deckel bieten.
Literatur: Andrae, JIT, 101 Taf. 43f

Assur.15	**FG: S.d.1**	**Taf. 97g**

Fundnummer: Ass 20214b
Fundkontext: cA7III, Ischtar-Tempel, Raum 5
Datierung: 13.-12. Jh. (mittelassyrisch; s. Assur.1)
Material: Stein, Alabaster, bräunlich gefleckt
Maße: H: 5,8 cm – L: 7,4 cm – Br: 4,3 cm
Aufbewahrung: Berlin, VAM, Inv.Nr.: VA 5897
Beschreibung: Doppelpyxis wie Assur.14, ein Reservoir am Rand ausgebrochen. Die Gesamtform der Gefäße wirkt leicht gedrückt in der Form.
Literatur: Andrae, JIT, 101 Taf. 43d

Assur.16	**FG: S.d.1**	**o. Abb.**

Fundnummer: Ass 20188o
Fundkontext: gC 6III, bei Grab 599[31]
Datierung: 13.-12. Jh. (mittelassyrisch; n. Vergleich mit Assur.14 und Assur.15)
Material: Stein
Maße: H: 5,1 cm – L: 4,9 cm – Br: 4,0 cm
Aufbewahrung: Berlin, VAM, Inv.Nr.: VA 5685
Beschreibung: Doppelpyxis wie die vorangegangenen bestehend aus zwei spitzbodigen Reservoiren und mittig sitzenden Ösen, die senkrecht durchbohrt sind. In der Form noch gestauchter als Assur.14 oder Assur.15.
Literatur: Haller, GuG, 46

Assur.17	**FG: S.e**	**Taf. 99a**

Fundnummer: Ass 20115
Fundkontext: cA7III, Ischtar-Tempel, Raum 4
Datierung: 13.-12. Jh. (mittelassyrisch; s. Assur.1)
Material: Stein
Maße: L: 12,0 cm – Br: 7,0 cm
Aufbewahrung: Berlin, VAM, Inv.Nr.: VA 7264
Beschreibung: Pyxis mit drei Kompartimenten ohne erhaltenen Deckel. Die leicht ausschwingende Rückseite besitzt in der Mitte eine Öse zur Befestigung eines Schwenkdeckels. Die Kompartimente passen sich der fächerförmigen Grundgestalt durch ihre radialen Trennwände an.
Literatur: Andrae, JIT, 101 Taf. 42i

Assur.18	**FG: S.b**	**o. Abb.**

Fundnummer: Ass 15632e
Fundkontext: dB6IV, Scherbengrab 190
Datierung: 9.-7. Jh. (neuassyrisch; n. Fundlage und Vergleich)
Material: Elfenbein
Maße: H: 1,0 cm – L: 2,2 cm – Br: 1,6 cm
Aufbewahrung: Berlin, VAM, Inv.Nr. VA 5848
Beschreibung: Deckel eines kleinen ovoiden Behälters in Form einer Ente mit zurückgewandtem Kopf. Der Entenkopf ist aus einem Stück mit dem Deckel gearbeitet. Im Inneren ist ein Dübelloch zu erkennen, in dem ein kleiner Stift ehemals das seitliche Schwenken des Deckels erlaubte. An der spitzen Seite, dem Kopf gegenüberliegend, befindet sich eine Bohrung. Zu dem Deckel ist ein kleiner pilzförmiger Stift

---

[31] Assur.16 kam bei Ausgrabungen in Assur in der Nähe von Grab 599 ans Licht, muss aber nicht zwangsläufig zu diesem

erhalten, der in diese Bohrung passt. Mit einem anzunehmenden Pendant im Korpus dürften diese beiden Stifte dem Verschließen mittels einer Schnur gedient haben.

Literatur: Haller, GuG, 23; Wicke, Assur, Nr. B.02

Assur.19   **FG: S.b**   **Taf. 96b**

Fundnummer: Ass 1815q
Fundkontext: iB11III, Grab 781, östl. des Außenwallhakens, über Stelenreihenniveau
Datierung: 9.-7. Jh. (neuassyrisch)[32]
Material: Quarzkeramik
Maße: H: 2,3 cm – Br: 4,0 cm
Aufbewahrung: Berlin, VAM, Inv.Nr.: VA 5538 (fehlt seit 1945)
Beschreibung: Gefäß in Form eines Igels mit plastisch ausgearbeitetem Gesicht. Die Stacheln sind durch tiefe Schraffur wiedergegeben. Ein ovaler Deckel mit zwei Löchern hat die Unterseite (?) verschlossen; er wird mit einem Stift in einer Einlassung am hinteren Ende innen im Gefäß am Korpus befestigt. Das wirft die Frage nach der Standfläche und dem Inhalt des Gefäßes insofern auf, als das Gefäß zum Hinstellen umgedreht werden musste.
Literatur: Haller, JIT, 67f. Taf. 17b

Assur.20   **FG: S.g**   **Taf. 81b**

Fundnummer: Ass 10809
Fundkontext: bC5IV, an der Kante der Festungsmauer, 5m östl. des Winkels[33]
Datierung: 8.-7. Jh. (neuassyrisch; n. Vergleichen)[34]
Material: Elfenbein[35]
Maße: H: 3,7-4,1 cm – L: 4,0 cm – Di: 1,8 cm; Reservoir: L: 2,1 cm – Br: 1,25 cm – T: 1,3 cm
Aufbewahrung: Berlin, VAM, Inv.Nr.: VA Ass 3540
Beschreibung: Das aus einem Stück Elfenbein geschnitzte Gefäß hat die Form eines liegenden Mischwesens dessen Rücken zu einem Behältnis ausgeformt ist. Während die Flanken mit der Andeutung der Hinterläufe und der Flügel eher schematisch gehalten und flüchtig geritzt sind, ist die Brust mit den untergeschlagenen Beinen deutlich, das Gesicht mit den gestuften Haaren sehr gut ausgearbeitet. Auf den Seiten sind in sehr feiner Gravur Umrisse von Flügeln und Federn eingezeichnet. Zwischen den Flügeln ist das Reservoir angelegt. Im Inneren des Behälters befinden sich Spuren einer dunklen Verfärbung, die von den Ausgräbern für Tinte gehalten wurde und so zu einer Deutung des Objektes als Tintenfass geführt hat. Ein Dübelloch auf der Rückseite hat wohl zur Befestigung des heute verlorenen Schwenkdeckels gedient.
Literatur: Miglus, WG, 80 Taf. 65a; Wicke, Assur, Nr. B.01

Assur.21   **FG: Deckel Typ I.a**   **o. Abb.**

Fundnummer: k. A.
Fundkontext: k. A.
Datierung: 14.-12. Jh. (mittelassyrisch; n. Vergleichen)
Material: Elfenbein
Maße: Dm: 8,0 cm – Di: 0,6 cm
Aufbewahrung: Berlin, VAM, Inv.Nr.: VA Ass 3542
Beschreibung: Mehrere Fragmente eines Stülpdeckels mit Fase auf der Unterseite und konzentrischen Kreisen am Rand. Der auf dem Fundphoto noch nahezu vollständige Stülpdeckel konnte im Museum aus mehreren Fragmenten wieder zusammengesetzt werden. Die Oberseite besitzt eine schlichte Verzierung des Randes aus vier konzentrischen Kreisen; in der Mitte befindet sich ein Loch für einen Knauf.
Literatur: Wicke, Assur, Nr. B.13

Grab gehören.

[32] Assur.19 wurde in dem neuassyrischen Wannensarkophag 781 gefunden, woraus sich eine Zeitstellung im frühen ersten Jahrtausend ableiten lässt (Haller, GuG, 67f.). Eine frühere Entstehung ist jedoch möglich.

[33] Die Pyxis kam in einem Bereich des Außenhakens der Befestigung im Nordosten der Stadt zutage, in dem mehrere nicht näher identifizierte, hauptsächlich spätassyrische Privathäuser aufgedeckt worden sind (Miglus, WG, 77, 80).

[34] Sofern die Stilkriterien der Großbildwerke auch auf die elfenbeinernen Miniaturausführungen übertragen werden können, sprechen etwa bei Assur.20 die breite Nase und die geschweifte Unterlippe bei einem vergleichsweise vollen Gesicht für eine zeitlichen Ansatz eher in 8.-7. Jh., d.h. Strommenger Stilstufe IV (Strommenger, Rundskulptur, 32-34, vgl. Taf. 20).

[35] Andrae und Miglus geben zwar Knochen an, die Autopsie weist aber eindeutig auf Elfenbein hin, wobei die Elfenbeinart makroskopisch nicht näher bestimmt werden konnte.

Assur.22   **FG: Deckel Typ I.a***   **o. Abb.**

    Fundnummer: Ass 18405
    Fundkontext: iC4IV
    Datierung: 9.-8. Jh. (neuassyrisch; n. Fundlage)[36]
    Material: Elfenbein
    Maße: Dm: 3,6 cm (gemäß Fundjournal)
    Aufbewahrung: k. A.
    Beschreibung: Beschreibung nach Fundphotographie: Erhalten ist die Hälfte einer Scheibe mit zentraler Bohrung. Zwei konzentrische Kreise umschließen eine Rosette mit fünf separat gearbeiteten Blättern. Zwei weitere Blätter sind in Ansätzen erkennbar, und die Gesamtzahl wird zwölf betragen haben.
    Literatur: Wicke, Assur, Nr. B.14

Assur.23   **FG: Deckel Typ II.a**   **Taf. 76c**

    Fundnummer: Ass 6050
    Fundkontext: dD6I[37]
    Datierung: 14.-13. Jh. (mittelassyrisch; n. Vergleichen)
    Material: Stein
    Maße: Dm: 12,2 cm – Di: 0,7 cm
    Aufbewahrung: Berlin, VAM, Inv.Nr.: VA 7989 (heute verschollen[38])
    Beschreibung: Fragment eines runden Pyxidendeckels, der am oberen Rand ein Loch zur Befestigung des Deckel mittels eines Dübels besitzt. Um dieses Loch herum befinden sich einige Kratzspuren, die nicht von der Abnutzung des Deckels her zu rühren scheinen; eventuell sind sie auch nur sekundär. Die Oberseite des Deckels ist von einem schmalen Rand eingefasst und in zwei Bereiche geteilt. Im oberen Bildfeld ist das Erschlagen von Feinden dargestellt. Von dem siegreichen Protagonisten sind am linken Rand noch ein Fuß, der sich auf den Körper eines ins Knie gesunkenen Feindes stellt, sowie Arm und Hand zu erkennen, der den Feind beim Schopfe fasst. Auf der rechten Bildseite liegen zwei erschlagene Feinde. Die Feinde sind nackt und haben eine gestufte Frisur. Von der unteren Wagenszene mit Libation ist nur der obere Bildrand zu sehen. Der Rand ist mit einem Rosettenfries versehen.
    Literatur: Andrae, BPK 59, 1938, 39f.; Opitz, AfO 13, 1939/41, 219f.; Hrouda, Kulturgeschichte, Taf. 63:2; Moortgat, Kunst, 82f. Taf. 39; Madhloom, Chronology, 9 Taf. 5:3; Andrae, WA, 159 Abb. 137; Orthmann, PKG, 331 Nr. 255a

Assur.24   **FG: Deckel Typ II.a**   **o. Abb.**

    Fundnummer: Ass 12112a
    Fundkontext: dE10I, zw. Binnen- und Außenwall
    Datierung: Mitte 1. Jt. (spätassyrisch/parthisch; n. Fundsituation)
    Material: Knochen
    Maße: Dm: 12,3 cm – Di: 0,5 cm
    Aufbewahrung: Berlin, VAM, Inv.Nr.: VA Ass 3543
    Beschreibung: Mehrere anpassende Fragmente einer runden Scheibe, bei Auffindung noch intakt, heute in drei Fragmente zerbrochen. Der gravierte Dekor auf der Oberseite besteht aus mehreren konzentrischen Kreisen und Punktkreisen in den Zwischenräumen. Am Rand befindet sich eine größere vertikale Bohrung, die auf eine Verwendung als Gefäßdeckel hinweist.
    Literatur: Wicke, Assur, Nr. B.16

Assur.25   **FG: Deckel Typ II.a**   **o. Abb.**

    Fundnummer: Ass 11710
    Fundkontext: dA9III, Außenkante Binnenwall
    Datierung: erste Hälfte 1. Jt. (neuassyrisch/nachassyrisch)
    Material: Elfenbein (n. Struktur und Farbe)
    Maße: L: 3,6 cm – Br. 3,0 cm – Di: 0,2 cm
    Aufbewahrung: Berlin, VAM, Inv.Nr.: VA Ass 3542

---

[36] Das Objekt wurde ca. 0,5 m unter einem sargonidischen Pflaster in diesem Bereich gefunden.

[37] Laut Opitz, AfO 13, 1939/41 stammt der Deckel aus Kar Tukulti-Ninurta, nicht aus Assur; im Fundjournal von Assur ist jedoch der zitierte Quadrant angegeben. Nach Andrae (BPK 59, 1938, 39) wurde das Fragment im Bereich des Neuen Palastes gefunden.

[38] Freundliche Mitteilung R.-B. Wartke, Berlin.

Beschreibung: Sehr dünne ovale Scheibe, in drei Fragmente zerbrochen; leicht nach oben gewölbt. Das ovale Scheibchen ist mit einer flüchtigen, strahlenartigen Verzierung am Rand versehen. Auf der Fundphotographie ist eine schwach und unsauber gravierte Kreisverzierung in der Mitte zu erkennen, doch konnte diese am Originalfund nicht bestätigt werden.
Literatur: Wicke, Assur, Nr. B.11

Assur.26   **FG: Deckel Typ II.a**   **o. Abb.**
    Fundnummer: Ass 6320
    Fundkontext: eA5V, bei Südost-Kante der Zikkurat
    Datierung: erste Hälfte 1. Jt. (neuassyrisch/nachassyrisch)
    Material: Bein
    Maße: L: 3,3 cm – Br: 2,6 cm – Di: 0,3 cm
    Aufbewahrung: Berlin, VAM, Inv.Nr.: VA Ass 3542
    Beschreibung: Das sehr flache ovale Scheibchen ist mit zwei vertikalen Löchern an den Rändern versehen und ansonsten unverziert.
    Literatur: Wicke, Assur, Nr. B.12

Assur.27   **FG: Deckel/Boden**   **o. Abb.**
    Fundnummer: Ass 14351
    Fundkontext: bE8I, im Schutt über Ziegelgruft 44, Wohnhaus b8:8, Raum 4, Schichthorizont I
    Datierung: 8.-7. Jh. (neuassyrisch)
    Material: Knochen
    Maße: Dm: 3,6 cm (laut Fundjournal)
    Aufbewahrung: Berlin, VAM, Inv.Nr.: VA Ass 3543
    Beschreibung: Diese relativ dicke Scheibe besitzt eine Verzierung von konzentrischen Kreisen entlang des Randes. Die Unterseite ist unverziert. Dem natürlichen Wuchs des Knochens entsprechend ist die Scheibe leicht gewölbt und in der Mitte im Spongiosabereich gespalten.
    Literatur: Miglus, WG, 207; Wicke, Assur, Nr. B.15

Assur.28   **FG: Deckel/Boden***   **o. Abb.**
    Fundnummer: Ass 14350
    Fundkontext: bE8I (wie Assur.27)
    Datierung: 8.-7. Jh. (neuassyrisch)
    Material: Knochen
    Maße: Fragment 1: L: 14,9 cm – Br: 7,8 cm – Di: 0,2-1,3 cm – Fragment 2: L: 14,2 cm – Br: 7,9 cm – Di: 0,2-1,3 cm
    Aufbewahrung: Berlin, VAM, Inv.Nr.: VA Ass 3543
    Beschreibung: Fragment einer Knochenscheibe, stark gewölbt und an einer Stelle nahe des Randes durchbohrt. Auf der Unterseite findet sich eine kreisförmige Vertiefung, die auf einen Bohransatz hinweist. Angesichts einer unvollständigen Glättung der Unterseite mag es sich eventuell um ein halbfertiges Objekt handeln.
    Literatur: Miglus, WG, 207; Wicke, Assur, Nr. B.17

Assur.29   **FG: Deckel Typ III.a**   **o. Abb.**
    Fundnummer: Ass 12736v
    Fundkontext: iC6V, Gruft 36
    Datierung: 14.-12. Jh. (mittelassyrisch)
    Material: Bein
    Maße: L: 3,5 cm – Dm: 2,4 cm – Di: 0,5 cm
    Aufbewahrung: Berlin, VAM, Inv.Nr.: VA Ass 1931
    Beschreibung: Kleiner, auf der Oberseite leicht facettierter Deckel. Zwei schmale Handhaben von denen nur eine gelocht ist. Bei der gelochten Stelle dürfte es sich um die Öse für den Schwenkstift gehandelt haben. Die Fixierung des Deckels auf der anderen Seite kann, statt durch einen Stift, durch ein Stück Schnur erfolgt sein.
    Literatur: Haller, GuG, 114; Miglus, WG, 386; Wicke, Assur, Nr. B.05

BABYLON

Die Funde aus Babylon werden vor allem durch ihre Kontexte datiert. Bei den meisten Funden handelt es sich um Grabfunde aus der zweiten Hälfte des 2. Jt.s. Reuther unterscheidet eine älter- und eine jüngerkassitische sowie eine mittelbabylonisch-assyrische Phase. Hierbei handelt es sich um eine baugeschichtliche Unterteilung der architektonischen Abfolge der Häuser im Merkes-Gebiet.[39] Dabei merkt Reuther an, dass die Häusergenerationen nicht zeitgleich aufeinander gefolgt sind und dass es sich um den „ununterbrochenen Lebensprozess des Bauwerkes" handelt. Es besteht also keine wirkliche absolutchronologische Signifikanz dieser beiden Phasen. Die beiden kassitischen Phasen umfassen den Zeitraum nach der Installation der kassitischen Dynastie in Babylon (nach 1500) bis zur Eroberung Tukulti-Ninurtas I. (um 1230). Die mittelbabylonisch-assyrische Periode setzt eben mit der Eroberung Babylons durch Tukulti-Ninurta I. ein. Reuther hebt ferner hervor, dass sich keine Spuren kriegerischer Ereignisse bei dem Wechsel von der jüngerkassitischen zur mittelbabylonisch-assyrischen Phase gefunden haben, womit diese Phaseneinteilung also mehr auf historischen als auf archäologischen Erwägungen beruht.[40] In ihrer Studie zu den Grabformen kommt Strommenger zu einer anderen zeitlichen Untergliederung als Reuther. So datiert etwa Reuther die Rippenpyxis Bab.3 aus einem Ziegelgrab in die älterkassitische Periode. Die Ziegelgrabform läuft jedoch vom 14. bis in das 11. Jh. durch, und Strommenger gibt als Zeitraum das 12./11. Jh. an.[41]

Eine feinchronologische Untersuchung zur Keramik aus Babylon ist m. W. bisher noch nicht erfolgt. In der vergleichenden Chronologiestudie zur babylonischen Keramik von Gasche ist Babylon bezeichnenderweise ausgenommen.[42] Daher bieten die Angaben zu den Perioden allenfalls grobe Anhaltspunkte für eine relative Chronologie.[43] So lange keine detailliertere Untersuchung zur Stratigraphie und Feinchronologie der Keramik von Babylon vorliegt, kann nur generell eine Datierung der Funde aus Babylon in die zweite Hälfte des 2. Jt.s vorgenommen werden; genauere Bestimmungen erlauben bestenfalls Vergleiche zu Einzelformen aus anderen Orten.

Datierungsvergleich der Pyxiden aus Babylon:

Pyxis	Grabform	Reuther, Innenstadt	Strommenger, BagM	weitere Datierungsvorschläge
Bab.3	Ziegelgrab	älterkassitisch (ebda. 170, Grab 24)	12./11. Jh. (ebda. Abb. 6:14)	12./11. Jh. (Kat. Berlin 1992, Nr. 52)
Bab.4	Doppeltopfgr.	jüngerkassitisch (ebda. 193, Grab 51)	10./8.Jh. (ebda. Abb. 1)	-
Bab.5	Erdgrab	älterkassitisch (ebda. 162, Grab 4)	-	1500-1300 (Kat. Türkis, Kassel, Nr. 118)
Bab.1	Erdgrab	etwa 13. Jh. (ebda. 165, Grab 12)	12./11. Jh. (ebda. Abb. 6:13)	1350-1160 (Kat. Türkis, Kassel, Nr. 121)
Bab.6	Erdgrab	älterkassitisch (ebda. 162, Grab 4)	-	-
Bab.2	Erdgrab	älterkassitisch (ebda. 162, Grab 4)	-	-

Bab.1   **FG: C.a.III.3**   **Taf. 29e**

Fundnummer: Bab 39437
Fundkontext: Grab 12 (Erdgrab)
Datierung: 13.-11. Jh. (mittelassyrisch/mittelbabylonisch)[44]
Material: Quarzkeramik (glasiert)
Maße: H(mit Deckel): 5,9 cm – Dm: 8,1 cm – L: 11,2 cm
Aufbewahrung: Berlin, VAM, Inv.Nr.: VA Bab 1917
Beschreibung: Der Korpus besitzt keinen Standring/-fuß und keine Schulter und wirkt mehr wie ein Napf. Direkt auf der Lippe sitzt der Deckel vom Typ III.a auf, der mittels zweier waagerecht angebrachter und senkrecht durchlochter Handhaben am Korpus befestigt ist. Eines der Löcher in den Griffknubben ist durch Glasur beinahe völlig verklebt, was auf reine Grabverwendung schließen lassen mag. Abrissmarken am Boden deuten darauf hin, dass das Gefäß ohne Brennhilfe im Ofen eingestellt war.
Literatur: Reuther, Innenstadt, 15 Abb. 10e, 165f. Taf. 47:12a; Strommenger, BagM 3, 1964, 165 Abb. 6:13; Kat. Türkis, Kassel, 327 Nr. 121

---

[39] S. Reuther, Innenstadt, 52-64.
[40] Reuther, Innenstadt, 49, 60.
[41] Strommenger, BagM 3, 1964, Abb. 1 und 6, wobei sie eine Begründung für diesen konkreten Ansatz schuldig bleibt.
[42] Gasche, Dating.
[43] Vgl. ausführlicher hierzu Mofidi-Nasrabadi, Bestattungssitten, 160f.
[44] Vergleichbare Funde der Eisen-I-zeitlichen Nekropolen in Luristan sprechen für eine längere Laufzeit dieser Form.

Bab.2   **FG: C.a**   **o. Abb.**
    Fundnummer: Bab 39185
    Fundkontext: Merkes, Grab 4 (Erdgrab)
    Datierung: 15.-13. Jh. (kassitisch)[45]
    Material: Quarzkeramik
    Maße: Dm: ca. 2,0 cm
    Aufbewahrung: Berlin, VAM, Inv.Nr.: VA Bab 2688
    Beschreibung: Bauchige Miniaturpyxis mit leicht ovalem Schwenkdeckel.
    Literatur: Reuther, Innenstadt, 163 Taf. 49(b?)

Bab.3   **FG: C.a.III.5**   **Taf. 37e**
    Fundnummer: Bab 39170
    Fundkontext: Merkes, Grab 24 (Ziegelgrab)[46]
    Datierung: 13.-11. Jh. (mittelassyrisch/mittelbabylonisch)[47]
    Material: Quarzkeramik, glasiert
    Maße: H: 7,0 cm – L: 10,0 cm
    Aufbewahrung: Berlin, VAM, Inv.Nr.: VA Bab 3005
Beschreibung: Vollständig erhaltene Pyxis mit Deckel. Der Korpus besitzt eine abgesetzte Schulter und einen Standfuß/Standring und ist leicht gerippt. An der Lippe setzen die leicht nach oben gebogenen waagerechten Handhaben an, die senkrecht durchbohrt sind. Der Deckel ist von entsprechender Form mit zwei Löchern.
Literatur: Reuther, Innenstadt, 15, 170f. Taf. 48:24d; Strommenger, BagM 3, 1964, Abb 6:14; Kat. Berlin 1992, Nr. 52

Bab.4   **FG: C.a.III.5**   **o. Abb.**
    Fundnummer: Bab 39182
    Fundkontext: Merkes, Grab 51 (Doppeltopfgrab)
    Datierung: 13.-11. Jh. (mittelassyrisch/mittelbabylonisch)[48]
    Material: Quarzkeramik
    Maße: H: 1,5 cm – Dm: 2,5 cm
    Aufbewahrung: k. A.
Beschreibung: Miniaturpyxis mit seitlichen Handhaben. Der Korpus ist rippenartig gestaltet, allerdings nicht durch plastische Ausformung der Rippen, sondern durch vertikale Einkerbungen.[49]
Literatur: Reuther, Innenstadt, 193 Taf. 58:51c, 59:51g

Bab.5   **FG: C.a.III.5**   **o. Abb.**
    Fundnummer: Bab 39815
    Fundkontext: Merkes, Grab 4 (Erdgrab)
    Datierung: 15.-13. Jh. (kassitisch; s. Bab.2)
    Material: Quarzkeramik
    Maße: H: 1,8 cm – Dm: 2,3 cm
    Aufbewahrung: Berlin, VAM, Inv.Nr.: VA Bab 2688

---

[45] Nach Reuther, Innenstadt, 162f. Die bauchige Form erinnert an Formen, wie sie aus der SBZ II in der Levante gefunden worden sind, wie Uga.8.

[46] „Der außergewöhnlich üppigen Ausstattung mit wertvollem Schmuck und Toilettegeräten nach war die Tote eine Frau aus begüterten Kreisen." (Reuther, Innenstadt, 170) Als weitere Beigaben werden zahlreiche Gefäße, Ketten, mit Einlagen verzierte Gegenstände, Spiegel, Ringe etc. erwähnt.

[47] Reuther wies das Grab der „älterkassitischen" Schicht zu, gemäß seiner rekonstruierten Abfolge der Häuser im Merkes-Gebiet (s. o.). Strommenger kommt anlässlich der Untersuchung der Grabformen auf eine Datierungsvorschlag für das Ziegelgrab 24 in das 12./11. Jh. (s. Strommenger, BaM 3, 1964, Abb. 6:14; so auch Klengel-Brandt in Kat. Berlin 1992, Nr. 52.). Die Funde von Bab.1 und Bab.6 mit Schwenkdeckel aus Quarzkeramik aus früheren Kontexten und vor allem ein Vergleich dieser sehr markanten Form mit den Funden des mittelassyrischen Friedhofs in Mari legen jedoch bereits eine frühere Herstellung des Objektes nahe.

[48] Entgegen Kat. Türkis, Kassel, 325 Nr. 118 wo das Gefäß älterkassitisch datiert wird. Reuther hält es hingegen für jüngerkassitisch (Reuther, Innenstadt, 193), Strommenger sogar für noch jünger aufgrund der Grabform (Strommenger, BagM 3, 1964, Abb.1).

[49] Reuther erkennt in dem Objekt eine verkleinerte Nachbildung der vorgenannten Pyxiden (Reuther, Innenstadt, 193).

Beschreibung: Kleinformatige Ausgabe einer Rippenpyxis, jedoch läuft der Korpus spitzer zu, und die Standfläche/der Standring ist weniger ausgeprägt. Zwei gegenüberliegende Handhaben sind von mehr vertikaler Ausrichtung und auch horizontal (!) durchbohrt, jedoch anscheinend senkrecht zum Gefäß und nicht tangential.

Literatur: Reuther, Innenstadt, 163 Tal 49k; Kat. Türkis, Kassel, Nr. 118

Bab.6	**FG: C.a.III**	**o. Abb.**

Fundnummer: Bab 39815
Fundkontext: Merkes, Grab 4 (Erdgrab)
Datierung: 15.-13. Jh. (kassitisch; s. Bab.2)
Material: Quarzkeramik
Maße: k. A.
Aufbewahrung: Berlin, VAM, Inv.Nr.: VA Bab 2688
Beschreibung: Nur als Photo dokumentiert: Eine runde Pyxis mit vertikal durchlochten Knubben, wohl zur Befestigung eines Deckels.
Literatur: Reuther, Innenstadt, 163 Taf. 49q

Bab.7	**FG: D.a**	**Taf. 101d**

Fundnummer: k. A.
Fundkontext: Merkes
Datierung: 15.-13. Jh. (kassitisch)
Material: Quarzkeramik
Maße: k. A.
Aufbewahrung: k. A.
Beschreibung: Ein rechteckiger Mehrfachbehälter mit vier Kompartimenten, die durch Stege voneinander getrennt sind. Auf der Zeichnung ist in der Stegkreuzung ein Loch angedeutet, was auf einen Deckel hinweisen könnte. Es gibt aber anscheinend keine durchlochten Ösen oder Handhaben.
Literatur: Reuther, Innenstadt, 15 Abb. 10i

Bab.8	**FG: D.a**	**Taf. 101e**

Fundnummer: Bab 35999
Fundkontext: Merkes, O II 25 + 1,5m
Datierung: 13.-11. Jh. (mittelassyrisch/mittelbabylonisch)[50]
Material: Quarzkeramik (glasiert)
Maße: H: 4,8 cm – L: 11,5 cm
Aufbewahrung: Berlin, VAM, Inv.Nr.: VA Bab 1919 (= 3008)
Beschreibung: Der Behälter besteht aus vier in einem Quadrat angeordneten runden Einzelbehälter, die miteinander verbunden sind. Die Außenseiten der runden Pyxiden sind leicht eingezogen vergleichbar dem Formtyp B. An zwei gegenüberliegenden Seiten sind zwei Handhaben angebracht, die senkrecht durchlocht sind und zur Befestigung des Deckels dienten, der das gesamte Gefäß bedeckte. Der Deckel hat dementsprechend die Form einer gedrückten Acht und weist auf der Oberseite eine Kreispunktbemalung in den Ecken und im Zentrum auf.
Literatur: Reuther, Innenstadt, 15 Abb. 10h; Kat. Berlin 1992, 107 Nr. 52

TIL BARSIP

Bars.1	**FG: A.a.I.1**	**o. Abb.**

Fundnummer: k. A.
Fundkontext: Wannensarkophag
Datierung: 7.-6. Jh. (nachassyrisch)[51]
Material: Metall, Bronze
Maße: H: 5,5 cm – Dm: 13,8 cm

---

[50] Reuther, Innenstadt, 15. Nach Reuther handelt es sich hier um einen kassitischen Kontext, den er zeitlich von einer mittelbabylonisch-assyrischen Schicht absetzt. Jakob-Rost gibt das 12.-11. Jh. als zeitlichen Ansatz an (Kat. Berlin 1992, 107 Nr. 52), was im Vergleich etwa zu Susa.99 passender erscheint.

[51] Der Wannensarkophag gehört zu einer kleineren Nekropole, die in die Ruine des assyrischen Palastes gesetzt worden ist. Stratigraphie, Grabausstattung und Beifunde erlauben eine Datierung in nachassyrische Zeit, Parallelen mit Deve Hüyük bzw. die Fibelformen grenzen diese auf das 7. bis 6. Jh. ein (s. Pedde, Fibeln, 253-256).

Aufbewahrung: k. A.

Beschreibung: Runde flache Pyxis mit Stülpdeckel. An einer Seite befindet sich eine Öse. Während der Korpus unverziert ist, weist der Deckel ein einfaches Rosettenmuster auf. Die seitliche Öse entspricht nicht dem sonst üblichen Verschluss durch Schnüre und Knäufe, wie es bei Pyxiden in anderen Materialien vorkommt. Eventuell hat die Öse dem Aufhängen der Pyxis oder zur losen Verbindung von Deckel und Korpus gedient.

Literatur: Thureau-Dangin – Dunand, Til-Barsib, 76 Taf. 18:1

TELL BAZI

Bazi.1   **FG: S.d.1**   **Taf. 97b, c**

Fundnummer: Bz 22/39:2
Fundkontext: Haus 12, Raum a
Datierung: 13. Jh.[52]
Material: Quarzkeramik
Maße: H: 3,8 cm – Dm: 2,8 cm
Aufbewahrung: k. A.

Beschreibung: Miniaturisierte kapselförmige Pyxis, Deckel fehlt. Im Inneren befinden sich zwei Laschen zur Befestigung eines Schwenkdeckels von denen eine ausgebrochen ist. Der Korpus ist außen mit vier horizontalen Bändern eines Zickzackmusters versehen. Den halbrunden Boden ziert eine achtblättrige Rosette.

Literatur: Einwag – Otto, DamM 9, 1996, 36, 40f. Abb. 10 Taf. 12a-c; Otto, Alltag, 135 Abb. 71:6

BENI HASSAN

Beni.1   **FG: C.a.III.3**   **Taf. 27d, e**

Fundnummer: 287 (6)
Fundkontext: Grab 287, Grab des Senu-Atef
Datierung: 15.-13. Jh. (18. Dyn./SBZ)[53]
Material: Holz
Maße: H: 3,7 cm – L: 13,2 cm – Dm: 10,9-11,2 cm
Aufbewahrung: Cambridge, Fitzwilliam Museum, Inv.Nr.: E.7.1903

Beschreibung: Sehr flache, bauchige Pyxis mit glatter Wandung und schmalen, ausgezogenen Handhaben von denen aber nur eine durchlocht ist, die zweite ist lediglich von unten angebohrt. In der Stirnseite der nicht gelochten Handhabe befindet sich ein kleines Loch, in dem möglicherweise ein Nagel gesessen haben könnte. Die Schulter des Korpus' sitzt relativ weit oben und ist nicht scharfkantig gearbeitet. Im Inneren befindet sich eine Kompassrosette mit sechs Blättern vor einem gepunkteten Hintergrund. Überschneidungen der Blattspitzen und das zentrale Loch zeigen die Arbeit mit einem Stechzirkel an.

Literatur: Garstang, Burial Customs, 114f. Abb. 109

BETH SHAN

Beth.1   **FG: C.a.III.3**   **Taf. 29d**

Fundnummer: 27.10.675
Fundkontext: Hauskontext, Loc. 1251; Schicht VII
Datierung: 13. Jh. (19. Dyn.)[54]
Material: Stein
Maße: k. A.
Aufbewahrung: k. A.

---

[52] Einwag – Otto 1996, 31, 45. Die Ausgräber erwähnen eine gewaltsame Zerstörung des Ortes, die einen zeitlichen Anhaltspunkt im frühen 12. Jh. gibt (vgl. Otto, Alltag, 11f.).

[53] Unsicher bleibt die Datierung von Grab 287. Von der Anlage her älteren Datums, wurde diese Grabstätte mehrfach benutzt. Dennoch stuft der Ausgräber die meisten Toilettegegenstände und damit auch die Pyxis in die 18. Dyn. ein (vgl. Garstang, Burial Customs, 114f.).

[54] Die Schichten VIII und VII umfassen hauptsächlich die Zeit der 19. ägyptischen Dynastie, und damit vornehmlich das 13. Jh. Eine gewalttätige Zerstörung erfuhr der Ort erst am Ende des folgenden Stratums VI, welches durch die in dieser Schicht gefundene Myk IIIC-Keramik in das 12. Jh. gesetzt werden kann. Zusammenfassend Mazar, NEAEHL 1, 216-222; vgl. Mazar, Beth Shean 1, 26-29 und Tab.1.2 auf S. 13. Die EZ IA fällt hier entsprechend noch in die 20. Dynastie; s. a. das vergleichbare Ergebnis für Areal Q Importkeramik (ebda., 151f.).

Beschreibung: Bauchige Pyxis mit gerader Standfläche und relativ hoher Wandung ohne ausgeprägte Schulter. Die Handhaben setzen an der Lippe an.

Literatur: James – McGovern, Beth Shan, 184 Abb. 111:1 Taf. 45l

Beth.2   **FG: C.a.III.3**   **Taf. 29c**

    Fundnummer: 27.11.297

    Fundkontext: in einem Raum nahe dem Tempel, Locus 1291; Schicht VIII

    Datierung: 13. Jh. (19. Dyn.; vgl. Beth.1)

    Material: Stein

    Maße: k. A.

    Aufbewahrung: k. A.

    Beschreibung: Diese bauchige, relativ flache Pyxis besitzt einen leicht gerundeten Wackelboden. Die schmalen Handhaben sind wiederum vertikal durchbohrt. Die Korpuswandung geht direkt in die Mündung über; eine ausgeprägte Schulter oder Lippe gibt es nicht.

    Literatur: James – McGovern, Beth Shan, 164 Abb. 113:1

Beth.3   **FG: C.a.III.3**   **Taf. 28d**

    Fundnummer: k. A.

    Fundkontext: Innerer Raum des sog. Mekal-Tempels; Schicht IXA

    Datierung: 14. Jh.[55]

    Material: Elfenbein

    Maße: k. A.

    Aufbewahrung: k. A.

    Beschreibung: Bauchige Pyxis auf einem Standfuß. Die schmale Lippe verbindet sich mit der Oberseite der Handhaben, welche relativ lang ausgezogen sind. Nur eine der beiden Handhaben ist vertikal gelocht. Der flache Korpus besitzt eine hohe, gerundete Schulter und einen Standfuß.

    Literatur: Rowe, Beth Shan I, 11; Rowe, Canaanite Temples, Taf. LXXIA:4; Decamps de Mertzenfeldt, Inventaire, Nr. 270

BEYCESULTAN

Beyc.1   **FG: A.a.I**   **o. Abb.**

    Fundnummer: BS/57/757

    Fundkontext: Trench R („Sakralbereich"); Schicht II

    Datierung: 1300-1200 (nach Fundkontext und Keramikvergleichen)[56]

    Material: Knochen

    Maße: H: 3,4 cm – Dm: 4,8 cm

    Aufbewahrung: Pamukkale, Arch. Museum, Inv.Nr.: 5-603-75

    Beschreibung: Weitgehend erhaltener Korpus einer zylindrischen Pyxis mit horizontalen Bändern als Zickzack oder als einfache Kerben, mglw. auch einfache Kordelbänder als Randbegrenzung. Der mittlere Teil der Wandung ist stark berieben, doch scheinen hier zwei breite Kordelbänder zu liegen. Zwei Dübellöcher am unteren Rand weisen auf die Befestigung des Bodens hin.

    Literatur: Mellaart – Murray, Beycesultan III/2, 149 Nr. 324 Abb. O.38 Taf. 13b

Beyc.2   **FG: A.b.I**   **o. Abb.**

    Fundnummer: BS/57/743

    Fundkontext: Trench R („Sakralbereich"), Schicht II

    Datierung: 1300-1200 (wie Beyc.1)

    Material: Knochen

    Maße: H: 6,5 cm – Dm: 3,6 cm

    Aufbewahrung: Pamukkale, Arch. Museum, Inv.Nr.: 5-589-75

    Beschreibung: Zylindrische Pyxis, möglicherweise für einen Stülpdeckel, da keine Ösen oder Laschen erkennbar sind. Der Korpus ist mit horizontalen Streifen von Punktkreisen und Zickzackbändern

---

[55] Das von Rowe der Zeit Thutmosis III. zugeschriebene Stratum IX (Rowe, Beth Shan I, 11) wurde bei Nachgrabungen von Mazar in zwei Phasen unterteilt (IXA und B), wovon IXB in das späte 15. und IXA, die Schicht, aus der die Pyxis Beth.3 kommt, in das 14. Jh. datieren (vgl. Mazar, ebda.).

[56] Mellaart – Murray, Beycesultan III/2, 96.

Enko.6   **FG: A.b**   o. Abb.
   Fundnummer: 54
   Fundkontext: Areal I, Raum 14, F-H 6-8, Süd; über Fußboden II; Schicht IIIB Ende
   Datierung: 1100-1050 (Spätkyprisch IIIB)
   Material: Elfenbein
   Maße: H: 7,5 cm
   Aufbewahrung: k. A.
   Beschreibung: Wandungsfragment einer zylindrischen Pyxis. Die Zierleisten sind hier nicht profiliert erhaben ausgeführt, sondern in die Wandung graviert.
   Literatur: Dikaios, Enkomi, 715 Taf. 135:51, 168:40

Enko.7   **FG: A.b***   o. Abb.
   Fundnummer: k. A.
   Fundkontext: FrTomb 6
   Datierung: 12.-11. Jh. (Spätkyprisch IIIA-IIIB)[76]
   Material: Elfenbein
   Maße: k. A.
   Aufbewahrung: k. A.
   Beschreibung: Fragment einer zylindrischen Pyxis.
   Literatur: Schaeffer, Chypre, 139 Nr. 92; Åström – Åström, SCE IVD, 554

Enko.8   **FG: C.a.III.3**   o. Abb.
   Fundnummer: k. A.
   Fundkontext: k. A.
   Datierung: SBZ[77]
   Material: Elfenbein
   Maße: H: 2,3 cm – Dm: 6,4 cm – L: 7,4 cm
   Aufbewahrung: Enkomi, Archäolog. Museum, Inv.Nr.: 4122
   Beschreibung: Korpus einer sehr flachen Linsenpyxis ohne Deckel mit zwei schmalen Handhaben. Dem vertikalen Loch zur Aufnahme des Deckelstiftes liegt eine horizontale Öse gegenüber für einen weiteren Stift zum Fixieren des Schwenkdeckels.
   Literatur: Courtois, Alasia III, 56, 60 Nr. 506 Abb. 18:6

Enko.9   **FG: C.a.III.3**   o. Abb.
   Fundnummer: 914
   Fundkontext: Sanctuaire, Fundstelle 914 (?), banquette Nord, SW-Ecke
   Datierung: 1300-1180[78]
   Material: k. A.
   Maße: k. A.
   Aufbewahrung: k. A.
   Beschreibung: Linsenförmige Pyxis.
   Literatur: Schaeffer, Alasia I, Abb.1:100

Enko.10   **FG: C.a.III.4**   o. Abb.
   Fundnummer: k. A. (gef. 1960)
   Fundkontext: Qartier 3E, point top. 315 (près du) á 2m de profondeur
   Datierung: 1200-1100 (Spätkyprisch III)[79]
   Material: Stein, Steatit
   Maße: k. A.

---

[76] Nach Kling, Pottery, 26f.

[77] Die Pyxis muss aufgrund der ungesicherten Fundlage innerhalb der SBZ undatiert bleiben. Ganz generell kann nur durch den allgemeinen Grabungszusammenhang ein Zeitansatz in die zweite Hälfte des 2. Jt.s vermutet werden (s. Courtois, Alasia III, 7f.).

[78] Das „Heiligtum" soll in der entsprechenden Schicht um 1300 errichtet worden sein, sodass sich eine Eingrenzung in die späte Spätbronzezeit abzeichnet (vgl. Schaeffer, Alasia I, 211).

[79] Enko.10 wird von den Ausgräbern als Spätkyprisch III aufgrund der Fundlage in Quartier 3E eingestuft, bleibt aber in dieser Datierung wenig präzise (vgl. Åström – Åström, SCE IVD, 775-781).

Aufbewahrung: Enkomi, Archäolog. Museum, Inv.Nr.: 21
Beschreibung: Pyxis mit zwei waagerechten, vertikal gelochten Ösen. Der Korpus ist eher napfartig mit Rundboden und ohne ausgeprägte Schulter gestaltet. Die Wandung ist mit einem schmalen gegrateten Zungendekor versehen. Von Courtios als Schale oder Tasse („bol") bezeichnet.
Literatur: Courtois, Alasia III, 102 Nr. 909 Abb. 35:10

Enko.11	**FG: C.a.III.5**	**Taf. 36f, g**

Fundnummer: No. 1051
Fundkontext: BrTomb 66
Datierung: 14./13. Jh. (nach Vergleichen mit anderen Objekten und Fundkontext)[80]
Material: Quarzkeramik
Maße: H: 5,5 cm – L: 15,0 cm – Dm: 11,5 cm
Aufbewahrung: London, BM Inv.Nr. 1897.4-1,1051
Beschreibung: Rippenförmige Pyxis mit lang ausgezogenen Handhaben. Der Korpus steht auf einem kleinen Standring und besteht außen aus 16 farbig unterschiedlich gefassten Rippen. Die Farben erscheinen heute in einem ockergelb, türkisblau und grau. Die Innenfläche des Reservoirs ist türkisfarben glasiert.
Literatur: Murray, Excavations, 35f. Fig. 63 Nr. 1051; Åström – Åström, SCE IVD, 524; Courtois – Lagarce – Lagarce, Enkomi, Taf. 27:5

Enko.12	**FG: C.a.III.5**	**Taf. 37c**

Fundnummer: No. 1317
Fundkontext: BrTomb 89
Datierung: 14./13. Jh. (wie Enko.11)
Material: Quarzkeramik
Maße: H: 7,5 cm – Dm: 13,5 cm
Aufbewahrung: Nikosia, Cyprus Museum, Inv.Nr.: G 65
Beschreibung: Pyxis wie Enko.11 mit farbig gehaltenen Rippen, die heute noch hellblau und gelb erscheinen. Im Unterschied zu Enko.11 steht dieses Objekt jedoch auf einem kleinen konischen Standfuß, der durch einen schmalen Ring vom Korpus getrennt ist. Die Handhaben sind beide vertikal gelocht.
Literatur: Murray, Excavations, 50, 54 Abb. 76A; Åström – Åström, SCE IVD, 524, Abb. 70:23; Karageorghis, Mycenean Art, Taf. 40:4; Buchholz – Karageorghis, Altägäis, 157 Nr. 1674; Courtois – Lagarce – Lagarce, Enkomi, Taf. 27:4

Enko.13	**FG: S.c**	**Taf. 96g**

Fundnummer: k. A.
Fundkontext: Streufund
Datierung: 1200-1050 (Spätkyprisch III)
Material: Stein, Steatit
Maße: H: 2,9 cm – L: 8,3 cm – Br(mit Griffen): 5,5 cm
Aufbewahrung: Stockholm, MHM, Inv.Nr.: MM.42.E
Beschreibung: Kleiner Behälter in Wannenform. Die Seitenflächen sind mit einem Flechtmuster versehen, das dem Objekt das Aussehen eines Körbchens verleiht. An den Langseiten sind vier Griffe angebracht. Es sind keine Vorrichtungen zum Befestigen eines Deckels erkennbar.
Literatur: Åström – Åström, SCE IVD, 544 Abb. 71:43; Karageorghis, Bathtub, 437 Anm. 14 Nr. c); Karageorghis, Stockholm, Nr. 121

Enko.14	**FG: S.c**	**Taf. 96e, f**

Fundnummer: Inv.Nr. 3269
Fundkontext: Area III, Raum 73, über Fußboden 1 (Schicht IIIC Ende)
Datierung: 1200-1050 (Spätkyprisch IIIC)
Material: Stein

---

[80] Nicht zuletzt die Beifunde aus Grab 66 sowie die Vergleichsstücke dieser Formgruppe weisen auf die entsprechende Datierung hin. Die stark unterschiedlichen Funde und die lange Nachnutzung erlauben keine nähere Eingrenzung der Grabfunde als Spätkyprisch IA-IIC (nach Åström – Åström, SCE IVD, 763-775).

Maße: L: 9,2 cm

Aufbewahrung: k. A.

Beschreibung: Behälter in Wannenform mit seitlich ansetzenden Griffen, die horizontal gelocht sind. Der Boden des Korpus' ist flach, die Seitenwände sind durch horizontale Linien in zwei Bereiche geteilt, deren oberster durch ein Schraffurmuster gefüllt ist. Auch hier sind keine Ösen zur Befestigung eines Deckels erkennbar, allerdings ist bei diesem Fund auch ein Stülpdeckel denkbar der etwa durch Schnur befestigt werden konnte.

Literatur: Dikaios, Enkomi, 768 Nr. 3269 Taf. 147:8, 176:55; Karageorghis, Bathtub, 437 Anm. 14 Nr. b)

Enko.15   **FG: S.c**   **Taf. 96h**

Fundnummer: 153 (gef. 1953)

Fundkontext: Chantier Est, sous point top. 206 à 1.30m de profondeur

Datierung: 1200-1050 (SpKypr III)

Material: Stein, Steatit

Maße: H: 2,0 cm – L: 5,4 cm – Br: 3,2 cm

Aufbewahrung: k. A.

Beschreibung: Behälter in Wannenform, wie die vorigen, allerdings einfacher in der Ausführung. Die Form ist weniger gleichmäßig, die Wandung verhältnismäßig dick, und die vier Griffe sind nur angedeutet. Auf der Außenseite befindet sich kein Dekor.

Literatur: Courtois, Alasia III, 101ff. Nr. 904 Abb. 35:2

Esna

Esna.1   **FG: S.d.1**[81]   **Taf. 98g**

Fundnummer: k. A.

Fundkontext: Grab 244E

Datierung: 2. Hälfte 2. Jt. (nach Vergleichen)

Material: Stein, Alabaster

Maße: H: 12,8 cm

Aufbewahrung: k. A.

Beschreibung: Vollständig erhaltene Pyxis mit Deckel. Der zylindrische Korpus ist bis auf horizontale Linien an Rand und Boden unverziert. Er steht auf vier schlichten Füßchen.

Literatur: Downes, Esna, 7f. 98 Abb. 8, 73

Tell el-Far'ah (Süd)[82]

Fara.1   **FG: Deckel Typ III.a**   **o. Abb.**

Fundnummer: F 542 (gef. 1928/9)

Fundkontext: T. 542, ATQ/17/6

Datierung: SBZ

Material: Elfenbein mit Bronze

Maße: L: 3,5 cm – Br: 1,8 cm – Di (o. Bronze): 0,6 cm

Aufbewahrung: Jerusalem, Israel Museum, InvNr.: I.4322

Beschreibung: Grifffragment eines Schwenkdeckels. Ungewöhnlich ist die Verkleidung der Handhabe mit einem Metallblech, wohl Bronze, das über die Kante greift. Vom Dekor sind fünf konzentrische Kreise und die Spitzen einer Kompassrosette erkennbar.

Literatur: Unpubliziert

Tell Fray

Fray.1   **FG: C.a.III.3**   **Taf. 26c**

Fundnummer: k. A.

Fundkontext: Schicht IV (gef. 1972/73)

---

[81] Die Bestimmung der Formgruppe als S, anstelle von A.b, geschieht hier im Hinblick auf Mari.18 und die Vergleiche aus Ägypten.

[82] Für ausführliche Hinweise zu diesem Stück bin ich E. Fischer, Mainz, zu Dank verpflichtet.

[83] Die Fundschicht IV brachte neben Tempel- auch Palast- und Wohngebäude zu Tage und gehört allgemein in die Spätbronzezeit. Von den Ausgräbern wird das 13. Jh. zur Datierung angegeben, jedoch ohne nähere Begründung. Eine weitere Überprüfung dieser Datierung ist nicht möglich (Kat. Aleppo 1974, 40). Eine kurze, übersichtliche Darstellung der Datierung des Ortes anhand der gemachten Schriftfunde bietet Pfälzner, Keramik, 202f.

Datierung: 13. Jh.[83]
Material: Stein[84]
Maße: k. A.
Aufbewahrung: Aleppo, Archäolog. Museum
Beschreibung: Bauchige Pyxis mit sehr hoher Schulter. Am Schulterumbruch befindet sich ein Punktdekor. An der separat gearbeiteten Lippe setzen gegenständig zwei Handhaben an, die in Gestalt je eines menschlichen Gesichtes gearbeitet sind. Das Gesicht ist dabei stark reduziert und flächig mit betontem Brauenwulst, mandelförmigen aufgesetzten Augen, schmaler Nase und eingekerbtem Mund. Der leicht ovoide Körper mündet in einen niedrigen Standfuß.
Literatur: Kat. Aleppo 1974, 40

GAZA

Gaza.1   FG: Deckel Typ III.a   o. Abb.

Fundnummer: 1074
Fundkontext: „Palace-Building"
Datierung: 19. Dyn.
Material: Knochen
Maße: L: ca. 5,0 cm
Aufbewahrung: London, k. A.
Beschreibung: Schwenkdeckel mit seitlichen, halbrunden Handhaben. Der Dekor besteht aus neun Kreisen am Rand und einem im Zentrum
Literatur: Petrie, Gaza II, Taf. 21. 24:17; Åström – Åström, SCE IV, 611 Anm. 15

GEZER

Gezer.1   FG: C.a.III.3   Taf. 33c

Fundnummer: k. A.
Fundkontext: Areal V, 28
Datierung: 12.-10. Jh. (FEZ)[85]
Material: Elfenbein (Flusspferdzahn)
Maße: H: 3,5 cm – Dm: 5,9 cm[86]
Aufbewahrung: Jerusalem, Israel Museum, Inv.Nr.: S.712
Beschreibung: Korpusfragment einer bauchigen Pyxis mit sehr hoch ansetzender Schulter, auf der ein einfaches Leitermuster angebracht ist. Der Bauch verjüngt sich zur Standfläche und ist glatt. Eine vertikal gelochte Handhabe setzt am oberen Rand an; ihr Gegenstück ist abgebrochen. Wie E. Fischer beobachten konnte ist der Korpus entlang der *commissure* gebrochen. In die Bruchfläche wurden offensichtlich bereits antik Bohrungen eingebracht, die vermutlich zur Verdübelung des heute verlorenen, ausgebrochenen Fragmentes gedient haben.
Literatur: Macalister, Gezer, 342, 344 Abb. 462:2; Gachet, Ugarit Ivories Anm. 18

Gezer.2   FG: C.a.III.3   o. Abb.

Fundnummer: k. A.
Fundkontext: Zisterne, Nordende von Areal V, 21
Datierung: 18.-19. Dyn.[87]
Material: Stein
Maße: k. A.

---

[84] Das Motiv am Schulterumbruch sieht eher wie bei gestempelter Keramik eingedrückt aus und ist für das Material Stein ungewöhnlich.

[85] Nach Macalister gehört die Pyxis Gezer.1 in die „Fourth Semitic Period" und damit in den Zeitraum von 1000-550 (Macalister, Gezer, 344). Es steht jedoch nicht zuletzt im Hinblick auf die anderen Objekte dieser Formgruppe zu vermuten, dass die in Feld V gemachten Funde in die Eisenzeit I oder II und damit in die Strata XIII-VIII datieren. Damit läge ein Datum ab der Mitte des 12. Jh.s bis in das späte 10. Jh. nahe, ohne dies überzeugend belegen zu können (s. zusammenfassend Dothan, Philistines, 51 f.; Dever, NEAEHL 2, 504 f.).

[86] Für die detaillierten Hinweise und eine Zeichnung zu diesem Objekt danke ich E. Fischer sehr herzlich.

[87] Von Macalister der „Second to Third Semitic Period" zugewiesen, also vor der Thutmosis III. zugeschriebenen Zerstörung der Stadt in den 60er Jahren des 15. Jh.s. Nachgrabungen haben die Errichtung dieser Anlage bestätigt, aber auch eine Wiedernutzung in der Spätbronzezeit festgestellt (zusammenfassend zur Chronologie und mit weiterer Literatur s. Dever, NEAEHL 2 und Dever, OEANE 2). Angesichts der Vergleiche für diese Pyxidenform liegt ein zeitlicher Ansatz in der Spätbronzezeit näher.

Aufbewahrung: k. A.

Beschreibung: Beschreibung nach Umzeichnung: Sehr flacher Korpus mit schmaler waagerechter, scharf umbiegender Schulter. Unterhalb des Schulterumbruchs sind einige horizontale Linien graviert. Die Wandung ist, wohl aufgrund des Materials, sehr dick, und ein Loch könnte den Ansatz einer Handhabe andeuten.

Literatur: Macalister, Gezer, 341 Taf. 213:17

Gezer.3   **FG: Deckel Typ III.a**   **o. Abb.**

Fundnummer: k. A.

Fundkontext: k. A.

Datierung: SBZ (nach Vergleichen)

Material: k. A.

Maße: k. A.

Aufbewahrung: k. A.

Beschreibung: Schwenkdeckel mit gravierter achtblättriger Rosette und seitlichen Handhaben.[88] Die Handhaben sind halbrund und wirken eher wie verlängerte Laschen, die durch Kerben von einem ovalen Deckel abgeteilt sind.

Literatur: Macalister, Gezer, Taf. 195:71

GUROB

Gurob.1   **FG: C.a.III.3**   **Taf. 25**

Fundnummer: k. A.

Fundkontext: Ankauf 1904; Fundort vermutlich ein Grab in Medinet el-Gurob

Datierung: 14. Jh., 18. Dyn. (Amenophis III.-IV.)[89]

Material: Holz, Ebenholz

Maße: H: 3,5 cm – Dm: 10,5 cm – L: 13,8 cm

Aufbewahrung: Paris, Musée du Louvre, Inv.Nr.: E.11041 (ehem. Slg. Sinadino)

Beschreibung: Diese linsenförmige Pyxis besitzt zwei gegenständige, senkrecht durchbohrte Ösen, die figürlich als Frauenköpfe gestaltet sind. Die Frauen tragen eine Frisur die nach Hathor-Manier in zwei großen Voluten an den Enden eingerollt ist. In einer Handhabe hat sich eine weißliche Augeneinlage erhalten. Auf der Mantelfläche befinden sich zweimal die (identischen) Darstellungen von unbärtigen (?) Sphingen an einem Volutenbaum. Die Sphingen tragen Kopftücher mit Uräen, die in einer Troddel auslaufen. Die Flügel sind einfach längs gestreift, über dem Hinterschenkel liegt ein weiteres paar Flügel, die geschlossen sind.

Literatur: Chassinat, BIFAO 1, 1901, 231 Taf. 3:1-3; Thureau-Dangin, Arslan Tash, 107f. Abb. 37; Kat. Paris 1932, 602 Taf. 76; Barnett, PEQ 71, 1939, 6 Anm. 5 Taf. 2:1; Barnett, CNI, 158; Vandier d'Abbadie, Objets de toilette, 47 Nr. 126 Abb. 37; Kat. Aménophis, Paris, Nr. 113; Kat. Assyrian Origins, New York, 50; Ciafaloni, FS Orlandini, Abb. 10; Mazzoni, FS Orthmann, Anm. 9; Kempinski, Arbre, Nr. 1151; Danthine, Palmier-dattier, 169f. Abb. 929; Kat. Rites, Paris, 32f.

TELL HALAF

Halaf.1   **FG: A.a.II.2**   **Taf. 43e**

Fundnummer: k. A.

Fundkontext: in der älteren Gruft, nördl. des Tempelpalastes

Datierung: 10.-9. Jh.

Material: Elfenbein mit Gold, „Emaille" und Eisen

Maße: H: 9,0 cm – H(mit Deckel): 10,2 cm – Dm: 11,5 cm

Aufbewahrung: Istanbul, Archäolog. Museum[90]

Beschreibung: Die runde Pyxis besitzt einen Deckel und eine innere Aufteilung von fünf Fächern. Der Mantel ist bis auf ein Flechtband, das Boden und Rand akzentuiert, unverziert. An einer Seite ist ein Knauf waagerecht angebracht, der zusammen mit einem senkrechten Knauf auf der

---

[88] Von Macalister unter Elfenbeineinlagen subsumiert und ohne gesonderte Erwähnung im Text.

[89] Zusammen mit der Pyxis wurden weitere Objekte desselben Grabes auf dem Antiquitäten-Markt angeboten; unter ihnen auch mehrere beschriftete Gegenstände, die ein Grab des Tūti nennen und damit den zeitlichen Ansatz zu Amenophis III. und IV. begründen (Chassinat, BIFAO 1, 1901, 225f.). Aus diesem Grab stammen ferner noch ein mykenischer Kamm sowie ägäisierende Keramik (s. Boreux).

[90] Nach Hrouda befinden sich lediglich die Goldapplikationen in Istanbul, der elfenbeinerne Korpus ist verloren.

Deckeloberseite zum Verschließen des Deckels dient. Der Deckel besteht der Umzeichnung nach zu urteilen aus einer massiven Scheibe und ist mit goldenen Applikationen versehen: Im Zentrum befindet sich eine zwölfblättrige Rosette mit blau-weißer Einlage, einem Kordel- und einem Flechtband. Gegenüber dem Deckelknauf befindet sich ein weiteres Loch im Deckel. Die Aussparung des Flechtbandes mag auf einen figürlichen Aufsatz, etwa in Form eines liegenden Kalbes hindeuten. Hrouda merkt an, dass die Goldbänder erst nach dem Aufbringen auf das Elfenbein getrieben worden seien, wie Spuren des Musters auf der Elfenbeinoberfläche belegen. Im Inneren ist die Pyxis in ein zentrales rundes Fach sowie vier Fächer entsprechend der Kreissegmente aufgeteilt. In einem Fach wurden noch Reste von „Rouge" gefunden sowie neben der Pyxis ein silberner Spatel.

Literatur: Oppenheim, Halaf, 194 Abb. S.195; Barnett, CNI, 63 Abb. 17; Hrouda, Halaf 4, 52f., 55 Nr. 271 Taf. 43, 50

Halaf.2[91]   **FG: Deckel Typ III.a**   o. Abb.

    Fundnummer: TH-06C-E0156
    Fundkontext: Einbauten im Südtrakt des „Nordostpalastes"
    Datierung: 8.-7. Jh. / spätAss (nach Fundlage)
    Material: Knochen
    Maße: L: 14,5 cm – Dm: 12,9 cm – Di: 2,1 cm
    Aufbewahrung: k. A.
    Beschreibung: Nahezu vollständig erhaltener Schwenkdeckel aus Knochen. Der Dekor besteht aus einer Reihe doppelter Kreispunkte am Rand. Auffällig dabei ist, dass zwei unterschiedlich große Bohrer verwendet wurden.
    Literatur: Unpubliziert

HAMA

Hama.1   **FG: A.b.III**   **Taf. 93e**

    Fundnummer: 6 A 122
    Fundkontext: Nekropole G IX 280 der Periode IV
    Datierung: 800-700 (nach Fundlage und Beifunden)[92]
    Material: Knochen
    Maße: H: 6,9 cm – L: 6,0 cm
    Aufbewahrung: k. A.
    Beschreibung: Zylindrische Pyxis mit kleinen, vertikal in die Wandung gebohrten Stiftlöchern für einen Schwenkdeckel. Der Mantel ist außen mit Reihen von Kreispunktmotiven verziert.
    Literatur: Riis, Hama II,3, 180 Abb. 230:F

Hama.2   **FG: C.a.III.4**   o. Abb.

    Fundnummer: 5 E 75 + 822
    Fundkontext: G IV 355, Grab eines männlichen Erwachsenen, Hama, Période I
    Datierung: 1200-1075[93]
    Material: Quarzkeramik
    Maße: k. A.
    Aufbewahrung: Aleppo, Archäolog. Museum
    Beschreibung: Fragment einer bauchigen Pyxis. Vom bauchigen Korpus ist genug erhalten, um seine Verzierung mit Zungenblättern erkennen zu können, die eine Mittelrippe besitzen. Außerdem weist eine erhaltene Handhabe auf die Anbringung eines Schwenkdeckels vom Typ III.a hin.
    Literatur: Riis, Hama II,3, 146 (T), 179, 218 Taf. 230L

---

[91] Für die freundliche Genehmigung zur Aufnahme des Stückes in diese Arbeit sowie die Angaben zum Objekt danke ich sehr herzlich M. Novák, Tübingen.

[92] Riis, Hama II,3, 180, 192-204.

[93] Die Periode I der Brandbestattungen aus Hama, in der die Pyxis Hama.2 gefunden wurde, kann zeitlich durch keramische Parallelen zu Enkomi ebenfalls in die ausgehende SBZ bis beginnende EZ eingestuft werden. Riis bringt die aufkommende Sitte der Brandbestattung mit den Umwälzungen nach der Einwanderung der Seevölker in Verbindung. In absoluten Zahlen also fällt damit die Periode I des Friedhofes in die zweite Hälfte des 12. bis zur Mitte des 11. Jh.s (Riis, Hama II,3, 201-204: um 1200-1075). Dabei ist 1200 als zu früh anzusehen ist; der „Seevölkersturm" fällt in der nördlichen Levante eher in das zweite Viertel des 12. Jh.s. Karageorghis zweifelt diese späte Datierung unter Verweis auf die von ihm gefundene Pyxis Kiti.1 jedoch an (Karageorghis, Kition I, 110).

Hama.3   **FG: Deckel Typ III.a**   **o. Abb.**
Fundnummer: 8 A 298
Fundkontext: Bâtiment V
Datierung: vor 720
Material: Stein, „Marbre"
Maße: Dm: 8,6 cm
Aufbewahrung: k. A.
Beschreibung: Der Deckel besitzt als Zentralornament eine plastisch gestaltete achtblättrige Rosette. Um sie herum ist ein abwechselnd horizontal und vertikal gestreiftes Flechtband gelegt. Am Rand befinden sich in regelmäßigen Abständen horzontale Strichbündel. Die waagerecht ausgezogenen Griffknubben, die mit kleinen Löchern senkrecht durchbohrt sind, sind rund gestaltet und haben eine zur Mitte hin eingezogene Form.
Literatur: Fugmann, Hama II,1, 252 Abb. 325: 8A 298 (B); Riis – Buhl, Hama II,2, 75 Nr. 99 Abb. 37; Cecchini – Mazzoni, Tell Afis, 244 Anm. 68

Hama.4   **FG: Deckel Typ III.a**   **o. Abb.**
Fundnummer: 5 E 115
Fundkontext: G VIII 484, Erwachsenengrab, Période 1
Datierung: 1200-1075 (vgl. Hama.2)
Material: Knochen
Maße: k. A.
Aufbewahrung: k. A.
Beschreibung: Psi-förmiger Deckel. Die waagerecht ausgezogenen Handhaben sind vertikal gelocht, ferner befindet sich ein Loch im Zentrum (Griff?) sowie zwei weitere Löcher am Rand um 90 Grad versetzt.
Literatur: Riis, Hama II,3, 148, 179, 237 Abb. 230:G

Hama.5   **FG: Deckel Typ III.a**   **Taf. 33h**
Fundnummer: 8 A 269
Fundkontext: Bâtiment V, Raum H
Datierung: vor 720 (vgl. Hama.3)
Material: Knochen
Maße: L: 5,9 cm
Aufbewahrung: k. A.
Beschreibung: Psi-förmiger Deckel mit Kompassrosette.
Literatur: Riis – Buhl, Hama II,2, Abb. 113:949

TELL AL-HAMIDIYA
Hami.1   **FG: S.d.1**   **Taf. 97e**
Fundnummer: TH 47/42-10
Fundkontext: Grab 47/42; in der Südostfront
Datierung: 14.-13. Jh. (mittanisch)[94]
Material: Quarzkeramik (grünlich)
Maße: H: 3,6 cm - Dm: 2,6 cm
Aufbewahrung: Deir ez-Zor
Beschreibung: Kleine kapselförmige Pyxis mit innenliegenden Ösen für einen Schwenkdeckel vom Typ III.b. Auf der Mantelfläche findet sich die Abrollung eines Mittani-Common-Style Siegels mit der Darstellung von einem Capridenpaar, am Baum gelagert, und einer Reihe von vier Personen in Adorationshaltung.
Literatur: Wäfler, Hamidiya 4, 65 Abb. 18

HASANLU
Die Objekte stammen mit Ausnahme von HSL.20 und HSL.21 aus dem Bereich der Zitadelle von Hasanlu und hier nahezu ausschließlich aus dem „Burnt Building II". Wie in Kap. 4.2.1.3 ausgeführt, ergibt sich die Datierung

[94] Der allgemeine Befund weist eher in die Mittani-Zeit, bei Berücksichtigung der Befundlage könnte aber auch schon die mittelassyrische Zeit erreicht sein (vgl. Wäfler, Hamidiya 4, 64).

der Funde vor allem auf kunsthistorischem Wege; die Zerstörung der Schicht IVB von Hasanlu wird allgemein um 800 angesetzt woraus sich ein terminus ante quem ergibt.

HSL.1 **FG: A.a.II** **Taf. 52a**

Fundnummer: HAS 64-976
Fundkontext: Burnt Building II, Raum 7
Datierung: 10.-9. Jh.
Material: Elfenbein
Maße: H: 5,6 cm – Dm(außen, rek.): 12,0-13,0 cm
Aufbewahrung: Philadelphia, UM, Inv.Nr.: 65-31-400
Beschreibung: Drei Fragmente der Wandung sind erhalten und geben einen Eindruck der Pyxis wieder. Den Fragmenten zu urteilen war die Wandung zweigeteilt in eine obere, unverziert gelassene Fläche; es folgt ein flaches Band und eine Zickzackreihe unter der sich das reliefierte Bildfeld anschließt. Als Bodenabschluss und Standlinie dient eine einfache schmale Leiste. Dort befindet sich auch ein Dübelloch zur Befestigung des separat gearbeiteten Bodens. Das Bildfeld zeigt eine nach links gewandte, liegende Sphinx, die einen Flügel nach vorne, den zweiten nach hinten gestreckt hat. Links davon sind die Flügelreste einer weiteren Sphinx erhalten, sodass von einer heraldischen Komposition ausgegangen werden kann. Die Sphinx trägt auf dem Kopf eine „weiche Kappe", es könnte sich aber auch um einen spitzen Helm handeln. Das Auge ist sehr groß, die Pupille zur Aufnahme einer Einlage ausgebohrt. Hinter dem großen, leicht herzförmigen Ohr tritt eine große, glatte Haarlocke hervor. Die Brustfedern sind kreuzschraffiert; die Schwungfedern haben tiefe Cloisonnés mit Bohrungen nach der Technik des „peggedcloisonné". Die Beine besitzen einige Sehnenstilisierungen.
Literatur: Muscarella, Hasanlu, 120f. Nr. 226

HSL.2 **FG: A.a.II** **Taf. 52b**

Fundnummer: HAS 64-894b
Fundkontext: Burnt Building II, Raum 7
Datierung: 10.-9. Jh.
Material: Elfenbein
Maße: H: 4,8 cm – Dm(innen, rek.): 11,0 cm
Aufbewahrung: New York, MMA, Inv.Nr.: 65.163.5
Beschreibung: Wandungsfragment mit Darstellung einer liegenden Sphinx (wie HSL.1). Auch hier ist der obere Teil der Wandung unverziert. Es folgt ein Kordelband, dann das Bildfeld, und als Grundlinie wieder ein einfacher schmaler Reif. Hier findet sich auch ein Dübelloch mit Dübel für den Boden. Reste von Goldfolie sind auf dem Flügel erhalten; die Flügel waren in ähnlicher Weise zur Aufnahme von „peggedcloisonné" vorgesehen.
Literatur: Muscarella, Hasanlu, 120f. Nr. 227

HSL.3 **FG: A.a.II** **o. Abb.**

Fundnummer: HAS 64-894c
Fundkontext: Burnt Building II, Raum 7
Datierung: 10.-9. Jh.
Material: Elfenbein
Maße: H: 4,0 cm – Br: 2,7 cm
Aufbewahrung: New York, MMA, Inv.Nr.: 65.163.81
Beschreibung: Wandungsfragment. Das Fragment lässt das Hinterteil einer liegenden Sphinx erkennen. Das Hinterbein ist unter den Körper gelegt. Über dem Rücken ist die Spitze eines Flügels erhalten. Der Schenkel trägt eine Flammenstilisierung und dahinter befindet sich, lt. Muscarella, noch die Angabe von Haar. Auch die Rippen sind mit drei bis vier kurzen Strichen angegeben. Das stilisierte Dreieck am Gelenk beinhaltet keine Kreise oder Kugeln, wie sonst bei „Flame and Frond"-Elfenbeinen üblich. Eine weißliche Substanz hat sich noch in den Cloisonnés erhalten, wahrscheinlich das Haftmittel. Außerdem ist ein Flügel noch teilweise mit Goldfolie belegt. Auf der Innenseite befindet sich eine Nut zum dichteren Einsetzen des Bodens.
Literatur: Muscarella, Hasanlu, 122f. Nr. 229

HSL.4 **FG: A.a.II** **Taf. 52c**

Fundnummer: HAS 64-905
Fundkontext: Burnt Building II, Raum 6
Datierung: 10.-9. Jh.
Material: Elfenbein

KAMTARLAN

Kamt.1   **FG: D.b.I**   **Taf. 101a**

Fundnummer: KII Nr. 367
Fundkontext: Plot I Grab x1
Datierung: 1600-1200
Material: Keramik
Maße: H: 11,7 cm – L: 7,5 cm – Br: 7,5 cm
Aufbewahrung: k. A.
Beschreibung: Rechteckige Pyxis mit zwei seitlichen gelochten Handhaben. Die Seitenflächen sind mit Rautenmuster in einem Bildfeld mit dunkler Farbe auf hellem Tongrund bemalt. Der Korpus steht auf vier leicht angeschrägten Füßchen. Der Deckel fehlt.
Literatur: Schmidt – van Loon – Curvers, Holmes Expedition, 20, 171 Taf. 114:d

KARCHAI

Karch.1   **FG: D.b.III**   **Taf. 87e**

Fundnummer: k. A.
Fundkontext: Grab einer Frau, in Kniehöhe zusammen mit zahlreichen Gefäßen und Schmuck gefunden
Datierung: 700-600
Material: Quarzkeramik (Keramik?)
Maße: H: 16,0 cm – Br: 10,5 cm
Aufbewahrung: k. A.
Beschreibung: Quadratische Pyxis mit zwei als Frauenköpfe gestalteten Handhaben, die senkrecht zur Befestigung eines Deckels durchbohrt sind. Die Frauenköpfe sind modelgeformt. Die Frau hat eine Zopffrisur und trägt ein tordiertes Halsband. Die vier Seiten der Pyxis sind mit einem gravierten Dekor verziert. Den Bodenabschluss bildet ein Band aus leeren Dreiecken vor einem gestreiften Hintergrund. Darüber folgt das Hauptbildfeld, welches seitlich von schräg-schraffierten Balken begrenzt wird. Hauptmotiv ist ein vierstrahliger Stern mit zentraler Rosette in einem quadratischen Feld. Die Zwickel sind mit dreiblättrigen Wedeln gefüllt. Den oberen Abschluss bildet ein echtes Zopfband, das von einem Fischgrätband bzw. einem einfach schräg-schraffierten Band begrenzt wird.
Literatur: Vanden Berghe, Archeologia 65, 1973, 28-29; Kat. Susa, New York, 209 Anm. 3 (zu Nr. 146); Daems, IrAnt 36, 2001, 34 Abb. 135

KARKEMISCH

Kark.1   **FG: A.a.II.2**   **Taf. 41, 42a, b**

Fundnummer: 1922.5-11, 255
Fundkontext: Fuß der Zitadelle
Datierung: 10.-9. Jh.[107]
Material: Stein, Steatit
Maße: H: 5,3 cm – Dm: 12,0 cm – Umfang: 15,5 cm
Aufbewahrung: London, BM, Inv.Nr.: 116122
Beschreibung: Bodenfragment einer zylindrischen Pyxis mit fünf Kompartimenten. Die innere Aufteilung besteht aus einem zentralem, runden Fach und davon ausgehend vier radialen Stegen, die den äußeren Rahmen in vier gleich große Kreissegmente teilen. Der Boden ist zu rund drei Vierteln erhalten; die Wandung ist an den Stegen am besten konserviert, und hier besonders die glatte Wandung des inneren Faches. An der Stelle des weggebrochenen Teiles wird sich das Dübelloch für den Schwenkdeckel mit zwei vertikalen Nischen befunden haben, wie bei den anderen Pyxiden zu beobachten ist.
Der Boden wird durch ein Kordelband gebildet. Darüber befindet sich ein figürliches Register, dass sich in fünf Szenen gliedert, von denen allerdings nur noch der untere Teil erhalten ist. Die Fußpartie erlaubt jedoch Rückschlüsse auf die Gesamtkonzeption. An der ausgebrochenen Stelle war möglicherweise eine einzelne Figur in einem separaten Bildfeld wiedergegeben. Links beginnend ist in Szene A wohl eine sitzende Figur dargestellt, die nach rechts blickend zwei entgegenkommenden Personen zugewandt ist. Dass die erste Personen sitzt, ist aufgrund der höheren Positionierung der Füße – die anderen stehen auf der Grundlinie – eindeutig. Die zwei stehenden, nach links gewandten Figuren tragen lange Kleider mit Fransenborten. Bei der vorderen ist die schräglaufende Gewandfalte noch gut sichtbar. Die ersten drei Figuren werden durch einen Palmettbaum und zwei weitere

---

[107] Vgl. die Ausführungen in Kap. 4.1.

Gegenstände voneinander getrennt. Hier könnte es sich um Thymiaterien handeln, hohe Weihrauch-ständer, wie sie etwa auf dem weißen Obelisken dargestellt sind.[108] Wahrscheinlicher jedoch handelt es sich hier um die Stämme zweier Palmen. Diese erste Szene wird durch ein ähnliches Element von Szene B getrennt. Die Beinstellung der vierten Figur lässt eindeutig einen nach rechts ausschreitenden Mann erkennen. Zu ihm gehört der nach links orientierte Felide, dessen Beine und Tatzen erhalten sind und der eine Pranke auf ein liegendes Tier gesetzt hat. Das Tier ist als Huftier (Gazelle) mit zurückgewandtem Kopf zu identifizieren.[109] Es folgt Szene C mit einer nach rechts gewandten Person, die nur schwer in ihrer Aktion zu deuten ist. Die andere Bewegungsrichtung spricht dabei für eine Trennung von Szene B. Zwischen ihr und dem vorhergehenden Feliden befinden sich die herabhängenden Hufe eines weiteren Tieres. Hier scheint es sich um ein Füllelement zu handeln, wie auch die Gazelle auf Nin.1[110], da das Tier in keinem erkennbaren Zusammenhang mit den umgebenden Figuren steht.[111] Damit bleibt für die folgende fünfte Person nur ein szenischer Zusammenhang mit dem Löwen- und Stierkampf in Szene D. Diese besteht aus einer Kampfgruppe von einem nach links aufsteigenden Löwen und einem bereits in die Knie gesunkenen Tier. Das Huftier (Hirsch, Gazelle?) hat seinen Kopf auf den Rücken nach unten gerichtet, Maul und ausgestreckte Zunge sind deutlich sichtbar. In der letzten Szene E liegt sehr wahrscheinlich eine Wildjagdszene vor. Die erkennbaren Bildreste gehören zu einem nach rechts gewandten Mann im Schurzrock mit Fransenbesatz, sowie einem nach rechts eilenden Tier. Hier wird es sich um eine Gruppe von Jäger und Wild (Hirsch?)[112] handeln; wie in den Jagddarstellungen üblich mit einem Bogenschützen. Diese Szene ist dann abgebrochen, und es mögen weitere Jagdtiere ergänzt werden können.

Literatur: Barnett, CNI, 64; Woolley, Carchemish II, Taf. 28:3; Orthmann, UsK, 164, 552 Nr. Karkemisch X/1; Shaath, FS Porada, 241 Anm. 35; Winter, AnSt 33, 1983, 183f. Abb.1 Taf. 47b, c; Sams, Porticus 3, 1980, 5; Shaath, AAS 36 1986/87, 64 Abb. 8; Mazzoni, FS Orthmann, 294, 297 Abb. 2

Kark.2 **FG: A.a.II.2** **Taf. 42c-e**

Fundnummer: 1922.5-11, 256
Fundkontext: Fuß der Zitadelle
Datierung: 10.-9. Jh. (wie Kark.1)
Material: Stein, Steatit
Maße: L: 8,8 cm – Br: 3,2 cm – H: 2,4 cm
Aufbewahrung: London, BM, Inv.Nr.: 116123
Beschreibung: Bodenfragment einer zylindrischen Pyxis, die figürlich verziert ist. Von dieser Pyxis ist lediglich ein Teil des Bodens mit Reliefdekor bis 2,5 cm hoch erhalten. Ähnlich wie Kark.1 handelt es sich um einen Korpus mit innerer Fächeraufteilung; die Zahl der Fächer kann nicht mehr erschlossen werden. Den unteren Abschluss des Wandungsdekores und gleichzeitig die Standleiste bildet ein unverziertes Band. Darüber befindet sich ein figürliches Dekor in flachem Relief. Von der Darstellung erhalten sind nur die untersten Partien. Erkennbar sind die Hufe eines nach links schreitenden Tieres, dessen Schwanzquaste zwischen den Hinterbeinen bis auf den Boden herabfällt (ein Stier?).[113] Rechts davon liegt, in die Knie gesunken, ein Huftier (vermutlich eine Gazelle), das von einem Tier mit Vogelkopf angegriffen wird. Bei einer Autopsie des Stückes im British Museum waren deutlich der Schnabel und das Vogelauge zu

---

[108] Börker-Klähn, Bildstelen, Taf. 132a, linke Seite, 6. Register von unten; Hrouda, Kulturgeschichte, 71, mit weiteren Beispielen. Von Mazzoni werden die Objekte zunächst neutraler als „pedestals" angesprochen (FS Orthmann, 294). Später (ebda., 295) deutet sie die Gegenstände im Vergleich zu KH.9 sowie zu zwei Stelen aus Aleppo und Tell Afis auch als Altäre mit astralem Symbol. Diese Vergleichsstücke datieren jedoch älter bzw. sind im Falle von KH.9 von ungesicherter Herkunft und damit als Vergleiche nur bedingt geeignet. Eine Deutung als Altäre bedeutete auch, dass die sitzende Person göttlich wäre.

[109] Winter nimmt hier einen kleinen Löwen unter einem großen an (AnSt 33, 1983, 183).

[110] Tiere ohne Standlinie begegnen auch auf Nin.1 und einem kleinen Steinrelief aus Karkemisch (s. Woolley, Carchemish II, Taf. 28:1) wo sie allerdings nicht Füllelemente, sondern wichtiger Teil der Szenerie sind.

[111] Winter rekonstruiert einen Mann, der die Gazelle hält, allerdings ohne erklären zu können, wie er das Tier trägt (AnSt 33, 183). Alle bekannten Gazellenträger haben das Tier über den Nacken gelegt, nicht hinter dem Rücken (z. B. Orthmann, UsK, Zincirli B/1, F/9, Karkemisch F/13-F/16). Die Alternative wäre ein Tragen vor dem Körper mit der Hand unter dem Bauch des Tieres, wie es von zahlreichen neuassyrischen Reliefs her bekannt ist, aber auch das passt nicht zur Darstellung. Mazzoni, FS Orthmann, 294 verweist auf die Reliefs Orthmann, UsK, Karkemisch H/3, H/5, auf denen ein Löwenmensch bzw. ein Held ein getötetes Tier an den Hinterläufen vor sich hoch hält. Diese Trageweise ist ebenfalls nicht möglich, da alle vier Läufe des Tieres hinter dem Rücken zu erkennen sind.

[112] Mazzoni (FS Orthmann, 294) sieht in dem Tier einen Stier, doch handelt es sich eindeutig um die Paarhufe eines Wildes.

[113] Als Vergleich diene die Stierdarstellung Orthmann, UsK, Karkemisch E/1.

Literatur: Moorey, Deve Hüyük, 150 Nr. 594 Abb. 25:594; Gachet, Objets, 274 Nr. 4; Chavane, Amathus IV, 72 Anm. 598

TELL KEISAN

Keis.1   **FG: Deckel Typ III.a**   **o. Abb.**

Fundnummer: 5.093
Fundkontext: Chantier A, Loc. F 5049b, Niv. 4b
Datierung: 7. Jh.[115]
Material: Elfenbein
Maße: Dm: ca. 4,0 cm
Aufbewahrung: k. A.
Beschreibung: Deckel mit graviertem Dekor; am Rand eine doppelte Linie, das Feld mit einer sechsblättrigen Kompassrosette gefüllt; zwei gegenüberliegende Löcher zur Befestigung sind in den Spitzen der Blätter arrangiert.
Literatur: Briend – Humbert, Keisan, 152 Taf. 101:1

KITION

Bei Kition handelt es sich um eine Siedlung, die erst um 1300 gegründet worden ist. Die Pyxiden stammen aus Grab 9 und hier aus der deutlich abgrenzbaren oberen Begräbnisschicht. Als terminus ante quem dient eine Bebauung oberhalb des Grabes, welche Keramik der Stufe Myk IIIC:1 erbrachte, sowie der große Anteil Myk IIIB Keramik im Grab selbst. Damit ergibt sich eine Datierung von der Mitte des 13. Jh.s bis ca. 1190.[116]

Kiti.1   **FG: C.a.III.4**   **Taf. 34a, b**

Fundnummer: 230
Fundkontext: Grab 9, oberes Stratum
Datierung: 1190-1100 (Spätkyprisch IIIA)
Material: Quarzkeramik
Maße: H: 7,2 cm – Dm: 15,2 cm
Aufbewahrung: Nikosia, Cyprus Museum
Beschreibung: Pyxis mit zwei gegenständigen, vertikal durchlochten Knubben zur Befestigung des Deckels. Der jetzt verblasste Überzug war ehedem blau. Der Korpus besitzt eine schräge Schulter und ist mit Kanneluren verziert. Die Pyxis steht auf einem kleinen Standring bzw. einer kleinen Standfläche.
Literatur: Karageorghis, Mycenean Art, Taf. 40:1; Buchholz – Karageorghis, Altägäis, 158 Nr. 1680 Abb. S. 457:1680; Peltenburg, Glazed Vases, in Karageorghis, Kition I, 110 Taf. 88:230; 163:230; Karageorghis, Kition, 52 Taf. 25

Kiti.2   **FG: S.c**   **Taf. 96d**

Fundnummer: 354
Fundkontext: Grab 9, oberes Stratum
Datierung: 1190-1100 (Spätkyprisch IIIA)
Material: Elfenbein
Maße: H: 5,0 cm
Aufbewahrung: Nikosia, Cyprus Museum
Beschreibung: Pyxis in Form einer Wanne mit vier waagerechten Ösen außen und einem vertikalen Zapfloch zur Befestigung des Deckels an einer Schmalseite. Die Verzierung außen besteht lediglich in einer dreifachen Leiste am oberen und einer doppelten Leiste am unteren Rand. Die vier außenliegenden Ösen sind wie vertikale Griffe gestaltet, was die Nachahmung großformatiger Wannen unterstreicht.
Literatur: Buchholz – Karageorghis, Altägäis, 163 Nr. 1742 Abb. S.479:1742; Åström – Åström, SCE IVD, 553 Nr. 5 Abb. 77; Karageorghis, Kition, 52 Taf. 26

---

[115] Das Niveau 4b gehört der EZ IIC an, welches nach Ausweis von Vergleichen besonders mit Zypern in die spät- bis nachassyrische Zeit fällt (vgl. Briend – Humbert, Keisan, 26f. Tab. I).
[116] Vgl. Karageorghis, Kition I, 93f. Åström datiert hingegen die Myk IIIB Keramik bis an das Ende des 12. Jh.s (Åström – Åström, SCE IVD, 760-762); vgl. die Zeitstufen von Enkomi (Kling, Pottery, 76f.).

KOUKLIA

Kouk.1   FG: S.c   **Taf. 96i**

  Fundnummer: KTA V.129
  Fundkontext: Grab KTA V
  Datierung: SBZ
  Material: Stein
  Maße: L: 10,2 cm
  Aufbewahrung: Kouklia, Archäolog. Museum
  Beschreibung: Pyxis in Gestalt einer Wanne mit flachem Boden und ungleichmäßigem Rand, was dem Objekt einen eher nachlässigen Charakter verleiht. An Rand und Boden befinden sich je zwei freihand-gravierte Linien; vier gegenüberliegende Ösen sind wie vertikale Griffe angebracht..
  Literatur: Karageorghis, Bathtub, 437 Anm. 14 Nr. d); Maier – Karageorghis, Paphos, 66 Abb. 45

KRETA

Die kretischen Objekte stammen alle aus der Idäischen Grotte und sind überwiegend bereits während der frühen Grabungen entdeckt worden. Viele Funde auch der neueren Grabungen warten immer noch auf ihre Publikation.[117] Eine genauere stratigraphische Bestimmung bzw. Lokalisierung ist aufgrund der fehlenden Funddokumentation nicht möglich. Als zeitliche Stellung der Fragmente ergibt sich nach den orientalischen Vorbildern das Ende des 9. bzw. das 8. Jh.[118]

Kreta.1   FG: A.a.II   **Taf. 66a**

  Fundnummer: k. A.
  Material: Elfenbein
  Maße: Dm (rek.): 13,5 cm (rek.)
  Aufbewahrung: Athen, Nationalmuseum oder Iraklion, Archäolog.Museum
  Beschreibung: Randfragmente einer zylindrischen Pyxis mit umlaufenden Stieren. Als oberer und unterer Abschluss des Bildfeldes dienen zwei Blattranken. Der Stier ist von gedrungenem, schweren Körperbau mit gesenktem Kopf. Sollte die Zuordnung des größeren Fußfragmentes wie Sakellarakis sie vorschlägt zutreffend sein, so wäre die Musterung des Fischgrätbandes gegenläufig. Möglicherweise lassen sich die Fragmente von Kreta.1-4 zu einem Objekt rekonstruieren.
  Literatur: Sakellarakis, Ivories, 114 Taf. 11a, b, 12e Anm. 16, 18; Kunze, AM 1935-36, 231 Nr. 7 Taf. 85:7; Hoffman, Imports 1997, 57 Nr. 48 Taf. 26; Braun-Holzinger – Rehm, Orientalischer Import, 150 Nr. K.31

Kreta.2   FG: A.a.II   **Taf. 66c**

  Fundnummer: k. A.
  Material: Elfenbein
  Maße: k. A.
  Aufbewahrung: k. A.
  Beschreibung: Randfragment einer zylindrischen Pyxis mit Stiermotiv. Der Stier ist nach rechts gewandt und in relativ grobem Stil gehalten; sein massiger Körper steht auf schweren Beinen. Den oberen Rand bildet ein stilisierter Blattfries. Die Pyxis ähnelt sehr stark Kreta.1; der wesentliche Unterschied besteht im Fehlen des unteren Abschlussbandes mit Fischgrätmuster.
  Literatur: Sakellarakis, Ivories, 114 Taf. 10b, c

Kreta.3   FG: Deckel Typ II.a   **Taf. 70a**

  Fundnummer: k. A.
  Material: Elfenbein
  Maße: k. A.
  Aufbewahrung: Iraklion, Archäolog. Museum, Inv.Nr.: 73
  Beschreibung: Deckelfragmente einer zylindrischen Pyxis. Als einzige Verzierung ein Blattband als Rahmen. Das Arrangement von zwei größeren Dübellöchern am Rand wird von Sakellarakis als Anhaltspunkt für den Aufsatz von drei liegenden Kälbchen verwendet. Zwei gegenüberliegende kleinere Löcher dienten wahrscheinlich zur Befestigung.

---

[117] Mehrere Fragmente mit Resten von Flügeln, Tierkörper und Blattleisten könnten weiterhin Teile von Pyxiden sein (s. Sakellarakis, Ivories, 114, Taf. 10a).
[118] Vgl. Hoffman, Imports, 57; Rehm in Braun-Holzinger – Rehm, Orientalischer Import, 144-152.

Literatur: Kunze, AM 1935-36, 231 Nr. 10 Taf. 85:10; Sakellarakis, Ivories, Taf. 11c, 12; Hoffman, Imports, 56 Nr. 45 Taf. 22; Braun-Holzinger – Rehm, Orientalischer Import, 151 Nr. K.34+35

Kreta.4   **FG: Boden**   **Taf. 67d**
    Fundnummer: k. A.
    Material: Elfenbein
    Maße: k. A.
    Aufbewahrung: k. A.
    Beschreibung: Nicht vollkommen runder Boden einer zylindrischen Pyxis mit Kompassrosettendekor. Der Dekor füllt die gesamte Fläche aus und greift auch über diese hinaus. Der Boden ist von unregelmäßigem Querschnitt und besitzt drei horizontale Löcher in seinem Rand. Die verzierte Seite scheint der Photographie nach zu urteilen mit Blattgold belegt zu sein, was aber nicht in der Publikation erwähnt wird. Die Bestimmung als Boden beruht auf den horizontalen Dübellöchern, der Kompassrosettenverzierung und vor allem dem Fehlen eines Loches für einen Schwenkstift.
    Literatur: Sakellarakis, Ivory, 114 Taf. 8b, c, 9a; Braun-Holzinger – Rehm, Orientalischer Import, 152 Nr. K.38

Kreta.5   **FG: Boden**   **o. Abb.**
    Fundnummer: k. A.
    Material: Elfenbein
    Maße: k. A.
    Aufbewahrung: k. A.
    Beschreibung: Randfragmente eines Bodens mit Kompassrosettendekor auf einer Seite. Die gegenüberliegende Seite scheint unverziert zu sein, allerdings ist der Randbereich mit einem einfachen Würfelmuster in zwei Reihen versehen, der ein wenig an den Dekor palästinischer Schminkpaletten erinnert. Die Kante ist mit einem Blattmuster verziert. Eventuell ist am seitlichen Ausbruch wie bei Kreta.4 ein horizontales Dübelloch zu erkennen.
    Literatur: Sakellarakis, Ivory, 114 Taf. 9; Braun-Holzinger – Rehm, Orientalischer Import, 151 Nr. K.37

Kreta.6   **FG: A.a.II**   **o. Abb.**
    Fundnummer: k. A.
    Material: Elfenbein
    Maße: k. A.
    Aufbewahrung: k. A.
    Beschreibung: Mehrere Fragmente einer Pyxis mit Blattbändern am oberen und unteren Rand. Vom Bildfeld sind Reste der Darstellung einer Sphinx erhalten.
    Literatur: Sakellarakis, Ivories, 114 Taf. 10a; Braun-Holzinger – Rehm, Orientalischer Import, 150 Nr. K.32

KÜLTEPE
Kült.1   **FG: A.a.I.1**   **o. Abb.**
    Fundnummer: Kt. n/K 133
    Fundkontext: Grab, Schicht Ib
    Datierung: 18. Jh. (altassyrisch)[119]
    Material: Knochen
    Maße: H: 4,2 cm – Dm: 5,6 cm
    Aufbewahrung: Ankara, Archäolog. Museum, Inv.Nr.: 120-69-64
    Beschreibung: Flache zylindrische Pyxis mit Deckel, deren Korpus durch Zickzackreihen in zwei horizontale Register geteilt ist. Doppelte Zickzackreihen säumen Rand und Boden. Die beiden Register sind mit Kreispunktmustern und schraffierten Rauten gefüllt. Der erhaltene Deckel weist ein schwach graviertes geometrisches Muster auf. Ein Loch in Bodennähe weist auf den Dübelstift zur Befestigung hin.
    Literatur: Özgüç, Kültepe-Kaniş II, 72, 111, Taf. 121:12a, b

---

[119] Seit den Ergänzungen der altassyrischen Eponymatsliste kann das Datum der Schicht Ib in Kültepe näher eingegrenzt werden. Veenhof kommt, der mittleren Chronologie folgend, auf ein Ende nach 1740 (Veenhof, Year Eponyms, 67f.).

Kült.2   **FG: A.a.I.1**   **o. Abb.**

    Fundnummer: Kt. b/K 428
    Fundkontext: Grab 3, Schicht Ib
    Datierung: 18. Jh. (altassyrisch)
    Material: Knochen
    Maße: H: 3,7 cm – Dm: 5,0 cm
    Aufbewahrung: Ankara, Archäolog. Museum, Inv.Nr.: 122-64-64
    Beschreibung: Flache zylindrische Pyxis wie Kült.1, allerdings ohne Deckel. Die Bohrlöcher für den Boden sind gut zu erkennen.[120]
    Literatur: Özgüç – Özgüç, Kültepe 1949, 201f. Taf. 41:327, 54:511; Özgüç, Kültepe-Kaniş II, 70, 111, Taf. 121:11

KUL TARIKE

Kul.1   **FG: C.a.III**   **Taf. 105a**

    Fundnummer: k. A.
    Fundkontext: Grab Nr. 8
    Datierung: 7. Jh. (EZ)[121]
    Material: Ton („Orange Ware")
    Maße: k. A.
    Aufbewahrung: k. A.
    Beschreibung: Miniaturpyxis mit Deckel. Der napfförmige Korpus weist einen markanten Bauchknick im unteren Gefäßdrittel auf. Die Handhaben sind verhältnismäßig langgezogen, der Deckel vergleichsweise dick.
    Literatur: Rezvani – Roustaei, IrAnt 42, 2007, 145 Taf. 8d

KUNSTHANDEL (S. AM ENDE DES KATALOGES)

LACHISCH

Die meisten Pyxiden wurden im Zusammenhang mit dem sog. „Fosse Temple" außerhalb des Stadtgebietes gefunden. Dieses Gebäude wurde am Ende der Spätbronzezeit zerstört (Schicht VII), womit ein terminus ante quem von ca. 1200 gegeben ist. Die letzte Bauphase III des „Fosse Tempels" stellt gleichzeitig die größte Ausdehnung des Gebäudes dar. Die Beifunde von mykenischer Keramik und ägyptischen, inschriftlich datierten Objekten sichern diese Datierung ab.[122] Die Schicht III wird mit Zerstörungshorizonten am Ende des 13. Jh.s in Verbindung gebracht, während Funde ägyptischer Skarabäen aus dieser Schicht von Amenophis III. bis Ramses II. reichen; es ergibt sich damit ein Ansatz von ca. 1325-1223.[123] Die neueren Grabungen haben die Erforschung des „Fosse Temples" nicht einbezogen, und in chronologischer Hinsicht gibt es keine Veränderung. So korreliert „Fosse Temple" Schicht III allgemein mit Schicht VII des Tells. Aus Schicht VI stammen Funde Ramses III. weshalb diese dem 12. Jh. zugeordnet wird.[124]

Lach.1   **FG: A.a***   **Taf. 74a-c**

    Fundnummer: 2770
    Fundkontext: Fosse Temple D. III, 181 (Südost-Ecke des Schreines)
    Datierung: 14.-13. Jh.
    Material: Elfenbein (n. Fischer Elefant)
    Maße: H: 8,6 cm – Br: 8,6 cm[125]
    Aufbewahrung: Jerusalem, Israel Museum, Inv.Nr.: 36.1836
    Beschreibung: Fragmentierte zylindrische Pyxis mit Reliefdekor in zwei Registern. In beiden Registern sind Kämpfe von Löwen und Stieren gegeneinander bzw. untereinander dargestellt. Zu den auffälligen Details gehören im oberen Register auffliegende Vögel (Geier?) sowie das weitgehende Fehlen von vegetabilen Elementen. Die Hörner der Stiere sind außerdem sichelförmig, wie von vorne sichtbar nach ägyptischer Manier dargestellt. Der im selben Kontext gefundene Deckel Lach.7 könnte zur Pyxis

---

[120] Von den Ausgräbern jedoch als Armreif gedeutet.
[121] Die Ausgräber verweisen vor allem auf Parallelen in der Keramik zu Ziwiye, Qalaichi und Zendan-e Suleiman, die die Zeitstellung begründen (Rezvani – Roustaei, IrAnt 42, 2007, 150f.).
[122] Vgl. Ussishkin, FS Tufnell, 217-220; s. a. Ussishkin, OEANE 3-a.
[123] Tufnell, Lachish II, 22-24, 68f.
[124] S. Ussishkin, Synopsis, 57-65.
[125] Die Pyxis konnte nach einer Restaurierung um einige Fragmente ergänzt werden.

gehören, wie schon Tufnell gemutmaßt hatte. Das würde bedeuten, dass diese einen innen angesetzte Öse besitzt.

Literatur: Thomsen, AfO 10, 1935/6, 387f. Abb. 14; Barnett, PEQ 71, 1939, 7 Taf. 2:2; Tufnell u. a., Lachish II, 62 Nr. 15 Taf. 18, 18a; Decamps de Mertzenfeldt, Inventaires, 56 Nr. 17 Taf. 4, 5; Freyer-Schauenburg, Samos, 93 Anm. 522; Barnett, Ivories, 28 Taf. 21b; Feldman, Diplomacy, Abb. 38, 39

Lach.2   **FG: A.b**   **o. Abb.**

Fundnummer: k. A.
Fundkontext: Fosse-Tempel, Loc. 172
Datierung: 14.-13. Jh.
Material: Knochen
Maße: k. A.
Aufbewahrung: k. A.
Beschreibung: Wandungsfragment eines Behälters (?) mit Randleisten und geritzter, halbmondförmiger Dekoration. Ungewöhnlich für eine Pyxis wirken die vertikalen Linien
Literatur: Tufnell u. a., Lachish II, 62 Nr. 36 Taf. 21:36

Lach.3   **FG: C.a.III.3**   **Taf. 30c**

Fundnummer: 2767
Fundkontext: Fosse Temple D.III, 181
Datierung: 14.-13. Jh.
Material: Elfenbein
Maße: H: 5,1 cm – L: 5,8 cm
Aufbewahrung: Jerusalem, Israel Museum, Inv.Nr.: 39.4
Beschreibung: Pyxis ohne Deckel mit einer erhaltenen waagerechten Griffknubbe, die nicht' durchbohrt ist, die gegenüberliegende Seite ist ausgebrochen. Die erhaltene Handhabe geht in eine leicht erhabene Lippe über und ist auf der Stirnseite wohl zur Aufnahme eines Stiftes vertikal gebohrt. Die Schulter ist sehr kurz und schmal, der Bauch halbkugelig und anscheinend ohne Standfuß. Ein passender Deckel ist hierzu nicht gefunden worden.
Literatur: Tufnell u. a., Lachish II, 62 Nr. 30 Taf. 20:30

Lach.4   **FG: C.a.III.3**   **Taf. 28e**

Fundnummer: 4467
Fundkontext: Grab 216
Datierung: 15. Jh. (SBZ)[126]
Material: Keramik
Maße: k. A.
Aufbewahrung: k. A.
Beschreibung: Bauchige Pyxis mit glatter, gleichmäßig gerundeter Wandung und leicht abgesetzter Lippe an die zwei vertikal gelochte Ösen angesetzt sind. Angearbeitet ist ein Standfuß, der in einen umgeschlagenen Rand ausläuft. Zu der Pyxis gehört ein ebenfalls in Ton gearbeiteter psi-förmiger Deckel mit flüchtig gravierter, vegetabil anmutender Gravur. Die Lesung von drei Buchstaben auf der Pyxis ist bislang umstritten.
Literatur: Bossert, Altsyrien, 333 Nr. 1135; Tufnell u. a., Lachisch IV, 128f., 183 Typ-Nr. 633 Taf. 44:1, 45:4, 53:27, 72:633; ILN 1936, 572 Abb. 9 (Mitte)

Lach.5   **FG: C.a.III.3**   **o. Abb.**

Fundnummer: 2878
Fundkontext: Fosse Temple D. III[127]
Datierung: 14.-13. Jh.
Material: Keramik
Maße: k. A.

---

[126] Eine Datierung ergibt sich durch den stratigraphischen Zusammenhang und durch Skarabäenfunde von rund 1500-1350. Die Nutzungsdauer des Grabes kann durch vergesellschaftete Keramik ab Thutmosis III. und anhand von Skarabäen bis in die Mitte des 14. Jh.s verfolgt werden (Tufnell, Lachish IV, 128f.).

[127] Lach.5 stammt aus der Schicht III (ausgehendes 14.-13. Jh.), doch kommen in der Form vergleichbare Becher bereits in den Schicht I und II vor (s. Tufnell, Lachish II, Taf. 47).

Aufbewahrung: Jerusalem, IM, Inv.Nr.: 34.7720
Beschreibung: Standfußpyxis mit Bemalung; sehr flache Handhaben, die vertikal gelocht sind. Der Korpus ist außen mit vertikalen Strichen und Schlangenlinien in roter Farbe verziert. Ein leichter Doppelwulst grenzt den Standfuß vom kelchartigen Korpus ab.
Literatur: Tufnell, Lachish II, Taf. 46:217

Lach.6	**FG: C.a.III.5**	**Taf. 26c**

Fundnummer: 3215
Fundkontext: Fosse Temple Loc. A.III[128]
Datierung: 14.-13. Jh.
Material: Quarzkeramik
Maße: k. A.
Aufbewahrung: k. A.
Beschreibung: Pyxis auf einem Standfuß mit geripptem, plastischen Korpus. Den Abschluss der Rippenverzierung bildet ein Kordelband, darüber folgt eine glatte Fläche bis zur Lippe. Die beiden gegenüberliegenden Handhaben sind vertikal gelocht und als Frauenköpfe ausgeformt. Das Kinn ist übertrieben zugespitzt, die Nase gerade, und die Augen springen leicht vor. Das Haar ist nur summarisch angegeben und fällt in zwei schweren Zöpfen seitlich am Kopf herab.
Literatur: Tufnell, Lachish II, 63 Taf. 22:58; Mazzoni, AAS 29/30, 1979/80 Abb. 14

Lach.7	**FG: Deckel Typ II.a**	**Taf. 74d**

Fundnummer: 2771
Fundkontext: Fosse Temple D.III, 181 (wie Lach.1)
Datierung: 14.-13. Jh.
Material: Elfenbein (n. Fischer Elefant aufgrund der Größe)
Maße: k. A.
Aufbewahrung: Jerusalem, Israel Museum, Inv.Nr.: 34.7715
Beschreibung: Deckelfragment, rund, mit Schwenkloch an einer Seite, Rosette in der Mitte und Bündellinien am Rand. Der Deckel gehört möglicherweise zu Lach.1.
Literatur: Tufnell, Lachish II, 62 Taf. 20:31

Lach.8	**FG: Deckel Typ III.a**	**Taf. 33f**

Fundnummer: 2790A
Fundkontext: Fosse Temple D.III, 181
Datierung: 14.-13. Jh.
Material: Elfenbein
Maße: L: 8,3 cm – Dm: 5,3 cm – Di: 0,2-0,3 cm
Aufbewahrung: Jerusalem, Israel Museum, Inv.Nr.: 34.7710
Beschreibung: Pyxidendeckel, verziert mit drei Randstreifen, Kompassrosette und zentralem Loch. Vollständig erhalten. Die Rosette ist nicht an allen Stellen exakt abgezirkelt, wie einige Verzeichnungen andeuten.
Literatur: Barnett, Ivories, 28 Taf. 21c; Tufnell, Lachish II, 62 Nr. 18 Taf. 19:18; Biran – Ben-Dor, Dan II, 146

LURISTAN

Es handelt sich im Folgenden um verschiedene eisenzeitliche Gräberfelder in Luristan, die das Ziel der belgischen Expedition unter L. vanden Berghe waren und nun sukzessive in der Reihe „Luristan Excavation Documents" publiziert werden. Die Datierung der Gräber ist durch Vergleiche des keramischen Repertoires sowie weiterer archäologischer Fundgruppen erfolgt, wobei sich die zeitliche Bestimmung der EZ I-III an der archäologischen Abfolge im Westiran orientiert.[129]

Luri.1	**FG: A.b.III.1**	**o. Abb.**

Fundnummer: BB.17-14
Fundkontext: Bard-e Bal, Grab 17
Datierung: 1250-800 (EZ I-II)

---

[128] Das Objekt aus Quarzkeramik wurde in Raum A der Bauschicht III unter dem Fußboden gefunden und könnte somit noch der Schicht II angehört haben (Tufnell, Lachish II, 62f.).
[129] Für eine Übersicht s. Overlaet, Pusht-i Kuh, 9 Abb. 3.

Beschreibung: Pyxidendeckel mit seitlich ansetzenden Laschen, die zur Befestigung vertikal durchlocht sind. Als Dekor leicht reliefierte Rosette (sechzehnblättrig) in zweifach gerilltem Rand. Der Rand ist auf der Unterseite leicht abgefast, was bei einem Schwenken zwar hinderlich ist, aber einen dichteren Verschluss ermöglicht.

Literatur: Loud, Megiddo Ivories, 14 Nr. 57 Taf. 13:57; Decamps de Mertzenfeldt, Inventaire, 97 Nr. 478 Taf. 54:478

Meg.12   **FG: Deckel Typ III.a**   o. Abb.

    Fundnummer: M 5148
    Fundkontext: Locus 1635, Schicht IIIB
    Datierung: 8.-7. Jh. (EZ II)
    Material: Quarzkeramik
    Maße: k. A.
    Aufbewahrung: k. A.
    Beschreibung: Runder Deckel mit zwei rechteckig geformten und gelochten Handhaben. Auf der Oberseite ist ein stark vereinfachtes Rosettenmuster eingeritzt.
    Literatur: Barag, EI 25, 1996, 84 Nr. 5 Abb. 5; Lamon – Shipton, Megiddo I, Taf. 77:7

TELL MOHAMMED 'ARAB

MA.1   **FG: A.b.II**   o. Abb.

    Fundnummer: 51U:19.01
    Fundkontext: Grab 51U:19, 19; aus Schnitt 51U
    Datierung: (mittelassyrisch)[142]
    Material: Quarzkeramik
    Maße: k. A.
    Aufbewahrung: k. A.
    Beschreibung: Vollständig erhaltene Pyxis mit zwei Knäufen, einer auf dem Deckelrand und einer an der Wandung. Im Inneren, so Roaf, befindet sich ein Dübelloch, der Knaufseite gegenüber.
    Literatur: Roaf, Iraq 46, 148 Taf. 12f

TAPPEH MUSIYAN

Musi.1   **FG: A.b.II***   Taf. 82g

    Fundnummer: Sb 6875
    Fundkontext: k. A.[143]
    Datierung: k. A. (vermutlich ausgehendes 2. Jt. nach Vergleichen)
    Material: Quarzkeramik
    Maße: H: 3,6 cm – L: 3,5 cm
    Aufbewahrung: Paris, Musée du Louvre, Nr.: Sb 6875
    Beschreibung: Doppelpyxis aus zwei zylindrischen Reservoiren. Anders als bei den Doppelpyxiden aus Assur setzen die zwei Laschen für einen Deckel nicht im Zwickel der beiden Reservoire an, sondern an den Außenkanten der Pyxis. Die Mantelfläche ist jeweils mit einem Kordelband an Rand und Boden verziert.
    Literatur: Unpubliziert

NIMRUD

Eine große Anzahl Pyxiden stammt aus Nimrud und hier von verschiedenen Fundstellen. Aufgrund der langen Grabungsgeschichte in Nimrud sind nur für wenige Objekte genauere Fundstellenangaben überliefert. In der Neubearbeitung der Elfenbeinfunde von der Akropolis und aus dem sog. Südost-Palast haben G. Herrmann und C. Thomas versucht diese zu rekonstruieren.[144] Von den jüngeren Grabungen sind es vor allem Brunnen AJ und Brunnen 4, die mit einer enormen Fundkonzentration von Beinobjekten aufwarten. Auffallend ist dagegen

---

[142] Das Grab kann durch die gefundene Keramik in die mittelassyrische Epoche datiert werden. Ein absoluter Zeitansatz für diese Keramik ist jedoch schwierig zu finden, da die Formen auch bis in das 1. Jt. hineinreichen (frdl. Mitteilung M. Roaf).

[143] Tappeh Musiyan ist v. a. für seine prähistorische Keramik bekannt, es wurden allerdings auch elamische und spätere Schichten angetroffen. Eine genaue Fundstellenzuweisung kann mangels Publikation nicht getroffen werden (Gautier – Lampre, Recherches, 65, 71).

[144] Es sei hier auf ihre in Kürze erscheinenden Publikationen verwiesen. Für zahlreiche vorzeitige Hinweise und vor allem die großzügige Überlassung des Photomaterials möchte ich beiden sehr herzlich danken.

vor allem das nahezu vollständige Fehlen von Pyxiden in Fort Salmanassar. Es muss allerdings bis auf weiteres offen bleiben, ob hier der Fundzufall regiert. Wie in Kap. 4.2 dargelegt, bietet das Jahr 614/612 einen festen terminus ante quem für die Deponierung der Objekte. Der Großteil der Pyxiden kann der sog. „Flame and Frond"-Gruppe zugeordnet werden bzw. ihr nahestehenden Werkstätten (vgl. Kap. 4.2.2.1). Diese Objekte scheinen aber bereits im 8. Jh. nach Nimrud gekommen zu sein, und ihre Entstehung wird zum Teil noch länger zurückliegen.

Nim.1   **FG: A.a**   o. Abb.

Fundnummer: ND 9412
Fundkontext: Fort SLM, SW 37
Datierung: 9.-8. Jh.
Material: Elfenbein
Maße: H: 5,6 cm – Dm(rek.): ca. 9 cm
Aufbewahrung: Baghdad, Iraq-Museum, Inv.Nr.: 65196
Beschreibung: Rechteckige gewölbte Platte, möglicherweise Teil der Verkleidung einer Zylinderpyxis. Darstellung einer Kuh mit Kalb in levantinisch-ägyptisierendem Stil vor einem Papyrusdickicht
Literatur: Mallowan, N&R, 568 Abb. 514; Herrmann, IN V, 39, 202 Nr. 1014 Taf. 262:1014

Nim.2   **FG: A.a**   o. Abb.

Fundnummer: k. A.
Fundkontext: Südost-Palast
Datierung: 9.-8. Jh.
Material: Elfenbein
Maße: H: 4,7 cm – L: 4,0 cm
Aufbewahrung: London, BM, Inv.Nr.: 126582
Beschreibung: Kleines Fragment, noch zu erkennen ist eine Volute bzw. Spirale unterhalb eines Profilrandes.
Literatur: Barnett, CNI, 196 S64 Taf. 41; Fischer – Herrmann, Levant 27, 1995, 155 Abb. 13

Nim.3   **FG: A.a***   Taf. 66b

Fundnummer: k. A.
Fundkontext: Südost-Palast
Datierung: 9.-8. Jh.
Material: Elfenbein
Maße: H: 5,3 cm
Aufbewahrung: London, BM, Inv.Nr.: 126619
Beschreibung: Zwei Teile einer Pyxis mit Stierdarstellung. Die Wandung war in zwei Register unterteilt, deren unterer zwei in gegensätzliche Richtung schreitende Stiere zeigt. Als Registertrennung fungiert eine markante Profilleiste mit Torus und Hohlkehle (vgl. Hazor.1).
Literatur: Barnett, CNI, S129

Nim.4   **FG: A.a.II**   Taf. 44, 45a

Fundnummer: 7 ND.10
Fundkontext: Nordwest-Palast, Brunnen AJ
Datierung: 10.-9. Jh.
Material: Elfenbein
Maße: H: 7,0 cm – Dm: 13,4-14,7 cm
Aufbewahrung: Baghdad, Iraq-Museum, Inv.Nr.: 79514
Beschreibung: Der Deckel ist aus einem separat gearbeiteten, verzierten, äußeren Ring und einer einfachen, inneren Scheibe gefertigt worden. Der Ring besitzt auf der Außenkante eine Verzierung von abwechselnd Rosetten und runden Cloisonnés und an der Außenkante eine Kordelband. Vier liegende Kälber sind darauf befestigt. Der Deckel ist nicht kreisrund, sondern an einer Seite zwischen zwei Kälber gerade gearbeitet. Hier befinden sich drei Löcher (?) bzw. zwei Cloisonnés und ein drittes Loch, offensichtlich zur Befestigung (für einen Gelenkstift?). An der Stelle gegenüber ist kein weiteres Loch erkennbar.
Der Korpus zeigt an der abgeflachten Seite die in einem separaten Bildfeld stehende Frau mit Zweigen. Gesicht und Füße sind im Profil dargestellt. Sie trägt einen langen Rock und ein in Falten über die Arme fallendes Obergewand. Eine nach hoch toupierte Locke befindet sich auf ihrem Kopf. Eine lange Haarlocke (oder Schleier) fällt den Rücken herunter bis unter die Taille. Sie hält den linken Arm über der Brust und damit einen Zweig über ihre linke Schulter. Der rechte Arm ist gesenkt, und die Hand hält einen weiteren Zweig.

Links und rechts folgen jeweils zwei Sphingen an einem Voluten-Palmettenbaum. Der Baum ist gänzlich als Cloisonné gefertigt. Die stehenden Sphingen sind von gedrungenem Körperbau. Sie tragen die typischen nordsyrischen Stilisierungen. Ihre großen Flügel sind in zwei Reihen als Cloisonnés dargestellt, die Brustpartie ist kreuzschraffiert. Ein Teil der Brust ist aber noch zu sehen und läßt ein Halsband erkennen. Das Gesicht hat eine große Nase, große Augen und ein kleines Kinn unter einem leicht lächelnden Mund. Das glatte Haar wird von einem Band gehalten und fällt als große Locke auf die Schulter. Nur eine Sphinx trägt eine spitze Mütze.

Literatur: Safar – al-Iraqi, Ivories, 54-58 Abb. 35-40; Herrmann, IN VI, Nr. 233

| **Nim.5** | **FG: A.a.II** | **Taf. 45b, c** |

Fundnummer: k. A.
Fundkontext: Südost-Palast
Datierung: 10.-9. Jh.
Material: Elfenbein
Maße: H: 7,0 cm – Dm: 13,3 cm
Aufbewahrung: London, BM, Inv.Nr.: 118171
Beschreibung: Wandungsfragmente einer Pyxis mit Darstellungen einer liegenden Sphinx und zweier stehender Sphingen spiegelbildlich an einem Volutenbaum. Vor der liegenden Sphinx ragen „Ähren" aus dem Boden, die Ähnlichkeit zu den rhombenförmig stilisierten Blattranken als Bildrahmen der übrigen Pyxiden haben, nur sind sie hier plastisch ausgeführt. Die Sphingen haben übergroße Augen mit ausgebohrten Pupillen. Sie tragen eine nach hinten gestreckte Mütze, das Haar ist hinter den Ohren in einer Locken an den Nacken zurückgeführt und wird dort von einem Band oder einer Schlaufe gehalten. Die Schwungfedern und der Baum sind als Cloisonné gearbeitet und besitzen zur Aufnahmen kleine Löcher, sog. „pegged cloisonné". Von den zwei Ausbohrungen im Bereich der liegenden Sphinx könnte die untere zur Befestigung des Bodens, die obere möglicherweise zur Verdeckung eines Fehlers im Elfenbein gedient haben.[145]
Literatur: Barnett, CNI, 192 S13 Taf. 19; Poulsen, Orient, Abb. 43; Barnett, Iraq 2, 190f. Abb. 3; Decamps de Mertzenfeld, Inventaire, Nr. 1030 Taf. 112:1030; Herrmann, Iraq 51, 1989, 91 Anm. 26

| **Nim.6** | **FG: A.a.II** | **Taf. 46** |

Fundnummer: k. A.
Fundkontext: Südost-Palast
Datierung: 10.-9. Jh.
Material: Elfenbein
Maße: H: 6,2 cm
Aufbewahrung: London, BM, Inv.Nr.: 126517
Beschreibung: Wandungsfragment. Vom Dekor sind noch eine nach links und eine nach rechts gewandte Sphinx zu erkennen. Die Schwungfedern der Sphinx sind mit „pegged-cloisonné" verziert. Sie berühren sich an den Fersen und an den Schwanzspitzen.
Literatur: Barnett, CNI, 192 S14 Taf. 20

| **Nim.7** | **FG: A.a.II** | **Taf. 47a** |

Fundnummer: k. A.
Fundkontext: Südost-Palast
Datierung: 10.-9. Jh.
Material: Elfenbein
Maße: H: 6,9 cm
Aufbewahrung: London, BM, Inv.Nr.: 126518
Beschreibung: Wandungsfragment mit Reliefdekor, leicht gräulich-braun verbrannt. Den Rahmen bildet ein rechtsläufiges Kordelband. Vom Dekor ist eine nach rechts gewandte, stehende Sphinx vor einem

---

[145] Herrmann merkt hierzu an, dass die Rekonstruktion bei Barnett (CNI, Taf. 19-21) nicht ganz korrekt sei, da auf einer Pyxis entweder nur stehende oder nur sitzende Sphingenpaare zu erwarten seien und dass in diesem Falle zwei verschiedene Objekten vorliegen könnten (Herrmann, Iraq 51, 91 Anm. 26). Allerdings ist nicht eine weitere liegende Sphinx zu ergänzen, sondern ein separates Bildfeld mit stehender Frau (vgl. Nimrud.4). Auch bei Nim.12 erscheint eine liegende Sphinx neben zwei stehenden. Bei einer Autopsie des Stückes ergab sich, dass die Wandungsdicken der einzelnen Fragmente annähernd identisch sind und wohl doch von nur einem Stück auszugehen ist.

Volutenbaum. Von der Sphinx sind am Kopf noch die Locke und das Ende der nach hinten fallenden Mütze zu sehen.
Literatur: Barnett, CNI, 192 S15 Taf. 20

Nim.8   **FG: A.a.II**   **Taf. 47b**
Fundnummer: k. A.
Fundkontext: Südost-Palast
Datierung: 10.-9. Jh.
Material: Elfenbein
Maße: a) 4,7x4,3 cm b) 3,3x2,3 cm c) 2,6x2,4 cm d) 2,5x5,5 cm
Aufbewahrung: London, BM, Inv.Nr.: 126519
Beschreibung: Vier Wandungsfragmente mit Reliefdekor. Das Motiv ist ähnlich zu den vorgenannten: zwei sitzende Sphingen, deren Flügel mit Cloisonné ausgelegt waren. Den oberen Abschluss bildet ein Kordelband. Die Autopsie der Fragmente legt nahe, dass das nach links schauende Kopffragment an einer anderen Stelle positioniert werden muss als nach Barnett.
Literatur: Barnett, CNI, 192 S16 Taf. 20

Nim.9   **FG: A.a.II.2**   **Taf. 47c**
Fundnummer: k. A.
Fundkontext: Südost-Palast
Datierung: 10.-9. Jh.
Material: Elfenbein
Maße: H: 7,5 cm – Dm: 10,2 cm
Aufbewahrung: London, BM, Inv.Nr.: 118172
Beschreibung: Wandungsfragmente mit Reliefdekor, teilweise durch Feuer verfärbt. Der Dekor zeigt ein rechtsläufiges Kordelband als oberen und unteren Abschluss. Die Szene stellt zwei Sphingen dar, die nach links und rechts schreiten und mit den Rückseiten zueinander stehen; die Schwanzspitzen berühren sich.[146]
Literatur: Barnett, CNI, 192 S17a-c Taf. 20

Nim.10   **FG: A.a.II.2**   **Taf. 48**
Fundnummer: k. A.
Fundkontext: Südost-Palast
Datierung: 10.-9. Jh.
Material: Elfenbein
Maße: H: 7,7 cm – Dm (rek.): ca. 11,0 cm
Aufbewahrung: London, BM, Inv.Nr.: 126520
Beschreibung: Vier Wandungsfragmente, mit Reliefdekor, durch Feuer bläulich, schwärzlich und weißlich verfärbt. Das Bildfeld hat ein doppeltes, rechtsläufiges Kordelband als Begrenzung, was sehr unsorgfältig und unregelmäßig gehalten ist. Die Szene zeigt Reste wahrscheinlich wieder einer Frau (mit Zweigen), nach rechts gewandt (im Schleppkleid?) in einem separaten Bildfeld. Das Arrangement mit zwei hintereinander laufenden Sphingen bei Barnett ist nicht korrekt. Viel eher handelt es sich um zwei Paar heraldisch angeordneter stehender Sphingen. Nach Darnett befinden sich auf der Unterseite eines Fragmentes Reste einer gravierten Kompassrosette. In der oberen Wandung ist ein Loch erkennbar, mglw. für einen Dübel.
Literatur: Barnett, CNI, 192 S18a-e Taf. 21

Nim.11   **FG: A.a.II.2**   **o. Abb.**
Fundnummer: ND 1607
Fundkontext: Südost-Palast
Datierung: 10.-9. Jh.
Material: Elfenbein
Maße: k. A.
Aufbewahrung: Oxford, Ashmolean Museum, Inv.Nr.: 1952.74

---

[146] Barnett (CNI, 192) vermutete, dass alle Fragmente zusammengehört haben, doch sprechen vor allem die unterschiedlichen Wandungsstärken dagegen.

Beschreibung: Wandungsfragment mit Sphingenkopf; nach Stil Teil der in Hasanlu gefundenen Untergruppe der „Flame and Frond"-Gruppe.
Literatur: Barnett, CNI, 192 sub S18

Nim.12   **FG: A.a.II**   **Taf. 49a**
   Fundnummer: k. A.
   Fundkontext: Südost-Palast
   Datierung: 10.-9. Jh.
   Material: Elfenbein
   Maße: H: 7,5 cm
   Aufbewahrung: London, BM, Inv.Nr.: 126529
   Beschreibung: Wandungsfragmente mit Reliefdekor, z. T. schwarz verbrannt.[147] Als Begrenzung dient
ein sehr flaches, rechtsläufiges Kordelband mit tief ausgebohrten zentralen Löchern. Vom Dekor ist das
Hinterteil einer nach rechts blickenden Sphinx sowie Schweif und Flügelspitze einer nach links gehenden
Sphinx, die sich von einem Volutenbaum abwendet, erhalten.
   Literatur: Barnett, CNI, 193 S23a-c Taf. 20, 25

Nim.13   **FG: A.a.II**   **Taf. 49b**
   Fundnummer: k. A.
   Fundkontext: Südost-Palast
   Datierung: 10.-9. Jh.
   Material: Elfenbein
   Maße: H: 6,0 cm – Dm(max.): 10,2 cm
   Aufbewahrung: London, BM, Inv.Nr.: 126513
   Beschreibung: Zwei Fragmente einer Pyxiswandung. Die Szene ist oben und unten von einem links-
läufigen, stark rhombenförmigen Blattband begrenzt. In einem durch Blattranken abgeteilten Bildfeld steht
eine nach rechts gewandte Figur, wie an dem erhaltenen Fuß zu rekonstruieren ist. Vor dem Fuß scheint
eine Pflanze aus dem Boden zu wachsen. Das Hauptbildfeld nehmen zwei antithetische Sphingen an einem
Volutenbaum ein. Die Sphingen habe große Nase und Augen, je eine große Locke tritt hinter dem Ohr
hervor; ihre kräftigen Körper tragen Flechtmuster als Bauchhaar und Flammenstilisierungen an den Hinterbeinen. Der Schweif der linken ist erhoben. Der Volutenbaum besteht aus einem Stamm mit Schößlingen
am Boden, einer auswärts gerollten Volute aus der eine große einwärts gerollte Volute entspringt. Die Mitte
wird von einer fünffächrigen Palmette über halbkreisförmiger Basis eingenommen. Aus der Mitte des
Stammes wachsen zwei olivenblattähnliche Zweige den Sphingen entgegen, als ob diese von jenen fressen
sollten. Im Stil besteht ein enger Vergleich mit den Pyxiden der „Klassischen Flame and Frond"-Gruppe,
das Blattband und die vergleichsweise nachlässige Gestaltung rücken diese Pyxis jedoch ein wenig von
den übrigen ab.
   Literatur: Poulsen, Orient, Abb. 40; Decamps de Mertzenfeld, Inventaire, Nr. 1051 Taf. 113; Barnett,
CNI, 191 S6a-b Taf. 21

Nim.14   **FG: A.a.II**   **Taf. 50a**
   Fundnummer: k. A.
   Fundkontext: Südost-Palast
   Datierung: 10.-9. Jh.
   Material: Elfenbein
   Maße: H: 4,8 cm
   Aufbewahrung: London, BM, Inv.Nr.: 126561
   Beschreibung: Insgesamt neun Wandungsfragmente mit Reliefdekor. Die obere und untere Begren-
zung bildet ein federartig umgestaltetes Blattband. An einem Fragment ist eine vertikale Trennung
vorgenommen worden, ob sich links davon aber eine stehende Figur mit Zweigen befunden hat, ist
spekulativ. Die Hauptszene zeigt offensichtlich Sphingen am Volutenbaum. Der Volutenbaum besteht
dabei aus mehreren Teilen und schließt mit einer steilen, nach innen gerollten Volute ab in deren Mitte
sich ein Fächer befindet. Er besitzt ungewöhnlich viele gefiederte Blätter. Die Sphingen besitzen kleinteilig schraffierte Flügel. Die Schwungfedern sind in zwei Bereiche unterteilt und fein, die Flaumfedern
sehr fein kreuzschraffiert wiedergegeben. Die Schwanzspitze hat Ähnlichkeit mit einem Pinienzap-
fen. Der gesamte Schwanz ist beinahe rechtwinklig in die Höhe gestreckt. Die Hinterfüße der Sphingen

---

[147] C. Thomas konnte weitere Fragmente der Wandung hinzufügen.

sind kräftig muskulös, tragen aber keine Stilisierungen mit Ausnahme einer kursorischen Angabe von Sehnen. Es besteht eine große Ähnlichkeit zu den Fragmenten von Nim.15, die Barnett zu Objekt S32 zusammengestellt hatte. Es ist jedoch aufgrund des Durchmessers fraglich, ob alle Fragmente zu einer Pyxis gehören. Ein aufgrund der Mantelfläche überzähliges Sphingenpaar wurde daher unter Nim.15 separiert.
Literatur: Barnett, CNI, 193 S32a, d-i Taf. 24

Nim.15 FG: A.a.II **Taf. 50b**
Fundnummer: k. A.
Fundkontext: Südost-Palast
Datierung: 10.-9. Jh.
Material: Elfenbein
Maße: k. A.
Aufbewahrung: London, BM, Inv.Nr.: 126561
Beschreibung: Sphingen am Baum in einem Rahmen auf fiedrigen Blättern, wie Nim.14. Es besteht ein leichter Unterschied zu dieser durch die feinere Fiederung und eine andere Federform; auch passen die Baumdarstellungen in Barnett, CNI, Taf. 24 nicht zusammen.
Literatur: Barnett, CNI, 193 S32b+c, h, i Taf. 24

Nim.16 FG: A.a.II **Taf. 50c**
Fundnummer: k. A.
Fundkontext: Südost-Palast
Datierung: 10.-9. Jh.
Material: Elfenbein
Maße: H(rek.): 7,5 cm
Aufbewahrung: London, BM, Inv.Nr.: 126526+131143
Beschreibung: Vier Wandungsfragmente mit Reliefdekor, schwarz verbrannt. Als oberer und unterer Rahmen dienen hier achtblättrige Rosetten, mit einer tiefen zentralen Höhlung. Die Blütenblätter sind nicht ganz rund, sondern teilweise eckig. Den Hauptdekor nimmt eine Sphinx am Volutenbaum ein. Von der Sphinx sind der Kopf und eine Tatze erhalten. Die Frisur ist glatt und wird von einem dreireifigen Tuch gehalten. Der Volutenbaum hat an der Wurzel Schößlinge und besitzt oben ausladende nach innen gerollte Voluten. Von einem zweiten Volutenbaum ist nur der Wurzelbereich mit einem Spross erkennbar.
Literatur: Barnett, CNI, 193 S31a-d Taf. 25

Nim.17 FG: A.a.II **Taf. 51a**
Fundnummer: k. A.
Fundkontext: Südost-Palast
Datierung: 9.-8. Jh.
Material: Elfenbein
Maße: H: 6,5 cm
Aufbewahrung: London, BM, Inv.Nr.: 118258
Beschreibung: Wandungsfragmente, mit Reliefdekor, durch Feuer blau, weiß, grau verfärbt. Als oberer und unterer Abschluss dient ein Band aus flach reliefierten zwölfblättrigen Rosetten. Die Bodenrosetten scheinen zusätzlich ein einbeschriebenes Kreismuster zu haben. Der Dekor zeigt Reste von zwei Paaren stehender Sphingen. Ein paar ist heraldisch an einem Volutenbaum gestellt. Hinter der rechten steht vermutlich als Bildtrenner eine ungewöhnlicher Baum aus zwei kugeligen Stammelementen mit fiedrigen Blättern. Rechts davon, sich gegenseitig anschauend, müssen zwei weitere Sphingen stehen. Weitere von Barnett hinzugenommene Fragmente sind hier unter Nim.18 aufgeführt, da m. E. das Bildfeld für die Zahl der in Ansätzen erhaltenen Sphingen zu klein ist. Dieses Argument beruht auf der Rekonstruktion des Durchmessers, der angesichts der Kleinteiligkeit der Fragmente nur schwer zu bestimmen ist. Der sehr eigenwillige Stil[148] erscheint sonst nur noch bei Nim.18.
Literatur: Barnett, CNI, 192 S19c-j, l Abb. 1 Taf. 27

---

[148] Die Frisur der Sphingen ist in einzelne Strähnen und Locken aufgelöst, die Brustfedern sind im Fischgrätmuster stilisiert. Die Schwungfedern sind kleinteilig senkrecht schraffiert, und die Flora bislang einzigartig. Ungewöhnlich ist ferner das Rosettenband als Rahmen.

Maße: H: 6,9 cm – Dm: 2,8-3,3 cm
Aufbewahrung: Baghdad, Iraq-Museum, Inv.Nr.: 127909
Beschreibung: Mit Kordelbändern und Kreispunktreihen verzierte Knochenpyxis. Das mittlere Band nehmen Kreispunkt und Halbkreise an den Rändern, ein Muster wie es häufig im 9. Jh. vorkommt.
Literatur: Herrmann, IN VI, Nr. 383

Nim.54   **FG: A.b.II**   o. Abb.
Fundnummer: ND 371
Fundkontext: Nordwest-Palast, Brunnen 4
Datierung: Neuassyrisch
Material: Knochen
Maße: H: 8,9 cm – Dm: 3,9 cm
Aufbewahrung: Baghdad, Iraq-Museum, Inv.Nr.: 127910
Beschreibung: Mit mehreren Bändern unterschiedlichen Musters (Kordelband, Zickzack, Kreispunkt) verzierte Pyxis. Am unteren Rand befinden sich elf Löcher, die zur Befestigung eines dickeren Bodens gedient haben müssen.
Literatur: Herrmann, IN VI, Nr. 378

Nim.55   **FG: A.b.II**   o. Abb.
Fundnummer: ND 363
Fundkontext: Nordwest-Palast, Brunnen 4
Datierung: Neuassyrisch
Material: Knochen
Maße: H: 4,7 cm – Dm: 2,8 cm
Aufbewahrung: Baghdad, Iraq-Museum, Inv.Nr.: 127902
Beschreibung: Einfache, mit unterschiedlich gemusterten schmalen Bändern versehene Pyxis.
Literatur: Herrmann, IN VI, Nr. 381

Nim.56   **FG: A.b.II**   o. Abb.
Fundnummer: ND 362
Fundkontext: Nordwest-Palast, Brunnen 4
Datierung: Neuassyrisch
Material: Knochen
Maße: H: 6,0 cm – Dm: 3,0 cm
Aufbewahrung: Baghdad, Iraq-Museum, Inv.Nr.: 127901
Beschreibung: Wie Nim.55, allerdings sind die ornamentalen Streifen hier breiter.
Literatur: Herrmann, IN VI, Nr. 379

Nim.57   **FG: A.b.II**   o. Abb.
Fundnummer: ND 361
Fundkontext: Nordwest-Palast, Brunnen 4
Datierung: Neuassyrisch
Material: Knochen
Maße: H: 6,0 cm – Dm: 3,3-3,8 cm
Aufbewahrung: Baghdad, Iraq-Museum, Inv.Nr.: 127900
Beschreibung: Knochenpyxis mit schmalen, unterschiedlich ornamentierten Bändern.
Literatur: Herrmann, IN VI, Nr. 377

Nim.58   **FG: A.b.II**   o. Abb.
Fundnummer: ND 366
Fundkontext: Nordwest-Palast, Brunnen 4
Datierung: Neuassyrisch
Material: Knochen
Maße: H: 5,4 cm – Dm: 3,2 cm
Aufbewahrung: Baghdad, Iraq-Museum, Inv.Nr.: 127905
Beschreibung: Wie Nim.57, allerdings besteht der Dekor hier nur aus drei Kordel- und dazwischen zwei Kreispunktbändern.
Literatur: Herrmann, IN VI, Nr. 380

Nim.59   **FG: A.b.II**   o. Abb.

    Fundnummer: ND 379
    Fundkontext: Nordwest-Palast, Brunnen 4
    Datierung: Neuassyrisch
    Material: Knochen
    Maße: H: 9,0 cm – Dm: 4,0 cm
    Aufbewahrung: Baghdad, Iraq-Museum, Inv.Nr.: 127918
    Beschreibung: Ähnlich zu Nim.58, allerdings nur mit drei Bändern mit Kreispunkten.
    Literatur: Herrmann, IN VI, Nr. 384

Nim.60   **FG: A.b.II**   o. Abb.

    Fundnummer: ND 369
    Fundkontext: Nordwest-Palast, Brunnen 4
    Datierung: Neuassyrisch
    Material: Knochen
    Maße: H: 9,5 cm – Dm: 4,0 cm
    Aufbewahrung: Baghdad, Iraq-Museum, Inv.Nr.: 127908
    Beschreibung: Wie Nim.59, nur ein wenig gröber in der Ausführung.
    Literatur: Herrmann, IN VI, Nr. 387

Nim.61   **FG: A.b.II**   o. Abb.

    Fundnummer: ND 364
    Fundkontext: Nordwest-Palast, Brunnen 4
    Datierung: Neuassyrisch
    Material: Knochen
    Maße: H: 7,2 cm – Dm: 4,2 cm
    Aufbewahrung: Baghdad, Iraq-Museum, Inv.Nr.: 127903
    Beschreibung: Wie Nim.59 mit drei Bändern von Kreispunkten, die jedoch nur sehr unsorgfältig gesetzt sind.
    Literatur: Herrmann, IN VI, Nr. 386

Nim.62   **FG: A.b.II**   o. Abb.

    Fundnummer: ND 380
    Fundkontext: Nordwest-Palast, Brunnen 4
    Datierung: Neuassyrisch
    Material: Knochen
    Maße: H: 9,9 cm – Dm: 5,2 cm
    Aufbewahrung: Baghdad, Iraq-Museum, Inv.Nr.: 127919
    Beschreibung: Wie Nim.59. Die Kreispunkte sind hier so dicht gesetzt als würden sie ein Kordelband bilden, allerdings überschneiden sich lediglich die äußeren Kreise.
    Literatur: Herrmann, IN VI, Nr. 388

Nim.63   **FG: A.b.II**   o. Abb.

    Fundnummer: ND 360
    Fundkontext: Nordwest-Palast, Brunnen 4
    Datierung: Neuassyrisch
    Material: Knochen
    Maße: Dm: 4,2 cm
    Aufbewahrung: Baghdad, Iraq-Museum, Inv.Nr.: 127899
    Beschreibung: Knochenpyxis mit Deckel. Das Stiftloch für den Deckel ist in die Gefäßwandung gebohrt. Der Dekor besteht aus drei horizontalen Reihen von weit gestellten Kreispunkten in schmalen Bändern
    Literatur: Herrmann, IN VI, Nr. 385

Nim.64   **FG: A.b.II**   o. Abb.

    Fundnummer: ND 368
    Fundkontext: Nordwest-Palast, Brunnen 4
    Datierung: Neuassyrisch
    Material: Knochen
    Maße: H: 5,5 cm – Dm: 2,8 cm

Aufbewahrung: Baghdad, Iraq-Museum, Inv.Nr.: 127907
Beschreibung: Ähnlich zu Nim.63, allerdings sind die Kreispunkte hier nicht in begrenzende Rahmen gesetzt, sondern verteilen sich freier über die Fläche. An drei Stellen sind die Kreispunkte untereinander angeordnet, als sollten sie Felder bilden.
Literatur: Herrmann, IN VI, Nr. 389

Nim.65   **FG: A.b.II**   **o. Abb.**
Fundnummer: ND 367
Fundkontext: Nordwest-Palast, Brunnen 4
Datierung: Neuassyrisch
Material: Knochen
Maße: H: 6,7 cm – Dm: 3,5 cm
Aufbewahrung: Baghdad, Iraq-Museum, Inv.Nr.: 127906
Beschreibung: Der Dekor dieser Knochenpyxis besteht nur aus zwei schmalen Zierleisten mit Zickzack-muster.
Literatur: Herrmann, IN VI, Nr. 391

Nim.66   **FG: A.b.II**   **o. Abb.**
Fundnummer: ND 376
Fundkontext: Nordwest-Palast, Brunnen 4
Datierung: Neuassyrisch
Material: Knochen
Maße: H: 6,0 cm – Dm: 3,8 cm
Aufbewahrung: Baghdad, Iraq-Museum, Inv.Nr.: 127915
Beschreibung: Die Oberfläche der Wandung ist stark verwittert und lässt nur noch Reste eines Schraffur-musters erahnen
Literatur: Herrmann, IN VI, Nr. 392

Nim.67   **FG: A.b.II**   **o. Abb.**
Fundnummer: ND 372
Fundkontext: Nordwest-Palast, Brunnen 4
Datierung: Neuassyrisch
Material: Knochen
Maße: H: 8,7 cm – Dm: 3,5 cm
Aufbewahrung: Baghdad, Iraq-Museum, Inv.Nr.: 127911
Beschreibung: Der Mantel ist mit zwei breiten, weit schraffierten Bändern versehen.
Literatur: Herrmann, IN VI, Nr. 390

Nim.68   **FG: A.b.II**   **o. Abb.**
Fundnummer: ND 382
Fundkontext: Nordwest-Palast, Brunnen 4
Datierung: Neuassyrisch
Material: Knochen
Maße: k. A.
Aufbewahrung: Baghdad, Iraq-Museum, Inv.Nr.: 127921
Beschreibung: Stark fragmentierte Knochenpyxis; ein Deckel ist nicht erhalten, und die Zuschreibung als Schwenkdeckel beruht auf Analogieschluss zu den vorgenannten Pyxiden. Der Dekor besteht aus zwei Bändern mit Kreuzschraffur.
Literatur: Herrmann, IN VI, Nr. 393

Nim.69   **FG: A.b.II**   **o. Abb.**
Fundnummer: ND 374
Fundkontext: Nordwest-Palast, Brunnen 4
Datierung: Neuassyrisch
Material: Knochen
Maße: H: 11,3 cm – Dm: 3,2 cm
Aufbewahrung: Baghdad, Iraq-Museum, Inv.Nr.: 127913
Beschreibung: Wie Nim.68, allerdings ohne Verzierung auf dem Mantel. Ähnlich zu Nim.54 weist der Korpus 6-7 Löcher am Rand auf, vermutlich zu Befestigung eines Bodens.

Literatur: Herrmann, IN VI, Nr. 395

Nim.70   **FG: A.b.II**   o. Abb.
    Fundnummer: ND 365
    Fundkontext: Nordwest-Palast, Brunnen 4
    Datierung: Neuassyrisch
    Material: Knochen
    Maße: H: 5,0 cm – Dm: 4,3 cm
    Aufbewahrung: Baghdad, Iraq-Museum, Inv.Nr.: 127904
    Beschreibung: Unverzierte Knochenpyxis, die aber im oberen Rand ähnlich wie Nim.51 noch die zwei Stifte zur Befestigung und zum Verschließen des Deckels besitzt.
    Literatur: Herrmann, IN VI, Nr. 394

Nim.71   **FG: A.b**   o. Abb.
    Fundnummer: 7 ND.59
    Fundkontext: Nordwest-Palast, Brunnen AJ
    Datierung: Neuassyrisch
    Material: Knochen
    Maße: k. A.
    Aufbewahrung: Baghdad, Iraq-Museum, Inv.Nr.: 79564
    Beschreibung: Vier Wandungsfragmente einer Pyxis. Der Korpus ist bis auf ein linksläufiges Kordelband zwischen zwei dreistreifigen Bändern unverziert.
    Literatur: Safar – al-Iraqi, Ivories, 120 Abb. 109

Nim.72   **FG: A.b**   o. Abb.
    Fundnummer: k. A.
    Fundkontext: Südost-Palast
    Datierung: Neuassyrisch
    Material: Elfenbein
    Maße: H: 3,0 cm
    Aufbewahrung: London, BM, Inv.Nr.: 127163
    Beschreibung: Vier Fragmente mit Kordelbandmuster; nach Aussage von Barnett unfertig.
    Literatur: Barnett, CNI, 223 S405a-d o. Abb.

Nim.73   **FG: Deckel Typ II.a**   Taf. 70c
    Fundnummer: 7 ND.15
    Fundkontext: Nordwest-Palast, Brunnen AJ
    Datierung: 10.-9. Jh.
    Material: Elfenbein
    Maße: L: 8.9 cm – Br: 8,8 cm
    Aufbewahrung: Baghdad, Iraq-Museum, Inv.Nr.: 79519
    Beschreibung: Als Rondell gearbeitetes á-jour Stück, auf dem ein Löwe, der ein Kalb von oben angreift, dargestellt ist. Löwe und Kalb tragen die typischen nordsyrischen Stilisierungen, ihre Körper sind gut modelliert und passen sich der runden Form an. Möglicherweise handelt es sich um eine Deckelintarsie.[159] Alle Stilisierungen sind hier plastischer als bei der „Flame and Frond"-Gruppe sonst üblich, sogar Mähne und Bauchfell, die sonst mehr graviert sind, stehen plastisch heraus. Diese Schnitzerei kann als eine der qualitätvollsten dieser Gruppe gelten.
    Literatur: Barnett, Ivories, 51 Abb. 21; Kat. Tra i due fiumi, Turin, 407 Nr. 178 Abb. S.330; Safar – al-Iraqi, Ivories, Abb. 53, 54

Nim.74   **FG: Deckel Typ II.a**   Taf. 70b
    Fundnummer: ND 2107
    Fundkontext: Südost-Palast, Raum 23
    Datierung: 10.-9. Jh.
    Material: Elfenbein

---

[159] Der Bearbeiter im Turiner Katalog (Tra i due fiumi, 407) schlägt eine Verwendung an einer Stuhllehne vor, was mir angesichts der runden Form sehr unwahrscheinlich vorkommt.

Datierung: um 1200
Material: Elfenbein (Flusspferd aufgrund des Querschnittes)
Maße: H: 4,8 cm – Dm: 3,9-5,5 cm
Aufbewahrung: London, BM, Inv.Nr. WA 1998-3-30,108
Beschreibung: Die Pyxis ist aus einem Zahnsegment geschnitten. Der separat als ovale Scheibe geschnittene Boden ist stumpf unter den Korpus gesetzt worden, wobei keinerlei Stiftlöcher erkennbar sind; möglicherweise wurde er geklebt. Der gerillte Rand des Bodens passt zur Unterkante des Korpus'. Der Korpus zeigt eine figürliche Szene in flüchtig geritzter Gravur in Form zweier Kälber vor einem Pflanzenhintergrund. Das Mantelbild wird nach ägyptischer Manier von zwei Leiterbändern eingefasst.
Literatur: Tubb, Canaanites, Taf. 4c

Saʿid.2   **FG: C.a.III.3**   o. Abb.
    Fundnummer: S 456/ M 131
    Fundkontext: G-7/8, Grab Nr. 101, 17[169]
    Datierung: um 1200[170]
    Material: Elfenbein
    Maße: k. A.
    Aufbewahrung: k. A.
    Beschreibung: Pyxis mit Deckel, Korpus mit waagerecht ausgezogenen Handhaben, senkrecht durchlocht; Elfenbein bräunlich verfärbt. Der Deckel besitzt einen einfachen Dekor aus drei konzentrischen Kreisen am Rand.
    Literatur: Pritchard, ILN 244, 1964, 487-490 Abb. 5, 12; Pritchard, Saʿidiyeh-Cemetery, 13 Abb. 3:8, 45:27, 49:4

Saʿid.3   **FG: C.a.III.3**   o. Abb.
    Fundnummer: BB.500 ZT.369.1
    Fundkontext: Areal BB 500, Grab 369
    Datierung: um 1200[171]
    Material: Stein, Gips
    Maße: L: 13,0 cm – Dm: 8,9-9,1 cm – H: 4,6-4,9 cm
    Aufbewahrung: London, BM, Inv.Nr. WA 1990-3-3,143
    Beschreibung: Annähernd halbkugelige Pyxis mit großen, breiten waagerechten Handhaben und flachem Boden. Der Korpus ist nicht regelmäßig und augenscheinlich aus freier Hand geformt.
    Literatur: Unpubliziert

Saʿid.4   **FG: C.a.III.3**   Taf. 29g
    Fundnummer: BB 200 ZT.46.27
    Fundkontext: Grab 46, Areal BB 200
    Datierung: 13.-12. Jh. (am Übergang SBZ zu EZ)[172]
    Material: Stein, Gips
    Maße: L: 7,3 cm – Dm: 5,9-6,0 cm – H(mit Standfuß): 4,6 cm
    Aufbewahrung: London, BM, Inv.Nr. WA 1986-6-23,72
    Beschreibung: Von der Form her eine etwas tiefere Linsenpyxis auf einem Fuß mit waagerecht ausgezogenen Griffknubben, die senkrecht durchlocht sind. Kerben auf der Oberseite der Griffknubben scheinen zur Markierung ihrer Position angebracht worden zu sein. Der Standfuß ist leicht facettiert. Auf seiner Unterseite befindet sich ein Loch, welches möglicherweise ebenfalls vom Produktionsvorgang stammt.
    Literatur: Tubb, Levant 20, 1988, 65 Abb. 48A:8

---

[169] Grab einer Frau; die Pyxis lag im Bereich des Kopfes zusammen mit mehreren Bronzegefäßen und anderen Elfenbeinobjekten.

[170] Vgl. Pritchard, Saʿidiyeh – Cemetery, 10-14; die Pyxis als Nr. 16 auf Abb. S. 10. Die unterschiedlichen Artefaktgruppen finden zahlreiche Parallelen an anderen levantinischen Fundorten, die vornehmlich an das Ende der Spätbronzezeit datieren. Das zeitlich vermutlich sensibelste Material, die Keramik, weist gleichfalls in das 13./12. Jh., was der Datierung der übrigen Linsenpyxiden nicht widerspricht. Besonders ein Vergleich zu Megiddo macht den Zeitraum zw. 1350 und 1150 wahrscheinlich.

[171] Nicht zuletzt aufgrund der Parallele zu Saʿid.3 wird auch hier ein zeitlicher Ansatz der 13./12. Jh.s anzunehmen sein.

[172] Die Datierung erfolgt aufgrund der Beigaben, v. a. der Keramik in diesem Grab (Tubb, Levant 20, 1988, 65).

Sa'id.5   **FG: C.a.III.3**   **o. Abb.**

Fundnummer: S 1084/ M 274
Fundkontext: Stratum VI, Haus 37-39, Raum 37, 23-F/G5
Datierung: Mitte 8. Jh. (EZ IIC)[173]
Material: Quarzkeramik
Maße: k. A.
Aufbewahrung: k. A.
Beschreibung: Bauchige Pyxis mit Deckel auf einem Standfuß. Am Übergang zwischen Fuß und Becher befindet sich ein stilisierter Blattkranz. Der Korpus hat zwei leicht hervorkragende Knubben, die senkrecht durchlocht sind. Entsprechend sind die Laschen am Deckel relativ schmal gehalten. Das Gefäß ist aus Quarzkeramik gefertigt und weist außen noch Reste einer grünen Glasur auf.
Literatur: Pritchard, Sa'idiyeh-Tell, 12f. Abb. 8:22, 171:1,2; Barag, EI 25, 1996, 84 Nr. 4 Abb. 9

Sa'id.6   **FG: S.b**   **Taf. 96a**

Fundnummer: k. A.
Fundkontext: Areal BB 200, Grab 232
Datierung: 13.-12. Jh. (am Übergang SBZ zu EZ; vgl. Sa'id.4)
Material: Elfenbein
Maße: L: ca. 12 cm
Aufbewahrung: London, BM
Beschreibung: Flache Pyxis in Gestalt eines Fisches. Der Korpus stellt dabei den Körper dar mit Schwanz- und Rückenflossen. Der Schwenkdeckel ist im Auge befestigt und auf der Oberseite mit einem Schuppenmuster versehen.
Literatur: Tubb, Levant 20, 1988, 65 Abb. 47

Tell Sheikh Hamad[174]
SH.1   **FG: Deckel Typ III.a**   **o. Abb.**

Fundnummer: k. A.
Fundkontext: Rotes Haus
Datierung: (Postassyrisch ?)
Material: Knochen
Maße: k. A.
Aufbewahrung: k. A.
Beschreibung: Runde Scheibe mit Kreispunktdekor entlang des Randes. An einer Seite befindet sich eine waagerecht ausgezogene Handhabe, die vertikal gelocht ist. Die gegenüberliegende Stelle ist ausgebrochen. Die Knochenscheibe scheint aus einem Großknochen (Schulterblatt?) hergestellt und durch Austrocknung verzogen zu sein.
Literatur: Unpubliziert

Surkh Dum-e Luri

Mehrere Pyxiden und Pyxidenfragmente wurden in dem als Heiligtum gedeuteten Gebäude in Surkh Dum-e Luri ausgegraben. Das Gebäude besitzt drei zu unterscheidende Bauphasen, die teilweise in Unterphasen differenziert sind, welche von der SBZ bis zur EZ reichen.[175] Die Pyxidenfunde wurden in den Phasen 3A (SD.8), 2B (SD.2), 2A (SD.5, SD.6), 1B (SD.1, SD.3, SD.7) bzw. im Oberflächenschutt (SD.4) gemacht. Aufgrund von Kleinfunden[176], des keramischen Repertoires und historischer Erwägungen ziehen die Ausgräber für die Schicht 2B, das ist die erste Phase mit kleinen Umbauten nach der Errichtung des Gebäudes in Phase 2, einen zeitlichen Rahmen von 750-700 in Erwägung. Schicht 2A, der Fundkontext für die Pyxiden SD.5 und SD.6, wird eher kurz, in das frühe 7. Jh. angesetzt, wobei für Phase 1 einige Dekaden in der Mitte des 7. Jh.s übrig bleiben. Die Ausgräber

---

[173] Die Schicht VI von Tell es-Sa'idiyeh ist stratigraphisch in den Zeitraum EZ IIC eingebunden, die von den Ausgräbern mit 790-750 angegeben wird. Die ^{14}C-Daten für Stratum V betragen 820-765 v. Chr. (Pritchard, Sa'idiyeh - Tell, 80).

[174] Für die erlaubte Aufnahme in den Katalog danke ich herzlich H. Kühne und J. Kreppner, Berlin.

[175] 3B, 2C, 2B, 2A, 1B; Phase 1 entspricht der Oberfläche.

[176] Hier ist besonders ein Rollsiegelfund zu nennen, der in 2B unter dem Fußboden der Phase 2A gemacht wurde und damit einen terminus post quem für den Beginn der Phase 2A von um 700 gibt (Schmidt – van Loon – Curvers, Holmes Expedition, 440 Nr. 152).

sehen das endgültige Ende des Heiligtums mit dem Einfall Assurbanipals und der Plünderung Susas um 646 für gekommen.[177]

SD.1   **FG: A.b.III**   **Taf. 82a**

Fundnummer: Sor 255
Fundkontext: Areal 4, Plot ICH Loc. 28, Phase 1B
Datierung: um 650 (EZ III)
Material: Quarzkeramik
Maße: H: 3,6 cm – Dm: 4,0 cm – L: 5,6 cm
Aufbewahrung: Teheran, Bastam Museum
Beschreibung: Kleine zylindrische Pyxis mit waagerecht ausgezogenen Handhaben. Die Handhaben haben nur Ansätze für Löcher, sind aber nicht vollständig durchlocht, was aber auch an der geringen Größe liegen kann. Der Korpus ist geradwandig, der Boden leicht nach außen gewölbt.
Literatur: Schmidt – van Loon – Curvers, Holmes Expedition, 252 Taf. 150a

SD.2   **FG: A.b.III**   **Taf. 82b**

Fundnummer: Sor 1291
Fundkontext: Areal 7S, Plot JH Loc. 10, Phase 2B
Datierung: 750-700 (EZ II-III)
Material: Quarzkeramik
Maße: H: 3,2 cm – Dm: 4,0 cm – L: 4,1 cm
Aufbewahrung: New York, American Institute for Iranian Art and Archaeology
Beschreibung: Kleine zylindrische Pyxis mit waagerecht ausgezogenen, senkrecht durchlochten Handhaben. Die Lochung ist jedoch sehr eng (vgl. SD.1). Der Boden ist flach und die Wandung recht dick.
Literatur: Schmidt – van Loon – Curvers, Holmes Expedition, 252 Taf. 150b

SD.3   **FG: B.b.III**   **Taf. 88f**

Fundnummer: Sor 21
Fundkontext: Area 5, Level 1, Plot II Loc. 6, Phase 1
Datierung: um 650 (EZ III)
Material: Quarzkeramik
Maße: H: 19,0 cm – Dm 13,3 cm
Aufbewahrung: Teheran, Bastam Museum
Beschreibung: Behälter mit flachem Boden und leicht konkaver Wandung. An einer Seite ist der Ansatz einer Knubbe zu erkennen, was hier ausschlaggebend für die Bestimmung des Objektes als Pyxis ist.[178] Der gravierte Dekor gliedert sich in drei Zonen: Zuunterst findet sich eine Reihe horizontal schraffierter, stehender Dreiecke, die von einer Doppellinie abgeschlossen wird. Diese Doppellinie bildet die Standlinie für einen geflügelten Greifen, das Hauptmotiv. Es scheint sich um zwei heraldisch angeordnete Greifen zu handeln, deren Mitte, der Knubbe gegenüber, durch einen senkrechten, kreuzschraffierten Balken gebildet wird. Die Greifen stehen in Schreitstellung mit erhobenem Schwanz, dessen Spitze eingerollt ist. Schenkel und Rücken sind durch bogenförmige Kerben gemustert; der schraffierte Bauchbereich ist durch eine Doppellinie abgeteilt. Die aufgerichteten Schwingen haben eine bogige Kontur nach iranischer Art (vgl. Ziwiye-Greifen, oder spätere achämenidische Flügelwesen) und sind in zwei Reihen glatter Deckfedern gegeliedert. Die Brust ist unverziert. Ein breites Halsband findet sich unter dem Kinn. Der Kopf mit einem kurzen, krummen Schnabel und großen Augen wird von einer großen, nach hinten geschwungenen Haartolle dominiert. Die Randpartie wird von einem umlaufenden, rechtsläufigen Kordelband in einem Rahmen von zwei schräg-schraffierten Kordeln gebildet.
Literatur: Amiet, Elam, Abb. 376; Schmidt – van Loon – Curvers, Holmes Expedition, 247, 253 Taf. 151b, 154d; Kat. Susa, New York, 209 Nr. 140 Anm. 3

---

[177] Schmidt – van Loon – Curvers, Holmes Expedition, 488-491 Tab. 32.
[178] In der Endpublikation firmieren die Objekte SD.3-5 als Becher (Schmidt – van Loon – Curvers, Holmes Expedition, 488-491 Tab. 32.

SD.4   FG: B.b.III*   Taf. 88g

Fundnummer: Sor 6
Fundkontext: Area 5, Schuttschicht, Phase 1
Datierung: um 650 (EZ III) (stratigraphisch nicht zuordbar)
Material: Quarzkeramik
Maße: H: 4,3 cm – Dm(rek.): 9,9 cm
Aufbewahrung: New York, American Institute for Iranian Art and Archaeology
Beschreibung: Bodenfragment eines Gefäßes; im Vergleich zu den vorgenannten Stücken als Pyxis interpretiert. Der Boden wölbt sich leicht zur mitten hin, die Seiten sind konkav. Der Dekor besteht aus einem mehrfach unterteilten Wellenband. Von der Hauptdekorzone ist nicht genug erhalten, um Hinweise auf das Motiv zu erhalten.
Literatur: Schmidt – van Loon – Curvers, Holmes Expedition, 253 Taf. 151c

SD.5   FG: B.b.III*   o. Abb.

Fundnummer: Sor 933
Fundkontext: Areal 11 W, Plot KH, Füllschicht, Phase 2A
Datierung: frühes 7. Jh. (EZ II-III)
Material: Quarzkeramik
Maße: H: 4,4 cm – Dm: 9,9 cm
Aufbewahrung: Chicago, OIM, Inv.Nr.: A 25163
Beschreibung: Unverziertes Bodenfragment einer Pyxis oder eines Bechers mit Ansatz der unteren Wandung. Der Boden ist flach, im Gegensatz zu SD.4, die Wandung weniger stark gekrümmt.
Literatur: Schmidt – van Loon – Curvers, Holmes Expedition, 253 Taf. 152d

SD.6   FG: B.b.III*   Taf. 88h

Fundnummer: Sor 403
Fundkontext: Area 4, Plot II loc. 24, Phase 2A (aus dem Sieb!]
Datierung: frühes 7. Jh. (EZ III, stratigraphisch nicht zuordbar)
Material: Quarzkeramik
Maße: H: 4,6 cm – Br: 5,7 cm
Aufbewahrung: k. A.
Beschreibung: Fragment einer halbrunden vertikal gelochten Griffknubbe mit Wandungsansatz. Die Knubbe trägt noch den Rest eines Kordelbandmotivs, sowie ein Kammuster am oberen Rand.
Literatur: Schmidt – van Loon – Curvers, Holmes Expedition, 253 Taf. 152b

SD.7   FG: A.b.III*   o. Abb

Fundnummer: Sor 545
Fundkontext: Areal 4, Plot JI, Top layer, Phase 1
Datierung: um 650 (EZ III)
Material: Quarzkeramik
Maße: H: 4,1 cm – Br: 2,8 cm
Aufbewahrung: Teheran, Bastam Museum
Beschreibung: Fragment einer vertikal gelochten, halbrunden Griffknubbe. Die Knubbe ist mit einem Fischgrätmuster zwischen zwei Punktreihen verziert.
Literatur: Schmidt – van Loon – Curvers, Holmes Expedition, 253 Taf. 152c

SD.8   FG: B.b.III   o. Abb.

Fundnummer: Sor 1004
Fundkontext: Area 1-3, Plot JI Loc. 112/17, Phase 3A
Datierung: 8. Jh. (EZ II-III)
Material: Quarzkeramik
Maße: H: 7,0 cm – L: 10,4 cm
Aufbewahrung: Chicago, OIM, Inv.Nr.: A 25177
Beschreibung: Das Objekt besteht aus drei verbundenen Pyxiden des Typs mit konkaver Wandung. In den Zwickeln der Becher sind jeweils vertikal gelochte, halbrunde Griffknubben angebracht, die zur Befestigung eines Deckels gedient haben müssen. Der Korpus ist unverziert.
Literatur: Schmidt – van Loon – Curvers, Holmes Expedition, 252 Taf. 150c, 154a

Datierung: Neuelamisch (?)
Material: Quarzkeramik
Maße: k. A.
Aufbewahrung: k. A.
Beschreibung: Deckelfragment mit Rosettendekor. In der Mitte sitzt eine Griffknubbe. Die einzeln gestalteten Blätter sind abwechselnd glatt und kammartig eingeschnitten. Beide Ösen sind erhalten.
Literatur: De Mecquenem, MMAI 29, 38 Abb. 30:9

Susa.70   **FG: Deckel Typ III.a**   **o. Abb.**
Fundnummer: Sb 12259
Fundkontext: k. A.
Datierung: Mittel- bis neuelamisch
Material: Quarzkeramik
Maße: L: 8,3 cm – Br: 7,0 cm
Aufbewahrung: Paris, Musée du Louvre, Nr.: Sb 12259
Beschreibung: Deckelfragment mit Resten eines Rosettendekors und dem Ansatz einer Griffknubbe.
Literatur: Unpubliziert

Susa.71   **FG: Deckel Typ III.a**   **o. Abb.**
Fundnummer: Sb 2807
Fundkontext: Apadana - West
Datierung: Mittel- bis neuelamisch
Material: Quarzkeramik
Maße: L: 13,0 cm
Aufbewahrung: Paris, Musée du Louvre, Nr.: Sb 2807
Beschreibung: Deckelfragment, mglw. zu Susa.32 gehörig.
Literatur: Unpubliziert

Susa.72   **FG: Deckel Typ III.a**   **Taf. 86q**
Fundnummer: Sb 749
Fundkontext: k. A.
Datierung: Mittel- bis neuelamisch
Material: Quarzkeramik
Maße: L: 9,4 cm – Br: 6,0 cm
Aufbewahrung: Paris, Musée du Louvre, Nr.: Sb 749
Beschreibung: Deckelfragment von leicht ovaler Form. Als Verzierung ist die Andeutung einer Rosette sehr grob in die Deckeloberfläche graviert.
Literatur: Unpubliziert

Susa.73   **FG: Deckel Typ unbestimmt**   **o. Abb.**
Fundnummer: k. A.
Fundkontext: Ville Royale II, Carre G10 Locus 708 Niv. 9
Datierung: 1000-750/725 (Neuelamisch I-II)
Material: Quarzkeramik
Maße: k. A.
Aufbewahrung: k. A.
Beschreibung: Deckelfragment, Mittelstück mit Griffansatz; Dekor in Form einer vierzehnblättrigen Rosette; heute weiß-grünlich entfärbt.
Literatur: De Miroschedji, CDAFI 12, 1981a, 23f. Abb. 27:5

Susa.74   **FG: Deckel Typ unbestimmt**   **o. Abb.**
Fundnummer: Sb 12264
Fundkontext: k. A.
Datierung: Mittel- bis neuelamisch
Material: Quarzkeramik
Maße: H: ca. 3,0 cm
Aufbewahrung: Paris, Musée du Louvre, Nr.: Sb 12264
Beschreibung: Sehr kleines Deckelfragment mit Knauf.
Literatur: Unpubliziert

Susa.75 **FG: Deckel Typ unbestimmt** **o. Abb.**
  Fundnummer: Sb 406
  Fundkontext: k. A.
  Datierung: Mittel- bis neuelamisch
  Material: Quarzkeramik
  Maße: H: 10,3 cm – L: 14,8 cm – Dm(ca.): 11,3-11,8 cm
  Aufbewahrung: Paris, Musée du Louvre, Nr. Sb 406
  Beschreibung: Deckelfragment
  Literatur: Unpubliziert

Susa.76 **FG: Deckel Typ unbestimmt** **o. Abb.**
  Fundnummer: Sb 750a
  Fundkontext: k. A.
  Datierung: Mittel- bis neuelamisch
  Material: Keramik, glasiert
  Maße: Dm: 11,5 cm – Di: 1,3 cm
  Aufbewahrung: Paris, Musée du Louvre, Nr.: Sb 750a
  Beschreibung: Deckelfragment mit Knauf.
  Literatur: Unpubliziert

Susa.77 **FG: D.b.III** **Taf. 87a**
  Fundnummer: Sb 2810
  Fundkontext: Apadana-West
  Datierung: Neuelamisch
  Material: Quarzkeramik
  Maße: H: 17,0 cm – Br: 17,5 cm
  Aufbewahrung: Paris, Musée du Louvre, Nr.: Sb 2810
  Beschreibung: Rechteckiger Behälter mit zwei gegenüberliegenden, als Frauenköpfe gestalteten Griff-knubben, die senkrecht durchlocht sind. Die Frauen tragen die Haare kurz, die Augen sind mandelförmig, der Mund verzieht sich zu einem „archaischen Lächeln". Die Bildfelder sind von einem einfachen, schraffierten Rahmen umgeben; den oberen Abschluss bildet ein rechtsläufiges Kordelband. In den Bild-feldern ist unterhalb der Griffknubben ein nach rechts schreitender Greif dargestellt. Es handelt sich im Grunde um eine Ausführung mit erhobenem Schweif, Kerbstilisierungen auf dem Körper zur Angabe des Felles, geschwungenen Flügeln, einem Halsband und einem Kopf mit gebogenem Schnabel und großem Haarschopf. Auf den anderen beiden Seiten ist ein nach rechts schreitender Sphinx dargestellt, der in den Stilisierungen den Greifen entspricht. Das Gesicht hat eine große Nase, er ist bärtig und trägt eine hohe Mütze mit rundlichem Abschluss. In den Feldzwickeln sowie unterhalb der Tierkörper befinden sich Viertel-, Halb- oder ganze Rosetten.
  Literatur: De Mecquenem, MMAI 29, 36, 161 Abb. 28; Porada, Alt-Iran, 70-72 Abb. 45; Amiet, Elam, Nr. 375; Kat. Suse. 6000 ans, Paris, 112f. Abb. 68; Matthiae, Storia dell'arte I, 191; Kat. Susa, New York, 207f. Nr. 145; Daems, IrAnt 36, 34 Abb. 134

Susa.78 **FG: D.b.III** **Taf. 87b**
  Fundnummer: Sb 4604
  Fundkontext: Ville Royale A, Chantier A IX, Grab 27
  Datierung: Neuelamisch (nach Fundkontext)
  Material: Quarzkeramik, farbig glasiert
  Maße: H: 11,2 cm – Br: 11,8 cm
  Aufbewahrung: Paris, Musée du Louvre, Nr.: Sb 4604
  Beschreibung: Rechteckige Pyxis mit Deckel und Bemalung. Die Pyxis hat zwei waagerecht ausge-zogene, halbrunde Handhaben, die vertikal durchlocht sind. Sie hat einen flachen Boden, und die Wandung scheint sich leicht nach oben hin zu verjüngen. Alle vier Seiten sind figürlich bemalt. Am Boden befindet sich ein schmaler Streifen aus schraffierten Dreiecken. Das Hauptbildfeld wird von je einer Gazelle auf jeder Seite eingenommen. Die Tiere habe ihre Köpfe gesenkt, die aber nicht zum Boden herunterrei-chen. Die Tiere haben Fellstilisierungen, wie sie ähnlich auch die Ziwiye-Elfenbein zeigen. Den oberen Rand bildet ein einfaches Strichmuster. Hintergrund und Füllfarben sind jetzt blassgrün, die Motive mit schwarzen Linien umrandet. Der Deckel passt sich genau der rechteckigen Form des Korpus' an.
  Literatur: Kat. Susa, New York, 208f. Nr. 146

Susa.79   **FG: D.b.III**   **Taf. 87d, 88a**
Fundnummer: Sb 2806 (gef. 1926)
Fundkontext: k. A.
Datierung: Neuelamisch
Material: Quarzkeramik
Maße: H: 11,5 cm – Br: 10,1-10,4 cm – T: 9,2-9,5 cm
Aufbewahrung: Paris, Musée du Louvre, Nr.: Sb 2806
Beschreibung: Aus zahlreichen Fragmenten zusammengesetzte rechteckige Pyxis mit Deckel ohne Dekor.
Literatur: Kat. Susa, New York, 209 Nr. 146 Anm. 4

Susa.80   **FG: D.b.III**   **o. Abb.**
Fundnummer: GS. 3435 (gef. 1953-56)
Fundkontext: Ville Royale, A/IX, Grab 11
Datierung: Neuelamisch (ca. 9. Jh.)
Material: Quarzkeramik, glasiert
Maße: H: 8,0 cm – Br: 6,3 cm – T: 6,3 cm
Aufbewahrung: Paris, Musée du Louvre, Nr.: Sb 4603
Beschreibung: Kleine rechteckige Pyxis, mit zwei länglichen Ösen. Das Gefäß ist auf allen Seiten bläulich glasiert, aber ohne weiteren Dekor.
Literatur: Kat. Susa, New York, 209 Nr. 146 Anm. 1; Kat. Faïences, Paris, 115f. Nr. 316

Susa.81   **FG: Deckel Typ III.b**   **Taf. 88b**
Fundnummer: Sb 12245 (Sb 755a?)
Fundkontext: k. A.
Datierung: Neuelamisch
Material: Quarzkeramik, glasiert
Maße: L: 10,1 cm – Br: 10,1 cm – Di: 1,2 cm
Aufbewahrung: Paris, Musée du Louvre, Nr.: Sb 12245 (Sb 755a?)
Beschreibung: Deckelfragment einer eckigen Pyxis. Der Dekor ist schwach reliefiert und besitzt, ähnlich einem Zikkatu, eine zentrale Rosette, Viertelrosetten in den Ecken und ein rahmendes tordiertes Band. Die Ösen sind abgebrochen.
Literatur: Unpubliziert

Susa.82   **FG: Deckel Typ III.b**   **Taf. 88c**
Fundnummer: Sb 12244
Fundkontext: k. A.
Datierung: Neuelamisch
Material: Quarzkeramik
Maße: L: 9,7 cm – Br: 9,5 cm – Di: 2,7 cm (mit Knauf)
Aufbewahrung: Paris, Musée du Louvre, Nr.: Sb 12244
Beschreibung: Deckelfragment wie Susa.81, allerdings ist der Dekor hier hell auf den dunkleren Untergrund gemalt.
Literatur: Unpubliziert

Susa.83   **FG: Deckel Typ III.b**   **Taf. 88d**
Fundnummer: Sb 12247
Fundkontext: k. A.
Datierung: Neuelamisch
Material: Quarzkeramik, farbig glasiert
Maße: L: 8,0 cm – Br: 6,7 cm – Di: 1,3 cm
Aufbewahrung: Paris, Musée du Louvre, Nr.: Sb 12247
Beschreibung: Deckelfragment wie Susa.81 mit bemaltem Dekor in Form eines einfachen Strichbandes am Rand und Blätter innerhalb des Rahmens.
Literatur: Unpubliziert

Susa.84   **FG: Deckel Typ III.b**   **Taf. 88e**
Fundnummer: Sb 12246
Fundkontext: k. A.

Datierung: Neuelamisch
Material: Quarzkeramik
Maße: L: 7,5 cm – Br: 5,0 cm – Di: 1,0 cm
Aufbewahrung: Paris, Musée du Louvre, Nr.: Sb 12246
Beschreibung: Deckelfragment wie Susa.81 mit schwach reliefiertem Dekor, der aber nicht näher identifizierbar ist.
Literatur: Unpubliziert

Susa.85   FG: D.b.III*   Taf. 90d
    Fundnummer: Sb 12236
    Fundkontext: k. A.
    Datierung: Neuelamisch
    Material: Quarzkeramik
    Maße: H: 4,2 cm – L: 3,8 cm – Di: 3,1 cm
    Aufbewahrung: Paris, Musée du Louvre, Nr.: Sb 12236
    Beschreibung: Fragment einer figürlich verzierten und vertikal gelochten Handhabe in Gestalt eines Köpfchens mit Halsansatz, am unteren Rand leicht ausgebrochen. Das Gesicht ist relativ breit angelegt, und die gewellten Haare rahmen das Gesicht nahezu eckig ein.
    Literatur: Unpubliziert

Susa.86   FG: A.b.III   Taf. 90e
    Fundnummer: Sb 3420
    Fundkontext: k. A.
    Datierung: Neuelamisch
    Material: Quarzkeramik
    Maße: H: 3,6 cm – Br: 5,2 cm
    Aufbewahrung: Paris, Musée du Louvre, Nr.: Sb 3420
    Beschreibung: Fragment wie Susa.85. Die beiden gedrehten Zöpfe fallen auch hier gerade an den Seiten herunter. Augen, Brauen und Nase sind herausmodelliert, der Mund bleibt jedoch sehr flach, und die Lippen sind nicht wiedergegeben. Die Bruchfläche auf der Rückseite weist darauf hin, dass das Ösenfragment von einer eckigen Pyxis stammen muss.
    Literatur: Unpubliziert

Susa.87   FG: D.b.III*   Taf. 90f
    Fundnummer: Sb 12232
    Fundkontext: k. A.
    Datierung: Neuelamisch
    Material: Quarzkeramik
    Maße: H: 5,2 cm – L: 4,8 cm – Di: 2,9 cm
    Aufbewahrung: Paris, Musée du Louvre, Nr.: Sb 12232
    Beschreibung: Fragment wie Susa.85, jedoch verwaschener in seinen Ausführungen. Die Augen besitzen hier jedoch die Angabe der Lider. Teil einer eckigen Pyxis.
    Literatur: Unpubliziert

Susa.88   FG: D.b.III*   Taf. 90g
    Fundnummer: Sb 12233
    Fundkontext: k. A.
    Datierung: Neuelamisch
    Material: Quarzkeramik
    Maße: H: 4,3 cm – L: 3,2 cm – Di: 3,3 cm
    Aufbewahrung: Paris, Musée du Louvre, Nr.: Sb 12233
    Beschreibung: Fragment wie Susa.85, im Stil jedoch vollkommen anders. Die seitlichen Haarsträhne fehlen, und das Kinn läuft sehr spitz zu. Das Haupthaar wirkt eher wie eine flache Kopfbedeckung, die Augenpartie ist kaum plastisch gegliedert. Die flache Rückseite weist auch hier wieder auf eine eckige Pyxis hin.
    Literatur: Unpubliziert

Susa.89   FG: D.b.III*   Taf. 90h
    Fundnummer: Sb 12235

Fundkontext: k. A.
Datierung: Neuelamisch
Material: Quarzkeramik
Maße: H: 4,5 cm – L: 4,6 cm – Di: 3,5 cm
Aufbewahrung: Paris, Musée du Louvre, Nr.: Sb 12235
Beschreibung: Wie Susa.88, allerdings handelt es sich nurmehr um das Gesicht, Haare sind nicht anmodelliert. Brauen, Augen und Mund sind dafür durch rahmende Kerben betont; das Kinn ist sehr breit geraten. Auch dieses Fragment gehörte wohl zu einer eckigen Pyxis.
Literatur: Unpubliziert

Susa.90   **FG: D.b.III***   **Taf. 90i**
Fundnummer: Sb 12334
Fundkontext: k. A.
Datierung: Neuelamisch
Material: Quarzkeramik
Maße: H: 4,5 cm – L: 4,7 cm – Di: 3,6 cm
Aufbewahrung: Paris, Musée du Louvre, Nr.: Sb 12234
Beschreibung: Wie Susa.89, gleichfalls Teil einer eckigen Pyxis. Dieses Fragment ist nicht sehr gut erhalten, gerade Nasen- und Mundpartie sind stark verwaschen. Es ist aber zu erkennen, dass auch hier, wie bei Susa.88, das Haar auf dem Kopf mehr wie ein flaches Kissen wirkt, und die seitlichen Zöpfe fehlen.
Literatur: Unpubliziert

Susa.91   **FG: D.b.III**   **Taf. 90j**
Fundnummer: Sb 782
Fundkontext: k. A.
Datierung: Neuelamisch
Material: Quarzkeramik
Maße: H: 4,3 cm – Br: 2,2 cm – Di: 1,4 cm
Aufbewahrung: Paris, Musée du Louvre, Nr.: Sb 782
Beschreibung: Stark fragmentierte figürliche Handhabe. Die Haare sind nur summarisch angedeutet, Augen und Nase aber vergleichsweise plastisch geraten.
Literatur: Unpubliziert

Susa.92   **FG: D.b.III***   **Taf. 90k**
Fundnummer: Sb 12231
Fundkontext: k. A.
Datierung: Neuelamisch
Material: Quarzkeramik
Maße: H: 4,3 cm – L: 4,0 cm – Di: 3,3 cm
Aufbewahrung: Paris, Musée du Louvre, Nr.: Sb 12231
Beschreibung: Stark fragmentierte und verwaschene Handhabe in Form eines Köpfchens.
Literatur: Unpubliziert

Susa.93   **FG: D.b.III**   **o. Abb.**
Fundnummer: Sb 423
Fundkontext: Grabung
Datierung: Neuelamisch
Material: Quarzkeramik, farbig glasiert
Maße: H: 6,5 cm – L: 7,4 cm
Aufbewahrung: Paris, Musée du Louvre, Nr.: Sb 423
Beschreibung: Ösenfragment einer eckigen Pyxis. Sehr gut erhalten ist hier die farbige Bemalung: Auf einem orange-beigen Hintergrund ist unterhalb der Öse eine in schwarz eingefasste Rosette mit weißen Blätter gemalt. Die Öse ist unverziert und nachträglich auf das in weiß gehaltene Kordelband am oberen Rand gesetzt.
Literatur: Kat. FMV, Paris, Nr. 60

Susa.94   **FG: A.b.III**   **o. Abb.**
Fundnummer: Sb 3421 (gef. 1921)

Fundkontext: Apadana
Datierung: Neuelamisch
Material: Quarzkeramik
Maße: H: 8,0 cm – Dm(rek.): ca. 10,0 cm – Br: 5,4 cm
Aufbewahrung: Paris, Musée du Louvre, Nr.: Sb 3421
Beschreibung: Ösenfragment mit flach reliefiertem Dekor. Unterhalb der Öse im Hauptbildfeld befindet sich ein Schlaufenmuster, das mit Rosetten gefüllt ist. Den oberen Rand umschließt, die Öse selbst einbeziehend, ein mehrteiliges Kordelband.
Literatur: Kat. Paris, FMV, Nr. 59

Susa.95   **FG: A.b.III**   o. Abb.

 Fundnummer: Sb 12237
 Fundkontext: k. A.
 Datierung: Mittel- bis neuelamisch
 Material: Quarzkeramik
 Maße: a) 4,0x2,1 cm b) 4,3x3,8 cm c) 5,1x4,7 cm
 Aufbewahrung: Paris, Musée du Louvre, Nr.: Sb 12237
 Beschreibung: Ösenfragment mit Kordelbanddekor.
 Literatur: Unpubliziert

Susa.96   **FG: A.b.III**   o. Abb.

 Fundnummer: Sb 12238
 Fundkontext: k. A.
 Datierung: Mittel- bis neuelamisch
 Material: Quarzkeramik
 Maße: a) 4,0x2,1 cm b) 4,3x3,8 cm c) 5,1x4,7 cm
 Aufbewahrung: Paris, Musée du Louvre, Nr.: Sb 12238
 Beschreibung: Ösenfragment mit Kordelbanddekor.
 Literatur: Unpubliziert

Susa.97   **FG: A.b.III**   o. Abb.

 Fundnummer: Sb 12239
 Fundkontext: k. A.
 Datierung: Mittel- bis neuelamisch
 Material: Quarzkeramik
 Maße: a) 4,0x2,1 cm b) 4,3x3,8 cm c) 5,1x4,7 cm
 Aufbewahrung: Paris, Musée du Louvre, Nr.: Sb 12239
 Beschreibung: Ösenfragment mit Kordelbanddekor.
 Literatur: Unpubliziert

Susa.98   **FG: A.b.III**   o. Abb.

 Fundnummer: Sb 12243
 Fundkontext: k. A.
 Datierung: Mittel- bis neuelamisch
 Material: Quarzkeramik
 Maße: H: 6,3 cm – L: 4,5 cm
 Aufbewahrung: Paris, Musée du Louvre, Nr.: Sb 12243
 Beschreibung: Ösenfragment mit Rillendekor.
 Literatur: Unpubliziert

Susa.99   **FG: D.a**   **Taf. 101f**

 Fundnummer: Sb 3417 (gef. 1924)
 Fundkontext: k. A. (Apadana?)
 Datierung: Mittel- bis neuelamisch[190]

---

[190] Es handelt sich vermutlich um ein Objekt aus glasierter Tonkeramik, was zusätzlich einen groben Hinweis auf die neuelamische Zeit gibt (vgl. Kap. 7.4.4.5). Wichtiger ist der Vergleich zu Bab.8 aus dem ausgehenden 2. Jt.

Material: Ton
Maße: H: 4,8 cm – L: 7,2 cm – Br: 7,0 cm
Aufbewahrung: Paris, Musée du Louvre, Nr.: Sb 3417
Beschreibung: Rechteckige Pyxis mit vier separaten runden Fächer. Diese scheinen zunächst als eigene Gefäße gearbeitet und später erst zu einem Behälter zusammengefügt worden zu sein. Eine Halterung für einen Deckel kann nicht festgestellt werden – so fehlen Handhaben oder Löcher – allerdings ist noch die Möglichkeit eines Stülpdeckels in Betracht zu ziehen. Die Wandungen und auch die Oberseite des Korpus' sind unverziert.
Literatur: Unpubliziert

RASM ET-TANJARA
Tanj.1   **FG: A.a.II.2**   **Taf. 38d, e**
Fundnummer: k. A.
Fundkontext: k. A.
Datierung: 10./9. Jh. (n. Vergleichsobjekten)
Material: Stein, Steatit
Maße: H: 4,6 cm – Dm: 7,5 cm
Aufbewahrung: Aleppo, Archäolog. Museum, Inv.Nr. 6700 - 839
Beschreibung: Zylindrische Pyxis mit vier Kompartimenten, mit Deckel. Am Stiftloch verbreitern sich Wandung und Steg etwas. Hier befindet sich ein senkrechtes Loch zur Aufnahme eines Gelenkstiftes für den Deckel. Dieses Stiftloch hat einen mehr ovalen Durchmesser und scheint gerade zur Mitte hin abgenutzt zu sein.
An der Mantelaußenseite ist die Rückseite durch zwei senkrechte Kerben gekennzeichnet. Ansonsten besteht die Verzierung aus drei Kreisen mit Kreuzmustern, in einem vierten Fall wurde anscheinend versucht eine Rosette mittels eines Zirkels zu gravieren, was aber offensichtlich misslang: Die Bögen des linken Kreises etwa treffen sich nicht im Mittelpunkt wie üblich, der Durchmesser war offensichtlich zu groß bemessen. Sorgfältiger ist die Verzierung des Deckels mit zwei konzentrischen Ringen, die kreuzschraffiert sind, und einem Kreis in der Mitte, der in acht Sektoren aufgeteilt ist, welche alternierend mit Kreuzschraffur gefüllt sind. Der Deckel entspricht in der Größe dem Korpus und besitzt an der Gelenkstelle passend zu den vertikalen Einkerbungen zwei Aussparungen. Diesem Stiftloch gegenüber befindet sich ein zweites Loch, wohl zur Befestigung eines Knaufes. Ebenso weist die Wandung in ihrem oberen Teil ein Loch auf.
Literatur: Athanassiou, AJA 76, 1972, 204; Athanassiou, Tanjarah, 186-195 Taf. 160f.; Shaath, FS Porada, 238 Abb. 3, 4; Shaath, AAS 36, 1986/87, 61 Abb. 5; Cecchini – Mazzoni, Tell Afis, 244 Anm. 67; Mazzoni, FS Orthmann, 297 Abb. 14

Tanj.2   **FG: k. A.***   **o. Abb.**
Fundnummer: k. A.
Fundkontext: k. A.; gefunden zusammen mit anderen Steingefäßen und Bronzeobjekten
Datierung: k. A. (vermutlich wie Tanj.1)
Material: Elfenbein
Maße: k. A.
Aufbewahrung: k. A.
Beschreibung: In einem Nebensatz erwähnt Shaath, dass neben der Pyxis Tanj.1 noch Fragmente einer Elfenbeinpyxis gefunden worden seien, erläutert dies aber nicht näher. Entsprechend liegen keine weiteren Angaben zu dem Objekt vor.
Literatur: Shaath, FS Porada, 238

TCHOGHA ZANBIL
Aufgrund der mangelhaften Dokumentationslage und chronologisch nur wenig aussagekräftiger Keramik wird hier lediglich ein sehr allgemeiner zeitlicher Ansatz von Mittelelamisch II bis Neuelamisch II vorgeschlagen, was die 2. bis 3. elamische Periode nach de Mecquenem – Michalon umfasst. Die ausführliche Darlegung der Chronologieproblematik erfolgt in Kap. 6. Die Identifikation kleinerer Fragmente als Pyxis beruht auf Vergleichen zu den besser erhaltenen Objekten.
TZ.1   **FG: A.b.III**   **o. Abb.**
Fundnummer: G.T.-Z. 900
Fundkontext: Palais Hypogée, Raum 19
Datierung: 1250-800 (Mittel- bis Neuelamisch; EZ I-II)
Material: Keramik

Maße: H: 24,0 cm

Aufbewahrung: k. A.

Beschreibung: Hohe, zylindrische Pyxis mit am Rand ansetzenden Handhaben. Der Mantel ist unverziert und nicht ganz regelmäßig geformt.

Literatur: Ghirshman, Tchoga Zanbil II, Taf. 88; Dittmann, AMI 23, 1990, 123 Abb. 6A-2

TZ.2	**FG: A.b.III***	**Taf. 85e**

Fundnummer: k. A.

Fundkontext: k. A.

Datierung: Spätmittel- bis neuelamisch

Material: Quarzkeramik

Maße: k. A.

Aufbewahrung: k. A.

Beschreibung: Wandungsfragment mit floralem Muster aus Rosetten und Blättern, Rand mit Kordelband und Streifen.

Literatur: De Mecquenem – Michalon, MMAI 33, Abb. 7:5

TZ.3	**FG: A.b.III***	**Taf. 85d**

Fundnummer: k. A.

Fundkontext: k. A.

Datierung: Spätmittel- bis neuelamisch

Material: Quarzkeramik

Maße: k. A.

Aufbewahrung: k. A.

Beschreibung: Randfragment mit der Darstellung eines Greifen. Die beiden Fragmente müssen dabei nicht zusammengehören. In der publizierten Abbildung sind die drei Fragmente möglicherweise falsch zusammengelegt. Dadurch entsteht der Eindruck, dass der Kopf zurückgelegt sei und damit das Tier eine leicht aufsteigende Position einnimmt. Dieser Eindruck täuscht allerdings, wie ein Blick auf die Bein-stellung und auch die relative Lage von Kopf und Flügelkontur zeigt. Beides unterscheidet sich nicht von den stehenden Greifen.

Literatur: De Mecquenem – Michalon, MMAI 33, Abb. 7:1+2

TZ.4	**FG: A.b.III***	**o. Abb.**

Fundnummer: Sb 3435

Fundkontext: k. A.

Datierung: Spätmittel- bis neuelamisch

Material: Quarzkeramik

Maße: H: 5,5 cm – L: 4,7 cm

Aufbewahrung: Paris, Musée du Louvre, Nr.: Sb 3435

Beschreibung: Randfragment mit Kordelband rechtsläufig zwischen Fischgrätmuster.

Literatur: De Mecquenem – Michalon, MMAI 33, Abb. 7:4

TZ.5	**FG: A.b.III***	**Taf. 85f**

Fundnummer: k. A.

Fundkontext: k. A.

Datierung: Spätmittel- bis neuelamisch

Material: Quarzkeramik

Maße: k. A.

Aufbewahrung: k. A.

Beschreibung: Randfragment mit floralem Muster und Streifen am Rand.

Literatur: De Mecquenem – Michalon, MMAI 33, Abb. 7:3

TZ.6	**FG: A.b.III***	**Taf. 85g**

Fundnummer: Sb 3437

Fundkontext: k. A.

Datierung: Spätmittel- bis neuelamisch

Material: Quarzkeramik

Maße: L: 8,2 cm – Br: 7,1 cm – Dm(rek.): 12,6 cm

Aufbewahrung: Paris, Musée du Louvre, Nr.: Sb 3437

Datierung: 13.-12. Jh. (SBZ III)[201]
Material: Elfenbein (Elefant)
Maße: H: 7,5 cm – Dm: 10,0-12,5 cm
Aufbewahrung: Aleppo, Archäolog. Museum
Beschreibung: Zylindrische Pyxis mit Dekor; schmale Profilleisten grenzen das Bildfeld ab. Am Boden sind drei mal drei Dübellöcher zur Befestigung des Bodens zu erkennen (vgl. Uga.2). Das Motiv ist nur sehr flüchtig und unsauber graviert. Für die Wiedergabe der Augen wurde ein Tubus-Bohrer benutzt, was den Figuren ein sehr starres Aussehen verleiht. Die eher sorglose Darstellung des figürlichen Dekors steht dabei im Gegensatz zu der gleichmäßigen und sorgfältigen Ausführung des Wulstrandes. Die Darstellung zeigt zwei stehende Männer mit Schurzröcken[202], die ihre Arme lang ausgestreckt haben. Sie berühren sich an den Händen über einem zwischen ihnen stehenden Baum. Sie tragen zwei kreisförmige Markierungen mit zentralem Punkt am Hals, bei denen es sich um Anhänger einer Kette handeln könnte. Die Haare sind durch sorglose Kreuzschraffur angedeutet. Die zweite Szene zeigt einen Capriden und einen Boviden einander an einem Baum gegenüberstehend. Beide sind nur recht summarisch wiedergegeben; die Hörner des Stieres sind nach vorn ausgerichtet (vgl. Beyd.2). Zwischen dem Capriden und dem rechten Mann ist eine Stechzirkelrosette in einem Kreis dargestellt deren Hintergrundfläche mit Punkten ausgefüllt ist. Die Darstellungen auf der Pyxis wirken insgesamt nachlässig und ungekonnt. Die menschlichen Figuren sind schlecht proportioniert, die Beine von Stier und Capride setzen unorganisch am Rumpf an, der Stierkopf ist zu klein und stumpf. Während die Umrisslinien der Figuren sehr tief und offensichtlich per Hand eingraviert sind, hat der Handwerker für die Pflanzenteile Stechzirkel und Bohrer verwandt, welche schwächer eingeritzt wirken.
Literatur: Gachet, Objets, 256-259, 261 Taf. 3 Abb. 4; Caubet – Poplin, Matière dure, 301; Mallet, Temple, 224 Abb. 17, 18; Gachet, Ugarit Ivories, 69 Taf. 2c

Uga.5   **FG: A.b**   **o. Abb.**
   Fundnummer: k. A.
   Fundkontext: k. A.
   Datierung: 14.-12. Jh. (SBZ II-III)
   Material: Elfenbein (Elefant)
   Maße: H: 5,4 cm – Dm(rek.): ca. 7,0 cm
   Aufbewahrung: Paris, Musée du Louvre, Inv.Nr.: AO 27599
   Beschreibung: Fragmente von Wandung und Boden einer zylindrischen Pyxis. Die Wandung ist nur schlecht erhalten, und von dem Dekor sind lediglich die breiten rahmenden Leisten an Rand und Boden erhalten. Das Bodenfragment ist auf der Unterseite mit einem Kompassrosettenmotiv versehen und wird noch durch einen Dübel gehalten.
   Literatur: Gachet, Objets, 251, 263 Nr. 43 Taf. 5; Gachet, Ugarit Ivories, Anm. 23

Uga.6   **FG: A.b***   **o. Abb.**
   Fundnummer: k. A.
   Fundkontext: k. A.
   Datierung: SBZ
   Material: Elfenbein
   Maße: H: 8,0 cm – Br: 5,7 cm
   Aufbewahrung: Paris, Musée du Louvre, Inv.Nr.: AO 27598
   Beschreibung: Gemäß Beschreibung eine zylindrische Pyxis mit Leisten in Form von Blattbändern.
   Literatur: Gachet, Ugarit Ivories, 69

Uga.7   **FG: A.b**   **o. Abb.**
   Fundnummer: k. A. (gef. 1929)
   Fundkontext: Akropolis (wie Uga.1)
   Datierung: SBZ
   Material: Elfenbein

---

[201] Die Pyxis wird dem Niveau 2 des Gebäudes zugeschrieben, einer zweiten Bauphase. Funde aus dieser Phase umfassen mykenische und kyprische Importkeramik der SBZ II und III, was eine Datierung in eben diesen Zeitraum nahe legt.
[202] Die zwischen den Beinen befindliche Schraffur könnte einen bodenlangen Schlitzrock anzeigen, sofern es sich bei der Schraffur nicht um sekundäre Kratzspuren handelt.

Maße: H: 8,1 cm – Dm: 6,8 cm
Aufbewahrung: Paris, Musée du Louvre, Inv.Nr.: AO 11603b
Beschreibung: Korpusfragment einer zylindrischen Pyxis mit drei umlaufenden Reihen eines Zickzackbandes zwischen drei Rillen. Zur Befestigung des Bodens, der auf Stoß gegen den Korpus gesetzt worden sein muss, sind vertikal in den Rand Bohrungen eingebracht von denen noch sechs erkennbar sind (vgl. Uga.1).
Literatur: Gachet, Ugarit Ivories, 69 Taf. 4a

Uga.8 **FG: C.a.III** **Taf. 27c**
Fundnummer: RS 3.461 (gef. 1931)
Fundkontext: Nécropole, 2e niveau, point 83, No. 461
Datierung: Mitte des 2. Jt.s (MBZ-SBZ)[203]
Material: Quarzkeramik
Maße: H: 4,6 cm – Dm: 8,2 cm
Aufbewahrung: Paris, Musée du Louvre, Inv.Nr.: AO 14802
Beschreibung: Bauchiges Gefäß auf Standfläche mit kurzer vertikaler Mündung. Zwei kleine, waagerecht ausgezogene Handhaben setzen an der Lippe an und sind zur Befestigung und Fixierung eines Schwenkdeckels durchbohrt. Der Bauch ist von Hals und Standfuß durch zwei schmale schwarze Bänder abgesetzt. Auf der runden Standfläche sind drei Abrissmarken erkennbar.
Literatur: Schaeffer, Syria 13, 1932, Taf. XI:3; Caubet – Kaczmarczyk, Bronze Age Faience, 48; Kat. Faïences, Paris, 43 Nr. 82; Kat. FMV, Paris, 209 Nr. 201

Uga.9 **FG: C.a.III.3** **Taf. 30a**
Fundnummer: RS 3.237 (gef. 1931)
Fundkontext: Minet el-Beida, „Dépot à l'enceinte"
Datierung: 14.-13. Jh.[204]
Material: Elfenbein (Flusspferd)
Maße: H: 2,4 cm – L: 6,9 cm – Dm: 6,2 cm
Aufbewahrung: Paris, Musée du Louvre, Inv.Nr.: AO 14781
Beschreibung: Vollständig erhaltene linsenförmige Pyxis mit flachem Korpus und scharfem Schulterumbruch. Der Korpus steht auf einem kleinen Standring und weist auf der Unterseite eine Bohrung auf. Der zugehörige Deckel ist mit einer zwölfblättrigen Kompassrosette versehen und durch zwei pilzförmige Stifte befestigt. Ein horizontales Dübelloch befindet sich in der Stirnseite einer Handhabe.
Literatur: Schaeffer, Syria 13, 1932, 6 Taf. 8 Abb. 2; Caubet – Poplin, Matière dure, 303; Gachet, Ugarit Ivories, 68; Kat. Royaumes d'Ougarit, Lyon, Nr. 46

Uga.10 **FG: C.a.III.3** **Taf. 30b**
Fundnummer: k. A. (gef. 1931)
Fundkontext: Minet el-Beida, „Dépot à l'enceinte"
Datierung: 14.-13. Jh. (wie Uga.9)
Material: Elfenbein (Flusspferd; unterer Eckzahn)
Maße: H: 1,9 cm – Dm: 5,9 cm – L: 6,9 cm
Aufbewahrung: Paris, Musée du Louvre, Inv.Nr.: AO 14780
Beschreibung: Linsenförmige Pyxis wie Uga.9 mit Deckel.
Literatur: Schaeffer, Syria 13, 1932, 6 Taf. 8:2; Gachet, Objets, 251; Gachet, Ugarit Ivories, 68; Barag, EI 25, 1996 Abb. 18; Kat. Ivoires, Paris, 68 Nr. 63

---

[203] Die zweite Schicht der Nekropole wird allgemein in die „Hyksos-Zeit", also vor die 18. Dyn. datiert. In der jüngsten Publikation wird das Alter der Pyxis gar mit dem 18./17. Jh. angegeben (Kat. Faïences, Paris, 43).

[204] Die Funde Uga.9 und Uga.10 kamen 1931 in einem größeren Gebäude von Minet el-Beida unweit mehrerer Magazingebäude mit reichen Funden an importierter Keramik ans Licht. Dieses Gebäude scheint nach einem Brand wieder hergerichtet worden zu sein. Durch diese Brandschicht abgeschlossen fand sich das „dépôt à l'enceinte", der Fundort von Uga.9 und Uga.10, die somit längere Zeit vor dem Ende Ugarits in die Erde kamen; es findet sich zumindest Keramik der Epoche SpMyk III, welche eine Datierung in das 14.-13. Jh. erlaubt (s. Saadé, Port, 214f.). Schaeffer zieht eine Deutung als „rituelles Depot" in Betracht (Schaeffer, Syria 13, 1932, 4-14, bes. 10f.), jedoch sind Fundumstände und genaue Stratigraphie bis jetzt weitgehend unpubliziert.

Uga.11   **FG: C.a.III.3**   o. Abb.
   Fundnummer: RS 1á3
   Fundkontext: k. A.
   Datierung: 14.-13. Jh.
   Material: Elfenbein
   Maße: H: 3,3 cm – L: 9,5 cm – Dm(rek.): 8,0 cm
   Aufbewahrung: Aleppo, Archäolog. Museum, Inv.Nr.: 4548
   Beschreibung: Nach Beschreibung von Gachet handelt es sich um den Korpus einer Linsenpyxis wie Uga.9 oder Uga.10.[205]
   Literatur: Gachet, Ugarit Ivories, 68

Uga.12   **FG: C.a.III.3**   o. Abb.
   Fundnummer: k. A. (gef. 1952)
   Fundkontext: Palais Royal
   Datierung: 14.-13. Jh.
   Material: Elfenbein
   Maße: H: 4,8 cm – Dm: 6,6 cm
   Aufbewahrung: Damaskus, Nationalmuseum, Inv.Nr.: 16406/4200
   Beschreibung: Gemäß Beschreibung von Gachet eine weitere Linsenpyxis, die jedoch ein Zickzackmuster auf der Schulter besitzt.
   Literatur: Gachet, Ugarit Ivories, 68

Uga.13   **FG: C.a.III.5**   Taf. 37a
   Fundnummer: 142/24
   Fundkontext: Minet el-Beida, Tombe No. 1008
   Datierung: 14.-13. Jh.[206]
   Material: Quarzkeramik
   Maße: H: 7,5 cm – L: 13,2 cm
   Aufbewahrung: Lattaqia, Archäolog. Museum, Inv.Nr.: M 2143
   Beschreibung: Sehr gut erhaltene Rippenpyxis mit Standfuß. Die Rippen weisen alternierende Färbungen in gelb/orange und schwarz auf. Ein zur Pyxis passender Deckel hat sich nicht gefunden (vgl. Uga.14).
   Literatur: Kat. Royaume d'Ougarit, Lyon, Nr. 273

Uga.14   **FG: C.a.III.5**   Taf. 37b
   Fundnummer: RS 4.197 (gef. 1932)
   Fundkontext: Minet el-Beida, Tombe VI
   Datierung: 14.-13. Jh.[207]
   Material: Quarzkeramik
   Maße: H: 4,2 cm – Dm(max.): 12,6 cm
   Aufbewahrung: Paris, Musée du Louvre, Inv.Nr.: AO 15729
   Beschreibung: Polychrome Rippenpyxis mit seitlich ansetzenden Handhaben. Die Handhaben ragen dabei nicht sehr weit über den Korpus hinaus. Der Korpus steht auf einem kleinen Standring; die Lippe ist nur wenig erhaben. Die Farbpalette umfasst schwarz, weiss, gelb/ocker.
   Literatur: Peltenburg, Glazed Vases, 107f.; Caubet – Kaczmarczyk, Bronze Age Faience, 50f.; Matoïan, Ras Shamra-Ougarit, 203 Cat.Faïence 17760; Kat. Faïences, Paris, 47 Nr. 93; Kat. FMV, Paris, 221 Nr. 215

Uga.15   **FG: C.a.III.5**   o. Abb.
   Fundnummer: k. A. (gef. 1932)
   Fundkontext: Minet el-Beida, Tombe VI
   Datierung: 14.-13. Jh. (wie Uga.14)

---

[205] Gachet schreibt von insgesamt fünf Beispielen (Gachet, Ugarit Ivories, 68); zu vier Funden konnten nähere Informationen gefunden werden.

[206] Das Grab 1008 von Minet el-Beida, in dem jüngst die Pyxis Uga.13 gefunden wurde, ist durch kyprische White Slip III-Keramik in das 13. Jh. datiert (vgl. Marchegay in Kat. Royaume d'Ougarit, Lyon, 246).

[207] Uga.14, Uga.15 und Uga.16 wurden alle in Grab VI von Minet el-Beida gefunden. Die Belegung dieses Grabes wird aufgrund seiner Keramik einhellig in die mittlere Spätbronzezeit, das 14.-13. Jh., datiert.

Material: Quarzkeramik
Maße: Dm(Schulter, rek.): ca. 17,0 cm – Di: 2,0 cm
Aufbewahrung: Paris, Musée du Louvre, Inv.Nr.: AO 30754
Beschreibung: Fragment einer polychromen Rippenpyxis mit seitlich ansetzenden Handhaben. Die Farben der Rippen umfassen hier schwarz und türkis.
Literatur: Matoïan, Ras Shamra-Ougarit, 204 Cat.Faïence 17763

Uga.16	**FG: C.a.III.5**	**o. Abb.**

Fundnummer: k. A. (gef. 1932)
Fundkontext: Minet el-Beida, Tombe VI
Datierung: 14.-13. Jh. (wie Uga.14)
Material: Quarzkeramik
Maße: H: 6,0 cm – L: 13.2 cm – Dm: 11,7 cm
Aufbewahrung: Paris, Musée du Louvre, Inv.Nr.: AO 15730
Beschreibung: Fragment einer polychromen Rippenpyxis mit seitlich ansetzenden Handhaben. Im Gegensatz zu den vorigen ist der Korpus hier tiefer und annähernd glockenförmig. Als Farben sind für die einzelnen Rippen türkis, gelb und schwarz verwendet worden.
Literatur: Matoïan, Ras Shamra-Ougarit, Cat.Faïence 17761

Uga.17	**FG: S.d.1**	**Taf. 97a**

Fundnummer: RS 3.416 (gef. 1931)
Fundkontext: Nécropole, 2nd niveau
Datierung: 15.-14. Jh. (wie Uga.8)[208]
Material: Quarzkeramik
Maße: H: 5,0 cm – Dm: 4,2 cm
Aufbewahrung: Paris, Musée du Louvre, Inv.Nr.: AO 14801
Beschreibung: Ovoide Pyxis mit innenliegenden Laschen zur Befestigung des Deckels. Unterhalb des Randes befindet sich ein schmales Zickzackband. Der Korpus läuft spitz zu und endet in einem kleinen Knauffuß.
Literatur: Schaeffer, Syria 13, 1932, Taf. 11:3; Matoïan, Ras Shamra-Ougarit, 101, Cat.Faïence 177

Uga.18	**FG: S.d.1**	**Taf. 97h**

Fundnummer: RS 4.126
Fundkontext: Minet el-Beida, Tombe VI
Datierung: 14.-13. Jh. (wie Uga.14)
Material: Stein, „Alabaster"
Maße: H: 4,5 cm – L: 11,0 cm
Aufbewahrung: Aleppo, Archäolog. Museum, Inv.Nr.: 8332 - 4324
Beschreibung: Bodenfragmente eines Doppelgefäßes aus zwei ovoiden Pyxiden. Erhalten sind die zusammenhängenden spitzen Böden.
Literatur: Caubet, Vaisselle de pierre, 223 Nr. RS 4.126 Taf. 5:5

Uga.19	**FG: S.e**	**Taf. 99d, e**

Fundnummer: RS 1-31.[002]
Fundkontext: k. A.[209]
Datierung: SBZ
Material: Stein, Chlorit
Maße: H: 1,6 cm – Dm(rek.): 7,2 cm
Aufbewahrung: Paris, Musée du Louvre, Reg.Nr.: 84 AO 197
Beschreibung: Fragment einer flachen nierenförmigen Pyxis mit zwei Fächern. Möglicherweise ist eine Wandung zur Unterteilung in drei Fächer aber nachträglich entfernt worden. An der geraden Rückseite ist die angebrochene Lasche zur Befestigung des Deckels zu sehen.
Literatur: Caubet, Vaisselle de pierre, 240 Nr. RS 1-31.[002] Taf. 5:6, 12:11

---

[208] Die Vergleichsfunde aus dieser Formgruppe vor allem aus Tell al-Rimah legen eine zeitliche Stellung in die Mittani-Zeit nahe.
[209] Der genaue Fundkontext ist unbekannt, allerdings vermutet Caubet eine Herkunft aus dem „Quartier residentiel" von Ugarit (Caubet, Vaisselle de pierre, 240).

Uga.20   **FG: S.e***   o. Abb.
Fundnummer: RS 1934.6258/9
Fundkontext: k. A.
Datierung: SBZ
Material: Quarzkeramik
Maße: H(erh.): 2,4 cm – Dm(rek.): 11,0 cm
Aufbewahrung: Paris, Musée du Louvre, Inv.Nr.: AO 30678
Beschreibung: Randfragment einer Kompartimentpyxis. Dem Fragment nach zu urteilen könnte es sich um eine runde oder nierenförmige Pyxis handeln, doch spricht die geringe Höhe eher für die Annahme eines Objektes wie Uga.19.
Literatur: Matoïan, Ras Shamra-Ougarit, Cat.Faïence 17770

Uga.21   **FG: S.e***   o. Abb.
Fundnummer: k. A.
Fundkontext: k. A.
Datierung: SBZ
Material: Quarzkeramik
Maße: k. A.
Aufbewahrung: Damaskus, Nationalmuseum, Inv.Nr.: 4167
Beschreibung: Nach der Identifikation von Matoïan ein ähnliches Objekt wie Uga.20.
Literatur: Matoïan, Ras Shamra-Ougarit, Cat.Faïence 17771

Uga.22   **FG: Varia**   o. Abb.
Fundnummer: RS 8.154
Fundkontext: k. A.
Datierung: SBZ
Material: Elfenbein (n. Poplin: Flusspferd, unterer Eckzahn)
Maße: H: 3,8 cm – L: 13,0 cm – Dm. 6,6 cm
Aufbewahrung: Paris, Musée du Louvre, Inv.Nr.: 81 AO 2184
Beschreibung: Vermutlich eine Doppelpyxis bestehend aus einem runden, halbkugeligen Element in der Form einer Linsenpyxis und einem länglichen Element, das von den Bearbeitern als Teil einer Pyxis in Gestalt eines Wasservogels gesehen worden ist. Der Teil der Linsenpyxis ist lediglich tiefer und runder als die übrigen Vertreter dieser Formgruppe, aber die waagerechten Handhaben erlauben eine entsprechende Bestimmung. Das zweite Element ist nur fragmentarisch erhalten. Die Kombination dieser beiden Pyxiden-typen ist sehr ungewöhnlich.
Literatur: Caubet – Poplin, Matière dure, 303; Gachet, Ugarit Ivories, 68; Adler, Pyxiden, Nr. 65

Uga.23   **FG: Deckel Typ I.a**   Taf. 72e
Fundnummer: RS 1.[   ] (gef. 1929)
Fundkontext: Minet el-Beida, Tombe III
Datierung: 13. Jh. (nach Beifunden)[210]
Material: Elfenbein
Maße: Dm(max.): 13,7 cm – Di 1,2 cm
Aufbewahrung: Paris, Musée du Louvre, Inv.Nr.: AO 11601
Beschreibung: Massiver Deckel mit Randfalz und figürlicher Schnitzerei auf der Oberseite. Die Darstellung zeigt eine weibliche Figur, vermutlich mit entblößtem Oberkörper und glockenförmigem „Volant-Rock", die an einer Bank bzw. einem Felsen lehnt oder sitzt. In den Händen hält sie, mit ange-winkelten Armen, je einen Wedel, an dem Ziegen hochspringen, um daran zu knabbern. Die Frau trägt einen hohen Helm mit Band der an mykenische Eberzahnhelme erinnert, oder ihr gewelltes Haar ist, von einem Reif oder Band gehalten, hoch frisiert.
Literatur: Kantor, AJA 51, 1947, 86-89 Taf. 23j; Poursat, CIM, 144 Taf. 19:1; Barnett, Ivories, 30 Taf. 24b; Orthmann, PKG, Abb. 429; Gates, Mycenean Art; Gachet, Ugarit Ivories, 69 Abb. 3b; Kat. Royaumes d'Ougarit, Lyon, Nr. 164; Kat. Ivoires, Paris, 68 Nr. 67; Feldman, Diplomacy, Taf. 11

---

[210] Aufgrund der in diesem Grab gemachten Kleinfunde und v. a. der spMyk Keramik lässt sich die Nutzungsdauer des Grabes und damit das Alter des Deckels etwa auf das 13. Jh. festmachen (vgl. Gates, Mycenean Art, 82f.).

Uga.24   **FG: Deckel/ Boden(?)**   **o. Abb.**

    Fundnummer: k. A. (gef. 1929/30)
    Fundkontext: Minet el-Beida, Tombe III
    Datierung: SBZ
    Material: Elfenbein
    Maße: Dm: 6,5 cm – Di: 0,5 cm
    Aufbewahrung: Paris, Musée du Louvre, Inv.Nr.: AO 11653
    Beschreibung: Deckel oder Boden einer Pyxis. Verzierung mit einem Band von Halbkreisen um eine Kompassrosette in der Mitte. Den Rand bilden mehrere Kreise. Erkennbar ist noch eine vertikale Bohrung.
    Literatur: Gachet, Ugarit Ivories, Abb. 4d

ULUBURUN

Ulu.1   **FG: A.b (Boden)**   **o. Abb.**

    Fundnummer: KW 12475
    Fundkontext: Schiffswrack, Lage nicht näher bezeichnet
    Datierung: 13. Jh. (gemäß Beifunden)
    Material: Elfenbein oder Holz
    Maße: k. A.
    Aufbewahrung: k. A.
    Beschreibung: Boden einer zylindrischen Pyxis mit in situ erhaltenen Holzdübeln in Gruppen zu je drei Dübeln. Der untere Teil des Randes ist profiliert.
    Literatur: S. Pulak, AJA 92, 1988, 32 Abb. 40; besser abgebildet als: http://ina.tamu.edu/images/Uluburun/miscellaneaus/Kw12475.jpg (letztes Update vom 30.04.2007)

UR

Ur.1   **FG: A.a.II**   **Taf. 75a, b**

    Fundnummer: U.2677
    Fundkontext: Egipar, Tür zur „Küche", auf dem Fußboden Nabonids[211]
    Datierung: 2. Hälfte 6. Jh.[212]
    Material: Elfenbein
    Maße: H: 5,0 cm – Dm: 9,5 cm
    Aufbewahrung: London, BM, k. A.
    Beschreibung: Flache zylindrische Pyxis mit Deckel. Sie zeigt auf der Mantelfläche umlaufend einen Dekor mit Reigen-tanzenden Frauen. Diese tragen lange Lockenperücken und ein gefälteltes Kleid mit bogiger Saumführung unten. In der Taille ist dieses Gewand mit einem vorne geknoteten Gürtel zusammengefasst. Das Bildfeld ist oben durch ein Blattband begrenzt. Seitlich befindet sich eine antike Reparaturstelle mittels eines Kupferdrahtes. Der Deckel ist aus einer dünnen, längs zum Zahn geschnittenen Elfenbeinscheibe gearbeitet und weist zwei Bohrungen auf; es handelt sich wohl um einen Schwenkdeckel.
    Literatur: Woolley, UE IX, 20f., 111 Taf. 19; Barnett, CNI, 64 Anm. 6; Woolley, Ur, Abb. 253

Ur.2   **FG: Varia**   **Taf. 104e, f**

    Fundnummer: U.16731
    Fundkontext: Grab 284, Areal AH
    Datierung: Mitte 1. Jt.[213]
    Material: Quarzkeramik

---

[211] Die Pyxis wurde auf einem Fußboden aus Ziegeln mit dem Stempel Nabonids im Egipar gefunden. Bei dem Gebäude handelt es sich laut den Inschriften um das Wohngebäude der ēntu-Priesterin, der hohen Priesterin des Mondgottes Sîn. Die Pyxis selbst wurde in einem Durchgang zur Küche gefunden, allerdings mag sie auch zufällig hier verloren worden sein (Woolley, UE IX, 16-18).

[212] Die Datierung der Baumaßnahmen am Egipar fällt in das zweite Regierungsjahr Nabonids, also 552 v. Chr. (vgl. Schaudig, Nabonid, 341f.) Der allgemeine Kontext legt auf jeden Fall nahe, dass die Pyxis in diesem Gebäude und zu dieser Zeit benutzt worden ist. Darauf weist auch die vorgenommene Reparatur hin. Ein Hinweis auf ihre Entstehungszeit lässt sich allerdings nicht gewinnen. Das Gebäude wurde vermutlich mit dem Sieg Kyros' über Nabonid zerstört, sodass sich der Zeitraum für die Deponierung zwischen 552 und 539 einschränken lässt (Woolley, UE IX, 19).

[213] In dem Areal AH mit schwieriger stratigraphischer Situation wurde kassitische Wohnbebauung freigelegt, die stark durch

Kommentar: S. Kap. 4.1. Ikonographisch betrachtet ist das Thema der Tischszene auf dem Korpus von den Pyxiden her bekannt; Sphingen am Baum sind vor allem bei den Elfenbeinpyxiden ein typisches Motiv. Bei Betrachtung der Antiquaria fällt jedoch die Mond-Sonnen-„Standarte" auf, die in dieser Form unbekannt ist. Sphingen flankieren häufig einen Baum, und Flügelsonnen schweben vielfach über verschiedenen Szenen, manchmal gestützt von Stiermenschen oder Genien; eine Mond-Sonnen-Scheibe kommt auch auf dem Aleppo-Relief vor.[272] Ohne Vergleiche ist das Halsband der Sphingen; die auf die Brust fallende Locke kommt bei den antithetischen Greifen Karkemisch H/8, nicht aber bei den Sphingen vor. Die schraffierte Rückenkontur und die halbkreisförmigen Stilisierungen an den Hinterschenkeln mit den fingerigen Tatzen erinnern entfernt an den Stil von Kark.1 oder Kark.3. Erheblich aus dem Rahmen fällt bei der Tischszene der steilwandige Becher auf den Broten, da in Tischszenen zum Trinken nur flache Phialen bzw. tiefere Standfußschalen verwendet werden.[273] Der Hocker ohne Rückenlehne ist ein assyrisches Möbel, demzufolge die Pyxis in einem assyrisierenden Stil gearbeitet gewesen sein müsste, was sich freilich bei der Erhaltung nicht mehr verifizieren lässt.

Terrace postuliert: „The box was made in Syria during the 9th-8th centuries B.C." ohne dies weiter zu begründen.[274] Auch Sams nimmt das Objekt als Original hin.[275] Muscarella erwähnt KH.9 lediglich in einem Nachsatz zu KH.10.[276] Für Mazzoni ist die Pyxis „the finest example in the whole group in terms of the high quality of its carving".[277] Sie argumentiert hauptsächlich motivisch und weist auf die häufige Verwendung des Motivs der den Baum flankierenden Sphingen in den intermediate Stilgruppen der Elfenbeinschnitzerei hin. Generell ergibt sich das Problem nach der Zeitstellung von KH.9. Das assyrische Möbelelement sollte in das ausgehende 9. Jh. bzw. 8. Jh. verweisen, ebenso wie das Sphingenmotiv. Die Mond-Sonnen-Standarte, wenn man die o. g., wenn auch schwachen Parallelen gelten lässt, ist aus einer erheblich älteren Tradition der SBZ. Der Stil der Tatzen und des Sphingenkörpers deuten mehr auf den SpH IIa Stil des ausgehenden 10. Jh.s hin. Somit lässt sich m. E. keine stimmige Datierung erstellen; ferner ist auffallend, dass der Deckel so gut, der Korpus aber so schlecht erhalten ist und gerade an den „interessanten" Stellen zerstört ist.[278] Bei dem Korpus muss nach dem Gesagten damit gerechnet werden, dass zumindest der Dekor[279], wenn nicht das ganze Objekt ein modernes Imitat ist.

Das Deckelmotiv der aufgerichteten Ziegen am Baum findet sich häufig in der Kunst des Vorderen Orients beispielsweise in den Reliefs von Karatepe, Til Barsip oder Zincirli[280] sowie auf einigen Elfenbeinen aus Nimrud[281], iranischen Metallarbeiten[282] und auf zahlreichen Siegeln seit der Mitte des

---

[272] Mazzoni, FS Orthmann, erwähnt vergleichbare Mond-Sonnen-Scheiben (aus Aleppo: Orthmann, UsK, Aleppo/1; Karkemisch: Woolley, Carchemish II, Taf. A 16 C1; Hama: Riis – Buhl, Hama II,2, 56-58 Nr. 48 – hier fehlt aber ein Ständer für die Scheiben – und Ebla). Orthmann, UsK, 449 führt noch einige ausgewählte Rollsiegel ins Feld (*7 (kypro-minoisch: Scheibe auf dünnem Schaft flankiert von Greifendämonen), *8 (kappadokisch: dito), *10 (syrisch: Mond-Sonnen-Scheibe über Greifendämon), *13 (syro-mittanisch: Scheibe auf dünnem Schaft flankiert von Stiermenschen), *16 (neuassyrisch: Greifendämonen tragen Scheibe auf einem Gestell) – alles jedoch keine überzeugenden Parallelen für den vorliegenden Ständer). Im Übrigen muss angemerkt werden, dass Parallelen ähnlicher Objekte über die Zeiten zwar die Existenz eines derartigen Gegenstandes belegen mögen, nicht aber unbedingt für die Authentizität des Objektes sprechen. Vor allem, wenn Antiquaria aus verschiedenen Epochen vermischt werden, deutet dies sehr stark auf eine moderne Nachahmung hin.

[273] Siehe den Überblick bei Bonatz, Grabdenkmal, 90-92, Taf. 10-22.

[274] Terrace, BMusFA 62, 1964, 58.

[275] Sams, Porticus 3, 1980, 9.

[276] Muscarella, Lie, 189.

[277] Mazzoni, FS Orthmann, 295.

[278] Meines Erachtens nur als künstlich zu erklären sind die Schadstellen an der Tischszene, die so einen schmalen Streifen des Dekors übrig gelassen haben. War der Fälscher etwa mit seiner Arbeit nicht zufrieden?

[279] Für die Sphingen ist gut vorstellbar, dass die Greifenszene Orthmann, UsK, Karkemisch H/8 als Vorbild gedient hat, nur ist den Tieren ein Menschengesicht aufgesetzt und die leere Stelle zwischen beiden mit der Standarte gefüllt worden, um der Szene einen anderen Sinn zu verleihen. Die Greifen auf dem Relief tragen im Übrigen auch Halsbänder.

[280] Orthmann, UsK, Karatepe A/15 Taf. 16, Til Barsip A/8 Taf. 53 und Zincirli B/17 Taf. 59 bzw. vom Tell Halaf, s. Moortgat, Halaf 3, Taf. 52-55 und Taf. 86 (mit zum Baum hin- und abgewandten Köpfen).

[281] Pyxis Nim.39, ND 10321, ND 13235, ND 13234 (Herrmann, IN IV, Nrn. 583-585), die wohl ebenfalls antithetisch zu denken sind. Hier finden sich auch engere Vergleiche zu der feinen Schraffur der Mähne und der Haltung der Läufe.

[282] Zum Beispiel Löw, Metallgefäße, 6.a, 6.c, 13.e (hier Stiere), wobei Löw richtig bemerkt, dass das Motiv sehr weit verbreitet war (ebda., 136f.) und damit eine gewisse Beliebtheit erfährt.

zweiten Jahrtausends v. Chr.[283] bzw. auf Tonformen aus Mari[284]. Das Rosettenband findet sich nahezu identisch auch bei den Deckeln Nim.74 oder Kark.3 bzw. in älterer Variante auf Assur.23. Stilistische Beziehungen bestehen zum Korpus in den sehr kleinen Voluten der Bäume (hinter der sitzenden Gestalt der Tischszene), den doppelten Umrahmungen der Körperpartien und dem Halsband, das gleichermaßen Sphingen und Böcke tragen. Der Stamm des Baumes mit den engen Voluten reicht noch näher an die Tell Halaf-Reliefs heran, allein die gefiederten Blätter sind ungewöhnlich[285]. Die Muskelstilisierungen mit der bohnenförmigen, doppelt umrahmten Schulter und der Gelenkaussparung haben gute Parallelen in einigen der älteren Reliefs aus Karkemisch und Marasch[286] und auch zu den Tieren auf Deckel Kark.3. Die Steinböcke von KH.9 erscheinen als Füllelement auch auf KH.4. Sollten Korpus und Deckel tatsächlich zusammengehören, so gelten die Bedenken bezüglich der Echtheit natürlich auch für den Deckel. Möchte man den Deckel aufgrund des Baumes nach Tell Halaf verlegen, so wären die für den „Halaf-Regionalstil" typischen Körperstilisierungen an Rücken und Schenkeln zu erwarten. Ansonsten spräche der Stil eher für Nordwestsyrien bzw. Karkemisch. Die vorhandenen Ungereimtheiten gebieten es, nicht nur den Korpus von KH.9 sondern auch den Deckel bis auf weiteres als moderne Nachahmung zu betrachten, auch wenn die Deckelform den antiken Belegen entspricht.

Literatur: Terrace, BMusFA 62, 1964, 58f. Abb. 13, 14; Kozloff, BClevMus 1974, 17, Abb. 11-13; Athanassiou, Tanjarah, 211 Nr. 99 Taf. 171, 172; Sams, Porticus 3, 1980, 11 Abb. 10; Shaath, FS Porada, 241ff.; Mazzoni, FS Mazzoni, 295, 298 Abb. 4

KH.10   **FG: A.a.II.2**   **o. Abb.**

    Erwerb: k. A.

    Fundkontext: angebl. Rasm et-Tanjara

    Datierung: 10.-9. Jh. (Korpus mglw. alt, Relief modern)

    Material: Stein, Steatit

    Maße: H: 4,3 cm – Dm: 7,5 cm

    Aufbewahrung: Boston, Museum of Fine Arts, Inv.Nr.: 62.961

    Beschreibung: Pyxis aus rötlich-braunem Steatit mit Brandspuren, das meiste der Wandung fehlt, Rest gebrochen und repariert. Die Pyxis entspricht in ihrer Form dem Typ der fünffächrigen Kompartiment-pyxis, doch ist der figürliche Dekor höchst ungewöhnlich. Die eine erhaltene Seite zeigt ein Tier, das als Löwe oder Schwein(?) gesehen werden kann, hinter einem Mischwesen[287], darüber befinden sich vegetabile Elemente. Auf der anderen erhaltenen Seite setzt sich das vegetabile Element fort. Es folgt ein nicht identifizierbarer Gegenstand und ein Tier in seltsamer Haltung, eventuell ein aufgerichteter Löwe.

    Kommentar: S. Kap. 4.1. Die sehr nachlässig gravierte Darstellung hat keinerlei Parallelen zu anderen Pyxiden oder Reliefs, weder motivisch noch stilistisch. Es ist jedoch möglich, dass der Korpus originär und nur das Motiv modern ist, wie bereits Muscarella angemerkt hat.

    Literatur: Athanassiou, Tanjarah, 210 Nr. 97 Taf. 167; Muscarella, Lie, 189 Nr. 3; Mazzoni, FS Orthmann, 298

KH.11   **FG: A.a.II.2**   **o. Abb.**

    Erwerb: k. A.

    Fundkontext: k. A.

    Datierung: 10.-9. Jh. (Korpus mglw. alt, Relief modern)

    Material: Stein

    Maße: k. A.

    Aufbewahrung: k. A.

---

[283] Zum Beispiel Amiet, Sceaux-Cylindres, Nrn. 431, 432; Matthews, Principles, Nr. 167-172, 190; Porada, Tchoga Zanbil IV, Nrn. 42, 43 (mit vom Baum abgewandten Köpfen) und 45, 46 (mit dem Baum zugewandten Köpfen).

[284] Parrot, Palais, 34f. Abb. 28 Taf. XVII Nrn. 1033, 1036.

[285] Als vorsichtiger Vergleich mögen Darstellungen auf einigen Olympia-Blechen dienen (z. B. Borell – Rittig, Bronzereliefs, Relief 11 Taf. 16), doch ist dies eher ein Beispiel für die toreutische Umsetzung. Die Ziegendarstellungen hier sind stilistisch gänzlich anders geartet.

[286] S. etwa Orthmann, UsK, Karkemisch E/3 oder E/7.

[287] Es handelt sich auf den ersten Blick um ein Mischwesen aus Skorpionschwanz mit Stachel, Fischschwanz und Flügel (?). Dreht man die Pyxis um 180°, so erkennt man einen Vogel mit langem Hals und Flügel. Eine derart „freie Komposition" ist allerdings höchst merkwürdig.

Beschreibung: Kompartimentpyxis mit figürlichem Dekor. Zwei Adorationsszenen nach assyrischem Vorbild, getrennt durch Perlstäbe. a) Flügelsonne mit eingeschriebener Gestalt über Baum flankiert von zwei Männern in Fischschwänzen (!), die Reinigungsgerät halten; dahinter zwei Männer mit erhobenen Armen. b) zentrale Flügelsonne mit einbeschriebener Gestalt über großer Rosette, flankiert von einer unbärtigen Gestalt links, einem „König" mit Eimer und Zapfen, dahinter eine zweite unbärtige Gestalt. Der Deckel ist mit einer Rosette verziert.

Kommentar: Muscarella hat dieses Objekt zu Recht als Fälschung aufgrund der unmöglichen Konstruktion eines „assyrisierenden" Motivs auf einem sonst nordsyrischen Objekt erkannt. Zudem bestehen hinsichtlich des Stil gravierende Bedenken.

Literatur: Muscarella, Lie, 189 Nr. 7

KH.12   **FG: A.a.II.2**   **o. Abb.**
   Erwerb: k. A.
   Fundkontext: lt. Athanassiou aus Rasm et-Tanjara; 1969 im Kunsthandel
   Datierung: 10.-9. Jh. (?)
   Material: Stein, Steatit
   Maße: H: 3,5 cm – Br: 4,0 cm
   Aufbewahrung: k. A.
   Beschreibung: Beschreibung nach Athanassiou: „Black green steatite. Modern cuttings have done away with the remaining stumps of floor and walls. […] Fragment originating from end of the left side of pyxis where the figural scene ends or begins; base preserved, but rim missing. Exhibits a male figure wearing long Assyrian [!] style cloak and uncertain hoofed animals on left."
   Kommentar: Hier kann nur nach der Beschreibung Athanassious geurteilt werden. Ein assyrisches Kleidungsstück auf einem syrischen Objekt erweckt allerdings bereits massive Zweifel an der Authentizität der Darstellung.[288]
   Literatur: Athanassiou, Tanjarah, 212 Nr. 102 Taf. 175; Muscarella, Lie, 190 Nr. 5; Mazzoni, FS Orthmann, 299

KH.13   **FG: A.a.II.2***   **o. Abb.**
   Erwerb: k. A.
   Fundkontext: k. A.
   Datierung: 10.-9. Jh. (?)
   Material: Elfenbein
   Maße: k. A.
   Aufbewahrung: k. A.
   Beschreibung: Nach Muscarella: „An ivory circular pyxis depicting two heraldic confronting bulls separated by a winged disc, claimed by its dealer to be from Arslan Tash, London dealer, 1980's."
   Kommentar: Mangels Nachweisen und Abbildung kann das Objekt hier nicht weiter behandelt werden. Die Darstellung antithetischer Stiere findet sich zwar im nordsyrischen Motivrepertoire, doch lässt die geflügelte Sonne ein wenig stutzen.
   Literatur: Muscarella, Lie, 190 Nr. 9

KH.14   **FG: A.a.II.2**   **Taf. 38b**
   Erwerb: k. A.
   Fundkontext: angebl. Rasm et-Tanjara
   Datierung: 10.-9. Jh.
   Material: Stein, Steatit
   Maße: H: 5,4 cm – Dm: 9,8 cm
   Aufbewahrung: Luzern, Slg. Kofler, Inv. Nr.: K 409 Z
   Beschreibung: Diese Pyxis gehört zu den sehr gut erhaltenen Stücken mit einem passenden Deckel. Sie ist nahezu vollständig rund und relativ hoch bei einem senkrechten Mantel. Die Rückseite wird durch eine halbrunde Ausbuchtung an dem Gelenk und zwei schmale senkrechte, flankierende Kehlen markiert. Es handelt sich wieder um eine Kompartimentpyxis mit innerer, fünffacher Aufteilung. Extrem breit sind die Mittelstege der Fächer und zwar beinahe doppelt so stark wie die Außenwandung und die Wandung des inneren Faches; der Steg im Anschluss an das Dübelloch ist besonders breit. Dem

---

[288] Nach Muscarella, Lie, 190 Nr. 5 eine Fälschung.

Dübelloch gegenüber liegt anscheinend ein Loch. Auf dem Deckel ist ebenfalls ein Loch für einen Knauf angebracht.

Der Dekor ist rein geometrisch-ornamental. Der Deckel weist ein Muster von zwei konzentrischen Ringen und einem zentralen Kreis mit einer sechsblätterigen Stechzirkelrosette auf. Der Hintergrund ist schraffiert, ihre Blätter sind ungefüllt belassen. Der Mantel ist entsprechend der inneren Kompartimentaufteilung durch vertikale Tremolierstichreihen in Metopen gegliedert, die Kreise in ihrer Mitte haben. Diese Kreise sind in acht Sektoren eingeteilt und abwechselnd kreuzschraffiert und leer.

Kommentar: S. Kap. 4.1. Es bestehen Parallelen zu Juda.1 vor allem in der Form, Proportion und Größe, den extrem breiten Mittelstegen, die mit einer feinen Linie von der Wandung getrennt sind, dem ungewöhnlich großen runden Mittelfach, sowie stilistisch in der Verwendung der Kompassrosette und der feinen, Tremolierstich-artigen Zickzacklinie auf dem Mantel, die als Metopenbegrenzung dient. Ähnlichkeiten bestehen auch zum Deckel von Tanj.1; hier in dem Arrangement der Löcher, den rückseitigen Kerben und dem Schraffurmuster.[289] All dies erlaubt es meines Erachtens KH.14 durchaus als originär zu betrachten.[290]

Literatur: Galling, ZDPV 86, 1970, 3f. Taf. 1A+B; Athanassiou, Tanjarah, 208f. Nr. 94 Taf. 164-166; Shaath, FS Porada, 238 Anm. 10; Shaath, AAS 36, 1986/87, 62 Abb. 6a; Paszthory, Salben, 35 Abb. 50; Mazzoni, FS Orthmann, 298

KH.15	**FG: A.a.II.2**	**o. Abb.**

Erwerb: Unter den Katalognummern KH.15-KH.19 sind fünf Pyxiden zusammengefasst, die bei einer Auktion des Hauses Drouot auf den Markt kamen. Möglicherweise handelt es sich um die Objekte der ehemaligen Slg. Thierry (s. KH.22-25).

Fundkontext: k. A.

Datierung: 10.-9. Jh.

Material: Stein, schwarz

Maße: H: 4,4 cm – Dm: 9,9 cm

Aufbewahrung: k. A.

Beschreibung: Die in Abbildung vorliegende Pyxis KH.15 besitzt die bekannte fünffächrige Aufteilung mit einem runden Mittelfach und vier gleich großen Kompartimenten. Die Verzierung des Korpus' besteht aus senkrechten, kreuzschraffierten Bändern neben senkrechten Reihen von tremolierstich-artigen Zickzacklinien. Der Deckel besitzt zwei Reihen konzentrischer Kreise mit Kreuzschraffur und ein zentrales rundes Feld mit Rosettenmuster; die Blätter sind vor einem kreuzschraffierten Hintergrund ausgespart.

Kommentar: S. Kap. 4.1.2.1. Damit ähneln Deckel und Korpus den Pyxiden Juda.1, Tanj.1 und KH.14. Auch hier wäre eine Autopsie für ein abschließendes Urteil wünschenswert; eingedenk der genannten Vergleiche spricht Einiges für die Authentizität der Pyxis. Über die anderen vier Pyxiden (KH.16-KH.19) kann nach den dürftigen Beschreibungen nicht viel mehr gesagt werden, als dass sie ebenfalls eine Aufteilung in fünf, vier bzw. drei Fächer besitzen und damit den archäologisch ergrabenen Beispielen entsprechen. Auch die angegebenen Verzierungen scheinen dem Standardrepertoire der Kompartimentpyxiden zu entsprechen. Da Fälscher eher dazu neigen prestigeträchtige und künstlerisch ansprechende Objekte zu fälschen, die hohe Preise auf dem Markt erzielen[291], geben diese vergleichsweise einfachen Stücke wegen ihrer Schlichtheit weniger Anlass zu Bedenken. Bei aller gebotenen Vorsicht mögen diese fünf Pyxiden als authentisch gelten.

Literatur: Auktionskatalog Hôtel Drouot, Paris, 1987, Mai Nr. 46A

---

[289] Der zentrale Kreis auf dem Deckel von Tanj.1 ist beinahe identisch zu den gefüllten Kreisen auf der Wandung von KH.14. Gleich ist auch der Stil der Schraffur, die bei beiden Deckeln zur Füllung der Bänder radial von der Mitte her verläuft. Die Tremolierstichverzierung erscheint sowohl an einigen nordsyrischen Elfenbeinarbeiten (z. B. Barnett, CNI, S75 als Halsschraffur), aber auch an einigen nordsyrischen Steinobjekten (z. B. an einem Deckel aus Tell Mastuma – Wakita, BAncOrMus 16, 1995, Abb. 12:1, Taf. 24:1).

[290] Es sei angemerkt, dass keine der noch unveröffentlichten Pyxiden aus Chicago aus dem ʿAmuq-Gebiet figürlich verziert ist, so Muscarella, Lie, 189: „[...] note that not one example from this excavated corpus has a figured scene carved on its walls."

[291] Hierzu und mit Kritik an diesem Punkt Löw, Metallgefäße, 525-527. Die Fälschungsproblematik ist folglich relevanter für (Edel-) Metallgegenstände, wie ein Blick in die Publikationen Muscarellas (Muscarella, JFA 4, 1977 und ders., FS Kantor, ders., Lie) zeigt. Dass genuin einfache Objekte mit figürlichem Dekor verziert werden können, um ihren Preis zu steigern, betont Muscarella (ebda., 189).

Maße: H: 8,5 cm – L: 8,5 cm
Aufbewahrung: Paris, Musée du Louvre, Inv.Nr.: AO 22127
Beschreibung: Eckige Pyxis wie KH.54 und KH.55. Auch diese Ausführung hat Standfüßchen besessen, die heute allerdings ausgebrochen sind wie die Schadstellen an den unteren Ecken anzeigen. Die Seitenflächen sind polychrom bemalt, allerdings ist der Dekor nur noch schwach erhalten. Zumindest auf einer Seite ist der Umriss eines springenden Capriden erhalten; auf den Seiten mit Handhaben scheinen ehemals florale Motive angebracht gewesen zu sein.
Kommentar: S. KH.53.
Literatur: Amiet, RLouvre 6, 1969, 332 Abb. 17, 18; Kat. Faïences, Paris, Nr. 129

KH.56   **FG: S.d.1**   o. Abb.
Erwerb: ehem. Musée Guimet, Inv.Nr. 4057
Fundkontext: k. A.
Datierung: SBZ
Material: Holz
Maße: H: 5,0 cm – Dm: 4,5 cm
Aufbewahrung: Paris, Musée du Louvre, Inv.Nr.: E.21556
Beschreibung: Kapselförmige Pyxis, allerdings mit stark gerundetem Boden. Der obere Teil des Randes ist leicht abgesetzt und glatt; der Ansatz für den Schwenkstift nimmt die gesamte Höhe dieses Randes ein.
Kommentar: Vgl. Kap. 8.2.
Literatur: Vandier d'Abbadie, Objets de toilette, 48 Nr. 129

KH.57   **FG: S.d.2**   Taf. 98b
Erwerb: Ankauf Paris (1901), angeblich aus Babylonien
Datierung: 14.-13. Jh.
Material: Ägyptisch Blau
Maße: H: 9,0 cm – Dm: 5,75 cm
Aufbewahrung: Paris, Musée du Louvre, Inv.Nr.: AO 4079
Beschreibung: Kapselförmiger Korpus auf drei seitlich ansetzenden Beinen, die in stilisierten Stierfüßen enden. Die obere Hälfte der Wandung ist mit zwei Zickzackbändern versehen. Im Inneren sind zwei Laschen angearbeitet, die die Befestigung und Fixierung eines Schwenkdeckels ermöglichen.
Kommentar: Vgl. Kap. 8.2. Für die Authentizität dieser Stückes spricht nicht nur das frühe Ankaufsdatum und das Material, sondern vor allem die engen Vergleiche dieser Formgruppe aus Grabungskontexten. Anstelle von Babylon sollte aber eher eine syrisch-levantinische Herkunft in Betracht gezogen werden.
Literatur: Kat. Mésopotamie, Tokyo, 232 Nr. 239; Kat. Faïences, Paris, 14, Nr. 8; Kat. FMV, Paris, 99 Nr. 35

KH.58   **FG: S.e**   Taf. 99f
Erwerb: k. A.
Fundkontext: k. A.
Datierung: SBZ (18.-19. Dyn.)[303]
Material: Quarzkeramik
Maße: H: 2,0 cm – L: 11,8 cm – Br: 8,5 cm
Aufbewahrung: Paris, Musée du Louvre, Inv.Nr.: E.11061
Beschreibung: Nierenförmige Pyxis mit Schwenkdeckel und drei inneren Fächern.
Kommentar: Vgl. Kap. 8.3.
Literatur: Vandier d'Abbadie, Objets de toilette, 48 Nr. 131; Kat. Paris 1932, 589; Kat. Gifts, Providence, 125 Nr. 94; Kat. Faïence, Paris, 161, Nr. 428

KH.59   **FG: S.e**   o. Abb.
Erwerb: k. A.
Fundkontext: lt. Athanassiou aus Rasm et-Tanjara
Datierung: EZ

---

[303] Im Kat. Faïences, Paris, Nr. 428 datiert ins 6.-4. Jh.

Material: Stein, Steatit

Maße: H: 3,3 cm – L: 8,6 cm

Aufbewahrung: Lyon, Slg. Thierry, Inv.Nr.: E 5

Beschreibung: Nach der Beschreibung Athanassious eine nierenförmige Pyxis mit drei Kompartimenten. Die Wandung ist leicht konkav und auf der Außenseite mit Fischgrätmuster versehen.

Kommentar: Mangels Abbildung muss eine Bewertung des Objektes unterbleiben, es scheint sich jedoch um eine nierenförmige Pyxis der Formgruppe S.e zu handeln.

Literatur: Athanassiou, Tanjarah, 206f. Nr. 89

KH.60 **FG: S.a** **Taf. 94b, c**

    Erwerb: k. A.

    Fundkontext: k. A., angeblich aus Ägypten, aus einem Grab der 12. Dyn.

    Datierung: 1400-1200 (n. Vergleichen)[304]

    Material: Holz

    Maße: H: 10,7 cm – Br. 4,8 cm

    Aufbewahrung: Glasgow, Slg. Burrell, Inv.Nr.: 13.320

    Beschreibung: Nahezu vollständig erhaltene Pyxis in Gestalt eines Frauenkopfes. Auf einem breiten und schweren Hals, der mit drei Reihen von Halsbändern geschmückt ist, sitzt ein vergleichsweise kleiner, rundlich geformter Kopf. Lippen und Nase sind fleischig gestaltet, die Augen groß und mandelförmig und aus einem anderen Material separat eingelegt; die Brauen folgen dem Schwung der Augen. Das Haar ist über der Stirn zu einem dicken Zopf geflochten, der auch die Ohren halb bedeckt. Ein tropfenförmiger Ohrring hängt vom Ohrläppchen herab.

    Kommentar: S. Kap. 8.1. Laut Katalogeintrag wurde das Objekt in einem ägyptischen Grab der 12. Dyn. gefunden. Peltenburg weist darauf hin, dass das Holz zwar nicht aus Ägypten stamme, die gesamte Gestaltung aber ägyptisierende Züge aufweise, die eine Herstellung in ägyptischem Milieu nahe legt. Dies zeigt vor allem ein Vergleich mit den Kopfpyxiden und -bechern aus Quarzkeramik, die als engste Parallelen auch für eine Datierung von KH.60 in die SBZ sprechen. Der Ohrschmuck findet sich jedoch bei keinem der Quarzkeramikobjekte. Peltenburg nimmt daher für diese Pyxis eine Herkunft aus einer ägyptisierenden Werkstatt der Levante an, die ägyptischen Stil mit asiatischer Konzeption verbindet.[305] Bei Betrachtung der Frisur, der großen mandelförmigen Augen, den vollen Lippen und der großen Nase scheinen aber die syrischen Züge auch im Stil erheblich zu überwiegen.

    Literatur: Culican, Levant 3, 1971, Taf. 27-28; Peltenburg, Classification of Vases, 134-135 Taf. 24:1; Kat. Glasgow 1991, 127-129 Nr. 100 Abb. 37 Taf. S. 127

KH.61[306] **FG: S.b** **Taf. 96c**

    Erwerb: k. A.

    Fundkontext: angebl. Nordwest-Iran

    Datierung: 9.-7. Jh. (neuassyrisch)

    Material: Quarzkeramik

    Maße: H: 6,7 cm – Br: 5,3 cm

    Aufbewahrung: London, BM, Inv.Nr.: 135559

    Beschreibung: Verschließbares Gefäß in Gestalt eines Widderkopfes; mit Resten von Bemalung; vermutlich modelgeformt.

    Kommentar: S. Kap. 8.1.

    Literatur: Unpubliziert

KH.62 **FG: S.b** **o. Abb.**

    Erwerb: k. A.

    Fundkontext: aus der Region Nippur (?)

    Datierung: 800-600[307]

---

[304] Der angebliche Fundkontext würde der MBZ angehören, doch wäre hier die spätere Nachnutzung eines älteren Grabes sehr gut möglich.

[305] Kat. Glasgow 1991, 129.

[306] Ich danke J. Curtis, London, für die Erlaubnis, dieses Stück hier aufnehmen zu können.

[307] Gemäß Unterlagen des Museums aus dem frühen ersten Jahrtausend.

Material: Stein
Maße: k. A.
Aufbewahrung: London, BM, Inv.Nr.: 121210
Beschreibung: Gefäß in Gestalt eines liegenden (gefangenen?) Widders, dessen Läufe seitlich gebunden sind; der Kopf ist dabei nach oben gewandt. Die angewinkelten Bein scheinen als Griffknubben oder Führung für eine Schnur verwendet worden zu sein. In den ovalen Korpus sind drei Vertiefungen eingebracht, die vermutlich mit einem Stülpdeckel verschlossen werden konnten. Die Identifizierung von KH.62 als Pyxis ist letztlich nicht gesichert und wird mehr der Vollständigkeit halber angeführt.
Kommentar: Der liegende Widder von KH.62 besitzt eine Parallele in der Elfenbeinschale eines liegenden Kälbchens oder Stieres aus Nimrud.[308] Es handelt sich jeweils um Objekte deren Korpora eine Vertiefung aufweist; Hals und Kopf wurden nachträglich angesetzt, wie die vorhandenen Dübellöcher zeigen. Vergleichbare Behälter finden sich weiterhin in Ägypten etwa in Gestalt von Salblöffeln, wie überhaupt im ägyptischen Kunsthandwerk offensichtlich häufiger unterschiedliche Tierformen für die verschiedensten Objekte verwendet wurden als im altvorderasiatischen Raum.
Literatur: Unpubliziert

KH.63[309]   **FG: S.g**   **Taf. 81e**
  Erwerb: k. A.
  Fundkontext: angebl. Ziwiye [310]
  Datierung: spätes 8. Jh. (n. Vergleichen)
  Material: Elfenbein
  Maße: H: 3,5 cm – L: 3,0 cm
  Aufbewahrung: Tokyo, Slg. Ishiguro
Beschreibung: Behälter in Gestalt eines liegenden, unbärtigen Mischwesens, zur Hälfte erhalten. Möglicherweise waren wie bei Nin.1 ehemals zwei Wesen nebeneinander liegend dargestellt. Das Reservoir befindet sich zwischen den Flügeln. Das breite, weiche Gesicht entspricht dem neuassyrischen Stil des 8. Jh.s mit schweren Augenlidern und auf den Schultern aufliegendem Haarbausch. Als Halsschmuck trägt das Mischwesen eine Perlenkette bzw. ein Pektorale. Wie bei den Vergleichsbeispielen dieser Formgruppe sind die Seiten nur oberflächlich ausgearbeitet.
Kommentar: S. Kap. 5.4. Mit den Belegen der Formgruppe S.g existieren ausreichend Parallelen zum Gefäßtyp, um auch KH.63 als authentisch zu betrachten. Darüber hinaus lässt sich KH.63 gut in das neuassyrische Kunsthandwerk eingliedern. Der auf den Schultern aufliegende Haarbausch folgt jenem Stil, der sich unter den Sargoniden herausbildet. Das breite, füllige und weiche Gesicht entspricht der eher feisten Physiognomie der späteren neuassyrischen Skulpturen und Reliefs.[311]
Literatur: Kat. Ishiguro Collection 1975, Tokyo, 108f. Nr. 120; Kat. Ishiguro Collection 1993, Tokyo, Nr. 140; Barnett, Ivories, 41 Anm. 30a

KH.64   **FG: S.c**   **o. Abb.**
  Erwerb: k. A.
  Fundkontext: k. A.
  Datierung: SBZ
  Material: Stein
  Maße: k. A.
  Aufbewahrung: Nikosia, Cyprus Museum, Inv.Nr.: 1977/VI-2/3
  Beschreibung: Keine weitere Beschreibung möglich.
  Kommentar: s. Kap. 8.1.3.
  Literatur: Karageorghis, Bathtub, 437 Anm. 14 Nr. e)

---

[308] Barnett, CNI, S 111 und S 112 Taf. 61.
[309] Ich danke A. Takuro, Tokyo, für die Überlassung mehrerer Photos zu diesem Objekt.
[310] Für das Objekt ist als Fundort „Ziwiye" angegeben, jedoch erscheint es weder in den einschlägigen Publikationen zu diesem Materialkomplex, noch in der Liste Ghirshmans (Godard, Trésor; Wilkinson, Ziwiye; Ghirshman, JNES 42, 1973; Ghirshman, Tombe Princière). Muscarella bemerkt, dass die Pyxis mit keinem weiteren Elfenbeinobjekt aus „Ziwiye" verglichen werden kann, womit die Herkunftsangabe mehr als fragwürdig wäre (Muscarella, JFA 4, 1977, 202).
[311] Etwa Albenda, Sargon, Abb. 68-71; Strommenger, Rundskulptur, Taf. 20, 21 als Stilstufe IV.

KH.65[312]   **FG: S.f**   **Taf. 100a**
    Erwerb: k. A.
    Fundkontext: Nordwest-Iran; lt. Kunsthändlerangabe aus der Region des Urmia-Sees
    Datierung: 1000-800 (EZ II)
    Material: Quarzkeramik
    Maße: H(mit Deckel): 8,1 cm
    Aufbewahrung: London, BM, Inv.Nr.: 1971-6-19,3
    Beschreibung: Pyramidenförmige Pyxis mit Deckel, vollständig erhalten. Mit vier kleinen Ösen an den Ecken. Der Dekor besteht aus vier Zonen unregelmäßig angebrachter Kreispunktornamente.
    Kommentar: S. Kap. 8.4.
    Literatur: Unpubliziert

KH.66[313]   **FG: S.f**   **Taf. 100b**
    Erwerb: k. A.
    Fundkontext: Kunsthandel ohne Herkunftsangabe
    Datierung: 1000-800 (EZ II)
    Material: Quarzkeramik
    Maße: H: ca. 7,0 cm
    Aufbewahrung: Oxford, Ashmolean Museum, Inv.Nr.: 1975.325
    Beschreibung: Pyramidenförmige Pyxis mit Deckel. Über Eck sitzen an Deckel und Korpus halbrunde, gelochte Ösen zu Befestigung der beiden Teile. Die Kanten sind leicht profiliert und gekerbt, ebenso auch die Ösen. Dem Korpus ist ein trapezförmiges Bildfeld mit geometrischem Muster eingeschrieben. Der Dekor auf dem Deckel besteht aus Zickzacklinien.
    Kommentar: S. Kap. 8.4.
    Literatur: Roaf, Weltatlas, 130 Abb. unten rechts

KH.67[314]   **FG: S.f**   **Taf. 100c**
    Erwerb: k. A.
    Fundkontext: Kunsthandel, angebl. Iranisch-Aserbaidschan
    Datierung: 1000-800 (EZ II)
    Material: Quarzkeramik
    Maße: H: 12,0 cm – L: 6,6 cm – T: 6,6 cm
    Aufbewahrung: Tokyo, Slg. Ishiguro
    Beschreibung: Pyramidenförmige Pyxis, vollständig erhalten. Wie auch bei KH.66 sind die Kanten leicht profiliert. Die Ösen sind vergleichsweise langgezogen und außen mit Schraffur versehen. Die Seitenflächen sind mit horizontalen Linien und Zickzacklinien gefüllt.
    Kommentar: S. Kap. 8.4.
    Literatur: Kat. Ishiguro Collection 1993, Tokyo, Nr. 104

KH.68   **FG: S.f**   **Taf. 100d**
    Erwerb: k. A.
    Fundkontext: Kunsthandel, angeblich Iranisch-Aserbaidschan
    Datierung: 1000-800 (EZ II)
    Material: Quarzkeramik
    Maße: H(mit Deckel): 11,1 cm – L: 6,5 cm – T: 5,2 cm
    Aufbewahrung: Berlin, Museum für Vor- und Frühgeschichte, Inv.Nr.: XIc 4851
    Beschreibung: Pyramidale Pyxis mit Deckel. Das dickwandige Unterteil hat einen Wackelboden, der spitze Deckel ist massiv und besitzt nur eine kleine ovale Mulde. Die Seitenflächen tragen ein Ritzdekor in mehreren horizontalen Reihen, die senkrecht gekerbt sind. Auf zwei Seiten, so Wartke, bildet das Ritzmuster gegenständige Dreiecke. Die Ösen an den Kanten sind gelängt und wirken wie Schnurösen.
    Kommentar: S. Kap. 8.4.
    Literatur: Kat. Türkis, Kassel, Nr. 158

---

[312] Für die Publikationserlaubnis dieses Objektes bin ich noch einmal J. Curtis, London, zu Dank verpflichtet.
[313] Auskünfte zu diesem Stück verdanke ich P.R.S. Moorey, Oxford.
[314] Auch zu diesem Stück hat mir A. Takuro, Tokyo, dankenswerterweise Abbildungen zur Verfügung gestellt.

KH.69   **FG: A.b**   **Taf. 105b**

Erwerb: erworben 1971
Fundkontext: Iranisch-Aserbaidschan (?)
Datierung: 1000-800 (EZ II)
Material: Quarzkeramik
Maße: H(mit Deckel): 7,3 cm – L: 4,9 cm – Dm: 4,1 cm
Aufbewahrung: London, BM, Inv.Nr.: 135575 / 1971-5-19,1
Beschreibung: Zylindrische Pyxis mit seitlich ansetzenden Handhaben. Der sehr dicke Deckel besitzt gleichfalls recht lange Ösen, die den Deckel zusätzlich überragen. Das Zentrum ist mit einem einfachen Kreuzmuster versehen. Der Korpus ist in zwei horizontale Zonen gegliedert, die durch ein tiefes Schraffurmuster gefüllt sind.
Kommentar: S. Kap. 9.2. Diese Pyxis aus grünlich-türkisfarbener Quarzkeramik hat eine direkte Parallele in KH.70, die leider auch aus dem Kunsthandel stammt. Als schwacher Hinweis auf eine Lokalisierung mag auf Kul.1 gewertet werden.
Literatur: Unpubliziert

KH.70   **FG: A.b**   **Taf. 105c**

Erwerb: k. A.
Fundkontext: Kunsthandel, angebl. Iranisch-Aserbaidschan
Datierung: 1000-800 (EZ II)
Material: Quarzkeramik
Maße: H: 7,3 cm – Dm: 5,0 cm
Aufbewahrung: Tokyo, Slg. Ishiguro
Beschreibung: Zylindrische Pyxis mit seitlich ansetzenden, sehr langen Ösen und vergleichsweise massivem Deckel. Sehr ähnlich zu KH.69.
Kommentar: S. Kap. 9.2 bzw. KH.69.
Literatur: Kat. Ishiguro Collection 1993, Tokyo, Nr. 103

12. Konkordanzen

12.1 Museumsinventarnummern – Katalognummern

Athen, Nationalmuseum,		Inv.Nr.: 103900	Uruk.10
oder Archäolog.Museum, Iraklion	Kreta.1	Inv.Nr.: 103923	Uruk.04
		Inv.Nr.: 127899	Nim.063
Aleppo, Archäologisches Museum		Inv.Nr.: 127900	Nim.057
o. Nr.	Denit.1	Inv.Nr.: 127901	Nim.056
o. Nr.	Fray.1	Inv.Nr.: 127902	Nim.055
o. Nr.	Hama.2	Inv.Nr.: 127903	Nim.061
o. Nr.	KH.29	Inv.Nr.: 127904	Nim.070
o. Nr.	Mari.04	Inv.Nr.: 127905	Nim.058
o. Nr.	Mari.10	Inv.Nr.: 127906	Nim.065
o. Nr.	Mari.11	Inv.Nr.: 127907	Nim.064
Inv.Nr.: 2474	KH.05	Inv.Nr.: 127908	Nim.060
Inv.Nr.: 4548	Uga.11	Inv.Nr.: 127909	Nim.053
Inv.Nr.: 79 RS 21	Uga.04	Inv.Nr.: 127910	Nim.054
Inv.Nr.: 8332 = 4324	Uga.18	Inv.Nr.: 127911	Nim.067
Inv.Nr.: 6700 Spec.No. 839	Tanj.1	Inv.Nr.: 127912	Nim.051
		Inv.Nr.: 127913	Nim.069
Amman, Archäolog. Museum		Inv.Nr.: 127914	Nim.050
Inv.Nr.: DA 1700	DA.1	Inv.Nr.: 127915	Nim.066
		Inv.Nr.: 127916	Nim.048
Ankara, Archäologisches Museum		Inv.Nr.: 127917	Nim.049
Inv.Nr. 120-64-64	Kült.2	Inv.Nr.: 127918	Nim.059
Inv.Nr. 120-69-64	Kült.1	Inv.Nr.: 127919	Nim.062
		Inv.Nr.: 127920	Nim.052
Antakya, Archäologisches Museum		Inv.Nr.: 127921	Nim.068
o. Nr.	Alal.5		
Inv.Nr.: Ant. 7059	Alal.6	Beirut, American University of Beirut Museum	
		Inv.Nr.: 70.35	KH.20
Baghdad, Iraq Museum			
o. Nr.	Nim.021	Berlin, Museum für Vor- und Frühgeschichte	
o. Nr.	Nim.041	Inv.Nr.: XIc 4850	KH.53
o. Nr.	Nim.074	Inv.Nr.: XIc 4851	KH.68
o. Nr.	Rimah.02		
o. Nr.	Rimah.04	Berlin, Vorderasiatisches Museum	
o. Nr.	Rimah.06	Inv.Nr.: VA 3540	Assur.20
o. Nr.	Rimah.07	Inv.Nr.: VA 4342	TK.2
o. Nr.	Rimah.08	Inv.Nr.: VA 4635a	TK.1
o. Nr.	Rimah.09	Inv.Nr.: VA 5538 (fehlt seit 1945)	Assur.19
o. Nr.	Rimah.11	Inv.Nr.: VA 5685	Assur.16
o. Nr.	Rimah.12	Inv.Nr.: VA 5842	Assur.05
o. Nr.	Ur.3	Inv.Nr.: VA 5848	Assur.18
o. Nr.	Uruk.11	Inv.Nr.: VA 5897	Assur.15
Inv.Nr.: 22447	Nin.1	Inv.Nr.: VA 5898	Assur.14
Inv.Nr.: 41565	Uruk.08	Inv.Nr.: VA 5930	Assur.11
Inv.Nr.: 65196	Nim.001	Inv.Nr.: VA 5945	Assur.12
Inv.Nr.: 66718	Uruk.06	Inv.Nr.: VA 7264	Assur.17
Inv.Nr.: 66831	Uruk.01	Inv.Nr.: VA 7864	Assur.07
Inv.Nr.: 79513	Nim.019	Inv.Nr.: VA 7989	Assur.23
Inv.Nr.: 79514	Nim.004	Inv.Nr.: VA 8286 [?]	Assur.10
Inv.Nr.: 79515	Nim.039	Inv.Nr.: VA Ass 1099	Assur.03
Inv.Nr.: 79519	Nim.073	Inv.Nr.: VA Ass 1100	Assur.08
Inv.Nr.: 79564	Nim.071	Inv.Nr.: VA Ass 1758	Assur.09

Inv.Nr.: VA Ass 1931	Assur.29
Inv.Nr.: VA Ass 2157	Assur.13
Inv.Nr.: VA Ass 3537	Assur.06
Inv.Nr.: VA Ass 3542	Assur.02
Inv.Nr.: VA Ass 3542	Assur.21
Inv.Nr.: VA Ass 3542	Assur.25
Inv.Nr.: VA Ass 3542	Assur.26
Inv.Nr.: VA Ass 3543	Assur.24
Inv.Nr.: VA Ass 3543	Assur.27
Inv.Nr.: VA Ass 3543	Assur.28
Inv.Nr.: VA Ass 4080c	Assur.01
Inv.Nr.: VA Bab 1917	Bab.1
Inv.Nr.: VA Bab 1919	Bab.8
Inv.Nr.: VA Bab 2688	Bab.5
Inv.Nr.: VA Bab 2688	Bab.6
Inv.Nr.: VA Bab 2688	Bab.2
Inv.Nr.: VA Bab 3005	Bab.3

Bern, Sammlung Abegg
Inv.Nr.: 5.7.63	KH.32
Inv.Nr.: 5.8.63	KH.33

Boston, Museum of Fine Arts
Inv.Nr.: 61.1075	KH.09
Inv.Nr.: 62.961	KH.10

Cambridge, Fitzwilliam Museum
Inv.Nr.: E.7.1903	Beni.1

Chicago, Oriental Institute Museum
o. Nr.	Juda.1
Inv.Nr.: A 18255	Meg.08
Inv.Nr.: A 20516	Meg.03
Inv.Nr.: A 20577	Meg.04
Inv.Nr.: A 22237	Meg.07
Inv.Nr.: A 22255	Meg.05
Inv.Nr.: A 22311	Meg.01
Inv.Nr.: A 23873	Meg.02
Inv.Nr.: A 25163	SD.5
Inv.Nr.: A 25177	SD.8

Cleveland, Museum of Art
Inv.Nr.: 73.19 (J.H. Wade Fund)	KH.07

Damaskus, Nationalmuseum
Inv.Nr.: 2833	Uga.03
Inv.Nr.: 4167	Uga.21
Inv.Nr.: 16406/4200	Uga.12

Deir ez-Zor, Archäologisches Museum
o. Nr.	Hami.1

Enkomi, Archäologisches Museum
Inv.Nr.: 21	Enko.10
Inv.Nr.: 4122	Enko.08

Erevan, Armenisches Historisches Museum
o. Nr.	KB.1
o. Nr.	KB.2

o. Nr.	KB.3
o. Nr.	KB.4
o. Nr.	KB.5

Glasgow, Sammlung Burrell
Inv.Nr.: 13.320	KH.60

Heidelberg, Warka-Sammlung
o. Nr.	Uruk.02
o. Nr.	Uruk.03

Idlib, Archäologisches Museum
o. Nr.	Afis.1
o. Nr.	Afis.2
o. Nr.	Afis.3
o. Nr.	Afis.4
o. Nr.	Afis.5
o. Nr.	Afis.6

Iraklion, Archäologisches Museum,
Inv.Nr.: 73	Kreta.3

Istanbul, Archäologisches Museum
o. Nr.	Halaf.1

Jerusalem, Bible Lands Museum
o. Nr.	KH.50

Jerusalem, Israel Antiquities Authority
Inv.Nr.: 76-250	Dan.1
Inv.Nr.: 76-2544	Dan.2

Jerusalem, Israel Museum
Inv.Nr.: 34.7710	Lach.8
Inv.Nr.: 34.7715	Lach.7
Inv.Nr.: 36.1836	Lach.1
Inv.Nr.: 39.4	Lach.3
Inv.Nr.: 87.160.629	KH.51
Inv.Nr.: I.3561	Meg.10
Inv.Nr.: I.4322	Fara.1
Inv.Nr.: M.38.819	Meg.11
Inv.Nr.: S.712	Gezer.1

Kairo, Ägyptisches Museum
Inv.Nr.: 18742 a, b	Abus.1

Kouklia, Archäologisches Museum
o. Nr.	Kouk.1

Lattaqia, Archäologisches Museum
Inv.Nr.: M 2143	Uga.13

London, British Museum
o. Nr.	Sa'id.6
o. Nr.	Ur.1
Inv.Nr.: 93718	Nin.2
Inv.Nr.: 116122	Kark.1
Inv.Nr.: 116123	Kark.2
Inv.Nr.: 116409	KH.01

Inv.Nr.: 118107	Nim.026
Inv.Nr.: 118112+126525	Nim.024
Inv.Nr.: 118171	Nim.005
Inv.Nr.: 118172	Nim.009
Inv.Nr.: 118173	Nim.035
Inv.Nr.: 118177	Nim.025
Inv.Nr.: 118178+113141	Nim.028
Inv.Nr.: 118179	Nim.020
Inv.Nr.: 118184	Nim.087
Inv.Nr.: 118247	Nim.038
Inv.Nr.: 118258	Nim.017
Inv.Nr.: 118258	Nim.018
Inv.Nr.: 119454	Nim.029
Inv.Nr.: 119454	Nim.030
Inv.Nr.: 121210	KH.62
Inv.Nr.: 123039	Ur.2
Inv.Nr.: 123774	Nim.097
Inv.Nr.: 125517	Nim.006
Inv.Nr.: 126511	Nim.040
Inv.Nr.: 126512	Nim.033
Inv.Nr.: 126513	Nim.013
Inv.Nr.: 126514	Nim.034
Inv.Nr.: 126515	Nim.022
Inv.Nr.: 126516	Nim.027
Inv.Nr.: 126518	Nim.007
Inv.Nr.: 126519	Nim.008
Inv.Nr.: 126520	Nim.010
Inv.Nr.: 126521	Nim.037
Inv.Nr.: 126522	Nim.042
Inv.Nr.: 126523	Nim.031
Inv.Nr.: 126524	Nim.043
Inv.Nr.: 126526+131143	Nim.016
Inv.Nr.: 126527	Nim.044
Inv.Nr.: 126528	Nim.036
Inv.Nr.: 126529	Nim.012
Inv.Nr.: 126530	Nim.075
Inv.Nr.: 126531	Nim.084
Inv.Nr.: 126532-4	Nim.076
Inv.Nr.: 126535	Nim.089
Inv.Nr.: 126536	Nim.093
Inv.Nr.: 126540-1	Nim.094
Inv.Nr.: 126542	Nim.095
Inv.Nr.: 126543	Nim.091
Inv.Nr.: 126544	Nim.090
Inv.Nr.: 126546	Nim.092
Inv.Nr.: 126547	Nim.085
Inv.Nr.: 126549	Nim.088
Inv.Nr.: 126550	Nim.086
Inv.Nr.: 126551	Nim.083
Inv.Nr.: 126552	Nim.082
Inv.Nr.: 126553	Nim.080
Inv.Nr.: 126554	Nim.079
Inv.Nr.: 126561	Nim.014
Inv.Nr.: 126561	Nim.015
Inv.Nr.: 126582	Nim.002
Inv.Nr.: 126585	Nim.032
Inv.Nr.: 126619	Nim.003
Inv.Nr.: 127096-7 u. a.	Nim.046
Inv.Nr.: 127157	Nim.045

Inv.Nr.: 127163	Nim.072
Inv.Nr.: 127170	Nim.081
Inv.Nr.: 127171	Nim.078
Inv.Nr.: 130087	Alal.1
Inv.Nr.: 130643	Alal.4
Inv.Nr.: 135559	KH.61
Inv.Nr.: BM 1897.7-1.851	Enko.04
Inv.Nr.: BM 1897.4-1-1051	Enko.11
Inv.Nr.: WA 1971-5-19,1	KH.69
Inv.Nr.: WA 1971-6-19,3	KH.65
Inv.Nr.: WA 1986-6-23,72	Sa'id.4
Inv.Nr.: WA 1990-3-3,143	Sa'id.3
Inv.Nr.: WA 1998-3-30,108	Sa'id.1

London, British School of Archaeology in Iraq

o. Nr.	Nim.077
o. Nr.	Nim.098

London, Petrie Museum

Inv.Nr.: UC16745	Kahun.1

Luzern, Sammlung Kofler

Inv. Nr.: K 409 Z	KH.14

Lyon, Sammlung Thierry

Inv.Nr.: E 1	KH.24
Inv.Nr.: E 2	KH.25
Inv.Nr.: E 3	KH.23
Inv.Nr.: E 4	KH.22
Inv.Nr.: E 5	KH.59

New York, American Institute for Iranian Art and Archaeology

o. Nr.	SD.2
o. Nr.	SD.4

New York, Brooklyn Museum

Inv.Nr.: 37.597E a+b (C.E. Wilbour Fund)	KH.47

New York, Memorial Art Gallery of the University of Rochester

Inv.Nr.: 49.14 (R.T. Miller Fund)	KH.04

New York, Metropolitan Museum of Art

o. Nr.	Nim.23
o. Nr.	Nim.47
o. Nr.	Nim.96
o. Nr. (ehem. Slg. Martin)	KH.36
Inv.Nr.: 26.7.1291	KH.44
Inv.Nr.: 36.3.11	Theb.2
Inv.Nr.: 61.147	KH.02
Inv.Nr.: 62.52	KH.03
Inv.Nr.: 65.163.5	HSL.02
Inv.Nr.: 65.163.80	HSL.05
Inv.Nr.: 65.163.81	HSL.03
Inv.Nr.: 65.163.82	HSL.06
Inv.Nr.: 16.10.425 (Rogers Fund)	Theb.1

Nikosia, Cyprus Museum		Inv.Nr.: Sb 404	Susa.38
o. Nr.	Enko.02	Inv.Nr.: Sb 407	Susa.08
o. Nr.	Enko.03	Inv.Nr.: Sb 408	Susa.10
o. Nr.	Kiti.1	Inv.Nr.: Sb 409	Susa.22
o. Nr.	Kiti.2	Inv.Nr.: Sb 410	Susa.03
Inv.Nr.: 1977/VI-2/3	KH.64	Inv.Nr.: Sb 412	Susa.11
Inv.Nr.: G65	Enko.12	Inv.Nr.: Sb 413	Susa.59
		Inv.Nr.: Sb 415 + Sb 2807b	Susa.09
Oxford Ashmolean Museum		Inv.Nr.: Sb 416	Susa.55
o. Nr.	Rimah.13	Inv.Nr.: Sb 417	Susa.16
o. Nr.	Rimah.03	Inv.Nr.: Sb 418	Susa.05
Inv.Nr.: 1913.667	DH.1	Inv.Nr.: Sb 419	Susa.12
Inv.Nr.: 1914.119	Kefr.1	Inv.Nr.: Sb 420 + Sb 421	Susa.07
Inv.Nr.: 1952.74	Nim.011	Inv.Nr.: Sb 423	Susa.93
Inv.Nr.: 1975.325	KH.66	Inv.Nr.: Sb 747	Susa.45
		Inv.Nr.: Sb 748	Susa.57
Pamukkale, Archäologisches Museum		Inv.Nr.: Sb 749	Susa.72
Inv.Nr.: 5-253-75	Beyc.4	Inv.Nr.: Sb 750a	Susa.76
Inv.Nr.: 5-332-75	Beyc.3	Inv.Nr.: Sb 756	Susa.47
Inv.Nr.: 5-589-75	Beyc.2	Inv.Nr.: Sb 782	Susa.91
Inv.Nr.: 5-603-75	Beyc.1	Inv.Nr.: Sb 786	TZ.16
		Inv.Nr.: Sb 2804	Susa.42
Paris, Musée du Louvre, Département des Antiquités		Inv.Nr.: Sb 2806	Susa.79
Orientales		Inv.Nr.: Sb 2807	Susa.71
o. Nr.	Mari.14	Inv.Nr.: Sb 2807a	Susa.32
o. Nr.	Susa.04	Inv.Nr.: Sb 2810	Susa.77
o. Nr.	Susa.41	Inv.Nr.: Sb 2815	Susa.39
o. Nr.	Susa.75	Inv.Nr.: Sb 3226	Susa.01
o. Nr.	Susa.76	Inv.Nr.: Sb 3413	Susa.37
o. Nr.	TZ.07	Inv.Nr.: Sb 3414	Susa.40
o. Nr.	TZ.09	Inv.Nr.: Sb 3417	Susa.99
Inv.Nr.: AO 4079	KH.57	Inv.Nr.: Sb 3418	Susa.54
Inv.Nr.: AO 11601	Uga.23	Inv.Nr.: Sb 3419	Susa.52
Inv.Nr.: AO 11602a+b	Uga.01	Inv.Nr.: Sb 3420	Susa.86
Inv.Nr.: AO 11603b	Uga.07	Inv.Nr.: Sb 3421	Susa.94
Inv.Nr.: AO 11653	Uga.24	Inv.Nr.: Sb 3422	Susa.15
Inv.Nr.: AO 14780	Uga.10	Inv.Nr.: Sb 3424	Susa.17
Inv.Nr.: AO 14781	Uga.09	Inv.Nr.: Sb 3430	Susa.44
Inv.Nr.: AO 14801	Uga.17	Inv.Nr.: Sb 3431	Susa.33
Inv.Nr.: AO 14802	Uga.08	Inv.Nr.: Sb 3432	Susa.30
Inv.Nr.: AO 15729	Uga.14	Inv.Nr.: Sb 3433	Susa.31
Inv.Nr.: AO 15730	Uga.16	Inv.Nr.: Sb 3434	TZ.10
Inv.Nr.: AO 18931	Mari.08	Inv.Nr.: Sb 3435	TZ.04
Inv.Nr.: AO 18932	Mari.12	Inv.Nr.: Sb 3436	TZ.11
Inv.Nr.: AO 18937	Mari.13	Inv.Nr.: Sb 3437	TZ.06
Inv.Nr.: AO 18943	Mari.02	Inv.Nr.: Sb 3439a + b	TZ.08
Inv.Nr.: AO 19489	Mari.03	Inv.Nr.: Sb 3491	Susa.24
Inv.Nr.: AO 22127	KH.55	Inv.Nr.: Sb 3553	Susa.02
Inv.Nr.: AO 22986	KH.52	Inv.Nr.: Sb 4415	Susa.06
Inv.Nr.: AO 27103	Emar.2	Inv.Nr.: Sb 4589	TZ.13
Inv.Nr.: AO 27598	Uga.06	Inv.Nr.: Sb 4603	Susa.80
Inv.Nr.: AO 27599	Uga.05	Inv.Nr.: Sb 4604	Susa.78
Inv.Nr.: AO 27600	Uga.02	Inv.Nr.: Sb 5114	TZ.15
Inv.Nr.: AO 27744	Emar.5	Inv.Nr.: Sb 5121	TZ.22
Inv.Nr.: AO 27747	Emar.1	Inv.Nr.: Sb 5122	TZ.21
Inv.Nr.: AO 27750	Emar.3	Inv.Nr.: Sb 6875	Musi.1
Inv.Nr.: AO 27751	Emar.4	Inv.Nr.: Sb 11374 / 12266	Susa.27
Inv.Nr.: AO 30678	Uga.20	Inv.Nr.: Sb 12231	Susa.92
Inv.Nr.: AO 30754	Uga.15	Inv.Nr.: Sb 12232	Susa.87

Inv.Nr.: Sb 12233	Susa.88	Inv.Nr.: 65-31-520*	HSL.19
Inv.Nr.: Sb 12234	Susa.90	Inv.Nr.: 65-31-521	HSL.19
Inv.Nr.: Sb 12235	Susa.89	Inv.Nr.: 65-31-522	HSL.17
Inv.Nr.: Sb 12236	Susa.85	Inv.Nr.: 65-31-601	HSL.18
Inv.Nr.: Sb 12237	Susa.95	Inv.Nr.: 65-31-603	HSL.19
Inv.Nr.: Sb 12238	Susa.96	Inv.Nr.: 75-29-	HSL.12
Inv.Nr.: Sb 12239	Susa.97	Inv.Nr.: 75-29-371	HSL.19
Inv.Nr.: Sb 12243	Susa.98	Inv.Nr.: 75-29-379	HSL.16
Inv.Nr.: Sb 12244	Susa.82	Inv.Nr.: 75-29-383	HSL.14
Inv.Nr.: Sb 12245 (Sb 755a?)	Susa.81	Inv.Nr.: 75-29-403	HSL.09
Inv.Nr.: Sb 12246	Susa.84		
Inv.Nr.: Sb 12247	Susa.83	Stockholm, Medelhavsmuseet	
Inv.Nr.: Sb 12250	Susa.60	Inv.Nr.: E.11.35	Enko.01
Inv.Nr.: Sb 12251	Susa.56	Inv.Nr.: MM.42.E	Enko.13
Inv.Nr.: Sb 12252	Susa.66		
Inv.Nr.: Sb 12253	Susa.62	Teheran, Bastam Museum	
Inv.Nr.: Sb 12254	Susa.51	o. Nr.	HSL.07
Inv.Nr.: Sb 12255	Susa.50	o. Nr.	HSL.10
Inv.Nr.: Sb 12256	Susa.53	o. Nr.	KH.35
Inv.Nr.: Sb 12257	Susa.49	o. Nr.	KH.39
Inv.Nr.: Sb 12258	Susa.58	o. Nr.	NJ.1
Inv.Nr.: Sb 12259	Susa.70	o. Nr.	SD.1
Inv.Nr.: Sb 12260	Susa.46	o. Nr.	SD.3
Inv.Nr.: Sb 12261	Susa.68	o. Nr.	SD.7
Inv.Nr.: Sb 12262	Susa.67	Inv.Nr.: 12448	KH.31
Inv.Nr.: Sb 12263	Susa.48	Inv.Nr.: 12453	KH.37
Inv.Nr.: Sb 12264	Susa.74	Inv.Nr.: 12465	KH.30
Inv.Nr.: Sb 12266	Susa.26	Inv.Nr.: 12466	KH.38
Inv.Nr.: Sb 12266	Susa.28	Inv.Nr.: 25846	HSL.08
Inv.Nr.: Sb 12266	Susa.29	Inv.Nr.: 25846	HSL.11
Inv.Nr.: Sb 12267	Susa.13	Inv.Nr.: 75/18	CM.1
Inv.Nr.: Sb 12268	Susa.20		
Inv.Nr.: Sb 12269	Susa.21	Tokyo, Sammlung Ishiguro	
Inv.Nr.: Sb 12270	Susa.23	o. Nr.	KH.63
Inv.Nr.: Sb 12271	Susa.34	o. Nr.	KH.67
Inv.Nr.: Sb 12272	Susa.35	o. Nr.	KH.70
Inv.Nr.: Sb 12273	Susa.36		
Inv.Nr.: Sb 12274	Susa.19		
Inv.Nr.: 81 AO 2184	Uga.22		
Inv.Nr.: 84 AO 197	Uga.19		

Paris, Musée du Louvre, Département des Antiquités
Égyptiennes

Inv.Nr.: E.11041 (ehem. Slg. Sinadino)	Gurob.1
Inv.Nr.: E.11061	KH.58
Inv.Nr.: E.1327	KH.46
Inv.Nr.: E.1702 / E. 211	KH.49
Inv.Nr.: E.21556	KH.56
Inv.Nr.: E.3198	KH.48
Inv.Nr.: E.5444	KH.45

Philadelphia, University Museum

Inv.Nr.: 64-11-29	Rimah.01
Inv.Nr.: 65-31-314a	HSL.13
Inv.Nr.: 65-31-336	HSL.04
Inv.Nr.: 65-31-400	HSL.01
Inv.Nr.: 65-31-517	HSL.15
Inv.Nr.: 65-31-518	HSL.19
Inv.Nr.: 65-31-519	HSL.19

Ur
    Fund-/Reg.Nr.: U.2677   Ur.1
    Fund-/Reg.Nr.: U.7904   Ur.3
    Fund-/Reg.Nr.: U.16731   Ur.2

Uruk
    Fund-/Reg.Nr.: W 12025   Uruk.11
    Fund-/Reg.Nr.: W 12906   Uruk.09
    Fund-/Reg.Nr.: W 16754   Uruk.08
    Fund-/Reg.Nr.: W 18432   Uruk.07
    Fund-/Reg.Nr.: W 20510,2   Uruk.05
    Fund-/Reg.Nr.: W 20731,5   Uruk.06
    Fund-/Reg.Nr.: W 21031,1   Uruk.01
    Fund-/Reg.Nr.: W 21731,5   Uruk.03
    Fund-/Reg.Nr.: W 21971,2   Uruk.02
    Fund-/Reg.Nr.: W 24786   Uruk.10
    Fund-/Reg.Nr.: W 24815   Uruk.04

War Kabud
    Fund-/Reg.Nr.: k.A.   WK.1

Zincirli
    Fund-/Reg.Nr.: S 3541   Zinc.1

Tell Zubeidi
    Fund-/Reg.Nr.: 79/276   Zube.1

13. Abkürzungs- und Literaturverzeichnis

Die Schreibweise innerhalb von Kurztitelangaben richtet sich nach der jeweiligen Publikation. Die in dieser Arbeit verwendeten bibliographischen Abkürzungen richten sich nach den im Reallexikon der Assyriologie und Vorderasiatischen Archäologie Band 10, III-XXX aufgeführten Sigeln für Zeitschriften und Reihen; nicht aufgeführte Abkürzungen folgen den Publikationsrichtlinien des Deutschen Archäologischen Institutes. Ergänzend hierzu und abweichend hiervon werden die folgenden Abkürzungen gebraucht:

13.1 Bibliographische Abkürzungen

BAOM	Bulletin of the Ancient Orient Museum
BMOccPap.	British Museum Occasional Papers
BTS	Beirutes Texte und Studien
CDAFI	Cahiers de la Délégation Archéologique Française en Iran
CMAO	Contributio e Materiali di Archeologia Orientale
ERC	Éditions Recherches sur les Civilisations
EVO	Egitto e Vicino Oriente
IAR	Iraq Archaeological Reports
IN	Ivories from Nimrud
IoAOP	Occasional Publications of the Institute of Archaeology, London
LED	Luristan Excavation Documents
MDAI	Mission de la Délégation en Iran
MMAFAC	Mémoires de la Mission Archéologique Française en Asie Centrale
MMAI	Mémoires de la Mission Archéologique en Iran
MOS	Mitteilungen aus den Orientalischen Sammlungen
MRS	Mission de Ras Shamra
NEAEHL	The New Encyclopedia of Archaeological Excavations in the Holy Land, Jerusalem 1993
OEANE	E. Meyers (Hrsg.), The Oxford Encyclopedia or Archaeology in the Near East, Oxford 1997
QGS	Quaderni di Geografia Storica
RO	Res Orientales
SAAA	Studies in the Art and Archaeology of Antiquity
SCE	Swedish Cyprus Expedition
SGKAO	Schriften zur Geschichte und Kultur des Alten Orients
SMA	Studies in Mediterranean Archaeology

13.2 Abkürzungen

13.2.1 Museen und Sammlungen

Baghdad, IM	Iraq Museum
Berlin, VAM	Vorderasiatisches Museum
Chicago, OIM	Oriental Institute Museum
Jerusalem, IAA	Israel Antiquities Authority
Jerusalem, IM	Israel Museum
London, BM	British Museum
New York, MMA	Metropolitan Museum of Art
Oxford, AM	Ashmolean Museum
Philadelphia, UM	University Museum
Stockholm MHM	Medelhavsmuseet

13.2.2 Allgemeine Abkürzungen

Br	Breite
Di	Dicke
Dkl	Deckel
Dm	Durchmesser
EZ	Eisenzeit
FEZ	Frühe Eisenzeit
FG	Formgruppe
gef.	gefunden
H.	Höhe
k. A.	keine Angabe
KH	Kunsthandel
L	Länge
mAss	Mittelassyrisch
ME	Mittelelamisch
Myk	Mykenisch
nAss	Neuassyrisch
NE	Neuelamisch
o. Abb.	ohne Abbildung
rek.	rekonstruiert
SBZ	Spätbronzezeit
SpH	Späthethitisch
SpKypr	Spätkyprisch
SpMyk	Spätmykenisch
Wdg	Wandung

13.3 Literaturverzeichnis

Abu Assaf, 'Ain Dara
A. 'Abu Assaf, *Der Tempel von 'Ain Dara*. DamF 3. Mainz (1990)

Abu Assaf, DamM 9, 1996
A. 'Abū 'Assāf, Die Kleinfunde aus 'Ain Dārā. *DamM 9*, 1996, 47-111

Adamthwaite, Emar
M.R. Adamthwaite, *Late Hittite Emar: The Chronology, Synchronisms, and socio-political Aspects of a Late Bronze Age Fortress Town*. ANES Suppl. 8. Leuven (2001)

Adler, Schatzhaus
W. Adler, *Kamid el-Lōz 11: Das „Schatzhaus" im Palastbereich. Die Befunde des Königsgrabes*. SBA 47. Bonn (1994)

Adler, Pyxiden
W. Adler, Die spätbronzezeitlichen Pyxiden in Gestalt von Wasservögeln. In: R. Hachmann (Hrsg.), *Kamid el-Lōz 16: „Schatzhaus"-Studien*. SBA 59. Bonn (1996) 27-117

Akurgal, Bildkunst
E. Akurgal, *Spaethethitische Bildkunst*. Ankara (1949)

Akurgal, Hethiter
E. Akurgal, *Die Kunst der Hethiter*. München (1961)

Akurgal, Malatya
E. Akurgal, *Remarques Stylistiques sur les Reliefs de Malatya*. Ankara (1946)

Akurgal, Orient
E. Akurgal, *Orient und Okzident. Die Geburt der griechischen Kunst*. Baden-Baden (1966)

Albenda, JANES 10, 1978
P. Albenda, Assyrian Carpets in Stone. *JANES 10*, 1978, 1-34

Albenda, Sargon
P. Albenda, *The Palace of Sargon.* Paris (1986)
Alexander, JNES 50, 1991
R.L. Alexander, Šaušga and the Hittite Ivory from Megiddo. *JNES 50/3*, 1991, 161-182

Alp, Karahöyük
S. Alp, *Zylinder und Stempelsiegel aus Karahöyük bei Konya.* TTKY V/26. Ankara (1968)

Amadasi, Carro
M.G. Amadasi, *L'Iconografia del Carro da Guerra in Siria e Palestina.* StSem. 17. Rom (1965)

Amiet, Elam
P. Amiet, *Elam.* Auvers-sur-Oise (1966)

Amiet, RLouvre 6, 1969
P. Amiet, Notes d'archéologie iranienne. *RLouvre 6*, 1969, 325-338

Amiet, Sceaux-Cylindres
P. Amiet, *Sceaux-Cylindres en Hématite et Pierres Diverses.* RSOu 9. Paris (1992)

Amiet, Syria 44, 1967
P. Amiet, Éléments émaillés du décor architectural néo-Élamite. *Syria 44*, 1967, 27-46.

Amiet, Ugaritica VI
P. Amiet, Quelques Ancêtres du Chasseur Royal d'Ugarit. In: J.-Cl. Courtois (Hrsg.), *Ugaritica VI*. MRS 17. Paris (1969) 1-8

Andrae, BPK 59, 1938
W. Andrae, Aus den Grabungen der Deutschen Orient-Gesellschaft. *Berliner Museen. Berichte aus den Preussischen Kunstsammlungen 59*, 1938, 12-16, 39-40

Andrae, Farbige Keramik
W. Andrae, *Farbige Keramik aus Assur.* Berlin (1923)

Andrae, JIT
W. Andrae, *Die jüngeren Ischtar-Tempel in Assur.* WVDOG 58. Leipzig (1935)

Andrae, MDOG 17, 1903
W. Andrae, 2. Ausgrabungen in Fara und Abu Hatab. *MDOG 17*, 1903, 4-18

Andrae, Sendschirli V
W. Andrae, *Ausgrabungen in Sendschirli V: Die Kleinfunde von Sendschirli.* MOS 15. Berlin (1943)

Andrae, WA
W. Andrae, *Das wiedererstandene Assur.* München (1977, 2. erweiterte Auflage, hrsg. von B. Hrouda)

Archi, Kultmahl
A. Archi, Das Kultmahl bei den Hethitern. In: *VIII. Türk Tarih Kongresi.* TTKY IX/8. Ankara (1979) 197-213

Aston, AESV
B.G. Aston, *Ancient Egyptian Stone Vessels. Materials and Forms.* SAGA 5. Heidelberg (1994)

Aston – Harrell – Shaw, Stone
B.G. Aston – J.A. Harrell – I. Shaw, Stone, in: P.T. Nicholson – I. Shaw (Hrsg.), *Ancient Egyptian Materials and Technology.* Cambridge (2000) 5-77

Åström, Ivories

P. Åström, Ivories from Hala Sultan Tekke. In: J.L. Fitton (Hrsg.), *Ivory in Greece and the Eastern Mediterranean.* BMOccPap. 85. London (1992) 101-104

Åström – Åström, SCE IVD

L. Åström – P. Åström, *The Swedish Cyprus Expedition IV: D. The Late Cypriote Bronze Age. Other Arts and Crafts.* Lund (1972)

Athanassiou, AJA 76, 1972

H. Athanassiou, The Tanjara Finds: Discovery of an unknown City in the Syrian Ghab. *AJA 76*, 1972, 204

Athanassiou, Tanjarah

H. Athanassiou, *Rasm et-Tanjarah: A recently Discovered Syrian Tell in the Ghab. Part I: Inventory of the Chance Finds.* Unpublizierte Dissertation. Ann Arbor (1977)

Ayoub, Keramik

S. Ayoub, *Die Keramik in Mesopotamien und in den Nachbargebieten.* MVSt. 2. München (1982)

Bahnassi, Kunst

A. Bahnassi, *Die Kunst des Alten Syrien.* Leipzig (1987)

Baker, Furniture

H. Baker, *Furniture in the Ancient World.* London (1966)

Balensi, NEAEHL 1

J. Balensi – M.D. Herrera – M. Artzy, s. v. „Abu Hawam, Tell". *NEAEHL 1* (1993) 7-14

Ball, MedA 3, 1990

W. Ball, The Tell al-Hawa Project. The Second and Third Seasons of Excavation at Tell al-Hawa 1987-1988. *MedA 3*, 1990, 75-92

Bammer, AnSt 35, 1985

A. Bammer, Spuren der Phöniker im Artemision von Ephesos. *AnSt 35*, 1985, 103-108

Bammer, Ivories

A. Bammer, Ivories from the Artemision at Ephesus. In: J.-L. Fitton (Hrsg.), *Ivory in Greece and the Eastern Mediterranean.* BMOccPap 85. London (1992) 185-204

Barag, EI 25, 1996

D. Barag, Early Traditions in Phoenician Stone Vessels of the Eighth-Seventh Centuries BCE. *EI 25*, 1996, 82-93

Barag, Glass Vessels

D. Barag, Mesopotamian Core-Formed Glass Vessels (1500-500 B.C.). In: A.L. Oppenheim (Hrsg.), *Glass and Glassmaking in Ancient Mesopotamia,* Corning (1970) 129-200

Barnett, Ashurbanipal

R.D. Barnett, *Sculptures from the North Palace of Ashurbanipal at Nineveh (668-627 B.C.).* London (1976)

Barnett, CNI

R.D. Barnett, *A Catalogue of the Nimrud Ivories with other Examples of Ancient Near Eastern Ivories in the British Museum.* London (1975, 2. erw. Auflage)

Barnett, FS Böhl

R.D. Barnett, More Balawat Gates: A Preliminary Report. In: M.A. Beek (Hrsg.), *Symbolae Biblicae et Mesopotamicae Francisco Mario Theodoro de Liagre Böhl Dedicatae.* Leiden (1973) 19-22

Barnett, FS Moortgat

R.D. Barnett, North Syrian and related Harness Decoration. In: K. Bittel u. a. (Hrsg.), *Vorderasiatische Archäologie.* FS Moortgat. Berlin (1964) 21-26

Barnett, Iraq 2, 1935
R.D. Barnett, The Nimrud Ivories and the Art of the Phoenicians. *Iraq 2*, 1935, 179-210

Barnett, Iraq 25, 1963
R.D. Barnett, Hamath and Nimrud. *Iraq 25*, 1963, 81-85

Barnett, Ivories
R.D. Barnett, *Ancient Ivories in the Middle East*. Qedem 14. Jerusalem (1982)

Barnett, PEQ 71, 1939
R.D. Barnett, Phoenician and Syrian Ivory Carving. *PEQ 71*, 1939, 4-19

Barnett – Bleibtreu – Turner, Sennacherib
R.D. Barnett – E. Bleibtreu – G. Turner, *Sculptures from the Southwest Palace of Sennacherib at Nineveh*. London (1998)

Barnett – Falkner, Sculptures
R.D. Barnett – M. Falkner, *The Sculptures of Aššur-naṣir-apli II (883-859 B.C.) Tiglath-pileser III (745-727 B.C.) Esarhaddon (681-669 B.C.) from the Central and South-West Palaces at Nimrud*. London (1962)

Beck, Palestine
P. Beck, The art of Palestine during the Iron Age II: local traditions and external influences (10th-8th centuries BCE). In: C. Uehlinger (Hrsg.), *Images as Media*. OBO 175. Fribourg (2000) 165-183.

Ben-Dor, QDAP 11, 1945
I. Ben-Dor, Palestinian Alabaster Vases, *QDAP 11*, 1945, 93-112

Ben-Dor, QDAP 13, 1948
I. Ben-Dor, A Bronze-Age cemetery at Dhahrat el Humraiya. *QDAP 13*, 1948, 75-91

Bénédite, Catalogue
G. Bénédite, *Catalogue du Musée du Caire. Boîtes a fard*. Unpubl. Tafelwerk.

Ben-Shlomo – Dothan, IEJ 56, 2006
D. Ben-Shlomo – T. Dothan, Ivories from Philistia: Filling the Iron Age I Gap. *IEJ 56/1*, 2006, 1-38.

Beran, ZA 52, 1957
T. Beran, Assyrische Glyptik des 14. Jahrhunderts. *ZA 52*, 1957, 140-215

Beyer, Matières dures
D. Beyer, Matières dures animales. In : D. Beyer (Hrsg.), *Meskéné - Emar. Dix ans de travaux*. Paris (1982) 123-125

Beyer, Emar IV
D. Beyer, *Emar IV: Les sceaux*. OBO/SA 20. Fribourg (2001)

Bietak, Chronology
M. Bietak, The Middle Bronze Age of the Levant. A new Approach to Relative and Absolute Chronology. In: P. Aström (Hrsg.), *High, Middle or Low?* Göteborg (1987) 78-99

Bimson, Iraq 42, 1980
M. Bimson, Cosmetic Pigments from the "Royal Cemetery" at Ur. *Iraq 42*, 1980, 75-77

Biran, NEAEHL 1
A. Biran, s. v. „Dan". *NEAEHL 1* (1993) 323-332

Biran, Biblical Dan
A. Biran, *Biblical Dan*. Jerusalem (1994)

Biran – Ben-Dov, Dan II
A. Biran – R. Ben-Dov, *Dan II. A Chronicle of the Excavations and the Late Bronze Age "Mycenean" Tomb.* Jerusalem (2002)

Bittel, Yazilikaya
K. Bittel, *Das hethitische Felsheiligtum Yazılıkaya.* Boğazköy-Hattuša IX. Berlin (1975)

Boardman – Moorey, FS Porada
J. Boardman – P.R.S. Moorey, The Yunus Cemetery Group: Haematite Scarabs. In: M. Kelly-Buccellati (Hrsg.), *Insight through Images.* FS Porada. BiMes 21. Malibu (1986) 35-48

Böhm, Göttin
S. Böhm, *Die ›Nackte Göttin‹. Zur Ikonographie und Deutung unbekleideter weiblicher Figuren in der frühgriechischen Kunst.* Mainz (1990)

Boehmer, Kleinfunde 1
R.M. Boehmer, *Die Kleinfunde von Boğazköy.* Boğazköy-Hattuša VII. WVDOG 87 Berlin (1972)

Boehmer, Kleinfunde 2
R.M. Boehmer, *Die Kleinfunde aus der Unterstadt von Boğazköy.* Boğazköy-Hattuša X. Berlin (1979)

Boehmer, Reliefkeramik
R.M. Boehmer, *Die Reliefkeramik von Boğazköy.* Boğazköy-Hattuša XIII. Berlin (1983)

Boehmer, RlA 4
R.M. Boehmer, s. v. „Held. B: In der Bildkunst". *RlA 4* (1972-75) 293-302

Boehmer, Uruk
R.M. Boehmer, *Uruk. Kampagne 38, 1985.* AUWE 1. Mainz (1987)

Boehmer – Dämmer, Imlihiye
R.M. Boehmer – H.-W. Dämmer, *Tell Imlihiye, Tell Zubeidi, Tell Abbas.* BagF 7. Mainz (1985)

Boehmer – Pedde – Salje, Gräber
R.M. Boehmer – F. Pedde – B. Salje, *Uruk. Die Gräber.* AUWE 10. Mainz (1995)

Boehmer – Güterbock, Glyptik
R.M. Boehmer – H.-G. Güterbock, *Glyptik aus dem Stadtgebiet von Boğazköy.* Boğazköy-Hattuša XIV. Berlin (1987)

Bollweg, Wagentypen
J. Bollweg, *Vorderasiatische Wagentypen im Spiegel der Terracottaplastik bis zur altbabylonischen Zeit.* OBO 167. Fribourg (1999)

Bonatz, AoF 27, 2000
D. Bonatz, Ikonographische Zeugnisse im sepulkralen Kontext. *AoF 27,* 2000, 88-105

Bonatz, Grabdenkmal
D. Bonatz, *Das syro-hethitische Grabdenkmal.* Mainz (2000)

Bonatz, Kleinkunst
D. Bonatz, Objekte der Kleinkunst als Ideenträger zwischen dem syro-anatolischen und dem assyrischen Raum. In: M. Novák – F. Prayon – A.-M. Wittke (Hrsg.), *Die Außenwirkung des späthethitischen Kulturraumes.* AOAT 323. Münster (2004) 387-404

Börker-Klähn, Bildstelen
J. Börker-Klähn, *Altvorderasiatische Bildstelen und vergleichbare Felsreliefs.* BagF 4. Mainz (1982)

Borell – Rittig, Bronzereliefs
B. Borell – D. Rittig, *Orientalische und griechische Bronzereliefs aus Olympia*. Olympische Forschungen 26. Berlin (1998)

Born, Restaurierung
H. Born, Zur Restaurierung und antiken Herstellungstechnik eines silbernen Kastenbeschlages aus Kamid el-Lōz. In: R. Hachmann (Hrsg.), *Bericht über die Ergebnisse der Ausgrabungen in Kamid el-Lōz in den Jahren 1977 bis 1981*. SBA 36. Bonn (1986) 183-186

Bossert, Altsyrien
H.T. Bossert, *Altsyrien*. Tübingen (1951)

Botta – Flandin, Monument
P.E. Botta – E. Flandin, *Monument de Ninive*. Paris (1846/50, Reprint 1972)

Bottéro, Boisson
J. Bottéro, Boisson, banquet et vie sociale en Mésopotamie. In: L. Milano (Hrsg.), *Drinking in Ancient Societies*. HANE/S 6. Padua (1994) 3-13

Bottéro, Cuisine
J. Bottéro, *La plus vielle cuisine du monde*. Paris (2002)

Bounni – Lagarce – Lagarce, Ras ibn Hani I
A. Bounni – E. Lagarce – J. Lagarce, *Ras ibn Hani, I: Le Palais Nord du Bronze Récent*. BAH 151. Beirut (1998)

Bourke u. a., Pella
S. Bourke – R. Sparks – M. Schroder, Pella in the Middle Bronze Age. In: P.M. Fischer (Hrsg.), *The Chronology of the Jordan Valley during the Middle and Late Bronze Ages: Pella, Tell Abu al-Kharaz, and Tell Deir 'Alla*. DenkschrWien 40. Wien (2006) 9-58

Braun-Holzinger, RlA 7
E.A. Braun-Holzinger, s. v. „Löwe B. Archäologisch". *RlA 7* (1987-90) 88-94

Braun-Holzinger, Weihgaben
E.A. Braun-Holzinger, *Mesopotamische Weihgaben der frühdynastischen bis altbabylonischen Zeit*. HSAO 3. Heidelberg (1991)

Braun-Holzinger – Matthäus, Schutzgenien
E.A. Braun-Holzinger – H. Matthäus, Schutzgenien in Mesopotamien und in den angrenzenden Gebieten: ihre Übernahme in Zypern, Kreta und Griechenland. In: C. Uehlinger (Hrsg.), *Images as Media*. OBO 175. Fribourg (2000) 283-321

Braun-Holzinger – Rehm, Orientalischer Import
E.A. Braun-Holzinger – E. Rehm, *Orientalischer Import in Griechenland im frühen 1. Jahrtausend v. Chr.* AOAT 328. Münster (2005)

Bretschneider, Beydar
J. Bretschneider, Die Mittani-zeitliche Siedlung von Tell Beydar. Spätbronzezeitliche Befunde aus der Unterstadt. In: J. Bretschneider – A. Dietrich (Hrsg.), *Beydar – Mitteilungen über die Erforschung eines urbanen Zentrums im Norden Alt-Syriens*. Münster (1999) 83-93

Bretschneider – Jans, Wagon and Chariot
J. Bretschneider – G. Jans, Wagon and Chariot Representations in the Early Dynastic Glyptic. In: M. Lebeau (Hrsg.), *Subartu IV,2*. Turnhout (1998) 155-194

Briend – Humbert, Keisan
J. Briend – J.-B. Humbert, *Tell Keisan (1971-1976) und cité phénicienne en Galilée*. OBO/SA 1. Paris (1980)

Bryan, Art
B.M. Bryan, Art, Empire, and the End of the Late Bronze Age. In: J.S. Cooper – G.M. Schwartz (Hrsg.), *The Study of the Ancient Near East in the Twenty-First Century.* Winona Lake (1996) 33-79

Buchholz, BJV 5, 1965
H.-G. Buchholz, Echinos und Hystrix. Igel und Stachelschwein in Frühzeit und Antike. *BJV 5*, 1965, 66-92

Buchholz, Ugarit
H.-G. Buchholz, *Ugarit und Ägäis.* AOAT 261. Münster (1999)

Buchholz – Karageorghis, Altägäis
H.-G. Buchholz – V. Karageorghis, *Altägäis und Altkypros.* Tübingen (1971)

Calmeyer, AMI 25, 1992
P. Calmeyer, Zur Genese altiranischer Bildmotive XI. „Eingewebte Bildchen" von Städten. *AMI 25*, 1992, 95-124

Calmeyer, RlA 6
P. Calmeyer, s. v. „Kunstgewerbe". *RlA 6* (1980/83) 342

Calmeyer, ZA 70, 1981
P. Calmeyer, Rezension zu Mallowan – Herrmann 1974. *ZA 70*, 1981, 282-293

Çambel – Özyar, Karatepe
H. Çambel – A. Özyar, *Karatepe – Aslantaş.* Mainz (2003)

Carboni, JDC 2,2, 2005
S. Carboni, Cylindrical Ivory Boxes with Openwork Decoration: Mamluk, Nasrid, or Something Else? *JDC 2,2*, 2005, 215-225.

Carter, BASOR 178, 1965
E. Carter, Excavations at Tell al-Rimah, 1964. Preliminary Report. *BASOR 178*, 1965, 40-69

Carter, Elamites
E. Carter, Bridging the Gap between the Elamites and the Persians in southeastern Khuzistan. In: H. Sancisi-Weerdenburg – A. Kuhrt – M.C. Root (Hrsg.), *Continuity and Change.* Achaemenid History 8. Leiden (1994) 65-95

Carter, Malyan II
E. Carter, *Malyan Excavation Reports II.* UMM 82. Philadelphia (1996)

Carter, RlA 8
E. Carter, s. v. „Mittelelamische Kunstperiode". *RlA 8* (1993-97) 309-316

Carter, RlA 9
E. Carter, s. v. „Neuelamische Kunstperiode". *RlA 9* (1998-2001) 283-290

Carter – Stolper, Elam
E. Carter – M. Stolper, *Elam. Surveys of Political History and Archaeology.* Los Angeles (1984)

Carter – Stolper, Expedition 18, 1976
E. Carter – M. Stolper, Malyan. *Expedition 18/2*, 1976, 33-42

Casanova, Vaisselle
M. Casanova, *La vaisselle d'Albâtre de Mésopotamie, d'Iran et d'Asie centrale aux IIIe et IIe millennaires avant J.C.* MMAFAC 6. Paris (1991)

Cassin, RlA 6
E. Cassin, s. v. „Kosmetik". *RlA 6* (1980-83) 214-218

Catling, BCH 92, 1968
J. Catling, Kouklia: Evreti Tomb 8. *BCH 92*, 1968, 162-169

Caubet, Faïence
A. Caubet, Faïence et Verre. In: D. Beyer (Hrsg.), *Meskéné – Emar. Dix ans de travaux*. Paris (1982) 111-114

Caubet, Syrie
A. Caubet, Ras Shamra et la Crète. In : M. Yon (Hrsg.), *La Syrie au Bronze Récent*. ERC Mem. 15. Paris (1982) 17-22

Caubet, Vaisselle de pierre
A. Caubet, Répértoire de vaisselle de pierre, Ougarit 1929-1988. In: M. Yon (Hrsg.), *Arts et industries de la pierre*. RSOu 6. Paris (1991) 205-264

Caubet, A. – Kaczmarczyk, Bronze Age Faience
A. Caubet – A. Kaczmarczyk, Bronze Age Faience from Ras Shamra (Ugarit). In : M. Bimson – I.C. Freestone (Hrsg.), *Early Vitreous Materials*. BMOccPap 56. London (1987) 47-56

Caubet – Poplin, Ivoires d'Ougarit
A. Caubet – F. Poplin, La place des ivoires d'Ougarit dans la production du Proche Orient Ancien. In: J.L. Fitton (Hrsg.), *Ivory in Greece and the Eastern Mediterranean from the Bronze Age to the Hellenistic Period*. BMOccPap. 85. London (1992) 91-100

Caubet – Poplin, Matière dure
A. Caubet – F. Poplin, Les objets de matière dure animale: Étude du matériau. In: M. Yon (Hrsg.), *Le Centre de la Ville*. RSOu 3. Paris (1987) 273-306

Cecchini, Ceramica
S.M. Cecchini, *La Ceramica di Nuzi*. StSem 15. Rom (1965)

Cecchini – Mazzoni, Tell Afis
S.M. Cecchini – S. Mazzoni (Hrsg.), *Tell Afis (Siria). Scavi sull'acropoli 1988-1992. The 1988-1992 Excavations on the Acropolis*. RAVO 1. Pisa (1998)

Chassinat, BIFAO 1, 1901
E. Chassinat, Une tombe inviolée de la XVIIIe dynastie découverte aux environs de Médinet el-Gorab dans le Fayoum. *BIFAO I*, 1901, 225-234

Chavane, Amathus IV
M.J. Chavane, *La Nécropole d'Amathonte Tombes 110-385. IV: Les petits objets*. Études Chypriotes XII. Nikosia (1990)

Chavane, Instruments
M.-J. Chavane, Instruments de Bronze. In: M. Yon (Hrsg.), *Le Centre de la Ville*. RSOu. 3. Paris (1987) 357-374

Cholidis, Möbel
N. Cholidis, *Möbel in Ton*. AVO 1. Münster (1992)

Ciafaloni, FS Orlandini
D. Ciafaloni, Considerazioni sulle nuove sfingi monumentali ittite di età imperiale: iconografia e funzione. In: M. Castoldi (Hrsg.), *koiné*. FS Orlandini. Mailand (1999) 29-42

Cilingiroğlu, Ayanis I
A. Çilingiroğlu, Temple Area. In: A. Çilingiroğlu – M. Salvini (Hrsg.), *Ayanis I. Ten Year's Excavations at Rusaḥinili Eiduru-kai. 1989-1998*. Documenta Asiana VI. Rom (2001) 37-65

Clayden, BagM 29, 1998
T. Clayden, Faience Buckets. *BagM 29*, 1998, 47-89

Clemens, Sources
D.M. Clemens, *Sources for Ugaritic Ritual and Sacrifice I*. AOAT 284/I. Münster (2001)

Cochavy-Rainey – Lilyquist, Gifts
Z. Cochavy-Rainey – C. Lilyquist, *Royal Gifts in the Late Bronze Age. Fourteenth to Thirteenth Centuries B.C.E.* Beer-Sheva XIII. Beer-Sheva (1999)

Collins, Iraq 68, 2006
P. Collins, Trees and Gender in Assyrian Art. *Iraq 68*, 2006, 99-107

Collins, Ritual Meals
B.J. Collins, Ritual Meals in the Hittite Cult. In: M. Meyer – P. Mirecki (Hrsg.), *Ancient Magic and Ritual Power*. Leiden (1995) 77-92

Collon, Alalakh Impressions
D. Collon, *The Seal Impressions from Tell Atchana/Alalakh*. AOAT 27. Kevelaer (1975)

Collon, Alalakh Seals
D. Collon, *The Alalakh Cylinder Seals*. BAR Int. Ser. 132. Oxford (1982)

Collon, FI
D. Collon, *First Impressions. Cylinder Seals in the Ancient Near East*. London (1987)

Collon, CS V
D. Collon, *Catalogue of the Western Asiatic Seals in the British Museum. Cylinder Seals V: Neo-Assyrian and Neo-Babylonian Periods*. Catalogue of Western Asiatic Seals in the British Museum. London (2001)

Conkey – Hastorf, Style
M. Conkey – C. Hastorf (Hrsg.), *The Uses of Style in Archaeology*. Cambridge (1989)

Contenau – Ghirshman, Giyan
G. Contenau – R. Ghirshman, *Fouilles du Tépe-Giyan près de Néhavend*. Paris (1935)

Courtois, Alasia III
J.-C. Courtois, *Alasia III*. Paris (1984)

Courtois – Lagarce – Lagarce, Enkomi
J.-C. Courtois – J. Lagarce – E. Lagarce, *Enkomi et le Bronze Récent à Chypre*. Nikosia (1986)

Crepon, Hethitica IV, 1981
P. Crepon, Le Thème du Cerf dans l'Iconographie Anatolienne des Origines à l'Époque Hittite. *Hethitica IV*, 1981, 117-155

Crownover, Expedition 7/1, 1964
D. Crownover, Some frit from Northern Mesopotamia. *Expedition 7/1*, 1964, 43-44

Culican, Levant 3, 1971
W. Culican, Two Syrian objects from Egypt. *Levant 3*, 1971, 86-89

Curtis, FS Boehmer
J. Curtis, „Stützfiguren" in Mesopotamia. In: U. Finkbeiner – R. Dittmann – H. Hauptmann (Hrsg.), *Beiträge zur Kulturgeschichte Vorderasiens*, FS Boehmer. Mainz (1995) 77-86

Curtis, Furniture
J. Curtis, Assyrian Furniture: The Archaeological Evidence. In: G. Herrmann (Hrsg.), *The Furniture of Western Asia. Ancient and Traditional*. Mainz (1996) 167-180

Curtis, Nush-i Jan III
J. Curtis, *Nush-i Jan III: The Small Finds*. London (1984)

Curtis, GS Calmeyer
J. Curtis, Animal-headed Drinking Cups in the Late Assyrian Period. In: R. Dittmann u. a. (Hrsg.), *Variatio Delectat. Iran und der Westen*, GS Calmeyer. AOAT 272. Münster (2000) 193-213

Czichon, IstM 45, 1995
R.M. Czichon, Zur Komposition der Taprammi-Schale. *IstM 45*, 1995, 5-12

D'Albiac, Griffin Combat
C. d'Albiac, The Griffin Combat Theme. In: J.L. Fitton (Hrsg.), *Ivory in Greece and the Eastern Mediterranean from the Bronze Age to the Hellenistic Period*. BMOccPap. 85. London (1992) 105-112

Daems, IrAnt 36, 2001
A. Daems, The Iconography of pre-Islamic Women in Iran. *IrAnt 36*, 2001, 1-150

Damerji, Gräber
M.S. Damerji, *Gräber assyrischer Königinnen aus Nimrud*. JRGZM 45. Mainz (1999)

Dayton, Minerals
J.E. Dayton, *Minerals, Metal, Glazing and Man*. London (1978)

De Mecquenem, IrAnt 15, 1980
R. de Mecquenem, Les Fouilleurs de Suse. *IrAnt 15*, 1980, 1-48

De Mecquenem, MMAI 29
R. de Mecquenem u. a., *Archéologie Susienne*. MMAI 29. Paris (1943)

De Mecquenem, RA 19, 1922
R. de Mecquenem, Fouilles de Suse. Campagnes des Années 1914-1921-1922. *RA 19*, 1922, 109-140

De Mecquenem, RA 21, 1924
R. De Mecquenem, Fouilles de Suse (Campagnes 1923-1924). *RA 21*, 1924, 105-118

De Mecquenem – Le Breton – Rutten, MMAI 30
R. De Mecquenem – L. Le Breton – M. Rutten, *Archéologie Susienne*. MMAI 30. Paris (1947)

De Mecquenem – Michalon, MMAI 33
R. De Mecquenem – J. Michalon, *Recherches à Tchogha Zembil*. MMAI 33. Paris (1953)

De Miroschedji, CDAFI 12, 1981a
P. De Miroschedji, Fouilles du chantier Ville Royale II à Suse (1975-1977). *CDAFI 12*, 1981, 9-136

De Miroschedji, CDAFI 12, 1981b
P. De Miroschedji, Observations dans les couches néo-élamites au nord-ouest du tell de la Ville Royale à Suse. *CDAFI 12* (1981) 143-167

De Moor, Ba'lu
J.C. de Moor, *The Seasonal Pattern in the Ugaritic Myth of Ba'lu*. AOAT 16. Neukirchen-Vluyn (1971)

De Moor, ThWAT 1
J.C. de Moor, s. v. „Ba'al". *ThWAT I* (1973) 706-718

Decamps de Mertzenfeldt, Inventaire
C. Decamps de Mertzenfeldt, *Inventaire commenté des ivoires phéniciens*. Paris (1954)

Degli Esposti, Tell Afis
M. Degli Esposti, Area E$_2$. I livelli del Ferro I-II: Architettura e Materiali. In: S.M. Cecchini – S. Mazzoni (Hrsg.), *Tell Afis (Siria). Scavi sull'acropoli 1988-1992. The 1988-1992 Excavations on the Acropolis*. RAVO 1. Pisa (1998) 231-269

Deller, BagM 18, 1987
K. Deller, Assurbanipal in der Gartenlaube. *BagM 18*, 1987, 229-238

Demisch, Sphinx
F. Demisch, *Die Sphinx*. Stuttgart (1977)

Dessenne, Sphinx
A. Dessenne, *Le Sphinx. Étude iconographique I. Des origines a la fin du second millénaire*. Paris (1957)

Dever, NEAEHL 2
W.G. Dever, s. v. „Gezer". *NEAEHL 2* (1993) 496-506

Dever, OEANE 2
W.G. Dever, s. v. "Gezer". *OEANE 2* (1997) 396-400

Di Paolo, RSO 71, 1997
S. di Paolo, Sulla tipologia e l'origine degli unguentari à Canard nella Siria-Palestina del Bronzo Tarde. *RSO 71*, 1997, 25-53

Dietrich – Loretz, Elfenbeinschriften
M. Dietrich – O. Loretz, *Die Elfenbeininschriften und S-Texte aus Ugarit*. AOAT 13. Neukirchen-Vluyn (1976)

Dikaios, Enkomi
P. Dikainos, *Enkomi. Excavations 1948-58*. Mainz (1969)

Dittmann, AMI 23, 1990
R. Dittmann, Eisenzeit I und II in West- und Nordwest-Iran zeitgleich zur Karum-Zeit Anatoliens? *AMI 23*, 1990, 105-138

Dothan, Philistines
T. Dothan, *The Philistines and their Material Culture*. Jerusalem (1982)

Downes, Esna
D. Downes, *The Excavations at Esna 1905-1906*. Warminster (1974)

Ducret, Keramik
S. Ducret, *Keramik und Graphik des 18. Jahrhunderts*. Braunschweig (1973)

Dunham, RCK I
D. Dunham, *El-Kurru I. Royal Cemeteries of Kush*. Cambridge (1950)

Durand, Textes administratifs
J.-M. Durand, *Textes administratifs des salles 134 et 160 du Palais de Mari*. ARM 21. Paris (1983)

Duru, Yesemek
R. Duru, *Yesemek. Eski önasya dünyasının en büyük heykel atelysei / The largest sculpture workshop of the Ancient Near East*. Istanbul (2004)

Dussaud – Schaeffer, Gazette des Beaux-Arts, 1930
R. Dussaud – J.-C. Schaeffer, Ivoire d'époque mycénienne dans la nécropole de Ras Shamra. *Gazette des Beaux-Arts 1930.II* (1930) 1-9

Dyson, ArchViva 1, 1968
R.H. Dyson, Hasanlu and the Solduz Valley. *ArchViva 1*, 1968, 89-101

Dyson – Muscarella, Iran 27, 1989
R.H. Dyson – O.W. Muscarella, Constructing the Chronology and Historical Implications of Hasanlu IV. *Iran 27*, 1989, 1-27

Edelstein, NEAEHL 4
G. Edelstein, s. v. „Tel 'Amal". *NEAEHL 4* (1993) 1447-1450

Eder, Ägyptische Motive
C. Eder, *Die ägyptischen Motive in der Glyptik des östlichen Mittelmeerraumes zu Anfang des 2. Jt.s v. Chr.* OLA 71. Leuven (1995)

Edwards, Haftavan
M. Edwards, *Excavations in Azerbaijan (North-west Iran) 1. Haftavan, Period VI.* BAR Int. Ser. 182. Oxford (1983)

Eggert, Archäologie
M.K.H. Eggert, *Prähistorische Archäologie: Konzepte und Methoden.* Tübingen/Basel (2001)

Eichmann, Stratigraphie
R. Eichmann, *Uruk. Die Stratigraphie.* AUWE 3. Mainz (1989)

Eickhoff, Grab
T. Eickhoff, *Grab und Beigabe.* MVSt. 14. München (1993)

Einwag – Otto, DamM 9, 1996
B. Einwag – A. Otto, Tell Bazi. Vorbericht über die Untersuchungen 1994 und 1995. *DamM 9,* 1996, 15-45

Emre, IstM 43, 1993
K. Emre, A Group of Hittite Statuettes from Alaca Höyük. *IstM 43,* 1993, 235-244

Emre – Cinaroğlu, FS N. Özgüç
K. Emre – A. Cinaroğlu, A Group of Hittite Metal Vessels from Kinik-Kastamonu. In: M. Mellink – E. Porada – T. Özgüç (Hrsg.), *Aspects of Art and Iconography: Anatolia and its Neighbors,* FS N. Özgüç. Ankara (1993) 675-713

Engel, Dämonen
B.J. Engel, *Darstellungen von Dämonen und Tieren in neuassyrischen Palästen und Tempeln nach den schriftlichen Quellen.* Mönchengladbach (1987)

Faist, Fernhandel
B. Faist, *Der Fernhandel des assyrischen Reiches zwischen dem 14. und 11. Jh. v. Chr.* AOAT 265. Münster (2001)

Fales – Postgate, SAA 7
F.M Fales – J.N. Postgate, *Imperial Administrative Records, Part I: Palace and Temple Administration.* SAA 7. Helsinki (1992)

Falsone, AnSt 35, 1985
G. Falsone, A Syro-Phoenician Bull-Bowl in Geneva and its Analogue in the British Museum. *AnSt 35,* 1985, 131-142

Faure, Parfumes
P. Faure, *Parfumes et Aromates de l'Antiquité.* Paris (1987)

Feldman, Diplomacy
M.H. Feldman, *Diplomacy by Design.* Chicago (2006)

Finet, Banquet
A. Finet, Le banquet de Kalah offert par le roi d´Assyrie Ašurnasirpal II (883-859). In: R. Gyselen (Hrsg.), *Banquets d'Orient,* RO 4. Bures s.Y. (1992) 31-44

Finkel, MSL 16
I.L. Finkel, *The Series SIG7.ALAN = Nabnitu.* MSL 16. Rom (1982)

Finkelstein – Ussishkin, Megiddo III
L. Finkelstein – D. Ussishkin, Archaeological and Historical Conclusions. In: I. Finkelstein – D. Ussishkin – B. Halpern (Hrsg.), *Megiddo III. The 1992-1996 Seasons*. Tel Aviv (2000) 576-605

Fischer, Megiddo
E. Fischer, *Ägyptische und ägyptisierende Elfenbeine aus Megiddo und Lachisch. Inschriftenfunde, Flaschen, Löffel.* AOAT 47. Münster (2007)

Fischer, i. V.
E. Fischer, Levantinischer Herrscher oder ägyptischer Beamter? Eine Bankettszene aus Tell el-Far'ah (Süd). i. V.

Fischer – Herrmann, Levant 27, 1995
P.M. Fischer – G. Herrmann, A Carved Bone Object from Tell Abu al-Kharaz in Jordan: A Palestinian Workshop for Bone and Ivory? *Levant 27*, 1995, 145-163

Fitton, Ivory
J.L. Fitton (Hrsg.), *Ivory in Greece and the Eastern Mediterranean from the Bronze Age to the Hellenistic Period.* BMOccPap. 85. London (1992)

Fless, KölnJb 30, 1997
F. Fless, Die aramäische und neuassyrische Besiedlung des Tell Halaf (10.- 7. Jh. v. Chr.), *KölnJb 30*, 1997, 34-44

Forbes, Technology
R.J. Forbes, *Studies in Ancient Technology III: Cosmetics and Perfumes in Antiquity.* Leiden (1955)

Foster, Aegean Faience
K.P. Foster, *Aegean Faience of the Bronze Age.* New Haven (1979)

Frankfort, CS
H. Frankfort, *Cylinder Seals.* London (1939)

Frankfort, AAAO
H. Frankfort, *The Art and Architecture of the Ancient Orient.* London (1954)

Freydank, Beiträge
H. Freydank, *Beiträge zur mittelassyrischen Chronologie und Geschichte.* SGKAO 21. Berlin (1991)

Freyer-Schauenburg, Samos
B. Freyer-Schauenburg, *Elfenbeine aus dem samischen Heraion. Figürliches, Gefäße und Siegel.* Hamburg (1966)

Friedrich, ZA 49, 1950
J. Friedrich, Churritische Märchen und Sagen in hethitischer Sprache. *ZA 49*, 1950, 213-255

Fugmann, Hama II,1
E. Fugmann, *L'architecture des périodes pré-hellénistiques. Hama 1931-38.II.1.* Kopenhagen (1958)

Gachet, Ivoires
J. Gachet, *Ivoires et os graves de la côte syrienne au IIeme millénaire: Ras Shamra.* Mém. De la Maîtrise. Lyon (1984)

Gachet, Objets
J. Gachet, Objets en os et en ivoires. In: M. Yon (Hrsg.), *Le Centre de la Ville.* RSOu. 3. Paris (1987) 249-272

Gachet, Ugarit Ivories
J. Gachet, Ugarit Ivories. In: J.L. Fitton (Hrsg.), *Ivory in Greece and the Eastern Mediterranean.* BMOccPap. 85. London (1992) 67-89

Gadd, Iraq 1, 1934
C.J. Gadd, An Egyptian Game in Assyria. *Iraq 1*, 1934, 45-50

Galling, ZDPV 86, 1970
K. Galling, Zwei Salbgefässe und ein Armreif aus dem syrischen Raum. *ZDPV 86*, 1970, 1-9

Galpin, Music
F.W. Galpin, *The Music of the Sumerians*. Straßburg (1955)

Gamer-Wallert, Fische
I. Gamer-Wallert, *Fische und Fischkulte im Alten Ägypten*. ÄA 21. Wiesbaden (1970)

Garrison – Cool Root, Seals
M.B. Garrison – M. Cool Root, *Seals on the Persepolis Fortification Tablets I: Images of Heroic Encounter*. OIP 117. Chicago (2001)

Garstang, Burial Customs
J. Garstang, *Burial Customs of Ancient Egypt*. London (1907)

Gasche, Dating
H. Gasche u .a., *Dating the Fall of Babylon*. MHE/M 4. Gent (1998)

Gasche, Poterie
H. Gasche, *La Poterie Élamite du deuxième millénaire a.C.* MDP 47. Paris (1973)

Gates, Alalakh
M.-H. Gates, *Alalakh – Tell Atchana, levels VI and V: A Re-examination of a mid-second millennium B.C. Syrian city*. Ann Arbor (1976)

Gates, Chronology
M.-H. Gates, Alalakh and Chronology again. In: P. Aström (Hrsg.), *High, Middle or Low?* Göteborg (1987) 60-88

Gates, Mycenean Art
M.-H. Gates, Mycenaen Art for a Levantine Market? The Ivory lid from Minet el Beidha/Ugarit. In: R. Laffineur – J.L. Crowley (Hrsg.), *Eikon. Aegean Bronze Age Iconography: Shaping a Methodology*. Aegaeum 8. Lüttich (1992) 77-84

Gates, SMS 4, 1981
M.-H. Gates, Alalakh VI and V: A chronological Reassessment. *SMS 4*, 1981, 11-50

Gautier – Lampre, Recherches
J.-E Gautier – G. Lampre, Fouilles de Moussian. In: J. de Morgan (Hrsg.), *Recherches Archéologiques*. MDP 8. Paris (1905) 59-148

Genge, Reliefs
H. Genge, *Nordsyrisch-südanatolische Reliefs*. Kopenhagen (1979)

Genz, Knochenhülsen
H. Genz, *Ritzverzierte Knochenhülsen des dritten Jahrtausends im Ostmittelmeerraum*. ADPV 31. Wiesbaden (2003)

Ghirshman, Iran
R. Ghirshman, *Iran. Protoiranier, Meder, Achämeniden*. München (1964)

Ghirshman, Tchoga Zanbil I
R. Ghirshman, *Tchoga Zanbil I: La Ziggurat*. MDAI 39. Paris (1966)

Ghirshman, Tchoga Zanbil II
R. Ghirshman, *Tchoga Zanbil II: Temenos, Temples, Palais, Tombes*. MDAI 40. Paris (1968)

Ghirshman, JNES 42, 1973
R. Ghirshman, À propos du Trésor de Ziwiyé. *JNES 42/4*, 1973, 445-452

Ghirshman, Tombe Princière
R. Ghirshman, *Tombe Princière de Ziwiyé et le Début de l'Art Animalier Scythe*. Paris (1979)

Ginouves, Balaneutikè
R. Ginouves, *Balaneutikè. Recherches sur le bain dans l'antiquité grecque*. Paris (1962)

Gjerstaed u. a., SCE I
E. Gjerstaed – J. Lindros – E. Sjöqvist – A. Westholm, *The Swedish Cyprus Expedition I: Finds and Results of the Excavations in Cyprus 1927-1931*. SCE I. Stockholm (1934)

Godard, Trésor
A. Godard, *Le Trésor de Ziwiyè*. Harlem (1950)

Gombrich, Ornament und Kunst
E.H. Gombrich, *Ornament und Kunst. Schmucktrieb und Ordnungssinn in der Psychologie des künstlerischen Schaffens*. Stuttgart (1982)

Gonella u. a., Zitadelle
J. Gonella – W. Khayyata – K. Kohlmeyer, *Die Zitadelle von Aleppo und der Tempel des Wettergottes*. Münster (2005)

Grayson, RIMA 2
A.K. Grayson, *Assyrian Rulers of the Early First Millennium BC I (1114-859 BC)*. RIMA 2. Toronto (1991)

Green, RlA 8
A. Green, s. v. „Mischwesen.B". *RlA 8* (1993/97) 246-264

Grillot, FS Steve
F. Grillot, Kiririša. In: L. de Meyer – H. Gasche – F. Vallat (Hrsg.), *Fragmenta Historiae Aelamicae. Mélanges offerts à M.-J. Steve*. FS Steve. Paris (1986) 175-180

Gubel, Ägypten
E. Gubel, Das libyerzeitliche Ägypten und die Anfänge der phönizischen Ikonographie. In: M. Görg – G. Hölbl (Hrsg.), *Ägypten und der östliche Mittelmeerraum im 1. Jt. v. Chr.* Wiesbaden (2000) 69-94

Gubel, CMAO 4, 1992
E. Gubel, Notes iconographiques à propos de trois sceaux Phéniciens inédits (CGPh 4). *CMAO 4*, 1992, 167-186

Gürtekin-Demir, AnSt 52, 2002
R.G. Gürtekin-Demir, Lydian Painted Pottery at Daskyleion. *AnSt 52*, 2002, 111-143

Güterbock, FS Kantor
H.G. Güterbock, Hittite KURSA "Hunting Bag". In: A. Leonard – B. Beyer-Williams (Hrsg.), *Essays in Ancient Civilization presented to Helene J. Kantor*. FS Kantor. SAOC 47. Chicago (1989) 113-123

Güterbock, ZA 44, 1938
H.G. Güterbock, Die historische Tradition und ihre literarische Gestaltung bei Babyloniern und Hethitern bis 1200. *ZA 44*, 1938, 45-149

Guichard, Animaux
M. Guichard, Les animaux dans la vaisselle de luxe d'un roi de Mari. L'exemple des gobelets céphalomorphes. *Topoi. Suppl. 2*. Paris (2000) 435-446

Guichard, Vaisselle
M. Guichard, *La vaisselle de luxe des rois de Mari*. ARM 31. Paris (2005)

Guy – Engberg, Megiddo-Tombs
P.L.O. Guy – R. Engberg, *Megiddo-Tombs*. OIP 33. Chicago (1938)

Haas, Religion
V. Haas, *Die Religion der Hethiter*. HdO 1-15. Leiden (1994)

Haase, JGS 25, 1983
G. Haase, Stichvorlagen für Emblemdarstellungen auf sächsischen Gläsern des 18. Jahrhunderts. *JGS 25*, 1983, 135-145

Hachmann, Chronologie
R. Hachmann, Zur absoluten Chronologie des 'Schatzhauses'. In: R. Hachmann (Hrsg.), *Kāmid el-Lōz 16: 'Schatzhaus'-Studien*. SBA 59. Bonn (1996) 17-26

Hachmann, FS T. Özgüç
R. Hachmann, Das Grab eines Stadtkönigs von Kumidi. In: K. Emre u. a. (Hrsg.), *Anatolia and the Ancient Near East*. FS T. Özgüç. Ankara (1989) 159-181

Hachmann, Königsgrab
R. Hachmann, Das Königsgrab von Kamid el-Loz und die Königsgräber der mittleren und späten Bronze- und frühen Eisenzeit im Küstengebiet östlich des Mittelmeeres und in Mesopotamien. In: R. Hachmann (Hrsg.), *Kāmid el-Lōz 16: 'Schatzhaus'-Studien*. SBA 59. Bonn (1996) 203-288

Haerinck – Overlaet, Chamahzi Mumah
E. Haerinck – B. Overlaet, *Chamahzi Mumah. An Iron Age III Graveyard*. LED II. Leuven (1998)

Haerinck – Overlaet, War Kabud
E. Haerinck – B. Overlaet, *The Iron Age III Graveyard at War Kabud. Pusht-i Kuh, Luristan*. LED V. Leuven (2004)

Hahn, Artefaktmorphologie
J. Hahn, *Erkennen und Bestimmen von Stein- und Knochenartefakten. Einführung in die Artefaktmorphologie*. Tübingen (1993, 2. Auflage)

Haines, Excavations
R.C. Haines, *Excavations in the Plain of Antioch II: The Structural Remains of the later Phases*. OIP 95. Chicago (1971)

Hall, Sculpture
H.R. Hall, *Babylonian and Assyrian Sculpture in the British Museum*. Paris (1928)

Haller, GuG
A. Haller, *Die Gräber und Grüfte von Assur*. WVDOG 65. Berlin (1954)

Hamilton, QDAP 4, 1935
R.W. Hamilton, Excavations at Tell Abu Hawam. *QDAP 4*, 1935, 1-69

Hawkins, AnSt 38, 1988-1
J.D. Hawkins, Kuzi-Tešub and the "Great Kings" of Karkamiš. *AnSt 38*, 1988, 99-108

Hawkins, AnSt 38, 1988-2
J.D. Hawkins, The Lower Part of the MEHARDE-Stele. *AnSt 38*, 1988, 187-190

Hawkins, FS Houwink ten Cate
J.D. Hawkins, "Great Kings" and "Country Lords" at Malatya and Karkamis. In: T.P.J. van den Hout – J. de Roos (Hrsg.), *Studiae Historiae Ardens*. FS Houwink ten Cate. PIHANS 74. Istanbul (1995) 73-85

Hawkins, FS N. Özgüç
J.D. Hawkins, A Bowl Epigraph of the Official Taprammi. In: M. Mellink – E. Porada – T. Özgüç (Hrsg.), *Aspects of Art and Iconography: Anatolia and its Neighbors*. FS N. Özgüç. Ankara (1993) 715-717

Hawkins, Funerary Monuments
J.D. Hawkins, Late Hittite Funerary Monuments. In: B. Alster (Hrsg.), *Death in Mesopotamia*. Mesopotamia 8. Kopenhagen (1980) 213-225

Hawkins, Inscriptions
J.D. Hawkins, *Inscriptions of the Iron Age. Corpus of Hieroglyphic Luwian Inscriptions*. USIK 8. Berlin (2000)

Hawkins, QGS 5, 1995
J.D. Hawkins, The Political Geography of North Syria and South-East Anatolia in the Neo-Assyrian Period. In: M. Liverani (Hrsg.), *Neo-Assyrian Geography*. QGS 5. Rom (1995) 87-100

Hawkins, RlA 5
J.D. Hawkins, s. v. „Karkamiš". *RlA 5* (1976/80) 426-44

Hawkins, RlA 8
J.D. Hawkins, s. v. „Melid. A". *RlA 8* (1993/97) 35-41

Hayes, Sceptre
W.C. Hayes, *The Sceptre of Egypt: A Background for the Study of the Egyptian Antiquities in The Metropolitan Museum of Art, Part II*. New York (1959)

Heinrich, Fara
E. Heinrich, *Fara. Ergebnisse der Ausgrabungen der Deutschen Orient-Gesellschaft in Fara und Abu Hatab 1902/03*. Berlin (1931)

Heinz, Alalakh
M. Heinz, *Tell Atchana, Alalakh: Die Schichten VII-XVII*. AOAT 41. Neukirchen (1992)

Helck, Beziehungen
W. Helck, *Die Beziehungen Ägyptens und Vorderasiens zur Ähäis bis ins 7. Jh. v. Chr.* Wiesbaden (1979)

Heltzer, AoF 23, 1996
M. Heltzer, Crafts in the West. *AoF 23*, 1996, 278-283

Heltzer, Handwerk
M. Heltzer, *Die Organisation des Handwerks im „Dunklen Zeitalter" und im 1. Jahrtausend v.u.Z. im östlichen Mittelmeergebiet*. HANE/S 3. Padua (1992)

Henrickson, IrAnt 22, 1987
R.C. Henrickson, The Godin III Chronology for Central Western Iran ca. 2600-1400 BC. *IrAnt 22*, 1987, 33-116

Herbordt, Neuassyrische Glyptik
S. Herbordt, *Neuassyrische Glyptik des 8.-7. Jh. v. Chr.* SAAS 1. Helsinki (1992)

Herrmann, Assyrian Tradition
G. Herrmann, The Nimrud Ivories 3: The Assyrian Tradition, In: H. Waetzoldt – H. Hauptmann (Hrsg.), *Assyrien im Wandel der Zeiten*. HSAO 6. Heidelberg (1997) 290-295

Herrmann, FS Strommenger
G. Herrmann, The Nimrud Ivories 2: A Survey of Traditions. In: B. Hrouda u. a. (Hrsg.), *Von Uruk nach Tuttul*. FS Strommenger. MVSt. 12. München (1992) 65-79

Herrmann, Furniture
G. Herrmann, Ivory Furniture from Nimrud, In: G. Herrmann (Hrsg.), *The Furniture of Western Asia. Ancient and Traditional*. Mainz (1996) 153-164

Herrmann, IN IV
G. Herrmann, *Ivories from Room SW 37, Fort Shalmaneser*. IN IV. London (1986)

Herrmann, IN V
G. Herrmann, *The small Collections from Fort Shalmanesar*. IN V. London (1992)

Herrmann, IN VI
G. Herrmann, *Ivories from the Acropolis from Nimrud*. IN VI. London (in Vorbereitung)

Herrmann, Iraq 51, 1989
G. Herrmann, The Nimrud Ivories 1: The Flame and Frond School. *Iraq 51*, 1989, 85-109

Herrmann, Ivory Carving
G. Herrmann, Ivory Carving of first millennium workshops, traditions and diffusion. In: C. Uehlinger (Hrsg.), *Images as Media*. Fribourg (2000) 267-282

Herrmann – Curtis, IrAnt 33, 1998
G. Herrmann – J. Curtis, Reflections on the four-winged genie: A pottery jar and an ivory panel from Nimrud. *IrAnt 33*, 1998, 107-134

Herrmann – Millard, FS Moorey
G. Herrmann – A. Millard, Who used ivories in the early first millennium BC? In: T. Potts – M. Roaf – D. Stein (Hrsg.), *Culture through Objects. Ancient Near Eastern Studies in Honour of P.R.S. Moorey*. Oxford (2003) 377-402

Herzfeld, AMI 2, 1930
E. Herzfeld, Hettitica. *AMI 2*, 1930, 132-164

Higginbotham, Ramesside Palestine
C.R. Higginbotham, *Egyptianization and elite emulation in Ramesside Palestine*. CHANE 2. Leiden (2000)

Hoffman, Imports
G.L. Hoffmann, *Imports and Immigrants*. Ann Arbor (1997)

Hogarth, Ephesus
D. Hogarth, *British Museum Excavations at Ephesus*. London (1908)

Hrouda, Halaf 4
B. Hrouda, *Tell Halaf 4: Die Kleinfunde aus historischer Zeit*. Berlin (1962)

Hrouda, Isin 2
B. Hrouda, *Isin – Išān Baḥrīyāt II. Die Ergebnisse der Ausgrabungen 1975–1978*. AbhMünchen 87. München (1981)

Hrouda, Kulturgeschichte
B. Hrouda, *Kulturgeschichte des assyrischen Flachbildes*. Bonn (1965)

Hussein – Suleiman, Nimrud
M.M. Hussein – A. Suleiman, *Nimrud. A City of Golden Treasures*. Baghdad (2000)

Hutter, Phönizische Religion
M. Hutter, Grundzüge der phönizischen Religion, In: P.W. Haider – M. Hutter – S. Kreuzer (Hrsg.), *Religionsgeschichte Syriens*. Stuttgart (1996) 128-136

James – Mc Govern, Beth Shan
F.W. James – P.E. McGovern, *The Late Bronze Egyptian Garrison at Beth Shan. A Study of Levels VII and VIII*. UMM 85. Philadelphia (1993)

Janssen, SAK 3, 1975
J.J. Janssen, Prolegomena to the study of Egypt's economic history during the New Kingdom. *SAK 3*, 1975, 127-185

Jantzen, Samos VIII
U. Jantzen, *Samos VIII: Ägyptische und orientalische Bronzen aus dem Heraion von Samos*. Bonn (1972)

Jasink, Stati Neo-Ittiti
A.M Jasink, *Gli Stati Neo-Ittiti. Analisi delle Fonti Scritte e Sintesi Storica*. Pavia (1995)

Jean-Marie, Tombes
M. Jean-Marie, *Tombes et Nécropoles de Mari*. MAM 5. Beirut (1999)

Kantor, AJA 51, 1947
H.J. Kantor, The Aegean and the Orient in the 2nd millennium B.C. *AJA 51*, 1947, 1-103

Kantor, Fakhariyah Ivories
H.J. Kantor, The Ivories from Floor 6 of Sounding IX. In: C.W. McEwan u. a., *Soundings at Tell Fakhariyah*. OIP 79. Chicago (1958) 57-68.

Kantor, JNES 15, 1956
H.J. Kantor, Syro-Palestinian Ivories. *JNES 15*, 1956, 153-174

Karageorghis, Bathtub
V. Karageorghis, Appendix XI: An 11th-century B.C. bathtub from Palaepaphos-Skales, T. 49:198. In: V. Karageorghis (Hrsg.), *Palaepaphos-Skales. An Iron Age Cemetery in Cyprus*. Ausgrabungen in Alt-Paphos auf Cypern 3, Konstanz (1983) 435-438

Karageorghis, Kition I
V. Karageorghis, *Excavations at Kition I: The Tombs*. Nicosia (1974)

Karageorghis, Kition
V. Karageorghis, *Kition. Mycenean and Phoenician Discoveries in Cyprus*. London (1976)

Karageorghis, Mycenean Art
V. Karageorghis, *Mycenean Art from Cyprus*. Nicosia (1968)

Karageorghis, Stockholm
V. Karageorghis u. a., *The Cyprus Collection in the Medelhavsmuseet*. Nicosia (2003)

Karageorghis – Demas, Kition V
V. Karageorghis – M. Demas, *Excavations at Kition V*. Nicosia (1985)

Karstens, Systematik
K. Karstens, *Allgemeine Systematik der einfachen Gefäßformen*. MVSt. 16. München (1994)

Keel, Böcklein
O. Keel, *Das Böcklein in der Milch seiner Mutter und Verwandtes*. OBO 33. Fribourg (1980)

Keel – Uehlinger, Göttinnen
O. Keel – C. Uehlinger, *Göttinnen, Götter und Gottessymbole*. Darmstadt (1993)

Kenna, CCA 3
V.E.G. Kenna, *Corpus of Cypriote Antiquities 3: Catalogue of the Cypriote Seals of the Bronze Age in the British Museum*. SMA 20:3. Göteborg (1971)

Kenyon, Jericho I
K.M. Kenyon, *Excavations at Jericho I: The Tombs excavated in 1952-1954*. London (1960)

Kenyon, Jericho II
K.M. Kenyon, *Excavations at Jericho II: The Tombs excavated in 1955-1958*. London (1965)

Kenyon, NEAEHL 2
K.M. Kenyon, s. v. „Jericho". *NEAEHL 2* (1993) 674-681

Kepinski, Arbre
C. Kepinski, *L'arbre stylisé en Asie occidentale au 2e millénaire avant J.-C.* Paris (1982)

Khayyata – Kohlmeyer, DamM 10, 1998
W. Khayyata – K. Kohlmeyer, Die Zitadelle von Aleppo. Vorläufiger Bericht über die Untersuchungen 1996 und 1997. *DamM 10*, 1998, 69-96

Killebrew, FS Dothan
A. Killebrew, Ceramic Typology and Technology of Late Bronze II and Iron I Assemblages from Tel Miqne-Ekron: The Transition from Canaanite to Philistine Culture, In: S. Gitin – A. Mazar – E. Stern (Hrsg.), *Mediterranean Peoples in Transition. 13th to early 10th Centuries BCE*. FS Dothan. Jerusalem (1998) 379-405

Killen, Egyptian Carpentry
G. Killen, Ancient Egyptian Carpentry, its Tools and Techniques. In: G. Herrmann (Hrsg.), *The Furniture of Western Asia. Ancient and Traditional*. Mainz (1996) 13-20.

Killen, Wood
G. Killen, Wood. Technology: Procurement and primary processing. In: P.T. Nicholson – I. Shaw (Hrsg.), *Ancient Egyptian Materials and Technology*. Cambridge (2000) 353-371

King, Babylonian Magic
L.W. King, *Babylonian Magic and Sorcery*. London (1896)

King, Balawat
L.W. King, *Bronze Reliefs from the Gates of Shalmaneser King of Assyria B.C. 860-825*. London (1915)

Kling, Pottery
B. Kling, *Mycenaean IIIC:1b and related pottery in Cyprus*. SIMA 87. Göteborg (1989)

Knapp, Organic Goods
A.B. Knapp, Spice, Drugs, Grain and Grog: Organic Goods in Bronze Age East Mediterranean Trade. In: N.H. Gale (Hrsg.), *Bronze Age Trade in the Mediterranean*. SIMA 40. Jonsered (1991) 21-68

Knudtzon, EA
J.A. Knudtzon, *Die El-Amarna-Tafeln*. VAB 2. Leipzig (1915)

Koch, Persepolis
H. Koch, *Persepolis. Glänzende Hauptstadt des Perserreiches*. Mainz (2001)

Köroğlu, Üçtepe I
K. Köroğlu, *Üçtepe I. Yeni kazı ve yüzey bulguları ışığında Diyarbakır*. TTKY V/45. Ankara (1998)

Kohl, Seeds
P.L. Kohl, *Seeds of Upheaval: The production of chlorite at Tepe Yahya and an analysis of commodity production and trade in Southwest Asia in the mid-third Millennium*. Cambridge Mass. (1974)

Kohlmeyer, Aleppo
K. Kohlmeyer, *Der Tempel des Wettergottes von Aleppo*. Gerda Henkel Vorlesung. Münster (2000)

Kozloff, BClevMus 1973
A.P. Kozloff, A Toast to the Gods. *BClevMus* 1973, 44-51

Redford, Egypt
D.B. Redford, *Egypt, Canaan, and Israel in Ancient Times*. Princeton (1992)

Rehm, Ahiram-Sarkophag
E. Rehm, *Der Ahiram-Sarkophag. Dynastensarkophage mit szenischen Reliefs aus Byblos und Zypern Teil 1.1.* Mainz (2004)

Rehm, Assyrische Möbel
E. Rehm, Assyrische Möbel für den assyrischen Herrscher. In: C.E. Suter – C. Uehlinger (Hrsg.), *Crafts and Images in Contact*. OBO 210. Fribourg (2005) 187-206.

Renger, AoF 23, 1996
J. Renger, Handwerk und Handwerker im alten Mesopotamien. *AoF 23*, 1996, 211-231

Reuther, Innenstadt
O. Reuther, *Die Innenstadt von Babylon*. WVDOG 47. Berlin (1926)

Rezvani – Roustaei, IrAnt 42, 2007
H. Rezvani – K. Roustaei, A preliminary report on two seasons of excavations at Kul Tarike cemetery, Kurdestan, Iran. *IrAnt 42*, 2007, 139-184

Richter, Furniture
G.M.A. Richter, *Ancient Furniture*. Oxford (1926)

Richter – Milne, Shapes
G.M Richter – M.J. Milne, *Shapes and Names of Athenian Vases*. New York (1935)

Riemenschneider, Hethiter
M. Riemenschneider, *Die Welt der Hethiter*. Stuttgart (1954)

Riefstahl, Toilet Articles
E. Riefstahl, *Toilet Articles from Ancient Egypt*. Brooklyn Museum. New York (1943)

Rieth, AA 1940
A. Rieth, Die Entwicklung der Drechseltechnik. *AA 1940*, 616-634

Riis – Buhl, Hama II,2
P.J. Riis – M.-L. Buhl, *Les objets de la période dite Syro-Hittites (Âge du Fer)*. Hama II 2. Kopenhagen (1990)

Riis, Hama II,3
P.J. Riis, *Hama. Fouilles et Recherches 1931 - 1938. Les Cimetières à Crémation*. Kopenhagen (1948)

Roaf, Iraq 46, 1984
M. Roaf, Excavations at Tell Mohammed ´Arab in the Eski Mosul Dam Salvage Project. *Iraq 46*, 1984, 141-156

Roaf, Weltatlas
M. Roaf, *Weltatlas der Alten Kulturen: Mesopotamien*. München (1990)

Roberts, Pyxis
S.R. Roberts, *The Attic Pyxis*. Chicago (1978)

Rost, MIO 8, 1963
L. Rost, Zu den hethitischen Bildbeschreibungen. *MIO 8*, 1963, 161-217

Rowe, Beth Shan I
A. Rowe, *Beth Shan 1: The Topography and History of Beth-Shan. With Details of the Egyptian and Other Inscricptions Found on the Site*. Publ. of the Palest. Section of the Museum of the University of Pennsylvania I. Philadelphia (1930)

Rowe, Canaanite Temples
A. Rowe, *The Four Canaanite Temples of Beth-Shan. Part I: The Temples and Cult Objects*. Publ. of the Palest. Section of the Museum of the University of Pennsylvania II. Philadelphia (1940)

Russell, Sennacherib's Palace
J.M. Russell, *Sennacherib's Palace without Rival at Nineveh*. Chicago (1991)

Saadé, Port
G. Saadé, Le port d'Ougarit. In: M. Yon – M. Sznycer – P. Bordreuil (Hrsg.), *Le Pays d'Ougarit autour de 1200 av. J.-C.* Paris (1995) 211-225

Sackett, Style
J.R. Sackett, Style and ethnicity in archaeology: the case for isochrestism. In: M. Conkey – C. Hastorf (Hrsg.), *The uses of style in archaeology*. Cambridge (1995) 32-43

Sader, États Araméens
H.S. Sader, *Les États Araméens de Syrie*. BTS 36. Beirut (1987)

Safar – al-Iraqi, Ivories
F. Safar – M.S. al-Iraqi, *Ivories from Nimrud*. Bagdad (1987)

Sagona, ZDPV 96, 1980
C. Sagona, Middle Bronze Faience Vessels from Palestine. *ZDPV 96*, 1980, 101-120

Sakellarakis, Ivories
J.A. Sakellarakis, The Idean Cave Ivories. In: J.L. Fitton (Hrsg.), *Ivory in Greece and the Eastern Mediterranean*. BMOccPap. 85. London (1992) 113-140

Salje, Mitanni-Glyptik
B. Salje, *Der 'Common Style' der Mitanni-Glyptik und die Glyptik der Levante und Zyperns in der späten Bronzezeit*. BagF 11. Berlin (1990)

Sallaberger, Töpfer
W. Sallaberger, *Der babylonische Töpfer und seine Gefässe*. MHE/M 3. Gent (1996)

Salonen, Hausgeräte-1
A. Salonen, *Die Hausgeräte der alten Mesopotamier nach sumerisch-akkadischen Quellen 1*. AASF 139. Helsinki (1965)

Salonen, Hausgeräte-2
A. Salonen, *Die Hausgeräte der alten Mesopotamier nach sumerisch-akkadischen Quellen 2*. AASF 144. Helsinki (1966)

Salonen, Jagd
A. Salonen, *Jagd und Jagdtiere im Alten Mesopotamien*. AASF 196. Helsinki (1976)

Salonen, E., Waffen
E. Salonen, *Die Waffen der alten Mesopotamier*. StOr. 33. Helsinki (1965)

Salvini, Urartäer
M. Salvini, *Geschichte und Kultur der Urartäer*. Darmstadt (1995)

Sams, Porticus 3, 1980
G.K. Sams, The Herzfeld Pyxis: North Syrian Sculpture in Miniature. *Porticus 3* (1980) 1-12

Sass, Small finds
B. Sass, The small finds. In: I. Finkelstein – D. Ussishkin – B. Halpern (Hrsg.), *Megiddo III. The 1992-1996 Seasons*. Tel Aviv (2000) 349-423

Sauer, Ugarit
G. Sauer, Ugarit und Byblos. In: P.W. Haider – M. Hutter – S. Kreuzer (Hrsg.), *Religionsgeschichte Syriens*. Stuttgart (1996) 79-90

Sax – Meeks – Collon, Iraq 52, 2000
M. Sax – N.D. Meeks – D. Collon, The early development of the lapidary engraving wheel in Mesopotamia. *Iraq 52*, 2000, 157-176

Schaeffer, Alasia I
C.F.-A. Schaeffer, *Alasia I*. Paris (1971)

Schaeffer, Chypre
C.F.-A. Schaeffer, *Missions en Chypre 1932-1935*. Paris (1936)

Schaeffer, Syria 13, 1932
C.F.-A. Schaeffer, Les Fouilles de Minet-el-Beida et de Ras-Shamra. Troisième Campagne (Printemps 1931). *Syria 13*, 1932, 1-27

Schaeffer, Syria 43, 1966
C.F-A Schaeffer, Nouveau Témoignages du Culte de El et de Baal a Ras Shamra-Ugarit et Ailleurs en Syrie-Palestine. *Syria 43*, 1966, 1-19

Schaeffer, Ugaritica I
C.F.-A. Schaeffer, *Ugaritica I: Études relatives aux Découvertes de Ras Shamra*. MRS 3. Paris (1939)

Schaeffer, Ugaritica II
C.F.-A. Schaeffer, La patère et la coupe en or de Ras Shamra. In: C.F.A. Schaeffer (Hrsg.), *Ugaritica II: Nouvelles études relatives aux découvertes de Ras Shamra*. MRS 5. Paris (1949) 1-48

Schaeffer-Forrer, Cylindres-Sceaux
C.-F.-A. Schaeffer-Forrer, *Corpus I des cylindres-sceaux de Ras Shamra-Ugarit et d'Enkomi-Alasia*. Paris (1983)

Schäfer – Andrae, PKG
H. Schäfer – W. Andrae, *Die Kunst des Alten Orients*. Berlin (1925)

Schaudig, Nabonid
H. Schaudig, *Die Inschriften Nabonids von Babylon und Kyros' des Großen*. AOAT 256. Münster (2001)

Scheibler, LAW
I. Scheibler, s. v. „Pyxis". In: C. Andresen – H. Erbse – O. Gigon u. a. (Hrsg.), *Lexikon der Antiken Welt*. Zürich (1965) 2494

Schiering, Tongefäße
W. Schiering, *Die griechischen Tongefäße. Gestalt, Bestimmung und Formwandel*. Berlin (1983)

Schmidt – van Loon – Curvers, Holmes Expedition
E.F. Schmidt – M.N. van Loon – H.H. Curvers, *The Holmes Expedition to Luristan*. OIP 108. Chicago (1989)

Schmidt – Willeitner, Nefertari
H.C. Schmidt – J. Willeitner (Hrsg.), *Nefertari. Gemahlin Ramses II*. Mainz (1994)

Schneider-Herrmann, JEOL 10, 1945
G. Schneider-Herrmann, Over de figuur achter den zegevierenden Pharao. *JEOL 10*, 1945, 355-369

Schneider-Ludorff, Öle
H. Schneider-Ludorff, Öle und Fette in Nuzi. In: D.I. Owen – G. Wilhelm (Hrsg.), *Nuzi at Seventy-Five*. SCCNH 10. Bethesda (1999) 401-410

Schwemer, Wettergottgestalten
D. Schwemer, *Die Wettergottgestalten Mesopotamiens und Nordsyriens im Zeitalter der Keilschriftkulturen.* Wiesbaden (2001)

Schweitzer, Löwe und Sphinx
U. Schweitzer, *Löwe und Sphinx im Alten Ägypten.* Ägyptologische Forschungen 15. Glückstadt (1948)

Seidl, Bronzekunst
U. Seidl, *Bronzekunst Urartus.* Mainz (2004)

Sevinç – Rose, Studia Troica 9, 1999
N. Sevinç – C.B. Rose, A child's sarcophagus from the salvage excavations at Gümüşçay. *Studia Troica 9*, 1999, 489-509

Seyrig, Syria 24, 1944/5
H. Seyrig, Antiquités Syriennes. *Syria 24*, 1944-45, 62-80

Shaath, AAS 36, 1986/87
S. Shaath, Sceaux Cylindres de Tell Denit. *AAS 36/37*, 1986/87, 33-55

Shaath, FS Porada
S. Shaath, Three new steatite pyxides from Northern Syria in the Aleppo Museum. In: M. Kelly-Buccellati (Hrsg.), *Insight through Images*. FS Porada. BiMes 21. Malibu (1986) 237-252

Singer, BASOR 269, 1988
I. Singer, Merenptah's campaign to Egypt and the Egyptian occupation of the Southern Coastal Plain of Palestine in Ramesside Period. *BASOR 269*, 1988, 1-10

Singer, Tel Aviv 15-16, 1988/89
I. Singer, A new stele of Hamiyatas, King of Masuwari. *Tel Aviv 15-16*, 1988/89, 184-192

Smith, Interconnections
W.S. Smith, *Interconnections in the Ancient Near East.* London (1965)

Sparks, MedA 4, 1991
R. Sparks, A Series of Middle Bronze Age Bowls with Ram´s-head Handles from the Jordan Valley. *MedA 4*, 1991, 45-54

Sparks, Stone Vessels
R. Sparks, Egyptian Stone Vessels in Syro-Palestine During the Second Millennium B.C. and Their Impact on the Local Stone Vessel Industry. In: G. Bunnens (Hrsg.), *Cultural Interaction in the Ancient Near East.* Abr Nahrain Suppl. 5. Louvain (1996) 51-66

Spycket, Statuaire
A. Spycket, *La Statuaire du Proche-Orient Ancien.* HdO 7-1/2 B. Leiden (1981)

St. Clair, Carving
A. St. Clair, *Carving as Craft.* Baltimore (2003)

Stein, Old Routes
A. Stein, *Old Routes in Western Iran.* London (1940)

Stein, Nuzi-Glyptik
D.L. Stein, Mythologische Inhalte der Nuzi-Glyptik. In: V. Haas (Hrsg.), *Hurriter und Hurritisch. Konstanzer Altorientalische Symposien II.* Xenia 21. Konstanz (1988) 173-209

Stein, Seal Impressions
D.L. Stein, *The Seal Impressions.* Das Archiv des Šilwa-Teššup 8. Wiesbaden (1993)

Abb. 111:1. 113:1 – **e)** nach: Reuther, Innenstadt, Abb. 10e – **f)-g)** nach: Andrae, JIT, Abb. 79 Taf. 43c – **h)** nach: Tubb, Levant 20, 1988, Abb. 48:8; **Taf. 30 a)-b)** © Musée du Louvre, Dépt. des Antiquités Orientales – **c)** nach: Tufnell, Lachish II, Taf. 20:30 – **d)** nach: Kat. Frühe Phöniker, Bonn, Abb. S.124 – **e)** nach: Miron, Schatzhaus, Taf. 43:1; **Taf. 31 a)** nach: Loud, Megiddo II, 155 Taf. 200:2 – **b)-d)** eigene Umzeichnung nach Vorlage von E. Fischer – **e)** nach: Woolley, Alalakh, Taf. 76g; **Taf. 32 a)-b)** © MMA, New York, Dept. of Egyptian Art, 16.10.425 bzw. 36.3.11, Rogers Fund 1936 – **c)** © MMA, New York, Dept. of Egyptian Art, 26.7.1291 – **d)** nach: Loud, Megiddo II, Taf. 200:6 – **e)-f)** nach: Biran – Ben Dov, Dan II, Abb. 2:103; **Taf. 33 a)** nach: Mazar, Qasile II, 12f. Abb. 3:2 – **b)** nach: Vandier d'Abbadie, Objets de toilette, Nr. 127 – **c)** eigene Umzeichnung nach Vorlage von E. Fischer – **d)** © Brooklyn Museum, Dept. of Egyptian and Classical Art, 37.597 Ea-b, Charles Edwin Wilbour Fund – **e)** nach: Beyer, Matières dures, Abb. 1 (oben) – **f)** nach: Tufnell, Lachish II, Taf. 19:18 – **g)** nach: Loud, Megiddo II, 149 Taf. 200:8 – **h)** nach: Riis – Buhl, Hama II,2, Abb. 113:949; **Taf. 34 a)** nach: Karageorghis, Kition, Taf. 25 – **b)** nach: Peltenburg, Glazed Vases, Taf. 163:230 – **c)-d)** Israel Museum, Jerusalem 87.60.629 – **e)** nach: Jean-Marie, Tombes, Taf. 35:1259 – **f)** nach: Kat. Faïences, Paris, Nr. 137; **Taf. 35 a)** nach: Jean-Marie, Tombes, Taf. 36 – **b)** nach: van Ess – Pedde, Kleinfunde II, Taf. 106a. 107f – **c)** nach: Strommenger, Gefäße, Taf. 39:7; **Taf. 36 a)** nach: Jean-Marie, Tombes, Taf. 36:1306 – **b)** nach: Jean-Marie, Tombes, Taf. 35:1350 – **c)** nach: Jean-Marie, Tombes, Taf. 35:1263 – **d)** nach: Strommenger, Gefäße, Taf. 15:13 – **e)** nach: Haller, GuG, Taf. 16i – **f)** © The British Museum, Dept. of Greek and Roman Antiquities; **Taf. 37 a)** nach: Kat. Royaume d'Ougarit, Lyon, Nr. 273 – **b)** nach: Kat. Faïences, Paris, Nr. 93 – **c)** nach: Buchholz – Karageorghis, Altägäis, Nr. 1674 – **d)-f)** © Musée du Louvre, Dépt. des Antiquités Orientales – **e)** © Fotoarchiv, Vorderasiatisches Museum - Staatliche Museen zu Berlin; **Taf. 38 a)** © Oriental Institute, Chicago – **b)** nach: Paszthory, Salben, Abb. 50 – **c)** nach: Mazzoni, FS Orthmann, Abb. 13 – **d)-e)** nach: Mazzoni, FS Orthmann, Abb. 14; **Taf. 39 a)** © American University of Beirut Museum – **b)-c)** nach: Herzfeld, AMI 2, 1930, Taf. II und Abb. 2; **Taf. 40 a), c)** nach: Shaath, FS Porada, Taf. 57:5, 58 – **b)** nach: Mazzoni, FS Orthmann, Abb. 6; **Taf. 41 a)** © The British Museum, Dept. of the Middle East – **b), c)** eigene Umzeichnung; **Taf. 42 a, d, e, g, h)** © The British Museum, Dept. of the Middle East – **b, c, f)** eigene Umzeichnung; **Taf. 43 a)** nach: Mazzoni, FS Orthmann, Abb. 1 – **b)** nach: Thompson, AAA 38, 1931, Taf. 22:9 – **c)** nach: Mazzoni, FS Orthmann, Abb. 7 – **e)** nach: Oppenheim, Halaf, Abb. S. 195; **Taf. 44 a)-e)** nach Safar – al-Iraqi, Ivories, Abb. 35-41 ; **Taf. 45 b)-c)** © The British Museum, Dept. of the Middle East, Aufnahmen C. Thomas; **Taf. 46 a), d)** © The British Museum, Dept. of the Middle East, Aufnahmen C. Thomas; **Taf. 47 a)-c)** © The British Museum, Dept. of the Middle East, Aufnahmen C. Thomas; **Taf. 48** © The British Museum, Dept. of the Middle East, Aufnahme C. Thomas; **Taf. 49 a)-b)** © The British Museum, Dept. of the Middle East, Aufnahmen C. Thomas; **Taf. 50 a)-b)** nach: Barnett, CNI, Taf. 24 – **c)** nach: Barnett, CNI, Taf. 25; **Taf. 51 a)** Anordnung der Fragmente nach Barnett (CNI, S19 Taf. 27); **Taf. 52 a)-c)** nach: Muscarella, Hasanlu, Nrn. 226, 228, 230; **Taf. 53 a)-e)** nach: Hasanlu, Muscarella, Nrn. 231, 234, 235, 237, 239; **Taf. 54** nach: Safar – al-Iraqi, Ivories, Abb. 29-34; **Taf. 56 a)** © The British Museum, Dept. of the Middle East, Aufnahme C. Thomas; **Taf. 57 a)** nach: Barnett, CNI, Taf. 16 bzw. eigene Umzeichnung – **b)** nach: Mallowan, N&R, 1966, Abb. 78 – **c)** nach: Barnett, CNI, Taf. 23; **Taf. 58 a)** nach: Barnett, CNI, Taf. 22 – **b)** nach: Barnett, CNI, Taf. 23; **Taf. 59 a)-b)** © The British Museum, Dept. of the Middle East, Aufnahme C. Thomas; **Taf. 60 a)** Anordnung der Fragmente nach Barnett (CNI, Taf. 2); **Taf. 61 a)** nach: Barnett, CNI, Taf. 23; **Taf. 62** nach: Barnett, CNI, Taf. 18; **Taf. 63 a), e)** © The British Museum, Dept. of the Middle East, Aufnahmen C. Thomas – **c)-d)** nach: Barnett, CNI, Taf. 23; **Taf. 64 a)-b), d)-e)** nach Barnett, CNI, Taf. 25, 28 – **c)** © The British Museum, Dept. of the Middle East, Aufnahme C. Thomas; **Taf. 65 b)** Safar – al-Iraqi, Ivories, Taf. 43, 46; **Taf. 66 a)-c)** nach: Sakellarakis, Ivories, Taf. 10b, 11a – **b)-f)** nach: Barnett, CNI, Taf. 40, 26 – **d)** nach: Herrmann, IN IV, Taf. 62; **Taf. 67 a)-b)** nach: Muscarella, Hasanlu, Nr. 246A – **c)** nach: Barnett, CNI, Taf. 29 – **d)** nach: Sakellarakis, Ivories, Taf. 8c – **e)** nach: Barnett, CNI, Taf. 30; **Taf. 68 a), b), d)** nach: Barnett, CNI, Taf. 29, 30; **Taf. 69 b)** nach: Andrae, Sendschirli V, Taf. 9f – **c)-d)** nach: Degli Esposti, Tell Afis, Abb. 15:2; **Taf. 70 a)** nach: Sakellarakis, Ivories, Taf. 11c – **b)** nach: Mallowan, N&R, Abb. 173 – **c)** nach: Safar – al-Iraqi, Ivories, Abb. 53; **Taf. 71 a)-c)** nach: Gachet, Objets, Nr. 56 Taf. 6-7 – **d)** nach: Gachet, Ugarit Ivories, Taf. 3d – **e)** nach: Gachet, Ugarit Ivories, Taf. 3a; **Taf. 72 a)-b)** nach: Mallet, Temple, Abb. 17, 18 – **c)-d)** nach: Gachet, Objets, Taf. 3 Abb. 4 – **e)** nach: Gachet, Ugarit Ivories, Abb. 3b – **f)** nach: Schaeffer, Ugaritica I, Frontispiz; **Taf. 73 a)** nach: Tubb, Canaanites, Taf. 4c – **b)-d)** mit freundlicher Genehmigung J. Bretschneider; **Taf. 74 a)** nach: Decamps de Mertzenfeldt, Inventaires, Taf. 5 – **b)-c)** nach: Tufnell, Lachish II, Taf. 18, 18a – **d)** nach: Tufnell, Lachish II, Taf. 20; **Taf. 75 a)-b)** © The British Museum, Dept. of the Middle East – **c)** nach: Fischer – Herrmann, Levant 27, 1995, Abb. 16 – **d)** nach: Yadin, Hazor I, Taf. CLV; **Taf. 76 a)** © Fotoarchiv, Vorderasiatisches Museum - Staatliche Museen zu Berlin – **b)** nach: Haller, GuG, Abb. 161 – **c)** nach: Andrae, WA, Abb. 137; **Taf. 78 a)** nach: Thureau-Dangin – Dunand, Til-Barsib, Taf. 18:1 – **b)** © The British Museum, Dept. of the Middle East – **c)** nach: Haerinck – Overlaet, War Kabud, Abb. 21 bzw. Taf. 140 – **d)** © Metropolitan Museum of Art, Dept. of the Ancient Near East; **Taf. 79 a)** nach: Godard, Trésor, Abb. 78 – **b)** nach: Godard, Trésor, Abb. 79 – **c)** nach: Mazzoni, Ziwiye, 224 AIII3 Taf. 9 – **d)** nach: Wilkinson, Ziwiye, Abb. 23; **Taf. 80 a)** nach: Godard, Trésor, Abb. 76 – **b)** nach: Wilkinson, Ziwiye, Abb. 12a – **c)-d)** nach: Mazzoni, Ziwiye, Taf. 14; **Taf. 81 a)** © The British Museum, Dept. of the Middle East – **b)** nach: Miglus, WG, Taf. 65a – **c)** © British School of Archaeology in Iraq – **d)** © The British Museum, Dept. of the Middle East, Aufnahme C. Thomas – **e)** © Slg. Ishiguro, Tokyo; **Taf. 82 a)-b)** nach: Schmidt – van Loon – Curvers, Holmes Expedition, Taf. 150a, b – **c)-g)** Musée du Louvre, Dépt. des Antiquités Orientales; **Taf. 83 a)-e)** © Musée du Louvre, Dépt. des Antiquités Orientales; **Taf. 84 a)-f)** © Musée du Louvre, Dépt. des Antiquités Orientales; **Taf. 85 a)-c)** © Musée du Louvre, Dépt. des Antiquités Orientales – **d)-g)** nach: de Mecquenem – Michalon, MMAI 33, Abb. 7; **Taf. 86 a)**-q) © Musée du Louvre, Dépt. des Antiquités Orientales; **Taf. 87 a)** nach: Amiet, Elam, Nr. 375 – **b)** nach: Kat. Susa, New York, Nr. 146 – **c)** nach: de Mecquenem – Michalon, MMAI, Abb. 8 – **d)** © Musée du Louvre, Dépt. des Antiquités Orientales – **e)** nach: vanden Berghe, Archeologia 65, 1973, Frontispiz; **Taf. 88 a)-e)** © Musée du Louvre, Dépt. des Antiquités Orientales – **f)** nach: Schmidt – van Loon – Curvers, Holmes Expedition, Taf. 151b, 154d – **g)-h)** nach: Schmidt – van Loon – Curvers, Holmes Expedition, Taf. 151c, 152b; **Taf. 89 a)-f)** © Musée du Louvre, Dépt. des Antiquités Orientales; **Taf. 90 a)-c)** nach: Schmidt – van Loon – Curvers, Holmes Expedition, Taf. 150c, 154a – **d)-k)** © Musée du Louvre, Dépt. des Antiquités Orientales; **Taf. 91 a)** nach: Piotrovskij, Regno di Van, Taf. 48 (oben und Mitte rechts) – **b)** nach: Piotrovskij, Kingdom of Van, Abb. 50 – **c)** nach Ball, MedA 3, 1990, Abb. 12; **Taf. 92 a)** nach: Piotrovskij, Regno di Van, Taf. 49 – **b)** nach: Piotrovskij, Kingdom of Van, Abb. 48 – **c)** © Fotoarchiv, Vorderasiatisches Museum - Staatliche Museen zu Berlin – **d)-e)** nach: Ögün, Bestattungsbräuche, 221 Abb. 29a, b – **f)** nach: Wartke, Untersuchungen, Taf. 40:1; **Taf. 93 a)-c)** nach: Piotrovskij, Karmir Blur, Nr. 93-95 – **d)** nach: Curtis, Nush-i Jan III, Abb. 16:429 – **e)** nach: Riis, Hama II,3, Abb. 230:F; **Taf. 94 a)** nach: Mellaart – Murray, Beycesultan III/2, Nr. 342 Abb. O.41 – **b)-c)** nach: Kat. Glasgow 1991, Abb. 37 Taf. S. 127 – **d)** nach Oates, Iraq 27, 1965, Taf. 18b – **e)** nach: van Ess – Pedde, Kleinfunde II, Taf. 93:1168; **Taf. 95 a)** nach: Ghirshman, Tchogha Zanbil II, Taf. 8:1-3 – **b)** nach: Ghirshman, Tchogha Zanbil I, Taf. 63:1-3 – **c)-d)** nach: Ghirshman, Tchogha Zanbil II, Taf. 8:7, 70; **Taf. 96 a)** nach: Tubb, Levant 20, 1988, Abb. 47 – **b)** nach: Haller, JIT, Taf. 17b – **c)** © The British Museum, Dept. of the Middle East – **d)** nach: Buchholz – Karageorghis, Altägäis, Abb. 1742 – **e)-f)** nach: Dikaios, Enkomi, Taf. 147:8. 176:55 – **g)** © Medelhavsmuseet, Stockholm – **h)** nach: Courtois, Alasia III, Nr. 904 Abb. 35:2 – **i)** nach: Maier – Karageorghis, Paphos, Abb. 45; **Taf. 97 a)**, **h)** © Musée du Louvre, Dépt. des Antiquités Orientales – **b)-c)** nach: Einwag – Otto, DamM 9, 1996, Abb. 10 Taf. 12a – **d)** nach: Oates, Iraq 27, 1965, Taf. 19a bzw. Carter, BASOR 178, Abb. 5 – **e)** nach: Wäfler, Hamidiya 4, Abb. 18 – **f)-g)** nach: Andrae, JIT, 101 Taf. 43d, f; **Taf. 98 a)** © Fotoarchiv Vorderasiatisches Museum - Staatliche Museen zu Berlin – **b)** © Musée du Louvre, Dépt. des Antiquités Orientales – **c)** © The Petrie Museum, London – **d)** nach: Andrae, JIT, Taf. 42d – **e)** nach: Heinrich, Fara, Taf. 73a, c – **f)** nach: Margueron, Mari, Abb. 515:2 – **g)** nach: Downes, Esna, Abb. 8, 73; **Taf. 99 a)** nach: Andrae, JIT, Taf. 42i – **b)** nach: Woolley, Alalakh, Taf. 83b – **c)** nach: Oates – Oates – McDonald, Brak 1, Abb. 50, 74 – **d)-e)** nach: Caubet, Vaisselle de pierre, Taf. 5:6. 12:11 – **f)** nach: Kat. Gifts, Providence, Nr. 94; **Taf. 100 a)** © The British Museum, Dept. of the Middle East – **b)** © The Ashmolean Museum of Art and Archaeology – **c)** © Slg. Ishiguro, Tokyo – **d)** © Museum für Vor- und Frühgeschichte, Berlin; **Taf. 101 a)** nach: Schmidt – van Loon – Curvers, Holmes Expedition, Taf. 114:d – **b)** © Museum für Vor- und Frühgeschichte, Berlin – **c)** nach: Kat. Faïences, Paris, Nr. 129 – **d)** nach: Reuther, Innenstadt, Abb. 10i – **e)** © Fotoarchiv Vorderasiatisches Museum - Staatliche Museen zu Berlin – **f)** © Musée du Louvre, Dépt. des Antiquités Orientales; **Taf. 102 a)** nach: Haller, GuG, Taf. 16a – **b)** nach: Köroğlu, Üçtepe I, Taf. X – **c)** nach: von der Osten – Schmidt, Alishar 1927, Abb. 223 – **d)** nach: Moorey, Deve Hüyük, Abb. 15:389 – **e)** nach: Woolley, Alalakh, Taf. 77 – **f)-g)** nach: Boehmer, Kleinfunde 2, Taf. 28:3622. 27:3618 – **h)** nach: Woolley, Alalakh, Taf. 87 – **i)** nach: Boehmer, Kleinfunde 1, 186 Nr. 1893 Taf. 67:1893; **Taf. 103 a)-b)** © The British Museum, Dept. of Greek and Roman Antiquities – **d)-f)** nach: Kenyon, Jericho I, Abb. 4. 133:1. 192:6 – **g)** nach: van Ess – Pedde, Kleinfunde II, Taf. 109 – **h)** nach: Moortgat-Correns, Chuera 1974, Abb. 14a, b – **i)** nach: Jean-Marie, Tombes, Taf. 34 – **j)** nach: Overlaet, Pusht-i Kuh, Abb. 108; **Taf. 104 a)-b)** nach: Haerinck – Overlaet, Chamahzi Mumah, Abb. 19 Taf. 72a – **c)** nach: Amiet, Elam, Nr. 374 – **d)** © Musée du Louvre, Dépt. des Antiquités Orientales – **e)** © The British Museum, Dept. of the Middle East; **Taf. 105 b)** © The British Museum, Dept. of the Middle East – **c)** © Slg. Ishiguro, Tokyo – **d)** © Musée du Louvre, Dépt. des Antiquités Orientales – **e)** nach: Reuther, Innenstadt, Abb. 10e – **f)** nach: Amiet, Elam, Nr. 371 – **g)** nach: Carter, Elamites, Abb. 13:7

15. Index

(Fundorte sind im Index nur vermerkt, wenn sie im Text Gegenstand einer weiterführenden Betrachtung sind; ansonsten sei auf die entsprechenden Katalogeinträge verwiesen.)

Addenda

Nach Fertigstellung des Manuskriptes wurden mir noch zwei weitere Funde von Linsenpy-xiden bekannt, die hier der Vollständigkeit halber erwähnt werden sollen. Es handelt sich um eine fragmentarisch erhaltene elfenbeinerne Linsenpyxis aus Jatt sowie ein Exemplar aus Stein aus dem Kunsthandel (M. Artzy, The Jatt Metal Hoard in Northern Canaanite/ Phoenician and Cypriote Context. CAM 14. Barcelona 2006, 70 Abb. 2:16 Taf. 25:5; Ausstellungskatalog Les Phéniciens et le monde méditerranéen. Brüssel 1986, Nr. 156).

Der im Frühjahr 2008 ausgelieferte Katalog zu den Elfenbeinfunden aus Ugarit von J. Ga-chet-Bizollon, Les Ivoires d'Ougarit. RSOu 16. Paris 2007, konnte leider nicht mehr in die Publikation eingearbeitet werden. Im Folgenden sind jedoch die relevanten Angaben kur-siv ergänzt bzw. berichtigt; ferner ist eine abschließende Konkordanz zur leichteren Benut-zung angefügt. Nicht aufgenommen sind die Belege für Pyxiden in Gestalt von Wasservö-geln sowie die bei Gachet-Bizollon zusätzlich aufgeführten Scheiben (Chapitre IV), die gegebenenfalls als Deckel oder Böden verwendet wurden.

Uga.1   **Gachet-Bizollon, RSOu 16, Nr. 72**
> **Fundnummer**: *RS 1.[101]* (gef. 1929)
> **Fundkontext**: *Minet el-Beida, Grab III*
> **Datierung**: 13. Jh. (nach Beifunden)[1]
> **Material**: Elfenbein
> **Maße**: H: 9,8 cm – Dm: 13,0 cm – *Di: 1,4-2,8 cm*
> **Aufbewahrung**: Paris, Musée du Louvre, Inv.Nr.: AO 11602b

Uga.2   **Gachet-Bizollon, RSOu 16, Nr. 73**
> **Fundnummer**: *RS 1.[100]* (gef. 1929)
> **Fundkontext**: *Minet el-Beida, Grab III*
> **Datierung**: 13. Jh. (s. Uga.1)
> **Material**: Elfenbein
> **Maße**: H: 9,7 cm – Dm(rek.): ca. 15,0-16,0 cm
> **Aufbewahrung**: Paris, Musée du Louvre, Inv.Nr.: AO 27600 + AO 11602a
> **Beschreibung**: Nach Gachet-Bizollon gehört der Boden AO 11602a zum Korpus AO 27600

Uga.3   **Gachet-Bizollon, RSOu 16, Nr. 70**
> **Fundnummer**: *RS 28.33* (gef. 1954)
> **Fundkontext**: Palais Sud
> **Datierung**: 14. 12. Jh. (SBZ II III)
> **Material**: Elfenbein *(Elefant)*
> **Maße**: H: 7,9 cm – L: 4,0 cm – *Di: 0,4 cm*
> **Aufbewahrung**: Damaskus, Nationalmuseum, *Inv.Nr.: 7327*

Uga.4   **Gachet-Bizollon, RSOu 16, Nr. 79**
> **Fundnummer**: *RS 79.21 (vorm. 79 RS 21) (1979)*
> **Fundkontext**: „Temple aux Rhytons", D2b/1, Südost-Ecke des großen Hauptraumes 36
> **Datierung**: 13.-12. Jh. (SBZ III)
> **Material**: Elfenbein (Elefant)
> **Maße**: H: 7,5 cm – Dm: 10,0-12,5 cm
> **Aufbewahrung**: *Lattaqia, Archäolog. Museum*

---

[1] Aufgrund der in diesem Grab gemachten Kleinfunde und v. a. der spätmykenischen Keramik lässt sich die Nutzungsdauer des Grabes und damit das Alter des Deckels etwa auf das 13. Jh. festmachen (vgl. Gates, Mycenean Art, 82f.).

Uga.5   **Gachet-Bizollon, RSOu 16, Nr. 68**
Fundnummer: *RS 81.[4003] (gef. 1929)*
    Fundkontext: *Minet el-Beida, Grab III (?)*
    Datierung: 13. Jh. (s. Uga.1)
    Material: Elfenbein *(Flusspferd)*
    Maße: H: 5,4 cm – Dm(rek.): ca. 7,0 cm – Di: 0,3 cm
    Aufbewahrung: Paris, Musée du Louvre, Inv.Nr.: AO 27599 *(AO 11603a ?)*

Uga.6   **Gachet-Bizollon, RSOu 16, Nr. 133**
    Fundnummer: *RS 81.[4008]*
    Fundkontext: k. A.
    Datierung: SBZ
    Material: Elfenbein *(Flusspferd)*
    Maße: H: 8,0 cm – Br: 5,7 cm – *Di: 1,0 cm*
    Aufbewahrung: Paris, Musée du Louvre, Inv.Nr.: AO 27598

Uga.7   **Gachet-Bizollon, RSOu 16, Nr. 71**
    Fundnummer: *RS. 1[102]* (gef. 1929)
    Fundkontext: *Minet el-Beida, Grab III (?)*
    Datierung: 13. Jh. (s. Uga.1)
    Material: Elfenbein
    Maße: H: 8,1 cm – Dm: 6,8 cm – Di: 0,8 cm
    Aufbewahrung: Paris, Musée du Louvre, Inv.Nr.: AO 11603b

Uga.9   **Gachet-Bizollon, RSOu 16, Nr. 63**
    Fundnummer: RS 3.237 (gef. 1931)
    Fundkontext: Minet el-Beida, „Dépot à l'enceinte" No. 213
    Datierung: 14.-13. Jh.
    Material: Elfenbein (Flusspferd)
    Maße: H: 2,4 cm – L: 6,9 cm – Dm: 6,2 cm
    Aufbewahrung: Paris, Musée du Louvre, Inv.Nr.: AO 14781

Uga.10   **Gachet-Bizollon, RSOu 16, Nr. 62**
    Fundnummer: *RS 3.236 (gef. 1931)*
    Fundkontext: Minet el-Beida, „Dépot à l'enceinte" No. 213
    Datierung: 14.-13. Jh.
    Material: Elfenbein (Flusspferd; unterer Eckzahn)
    Maße: H: 1,9 cm – Dm: 5,9 cm – L: 6,9 cm
    Aufbewahrung: Paris, Musée du Louvre, Inv.Nr.: AO 14780

Uga.11   **Gachet-Bizollon, RSOu 16, Nr. 61**
    Fundnummer: *RS 3.137c (gef. 1931)*
    Fundkontext: *Minet el-Beida, „Dépot à l'enceinte" No. 213*
    Datierung: 14.-13. Jh.
    Material: Elfenbein *(Flusspferd, unterer Eckzahn)*
    Maße: H: 3,3 cm – L: 9,5 cm – Dm(rek.): 8,0 cm
    Aufbewahrung: Aleppo, Archäolog. Museum, Inv.Nr.: *8380* (vormals 4548)

Uga.12   **Gachet-Bizollon, RSOu 16, Nr. 64**
    Fundnummer: *RS 16.406 (gef. 1952)*
    Fundkontext: *Unbekannt*
    Datierung: 14.-13. Jh.
    Material: Elfenbein *(Flusspferd)*

Maße: *H: 4,7 cm* – Dm: 6,6 cm
Aufbewahrung: Damaskus, Nationalmuseum, Inv.Nr.: 4200 (16406)

Uga.22   **Gachet-Bizollon, RSOu 16, Nr. 67**
    Fundnummer: RS 8.154 *(gef. 1936)*
    Fundkontext: *Unterstadt, pt 145, bei 2.10 m*
    Datierung: SBZ
    Material: Elfenbein (Flusspferd, unterer Eckzahn)
    Maße: *H: 3,58 cm* – L: 13,0 cm – Dm. 6,6 cm
    Aufbewahrung: Paris, Musée du Louvre, Inv.Nr.: *AO 30868* (vorm. 81 AO 2184)

Uga.23   **Gachet-Bizollon, RSOu 16, Nr. 80**
    Fundnummer: RS 1.[*099*] (gef. 1929)
    Fundkontext: Minet el-Beida, Grab III
    Datierung: 13. Jh. (s. Uga.1)
    Material: Elfenbein (*Elefant*)
    Maße: Dm(max.): 13,7 cm – Di 1,2 cm
    Aufbewahrung: Paris, Musée du Louvre, Inv.Nr.: AO 11601
    Beschreibung: *Dieser Deckel gehört nach Gachet-Bizollon, RSOu 16 sehr wahrscheinlich zu Uga.2.*

Uga.24   **Gachet-Bizollon, RSOu 16, Nr. 91**
    Fundnummer: *RS 1.[106] (gef. 1929)*
    Fundkontext: Minet el-Beida, Grab III
    Datierung: 13. Jh. (s. Uga.1)
    Material: Elfenbein
    Maße: Dm(rek.): 6,5 cm – Di: 0,5 cm
    Aufbewahrung: Paris, Musée du Louvre, Inv.Nr.: AO 11653

nicht im Katalog   *Gachet-Bizollon, RSOu 16, Nr. 65*
    Fundnummer: RS 21.48 (gef. 1958)
    Fundkontext: Haus des Rapanû
    Datierung: SBZ
    Material: Elfenbein
    Maße: Dm: 8,0 cm – Di: 2,8 cm
    Aufbewahrung: Damaskus, Nationalmuseum, Inv.Nr.: 5752
    Beschreibung: Linsenpyxis, nahezu vollständig erhalten, mit einem Dübel in situ; vergleichsweise tief, mit scharfem Schulterknick, flacher Schulter und kleinem Standring.

nicht im Katalog   *Gachet-Bizollon, RSOu 16, Nr. 66*
    Fundnummer: RS 24.423 (gef. 1961)
    Fundkontext: Akropolis, Süd, Grab 3552
    Datierung: SBZ / Ugarit récent III
    Material: Elfenbein
    Maße: Dm: 7,8 cm – Di: 2,1 cm
    Aufbewahrung: Damaskus, Nationalmuseum, Inv.Nr.: 8668
    Beschreibung: Randfragment einer Linsenpyxis mit einer erhaltenen Handhabe, hier die verschließende Seite.

nicht im Katalog   *Gachet-Bizollon, RSOu 16, Nr. 69*
    Fundnummer: RS 4.141 (gef. 1932)
    Fundkontext: Minet el-Beida, Grab III
    Datierung: 13. Jh. (s. Uga.1)
    Material: Elfenbein (Flusspferd)
    Maße: H: 5,7 cm – Dm: 6,6 cm

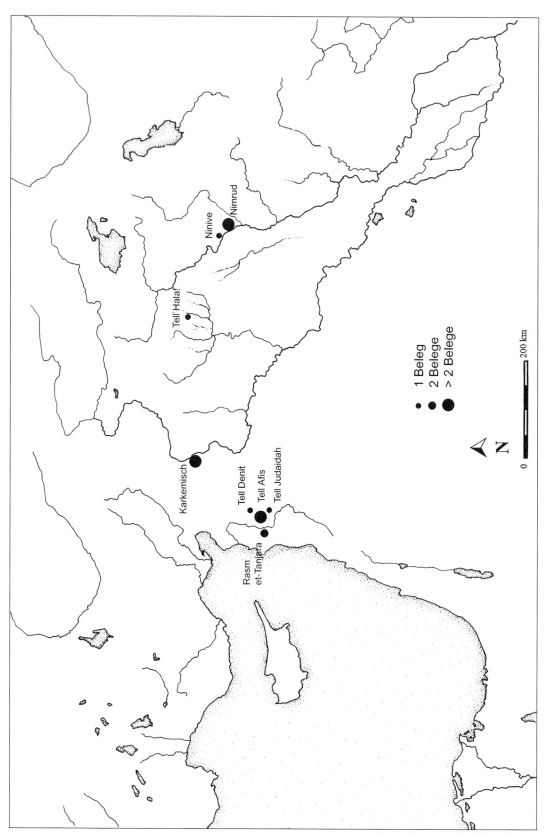

Verbreitung der nordsyrischen Pyxiden, Formgruppe A.a.II

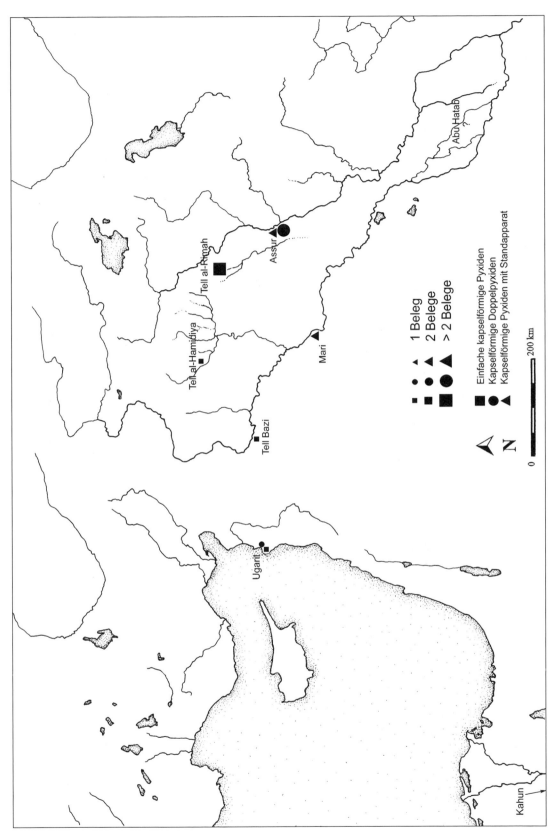

Verbreitung der kapselförmigen Pyxiden, Formgruppe S.d

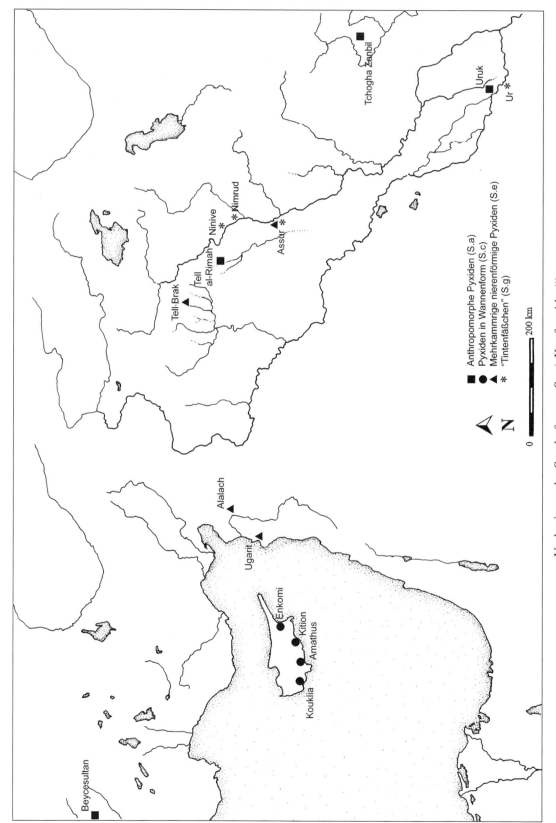

Verbreitung der Sonderformen S.a („Kopfpyxiden"),
S.c (Wannenform), S.e (Nierenform) und S.g („Tintenfäßchen")

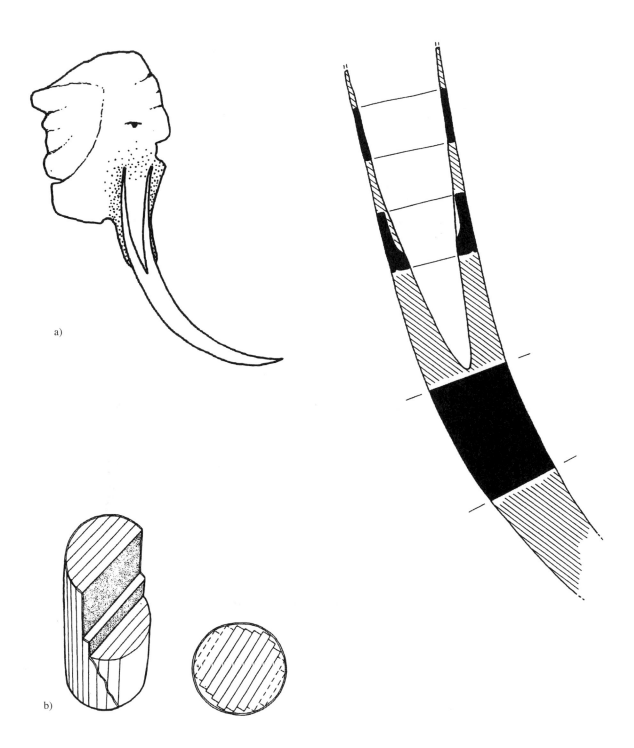

a)   Länge des Stoßzahnes mit Wurzelhöhle
b)   Gewinnung von Rohlingen für Zylinder und Scheiben aus einem Stoßzahn

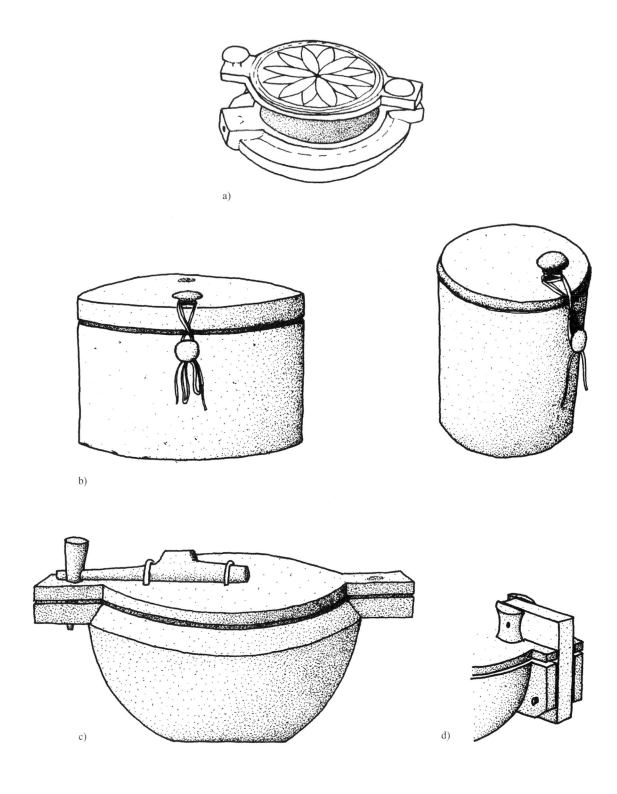

Schematisierte Darstellung von Deckelverschlüssen an linsenförmigen Pyxiden mittels Stift (a), durch ein Band an zylindrischen Pyxiden (b), durch einen Schieber samt Knebel (c) bzw. durch ein Fallschloss (d)

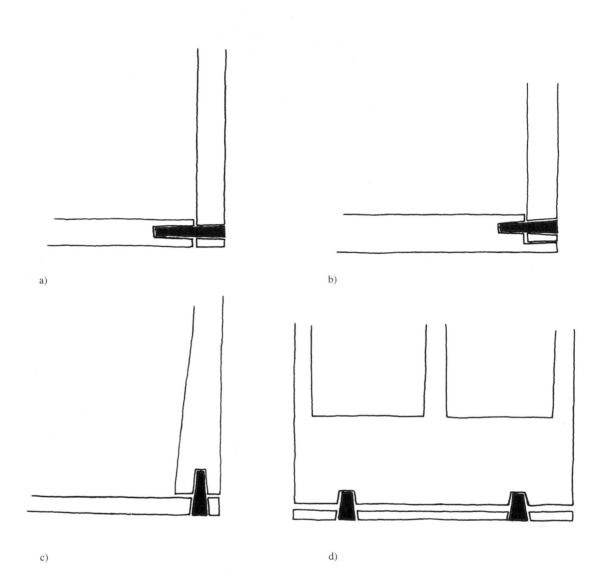

a)

b)

c)

d)

Einsetzmöglichkeiten von Böden mittels horizontaler
Dübelstifte (a, b) und vertikaler Dübelstifte (c, d)

Pyxideneinsätze

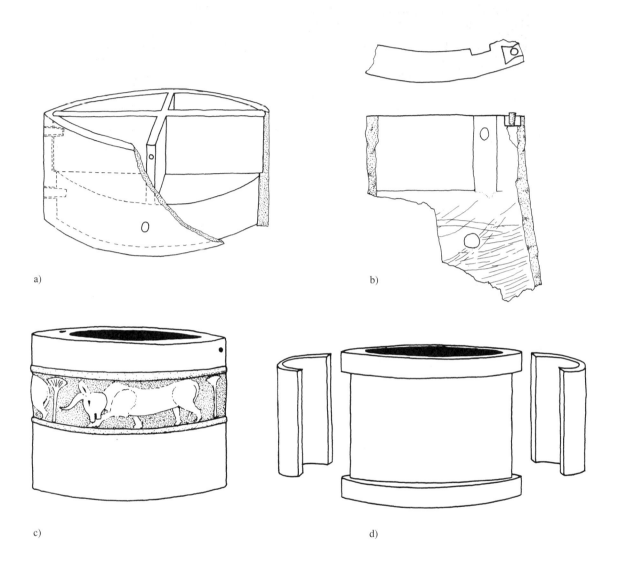

a)

b)

c)

d)

a) Schematische Darstellung eines möglichen, separat gefertigten Einsatzes
b) Hinweise auf eine Kompartimentierung bei Elfenbeinpyxiden auf der Rückseite von Nim.28 (vgl. Taf. 59)
c) Einsatz schmaler Einlagen in einen massiven Korpus (vgl. Taf. 73d, 103f)
d) Anbringungsmöglichkeit für segmentierte Pyxiden an einem massiven Korpus mit vertieftem Mantel

a)

b)

c)

a)   Speisetischszene auf einer Elfenbeinschnitzerei aus Tell el-Farʻa (Süd)
b)   Darstellung von Heimkehr und „Siegesfeier" auf einem Deckel aus Megiddo
c)   Zentrale Szene des Ahiram-Sarkophags

a)

b)

a)   Speisetischszene auf einer Stele aus Zincirli
b)   Speisetischszene des Barrakîb mit Musikanten und Dienern aus Zincirli

a)

b)

c)

a) Angriff eines Löwen auf Nutztiere, Orthostatenrelief aus Karkemisch
b) Tierkampfdarstellung, Orthostatenrelief aus Karkemisch
c) Tierkampfdarstellung, Orthostatenrelief aus Tell Halaf

Jagdszenen

a)

b)

a) Goldene Patera aus Ugarit
b) Kalottenförmige Goldschale aus Ugarit

a)

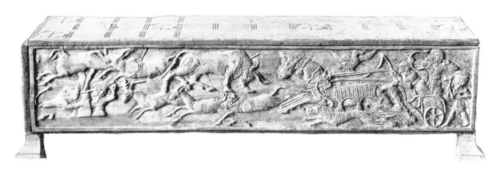

b)

c)

a) Unterstes Paneel der Stuhllehne ND 7904, Nimrud, Fort Salmanassar
b) Elfenbeinernes Spielkästchen, Enkomi
c) Wandungsfragment einer Elfenbeinpyxis, Enkomi

Jagdszenen

a)

b)

c)

a) Orthostatenreliefs am Sphingentor von Alaca Höyük
b) Bronzeschale des Taprammi aus Kastamonu
c) Abrollung des Siegels des Tidia aus Emar

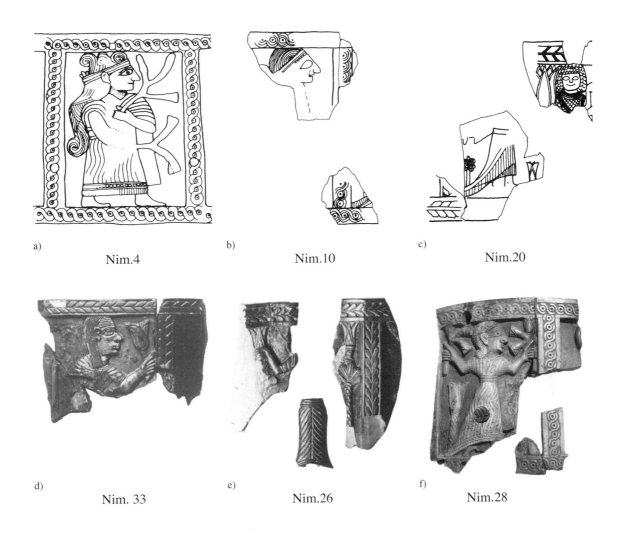

a)
Nim.4

b)
Nim.10

c)
Nim.20

d)
Nim. 33

e)
Nim.26

f)
Nim.28

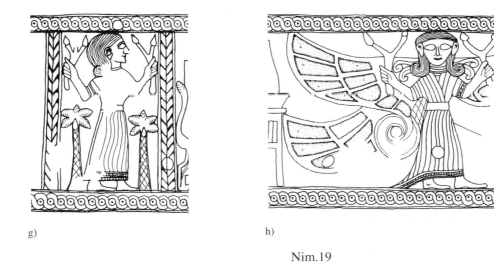

g)

h)

Nim.19

Figur mit Blüten bzw. Löwen

a)

Nim.25

b)

Nim.37

c)

Nim.38

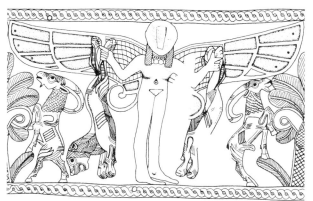

d)

Nim.39

a)

b)

c)

a) Tischdarstellung der „Gartenlaubenszene" Assurbanipals, Ninive
b) Tischdarstellung im Rahmen einer Libation, Ausschnitt aus dem Löwenjagd-Zyklus
    Assurbanipals, Ninive
c) Ausschnitt aus der Feldlagerszene Sanheribs vor Lachisch

a)

b)

a)   Genius auf Löwe mit „Zapfen" und Rippenschale in den Händen, Kefkalesi

b)   Diener mit Deckelgefäß aus Persepolis

a)

b)

a) „Modell" einer figürlichen Säulenbasis aus Stein, Ninive (BM 90954)
b) „Modell" einer figürlichen Säulenbasis aus Ton, Ninive (BM 90984)

a)   b)

c)   d)

a) Fragment einer rechteckigen Platte mit Mischwesen, Quarzkeramik, polychrom glasiert
b) Fragment einer rechteckigen Platte mit Darstellung eines geflügelten Pferdes an einem Baum,
    Quarzkeramik, polychrom glasiert
c) Bronzener Tondo mit Gesichtsdarstellung, Surkh Dum, Sor 916
d) Fragment einer bronzenen Scheibenkopfnadel mit Gesichtsdarstellung, Surkh Dum, Sor 748

a)

b)

c)

d)

a)   Kompartimentierte Steinpyxis aus Elmalı (AMM 75-13-66a, b)
b)   Quadratische Silberpyxis aus Ikiztepe (Uşak 11.63.96)
c)   Quadratische Pyxiden aus Fara mit mehreren Fächern
d)   D-förmiges Schälchen aus Byblos mit Perlen

Grundform	Gestalt	Deckeltyp	Varianten
A. rund zylindrisch	a. flach	I. Stülpdeckel II. Schwenkdeckel rund III. Schwenkdeckel, Φ-Form	1. ohne Kompartimente 2. mit Kompartimente
	b. hoch	I. Stülpdeckel II. Schwenkdeckel rund III. Schwenkdeckel, Φ-Form	
B. rund konkave Wölbung	a. flach	I. Stülpdeckel II. Schwenkdeckel rund III. Schwenkdeckel, Φ-Form	
	b. hoch	I. Stülpdeckel II. Schwenkdeckel rund III. Schwenkdeckel, Φ-Form	
C. rund konvexe Wölbung (bauchig)	a. flach	I. Stülpdeckel II. Schwenkdeckel rund III. Schwenkdeckel, Φ-Form	1. ohne Kompartimente 2. mit Kompartimente 3. glatte Wandung 4. gegratete Wandung 5. gerippte Wandung
	b. hoch	I. Stülpdeckel II. Schwenkdeckel rund III. Schwenkdeckel, Φ-Form	
D. eckig	a. flach	I. Stülpdeckel II. Schwenkdeckel III. Schwenkdeckel mit Ösen	1. ohne Kompartimente 2. mit Kompartimente
	b. hoch	I. Stülpdeckel II. Schwenkdeckel	
S. Sonderformen	a. anthropomorph b. theriomorph c. Wannenform d. Kapselform e. Nierenform f. Pyramidenform g. „Tintenfäßchen"	1. ohne Standfuß 2. mit Standfuß	

Deckel / Böden	Typ I.a	Stülpdeckel, rund	
	Typ I.b	Stülpdeckel, eckig	
	Typ II.a	Schwenkdeckel, rund, innenliegende Ösen	
	Typ II.b	Schwenkdeckel, eckig, innenliegende Ösen	
	Typ III.a	Schwenkdeckel, rund, außenliegende Ösen (Φ-Form)	
	Typ III.b	Schwenkdeckel, eckig, außenliegende Ösen	
	Unbestimmt Boden		

a)

b)

c)

d)

Gurob.1

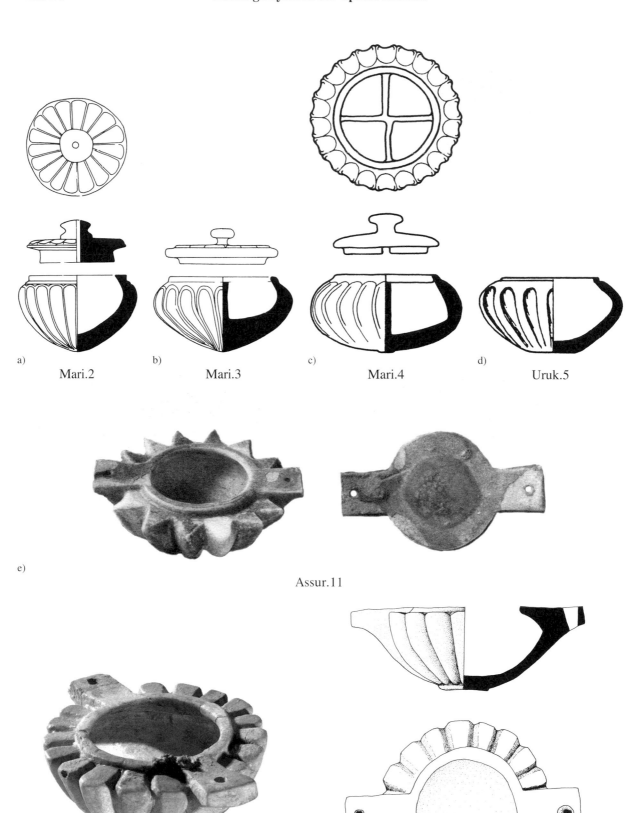

a)   Mari.2   b)   Mari.3   c)   Mari.4   d)   Uruk.5

e)

Assur.11

f)   g)

Enko.11

a) Uga.13

b) Uga.14

c) Enko.12

d) KH.52

e) Bab.3

f) Mari.13

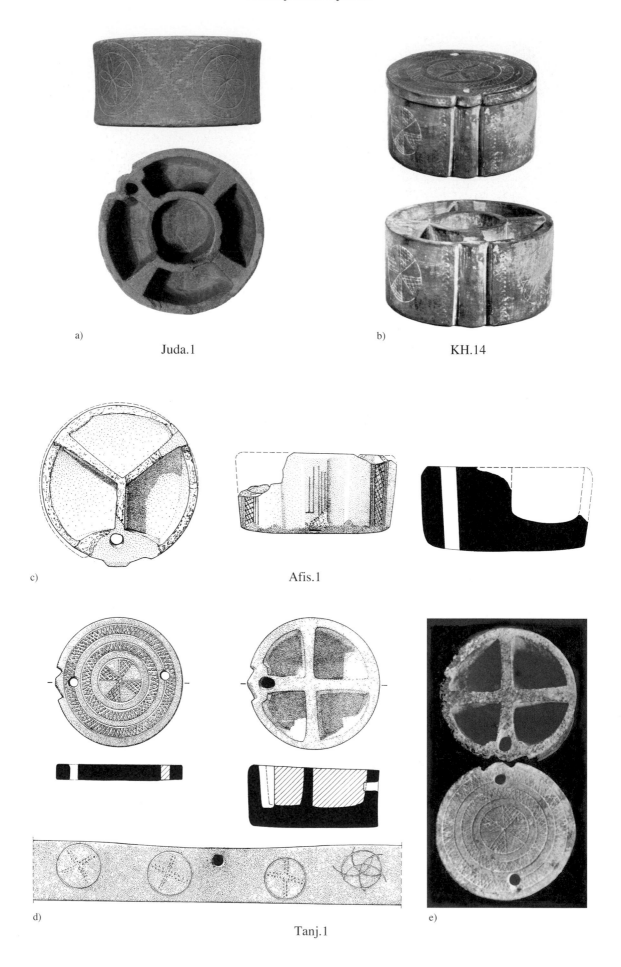

a) Juda.1

b) KH.14

c)   Afis.1

d)   Tanj.1   e)

a) KH.20

b) KH. 4

c) KH.4

a)

b)

c)

KH.5

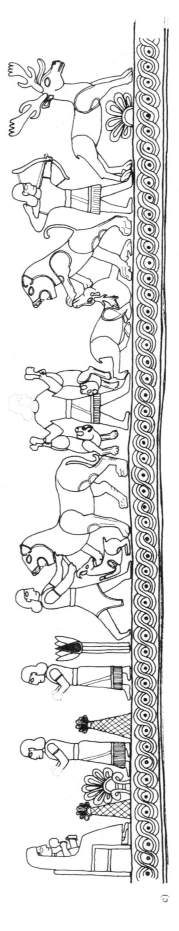

Kark.1

a)

b)

c)

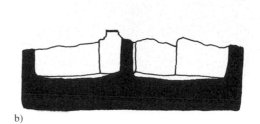

a)   b)

Kark.1

c)   d)

e)

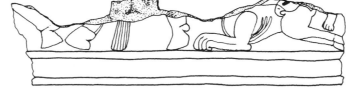

f)

Kark.2

g)   h)

Kark.3

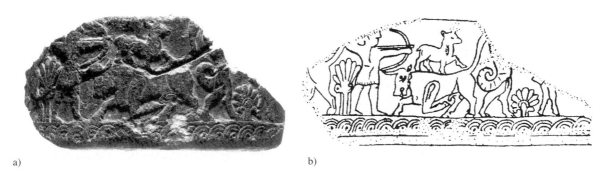

a) b)

Nin.1

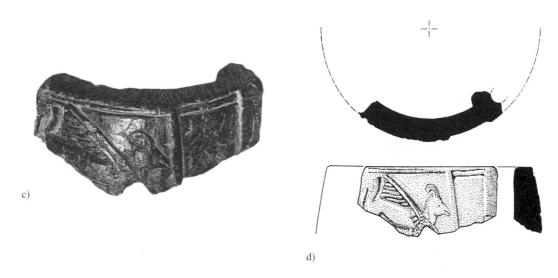

c)

d)

Afis.2

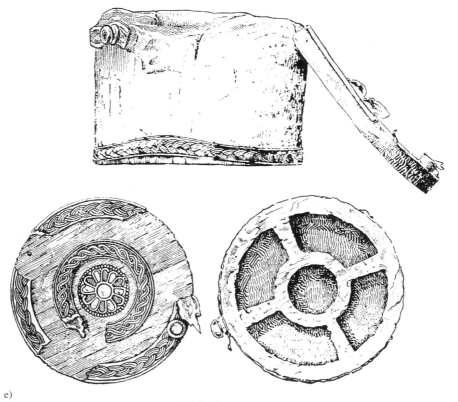

e)

Halaf.1

a)

b)

c)

d)

e)

Nim.4

a)

Nim.4

b)

Nim.5

c)

Nim.6

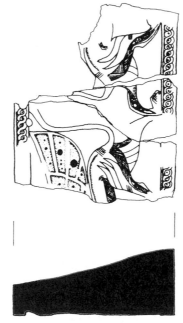

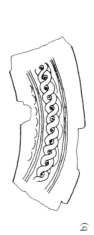

a)

b)

c)

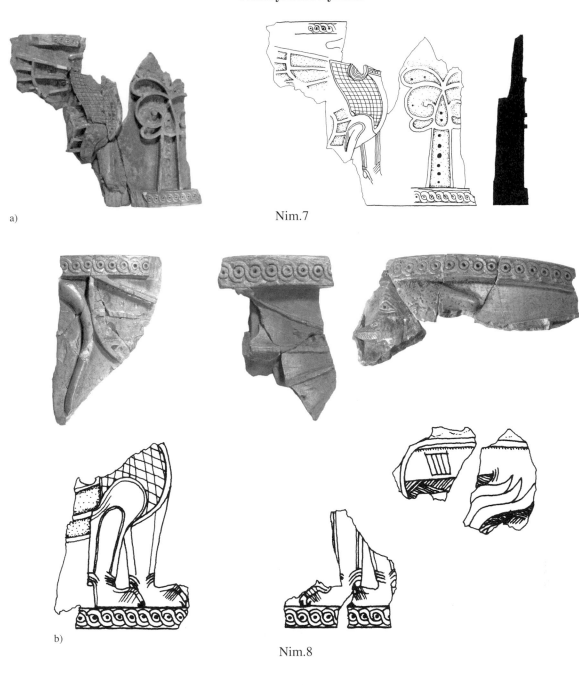

a)

Nim.7

b)

Nim.8

c)

Nim.9

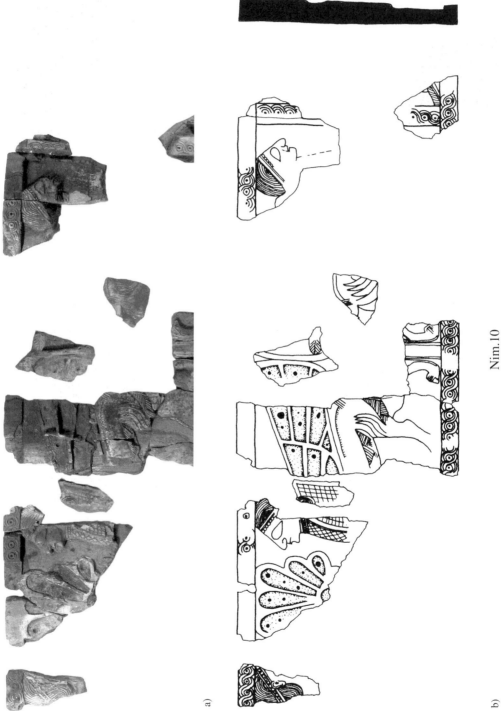

a)

b)

Nim.10

a)

Nim. 12

b)

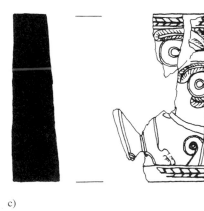

c)

Nim.13

a)

Nim. 14

b)

Nim.15

c)

Nim.16

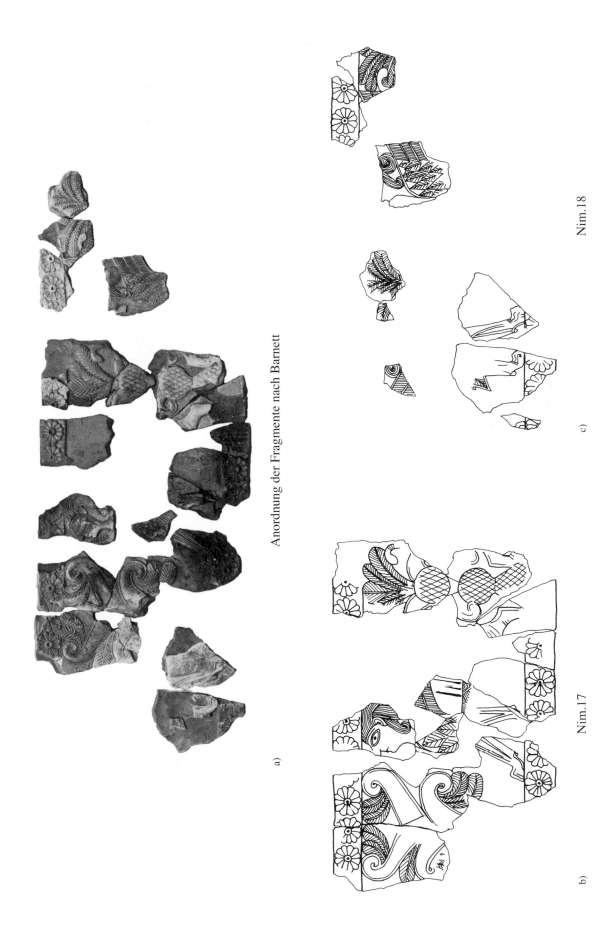

Anordnung der Fragmente nach Barnett

a)

b)

c)

Nim.17

Nim.18

a)

HSL.1

b)

HSL.2

c)

HSL.4

a)

HSL.5

b)

HSL.7

c)

HSL.8

d)

HSL.12

e)

HSL.13

a)

b)

c)

d)

e)

f)

Nim.19

Nim.19

a)

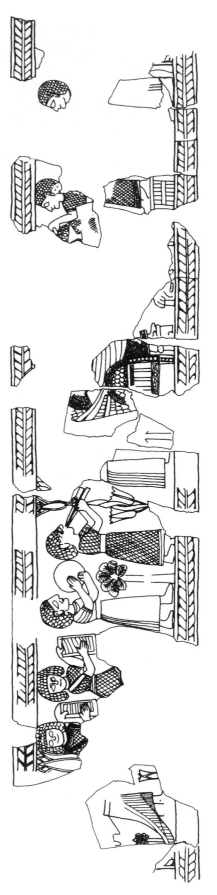

b)

Nim.20

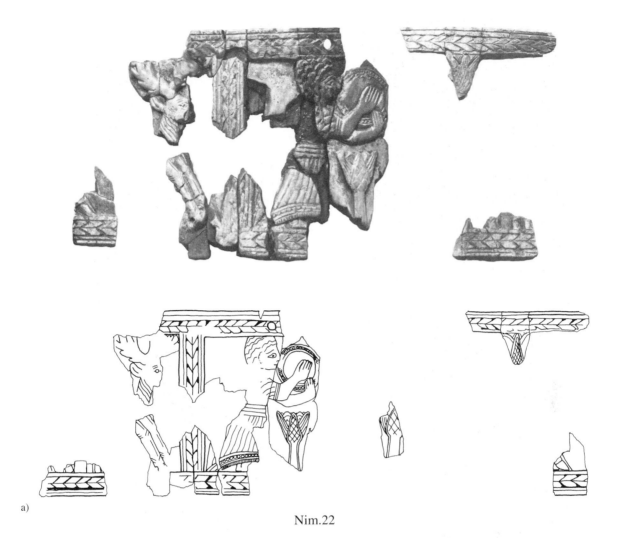

a)

Nim.22

b)

Nim.23

c)

Nim.24

a)

Nim.25

b)

Nim.26

a)

b)

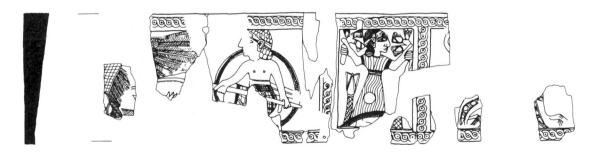

c)

Nim.28

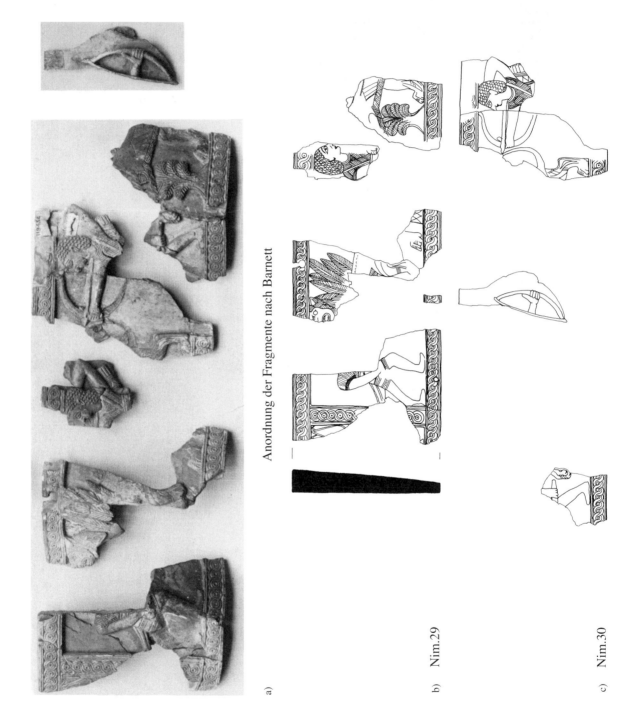

Anordnung der Fragmente nach Barnett

a)

b)   Nim.29

c)   Nim.30

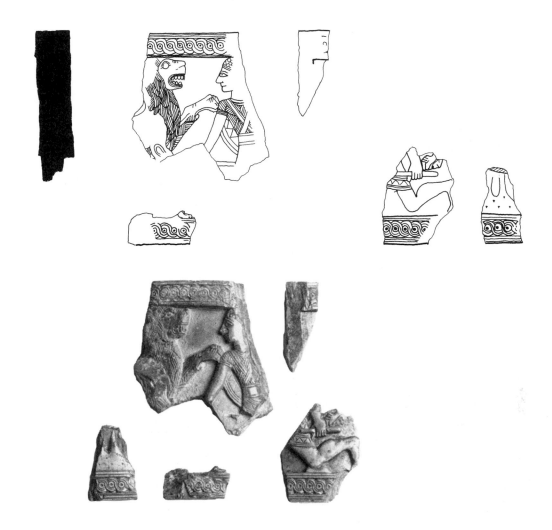

a)

Nim.32

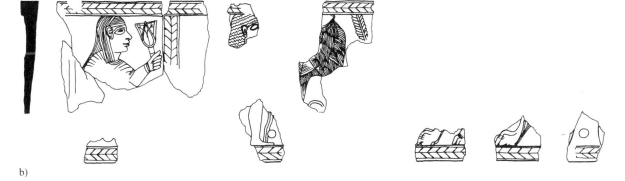

b)

Nim.33

Nim.35

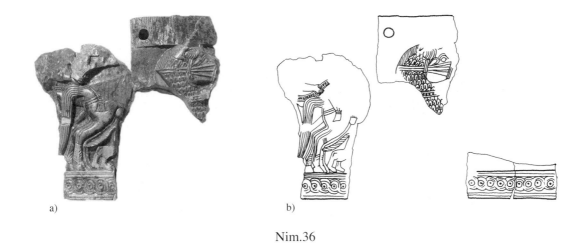

a)

b)

Nim.36

c)

d)

Nim.37

e)

Nim.38

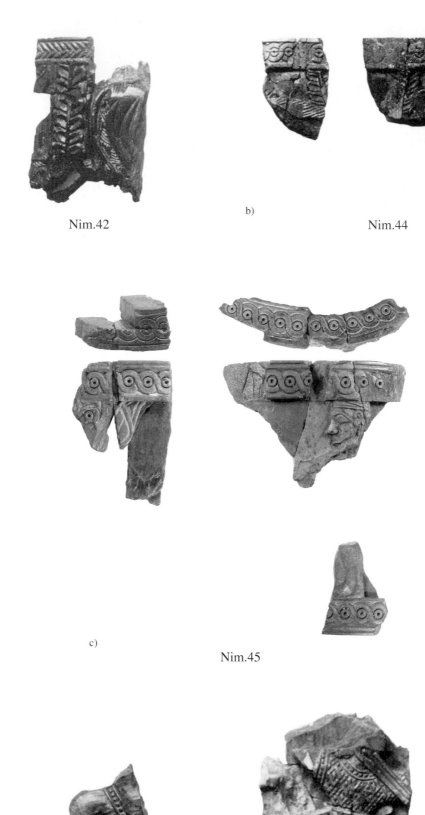

a)

Nim.42

b)

Nim.44

c)

Nim.45

d)

Nim.46:30

e)

Nim.46:32

Nim. 39

a)

b)

Nordsyrische Pyxiden

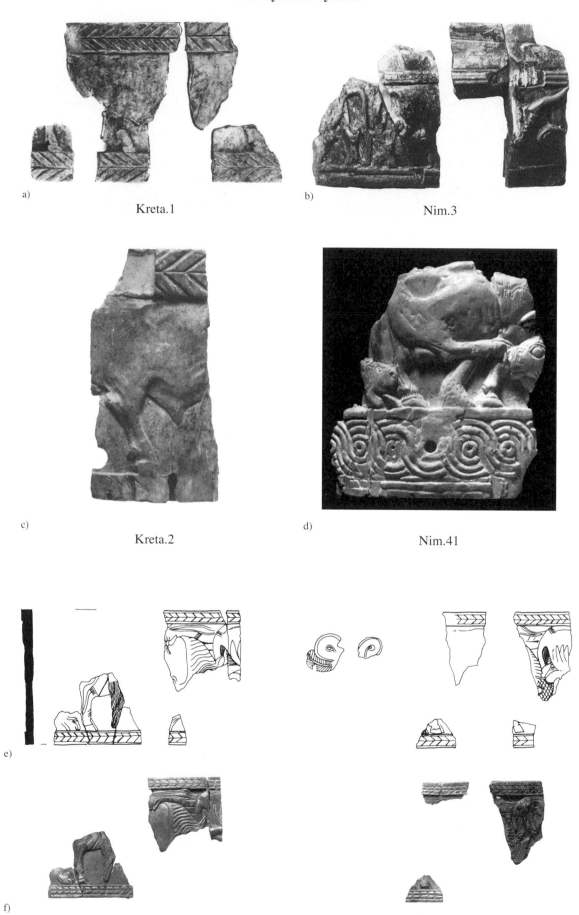

a)

Kreta.1

b)

Nim.3

c)

Kreta.2

d)

Nim.41

e)

f)

Nim.40

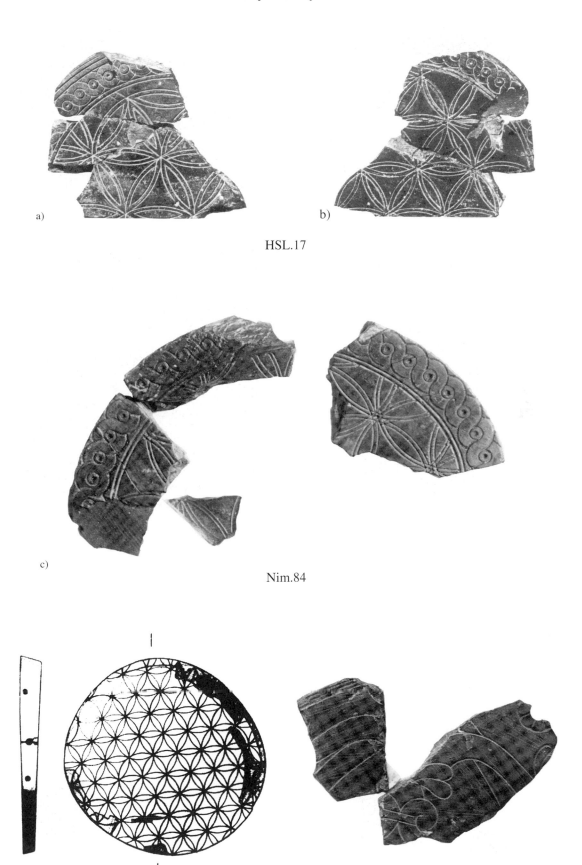

a) b)

HSL.17

c) Nim.84

d) e)

Kreta.4 Nim.91

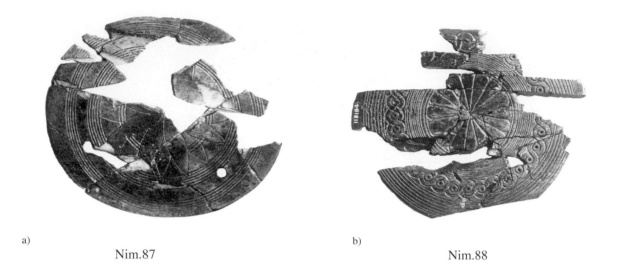

a)

Nim.87

b)

Nim.88

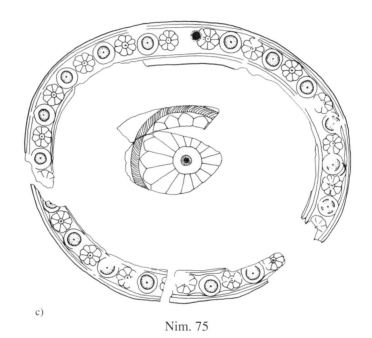

c)

Nim. 75

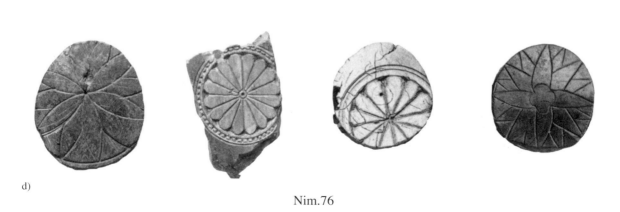

d)

Nim.76

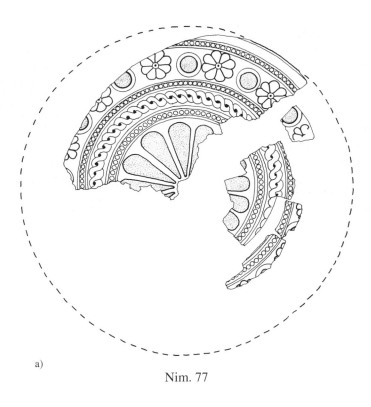

a)

Nim. 77

b)

Zinc.1

c)

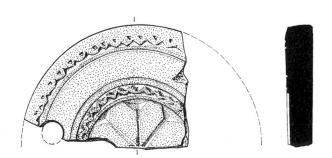

d)

Afis.4

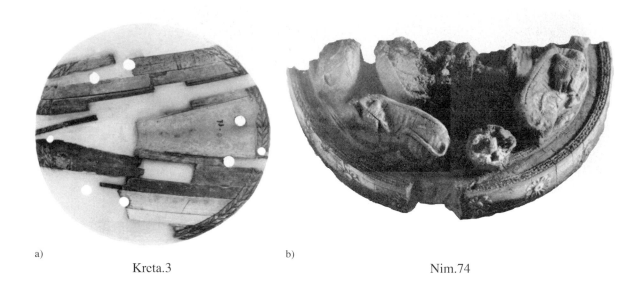

a)

Kreta.3

b)

Nim.74

c)

Nim.73

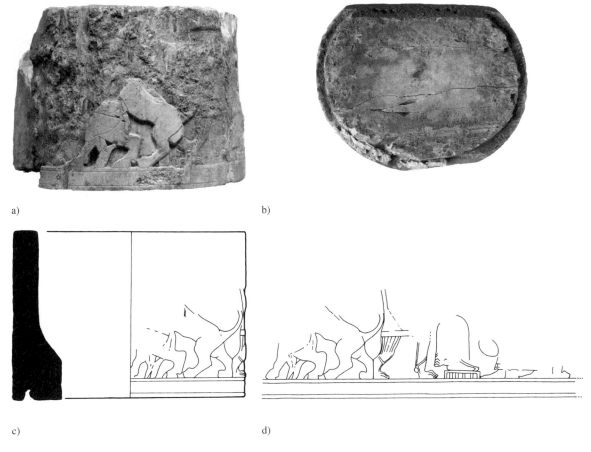

a)   b)

c)   d)

Uga.1

e)   Uga.3

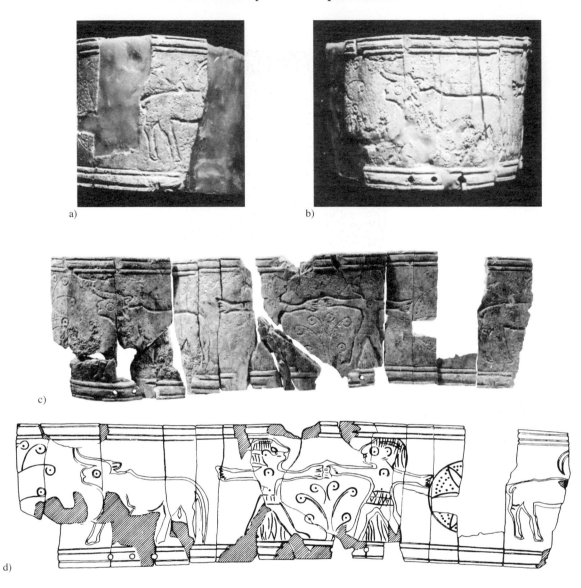

a)

b)

c)

d)

Uga.4

e)

f)

Uga.23

a)

Sa'id.1

b)

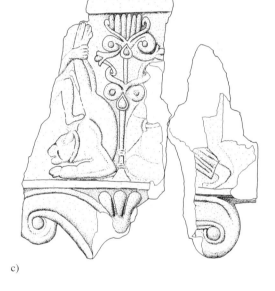

c)

Beyd.1

d)

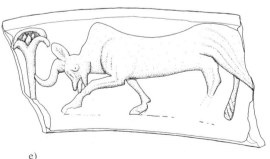

e)

Beyd.2

a)

b)

c)

Lach.1

d)

Lach.7

a)

b)

Ur.1

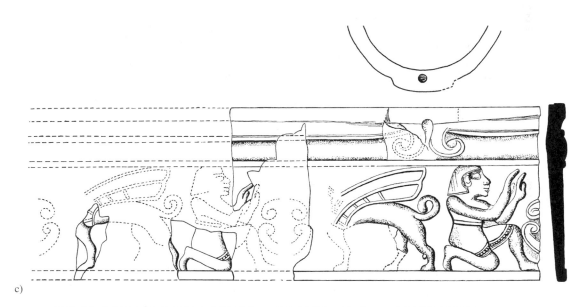

c)

d)

Hazor.1

a)

b)

Assur.3

c)

Assur.23

a)

Nim.47

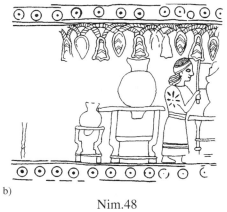

b)

Nim.48

c)

Nim.49

d)

Nim.50

a)

Bars.1

b)　　　　　　KH.1

c)　　　　　　WK.1

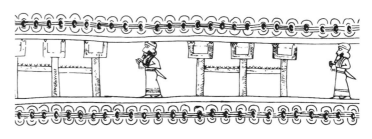

d)　　　　　　KH.3

a)

KH.30

b)

KH.31

c)

KH.32

d)

KH.33

a)

KH.35

b)

KH.36

c)

KH.40:1

d)

KH.40:2

a)

Ur.3

b)

Assur.20

c)

Nim.98

d)

Nin.2

e)

KH.63

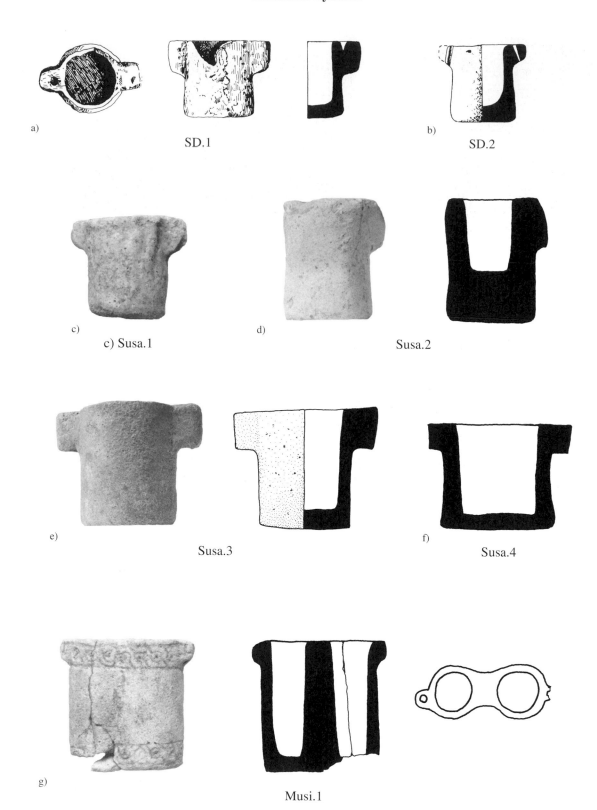

a)

SD.1

b)

SD.2

c)

c) Susa.1

d)

Susa.2

e)

Susa.3

f)

Susa.4

g)

Musi.1

a)

Susa.5

b)

Susa.6

c)

Susa.7

d)

Susa.8

e)

Susa.9

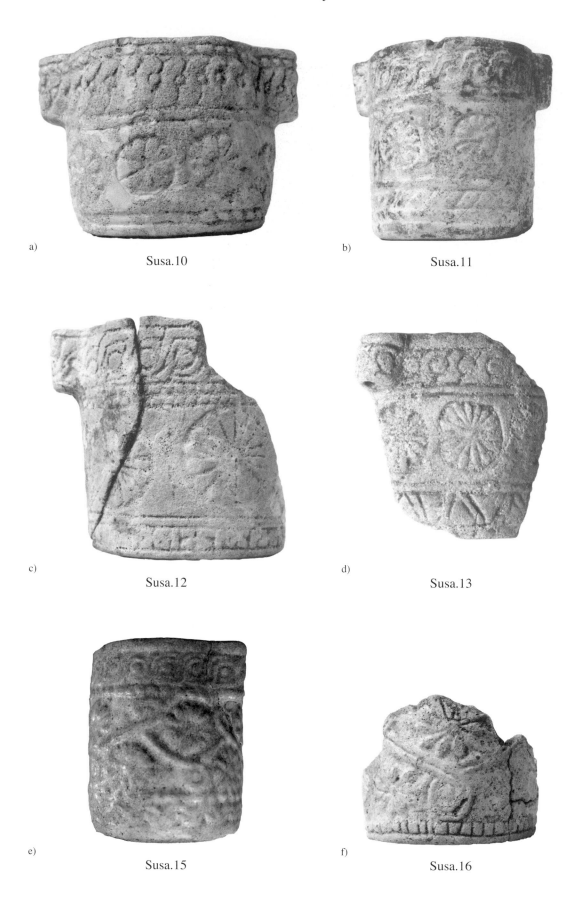

a)　　　　　Susa.10

b)　　　　　Susa.11

c)　　　　　Susa.12

d)　　　　　Susa.13

e)　　　　　Susa.15

f)　　　　　Susa.16

a) Susa.17   b) Susa.22   c) Susa.23

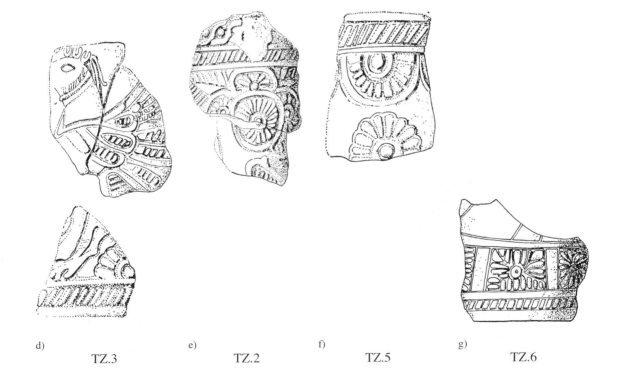

d) TZ.3   e) TZ.2   f) TZ.5   g) TZ.6

Elamische Pyxiden

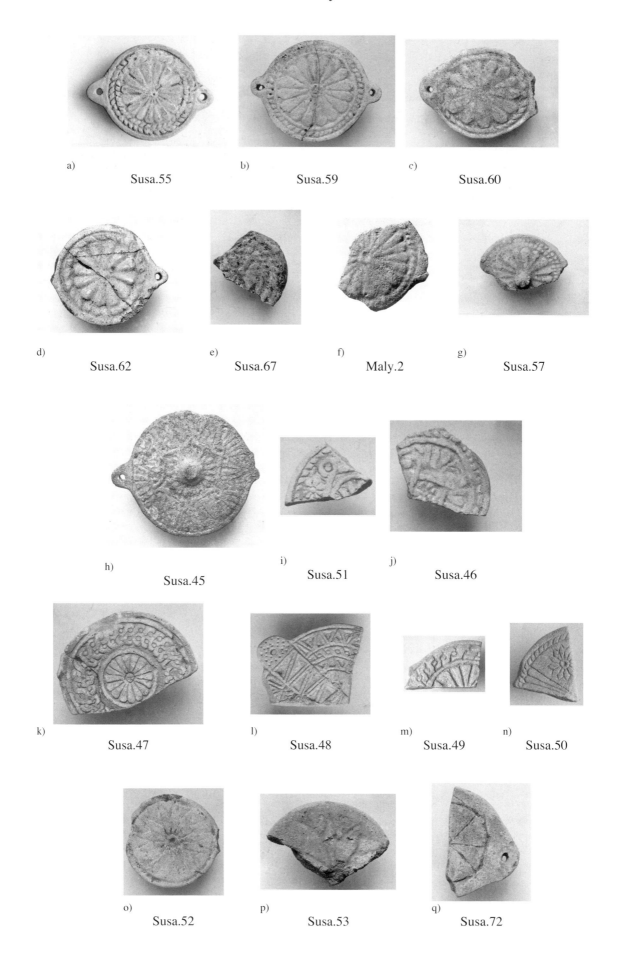

a) Susa.55

b) Susa.59

c) Susa.60

d) Susa.62

e) Susa.67

f) Maly.2

g) Susa.57

h) Susa.45

i) Susa.51

j) Susa.46

k) Susa.47

l) Susa.48

m) Susa.49

n) Susa.50

o) Susa.52

p) Susa.53

q) Susa.72

a)

Susa.77

b)

Susa.78

c)

TZ.10

d)

Susa.79

e)

Karch.1

Elamische Pyxiden

a)

Susa.79

b)

Susa.81

c)

Susa.82

d)

Susa.83

e)

Susa.84

f)

SD.3

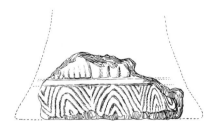

g)

SD.4

h)

SD.6

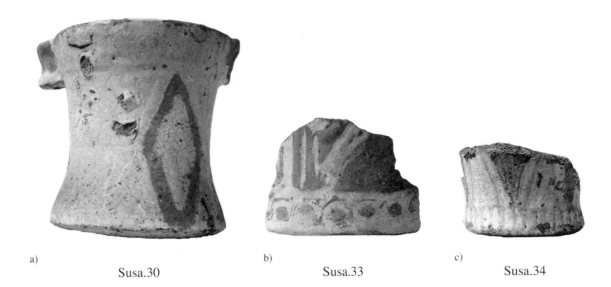

a) Susa.30   b) Susa.33   c) Susa.34

d) Susa.31

e) Susa.35

f) Susa.36

Elamische Pyxiden

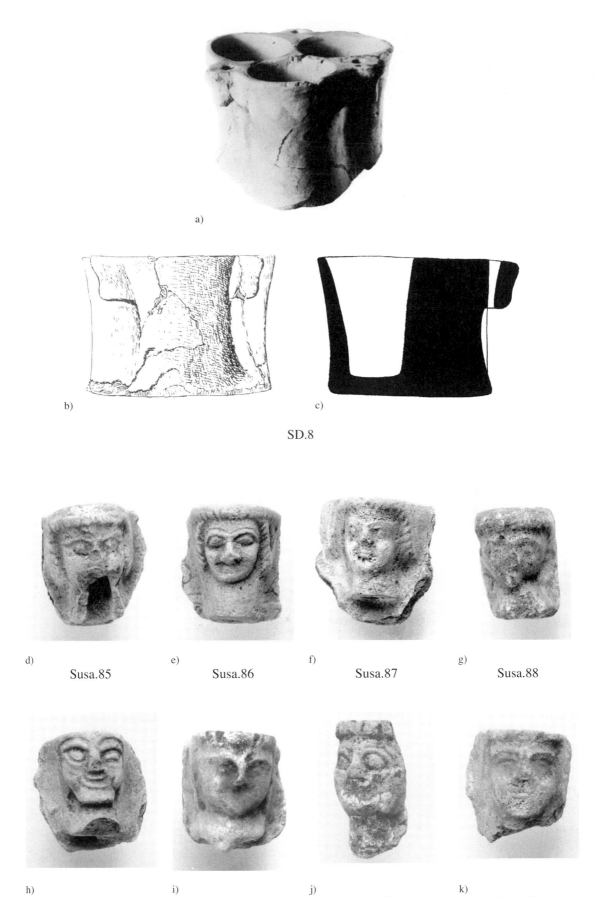

a)

b)   c)

SD.8

d)   Susa.85   e)   Susa.86   f)   Susa.87   g)   Susa.88

h)   Susa.89   i)   Susa.90   j)   Susa.91   k)   Susa.92

a)

b)

KB.1

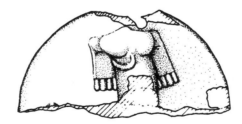

c)

Hawa.1

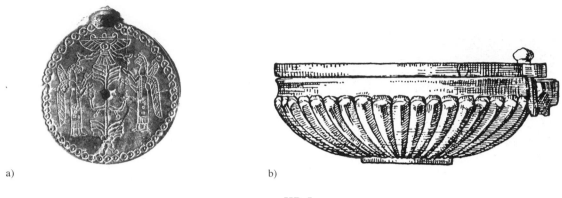

a)   b)

KB.5

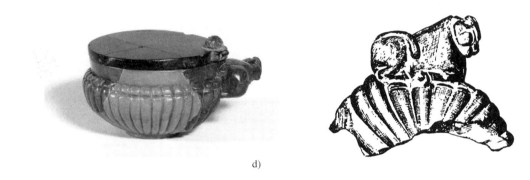

c)   d)

TK.2

e)

Dede.1

f)

TK.1

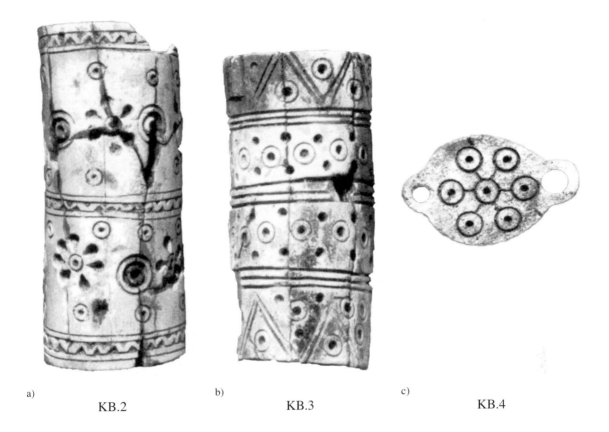

a) KB.2

b) KB.3

c) KB.4

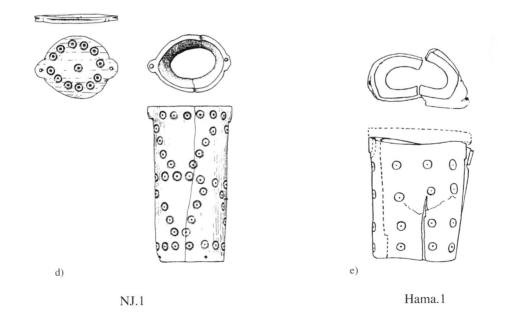

d) NJ.1

e) Hama.1

Figürlich verzierte Pyxiden

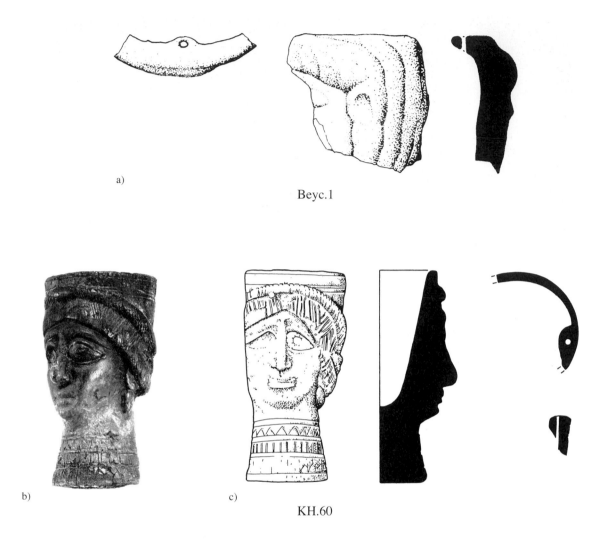

a)

Beyc.1

b)

c)

KH.60

d)

Rimah.6

e)

Uruk.8

a)

TZ.12

b)

TZ.13

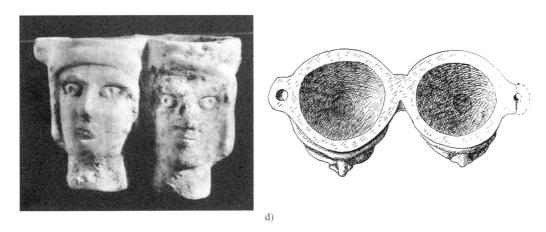

c)   d)

TZ.15

Figürlich verzierte Pyxiden

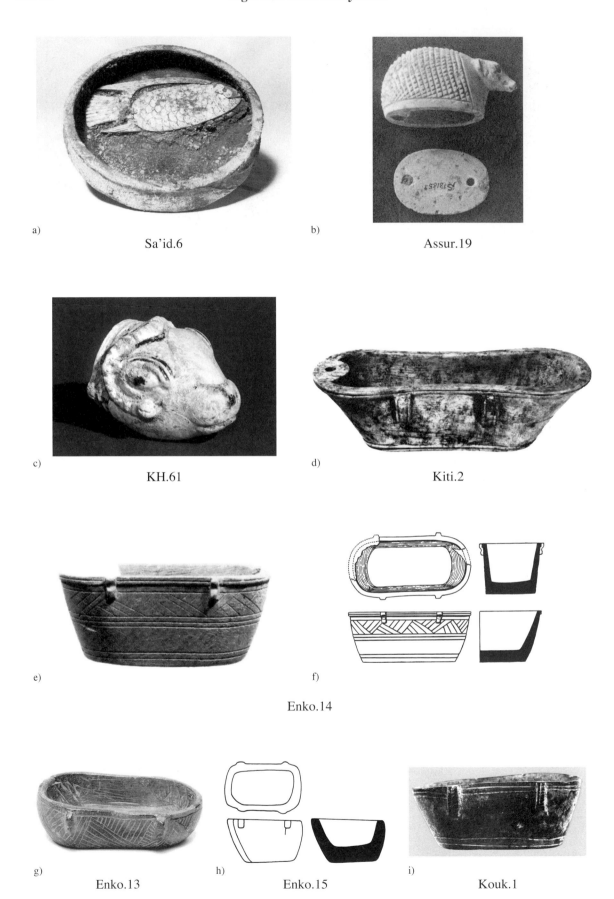

a) Sa'id.6

b) Assur.19

c) KH.61

d) Kiti.2

e)

f) Enko.14

g) Enko.13

h) Enko.15

i) Kouk.1

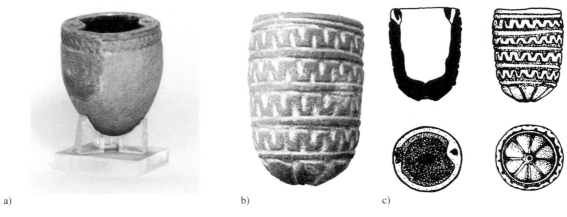

a)

Uga. 17

b)

c)

Bazi.1

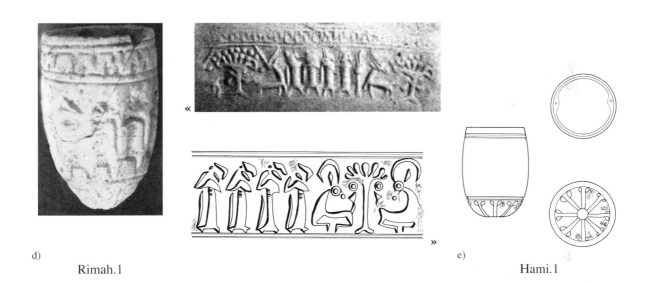

d)

Rimah.1

e)

Hami.1

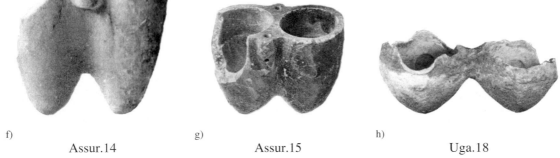

f)

Assur.14

g)

Assur.15

h)

Uga.18

Kapselförmige Pyxiden mit Standapparat

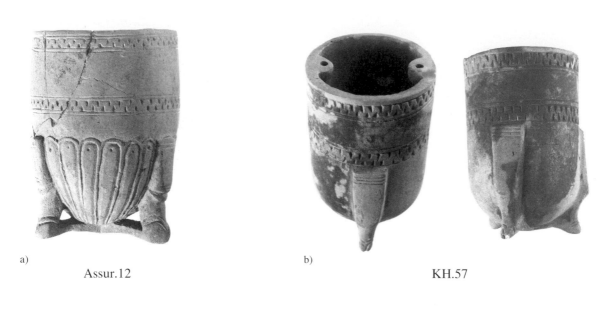

a) Assur.12

b) KH.57

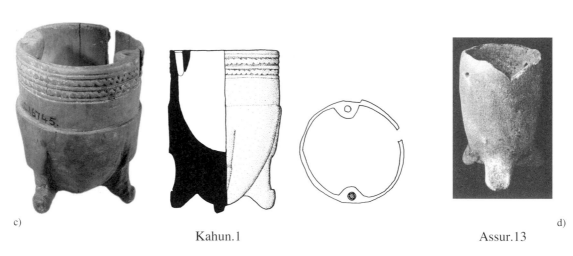

c)

Kahun.1

d) Assur.13

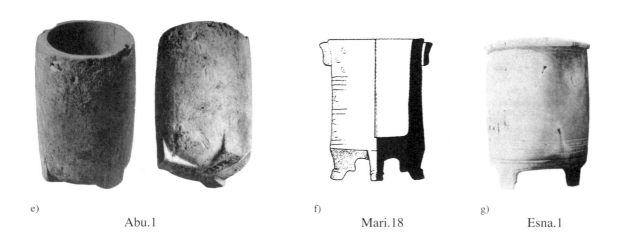

e) Abu.1

f) Mari.18

g) Esna.1

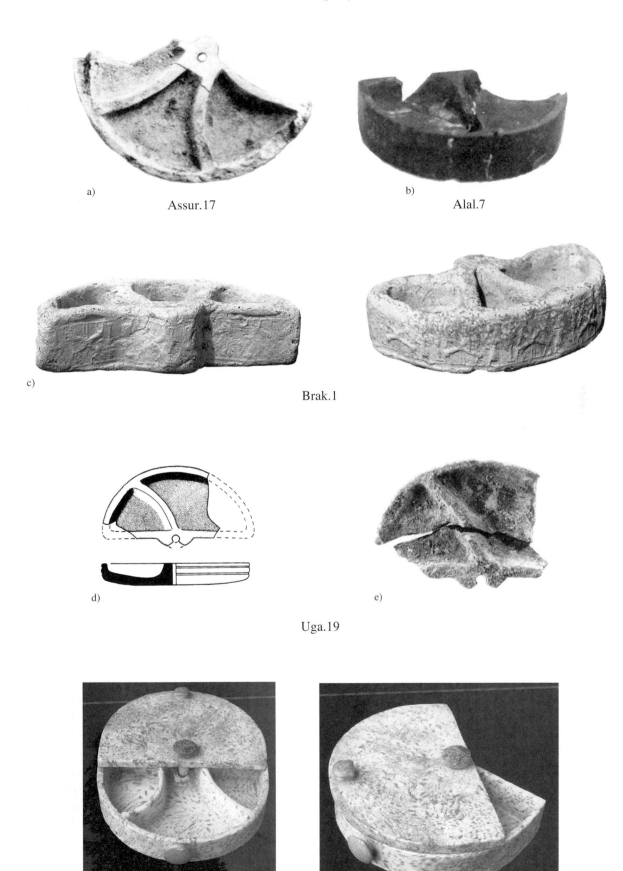

a)

Assur.17

b)

Alal.7

c)

Brak.1

d)

e)

Uga.19

f)

KH.58

Pyramidenförmige Pyxiden

a)

KH.65

b)

KH.66

c)

KH.67

d)

KH.68

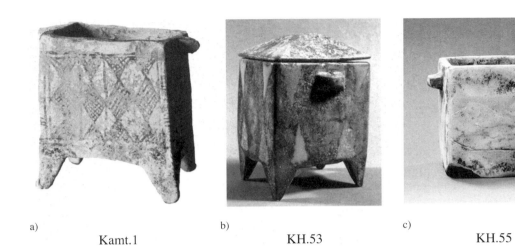

a)

Kamt.1

b)

KH.53

c)

KH.55

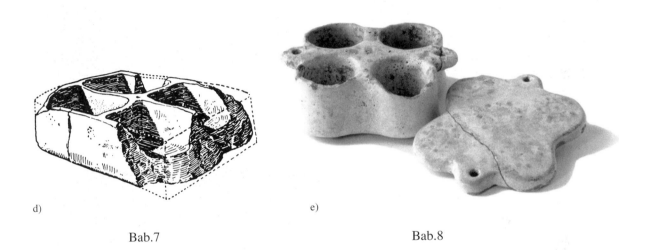

d)

Bab.7

e)

Bab.8

f)

Susa.99

Zylindrische Pyxiden

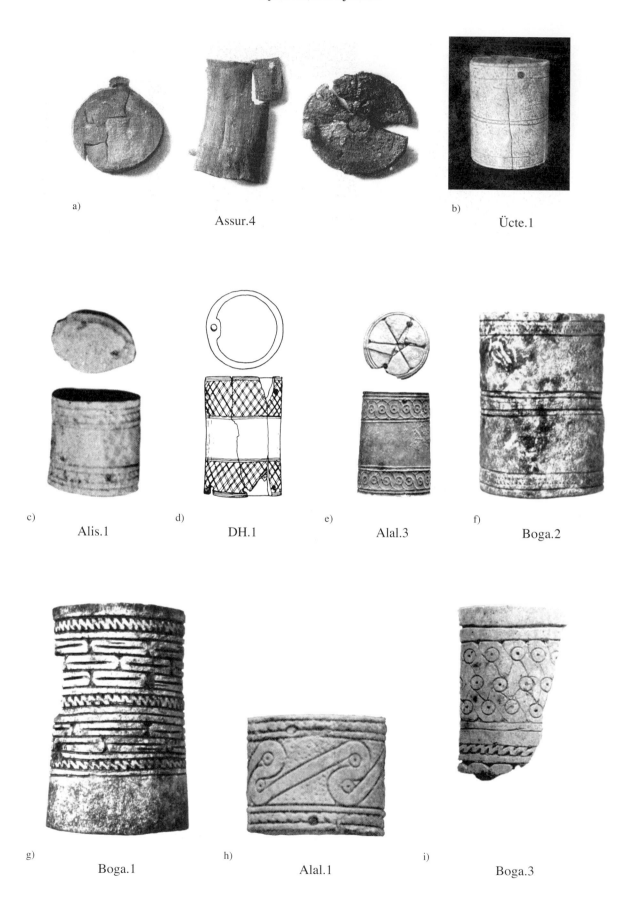

a)

Assur.4

b)

Ücte.1

c)

Alis.1

d)

DH.1

e)

Alal.3

f)

Boga.2

g)

Boga.1

h)

Alal.1

i)

Boga.3

a)

Enko.1

b)

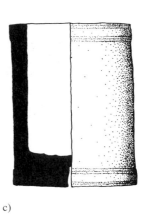

c)

Enko.4

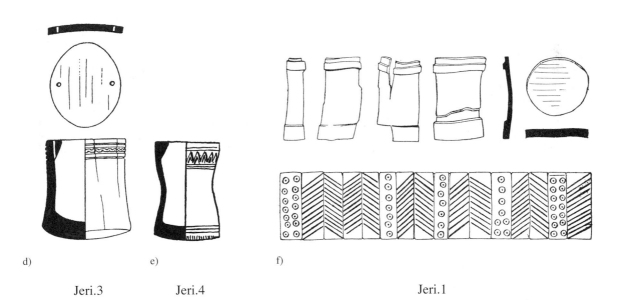

d)

Jeri.3

e)

Jeri.4

f)

Jeri.1

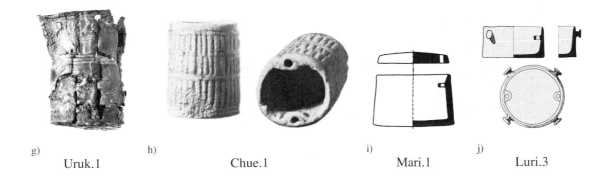

g)

Uruk.1

h)

Chue.1

i)

Mari.1

j)

Luri.3

Weitere runde Pyxidenformen

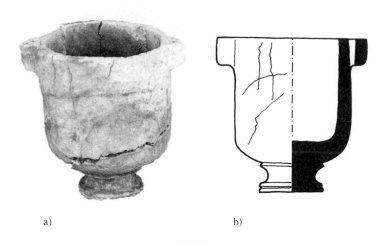

a)   b)

CM.1

c)   d)

Susa.38   Susa.37

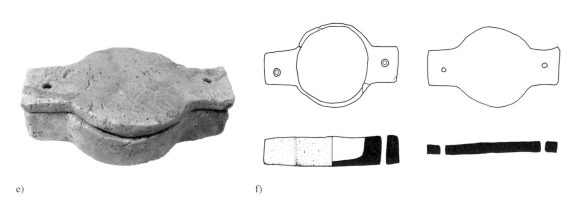

e)   f)

Ur.2

a)

Kul.1

b)

KH.69

c)

KH.70

d)

Susa.40

e)

Bab.1

f)

Susa.39

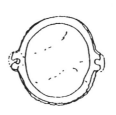

g)

Maly.1

Ugarit-Verlag

Ricarda-Huch-Str. 6, D–48161 Münster (www.ugarit-verlag.de)

Auswahl aus dem Verlagsprogramm

Ugarit-Forschungen (UF)

28 **1996**. 1997. VI + 836 S. (ISBN 3-927120-56-1) € 79,76
29 **1997**. 1998. VI + 866 S. (ISBN 3-927120-68-5) € 82,83
30 **1998**. 1999. XIV + 973 S. (ISBN 3-927120-74-X) vergr.
31 **1999**. 2000. VI + 936 S. (ISBN 3-927120-88-X) € 98,17
32 **2000**. 2001. *In memoriam C.H. Gordon.* XXXVI + 820 S. (ISBN 3-934628-00-1) € 98,17
33 **2001**. 2002. VI + 792 S. (ISBN 3-934628-11-7) vergr.
34 **2002**. 2003. VII + 1017 S. (ISBN 3-934628-33-8) € 126,–
35 **2003**. 2004. *In memoriam André Caquot.* xiv + 872 S. (ISBN 3-934628-43-5) € 118,–
36 **2004**. 2005. vi + 755 S. (ISBN 3-934628-65-6) € 112,–
37 **2005**. 2006. *In memoriam Stanislav Segert.* x + 869 S. (ISBN 978-3-934628-87-6) € 127,–
38 **2006**. 2007. viii + 880 S. (ISBN 978-3-934628-97-7) € 124,–

Alter Orient und Altes Testament (AOAT)

43 Nils P. Heeßel, *Babylonisch-assyrische Diagnostik.* 2000 (ISBN 3-927120-86-3), XII + 471 S., 2 Abb.; € 98,17
44 Anja Ulbrich, *Kypris. Heiligtümer und Kulte weiblicher Gottheiten auf Zypern in der kyproarchaischen und -klassischen Epoche (Königszeit).* 2007 (ISBN 3-934628-56-7) (im Druck)
45 Dirk Wicke, *Vorderasiatische Pyxiden der Spätbronzezeit und der Früheisenzeit.* 2008. xii + 468 S. + 105 Tf. (ISBN 978-3-934628-74-8) (im Druck)
47 Erika Fischer, *Ägyptische und ägyptisierende Elfenbeine aus Megiddo und Lachisch. Inschriftenfunde, Flaschen, Löffel.* 2007. xiv + 456 S. + 138 Tf. (ISBN 978-3-934628- 89-2) € 148,–

245 Francesco Pomponio / Paolo Xella, *Les dieux d'Ebla. Étude analytique des divinités éblaïtes à l'époque des archives royales du IIIe millénaire.* 1997 (ISBN 3-927120-46-4), VII + 551 S.; € 59,31
246 Annette Zgoll, *Der Rechtsfall der En-ḫedu-Ana im Lied nin-me-šara.* 1997 (ISBN 3-927120-502), XII + 632 S. (vergr.)
248 *Religion und Gesellschaft. Studien zu ihrer Wechselbeziehung in den Kulturen des Antiken Vorderen Orients.* 1997 (ISBN 3-927120-54-5), VIII + 220 S.; € 43,97
249 Karin Reiter, *Die Metalle im Alten Orient unter besonderer Berücksichtigung altbabylonischer Quellen.* 1997 (ISBN 3-927120-49-9), XLVII + 471 + 160* S. + 1 Tf.; € 72,60
250 Manfried Dietrich / Ingo Kottsieper (Hrsg.), *„Und Mose schrieb dieses Lied auf". Studien zum Alten Testament und zum Alten Orient. Festschrift Oswald Loretz.* 1998 (ISBN 3-927120-60-X), xviii + 955 S.; € 112,48
251 Thomas R. Kämmerer, *Šimâ milka. Induktion und Reception der mittelbabylonischen Dichtung von Ugarit, Emār und Tell el-ʿAmārna.* 1998 (ISBN 3-927120-47-2), XXI + 360 S.; € 60,33
252 Joachim Marzahn / Hans Neumann (Hrsg.), *Assyriologica et Semitica. Festschrift für Joachim Oelsner anläßlich seines 65. Geburtstages am 18. Februar 1997.* 2000 (ISBN 3-927120-62-6), xii + 635 S. + Abb.; € 107,88
253 Manfried Dietrich / Oswald Loretz (Hrsg.), *dubsar anta-men. Studien zur Altorientalistik. Festschrift für W.H.Ph. Römer.* 1998 (ISBN 3-927120-63-4), xviii + 512 S.; € 72,60
254 Michael Jursa, *Der Tempelzehnt in Babylonien vom siebenten bis zum dritten Jahrhundert v.Chr.* 1998 (ISBN 3-927120-59-6), VIII + 146 S.; € 41,93
255 Thomas R. Kämmerer / Dirk Schwiderski, *Deutsch-Akkadisches Wörterbuch.* 1998 (ISBN 3-927120-66-9), XVIII + 589 S.; € 79,76
256 Hanspeter Schaudig, *Die Inschriften Nabonids von Babylon und Kyros des Großen.* 2001 (ISBN 3-927120-75-8), XLII + 766 S.; € 105,–
257 Thomas Richter, *Untersuchungen zu den lokalen Panthea Süd- und Mittelbabyloniens in altbabylonischer Zeit* (2., verb. und erw. Aufl.). 2004 (ISBN 3-934628-50-8, Erstausgabe 3-927120-64-2); xx + 608 S.; € 88,–
258 Sally A.L. Butler, *Mesopotamian Conceptions of Dreams and Dream Rituals.* 1998 (ISBN 3-927120-65-0), XXXIX + 474 S. + 20 Pl.; € 75,67
259 Ralf Rothenbusch, *Die kasuistische Rechtssammlung im Bundesbuch und ihr literarischer Kontext im Licht altorientalischer Parallelen.* 2000 (ISBN 3-927120-67-7), IV + 681 S.; € 65,10
260 Tamar Zewi, *A Syntactical Study of Verbal Forms Affixed by -n(n) Endings in Classical Arabic, Biblical Hebrew, El-Amarna Akkadian and Ugaritic.* 1999 (ISBN 3-927120-71-5), VI + 211 S.; € 48,06
261 Hans-Günter Buchholz, *Ugarit, Zypern und Ägäis – Kulturbeziehungen im zweiten Jahrtausend v.Chr.* 1999 (ISBN 3-927120-38-3), XIII + 812 S., 116 Tf.; € 109,42
262 Willem H.Ph. Römer, *Die Sumerologie. Einführung in die Forschung und Bibliographie in Auswahl* (zweite, erweiterte Auflage). 1999 (ISBN 3-927120-72-3), XII + 250 S.; € 61,36

263 Robert Rollinger, *Frühformen historischen Denkens. Geschichtsdenken, Ideologie und Propaganda im alten Mesopotamien am Übergang von der Ur-III- zur Isin-Larsa-Zeit.* (ISBN 3-927120-76-6) (i.V.)

264 Michael P. Streck, *Die Bildersprache der akkadischen Epik.* 1999 (ISBN 3-927120-77-4), 258 S.; € 61,36

265 Betina I. Faist, *Der Fernhandel des assyrischen Reichs zwischen dem 14. und 11. Jahrhundert v. Chr.* 2001 (ISBN 3-927120-79-0), XXII + 322 S. + 5 Tf.; € 72,09

266 Oskar Kaelin, *Ein assyrisches Bildexperiment nach ägyptischem Vorbild. Zu Planung und Ausführung der „Schlacht am Ulai“.* 1999 (ISBN 3-927120-80-4), 150 S., Abb.; € 49,08

267 Barbara Böck / Eva Cancik-Kirschbaum / Thomas Richter (Hrsg.), *Munuscula Mesopotamica. Festschrift für Johannes Renger.* 1999 (ISBN 3-927120-81-2), XXIX + 704 S., Abb.; € 124,76

268 Yushu Gong, *Die Namen der Keilschriftzeichen.* 2000 (ISBN 3-927120-83-9), VIII + 228 S.; € 44,99

269/1 Manfried Dietrich / Oswald Loretz, *Studien zu den ugaritischen Texten I: Mythos und Ritual in KTU 1.12, 1.24, 1.96, 1.100 und 1.114.* 2000 (ISBN 3-927120-84-7), XIV + 554 S.; € 89,99

270 Andreas Schüle, *Die Syntax der althebräischen Inschriften. Ein Beitrag zur historischen Grammatik des Hebräischen.* 2000 (ISBN 3-927120-85-5), IV + 294 S.; € 63,40

271/1 Michael P. Streck, *Das amurritische Onomastikon der altbabylonischen Zeit I: Die Amurriter, die onomastische Forschung, Orthographie und Phonologie, Nominalmorphologie.* 2000 (ISBN 3-927120-87-1); 414 S.; € 75,67

272 Reinhard Dittmann / Barthel Hrouda / Ulrike Löw / Paolo Matthiae / Ruth Mayer-Opificius / Sabine Thürwächter (Hrsg.), *Variatio Delectat – Iran und der Westen. Gedenkschrift für Peter Calmeyer.* 2000 (ISBN 3-927120-89-8), XVIII + 768 S. + 2 Faltbilder; € 114,53

273 Josef Tropper, *Ugaritische Grammatik.* 2000 (ISBN 3-927120-90-1), XXII + 1056 S.; € 100,21

274 Gebhard J. Selz (Hrsg.), *Festschrift für Burkhart Kienast zu seinem 70. Geburtstag dargebracht von Freunden, Schülern und Kollegen.* 2003 (ISBN 3-934628-91-X); xxviii + 733 S.; € 122,–

275 Petra Gesche, *Schulunterricht in Babylonien im ersten Jahrtausend v. Chr.* 2001 (ISBN 3-927120-93-6), XXXIV + 820 S. + XIV Tf.; € 112,48

276 Willem H.Ph. Römer, *Hymnen und Klagelieder in sumerischer Sprache.* 2001 (ISBN 3-927120-94-4); XI + 275 S.; € 66,47

277 Corinna Friedl, *Polygynie in Mesopotamien und Israel. Sozialgeschichtliche Analyse polygamer Beziehungen anhand rechtlicher Texte aus dem 2. und 1. Jahrtausend v.Chr.* 2000 (ISBN 3-927120-95-2), 325 S.; € 66,47

278/1 Alexander Militarev / Leonid Kogan, *Semitic Etymological Dictionary. Vol. I: Anatomy of Man and Animals.* 2000 (ISBN 3-927120-96-0), cliv + 425 S.; € 84,87

278/2 Alexander Militarev / Leonid Kogan, *Semitic Etymological Dictionary. Vol. II: Animal Names.* 2005 (ISBN 3-934628-57-5), xci + 415 S.; € 104,–

279 Kai Alexander Metzler, *Tempora in altbabylonischen literarischen Texten.* 2002 (ISBN 3-934628-03-6), XVII + 964 S.; € 122,–

280 Beat Huwyler / Hans-Peter Mathys / Beat Weber (Hrsg.), *Prophetie und Psalmen. Festschrift für Klaus Seybold zum 65. Geburtstag.* 2001 (ISBN 3-934628-01-X), XI + 315 S., 10 Abb.; € 70,56

281 Oswald Loretz / Kai Alexander Metzler / Hanspeter Schaudig (Hrsg.), *Ex Syria et Mesopotamia Lux. Festschrift für Manfried Dietrich zu seinem 65. Geburtstag.* 2002 (ISBN 3-927120-99-5), XXXV + 950 S., zahl. Abb.; € 138,–

282 Frank T. Zeeb, *Die Palastwirtschaft in Altsyrien nach den spätaltbabylonischen Getreidelieferlisten aus Alalaḫ (Schicht VII).* 2001 (ISBN 3-934628-06-0), XIII + 757 S.; € 105,33

283 Rüdiger Schmitt, *Bildhafte Herrschaftsrepräsentation im eisenzeitlichen Israel.* 2001 (ISBN 3-934628-05-2), VIII + 231 S.; € 63,40

284/1 David M. Clemens, *Sources for Ugaritic Ritual and Sacrifice. Vol. 1: Ugaritic and Ugarit Akkadian Texts.* 2001 (ISBN 3-934628-07-9), XXXIX + 1407 S.; € 128,85

285 Rainer Albertz (Hrsg.), *Kult, Konflikt und Versöhnung. Beiträge zur kultischen Sühne in religiösen, sozialen und politischen Auseinandersetzungen des antiken Mittelmeerraumes.* 2001 (ISBN 3-934628-08-7), VIII + 332 S.; € 70,56

286 Johannes F. Diehl, *Die Fortführung des Imperativs im Biblischen Hebräisch.* 2004 (ISBN 3-934628-19-2), XIV + 409 S.; € 78,–

287 Otto Rössler, *Gesammelte Schriften zur Semitohamitistik*, Hrsg. von Th. Schneider. 2001 (ISBN 3-934628-13-3), 848 S.; € 103,–

288 A. Kassian / A. Korolëv † / A. Sidel'tsev, *Hittite Funerary Ritual šalliš waštaiš.* 2002 (ISBN 3-934628-16-8); ix + 973 S.; € 118,–

289 Zipora Cochavi-Rainey, *The Alashia Texts from the 14th and 13th Centuries BCE. A Textual and Linguistic Study.* 2003 (ISBN 3-934628-17-6) xiv + 129 S.; € 56,–

290 Oswald Loretz, *Götter – Ahnen – Könige als gerechte Richter. Der „Rechtsfall“ des Menschen vor Gott nach altorientalischen und biblischen Texten.* 2003 (ISBN 3-934628-18-4); xxii + 932 S.; € 128,–

291 Rocío Da Riva, *Der Ebabbar-Tempel von Sippar in frühneubabylonischer Zeit (640–580 v. Chr.);* 2002 (ISBN 3-934628-20-6); xxxi + 486 S. + xxv* Tf.; € 86,–

292 Achim Behrens, *Prophetische Visionsschilderungen im Alten Testament. Sprachliche Eigenarten, Funktion und Geschichte einer Gattung.* 2002 (ISBN 3-934628-21-4); xi + 413 S.; € 82,–

293 Arnulf Hausleiter / Susanne Kerner / Bernd Müller-Neuhof (Hrsg.), *Material Culture and Mental Sphere. Rezeption archäologischer Denkrichtungen in der Vorderasiatischen Altertumskunde. Internationales ymposium für Hans J. Nissen, Berlin 23.–24. Juni 2000.* 2002 (ISBN 3-934628-22-2); xii + 391 S.; € 88,–

294   Klaus Kiesow / Thomas Meurer (Hrsg.), „*Textarbeit*". *Studien zu Texten und ihrer Rezeption aus dem Alten Testament und der Umwelt Israels. Festschrift für Peter Weimar zur Vollendung seines 60. Lebensjahres.* 2002 (ISBN 3-934628-23-0); x + 630 S.; € 128,–

295   Galo W. Vera Chamaza, *Die Omnipotenz Aššurs. Entwicklungen in der Aššur-Theologie unter den Sargoniden Sargon II., Sanherib und Asarhaddon.* 2002 (ISBN 3-93428-24-9); 586 S.; € 97,–

296   Michael P. Streck / Stefan Weninger (Hrsg.), *Altorientalische und semitische Onomastik.* 2002 (ISBN 3-934628-25-7); vii + 236 S.; € 68,–

297   John M. Steele / Annette Imhausen (eds.), *Under One Sky. Astronomy and Mathematics in the Ancient Near East.* 2002 (ISBN 3-934628-26-5); vii + 496 S.; € 112,–

298   Manfred Krebernik / Jürgen van Oorschot (Hrsg.), *Polytheismus und Monotheismus in den Religionen des vorderen Orients.* 2002 (ISBN 3-934628-27-3); v + 269 S.; € 76,–

299   W.G.E. Watson (ed.), "He unfurrowed his brow and laughed". Essays in Honour of Professor Nicolas Wyatt. 2007 (ISBN 978-3-934628-32-8); xvi + 410 S.; i.Dr.

300   Karl Löning (Hrsg.), *Rettendes Wissen. Studien zum Fortgang weisheitlichen Denkens im Frühjudentum und im frühen Christentum.* 2002 (ISBN 3-934628-28-1); x + 370 S.; € 84,–

301   Johannes Hahn (Hrsg.), *Religiöse Landschaften.* 2002 (ISBN 3-934628-31-1); ix + 227 S.; € 66,–

302   Cornelis G. den Hertog / Ulrich Hübner / Stefan Münger (Hrsg.), *Saxa Loquentur. Studien zur Archäologie Palästinas/Israels. Festschrift für Volkmar Fritz zum 65. Geburtstag.* 2003 (ISBN 3-934628-34-6); x + 328 S.; € 98,–

303   Michael P. Streck, *Die akkadischen Verbalstämme mit ta-Infix.* 2003 (ISBN 3-934628-35-4); xii + 163 S.; € 57,–

304   Ludwig D. Morenz / Erich Boßhard-Nepustil, *Herrscherpräsentation und Kulturkontakte: Ägypten – Levante – Mesopotamien. Acht Fallstudien.* 2003 (ISBN 3-934628-37-0); xi + 281 S., 65 Abb.; € 68,–

305   Rykle Borger, *Mesopotamisches Zeichenlexikon.* 2003 (ISBN 3-927120-82-0); ca. 700 S. € 74,–

306   Rainer Dittman / Christian Eder / Bruno Jacobs (Hrsg.), *Altertumswissenschaften im Dialog. Festschrift für Wolfram Nagel zur Vollendung seines 80. Lebensjahres.* 2003 (ISBN 3-934628-41-9); xv + 717 S., Abb.; € 118,–

307   Michael M. Fritz, „*... und weinten um Tammuz*". *Die Götter Dumuzi-Ama'ušumgal'anna und Damu.* 2003 (ISBN 3-934628-42-7); 430 S.; € 83,–

308   Annette Zgoll, *Die Kunst des Betens. Form und Funktion, Theologie und Psychagogik in babylonisch-assyrischen Handerhebungsgebeten an Ištar.* 2003 (ISBN 3-934628-45-1); iv + 319 S.; € 72,–

309   Willem H.Ph. Römer, *Die Klage über die Zerstörung von Ur.* 2004 (ISBN 3-934628-46-X); ix + 191 S.; € 52,–

310   Thomas Schneider (Hrsg.), *Das Ägyptische und die Sprachen Vorderasiens, Nordafrikas und der Ägäis. Akten des Basler Kolloquiums zum ägyptisch-nichtsemitischen Sprachkontakt Basel 9.-11. Juli 2003.* 2003 (ISBN 3-934628-47-8); 527 S.; € 108,–

311   Dagmar Kühn, *Totengedenken bei den Nabatäern und im Alten Testament. Eine religionsgeschichtliche und exegetische Studie.* 2005 (ISBN 3-934628-48-6), x + 514 S. + 42 S. mit Abb.; € 95,80

312   Ralph Hempelmann, „*Gottschiff*" und „*Zikkurratbau*" *auf vorderasiatischen Rollsiegeln des 3. Jahrtausends v.Chr.* 2004 (ISBN 3-934628-49-4); viii + 154 S. + 31 Tf.; € 55,–

313   Rüdiger Schmitt, *Magie im Alten Testament.* 2004 (ISBN 3-934628-52-4); xiii + 471 S.; € 94,–

314   Stefan Timm, „*Gott kommt von Teman ...*" *Kleine Schriften zur Geschichte Israels und Syrien-Palästinas.* Hrsg. von Claudia Bender und Michael Pietsch. 2004 (ISBN 3-934628-53-29); viii + 274 S.; € 63,–

315   Bojana Janković, *Vogelzucht und Vogelfang in Sippar im 1. Jahrtausend v.Chr.* Monographien zur Wirtschaftsgeschichte Babyloniens im 1. Jahrtausend v.Chr. Bd. 1. 2004 (ISBN 3-934628-54-0); xx + 219 S.; € 56,20

316   Christian Sigrist (Hrsg.), *Macht und Herrschaft.* 2004 (ISBN 3-934628-55-9) € 63,–

318   Manfred Hutter / Sylvia Hutter-Braunsar (Hrsg.), *Offizielle Religion, lokale Kulte und Individuelle Religiosität.* 2004 (ISBN 3-934628-58-3); 504 S. € 121,–

319   Catherine Mittermayer, *Die Entwicklung der Tierkopfzeichen. Eine Studie zur syro-mesopotamischen Keilschriftpaläographie des 3. und frühen 2. Jahrtausends v.Chr.* 2005 (ISBN 3-934628-59-1); 169 S. € 48,80

321   Galo W. Vera Chamaza, *Die Rolle Moabs in der neuassyrischen Expansionspolitik.* 2005 (ISBN 3-934628-61-3); viii + 203 S.; € 58,–

322   Siam Bahyro, *The Shemihazah and Asael Narrative of 1 Enoch 6-11: Introduction, Tanslation and Commentary with Reference to Ancient Near Eastern and Biblical Antecedents.* 2005 (ISBN 3-934628-62-1); x + 295 S.; € 66,50

323   Mirko Novák / Friedhelm Prayon / Anne-Maria Wittke (Hrsg.), *Die Außenwirkung des späthethitischen Kulturraumes. Güteraustausch – Kulturkontakt – Kulturtransfer.* 2005 (ISBN 3-934628-63-X); viii + 496 S.; € 106,–

324   Wilfred H. van Soldt, *The Topography of the City-State of Ugarit.* 2005 (ISBN 3-934628-64-8); vi + 253 S.; € 64,–

325   Robert Rollinger (Hrsg.), *Von Sumer bis Homer. Festschrift für Manfred Schretter zum 60. Geburtstag am 25. Februar 2004.* 2005 (ISBN 3-934628-66-4); xi + 697 S.; € 128,50

326   Ulla Susanne Koch, *Secrets of Extispicy. The Chapter Multābiltu of the Babylonian Extispicy Series and Niṣirti Barûti Texts mainly from Aššurbanipal's Library.* 2005 (ISBN 3-934628-67-2); x + 630 pp + liv Tf.; € 119,–

327   Helga Weippert, *Unter Olivenbäumen. Studien zur Archäologie Syrien-Palästinas, Kulturgeschichte und Exegese des Alten Testaments. Gesammelte Aufsätze. Festgabe zum 4. Mai 2003 herausgegeben von Angelika Berlejung und Michael Niemann.* 2005 (ISBN 3-934628-68-0) (i.D.)

328   Eva A. Braun-Holzinger / Ellen Rehm, *Orientalischer Import in Griechenland im frühen 1. Jahrtausend v. Chr.* 2005 (ISBN 3-934628-72-9), vi + 208 S. + 39 Tf.; € 63,60

329   Michael Herles, *Götterdarstellungen in der 2. Hälfte des 2. Jahrtausends v. Chr. Das anthropomorphe Bild im Verhältnis zum Symbol.* 2006 (ISBN 3-934628-767-1), xiii + 394 S., 145 Tf.; € 112,–

330   Heather D. Baker / Michael Jursa (eds.), *Approaching the Babylonian Economy. Proceedings of the START Project Symposium Held in Vienna, 1-3 July 2004.* Monographien zur Wirtschaftsgeschichte Babyloniens im 1. Jahrtausend v.Chr. Bd. 1. 2005 (ISBN 3-934628-79-6), viii + 448 S.; € 86,50

331   Thomas E. Balke, *Das sumerische Dimensionalkasussystem.* 2006 (ISBN 3-934628-80-X), x + 287 S.; € 68,–

332   Margaret Jaques, *Le vocabulaire des sentiments dans les textes sumériens. Recherches sur le lexique sumérien et akkadien.* 2006 (ISBN 3-934628-81-8) € 122,–

333   Annette Zgoll, *Traum und Welterleben im antiken Mesopotamien. Traumtheorie und Traumpraxis im 3.-1. Jt. v. Chr. als Horizont einer Kulturgeschichte des Träumens.* 2006 (ISBN 3-934628-36-2), vi + 568 S.; € 96,–

335   Ignacio Márquez Rowe, *The Royal Deeds of Ugarit. A Study of Ancient Near Eastern Diplomatics.* 2006 (ISBN 3-934628-86-9), 336 S.; € 69,–

336   Jürg Luchsinger / Hans-Peter Mathys / Markus Saur (Hrsg.), „ ... der seine Lust hat am Wort des Herrn!" Festschrift für Ernst Jenni zum 80. Geburtstag. 2007 (ISBN 978-3-934628-87-8), xii + 466 S.; € 118,–

337   Manfred Hutter / Sylvia Hutter Braunsar (Hrsg.), *Pluralismus und Wandel in den Religionen im vorhellenistischen Anatolien. Akten des religionsgeschichtlichen Symposiums in Bonn am 19.–20. Mai 2005.* 2006 (ISBN 3-934628-88-5), 263 S; € 68,–

338   James Kinnier Wilson, *Studia Etanaica. New Texts and Discussions.* 2007 (ISBN 978-3-934628-90-8), 100 S. + 15 Tf.; € 58,–

339   Nicole Brisch, *Tradition and the Poetics of Innovation. Sumerian Court Literature of the Larsa Dynasty (c. 2003–1763 BCE).* 2007 (ISBN 978-3-934628-91-5), xii + 303 S. + XVII Tf.; € 78,–

340   Issam K.H. Halayqa: *A Comparative Lexicon of Ugaritic and Canaanite.* 2008. (ISBN 978-3-934628-95-3), 573 S.; € 118,–

341   Johannes Hackl, *Der subordinierte Satz in den spätbabylonischen Briefen.* 2007 (ISBN 978-3-934628-96-0), xiv + 171 S.; € 62,–

342   Eva A. Braun-Holzinger, *Das Herrscherbild in Mesopotamien und Elam. Spätes 4. bis frühes 2. Jt. v.Chr.* 2007 (ISBN 978-3-934628-98-4) € 78,–.

344   Roland Lamprichs, *Tell Johfiyeh. Ein archäologischer Fundplatz und seine Umgebung in Nordjordanien. Materialien zu einer Regionalstudie.* 2007 (ISBN 978-3-86835-000-5), xi + 787 S.; € 132,–

345   Su Kyung Huh, *Studien zur Region Lagaš. Von der Ubaid- bis zur altbabylonischen Zeit.* 2007, xi + 915 S. (im Druck)

346   Juliane Kutter, *nūr ilī. Die Sonnengottheiten in den nordwestsemitischen Religionen von der Spätbronzezeit bis zur vorrömischen Zeit.* 2008 (ISBN 978-3-86835-002-9), iv + 524 S. + 23 Tf.; € 92,–.

347   Thomas Schneider / Kasia Szpakowska (eds.), *Egyptian Stories. A British Egyptological Tribute to Alan B. Lloyd on the Occasion of His Retirement.* 2007. (ISBN 978-3-934628-94-6), x + 459 S.; € 112,–

349   Lorenzo d'Alfonso / Yoram Cohen / Dietrich Sürenhagen (eds.), *The City of Emar among the Late Bronze Age Empires. History, Landscape, and Society. Proceedings of the Konstanz Emar Conference, 25.–26.04. 2006.* 2008 (ISBN 978-3-86835-006-7) xviii + 315 S. € 78,–.

350   I. Kottsieper / R. Schmitt / J. Wöhrle (eds.), *Berührungspunkte. Studien zur Sozial- und Religionsgeschichte Israels und seiner Umwelt. Festschrift für Rainer Albertz zu seinem 65. Geburtstag.* 2008. xii + 676 pp. (ISBN 978-3-86835-008-1) € 112,–

351   Sabine Aletta Kersken, *Töchter Zions, wie seid ihr gewandet? Untersuchungen zu Kleidung und Schmuck alttestamentlicher Frauen.* 2008. xiv + 357 pp. (ISBN 978-3-86835-007-4) (im Druck)

352   Christian Niedorf, *Die mittelbabylonischen Rechtsurkunden aus Alalaḫ (Schicht IV).* 2008. xii + 495 pp. (ISBN 978-3-86835-009-8) (im Druck)

Guides to the Mesopotamian Textual Record (GMTR)

1   M. Jursa, *Neo-Babylonian Legal and Administrative Documents. Typology, Contents and Archives.* 2005 (ISBN 3-934628-69-9); xii+ 189 S.; € 28,–

2   Benjamin R. Foster, *Akkadian Literature of the Late Period.* (ISBN 978-3-934628-70-0), xii + 147 S.; € 28,–

4   Rocío Da Riva, *The Neo-Babylonian Royal Inscrioptions. An Introduction.* (ISBN 978-3-934628-83-0), xiv + 162 S.; € 28,–

Elementa Linguarum Orientis (ELO)

1   Josef Tropper, *Ugaritisch. Kurzgefasste Grammatik mit Übungstexten und Glossar.* 2002 (ISBN 3-934628-17-6); xii + 168 S.; € 28,–

2   Josef Tropper, *Altäthiopisch. Grammatik des Geʿez mit Übungstexten und Glossar.* 2002 (ISBN 3-934628-29-X); xii + 309 S.; € 42,–

— Weiterführung durch Otto Harrassowitz, Wiesbaden —

Altertumskunde des Vorderen Orients (AVO)

1   Nadja Cholidis, *Möbel in Ton.* 1992 (ISBN 3-927120-10-3), XII + 323 S. + 46 Tf.; € 60,84

2   Ellen Rehm, *Der Schmuck der Achämeniden.* 1992 (ISBN 3-927120-11-1), X + 358 S. + 107 Tf.; € 63,91

3   Maria Krafeld-Daugherty, *Wohnen im Alten Orient – Eine Untersuchung zur Verwendung von Räumen in altorientalischen Wohnhäusern.* 1994 (ISBN 3-927120-16-2), x + 404 S. + 41 Tf.; € 74,65

4   Manfried Dietrich / Oswald Loretz (Hrsg.), *Festschrift für Ruth Mayer-Opificius mit Beiträgen von Freunden und Schülern.* 1994 (ISBN 3-927120-18-9), xviii + 356 S. + 256 Abb.; € 59,31

5   Gunnar Lehmann, *Untersuchungen zur späten Eisenzeit in Syrien und Libanon. Stratigraphie und Keramikformen zwischen ca. 720 bis 300 v.Chr.* 1996 (ISBN 3-927120-33-2), x + 548 S., 113 Tf.; € 108,39

6   Ulrike Löw, *Figürlich verzierte Metallgefäße aus Nord- und Nordwestiran – eine stilkritische Untersuchung.* 1998 (ISBN 3-927120-34-0), xxxvii + 663 S. + 107 Tf.; € 130,89

7   Ursula Magen / Mahmoud Rashad (Hrsg.), *Vom Halys zum Euphrat. Thomas Beran zu Ehren. Mit Beiträgen von Freunden und Schülern.* 1996 (ISBN 3-927120-41-3), XI + 311 S., 123 Abb.; € 71,07

8   Eşref Abay, *Die Keramik der Frühbronzezeit in Anatolien mit »syrischen Affinitäten«.* 1997 (ISBN 3-927120-58-8), XIV + 461 S., 271 Abb., Tf.; € 116,57

9   Jürgen Schreiber, *Die Siedlungsarchitektur auf der Halbinsel Oman vom 3. bis zur Mitte des 1. Jahrtausends v.Chr.* 1998 (ISBN 3-927120-61-8), XII + 253 S.; € 53,17

10 Arnulf Hausleiter / Andrzej Reiche (eds.), *Iron Age Pottery in Northern Mesopotamia, Northern Syria and South-Eastern Anatolia. Papers presented at the meetings of the international "table ronde" at Heidelberg (1995) and Nieborów (1997) and other contributions.* 1999 (ISBN 3-927120-78-2), XII + 491 S.; (vergr.)

11 Christian Grewe, *Die Entstehung regionaler staatlicher Siedlungsstrukturen im Bereich des prähistorischen Zagros-Gebirges. Eine Analyse von Siedlungsverteilungen in der Susiana und im Kur-Flußbecken.* 2002 (ISBN 3-934628-04-4), x + 580 S.; € 142,–

Abhandlungen zur Literatur Alt-Syrien-Palästinas und Mesopotamiens (ALASPM)

1   Manfried Dietrich / Oswald Loretz, *Die Keilalphabete.* 1988 (ISBN 3-927120-00-6), 376 S.; € 47,55

2   Josef Tropper, *Der ugaritische Kausativstamm und die Kausativbildungen des Semitischen.* 1990 (ISBN 3-927120-06-5), 252 S.; € 36,30

3   Manfried Dietrich / Oswald Loretz, *Mantik in Ugarit.* Mit Beiträgen von H.W. Duerbeck. J.-W. Meyer, W.C. Seitter. 1990 (ISBN 3-927120-05-7), 320 S.; € 50,11

5   Fred Renfroe, *Arabic-Ugaritic Lexical Studies.* 1992 (ISBN 3-927120-09-X). 212 S.; € 39,37

6   Josef Tropper, *Die Inschriften von Zincirli.* 1993 (ISBN 3-927120-14-6). XII + 364 S.; € 55,22

7   Manfried Dietrich / Oswald Loretz (Hrsg.), *Ugarit – ein ostmediterranes Kulturzentrum im Alten Orient. Ergebnisse und Perspektiven der Forschung.* 1995 (ISBN 3-927120-17-0). XII + 298 S.; € 61,36

8   Manfried Dietrich / Oswald Loretz / Joaquín Sanmartín, *The Cuneiform Alphabetic Texts from Ugarit, Ras Ibn Hani and Other Places. (KTU: second, enlarged edition).* 1995 (ISBN 3-927120-24-3). XVI + 666 S.; € 61,36

9   Walter Mayer, *Politik und Kriegskunst der Assyrer.* 1995 (ISBN 3-927120-26-X). XVI + 545 S.; € 89,92

10 Guiseppe Visicato, *The Bureaucracy of Šuruppak. Administrative Centres, Central Offices, Intermediate Structures and Hierarchies in the Economic Documentation of Fara.* 1995 (ISBN 3-927120-35-9). XX + 165 S.; € 40,90

12 Manfried Dietrich / Oswald Loretz, *A Word-List of the Cuneiform Alphabetic Texts from Ugarit, Ras Ibn Hani and Other Places (KTU: second, enlarged edition).* 1996 (ISBN 3-927120-40-5), x + 250 S.; € 40,90

Eikon – Beiträge zur antiken Bildersprache

1   Klaus Stähler, *Griechische Geschichtsbilder klassischer Zeit.* 1992 (ISBN 3-927120-12-X), X + 120 S. + 8 Tf.; € 20,86

2   Klaus Stähler, *Form und Funktion. Kunstwerke als politisches Ausdrucksmittel.* 1993 (ISBN 3-927120-13-8), VIII + 131 S., 54 Abb.; € 21,99

3   Klaus Stähler, *Zur Bedeutung des Formats.* 1996 (ISBN 3-927120-25-1), ix + 118 S., 60 Abb.; € 24,54

4   Klaus Stähler (Hrsg.), *Zur graeco-skythischen Kunst. Archäologisches Kolloquium Münster 24.–26. November 1995.* 1997 (ISBN 3-927120-57-X), IX + 216 S. + Abb.; € 35,79

5   Jochen Fornasier, *Jagddarstellungen des 6.–4. Jhs. v. Chr. Eine ikonographische und ikonologische Analsyse.* 2001 (ISBN 3-934628-02-8), XI + 372 S. + 106 Abb.; € 54,19

6   Klaus Stähler, *Der Herrscher als Pflüger und Säer: Herrschaftsbilder aus der Pflanzenwelt.* 2001 (ISBN 3-934628-09-5), XII + 332 S. + 168 Abb.; € 54,19

7   Jörg Gebauer, *Pompe und Thysia. Attische Tieropferdarstellungen auf schwarz- und rotfigurigen Vasen.* 2002 (ISBN 3-934628-30-3); xii + 807 S. (incl. 375 Abb.); € 80,–

8   Wolfgang Hübner / Klaus Stähler (Hrsg.), *Ikonographie und Ikonologie. Interdisziplinäres Kolloquium 2001.* 2004 (ISBN 3.934628-44-3); xi + 187 S.; € 40,–

Auslieferung – Distribution

Bücherdienst Köln (BDK)
Kölner Str. 248
D-51149 Köln
www.b-d-k.de

Distributor to North America

Eisenbrauns, Inc.
POB 275
Winona Lake, Ind., 46590, USA
www.eisenbrauns.com